本书的出版得到
国家重点文物保护专项补助经费资助

钱 山 漾

——第三、四次发掘报告

（上）

浙江省文物考古研究所
湖州市博物馆   编著

文物出版社

北京 · 2014

封面设计：程星涛
责任印制：陈 杰
责任编辑：谷艳雪

图书在版编目（CIP）数据

钱山漾：第三、四次发掘报告 / 浙江省文物考古
研究所编著 . —北京：文物出版社，2014.10
ISBN 978 – 7 – 5010 – 4125 – 1

Ⅰ.①钱…　Ⅱ.①浙…　Ⅲ.①文化遗址 – 考古
发掘 – 发掘报告 – 湖州市　Ⅳ.①K878.05

中国版本图书馆 CIP 数据核字（2014）第 249152 号

钱 山 漾
——第三、四次发掘报告

浙江省文物考古研究所
湖 州 市 博 物 馆　编著

*

文 物 出 版 社 出 版 发 行
（北京市东城区东直门内北小街 2 号楼）
http：//www.wenwu.com
E-mail：web@wenwu.com

北京鹏润伟业印刷有限公司印刷
新 华 书 店 经 销
889 × 1194　1/16　印张：49.5　插页：5
2014 年 10 月第 1 版　2014 年 10 月第 1 次印刷
ISBN 978 – 7 – 5010 – 4125 – 1　定价：580.00 元（全二册）

QIANSHANYANG

A Report on the Third and Fourth Excavations of the Site

I

(*with English and Japanese abstracts*)

Cultural Relics and Archaeology Institute of Zhejiang Province

Huzhou Museum

Cultural Relics Press

Beijing · 2014

序

张忠培

丁品和我相识，已经很多年了，彼此却交往不多，直面相谈也仅几次，但他老实、执著和不轻易改变己见的为人，给我留下深刻印象。执著和不轻易改变己见，往往是为人老实派生出来的性格，老实人做起事来是老老实实的。不能说丁品发掘遗址的能力多么高，也不能说他整理发掘获得的资料及信息的经验多么丰富，更不能说丁品具备了怎么样的编写考古报告的能力。老实说，就我对他的认识来看，他于这三方面的水平与能力都只能说是中等。丁品身体不好，做事却很勤奋；能力与水平不高，却老实做事。丁品在发掘钱山漾遗址、整理发掘钱山漾获得的资料及信息、和编写《钱山漾——第三、四次发掘报告》的整个过程中，既勤奋又老实。说他老实，是因为他能做到懂就懂、不懂就不懂、绝不装懂，错就错、直面错、敢于改正错，和对就对、众说错、也敢坚持对，总之他能践行实事求是，做到务实求真。正因为丁品这样的老实为人，他才能编写成这样一本比较好的考古报告。

我所以说这是编写得比较好的一本考古报告，是因为：

其一，报告既含发掘所见人工与自然遗存及其释放出来的信息，又有鉴知石器的岩性及其释放的信息，还有驯养野生动植物遗存及其释放出来的信息，报告报道的遗存及其释放的信息客观、详尽且比较全面。

其二，报告据层位学与类型学建构的遗存时空框架客观，既体现了类型学的逻辑性和其科学规范与要求，又符合层位学的基本原则，同时，可以让人们据此时空框架，复原其发掘的钱山漾遗址那些部位的堆积的基本情形。另外，报告是以照片、绘图和文字建构遗存的时空框架，尽量地原则上保存了钱山漾遗址被发掘部位的原真性。

其三，该报告对于钱山漾遗址发掘所获遗存的分期与定性分析，务实求真，提出的认识确有根据。

报告不仅编写的好，在环太湖考古学文化序列的研究进程中，它也是一本具有重要地位的考古报告。所以如是说，是基于以下理由：

其一，直到钱山漾遗址的第三、四次发掘之前，学术界的主流认识，将钱山漾第一、二两次发掘见到的下层堆积归入良渚文化。丁品的研究，是将这类遗存重新定位、定性，将其从良渚文化中划分出来，称之为"钱山漾一期文化"，定在良渚文化之后，并接受我在上海召开的"环太湖地区新石器时代末期文化暨广富林遗存学术研讨会"上提出的建议①，命名为钱山漾文化。我对钱山漾文化进行了初步审视，根据这一文化之一重要内涵，即分布于长江中、下游及部分淮河流域的地瓜鬶、盉的排序研究，认为它的年代上限，不会晚于荆村文化即庙底沟二期文化的偏晚阶段。钱山漾文化的确认，不仅为良渚文化与马桥文化之间，填补了一个考古学文化的缺环，也进一步证实了我在 1994 年撰写的《良渚文化的年代和其所处社会阶段——五千年前中国进入文明的一个例证》文中提出的良渚文化的年代的推断，即将它定为花厅期和西夏侯期大汶口文化时期。这年代早于陕晋豫地区的荆村文化，分别相当于半坡四期文化和泉护二期文化时期。

其二，钱山漾遗址的第三、四次发掘，证实在钱山漾文化遗存层位之上，还先后存在着"钱山漾二期文化遗存"和马桥文化这两类文化堆积。关于"钱山漾二期文化遗存"，宋建于 1999 年主持的广富林遗址的发掘，就已将它辨识出来，"暂名之为广富林遗存"②，我在"环太湖地区新石器时代末期文化暨广富林遗存学术研讨会"上的发言，建议将之称为广富林文化。我的这一建议，得到与会朋友的认同，丁品采纳了这一意见，也将之称为广富林文化。钱山漾遗址第三、四次发掘所确认的这处遗址存在着广富林文化和马桥文化堆积的认识，相对于对这处遗址的以往认识来看，是具有创新意义的。钱山漾遗址第三、四次发掘所揭示出来的钱山漾文化—广富林文化—马桥文化的层位关系，不仅佐证了宋建主持的广富林遗址发掘所见到的良渚文化—钱山漾文化—广富林文化的层位关系，也使两者之间出现了互补性，即钱山漾和广富林这两处遗址的新发现，共同见证了在环太湖地区的良渚文化与马桥文化之间存在着钱山漾文化和广富林文化。从环太湖地区考古学文化序列来看，这一发现及相关认识的提出，无疑当具有原创性。

在环太湖地区的良渚文化与马桥文化之间确认出钱山漾文化和广富林

---

① 《环太湖地区新石器时代末期文化暨广富林遗存学术研讨会》是在 2006 年 6 月召开的。我应邀在会上发表了讲话，随后略作修改，成为《解惑与求真——在"环太湖地区新石器时代末期暨广富林遗存学术研讨会"的讲话》，发表于《南方文物》2006 年第 4 期。

② 广富林考古队：《广富林遗存的发现与思考》，刊 2000 年 9 月 13 日《中国文物报》。

文化的意义，至为重大。一是由于这一确认，使以往基于良渚文化—马桥文化这一考古学文化序列认识的基础上提出的任何论述，都将随之于现实的学术研究中失去存在的空间。从这里学界应得到的经验与教训是：凡考古已发现的，理当被视为是史实；现在未见到的史实，未必不会被未来的考古发现。二是基于良渚文化—钱山漾文化—广富林文化—马桥文化诸考古学文化编年序列的文化谱系及其他问题的研究，将随之被学界同仁广泛关注，考古学界对环太湖地区的考古学文化序列与谱系及其他问题的研究，也将随之进入一新的阶段。考古学发现的是史实，考古学尚未发现的，不见得是不存在的史实，这一基于考古学局限性提出的认识，在今后的环太湖地区的考古学研究中，我认为仍当纳入我们研究的视角。

丁品邀我为《钱山漾——第三、四次发掘报告》作序，故随感而发，写了上述文字，可否？

成稿于 2014 年 9 月 22 日下午 4 时 30 分，小石桥

上册目录

插图目录

插表目录

第一章 概 述

第一节 地理环境和历史沿革

湖州地处浙江省北部，太湖南岸，紧邻江苏、安徽两省。现辖安吉、德清、长兴三个市县和吴兴、南浔两区，总面积 5817 平方千米，人口 257.21 万。

湖州的地形，西倚势若奔马的天目山脉，境内重岗复岭，群山逶迤。东部是属于杭嘉湖平原的典型江南水乡平原，俗称"五山一水四分田"。

位于浙江省西北的天目山呈西南—东北走向，西南主要在杭州临安，往东北延伸入安吉，余脉一直至湖州市西郊，太湖南岸。（彩版一：1）

天目山是太湖水系和钱塘江水系的分水岭。天目山地质古老，山体形成于距今 1.5 亿年前的燕山期，属江南古陆的东南缘。地貌独特，地形复杂，被称为"华东地区古冰川遗址之典型"。天目山植被完整，是我国著名的自然保护区，也是浙江省唯一加入国际生物圈保护区网络的自然保护区，自然景观是我国中亚热带林区高等植物资源最丰富的区域之一。

湖州境内主要河流有苕溪和京杭大运河。苕溪分东苕溪和西苕溪，是太湖水系的重要支流，也是浙江八大水系之一。由于流域内沿河各地盛长芦苇，进入秋天，芦花飘散水上如飞雪，引人注目，当地居民称芦花为"苕"，故名苕溪。东、西苕溪均源自天目山，其中东苕溪沿天目山脉的东侧由南往北纵向穿越德清市；西苕溪在天目山脉的西侧，先由南往北流经安吉再转向东，经长兴。东、西苕溪殊途同归最后在湖州市城区会合，往北注入太湖，为我国东南沿海和太湖流域唯一一条没有独立出海口的南北向的天然河流。

苕溪上游流经浙西低山丘陵区，源短流急，洪水暴涨暴落，具有山溪性河流特征。下游进入杭嘉湖平原，水流平稳，河道曲折，支流发育，河段宽 80～160 米，水深约 7～8 米。新中国成立前，流域内水患灾害频仍。1949 年以来，在东、西苕溪上游营建大型水库多座。1957～1960 年，又先后完成东苕溪导游工程和东、西苕溪分流入湖工程，基本上控制了水患，并兼有航运、灌溉之利。东、西苕溪及其密如蛛网的支流纵穿横贯灌溉了湖州全境，无疑是湖州的母亲河。

湖州市地处北亚热带季风气候区。气候总的特点是：季风显著，四季分明；雨热同季，降水充沛；光温同步，日照较少；气候温和，空气湿润；地形起伏高差大，垂直气候较明显。全市年平均气温 12.2℃～17.3℃，无霜期 224～246 天，年日照时数 1613～2430 小时，年太阳辐射总量 102～111 千卡/厘米^2，年降水量 761～1780 毫米，年降水日数 116～156 天，年平均相对湿度均在 80% 以上。风向季节变化明显，冬半年盛行西北风，夏半年盛行东南风，3

月和 9 月是季风转换的过渡时期,一般以东北风和东风为主。年平均风速 1.7~3.2 米/秒。

湖州素有"丝绸之府,鱼米之乡,文化之邦"之称。宋代就有"苏湖熟,天下足"之说。当地百姓在平原种植水稻,利用密布的大大小小湖塘漾养殖,丘陵台地则多种植桑树。

湖州是一座具有 2000 多年历史的江南古城。公元前 334 年,楚灭越,湖州属楚。楚考烈王十五年(前 248),春申君黄歇徙封于此,在此筑城,名"菰城"(以泽多菰草而名)。公元前 223 年,秦灭楚,改"菰城"为"乌程"(以乌巾、程林两氏善酿得名),置乌程县,属会稽郡。东汉永建四年(129 年),分原会稽郡的浙江(钱塘江)以西部分设吴郡,乌程属吴郡。三国东吴孙皓宝鼎元年(266 年),置吴兴郡,乌程属吴兴郡。隋仁寿二年(602 年),置州治,名湖州(因地滨太湖而名),湖州之名从此而始。明、清时,设府治,一直沿称"湖州府"。民国元年(1912 年),废湖州府,把乌程、归安二县合为吴兴县。1949 年 4 月 27 日,湖州解放,分设湖州市和吴兴县,至 1983 年曾几度分合,湖州又是新中国成立后浙江省第一专区、嘉兴专区和嘉兴地区行政中心所在地。

第二节　遗址概况

遗址位于湖州市东南约 7 千米,地理坐标北纬 30°48′,东经 120°8′。地属八里店镇的潞村。钱山漾是一处大致呈西北—东南走向、长条形、面积约 190 万平方米的浅水湖泊状水域,现在是一处渔场。遗址位于钱山漾的东南岸,东苕溪支流(龙溪)大致由南往北在漾和遗址之间流经。(图 1-2-1;彩版一:2)

这一带属于西侧天目山余脉的丘陵山地向东侧地势低洼的冲积平原的过渡地带,溪河湖漾密布,平原海拔多在 1.7~1.9 米。遗址周围孤峰林立,西南、西面有横山、王家山、鲍山,西北、北面有红口山、乔木山、沈长山、蜀山、乌山、西山等,东北有义山、升山、余元山,东南有长超山和龙头山。周边重要的遗址有下菰城、昆山和邱城等。

说到钱山漾遗址,不得不提起慎微之先生。

慎微之(1896~1976 年),吴兴(今湖州)八里店镇潞村人。1915 年毕业于杭州蕙兰中学(今杭州第二中学)。1924 年至 1931 年在蕙兰中学任教。沪江大学(今上海理工大学)毕业后,1940 年留学美国本雪文尼亚大学,获哲学博士学位。归国后,曾先后任沪江大学夜商学院教务长、之江大学教育系主任、教授等职。1958 年到吴兴博物馆从事考古工作。(彩版二:1)

先生从小喜欢在钱山漾湖边捕鱼捉虾,经常拾到磨得光光亮亮、奇形怪状的石头。随着年龄和学识的增长,慢慢关注和思考起自己在家乡拾到的石头。在沪江大学读书期间,经常利用寒暑假回家,到钱山漾湖边捡石头。1934 年夏,适值湖州大旱,钱山漾湖中的水位落至 1857 年以来的最低,干涸见底面积占全湖总面积的 2/3。趁此极其难得的良机,慎微之冒暑拾集了大量石器,并分类研究[①]。1936 年 5 月,慎微之先生发表了重要论文《湖州钱山漾石器之发现与中国文化之起源》,认为:钱山漾是一处大面积的古人类遗址,在其四周必有大量古物蕴藏,"若大规模发掘定能获得大量石器以及化石,可使吾人了解原始南方人之生活习惯及

---

① 闵泉:《穿西服、打赤足、拎竹篮的"石头博士"——纪念钱山漾遗址发现者慎微之先生》,《浙江文物》2006 年第 5 期。

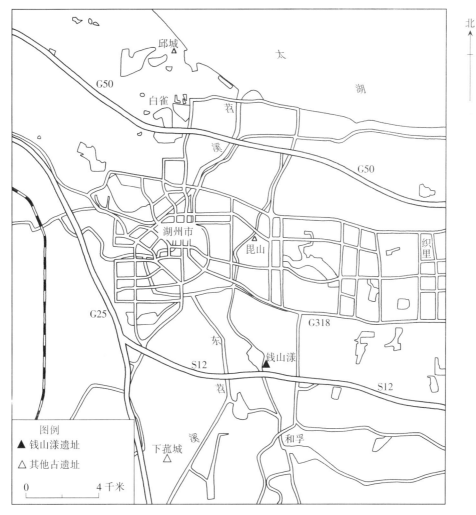

图 1-2-1　钱山漾遗址位置图

生产方法等"，从而"不但对于整个人类学有空前贡献，即对于以前文化来自西北说，亦不攻自破矣"。慎微之的论文对当时的古文化争鸣起到了积极作用，也为长江下游新石器时代文化正名奠定了坚实的基础，引起国内外同行的广泛关注。

慎先生在美国留学期间，仍不忘对钱山漾石器的研究。回国后，更是经常赤脚拎着竹篮子去湖边捡石头，被当地百姓戏称为"石头博士"。新中国成立以后，慎先生被下放到湖州一个小镇的初中去教书，不久又被当地文化部门借去负责吴兴县区域内的田野调查。他参与调查发现了吴兴县古文化遗址 217 处，记录了第一手资料，并绘制了遗址分布图。湖州市博物馆至今还收藏着 14 本笔记本，是已年近古稀的慎先生 1955 年至 1966 年在湖州野外工作时的记录，总计数万字。

此时，慎微之先生的研究视野更为广阔，不再把钱山漾看成一时一地的文化现象，而是从文化人类学的角度审视遗址的衍变。他在 1955 年冬的工作笔记中写道："钱山漾新石器时代文化是人类文化整体的一部（分），人类文化是劳动人民积累经验创造的，文物是人类共同的文化遗产。"凭着对钱山漾的熟识和多年积累的经验，他认定"钱山漾古文化有些特殊，可说是（有）独特的文化史地位和文化贡献"。

慎微之先生与钱山漾遗址有缘，与考古有缘。他对古遗址古文化的执著追求和研究，他对钱山漾遗址的贡献永远值得我们敬慕和缅怀。

1956年春，原浙江省文物管理委员会牟永抗、梅福根等先生对钱山漾遗址及周围作了一次调查，在河水干涸的浅滩上采集到大量石器，遂与浙江省博物馆一起对钱山漾遗址进行了第一次发掘。1958年2～3月，又在遗址的北部进行第二次发掘。两次发掘合计面积731.5平方米，发掘取得了重要收获。

1961年，遗址被公布为市县级文物保护单位，2005年被公布为第五批浙江省省级文物保护单位，2006年被公布为第六批全国重点文物保护单位。

2004年底，因拟建设的申嘉湖高速公路需要从当时遗址的南部东西向穿过。2005年1月5～19日，我们对遗址的南部区域进行了前期的勘探试掘。参加勘探试掘的有：丁品、程厚敏、黄建平和钱松甫。勘探过程中发现了文化层堆积，还有大量的红烧土，确认了这一带遗址的分布范围。在勘探基础上，布实挖2×9米试掘探沟3条，探沟位置纳入了遗址的整体布方体系中，即T0403、T0703（北端）、T1102（西端）。其中除T0703的地层被晚期严重扰乱，已无文化层堆积外，在T0403表土层下发现了马桥文化时期的地层，在T1102的马桥文化时期地层下清理了M1。M1随葬品有陶器3件，即鼎、罐和钵，其中圜底处装饰有规律的交错刻划纹的素面扁侧足鼎引起了我们的极大兴趣：这是一件典型的"广富林遗存"的鼎。清理完M1后，我们对探沟回土覆盖，等待春节后正式发掘。

"广富林遗存"因1999年上海松江广富林遗址的发掘和发现而命名，是太湖地区新发现的一种新石器时代末期文化遗存，其相对年代要晚于良渚文化，而文化面貌更是与良渚文化有显著不同。我个人虽然对太湖地区新石器时代末期文化比较关注，并在2000年写过一篇相关论文[1]，但浙江尚未正式发掘到明确属于"广富林遗存"时期的地层或遗址，当时对"广富林遗存"的文化面貌、性质等了解得还不多。2005年春节期间，脑子里都在想着良渚文化—弧背鱼鳍形足鼎—广富林遗存（扁侧足鼎）—马桥文化。

2005年3～6月，经国家文物局批准，由浙江省文物考古研究所和湖州市博物馆组成的联合考古队带着无限的遐想和期待对遗址进行了第三次发掘。参加发掘的有：丁品、程厚敏、方忠华、陈武、陈全合、黄建平、陈孔涛、黄绍平，丁品任领队。邱军强、王光立参加了部分发掘工作。（彩版二：2；彩版三：2）

这次发掘揭露了一处反复堆土营建与居住后形成的村落遗址，虽然没有发现期望中的广富林时期大规模墓地，但在"广富林遗存"时期的地层下，发掘到了以弧背鱼鳍形足鼎为代表的钱山漾一期文化遗存，文化面貌单纯又富有时代和个性特征，是一种与良渚文化面貌完全不同的新的文化类型，可以说是这次发掘最重要的收获。第三次发掘区的文化层堆积还要往南部延伸，因为多种原因当时未能发掘。

2008年3～5月，为完整取得该遗址的考古发掘资料，我们又在第三次发掘区的南部进行了第四次发掘（图1-2-2）。参加发掘的有：丁品、王江、陈武、田松亭、邱军强，丁品任领队。

_____

[1]　丁品：《良渚文化向马桥文化演化过程中若干问题的思考》，《东方博物》2002年第六辑。

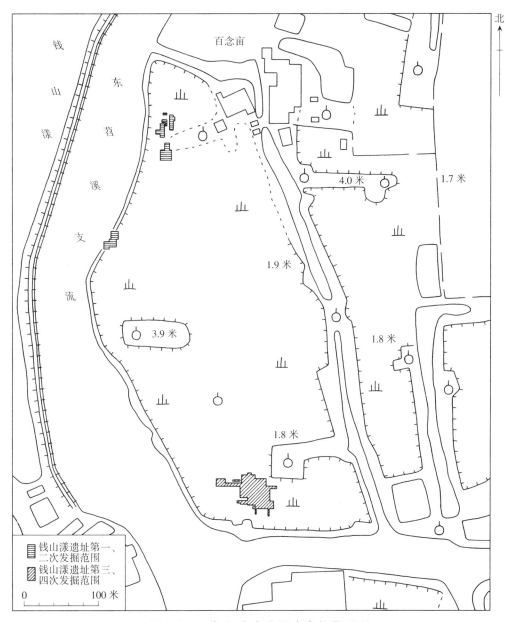

图 1-2-2　钱山漾遗址历次发掘位置图

钱山漾遗址发掘期间，特别是在发现钱山漾一、二期文化遗存和建筑居址 F3 之后，先后邀请北京大学考古文博学院赵辉，上海博物馆宋建、周丽娟、陈杰、翟杨，苏州博物馆丁金龙，美国夏威夷大学焦天龙，良渚博物院蒋卫东和浙江省文物考古研究所刘斌、王海明、方向明等到现场观摩指导，对钱山漾遗址出土遗物和发现的重要遗迹都提出了非常有益的意见。（彩版四：1）

我所郑云飞、陈旭高两位先生非常重视钱山漾遗址的植物遗存信息，不同阶段多次进驻工地，筛选土样（彩版四：3），为钱山漾遗址多学科研究付出了辛勤的劳动。

钱山漾遗址考古发掘过程中，得到了浙江省申嘉湖高速公路指挥部、湖州市文体局、湖州市博物馆、八里店镇文化站以及潞村、云东村村委等各级领导和潞村、云东村朴素勤劳的乡亲们（彩版三：1）的大力支持和帮助，在此谨表衷心的感谢。

第三节　资料整理与报告编写

2005 年上半年第三次发掘结束后，2005 年下半年和 2006 年上半年，在湖州市的钱业会馆对发掘资料进行了整理。参加整理工作的有丁品、程厚敏、陈武、黄绍平。器物绘图由吴学功、陈武完成，器物照片由李永嘉拍摄。整理期间，中国考古学会会长张忠培先生、杨晶女士，上海博物馆宋建、周丽娟、陈杰、翟杨，浙江省文物考古研究所考古一室的牟永抗、王明达、刘斌、赵晔、徐新民、方向明、王宁远、楼航等先后来到整理现场，观摩了出土遗物，并对遗址遗物的认识提出了宝贵的意见。后来，我们以简报形式发表了第三次发掘的新石器时代部分发掘资料①。

2008 年 5 月，第四次发掘结束后，我们将发掘遗物拉到我所瓶窑工作站马上进行整理。原计划下半年继续整理，但因余杭经济开发区有抢救性考古发掘任务，整理工作被迫暂停。余杭经济开发区的发掘工地先是灯笼山遗址和玉架山遗址（后交本所楼航实际主持），后是茅山遗址。特别是茅山遗址的发掘，从 2009 年 7 月一直持续到 2011 年 12 月。钱山漾的整理工作，这一搁不觉已三年半。

2012 年春节过后，在余杭区博物馆新找的临平北郊库房重新开始整理第四次发掘资料，并与第三次发掘材料融汇。参加整理工作的有丁品、陈武、李波。齐东林和李林巧负责器物绘图，陈武负责报告的遗迹线图，李永嘉负责器物照片拍摄。同年 9 月，资料整理完成后开始编写发掘报告。至 2013 年 8 月，发掘报告基本完成。

报告的第一～六章、第八章。附录一、附录六由丁品撰写。

我所科技考古室郑云飞、陈旭高完成了报告第七章中的植物遗存分析（第一节至第三节），北京大学考古文博学院张颖博士完成了第七章中的动物遗存分析（第四节），第七章第五节的动植物遗存反映的古环境和先民的经济活动由郑云飞和张颖合作完成。浙江大学地球物理系董传万老师对出土的石器岩性做了鉴定（附录二）。中国丝绸博物馆周旸对遗址出土的两件马桥文化时期纺织品做了纤维测试报告（附录三）。北京大学考古文博学院的秦岭为钱山漾遗址写了年代学研究报告（附录四）。

钱山漾遗址的发掘整理及报告编写过程中得到了许多先生的关注与指导。2006 年 6 月 15 ~ 16 日，在上海松江召开的"环太湖地区新石器时代末期文化暨广富林遗存学术研讨会"上，张忠培先生在最后的总结发言中提出：可以将重新认识的钱山漾一期文化遗存直接命名为"钱山漾文化"②。2006 年 10 月，张忠培和杨晶等先生还来到湖州市博物馆康山库房钱山漾遗址整理现场指导（彩版四：2），并风趣地说："我是送文化来了"。2006 年 11 月，在杭州召开的"纪念良渚文化发现六十周年"会议期间，严文明先生非常重视钱山漾遗址的新石器时代文化遗存和发现的居住遗迹 F3。2005 年 5 月北京大学考古文博学院的赵辉先生来发掘工地指导，在考古队租住的三楼低矮的小阁楼里一起摸陶片的情形也还历历在目。在此一并谨致深深的敬意和感谢。

---

① 浙江省文物考古研究所、湖州市博物馆：《浙江湖州钱山漾遗址第三次发掘简报》，《文物》2010 年第 7 期。

② 张忠培：《解惑与求真——在"环太湖地区新石器时代末期文化暨广富林遗存学术研讨会"的讲话》，《南方文物》2006 年第 4 期。

第二章　发掘概况和地层堆积

第一节　发掘概况

遗址现地貌为水田与土墩夹杂，水田海拔在 1.8~2 米，土墩海拔在 3.5~3.9 米。土墩以近现代堆积为主，其形成应与历年对西侧的东苕溪支流的疏浚有关。近年砖瓦厂不断取土，土墩的范围越来越小，留下很多的断面和陡坡。

发掘期间，我们采用东西间距 10、南北间距 30~50 米的网格状探眼对钱山漾遗址的东、南、北三界进行了勘探。勘探结果表明，钱山漾遗址现存实际范围大致呈南北向的条状，中部略向西侧弯曲，南北长约 550、东西宽 110~130 米，面积近 7 万平方米。在此条状遗址分布范围内，按文化层堆积，可初步确定遗址的堆积重点区域有 A、B、C 三块，呈南北纵向分布。其中北侧的 A 块在第一、二次主要发掘区附近；南部的 C 块即第三、四次发掘区附近；中部的 B 块，现为一东西长 80 余米、南北宽 30~40 米的土台，土台上部为近现代堆土，下部发现有文化层，从土质土色看，似为人工营建，但受晚期破坏严重。（图 2-1-1）

第三、四次发掘区位于钱山漾遗址的最南端。

第三次发掘共布 10×10 米探方 8 个（编号 T0802、T0902、T0903、T1001、T1002、T1003、T1101、T1102）、9×10 米探方 2 个（编号 T0503、T0901）、8×10 米探方 1 个（编号 T0803）、5×8 米探方 1 个（编号 T0804）、5×10 米探方 5 个（编号 T0603、T0703、T0801、T0904、T1103）、3×10 米探沟 2 条（编号 T0403、T1202），加上扩方，合计发掘面积 1432 平方米。（图 2-1-2）

第四次发掘布 10×5 米探方 6 个（编号 T01-04、T06、T07）、5×5 米探方 2 个（编号 T05、T08），南北向 1×5 米和 1×10 米探沟各 1 条（编号 T09、T010）。遗憾的是，发掘开始不久，我们就在所布探方的 T02 东部、T03 西部和 T07 西部发现了高速公路建设方留下的填埋巨石的破坏性深坑。所以，在实际发掘过程中，这三个探方不得不缩小面积。本次布方加上 T01、T06 的西侧扩方，实际发掘面积 340 平方米。（图 2-1-2）

两次发掘共计发掘面积 1772 平方米，清理新石器时代的居住遗迹 5 处、墓葬 1 座、灰坑 19 座、灰沟 4 条和器物组 3 组；马桥文化时期的居住遗迹 2 处，灰坑 191 座，灰沟 9 条和水井 7 口。共出土陶、石、玉、木、骨等各类文化遗物近千件。

钱山漾遗址的文化内涵主要包含了新石器时代晚期和属于青铜文化的马桥文化两个时期的遗存，另有少量春秋战国到宋代的堆积。根据地层堆积和出土遗

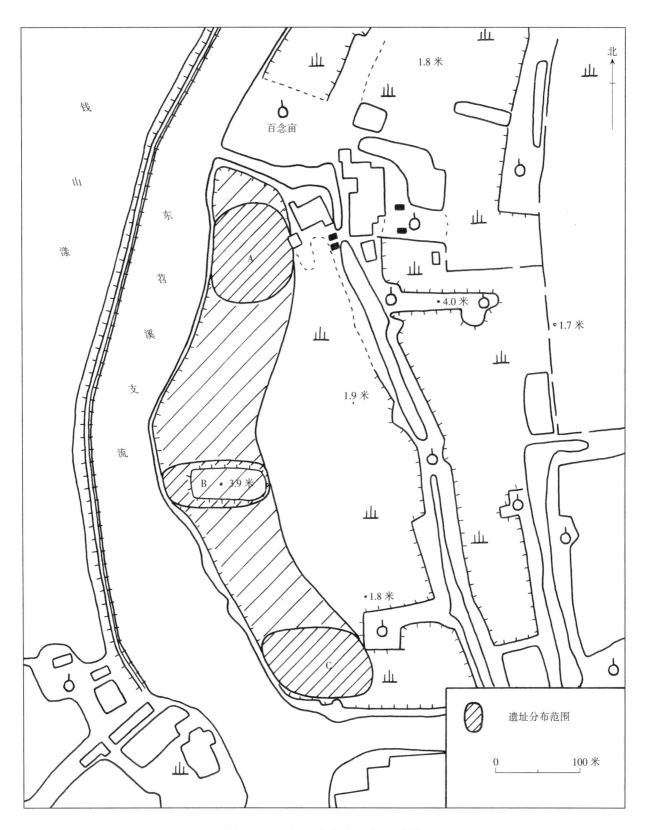

图 2-1-1　钱山漾遗址分布范围图

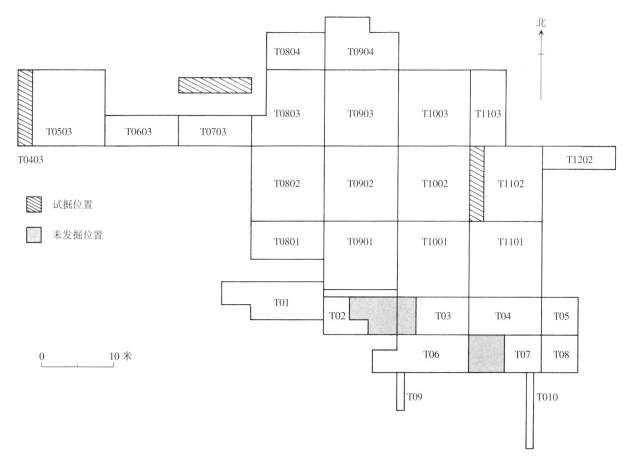

图 2-1-2　钱山漾遗址第三、四次发掘布方图

物，其中新石器时代晚期文化遗存又可以分为两期，即钱山漾一期文化遗存和钱山漾二期文化遗存。这两期文化遗存的发现是钱山漾遗址第三、四次发掘最重要的收获。

第二节　地层堆积

钱山漾遗址第三、四次发掘的区块，南、北部和西南部均已被宋代以后的晚期堆积破坏，东端已到原遗址边缘。残存土台大致呈东西向不规则长方形，东西约 60 余米，南北约 40 余米，面积约 2500 平方米。土台西外侧的 T0403 和 T0503 两探方中发现有压住土台的生活废弃堆积。

地层上需要说明的是，在已经发表的钱山漾遗址第三次发掘简报中，我们将第三次发掘区的堆积共分了 13 层。第四次发掘区的地层总体与第三次发掘地层相近，新增加了两层，分别编为第 3 层（属于马桥文化时期）和第 14 层（属于钱山漾一期文化遗存），而将原来简报中属于春秋战国时期的第 3 层改为 2B 层。

一　中心土台地层堆积

以 T0903、T0902、T0901 东壁剖面（图 2-2-1），T1003、T1002、T1001、T03、T06 东壁

剖面（图 2-2-2）和 T0802、T0902、T1002、T1102、T1202 北壁剖面（图 2-2-3）为例，介绍如下。（彩版五：1、2；彩版六：1）

第 1 层　现代耕土层，灰黄土，厚 5～25 厘米。土质松软。该层下开口的遗迹有马桥文化灰坑 3 个（H176、H207 和 H210）。

第 2 层　分 2 小层。

第 2A 层　灰土，厚 0～15 厘米。包含物杂乱。该层下开口的遗迹有钱山漾二期文化遗存的居住遗迹 1 处（F3）、灰坑 1 个（H155）；马桥文化时期居住遗迹 2 处（F1、F2）、水井 6 口（J4、J5、J7～J10）、灰沟 6 条（G1、G3～G5、G7 和 G10）及灰坑 137 个（H3 等）；春秋战国时期灰坑 5 个（H1、H2、H7、H9 和 H20）；六朝时期灰坑 1 个（H192）和宋代水井 3 口（J1～J3）。

第 2B 层　黄褐土，含细沙，厚 0～15 厘米。仅局部分布。包含有少量印纹陶残片，纹样有麻布纹、米格纹和叶脉纹等，器形有罐、豆等。为春秋战国时期堆积。该层下开口的遗迹有马桥文化灰坑 11 个（H48、H158～H160、H163、H164～H167、H169 和 H172）。

第 3 层　灰黄土，厚 0～25 厘米。仅分布在发掘区的南缘。包含物有陶片、石器等。可辨陶器器形有鼎、罐、豆、盆等，陶器装饰纹饰有绳纹、篮纹、方格纹和叶脉纹等。为马桥文化时期堆积。该层下开口的遗迹有马桥文化灰坑 3 个（H196、H206 和 H208）和灰沟 1 条（G11）。

第 4 层　分 2 小层。

第 4A 层　深灰褐土，厚 0～40 厘米。主要分布于发掘区南部。包含物有陶片、石器等。夹砂陶器表常有绳纹、篮纹或条格纹，器形以鼎、甗为主，泥质陶有些质地较硬，器表常拍印有方格纹、云雷纹、席纹、叶脉纹、条纹和各类纹饰的组合纹，器形有豆、盆、罐、鸭形壶、瓿、觯等。为马桥文化时期堆积。该层下开口的遗迹有钱山漾二期文化遗存居住遗迹 1 处（F4）、灰坑 2 个（H131、H132）和马桥文化灰坑 27 个（H64、H66～H67、H95、H96、H98、H124、H161、H175、H177、H179～H181、H183、H184、H186、H187、H190、H193～H195、H198、H202、H209、H212、H213 和 H215）、灰沟 2 条（G2、G13）。

第 4B 层　浅灰褐土，厚 0～52 厘米。主要分布于发掘区东南部。包含物与第 4A 层相近。该层下开口的遗迹有钱山漾二期文化遗存的墓葬 1 座（M1）、灰坑 7 个（H110、H111、H133、H137、H139、H151 和 H154）和马桥文化灰坑 4 个（H41、H136、H149 和 H182）。

第 5 层　分 3 小层[①]。

第 5A 层　灰黑土，厚 0～22 厘米。土质较松，夹杂有草木灰、红烧土颗粒等，包含有较多陶片和残石器。陶片以夹砂陶居多，也有泥质陶，可辨器形有扁侧足鼎、细高把豆、罐等。

第 5B 层　浅黄土，厚 0～10 厘米。土质较纯净，包含有少量陶片，特征与第 5A 层同。

第 5C 层　青灰褐土，厚 0～20 厘米。土质疏松，夹杂大量草木灰、炭粒和少量红烧土颗粒、石块等。包含物特征与第 5A 层同。该层下开口的遗迹有钱山漾二期文化遗存灰坑 1 个（H135）。

---

① 从分布范围及堆积相看，第 5 层也像是一处面积较大的坑状堆积。野外发掘中编为地层发掘清理，报告中不再改动。

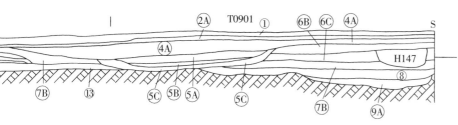

01 东壁地层剖面图

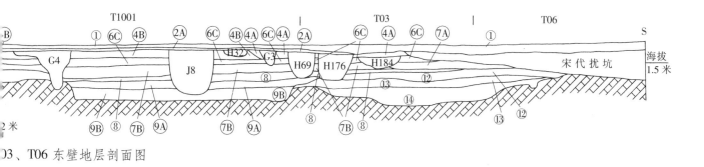

03、T06 东壁地层剖面图

02、T1202 北壁地层剖面图

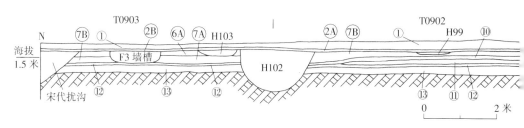

图 2-2-1　T0903、T0902、T09

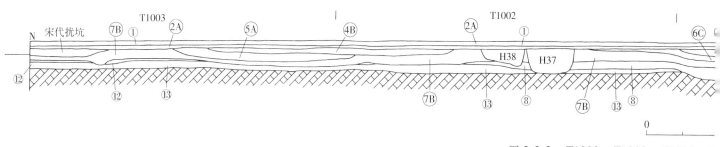

图 2-2-2　T1003、T1002、T1001、T

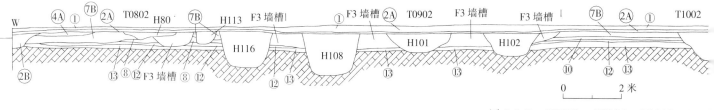

图 2-2-3　T0802、T0902、T1002、T11

第 6 层　分 3 小层。

第 6A 层　黄褐粉土，厚 0～18 厘米。土质纯净，为 F3 营建前的铺垫层。出土少量陶片，器形有圈足盘等。该层下开口的遗迹有钱山漾一期文化遗存灰沟 1 条（G8）、器物组 2 组（Q1、Q2）。

第 6B 层　黄褐土，厚 0～25 厘米。分布于发掘区南部。土质硬，较为纯净，为人工营建层。包含物有陶片和石器。可辨陶器器形有扁侧足鼎、鱼鳍形足鼎、豆、罐、盆等，陶器装饰纹样有绳纹、篮纹、弦断绳纹或篮纹、方格纹、各类刻划纹等。石器有柳叶形或三棱形前锋的镞、锛、犁等。该层下开口的遗迹有钱山漾二期文化遗存灰坑 1 个（H147）。

第 6C 层　泛灰绿的黄褐土，厚 0～32 厘米。分布于发掘区南部。夹杂大量红烧土颗粒，土质坚硬，似经加工，为人工营建层。包含物特征与第 6B 层同，另出土有 1 件玉凿。该层下开口的遗迹有钱山漾一期文化遗存灰坑 1 个（H152）。

第 7 层　分 2 小层。

第 7A 层　灰黄褐斑土，厚 0～22 厘米。分布在发掘区东南部。土质较松，夹杂有草木灰、炭粒、红烧土颗粒和部分兽骨，并含有大量陶器残片和石器等。陶器器形有鱼鳍形足鼎、宽把豆、圈足盘、罐、盆等。陶器装饰纹样有绳纹、篮纹、弦断绳纹或篮纹、方格纹、附加堆纹和各类刻划纹等。石器有柳叶形或三棱形前锋的镞、锛、刀、犁等。该层下开口的遗迹有钱山漾一期文化遗存灰沟 1 条（G9）。

第 7B 层　黄绿色土，厚 0～42 厘米。夹杂有红烧土颗粒、炭粒等。为人工营建层。包含物有陶片和石器等，特征与第 7A 层同。该层下开口的遗迹有钱山漾一期文化遗存灰沟 2 条（G6、G12）、器物组 1 组（Q3）。

第 8 层　褐斑黄粉土。厚 0～35 厘米。土质较硬，夹杂有红烧土颗粒和炭粒等。为人工营建层。包含物有陶片和石器等，特征与第 7A 层相近。该层下开口的遗迹有钱山漾一期文化遗存的灰坑 2 个（H168、H170）。

第 9 层　分 2 小层。

第 9A 层　青灰褐斑土，厚 0～25 厘米。分布于地势低洼的南部，应为北侧土台生活居住时形成的废弃堆积。土质松软，内含较多陶片和部分石器，还有兽骨、木头、毛竹片、竹或麻葛类编织物和炭粒等。陶片中黑陶和棕褐陶数量增加，可能与该层的埋藏环境有关，陶器形制和器类与第 7A 层相近。

第 9B 层　青灰土，土质松软，厚 0～40 厘米。分布于发掘区东南部。包含物特征与第 9A 层同。

第 10 层　黄褐土，厚 0～17 厘米。土质坚硬，并夹杂大量红烧土块。仅分布在 F5、F6 附近，该层形成与 F5、F6 废弃有关。包含有不多的陶器残片和石器。陶片以夹砂陶为多，也有泥质黑皮陶和灰陶等，器形有鱼鳍形足鼎、罐、盆、盘等，陶器装饰纹样有绳纹、篮纹、弦断绳纹或篮纹、条纹、方格纹等。石器有镞、锛、刀等。该层下开口的有钱山漾一期文化遗存居住遗迹 2 处（F5、F6）。

第 11 层　灰黄土，厚 0～13 厘米。仅分布于发掘区中部，为 F5、F6 营建前的铺垫层。土质硬，包含物有少量的陶片、残石器等，特征与第 10 层同。

第12层　黑褐土，厚0~25厘米。分布于发掘区中部和南部，人工营建层。土质略黏而板结，含有少量的碎陶片。该层下开口的有钱山漾一期文化遗存居住遗迹1处（F7）和灰坑2个（H218、H219）。

第13层　灰褐土，厚0~27厘米。人工营建层。土质硬，包含物有少量陶片，器形有鱼鳍足形鼎等。

第14层　青灰淤泥，厚0~52厘米。分布在发掘区的南部。局部呈东西向的不规则沟状。包含有少量陶片，可辨器形有鱼鳍形足鼎、鸭嘴状凿形足鼎和罐等。

第14层下为黄褐色生土。

二　土台西外侧地层堆积

以T0403东壁剖面为例说明（图2-2-4）：

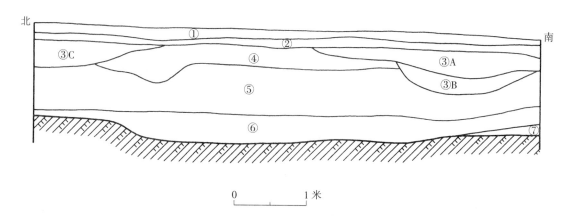

0　　　　　　1米

图2-2-4　T0403东壁地层剖面图

第1层　耕土层，灰黄色土，厚10~15厘米。

第2层　深褐色黏土，厚5~10厘米。近代翻动层。宋代水井J1在该层下开口。

第3层　分3小层。

第3A层　褐斑浅灰土，厚0~35厘米。分布在探沟南部。包含物有各种纹样的印纹陶残片，器形有罐、豆等。

第3B层　褐色黏土，厚0~25厘米。分布在探沟南部，包含物与第3A层同。

第3C层　黑褐土，厚0~40厘米。分布在探沟北部，包含物与第3A层同。

第3层为春秋—战国时期堆积。

第4层　灰黑土，厚0~50厘米。包含有较多陶器残片和残石器，特征与中心土台的第4层相近，为马桥文化时期堆积。

第5层　褐斑灰绿色土，厚30~65厘米。土质较硬，包含物与第4层相近，也为马桥文化时期堆积。

第6层　灰黑土，夹杂有木段和炭粒，厚0~40厘米。包含有较多陶器残片，以夹砂陶居多，器形有扁侧足鼎、细高把豆、盆形釜、罐等。从出土物特征看，与中心土台的第5、6层年代相当。

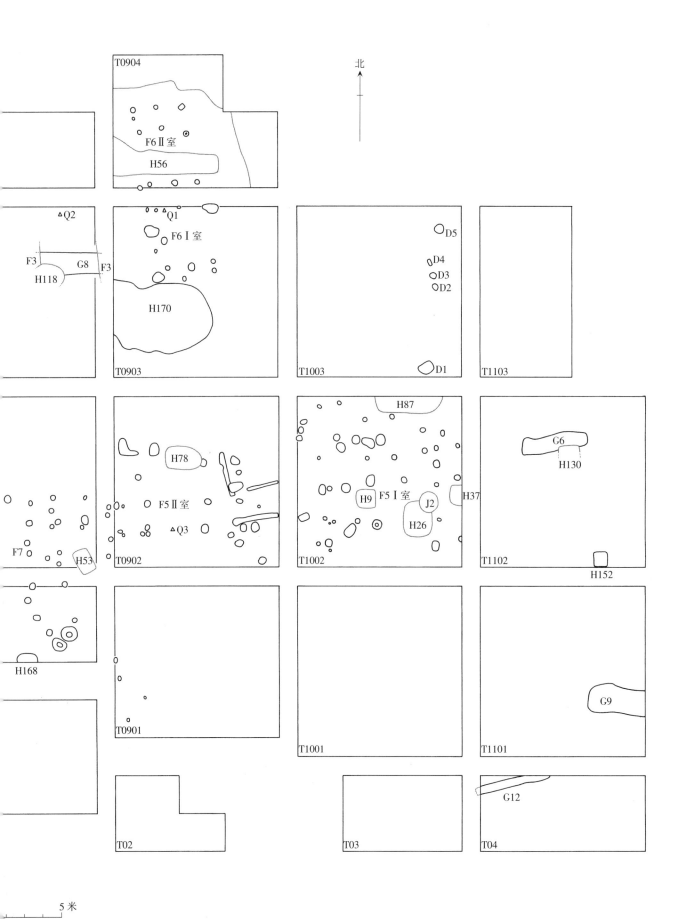

北

T0904

F6Ⅱ室

H56

△Q2 △Q1

F6Ⅰ室

F3 G8 F3
H118

H170

T0903

D5

D4
D3
D2

T1003 D1 T1103

H87

H78 G6
H130

F5Ⅱ室
△Q3 H9 F5Ⅰ室 H37
J2
H26

F7 H53 T0902 T1002 T1102
H152

H168

G6

G9

T0901 T1001 T1101

G12

T02 T03 T04

5米

期文化遗存遗迹平面分布图

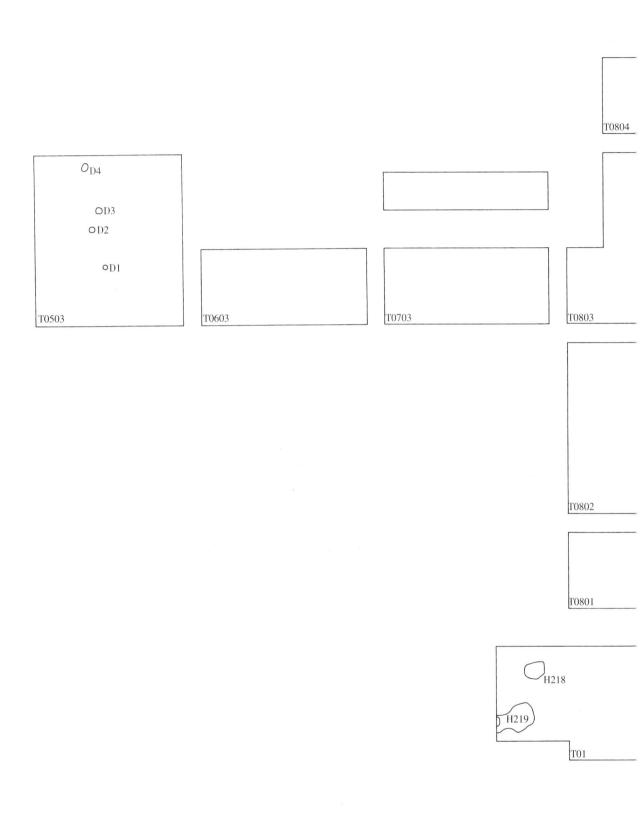

图 2-3-1 钱山漾一

第7层　灰黄粉土，厚0～15厘米。土质纯净，仅发现有零星碎陶片，特征与第6层相近。

第7层下为黄褐色生土。

第三节　遗址堆积的形成过程与分期

钱山漾遗址第三、四次发掘区处于钱山漾遗址的南部。发掘表明这里是一处经反复堆土营建与居住后形成的低台型村落遗址。由于受到晚期扰乱，再兼发掘范围所限，难以对遗址、遗迹的形成与性质作全面而准确的判断，我们仅根据地层堆积、遗迹分布和出土的遗物情况将遗址的形成过程分为如下五个大的阶段：

第一阶段：第14层为青灰色淤泥层，是发掘区最早形成的堆积。仅分布在发掘区的最南部即T03、T04、T06、T07等探方。平面分布范围不规则，局部呈沟塘状，但人为加工痕迹不明显，似是在地势低洼处积水后形成的淤积层。这个阶段发掘区应处于遗址的边缘地带。发掘区内生土面由北往南倾斜的地势已经形成。

第13层为人工营建层，基本上覆盖了整个发掘区。第13层形成后，发掘区内开始有了最早的居住活动。在发掘区中北部T0802、T0801附近发现有居住遗迹F7。在T1003内发现南北向排列的5个柱洞（坑）。这个阶段的生活遗迹还有灰坑H168、H218和H219。

第二阶段：第12层也是人工营建层。北部原来地势稍高处较薄，南部原地势低洼处铺垫较厚。在此基础上，又有意识地在发掘区北部的T0803、T0804、T0902、T0903、T0904和T1002一带铺垫了第11层。然后，在地势略高的第11层上形成了一南一北两处居住遗迹即F5、F6。第10层为夹杂大量红烧土块的黄褐土，主要集中分布在F5、F6附近。推测第10层应是F5、F6倒塌废弃后形成。

居住遗迹南部主要分布在T0901、T1011、T1001和T02、T03的第9A、9B层为青灰淤泥层，其中夹杂有较多生活废弃物如陶片、竹编、动物骨骼、稻米和植物果实等，其形成应与F5、F6的居住活动密切相关。

这个阶段的其他生活遗迹还有灰坑H168、H170和灰沟G6、G8、G12。另外，在第10层层面上发现三组器物，编为Q1～Q3。

第三阶段：第8层和第7B层是一次较大规模的堆土营建，基本覆盖了整个发掘区。第7A层则局部分布在发掘区东南和南部的T1101南部和T01～T04等探方内，包含有较多陶片和有机质如动物骨骼等。这个阶段发掘区与居住有关的遗迹仅在T0503内发现南北排列的4个柱洞，其他生活遗迹仅有灰坑H152、灰沟G9，表明发掘区在此阶段可能已不处于遗址的中心地带。（图2-3-1）

第四阶段：遗址的第6A层是一种相对纯净的黄褐色粉土，仅分布在发掘区中北部的F3附近，该地层又被F3打破。据此推断，第6A层应是F3营建前特意的铺垫层。第6B层也是营建层，只分布在F3的南部即T0801、T0901、T1001等探方内。第6C层是一种夹杂红烧土颗粒、细沙和小石子的黄褐土，质地坚硬。大约呈半环状分布在F3的东、南、西三侧，具体从F3东部的T1103、T1102、T1101到南部的T1001、T0901、T0801、T0802再到F3西部的

T0703、T0603 等探方内。特意铺垫营建的特征明显，似可看成 F3 外围的小型"活动广场"。其中以 F3 东南侧的第 6C 层保存较好。

清理的建筑遗迹有大型居住遗迹 F3 和位于 F3 东南部的建筑遗迹 F4，此外在 F3 的东部（T1102）和南部（T0901）还发现有零散的柱洞（坑）。清理的此阶段其他生活遗迹还有墓葬 M1 和灰坑 H110、H111、H131～H133、H135、H137、H139、H147、H150、H151、H153～H155 等 14 座。（图 2-3-2）

第五阶段：第 4A、4B 层均只是局部分布在原来地势略低的东部和南部。第 3 层则仅分布在发掘区最南端，也是这个时期村落的最南缘即 T06、T07、T08 等探方内。钱山漾遗址这个阶段以灰坑为代表的遗迹特别丰富，可能说明聚落人口和先民活动的增加。

清理的生活遗迹有居住遗迹 F1、F2，灰沟 G1～G5，G7、G10、G11、G13，水井 J4～J10 和灰坑 191 个。（图 2-3-3）

第五阶段以后，发掘区内局部发现有少量春秋战国时期的地层、春秋战国到六朝时期的灰坑和宋代的河沟、水井等，不进入本报告分期或分段中。

结合文化遗物分析研究，将钱山漾遗址的文化堆积分为三期：

第一至第三阶段为钱山漾一期文化遗存。

第四阶段为钱山漾二期文化遗存。

第五阶段为钱山漾三期文化遗存。

钱山漾一、二期文化遗存均属于太湖地区的新石器时代晚期文化。

钱山漾三期文化遗存属于太湖地区青铜时代的马桥文化。

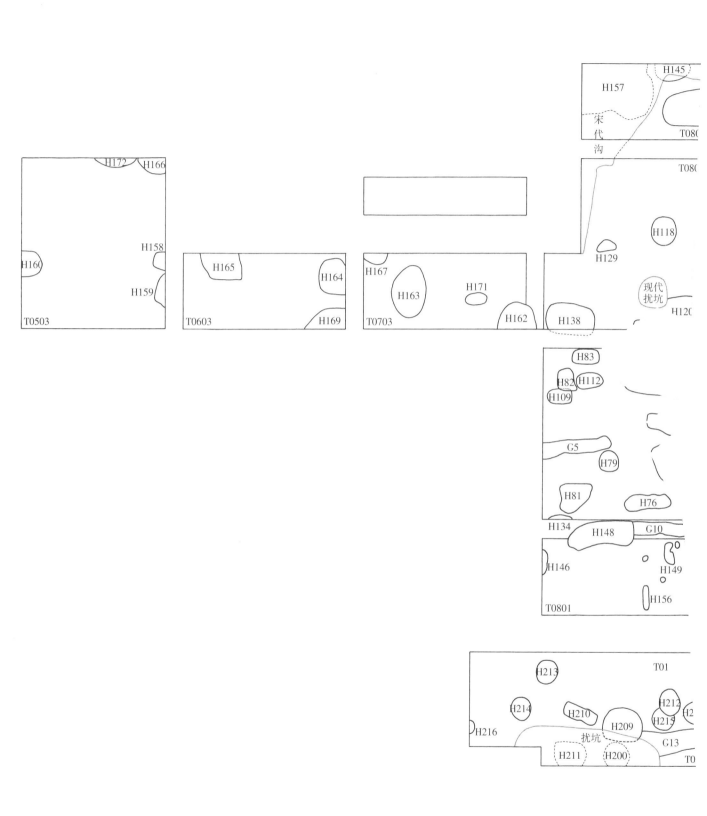

图 2-3-3 马桥文化遗迹平

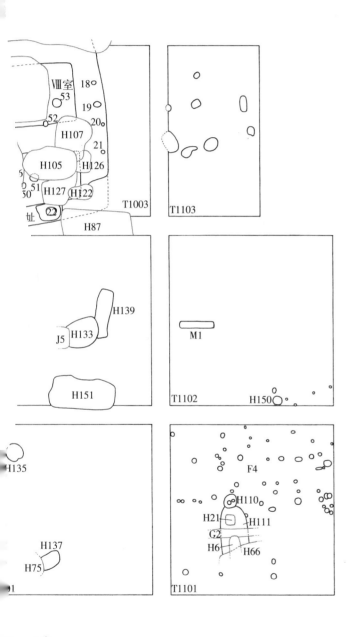

北

VIII室 18
53
19
52 20
H107
21
H105 H126
5
51 H127 H122
50
址 22 T1003 T1103
H87

H139
H133
J5
M1
H151 T1102 H150

H135
F4
H110
H137 H21 H111
H75 G2
H6 H66
01 T1101

5 米

存遗迹平面分布图

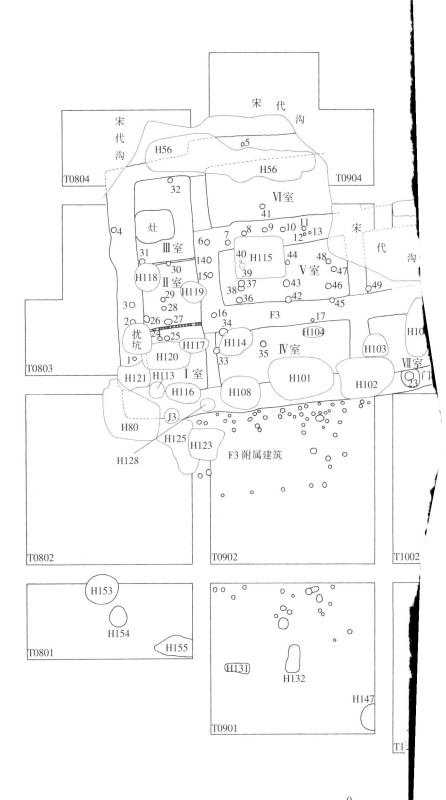

图 2-3-2　钱山漾二期文化

北

扰坑

H56
T0904

H115
H104
H114
T0903
H101 H102
H108
H128
H116
H125 (晚)
H123 H92
H90 H73 H78
H91 H59
H52
H55
H53
J4
H7
H72
H13
H14 H49
H11 H10
H119
H117

扰坑
H107 H89
H106 H105 H126
H127 H122
T1003
T1002
H84
H85 H86
H19
H18 H17
J5 H40
H74
H99
H93
T0902
H87
H88
H24
H38
J2(晚)
H26
H37
H39
H36

H142
H143
H144
J6
H141 H140
G7
T1103
H31 H30 H47
H28
H130 H48
H29
H2(晚)
T1102
H178 H35
T1101
H4 H5
H43 H42 H112
H44 H41 H25
扰坑 H22 H36
H3 H15
H2
G2
H67 H66
H6 H65 H16
G3
H64 G1 H45
H69

H97
H95 H98
H96 H124 T1202
H7

H61
H77 F1
H60 H50
H62
H54 J7
H58 H68 H5
H33
H75 H27
H23
H8
H94
H136 H34
F2
J8
H46
H32
H26
G4
G3
H69
H161

T0901

H193
T02
H179 H188

扰坑
H186 H178
H183
T03 H181
H203
H202
H176
H182 H175 H184
H177 H174
H185

H187
T04
扰坑
H180

扰坑
H205
T05

H191
H190 H206
G11 G11
J9
H189 H208 H206
T07 T08 H201

H196
扰坑
H217 H204 J10
H198
H194
H195
扰坑
H199

面分布图

第三章 钱山漾一期文化遗存

第一节 文化遗迹

发现有居住遗迹、灰坑、灰沟和器物组等。现分别介绍如下：

一 居住遗迹

共发现 3 处。分属于遗址堆积形成的第一和第二阶段。

F7

主要分布于 T0801、T0802 的东部和 T0901、T0902 的西部。开口于第 12 层下，打破第 13 层。中东部被一马桥文化灰坑 H53 打破。平面共发现柱洞（坑）33 个。其中北部 21 个柱洞（坑）（D1 ~ D21）分布上可分为南北向的四列，大致围成一比较规整的东西向长方形，东西长约 4.8、南北宽 3.3 米，面积近 16 平方米。（图 3-1-1A；彩版六：2）

柱洞（坑）平面呈圆形或椭圆形，除 D14 个体略大外，其余直径在 0.15 ~ 0.35 米之间，深在 0.12 ~ 0.35 米之间。除个别柱洞（坑）底略凹弧外，其余均为平底。柱洞（坑）内均填青灰色土，有的出土有零星陶片，柱子均已不存。南部的 8 个柱洞（坑）（D22 ~ D29）分布略偏向西侧，其中 D28、D29 柱坑较大，柱痕明显。另外，在东南侧地势倾斜处也发现 4 个直径较小的柱洞（D30 ~ D33）。（图 3-1-1B、C）

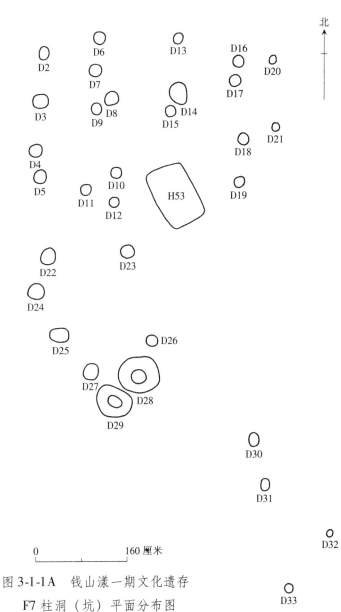

图 3-1-1A 钱山漾一期文化遗存
F7 柱洞（坑）平面分布图

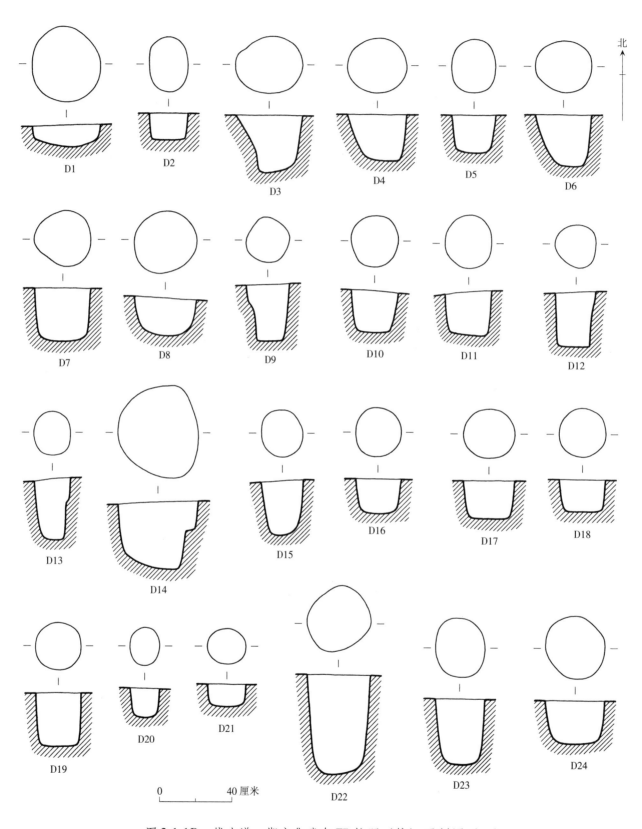

北

图 3-1-1B　钱山漾一期文化遗存 F7 柱洞（坑）平剖图（一）

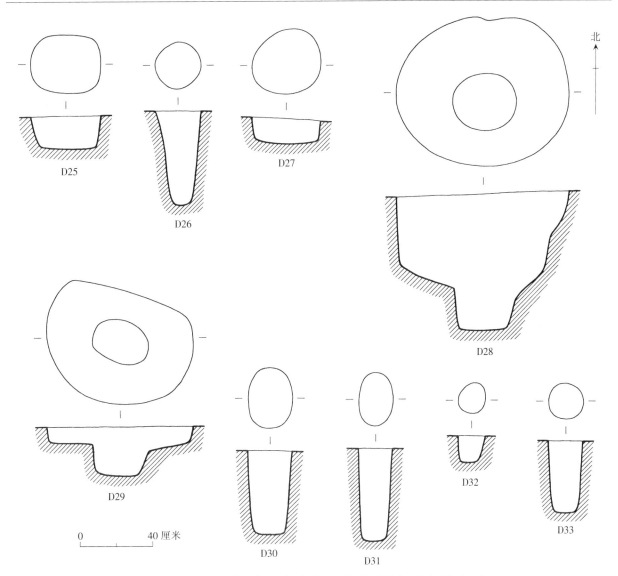

图 3-1-1C　钱山漾一期文化遗存 F7 柱洞（坑）平剖图（二）

　　根据柱洞（坑）的排列情况，结合平面没有发现与居址有关的生活遗迹，推测 F7 为干栏式建筑。北侧的长方形单位应是此干栏建筑的主体部分，南部的柱洞（坑）可能与此建筑的进出通道有关。果如此，F7 的方向应朝南。

　　F6

　　位于 T0903 北部和 T0904 南部。开口于第 10 层下，打破第 11 层。共清理柱洞（坑）24 个。这些柱洞（坑）的平面分布比较有规律：东西有 3~4 个柱洞（坑）成排，共南北 6 排。

　　根据柱洞（坑）的排列判断，F6 是一座呈南北向的长方形地面建筑，总长 9.4、宽 3~3.95 米。可分南、北两室（即Ⅰ室和Ⅱ室），其中Ⅰ室在南，其南、西、北三面均由双排柱围成。Ⅱ室在北，中部被马桥文化灰坑 H56 打破。南、北侧也为双排柱，其中南侧双排柱与Ⅰ室共用。Ⅰ、Ⅱ室由内柱围成的空间平面均近方形，面积约 9 平方米。门道在东侧，Ⅰ室在 D1 和 D13 之间，Ⅱ室在 D14 和 D24 之间，方向均为 82 度。（图 3-1-2A）

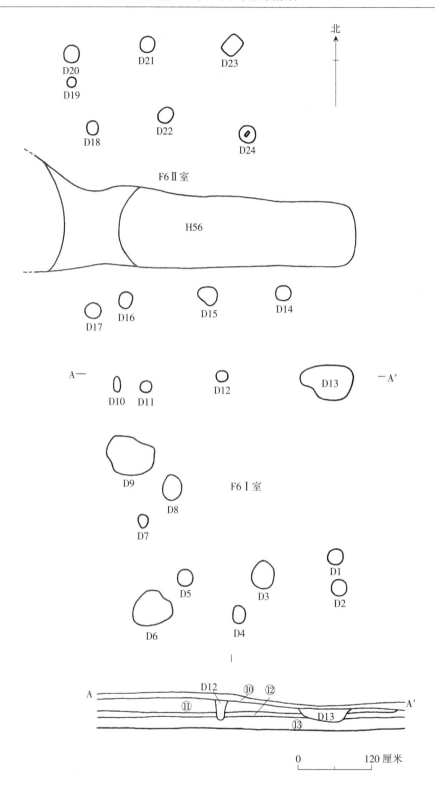

图 3-1-2A　钱山漾一期文化遗存 F6 平剖图

　　F6 柱洞（坑）平面除个别为圆角长方形外（D23），大部分为圆形或不规则椭圆形，直径在 0.15 ~ 0.46 米间，深在 0.12 ~ 0.4 米间，圜底或平底（图 3-1-2B）。D6、D9、D13 平面呈不规则椭圆形，形制较大，长径在 0.65 ~ 0.85 米间。柱洞（坑）内填灰褐土或灰

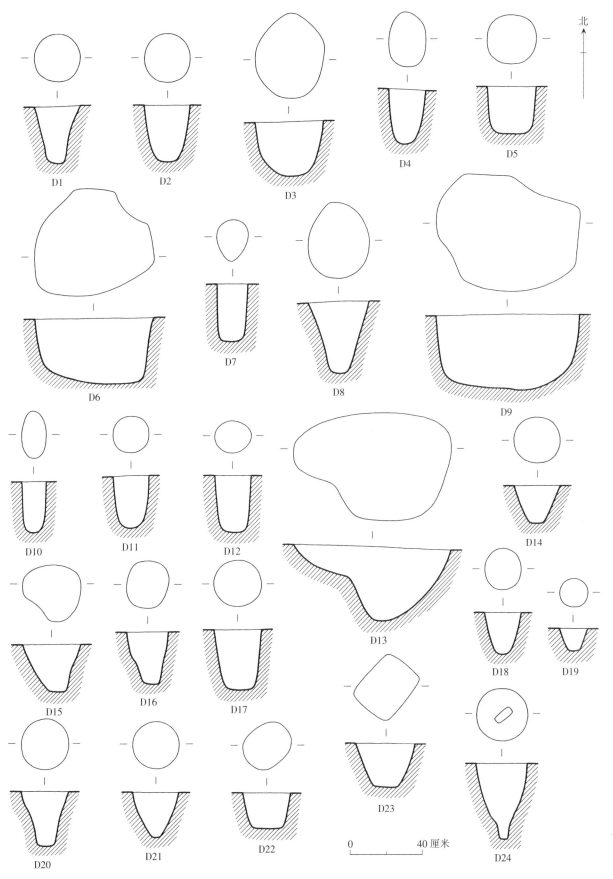

图 3-1-2B　钱山漾一期文化遗存 F6 柱洞（坑）平剖图

土，夹杂大量红烧土颗粒和烧土块。D24 内底发现有柱痕，其余均不见。

从地层发掘情况看，第 11 层为一种相对纯净的灰黄土，仅分布在 F6 和 F5 周围。推测是 F6、F5 营建前的铺垫层。第 10 层为夹杂有大量红烧土块的黄褐土，叠压居住遗迹 F6、F5 的柱洞（坑），分布范围也仅限在 F6、F5 附近。第 10 层中出土的红烧土块，一部分有平整的面，一部分断面可见残留木骨，应该是与 F6 废弃堆积如墙体等密切相关。F6 内没有发现灶等使用遗迹。

F5

位于 T0902 和 T1002，北距 F6 约 8 米。开口于第 10 层下，打破第 11 层。共清理柱洞（坑）63 个。为一座平面为东西向的长方形建筑，东西总长约 19 米。根据柱洞（坑）的排列分布情况将其分为独立的东、西两室。（图 3-1-3A）

东侧一间 F5 Ⅰ 室，东南部和北部被马桥文化时期的灰坑 H26、H37、H87 和水井 J5 以及宋代水井 J2 打破。Ⅰ 室共发现清理柱洞（坑）41 个（编号 D1～D41）。柱洞的分布有些凌乱，但总体可视为一处由双排柱围成的东西向长方形地面建筑，东西长约 8、南北宽约 6.25～6.5 米。东侧的双排柱有 D1～D9，北侧的双排柱有 D10、D11、D13、D17～D19、D21、D34、D35 等，西侧的双排柱有 D24～D33。南侧没有发现柱洞（坑），应为门道。Ⅰ 室内的 D14～D16、D22、D23、D30 和北侧双排柱外侧的 D12、D20、D36～D40 等的形成似与 F5 Ⅰ 室的使用与修缮有关。Ⅰ 室内没有发现其他使用遗迹。（图 3-1-3A）

F5 Ⅰ 室柱洞（坑）平面除个别为不规则形（D19）或圆角长方形（D41）外，余均为圆形或不规则椭圆形，直径在 0.08～0.75 米之间，深在 0.09～0.57 米不等，平底或浅圜底。D19、D23、D41 形制稍大。柱洞内均填夹杂红烧土颗粒的灰褐色土，D10、D18、D21 和 D31 底部或侧部垫有石块，D15 底部发现有明显柱痕，柱子的直径约 0.2 米。（图 3-1-3B、C）

西侧一间 F5 Ⅱ 室，北部被一马桥文化灰坑 H78 打破。Ⅱ 室共发现柱洞（坑）22 个（编号 D42～D63），是一处平面呈东西向的长方形地面建筑，东西长约 7、南北宽 4.5～5 米。东西两侧均为双排柱，北侧为单柱。门道在南侧（D52 和 D61 之间），宽约 2.75 米。Ⅱ 室东侧还发现三条浅沟槽状遗迹，编为 C1～C3，沟槽打破第 11 层，又被 F5 Ⅱ 柱洞 D47 打破，营建时间应该与 F5 同时或略晚。沟槽长 1.75～2.55、宽 0.1～0.37、深 0.04～0.13 米，底平，性质不明。F5 Ⅱ 室内也没有发现其他遗迹。（图 3-1-3A）

F5 Ⅱ 室柱洞（坑）平面大都为圆形或不规则椭圆形，直径 0.15～0.65、深 0.18～0.45 米。D47 为圆角长方形，长约 0.8 米；D56 为刀形，最长 1 米，形制较大。没有发现有柱子或柱痕。（图 3-1-3C、D）

F5 的营建也与 F6 相同，即在营建前先在拟建的范围铺垫了第 11 层，让居址所在地成为一个相对高于周边的小高地。第 10 层也是一种夹杂了大量红烧土块的黄褐土，应是 F5 的废弃堆积。

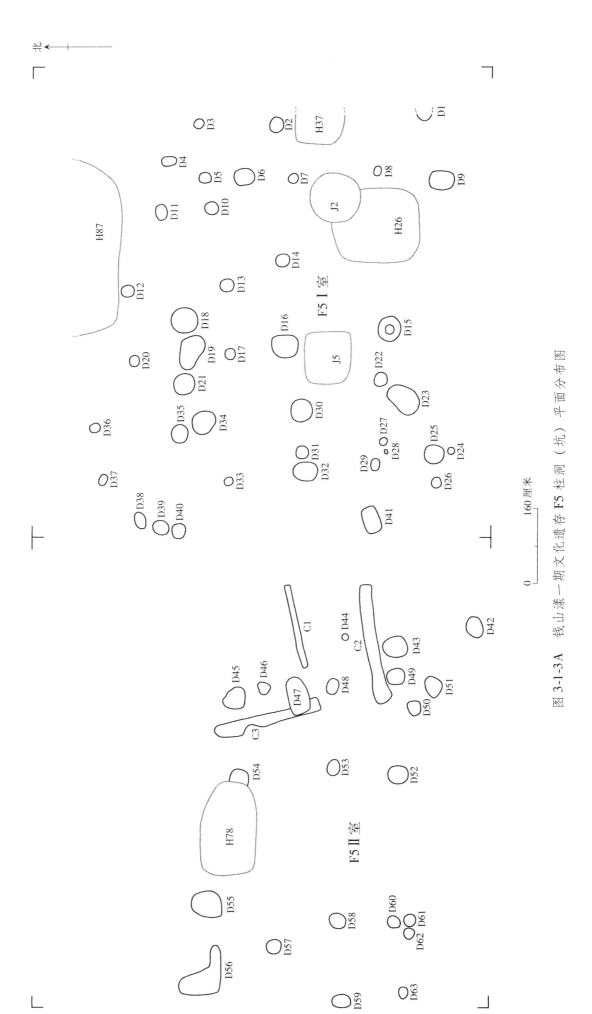

图 3-1-3A 钱山漾一期文化遗存 F5 柱洞（坑）平面分布图

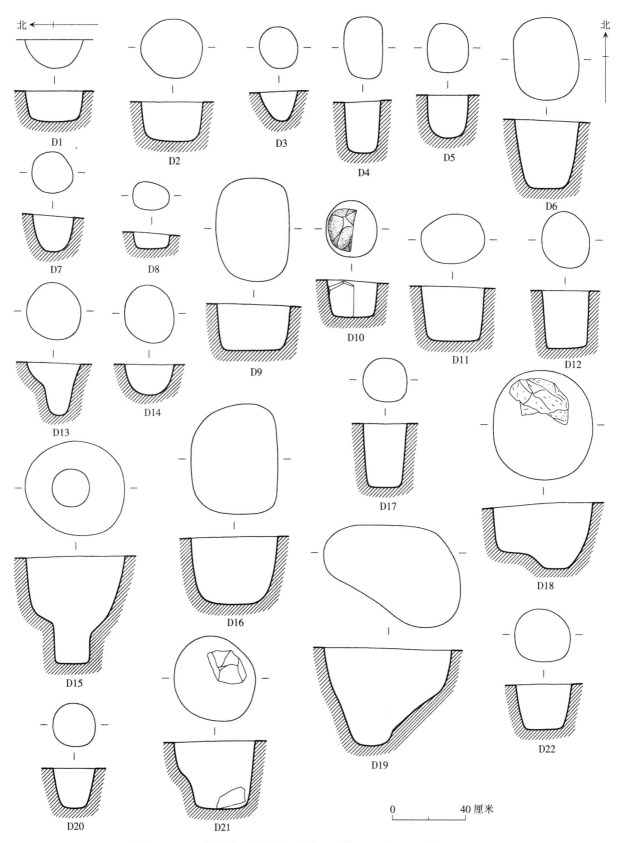

图 3-1-3B　钱山漾一期文化遗存 F5 柱洞（坑）平剖图（一）

北

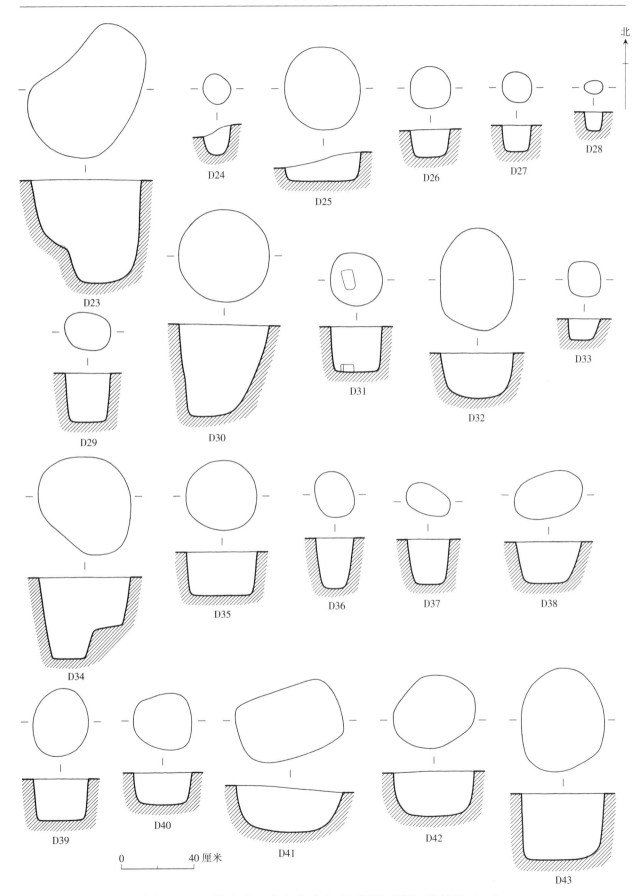

图 3-1-3C　钱山漾一期文化遗存 F5 柱洞（坑）平剖图（二）

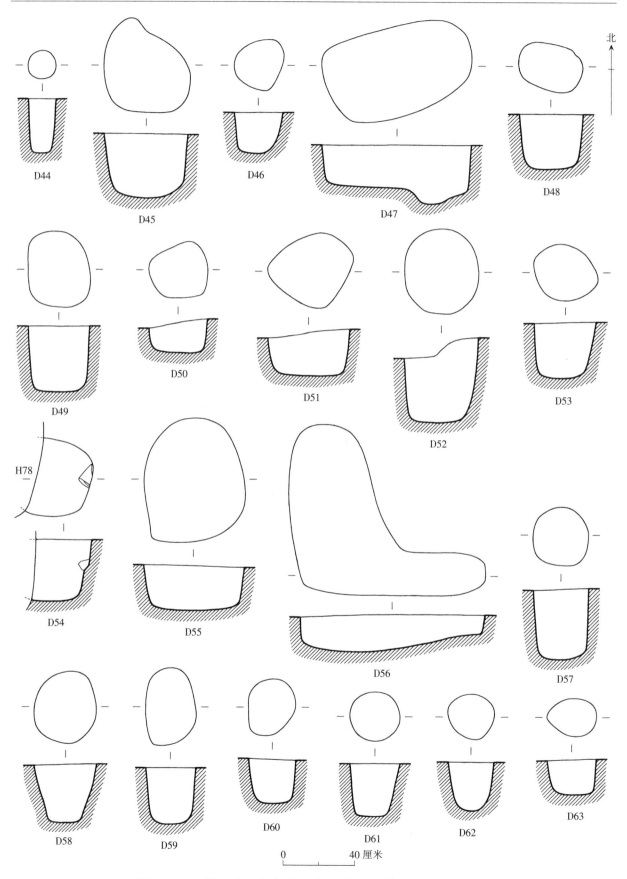

北

D44

D45

D46

D47

D48

D49

D50

D51

D52

D53

H78

D54

D55

D56

D57

D58

D59

D60

D61

D62

D63

0　　　　　40厘米

图 3-1-3D　钱山漾一期文化遗存 F5 柱洞（坑）平剖图（三）

另外，在 T1003 东部发现 5 个零散的柱洞（坑）（编号 D1～D5），第 12 层下开口，打破第 13 层，大致呈南北向排列。在 T0503 中北部发现 4 个柱洞（坑）（编号 D1～D4），第 7B 层下开口，打破第 8 层，大致呈西北—东南向排列。（表 3-1-1）

表 3-1-1　钱山漾一期文化遗存零散柱洞（坑）登记表

名称 编号	平面形状	底部形态	尺寸（厘米）		填土	其他
			口径	深度		
T1103						
D1	不规则椭圆形	圜底	62～82	13	灰褐色土	底部有垫板
D2	椭圆形	平底	28～32	21	灰褐色土	
D3	椭圆形	平底	29～33	17	灰褐色土	
D4	圆角长方形	尖底	长 30、宽 18	31	灰褐色土	
D5	近圆形	平底	50	14	灰褐色土	
T0503						
D1	圆形	圜底	30	20	灰褐色土	
D2	椭圆形	圜底	27～33	23	灰褐色土	
D3	圆形	圜底	35	21	灰褐色土	
D4	椭圆形	圜底	40～47	30	灰褐色土	

二　灰坑

共发现 5 个。分属于遗址堆积形成的第一至三阶段。

H152

位于 T1102 的东南部。开口于第 6C 层下，打破第 8 层。坑口近方形，长 0.8、宽 0.75、深 0.12 米。斜壁，平底。坑内堆积为黄褐土。包含物有陶鱼鳍形足鼎、豆（残碎）和石锛等各 1 件。（图 3-1-4A、B）

H152：1，Cb 型石锛。青灰色石质。（彩版二二：7）

H152：2，Ba I 式鱼鳍形足鼎。夹砂棕褐陶。（彩版一一：3）

H168

位于 T0801 南部。开口于第 8 层下，打破第 13 层和生土层。灰坑南半部伸入探

图 3-1-4A　钱山漾一期文化遗存 H152 平剖图

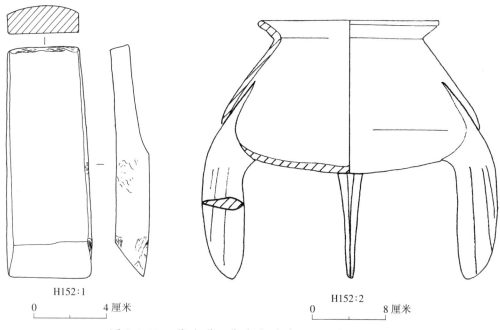

H152:1

0   4厘米

H152:2

0   8厘米

图 3-1-4B　钱山漾一期文化遗存 H152 出土器物

方南壁，未作清理。坑口为不规则椭圆形，径约 1.1、深 0.29 米。斜壁，平底。坑内堆积为褐斑青灰土，含少量草木灰，无包含物。（图 3-1-5）

H170

位于 T0903 中西部。开口于第 8 层下，打破第 12、13 层和生土层。灰坑西半部伸入探方西壁，未作处理。坑口为不规则的东西向椭圆形，清理部分直径 3.85 ~ 5.86、深 0.14 ~ 0.2 米。坑壁斜，底不平。坑内堆积为灰褐色土，土质较松，夹杂有草木灰和红烧土颗粒。包含物有少量陶片和石器等，可辨器形有陶鱼鳍形足鼎和石锛、钺、砺石等。（图 3-1-6A、B）

H170:1，Cb 型石锛。青灰色石质。（彩版二二：4）

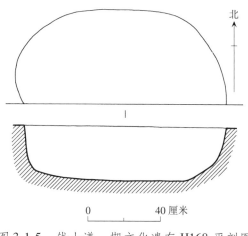

北

0   40厘米

图 3-1-5　钱山漾一期文化遗存 H168 平剖图

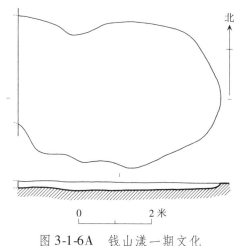

北

0   2米

图 3-1-6A　钱山漾一期文化
遗存 H170 平剖图

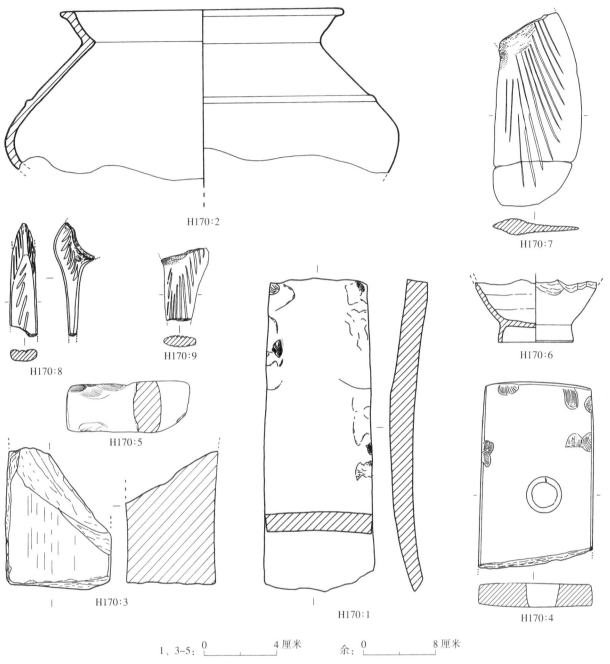

图 3-1-6B　钱山漾一期文化遗存 H170 出土器物

H170：2，A I 式鱼鳍形足鼎口沿。夹砂灰陶。

H170：3，C 型砺石。灰黑色砂岩。

H170：4，残石钺。灰黑色泥质硅质岩。（彩版二〇：1）

H170：5，B 型砺石。灰色泥岩。

H170：6，圈足。泥质黑陶。

H170：7，鱼鳍形鼎足。夹砂红陶。足两侧饰刻划纹。

H170：8，鸭嘴状凿形鼎足。夹砂灰陶。足面和两侧均饰刻划纹。

H170：9，鱼鳍形鼎足。夹砂红陶。足两侧饰刻划纹。

H218

位于 T01 往西扩方的北部。开口于第 12 层下，打破生土层。坑口呈不规则椭圆形，直径 0.81 ~ 1.12、深 0.14 米。斜弧壁，坑底往西略倾斜，坑底附着有炭灰，似经火烧。坑内堆积为灰黑土，夹杂有较多草木灰。包含物有少量鱼鳍形足鼎碎片和碎小的动物骨骼。（图 3-1-7）

H218：1，A I 式鱼鳍形足鼎口沿。夹砂黑陶。折沿，束颈。沿外缘有一小台面，沿面微内凹。

H219

位于 T01 往西扩方的西南部。开口于第 12 层下，打破生土层。灰坑西端被一扰坑打破。坑口不规则形，东西最长 2.1、南北最宽 1.45、深 0.25 米。斜弧壁，底略圜。坑内堆积为灰褐土，夹杂少量草木灰。包含物有少量陶片，可辨器形有鱼鳍形足鼎、鸭嘴状凿形足鼎等。灰坑西端伸入扩方西壁，未作清理。（图 3-1-8）

H219：1，A I 式鱼鳍形足鼎口沿。夹砂黑陶。

H219：2，鸭嘴状凿形鼎足。夹砂红陶。足根两侧有刻划纹。

H219：3，鼎足。夹砂黑陶。残损严重。

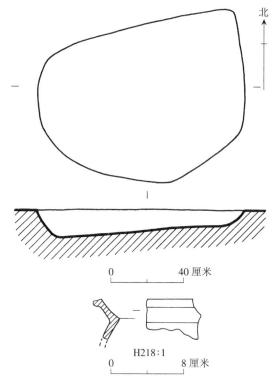

图 3-1-7　钱山漾一期文化遗存
H218 平剖图及出土器物

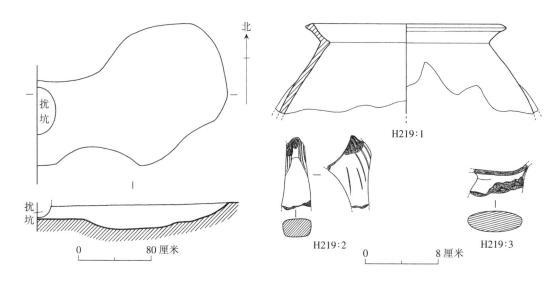

图 3-1-8　钱山漾一期文化遗存 H219 平剖图及出土器物

三　灰沟

共发现 4 条。分属于遗址堆积形成的第二至三阶段。

G6

位于 T1102 的中北部。开口于第 7B 层下，打破第 13 层，东南部被 H130 打破。平面为东西向的不规则长条形，东西长 3.54、南北宽 0.68~0.94、深 0.16 米。沟壁斜弧，底浅平。沟内堆积为青灰色土，较为纯净。包含物有少量夹砂陶片。（图 3-1-9）

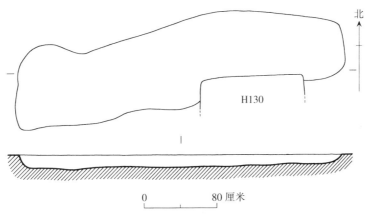

图 3-1-9　钱山漾一期文化遗存 G6 平剖图

G8

位于 T0803 东北部。开口于第 6A 层下，打破第 12、13 层。平面为东西向的长条形，东、西两端被 F3 墙槽和灰坑 H118 打破。残长 3.13、宽 1.12~1.18、深 0.32 米。斜壁，底近平。沟内堆积为黄褐色土，夹杂少量烧土颗粒，质地硬。包含物仅有少量碎陶片。（图 3-1-10）

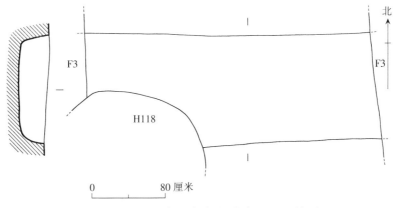

图 3-1-10　钱山漾一期文化遗存 G8 平剖图

G9

位于 T1101 的东南部。开口于第 7A 层下，打破第 8 层。平面为东西向的不规则长条形，往东伸入东隔梁中。残长 3.10、宽 1.4~1.62、深 0.34 米。沟壁斜弧，底部由西往东倾斜。沟内堆积为青灰色土，土质较松，夹杂少量草木灰和红烧土颗粒。包含物有部分陶片，可辨器形有鱼鳍形足鼎、罐等。（图 3-1-11）

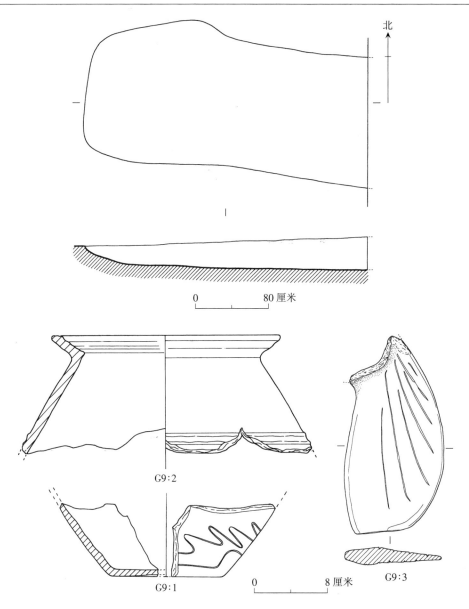

图 3-1-11　钱山漾一期文化遗存 G9 平剖图及出土器物

G9：1，泥质罐平底。泥质黑衣陶。下腹部饰水波纹。底径 12.4 厘米。

G9：2，A Ⅱ 式鱼鳍形足鼎口沿。夹砂红陶。折沿，束颈。沿面略凹弧有旋纹，腹部一周凸带纹。口径 25 厘米。

G9：3，鱼鳍形鼎足。夹砂红陶。足两侧饰刻划纹。

G12

位于 T04 西北部，东北部伸入探方东壁、北壁，未作清理。开口于第 7B 层下，打破第 12 层。平面为略呈东北—西南走向的长条形，残长 4.14、宽约 0.42、深 0.14 米。沟壁斜弧，圜底。沟内堆积为浅灰褐土，土质疏松，局部夹杂有较多红烧土颗粒，含少量草木灰。包含物有少量陶片和石器等，可辨器形有陶鼎、罐、圈足盘、瓮、甗、网坠和石镞、球等。（图 3-1-12）

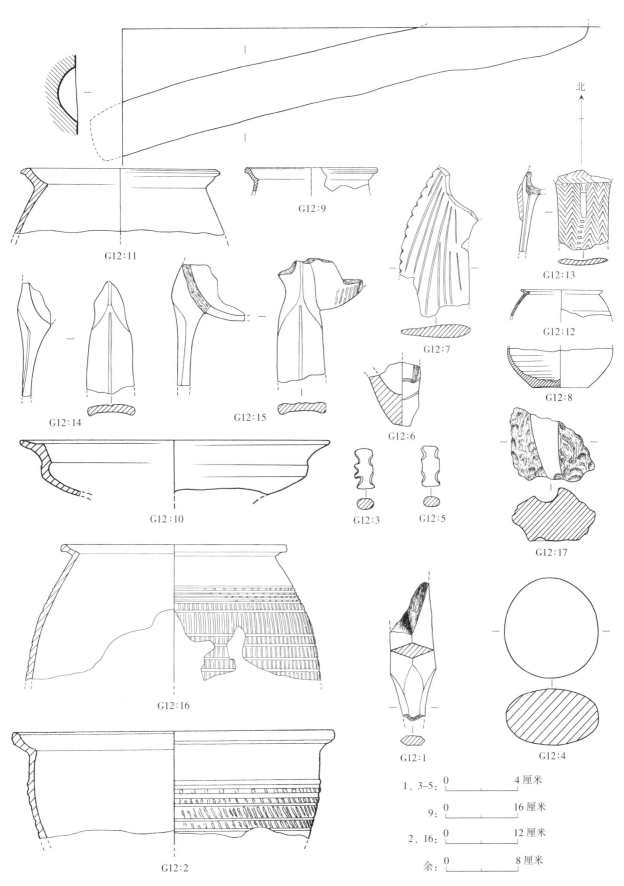

北

G12:9

G12:13

G12:11

G12:7

G12:12

G12:14　　　　　G12:15

G12:8

G12:6

G12:10

G12:3　　　G12:5

G12:17

G12:16

G12:1　　　　　G12:4

G12:2

1、3~5:	0	4 厘米
9:	0	16 厘米
2、16:	0	12 厘米
余:	0	8 厘米

图 3-1-12　钱山漾一期文化遗存 G12 平剖图及出土器物

G12：1，A 型石镞。深灰色粉砂质泥岩。

G12：2，B 型瓮口沿。夹砂红胎黑陶。

G12：3，陶网坠。夹砂黑陶。（彩版一九：5）

G12：4，石球。灰色杂砂岩。

G12：5，陶网坠。夹砂灰陶。（彩版一九：6）

G12：6，鬶的袋足。夹砂红陶。

G12：7，A 型鱼鳍形鼎足。夹砂红陶。弓背侧缘有锯齿纹装饰，足两侧饰刻划纹。

G12：8，泥质罐。泥质灰黄陶。平底微内凹。内壁有旋纹。底径 6.1 厘米。

G12：9，C 型扁侧足鼎口沿。夹砂红陶。

G12：10，A 型圈足盘口沿。泥质红陶。腹部一周凸棱。口径 33.6 厘米。

G12：11，AⅡ式鱼鳍形足鼎口沿。夹砂红陶。口径 21.6 厘米。

G12：12，C 型泥质罐。泥质灰黄陶。

G12：13，舌形鼎足。夹砂红陶。足面上端贴附一纵向泥条，下端纵向排列横向长方形剔刻纹，足面满饰刻划八字纹。

G12：14，鸭嘴状凿形鼎足。夹砂红陶。

G12：15，鸭嘴状凿形鼎足。夹砂红陶。

G12：16，Aa 型瓮口沿。夹砂黑陶。

G12：17，红烧土块标本。红烧土，局部未烧透呈黑色。中部有半个圆孔，似为木骨痕迹。

四　器物组

器物组是指发现于营建层层面、相对集中的成组器物，未见土坑。性质不明。共 3 组。

Q1

位于 T0903 北部。发现于第 6A 层下、第 10 层面上。共发现陶、石器 10 件，其中陶器有纺轮 2 件，石器有刀 5 件、锛 2 件、镞 1 件。（图 3-1-13A、B；彩版七：1）

Q1：1，A 型石刀。灰色石质。（彩版二三：4）

Q1：2，石刀。残。灰色泥质粉砂岩。（彩版二三：6）

Q1：3，A 型石刀。茶色和灰黑色夹杂色。（彩版二三：1）

Q1：4，A 型石刀。灰色泥质细砂岩。上端残。

Q1：5，A 型石刀。灰色泥质细砂岩。上端残。

Q1：6，A 型纺轮。泥质灰黄陶。（彩版一九：1）

Q1：7，C 型纺轮。夹细砂黄陶。

Q1：8，Aa 型石锛。灰黑色石质。

Q1：9，Bb 型石锛。浅灰色硅质泥岩。

Q1：10，D 型石镞。肉红色玻屑凝灰岩。

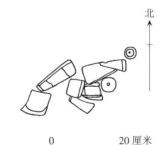

图 3-1-13A　钱山漾一期文化
遗存 Q1 平面图

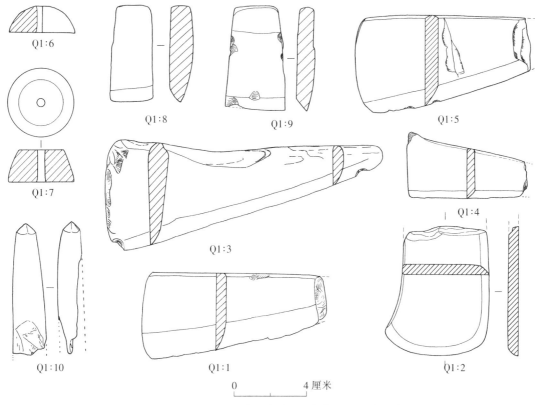

Q1:6
Q1:8
Q1:9
Q1:5
Q1:7
Q1:4
Q1:3
Q1:10
Q1:1
Q1:2

0　　　　　4厘米

图 3-1-13B　钱山漾一期文化遗存 Q1 出土器物

Q2

位于 T0803 的中北部。发现于第 6A 层下、第 10 层面上。共发现石、骨、陶等器物 30 件，其中陶器有罐 3 件、纺轮 5 件，石器有锛 9 件、刀 4 件、镞 1 件，骨器有镞 8 件。（图 3-1-14A、B；彩版七：2）

Q2：1，A 型石锛。灰白色粉砂质泥岩。表皮因风化而剥落，质略变轻。顶部残。单面刃。残长 6.4、刃宽 4.3 厘米。

Q2：2，B 型罐。泥质红陶。

Q2：3，A 型纺轮。夹砂灰黄陶。（彩版一九：1）

Q2：4，E 型纺轮。泥质灰黄陶。（彩版一九：1）

Q2：5，Ab 型石锛。灰黄色石质。磨制。

Q2：6，Ca 型石锛。灰黑色糜棱岩。

Q2：7，A 型石刀。灰色泥质粉砂岩。（彩版二三：2）

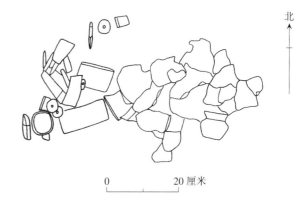

北

0　　　　　20厘米

图 3-1-14A　钱山漾一期文化遗存 Q2 平面图

Q2：8，A 型石刀。青灰色石质。（彩版二三：3）

Q2：9，E 型纺轮。泥质黑陶。

Q2：10，Bb 型石锛。灰白色粉砂质泥岩，质轻。（彩版二一：9）

Q2：11，A 型石刀。灰色泥质粉砂岩。残。

Q2：12，Ab 型石锛。灰色糜棱岩。

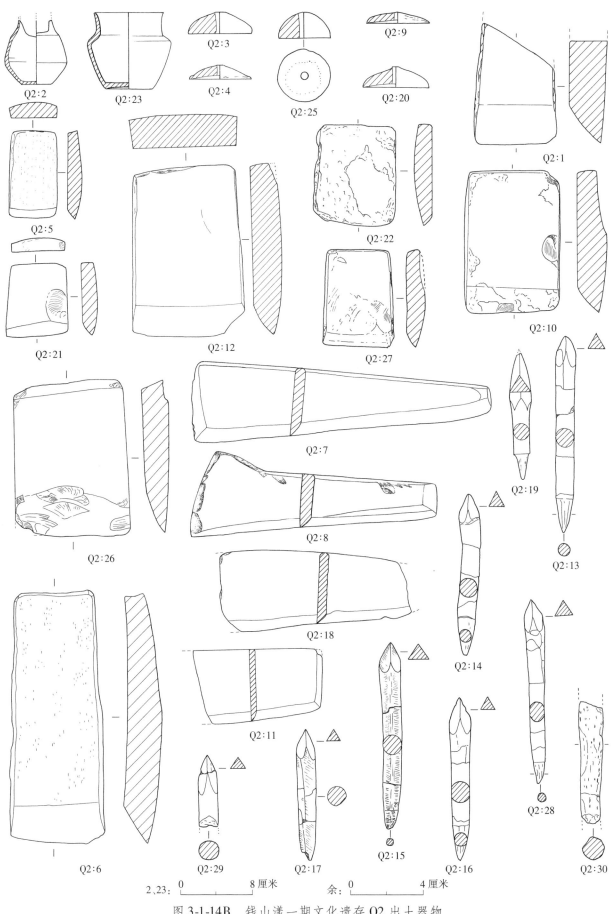

Q2:2　Q2:23　Q2:3　Q2:9　Q2:1
Q2:4　Q2:25　Q2:20
Q2:5　Q2:22　Q2:10
Q2:21　Q2:12　Q2:27
Q2:7　Q2:19
Q2:26　Q2:8　Q2:13
Q2:14
Q2:18
Q2:6　Q2:11　Q2:28　Q2:30
Q2:29　Q2:17　Q2:15　Q2:16

2、23：　0 —— 8厘米　余：0 —— 4厘米

图 3-1-14B　钱山漾一期文化遗存 Q2 出土器物

Q2：13，骨镞。（彩版二七：1）

Q2：14，骨镞。（彩版二七：4）

Q2：15，骨镞。

Q2：16，骨镞。（彩版二七：2）

Q2：17，骨镞。（彩版二七：5）

Q2：18，A 型石刀。灰黑色板岩。残。

Q2：19，C 型石镞。灰色石质。精磨。（彩版二四：9）

Q2：20，E 型纺轮。泥质黑陶。（彩版一九：1）

Q2：21，Ab 型石锛。灰白色石质。

Q2：22，Ab 型石锛。灰白色粉砂质泥岩。质地因风化而疏松变轻。

Q2：23，B 型泥质罐。泥质灰陶。（彩版一五：6）

Q2：24，泥质罐的腹片。泥质黑陶。残朽。腹部饰有绳纹（因残碎没有绘图）。

Q2：25，A 型纺轮。泥质灰黄陶。（彩版一九：1）

Q2：26，Bb 型石锛。灰白色粉砂质泥岩。表皮因风化而略脱落。

Q2：27，Ab 型石锛。灰色石质。

Q2：28，骨镞。（彩版二七：3）

Q2：29，骨镞。残朽严重。

Q2：30，骨镞。残朽严重。

Q3

位于 T0902 的中南部。发现于第 7B 层下、第 10 层面上。共发现陶、石器 9 件，其中石器 6 件，即锛 3 件、凿 1 件、犁 2 件，陶器有鼎 1 件、器盖 2 件。（图 3-1-15A、B；彩版七：3）

Q3：1，Bb 型石锛。灰白色粉砂质泥岩。质地因风化而疏松变轻。（彩版二二：1）

Q3：2，石凿。灰色糜棱岩。精磨。（彩版二二：8）

Q3：3，石犁。灰色泥质粉砂岩。残。一侧边起单面刃。厚 0.6 厘米。

Q3：4，A 型器盖。夹砂红陶。（彩版一八：1）

Q3：5，A 型器盖。泥质灰黄陶。（彩版一八：2）

Q3：6，Ba 型石锛。浅灰色硅质泥岩。（彩版二一：7）

Q3：7，Cb 型石锛。灰色石质。锛身向一侧弓起。弓起面磨制精，凹弧面磨制粗。（彩版二二：5）

Q3：8，石犁。灰色泥质粉砂岩。残。厚 0.65 厘米。

Q3：9，Ba I 式鱼鳍形足鼎。夹砂红陶。

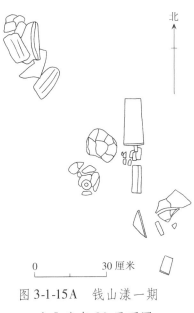

北

0   30 厘米

图 3-1-15A　钱山漾一期
文化遗存 Q3 平面图

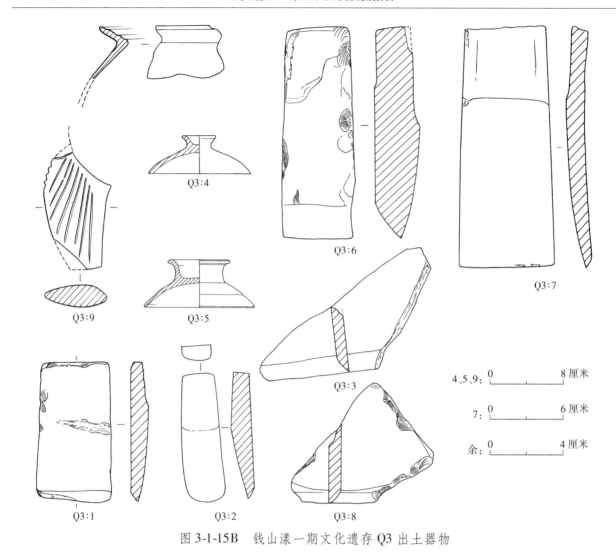

图 3-1-15B 钱山漾一期文化遗存 Q3 出土器物

第二节 文化遗物

钱山漾一期文化遗存出土遗物比较丰富，遗物种类有陶器、石器、骨器、木器和其他有机质遗物等。

一 陶器

1. 总述

（1）陶系

陶器质地主要为夹砂陶和泥质陶，有少量粗泥陶。据统计，夹砂陶占 57.7%，泥质陶占 41.6%。夹砂陶中以夹砂红陶数量最多，夹砂灰陶、黑陶和棕褐陶次之，有少量的灰黄陶和青灰陶。泥质陶中以灰陶和黑陶数量较多，红陶、灰黄陶、黑衣陶次之，有少量青灰陶。夹砂陶中有一种夹细砂陶，细砂颗粒均匀，含量不多，粗看似泥质陶。泥质青灰陶烧制火候略高。（表 3-2-1）

表 3-2-1　钱山漾一期文化遗存陶系及纹样统计表

	泥质陶						夹砂陶						粗泥陶	总数	百分比
	灰陶	灰黄陶	黑陶	黑衣陶	红陶	青灰陶	灰陶	灰黄陶	黑陶	红陶	棕褐陶	青灰陶			
绳纹	36	2	11		11		49	1	33	78	15	1		237	1.4
篮纹	32	2	13		4	8	13	2	18	45	5	1		143	0.9
弦断绳纹	46	80	39	7	101	50	278	50	462	70	2			1185	7.2
弦断篮纹	34	31	81	2	7	2	37		23	29	5	2		253	1.5
条纹	5	1	1		4	11	98		2					122	0.7
方格纹	34	26	31	14			67		15	19				215	1.3
条格纹					5	6								11	0.1
交错绳纹	9		2		1		23	2	9	14	1			61	0.4
刻划弦纹	39	10	34	29	15	2	14		13	13	4			175	1.1
直线刻划纹	11	2	12	2	1		123	5	21	909	70			1156	7
刻划水波纹	71	25	132	10	23		1							262	1.6
刻划八字纹	20	1	7	2			9		5	124	11			179	1.1
锯齿状附加堆纹			1				11		6	16	7			41	0.2
附加堆凸带纹	3	1	2				29		13	154	32			234	1.4
素面	1693	429	1688	295	1538	20	1624	16	571	3448	805	5	121	12253	74.1
合计	2033	610	2054	361	1719	99	2376	78	1191	4919	957	9	121	16527	
百分比	12.3	3.7	12.4	2.2	10.4	0.6	14.4	0.5	7.2	29.8	5.8		0.7		100%
百分比	41.6（6876）						57.7（9530）						0.7		

注：剔刻纹和镂孔等未统计。

（2）制法

陶器制作以泥条盘筑加慢轮修整和轮制为主，个别小件器物直接手工捏制而成。在部分器物如豆柄内壁、鼎的沿面、泥质陶罐内壁等均可见轮制或慢轮修整时留下的旋痕。部分鱼鳍形足鼎在成型后，在颈部再作刮抹，留下竖向短条状刮抹痕迹。少量鼎的口沿或上腹部有灰黄色或灰白色的涂抹层。部分鼎足足跟内壁的椭圆形凹窝应与鼎的制作成型工艺有关。

（3）装饰

陶器以素面为主。装饰方法有压（拍）印、刻划、堆贴、剔刻、按捺和镂孔等多种。据对发掘区地层和遗迹单位出土陶片的统计，有压（拍）印纹样的陶片约占陶片总数的13.5%，压（拍）印的纹样有绳纹、篮纹、弦断绳纹、弦断篮纹、方格纹、条纹、交错绳纹和少量条格纹等，其中以弦断绳纹发现数量最多，弦断篮纹、绳纹、方格纹、篮纹、条纹和交错绳纹等次之。刻划的纹样有直线纹、弦纹、水波纹和八字纹。直线刻划纹主要出现在鼎足两侧，因而统计数量较多。除此，刻划水波纹最为流行。堆帖的纹样有附加堆凸带纹和锯齿状堆纹，剔刻纹样有长方形或小圆形纹等。

1）弦断绳纹

多见于夹砂陶瓮的腹部和泥质陶大口罐的腹部，少量见于其他的泥质罐腹部和夹砂陶袋足鬶腹部等。弦断绳纹的装饰形式包括绳纹的粗细和方向、绳纹的绞褶痕迹明显程度、弦纹的布列疏密等都有所不同。

①绳纹绞褶痕迹明显，但粗细、方向有别

绳纹较粗的：

T1101⑦A：109，泥质红陶大口罐腹片。竖向粗绳纹。（图3-2-1：1）

T1001⑨B：148，泥质黑陶大口罐腹片。粗绳纹略斜。（图3-2-1：2）

T1001⑨B：149，泥质黑陶大口罐腹片。粗绳纹略斜。（图3-2-1：3）

T1001⑨A：150，泥质黑陶大口罐腹片。斜向粗绳纹。（图3-2-1：4）

绳纹粗细中等的：

T1001⑨A：151，夹细砂灰陶瓮腹片。弦纹分布较密，斜向绳纹。（图3-2-1：5）

T01⑦B：71，泥质黑陶罐腹片。斜向绳纹。（图3-2-1：6）

T0901⑨A：112，泥质红褐陶大口罐腹片。斜向绳纹（图3-2-1：7）

T1001⑨A：152，夹细砂灰黑陶瓮腹片。斜向绳纹。（图3-2-1：8）

T1001⑨B：153，夹细砂灰陶瓮腹片。斜向绳纹。（图3-2-1：9）

T1001⑨A：154，夹砂灰黄陶瓮腹片。斜向绳纹。（图3-2-1：10）

T1101⑦B：110，泥质红陶大口罐腹片。斜向绳纹。（图3-2-1：13）

绳纹较细的：

T1101⑦A：111，夹砂红陶瓮腹片。斜向细绳纹。（图3-2-1：11）

T03⑭：197，泥质黑陶罐腹片。斜向细绳纹。（图3-2-1：12）

②绳纹绞褶痕迹不太明显的，应是所用绳索不同导致

T0901⑨A：115，夹细砂灰陶瓮腹片。绳纹较粗，略斜向。（图3-2-2：1）

T0901⑧：113，夹细砂灰陶瓮腹片。绳纹略细，斜向。（图3-2-2：2）

T1001⑨B：114，夹细砂灰陶瓮腹片。竖向绳纹，弦纹较密。（图3-2-2：3）

③交错绳纹或组合纹

T0901⑨A：117，泥质黑陶罐腹片。由略西南斜向绳纹和东南斜向绳纹交错而成，绳纹较细。（图3-2-2：4）

G12：20，夹砂灰陶瓮腹片。上部为弦断绳纹，下部为交错绳纹。（图3-2-2：5）

T1001⑨A：112，夹细砂灰陶瓮腹片。上部为弦断绳纹，下部为交错绳纹。（图3-2-2：6）

T0901⑨A：116，夹砂红陶缸或瓮腹片。上部一周锯齿状附加堆纹；下为近竖向绳纹和斜向绳纹交替，局部交叉而显凌乱，绳纹较细。（图3-2-2：7）

T1001⑨B：68，泥质黑陶大口罐腹片。上部四周凸棱纹，下部绳纹由竖向绳纹和略斜向绳纹叠加拍印而成。绳纹较粗。（图3-2-2：8）

T04⑦A：94，泥质红陶大口罐腹片。局部由竖向绳纹和斜向绳纹交错而成。（图3-2-2：9）

T0903⑦B：29，夹砂灰陶瓮腹片。弦纹较密，绳纹由竖向绳纹和斜向绳纹交错而成。（图3-2-2：10）

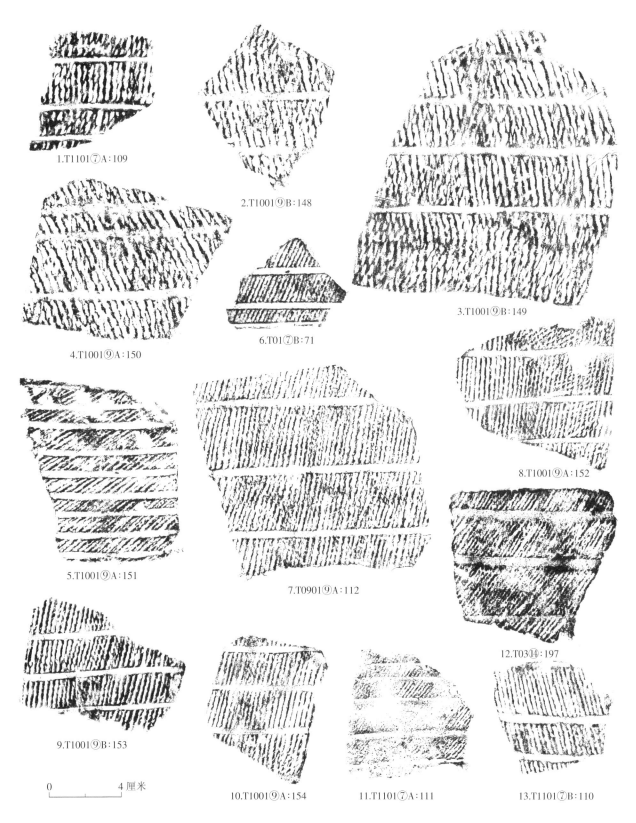

1.T1101⑦A:109

2.T1001⑨B:148

3.T1001⑨B:149

4.T1001⑨A:150

6.T01⑦B:71

5.T1001⑨A:151

7.T0901⑨A:112

8.T1001⑨A:152

12.T03⑭:197

9.T1001⑨B:153

0　　　　　4 厘米

10.T1001⑨A:154

11.T1101⑦A:111

13.T1101⑦B:110

图 3-2-1　钱山漾一期文化遗存陶器纹饰（一）

1～13. 弦断绳纹

1.T0901⑨A:115

2.T0901⑧:113

3.T1001⑨B:114

4.T0901⑨A:117

5.G12:20

6.T1001⑨A:112

7.T0901⑨A:116

8.T1001⑨B:68

9.T04⑦A:94

10.T0903⑦B:29

0   4厘米

图 3-2-2　钱山漾一期文化遗存陶器纹饰（二）

1～10. 弦断绳纹

2）弦断篮纹

多见于夹砂陶瓮或泥质陶大口罐及其他罐的腹部，少量见于夹砂缸的腹部。弦断篮纹有篮纹方向基本一致和不同方向组合等两种形态。

①篮纹方向基本一致，但粗细及倾斜方向有别

篮纹较粗的：

T07⑦B：34，夹细砂灰黄陶瓮腹片。竖向篮纹。（图3-2-3：1）

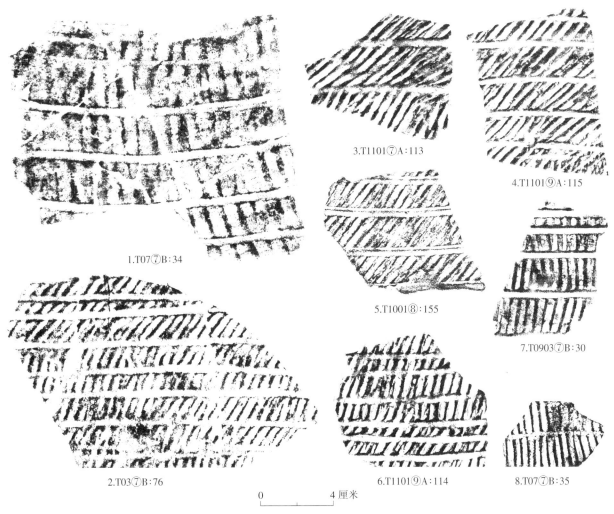

1.T07⑦B：34

2.T03⑦B：76

3.T1101⑦A：113

4.T1101⑨A：115

5.T1001⑧：155

6.T1101⑨A：114

7.T0903⑦B：30

8.T07⑦B：35

0　　　　4厘米

图3-2-3　钱山漾一期文化遗存陶器纹饰（三）

1~8.弦断篮纹

T03⑦B：76，泥质红陶大口罐腹片。略西南斜向篮纹。（图3-2-3：2）

篮纹粗细中等的：

T1101⑦A：113，泥质黑陶罐腹片。西南斜向篮纹。（图3-2-3：3）

T1101⑨A：115，泥质黑陶大口罐腹片。西南斜向篮纹。（图3-2-3：4）

T1001⑧：155，泥质红陶大口罐腹片。西南斜向篮纹。（图3-2-3：5）

T1101⑨A：114，泥质黑陶大口罐腹片。略西南斜向篮纹。（图3-2-3：6）

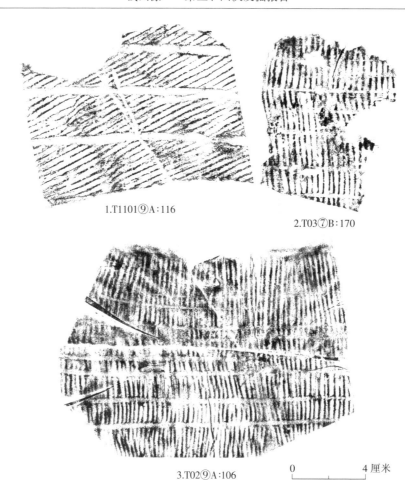

1.T1101⑨A：116

2.T03⑦B：170

3.T02⑨A：106

0 ⊢—⊢—⊢ 4厘米

图 3-2-4　钱山漾一期文化遗存陶器纹饰（四）

1～3. 弦断篮纹

T0903⑦B：30，泥质灰黄陶罐腹片。竖向篮纹。（图 3-2-3：7）

T07⑦B：35，泥质灰黄陶罐腹片。竖向篮纹。（图 3-2-3：8）

篮纹较细的：

T1101⑨A：116，泥质黑陶大口罐腹片。西南斜向篮纹。（图 3-2-4：1）

T03⑦B：170，泥质黑陶罐腹片。竖向篮纹。（图 3-2-4：2）

T02⑨A：106，泥质黑皮陶罐鼓腹部分残片。上下腹均为近竖向篮纹。（图 3-2-4：3）

②不同方向组合的篮纹，应是分别压印的结果。篮纹也有粗细之分

篮纹粗细中等的：

T03⑦B：184，夹细砂灰黄陶瓮腹片。上部为近竖向篮纹，下部为西南斜向篮纹。
（图 3-2-5：1）

T04⑦A：89，泥质灰陶大口罐腹片。上部为西南斜向篮纹，下部为近竖向篮纹。（图 3-2-5：2）

篮纹较细的：

T02⑨A：104，泥质黑陶罐腹片。上部为东南斜向的篮纹，下部为西南斜向的篮纹。
（图 3-2-5：3）

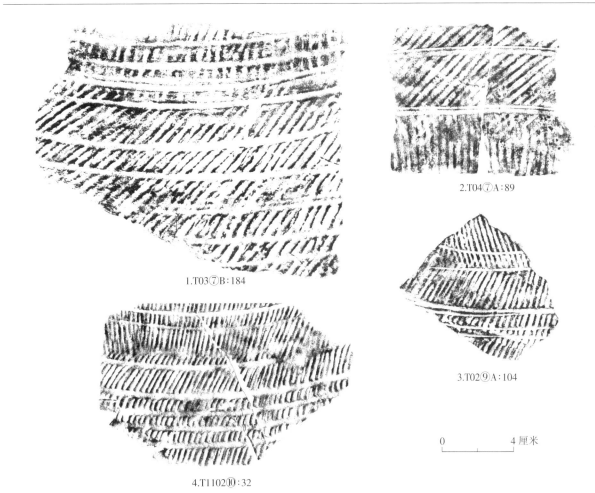

1.T03⑦B:184

2.T04⑦A:89

3.T02⑨A:104

4.T1102⑩:32

0　　　　　　　4厘米

图3-2-5　钱山漾一期文化遗存陶器纹饰（五）

1~4.弦断篮纹

T1102⑩:32，泥质黑陶大口罐腹片。上、下部均为略西南斜向篮纹，但方向略不同。（图3-2-5:4）

3）篮纹

有粗细之分。粗篮纹多见于夹砂陶缸的腹部，粗细中等和细篮纹常见于泥质陶罐的腹部。其中有些细篮纹与条纹比较接近。还有少量交错篮纹。

①粗篮纹

T1101⑦A:14、T1101⑦A:117，均夹砂红陶缸腹片。（图3-2-6:1、4）

②粗细中等的篮纹

T0901⑨A:123，夹砂红陶缸腹片。中间一周锯齿状堆纹。（图3-2-6:2）

T1002⑦B:28，泥质灰陶罐腹片。（图3-2-6:3）

T03⑦B:177，泥质灰陶罐腹片。（图3-2-6:6）

③细篮纹

T03⑨A:194，泥质青灰陶罐腹片。（图3-2-6:5）

T0902⑧:53，泥质青灰陶罐腹片。（图3-2-6:7）

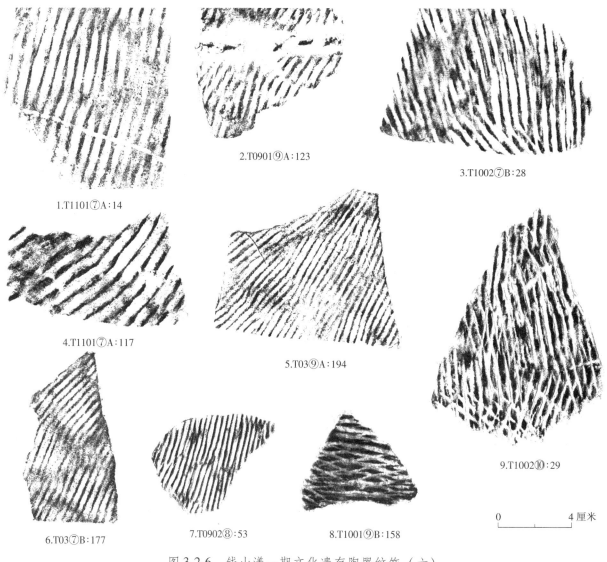

1.T1101⑦A:14

2.T0901⑨A:123

3.T1002⑦B:28

4.T1101⑦A:117

5.T03⑨A:194

6.T03⑦B:177

7.T0902⑧:53

8.T1001⑨B:158

9.T1002⑩:29

0   4厘米

图 3-2-6　钱山漾一期文化遗存陶器纹饰（六）

1～9. 篮纹

④交错篮纹

T1001⑨B:158，泥质黑陶罐腹片。（图 3-2-6：8）

T1002⑩:29，泥质灰黄陶罐腹片。（图 3-2-6：9）

4）绳纹

多见于夹砂陶圈足罐腹部，少量见于袋足甗腹部、鱼鳍形足鼎腹部。

T1101⑨A:86，夹砂黑陶鱼鳍形足鼎腹部。竖向绳纹。（图 3-2-7：1）

T03⑨A:191，夹砂灰陶鼎腹片。横向绳纹。（图 3-2-7：2）

T02⑨A:105，夹砂黑陶罐腹片。竖向绳纹。（图 3-2-7：3）

T1003⑦B:57，夹砂红陶罐腹片。斜向绳纹。（图 3-2-7：6）

5）交错绳纹

多见于泥质陶罐腹部和鼎的圈底，如 C 型鱼鳍形足鼎、鸭嘴状凿形足鼎和扁侧足鼎等。

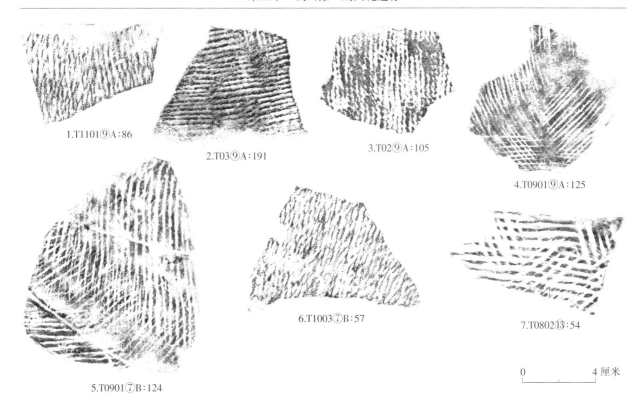

1.T1101⑨A：86

2.T03⑨A：191

3.T02⑨A：105

4.T0901⑨A：125

5.T0901⑦B：124

6.T1003⑦B：57

7.T0802⑬：54

0　　　　4 厘米

图 3-2-7　钱山漾一期文化遗存陶器纹饰（七）

1~3、6. 绳纹　4、5、7. 交错绳纹

T0901⑨A：125，夹砂红陶鼎的圜底残片。（图 3-2-7：4）

T0901⑦B：124，泥质灰黑陶罐腹片。（图 3-2-7：5）

T0802⑬：54，泥质黑陶罐腹片。（图 3-2-7：7）

6）方格纹

多见于泥质陶的罐、尊的腹部。

T03⑬：196，泥质黑陶罐腹片。另有凹弦纹将斜方格纹隔断。（图 3-2-8：1）

T0901⑧：122，泥质灰陶罐腹片。斜方格纹。（图 3-2-8：2）

T0503⑧：50，泥质黑陶罐腹片。（图 3-2-8：3）

T1101⑦A：118，泥质灰陶罐腹片。方格纹较正。（图 3-2-8：4）

7）条纹

多见于泥质青灰陶高领罐的腹部。

T0903⑩：31，泥质青灰陶罐腹片。（图 3-2-8：5）

T0903⑧：14，泥质青灰陶高领罐肩腹部。（图 3-2-8：6）

8）条格纹

数量很少，见于泥质罐的腹部。

T1101⑦B：119，泥质红陶罐腹片。条格纹较粗，又被弦纹隔断。（图 3-2-8：7）

T01⑦B：11，泥质青灰陶高领罐。腹部的条格纹细而浅。（图 3-2-8：8）

9）刻划水波纹

多见于泥质陶罐、盆的腹部、豆柄、高圈足等。水波纹刻划的线条多寡不一，有单线、

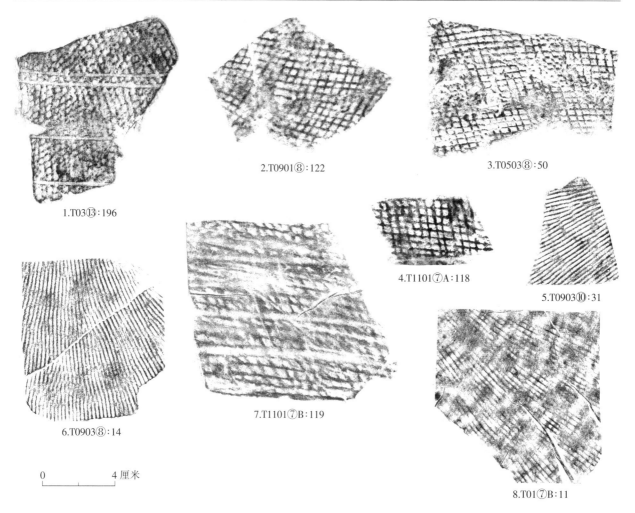

1.T03⑬:196　　　2.T0901⑧:122　　　3.T0503⑧:50
4.T1101⑦A:118　　5.T0903⑩:31
6.T0903⑧:14　　7.T1101⑦B:119　　8.T01⑦B:11

0　　　　4厘米

图3-2-8　钱山漾一期文化遗存陶器纹饰（八）

1~4. 方格纹　5、6. 条纹　7、8. 条格纹

二至三线、三至四线、四线和六线等。

①单线水波纹

T02⑨A:103，泥质黑陶罐腹片。（图3-2-9:1）

T02⑧:99，泥质灰陶罐腹片。（图3-2-9:2）

T02⑦B:95，泥质灰陶罐腹片。（图3-2-9:4）

②二至三线水波纹，指水波一侧为二线刻划而成，另一侧为三线刻划而成（下同）

T03⑦B:172，泥质黑陶罐腹片。（图3-2-9:3）

③三至四线水波纹

T03⑦A:162，泥质灰黄陶罐腹片。（图3-2-9:5）

④四线水波纹

T1001⑨A:156，泥质灰陶罐腹片。上组水波纹的波底和下组水波纹的波峰略交叉。（图3-2-9:6）

T1001⑨A:157，泥质灰陶罐腹片。（图3-2-9:7）

T02⑦B:94，泥质灰陶豆柄。（图3-2-9:9）

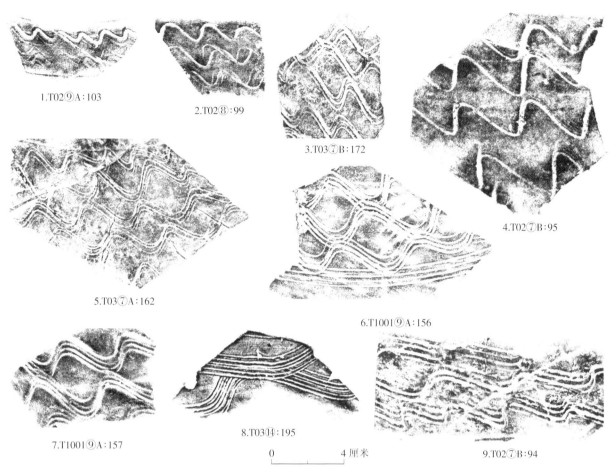

1.T02⑨A：103

2.T02⑧：99

3.T03⑦B：172

4.T02⑦B：95

5.T03⑦A：162

6.T1001⑨A：156

7.T1001⑨A：157

8.T03⑭：195

0　　　　　4厘米

9.T02⑦B：94

图3-2-9　钱山漾一期文化遗存陶器纹饰（九）

1～9. 刻划水波纹

⑤六线水波纹

T03⑭：195，泥质黑衣陶罐下腹部残片。（图3-2-9：8）

10）刻划八字纹

多见于舌形鼎足正面，少量见于鱼鳍形鼎足侧面、鸭嘴状凿形鼎足侧面和泥质陶罐腹部。

T03⑦B：111，夹砂红陶舌形鼎足。八字纹刻划较粗。（图3-2-10：1）

G12：13，夹砂红陶舌形鼎足。八字纹刻划较细。（图3-2-10：2）

11）刻划凹弦纹

比较常见，多见于豆柄和鼎、盆、罐、夹砂缸的肩腹部等。

12）直线或斜线刻划纹

多见于鱼鳍形鼎足两侧、凿形鼎足正面及近跟两侧。

13）叶脉状细刻划纹

少量。见于纺轮和罐或盘的腹部。

T0901⑦A：118，泥质灰陶罐或盘的腹片。（图3-2-10：3）

TT0901⑦A：119，泥质灰陶盘腹片。（图3-2-10：5）

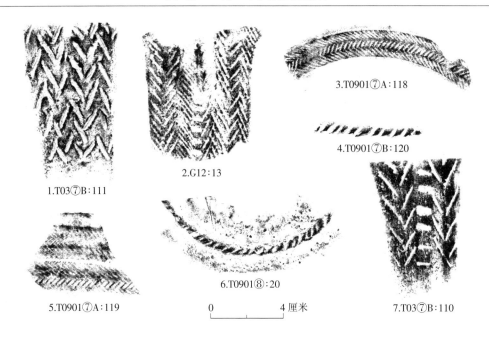

图 3-2-10　钱山漾一期文化遗存陶器纹饰（十）
1、2. 刻划八字纹　3、5. 刻划叶脉纹　4、6. 附加堆纹　7. 剔刻纹

14）突棱纹

多见于豆柄。

15）附加堆纹

①附加堆凸带纹　多见于鼎的腹部，少量出现在泥质罐的腹部

②锯齿状附加堆纹　多见于舌形鼎足上端中部、鱼鳍形足或舌形足鼎的腹部（锯齿状凸带纹）、夹砂缸上腹部、器盖盖面和夹砂陶罐的肩部

T0901⑦B：120，夹砂红陶罐肩腹部残片。（图 3-2-10：4）

TT0901⑧：20，夹砂红陶器盖盖面。（图 3-2-10：6）

③贴附的泥片状堆纹　多见于鬶的颈部

16）按捺和捏捺

见于鱼鳍形鼎足、扁侧形鼎足的外侧足尖和部分鼎足的足跟外缘。

17）锯齿边装饰

多见于鱼鳍形鼎足的拱背部、鸭嘴状凿形鼎足近跟两侧等。

18）剔刻纹

多见于舌形鼎足的足面中部和纺轮。

T03⑦B：110，夹砂红陶。刻划八字纹中间另有横向长方形剔刻纹。（图 3-2-10：7）

19）镂孔

发现数量不多，主要见于豆柄、圈足盘的圈足等。

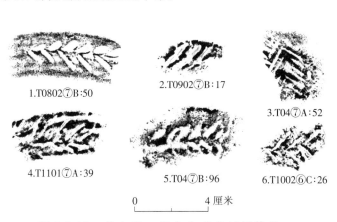

图 3-2-11　钱山漾一期文化遗存刻划符号

（4）刻划符号

发现6个，均出现在鱼鳍形足鼎的口沿沿面上。其中，T1002⑥C：26出自钱山漾二期文化遗存地层。（图3-2-11；彩版八：1~6）

（5）器形

有鼎、甗、鬶、豆、盆、罐、篮形器、盘、尊、壶、钵、杯、瓮、缸、碗、器盖、圆盘形器、纺轮和网坠等。（表3-2-2）

表3-2-2　钱山漾一期文化遗存陶器器形分类统计表

（单位：片或件）

器形	地层或遗迹	7A	7B	8	9A	9B	10	11	12	13	14	遗迹	合计	
鼎	口沿	69	140	115	43	6	48	11	28	7		27	494	
	鱼鳍形足	111	308	200	85	17	108	15	28	15		45	932	
	鸭嘴状凿形足	11	33	14	13		8	1	5	1	1	10	97	
	舌形足	10	51	23	3	1	8	1	4	2		4	107	1717
	扁侧足	11	43	2	2		5			1		1	65	
	扁方足	4	4	2		1			1			1	13	
	其他鼎足	3	2	3					1				9	
袋足甗		1	5	1								2	9	
泥质罐	口沿及底	19	42	14	13	3	11	1	3	2	2	7	117	121
	乳丁足	1	1		1			1					4	
豆	盘	3	15	7	15			2		2		1	46	102
	柄	4	24	15	5		2		3	2		1	56	
圈足盘	口沿	4	11	9	4	1	4		2			2	37	78
	圈足	4	22	5	5		4					1	41	
盆	口沿	10	18	12	12		5		5		1	2	65	
	平底	1							2				3	70
	圈足			1									1	
	凸圜底				1								1	
瓮		16	17	21	10	3	2					3	72	
袋足鬶		4	14	5		2	2		2			1	30	
壶		1							1			1	3	
钵			2										2	
尊		1			4							1	6	
杯		1	4										5	
篮形器			1							2			3	
夹砂罐		5	7	3	9		2						26	
缸		8	3	2	1	2			2				18	
斜腹碗			2										2	

续表 3-2-2

器形＼地层或遗迹	7A	7B	8	9A	9B	10	11	12	13	14	遗迹	合计
器盖	1	8	6	3		1		1			2	22
圆盘形器						1						1
圈足（罐、盘）	2	5	9		1	8		1			3	29
隔档										1		1
器把（耳）	1	6	1	1		4			3		1	17
纺轮	2	7	2			8	1				7	27
网坠		1									2	3
合计	308	796	472	230	36	234	30	88	38	7	125	2364

注：1）遗迹指灰坑、灰沟和器物组等。

2）T0503⑧、⑨、⑩、⑪层已分别计入表格第⑦B、⑧、⑩、⑪层内。

2. 分述

（1）鼎

标本 92 件，其中口（腹）部标本 72 件，复原器 20 件。

鼎是钱山漾一期文化遗存最重要的陶器。种类也较多。根据鼎足区分，主要有鱼鳍形足鼎、舌形足鼎、鸭嘴状凿形足鼎和扁侧足鼎等。钱山漾遗址第三、四次发掘的钱山漾一期文化遗存共出土鼎足 1223 件，其中鱼鳍形足 932 件（占 76.4%），为绝对多数，其他依次有舌形足 107 件（占 8.8%）、鸭嘴状凿形足 97 件（占 7.9%）和扁侧足 65 件（占 5.3%）等。

1）鱼鳍形足鼎

标本 80 件，其中口（腹）部标本 63 件，复原器 17 件。鱼鳍足形鼎是钱山漾一期文化遗存最具特征的器物，数量也最多。以夹砂红陶为主，也有夹砂棕褐陶、夹砂灰陶、夹砂黑陶和夹砂灰黄陶等。一些鼎的沿面留有多周制作旋纹，中腹经常装饰有一周凸带纹。少量鼎的颈部留有制作时留下的纵向细条状刮抹痕迹，部分鼎的腹部和圜底分别装饰有竖向绳纹和交错绳纹。根据口沿及腹部不同特征，分 6 型。

A 型　标本 36 件，其中复原器 7 件。A 型鼎是鱼鳍形足鼎最常见形态之一。折沿，束颈，斜腹外鼓，浅圜底。沿面外缘有一小平台，沿面里侧凹弧。沿面里侧常见制作时留下的旋纹，少量鼎腹部饰绳纹。依据口沿特征分 3 式。

Ⅰ式　标本 9 件，其中复原器 1 件。折沿较陡，沿较宽，沿面凹弧明显，大部分口沿外壁略凸弧。

复原器 T02⑨A：69，夹砂黑陶。大浅圜底。腹部饰一周凸带纹。口径 19、高 25.2 厘米。（图 3-2-12：1；彩版九：1）

T0802⑬：47，夹砂灰陶。腹部饰一周凸带纹。口径 26.4 厘米。（图 3-2-12：2）

T01⑫：67，夹砂棕褐陶。内折棱尖凸。口径 30 厘米。（图 3-2-12：3）

T01⑫：63，夹砂红陶。口径 21.8 厘米。（图 3-2-12：4）

T01⑫：62，夹砂棕褐陶。沿面及器内壁有灰黄色涂抹层。口径 21.2 厘米。（图 3-2-12：5）

T01⑫：61，夹砂灰陶。腹部饰一周凸棱。口径 18 厘米。（图 3-2-13：1）

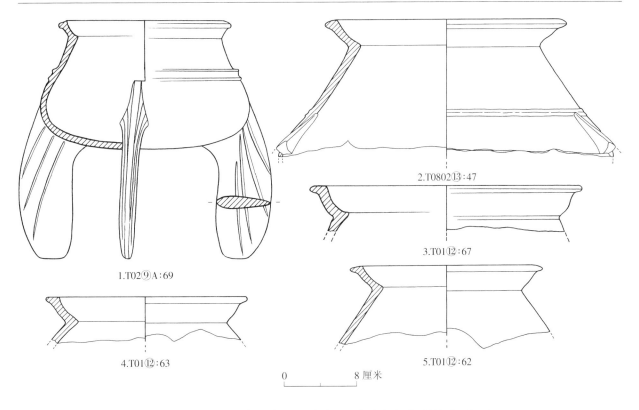

图 3-2-12　钱山漾一期文化遗存 A 型 I 式鱼鳍形足鼎（一）

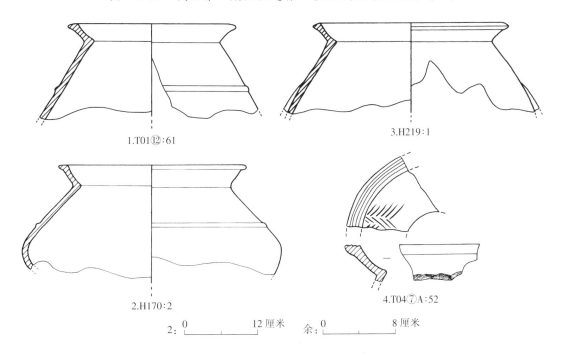

图 3-2-13　钱山漾一期文化遗存 A 型 I 式鱼鳍形足鼎（二）

H170：2，夹砂灰陶。腹部饰一周凸棱。鼓腹。口径 30.4 厘米。（图 3-2-13：2）

H219：1，夹砂黑陶。沿外壁凸弧不明显。口径 21.8 厘米。（图 3-2-13：3）

T04⑦A：52，夹砂红陶。沿面里侧有一刻划符号。（图 3-2-13：4；彩版八：3）

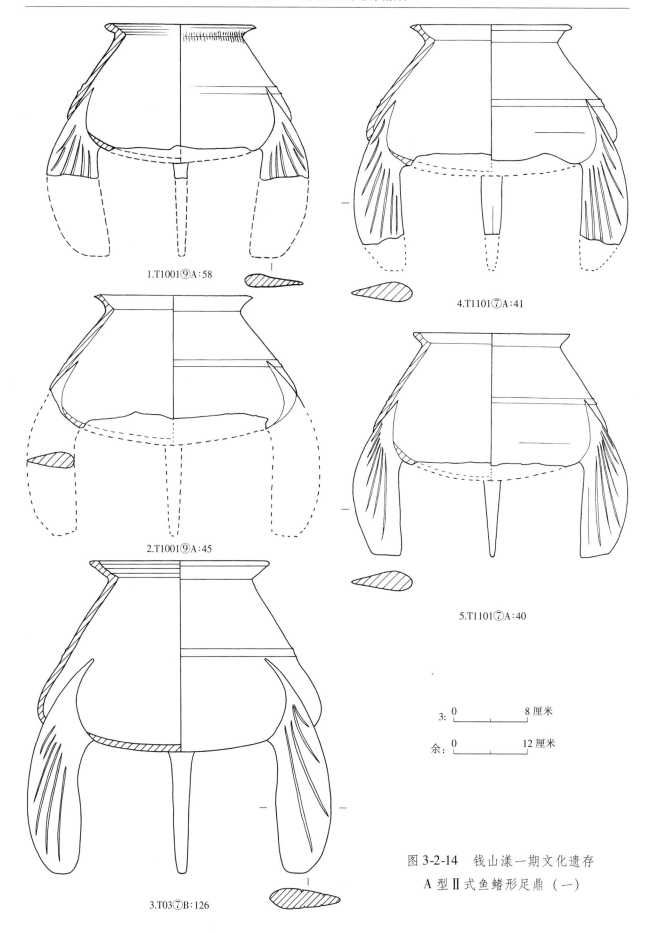

1.T1001⑨A:58

2.T1001⑨A:45

3.T03⑦B:126

4.T1101⑦A:41

5.T1101⑦A:40

3: 0 ____ 8厘米

余: 0 ____ 12厘米

图 3-2-14　钱山漾一期文化遗存
A 型 Ⅱ 式鱼鳍形足鼎（一）

Ⅱ式　标本 10 件，其中复原器 5 件。折沿角度稍缓，沿稍窄，沿面凹弧。

复原器 T1001⑨A：58，夹砂棕褐陶。斜腹外鼓，腹最大径近底，大浅圆底。颈部有竖向抹痕，腹部饰一周凸带纹。口径 24.8、高 37 厘米。（图 3-2-14：1；彩版九：2）

复原器 T1001⑨A：45，夹砂棕褐陶。腹部饰一周凸带纹。口径 25.2、高 38.2 厘米。（图 3-2-14：2；彩版九：3）

复原器 T03⑦B：126，夹砂红陶。腹部饰一周凸带纹。口径 19.6、高 33.4 厘米。（图 3-2-14：3；彩版九：4）

复原器 T1101⑦A：41，夹砂红陶。腹部饰一周凸带纹。口径 26.4、高 39.2 厘米。（图 3-2-14：4；彩版九：5）

复原器 T1101⑦A：40，夹砂红陶。腹部饰一周凸带纹。口径 26.8、高 37.2 厘米。（图 3-2-14：5；彩版九：6）

T1001⑨A：66，夹砂棕褐陶。腹部近底有烟熏痕迹。口径 23 厘米。（图 3-2-15：1）

T1001⑨A：67，夹砂棕褐陶。腹部饰二周锯齿状凸带纹。口径 27 厘米。（图 3-2-15：2）

T1101⑨A：86，夹砂棕褐陶。颈部以下饰竖向绳纹。口径 20.8 厘米。（图 3-2-15：3；彩版一〇：1）

T0901⑦B：63，夹砂灰陶。颈部以下饰竖向绳纹。口径 17.8 厘米。（图 3-2-15：4）

T04⑦B：96，夹砂红陶。沿面里侧有一刻划符号。口径 24.7 厘米。（图 3-2-15：5；彩版八：5）

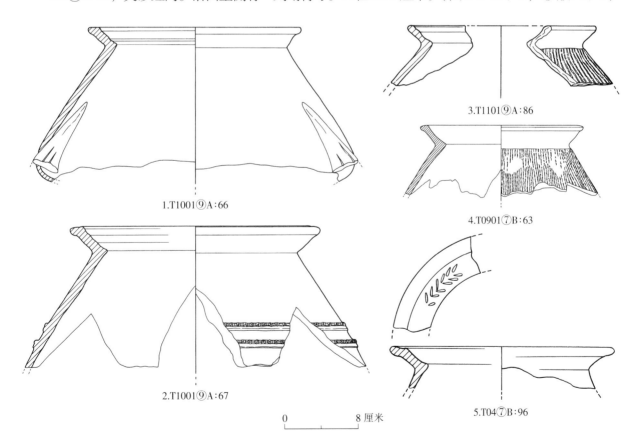

1.T1001⑨A：66

2.T1001⑨A：67

3.T1101⑨A：86

4.T0901⑦B：63

5.T04⑦B：96

0　　　　　8 厘米

图 3-2-15　钱山漾一期文化遗存 A 型 Ⅱ 式鱼鳍形足鼎（二）

Ⅲ式　标本 17 件，其中复原器 1 件。折沿角度较小，沿较窄，沿面略凹弧或凹弧已不明显。

复原器 T02⑦B：9，夹砂红陶。口径 24.4、高 34.3 厘米。（图 3-2-16：1；彩版一〇：2）

T03⑦B：127，夹砂红陶。腹部饰一周凸带纹。口径 24.8 厘米。（图 3-2-16：2）

T03⑦B：125，夹砂棕褐陶。口径 20.2 厘米。（图 3-2-16：3）

T02⑦B：32，夹砂红陶。口径 24 厘米。（图 3-2-16：4）

T03⑦A：43，夹砂红陶。腹部饰一周凸带纹。口径 22 厘米。（图 3-2-16：5）

T04⑦A：62，夹砂棕褐陶。口径 20.8 厘米。（图 3-2-16：6）

T1101⑦B：74，夹砂红陶。小平台外斜。颈部以下饰竖向绳纹。口径 26 厘米。（图 3-2-16：7）

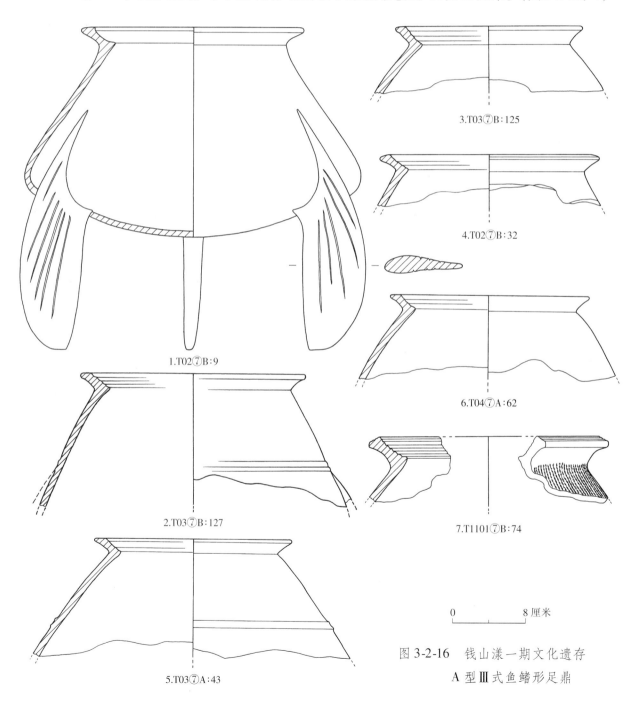

1.T02⑦B：9

2.T03⑦B：127

5.T03⑦A：43

3.T03⑦B：125

4.T02⑦B：32

6.T04⑦A：62

7.T1101⑦B：74

0　　　　　8 厘米

图 3-2-16　钱山漾一期文化遗存
A 型Ⅲ式鱼鳍形足鼎

　　B 型　标本 23 件，其中复原器 8 件。B 型鼎也是鱼鳍形足鼎常见形态之一。折沿，束颈，斜腹外鼓。沿面外缘无小平台，沿面里侧也不凹弧。沿面常见制作旋纹。依据口沿特征分 2 亚型。

　　Ba 型　沿较薄而宽。依据口沿变化分 2 式。

　　Ⅰ 式　标本 11 件，其中复原器 7 件。折沿角度较大。

　　复原器 T0901⑨A：29，夹砂红陶。口径 19.2、高 31.2 厘米。（图 3-2-17：1；彩版一〇：3）

　　复原器 T1001⑧：38，夹砂红陶。口径 19.6、高 26 厘米。（图 3-2-17：2；彩版一〇：4）

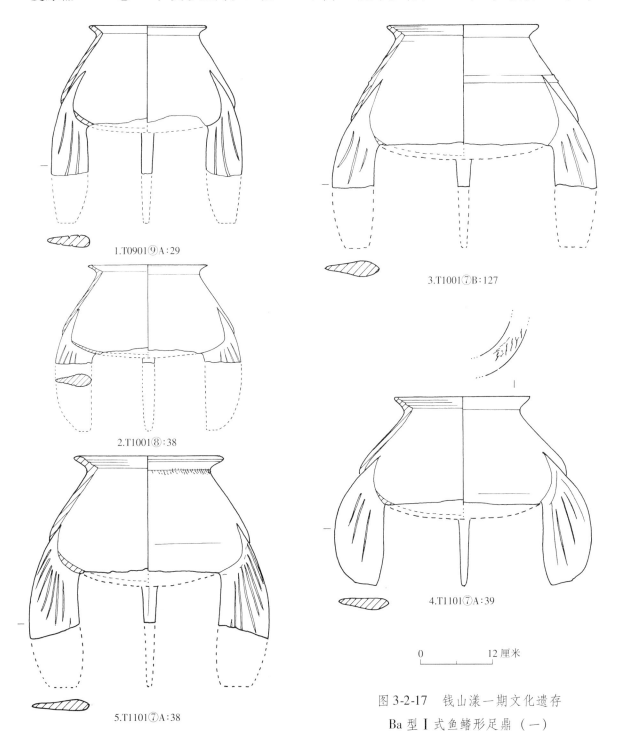

1.T0901⑨A：29

2.T1001⑧：38

3.T1001⑦B：127

4.T1101⑦A：39

5.T1101⑦A：38

0　　　　　12 厘米

图 3-2-17　钱山漾一期文化遗存
Ba 型 Ⅰ 式鱼鳍形足鼎（一）

复原器 T1001⑦B：127，夹砂红陶。腹部饰一周凸带纹。口径 24.8、高 35 厘米。（图 3-2-17：3；彩版一○：5）

复原器 T1101⑦A：39，夹砂红陶。沿面有密集旋纹，并有一刻划符号。口径 22.4、高 30 厘米。（图 3-2-17：4；彩版八：4，彩版一○：6）

复原器 T1101⑦A：38，夹砂红陶。颈部可见竖向抹痕。口径 24.4、高 36.8 厘米。（图 3-2-17：5；彩版一一：1）

复原器 T1101⑦A：45，夹砂红陶。口径 16.6、高 24.4 厘米。（图 3-2-18：1；彩版一一：2）

复原器 H152：2，夹砂红陶。大浅圈底。口径 20、高 27.2 厘米。（图 3-2-18：2；彩版一一：3）

T1101⑨A：29，夹砂棕褐陶。口径 22 厘米。（图 3-2-18：3）

T1101⑦A：15，夹砂红陶。口径 18 厘米。（图 3-2-18：4）

T03⑦B：117，夹砂红陶。腹部饰一周凸带纹。口径 25.2 厘米。（图 3-2-18：5）

T03⑦B：112，夹砂棕褐陶。腹部饰一周凸带纹。口径 23.8 厘米。（图 3-2-18：6）

Ⅱ式　标本 4 件。折沿角度较小。

T04⑦A：53，夹砂红陶。腹部饰一周凸带纹。口径 20.5 厘米。（图 3-2-19：1）

T04⑦A：63，夹砂棕褐陶。口径 22 厘米。（图 3-2-19：2）

T03⑦A：42，夹砂红陶。口径 22 厘米。（图 3-2-19：3）

T03⑦A：40，夹砂棕褐陶。口径 20 厘米。（图 3-2-19：4）

Bb 型　标本 8 件，其中复原器 1 件。沿较粗而短。

复原器 T1001⑧：23，夹砂红陶。局部黑色。腹部饰一周凸带纹，腹与足交接处偏高。器形较小。口径 12.2、高 18.4 厘米。（图 3-2-20：1；彩版一一：4）

T0901⑧：77，夹砂红陶。腹部饰一周凸带纹。口径 18 厘米。（图 3-2-20：2）

T0902⑧：32，夹砂棕褐陶。腹部饰一周凸带纹。口径 19.4 厘米。（图 3-2-20：3）

T0901⑧：78，夹砂红陶。颈部以下饰竖向绳纹。口径 18.8 厘米。（图 3-2-20：4）

T0901⑦B：62，夹砂黑陶。口径 20 厘米。（图 3-2-20：5）

T03⑦B：86，夹砂灰陶。口径 20.4 厘米。（图 3-2-20：6）

T1101⑦A：71，夹砂红陶。口径 21 厘米。（图 3-2-20：7）

T1101⑦A：54，夹砂红陶。颈部以下饰竖向绳纹。器形较小。口径 14 厘米。（图 3-2-20：8；彩版一一：5）

C 型　标本 3 件，其中复原器 1 件。折沿，束颈，沿面略凹弧，深弧腹。

其中沿面外缘有小平台的 2 件：

复原器 T1101⑨A：20，夹砂黑陶。中腹饰一周浅凹弦纹。口径 30、高 36 厘米。（图 3-2-21：1；彩版一一：6）

T0901⑨A：89，夹砂红陶。腹部内壁可见多周旋纹。（图 3-2-21：2）

沿面外缘无小平台的 1 件：

T02⑧：51，夹砂棕褐陶。沿面有多周旋纹，中腹饰细凹弦纹。口径 18.8 厘米。（图 3-2-21：3）

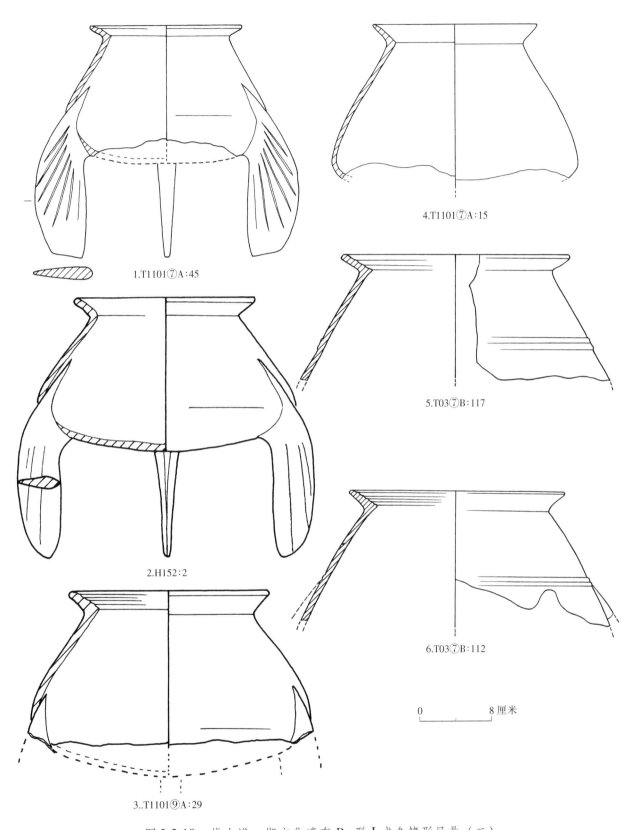

1.T1101⑦A:45

4.T1101⑦A:15

5.T03⑦B:117

2.H152:2

6.T03⑦B:112

3..T1101⑨A:29

0　　　　　8厘米

图 3-2-18　钱山漾一期文化遗存 Ba 型 I 式鱼鳍形足鼎（二）

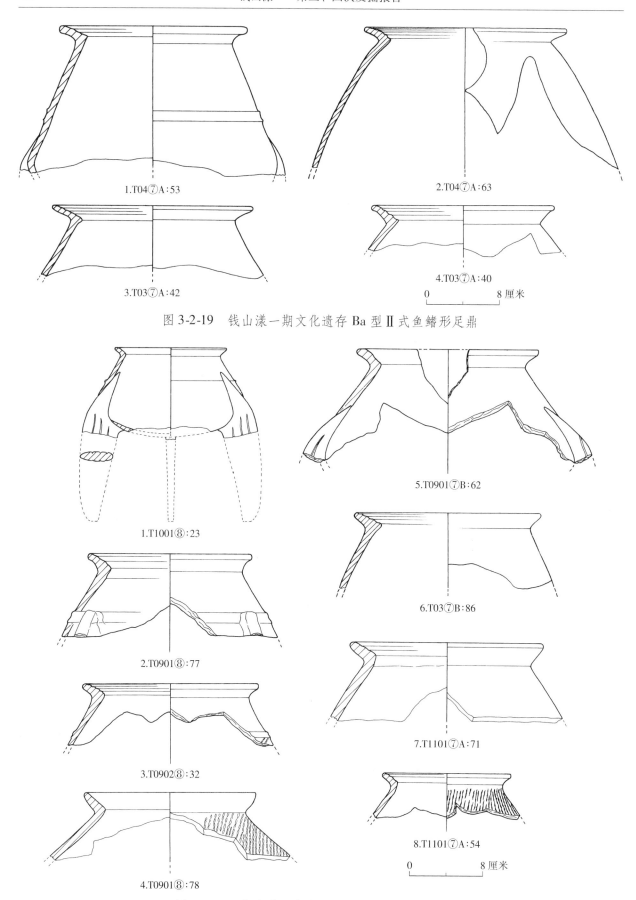

1.T04⑦A:53

2.T04⑦A:63

3.T03⑦A:42

4.T03⑦A:40

0　　　　　　　8厘米

图 3-2-19　钱山漾一期文化遗存 Ba 型 Ⅱ 式鱼鳍形足鼎

1.T1001⑧:23

5.T0901⑦B:62

2.T0901⑧:77

6.T03⑦B:86

3.T0902⑧:32

7.T1101⑦A:71

4.T0901⑧:78

8.T1101⑦A:54

0　　　　　　　8厘米

图 3-2-20　钱山漾一期文化遗存 Bb 型鱼鳍形足鼎

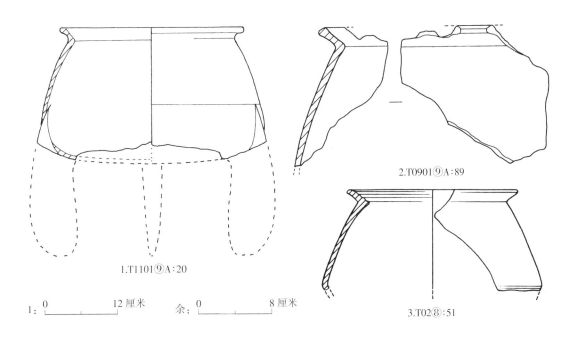

1.T1101⑨A：20

2.T0901⑨A：89

3.T02⑧：51

1：　0　　　　12 厘米　　　余：　0　　　　8 厘米

图 3-2-21　钱山漾一期文化遗存 C 型鱼鳍形足鼎

D 型　标本 5 件，其中复原器 1 件。折沿，束颈，沿外缘有小平台，沿面凹弧，鼓腹下坠。圜底常饰交错绳纹或绳纹。分 3 式。

Ⅰ式　标本 1 件。沿面较宽，折沿较陡。

T1001⑨B：49，夹砂黑陶。中腹饰组合凹弦纹，圜底饰交错绳纹。鱼鳍形足下部残，足跟内壁有椭圆形凹窝。口径 25.2、残高 22 厘米。（图 3-2-22：1；彩版一二：1）

Ⅱ式　标本 2 件。折沿角度略小。

复原器 T1001⑨A：27，夹砂红陶。腹下部饰稀疏绳纹。口径 26、高 35.2 厘米。（图 3-2-22：2；彩版一二：2）

T1101⑧：79，夹砂黑陶。腹部饰一周宽带纹。口径 25.6 厘米。（图 3-2-22：3）

Ⅲ式　标本 2 件。折沿角度小。

T03⑦B：89，夹砂灰陶。深圜底。下腹饰斜向绳纹，圜底饰交错绳纹，足跟内壁有椭圆形凹窝。口径约 24、残高 16 厘米。（图 3-2-22：4）

T1003⑦B：7，夹砂红陶。中腹饰二周浅突棱。鱼鳍形足下端残。口径 14.6、残高 16.8 厘米。（图 3-2-22：5；彩版一二：3）

E 型　标本 6 件。平沿或外翻沿，颈部显领。分 4 式。

Ⅰ式　标本 1 件。平沿，领部近直。

T01⑫：69，夹砂红陶。（图 3-2-23：1）

Ⅱ式　标本 1 件。平沿，领部较直，领内壁凹弧明显。

T02⑨A：71，夹砂黑陶。沿面数周旋纹。口径 14.8 厘米。（图 3-2-23：2）

Ⅲ式　标本 3 件。颈部显领，沿面特征逐渐接近 Aa 型鼎。

T02⑨A：70，夹砂黑陶。沿面有数周旋纹。（图 3-2-23：3）

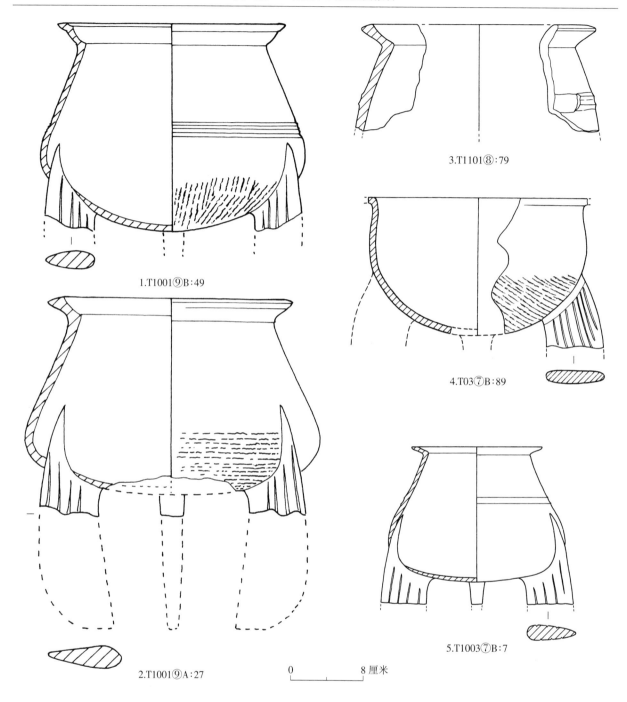

1.T1001⑨B:49

3.T1101⑧:79

4.T03⑦B:89

2.T1001⑨A:27

0　　　　　　　8厘米

5.T1003⑦B:7

图3-2-22　钱山漾一期文化遗存D型鱼鳍形足鼎
1.DⅠ式　2、3.DⅡ式　4、5.DⅢ式

T03⑨A:135，夹砂红陶。颈部饰一周凸棱。口径20厘米。（图3-2-23：4）

T03⑦B:87，夹砂棕褐陶。颈部饰一周凸棱，肩腹部饰一周凸带纹。（图3-2-23：5）

Ⅳ式　标本1件。外翻沿，束颈，领部特征已不明显。

T02⑧:54，夹砂黑陶。腹部饰二周凹棱，腹部形态与A型鼎接近。鱼鳍形足残。口径15厘米。（图3-2-23：6）

F型　标本5件。口沿特征与Ab型鼎相近，但器形较小，沿较窄。其中一部分可能是舌

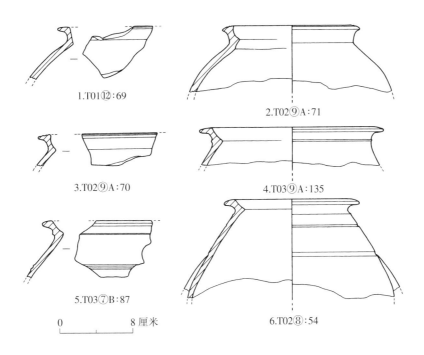

1.T01⑫:69　　　2.T02⑨A:71

3.T02⑨A:70　　　4.T03⑨A:135

5.T03⑦B:87　　　6.T02⑧:54

0　　　　　8厘米

图3-2-23　钱山漾一期文化遗存E型鱼鳍形足鼎
1.EⅠ式　2.EⅡ式　3~5.EⅢ式　6.EⅣ式

形足鼎口沿。

T01⑫:60，夹砂红陶。器表涂抹一层薄的灰衣。口沿形态特别。口径16厘米。（图3-2-24:1）

T01⑫:68，夹砂红陶。（图3-2-24:2）

T01⑧:41，夹砂红陶。颈部以下涂抹一层薄的灰衣。沿面有数周旋纹。口径16厘米。（图3-2-24:3）

T03⑦B:122，夹砂红陶。沿面有数周旋纹。口径14厘米。（图3-2-24:4）

T03⑦A:51，夹砂红陶。沿面有数周旋纹。口径18厘米。（图3-2-24:5）

其他　还偶见其他形态的鱼鳍形足鼎口沿。

T02⑨A:72，夹砂黑陶。折沿，圆唇，束颈。沿面略凹弧，腹部一周凹弦纹。口径25.8厘米。（图3-2-24:6）

T0802⑧:34，夹砂红陶。（图3-2-24:7）

鱼鳍形足　932件。形态及装饰风格多样。依据形态分3型。

A型　形体较宽、鳍背夸张弓起。截面一般在近足跟内侧的1/3处最厚，往外侧逐渐变薄。足底可分内侧斜尖的尖底和平底两种。鳍背常可见锯齿纹装饰，少量足尖有捏捺。鼎足两侧的刻划纹纹样多样，刻划的线条有的从近足跟处往下呈发散状排列，也有呈竖向或斜向平行排列，还有刻划的八字纹或密集短线甚至交错的刻划纹。竖向或斜向的刻划纹的线条从一条到十余条不等。该型足出土数量最多。（图3-2-25）

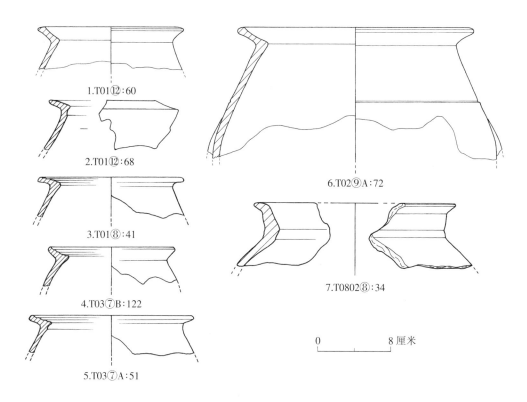

图 3-2-24　钱山漾一期文化遗存 F 型及其他形态鱼鳍形足鼎

1~5. F 型　　6、7. 其他

　　B 型　　形体窄长、鳍背弓起稍弱，截面相对扁平或靠内侧略厚。足尖有捏捺的比例较高。（图 3-2-26）

　　C 型　　鳍背微微弓起，截面扁圆或圆角长方形，足跟内壁常可见椭圆形凹窝。形态上较接近扁侧足。大多为 D 型鱼鳍足形鼎足。（图 3-2-27）

　　2）舌形足鼎

　　标本 5 件，其中口沿标本 1 件，腹部标本 2 件，复原器 2 件。舌形足鼎也是钱山漾一期文化遗存中常见的炊器之一。一般折沿，束颈，下坠折腹。口沿与 Ab 型鱼鳍形足鼎口沿相同，较难区分，只是一般器形较小，沿面较窄。

　　复原器 T03⑨A：15，夹砂红陶。沿面有数周旋纹，颈部有制作时留下的短条状刮抹痕迹，上腹部饰组合的短线刻划纹，中腹饰一周锯齿状附加堆凸带纹，圜底有少量的短条状刮痕。足面上端中部贴附一纵向鸡冠状锯齿边泥条，足面中部上下饰椭圆形剔刻纹，两侧满饰刻划八字纹。圜底和下腹残留有烟垢。口径 15.4、高 21.2 厘米。（图 3-2-28：1；彩版一二：4）

　　复原器 T1101⑦A：44，夹砂红陶。中腹饰一周凸带纹。足面上端中部贴附一纵向鸡冠状锯齿边泥条，足面中部上下饰长方形剔刻纹，两侧满饰刻划八字纹。口径 13.5、高 20.4 厘米。（图 3-2-28：2；彩版一二：5）

　　口沿标本 1 件。

　　T04⑦B：71，夹砂黑陶。肩腹部一周锯齿状附加堆凸棱纹。口径 16 厘米。（图 3-2-28：3）

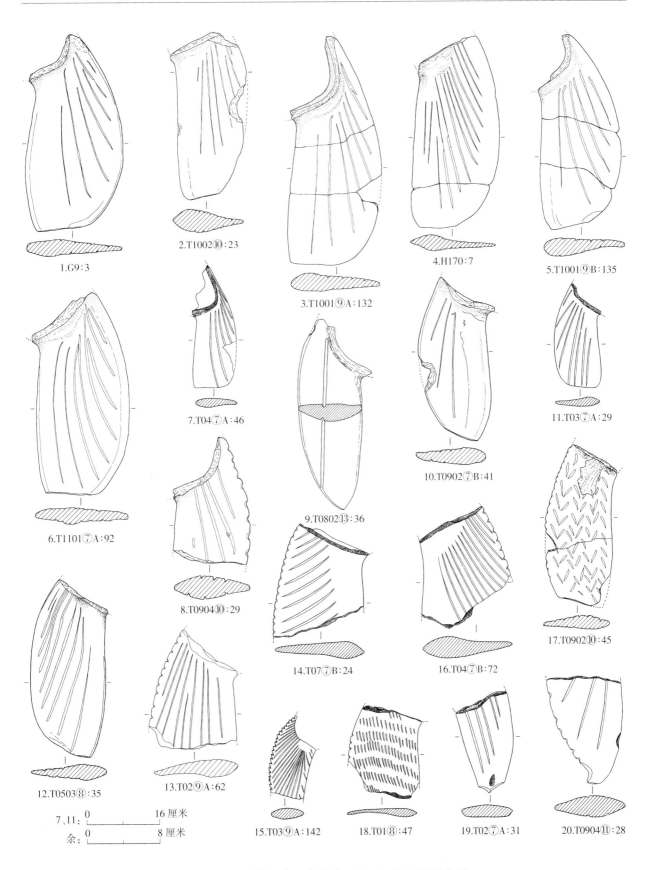

1.G9:3　2.T1002⑩:23　3.T1001⑨A:132　4.H170:7　5.T1001⑨B:135
6.T1101⑦A:92　7.T04⑦A:46　8.T0904⑩:29　9.T0802⑬:36　10.T0902⑦B:41　11.T03⑦A:29
12.T0503⑧:35　13.T02⑨A:62　14.T07⑦B:24　16.T04⑦B:72　17.T0902⑩:45
15.T03⑨A:142　18.T01⑧:47　19.T02⑦A:31　20.T0904⑪:28

7,11:　0　16厘米
余:　0　8厘米

图 3-2-25　钱山漾一期文化遗存 A 型鱼鳍形鼎足

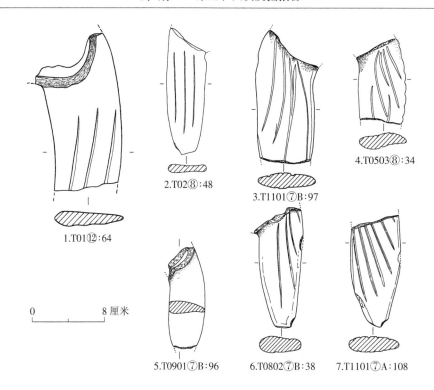

1.T01⑫:64

2.T02⑧:48

3.T1101⑦B:97

4.T0503⑧:34

5.T0901⑦B:96

6.T0802⑦B:38

7.T1101⑦A:108

0　　　　　　　8厘米

图 3-2-26　钱山漾一期文化遗存 B 型鱼鳍形鼎足

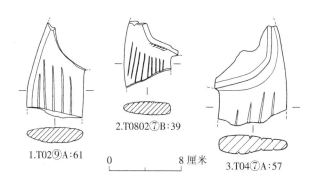

1.T02⑨A:61

2.T0802⑦B:39

0　　　　　　　8厘米

3.T04⑦A:57

图 3-2-27　钱山漾一期文化遗存 C 型鱼鳍形鼎足

腹部标本 2 件。

T03⑦B:128，夹砂红陶。折腹。上腹部饰一周凸带纹。（图 3-2-28：4）

T03⑦B:129，夹砂红陶。折腹。上腹部饰一周凸带纹。（图 3-2-28：5）

舌形足　107 件。舌形足截面一般为近椭圆形，也有少量足截面为圆角长方形等。足面的装饰以刻划的八字纹最具特点，并与附加堆纹、直线刻划纹、圆形或长方形的剔刻纹等组合在一起，装饰纹样几乎没有重复的。（图 3-2-29）

3）鸭嘴状凿形足鼎

鼎足连下腹部标本 2 件。鸭嘴状凿形足鼎也是钱山漾一期文化遗存常见炊器之一。惜无复原器。

G12:15，夹砂红陶。足面仅一道竖向刻划纹。圜底饰交错绳纹。（图 3-2-30：1）

T1001⑨A:63，夹砂灰陶。足面仅一道竖向刻划纹。圜底饰交错绳纹。（图 3-2-30：2）

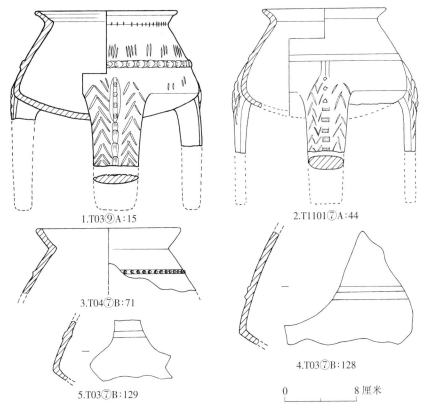

1.T03⑨A:15　　　　　　2.T1101⑦A:44

3.T04⑦B:71

4.T03⑦B:128

5.T03⑦B:129

0　　　　　　8厘米

图 3-2-28　钱山漾一期文化遗存舌形足鼎

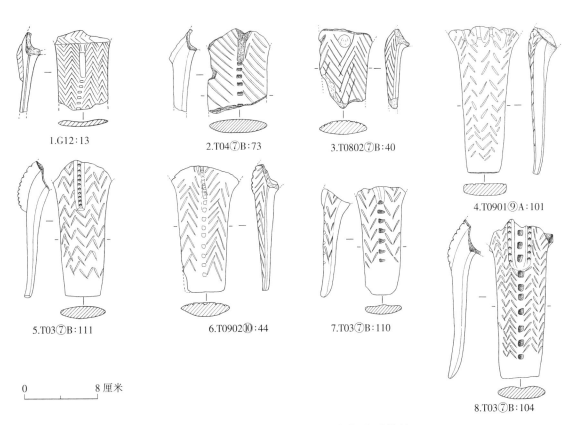

1.G12:13　　　　2.T04⑦B:73　　　　3.T0802⑦B:40

4.T0901⑨A:101

5.T03⑦B:111　　　6.T0902⑩:44　　　7.T03⑦B:110

8.T03⑦B:104

0　　　　　　8厘米

图 3-2-29　钱山漾一期文化遗存舌形鼎足

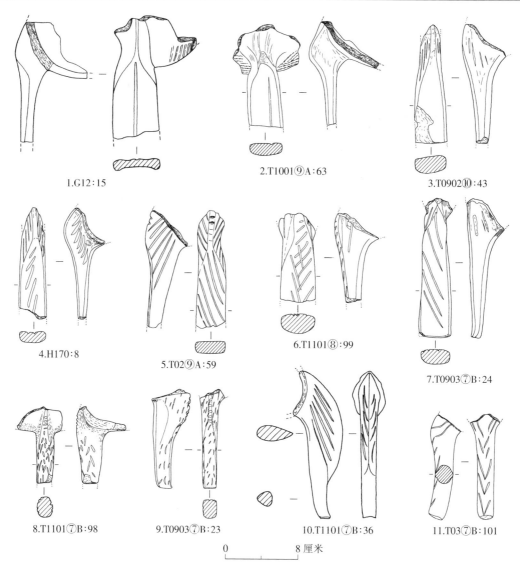

1.G12:15　　　　　2.T1001⑨A:63　　　　　3.T0902⑩:43

4.H170:8　　　5.T02⑨A:59　　　6.T1101⑧:99　　　7.T0903⑦B:24

8.T1101⑦B:98　　9.T0903⑦B:23　　10.T1101⑦B:36　　11.T03⑦B:101

0　　　　　　8厘米

图 3-2-30　钱山漾一期文化遗存鸭嘴状凿形鼎足

鸭嘴状凿形足　97件。鸭嘴状凿形足的足面及两侧一般均有刻划纹或剔刻纹。图案有竖向刻划纹、斜向刻划纹、八字形刻划纹等。部分鼎足足跟外缘装饰成锯齿边。刻划纹装饰由早到晚总体上有一个由简到繁的变化过程。一部分鸭嘴状凿形足形态上吸收了某些鱼鳍形足的特点，形态特别。（图 3-2-30：3～11）

4）扁侧足鼎

标本 12件，其中口腹部标本 9件，足连底腹部标本 2件，复原器 1件。扁侧足鼎在钱山漾一期文化遗存较早阶段（第9A～13层）就少量存在，到了偏晚阶段（第7、8层）数量逐渐增多。陶色质地与鱼鳍形足鼎有所区别。主要依据口沿特征分 3型。

A 型　标本 5件，其中复原器 1件。折沿，束颈，鼓腹下垂。

复原器 T1101⑦A:47，夹砂灰陶，局部泛红。沿面略凹弧。中腹饰一周凹弦纹，扁侧足截面扁圆，足跟外侧有按捺，足跟内壁有椭圆形凹窝。口径23.2、高29.6厘米。（图 3-2-31：1；彩版一二：6）

T1003⑩:53，夹砂灰黑陶。口径 25厘米。（图 3-2-31：2）

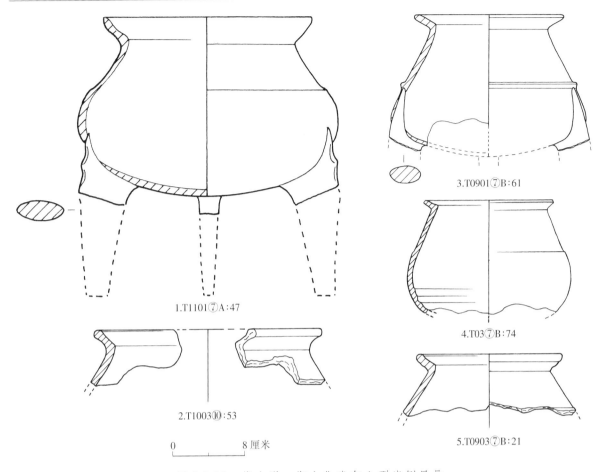

1.T1101⑦A:47

2.T1003⑩:53

0   8 厘米

3.T0901⑦B:61

4.T03⑦B:74

5.T0903⑦B:21

图 3-2-31　钱山漾一期文化遗存 A 型扁侧足鼎

T0901⑦B:61，夹砂黑陶。中腹饰一周凸棱。口径16.2、残高14.4 厘米。（图 3-2-31：3）

T03⑦B:74，夹砂灰陶，胎薄。中腹一周突棱。口径14、残高12 厘米。（图 3-2-31：4）

T0903⑦B:21，夹砂灰陶。口径16 厘米。（图 3-2-31：5）

B 型　标本 3 件。折沿，束颈，沿面外缘有小平台。

T0802⑬:53，夹砂灰陶。口径21 厘米。（图 3-2-32：1）

T02⑦B:37，夹砂灰陶。口径26 厘米。（图 3-2-32：2）

T03⑦B:116，夹砂红陶，器表沙粒清晰可见。口径18 厘米。（图 3-2-32：3）

C 型　标本 2 件。大口。折沿，方唇，沿面凹弧。

G12:9，夹砂红陶，略显灰黄。厚方唇，沿面外缘有小平台，沿面内凹。器表细沙颗粒清晰可见。口径28.6 厘米。（图 3-2-32：4）

T03⑦B:115，夹砂灰黄陶。（图 3-2-32：5）

另，扁侧足连底腹标本 2 件。

T03⑨A:134，夹砂红陶。扁侧足截面扁圆。腹部饰凹弦纹，圜底饰交错绳纹。（图 3-2-32：6）

T1003⑦B:44，夹砂红陶。圜底饰交错绳纹。足跟上端外侧有一按窝，足跟内壁有椭圆形凹窝。（图 3-2-32：7）

扁侧足　65 件。截面扁圆或近圆角长方形。两侧均素面，部分有制作时留下的纵向刮痕。

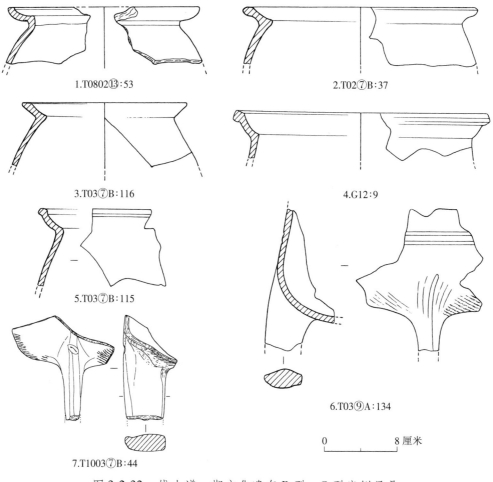

1.T0802⑬:53　　　　2.T02⑦B:37

3.T03⑦B:116　　　　4.G12:9

5.T03⑦B:115

6.T03⑨A:134

7.T1003⑦B:44

0　　　　8厘米

图 3-2-32　钱山漾一期文化遗存 B 型、C 型扁侧足鼎

1～3. B 型　4、5. C 型　6、7. 其他

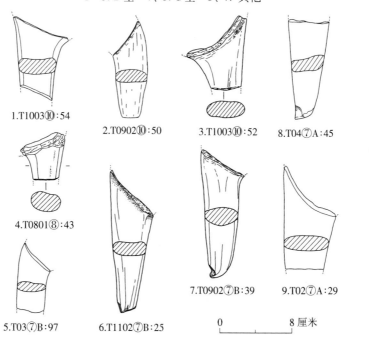

1.T1003⑩:54

2.T0902⑩:50　　3.T1003⑩:52　　8.T04⑦A:45

4.T0801⑧:43

7.T0902⑦B:39　　9.T02⑦A:29

5.T03⑦B:97　　6.T1102⑦B:25

0　　　　8厘米

图 3-2-33　钱山漾一期文化遗存扁侧鼎足

近半数鼎足足跟内壁有椭圆形凹窝，还有不少足尖有捏捺。（图 3-2-33）

此外，还存在少量扁方足、梯形足、圆锥足等其他形态的鼎足。

①扁方足

T0901⑦B：98，夹砂红陶。截面扁方。两侧有浅浅的细绳纹。（图 3-2-34：1）

T02⑦B：38 和 T02⑦A：30，均夹砂红陶。截面扁方。两侧均素面。（图 3-2-34：2、3）

②梯形足

T0802⑬：42，夹砂红陶。平面为宽扁的梯形。足面满饰刻划八字纹。（图 3-2-34：4）

③扁圆足

T1101⑧：33 和 T1001⑦B：128，均夹砂红陶。截面扁圆。近足跟两侧各设一乳丁，足两侧饰刻划八字纹。（图 3-2-34：5、6）

④圆锥足

T0803⑬：21 和 T03⑦B：102，均夹砂红陶。截面椭圆的圆锥足。外侧有锯齿状扉棱。（图 3-2-34：7、8）

T03⑦A：47，夹砂红陶。足跟外侧有一捺窝，足跟内壁有浅凹窝。（图 3-2-34：9）

T1103⑦B：18，夹砂灰陶。（图 3-2-34：10）

（2）袋足鬶

标本 5 件。均夹砂陶。束腰，大袋足，足尖有捏捺。腹部饰绳纹或弦断绳纹。

T03⑦B：76，夹砂灰陶。袋足上端残留有一竖向附加堆纹，袋足外表饰绳纹。（图 3-2-35：1；彩版一三：1）

T03⑦B：77，夹砂灰陶。束腰。袋足外表和腹部饰弦断绳纹。（图 3-2-35：2）

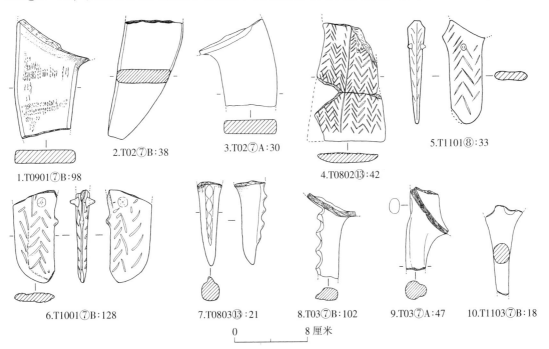

1.T0901⑦B：98　　2.T02⑦B：38　　3.T02⑦A：30　　4.T0802⑬：42　　5.T1101⑧：33

6.T1001⑦B：128　　7.T0803⑬：21　　8.T03⑦B：102　　9.T03⑦A：47　　10.T1103⑦B：18

0　　　　　　　8 厘米

图 3-2-34　钱山漾一期文化遗存其他形态鼎足

1~3. 扁方足　4. 梯形足　5、6. 扁圆足　7~10. 圆锥足

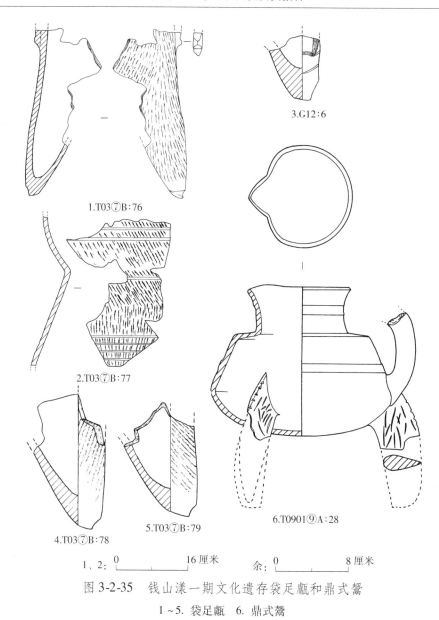

图 3-2-35　钱山漾一期文化遗存袋足鬶和鼎式鬶

1~5. 袋足鬶　6. 鼎式鬶

G12:6，夹砂红陶。足尖有捏捺。（图 3-2-35：3）

T03⑦B:78，夹砂灰陶。足外表饰绳纹，足尖有捏捺。（图 3-2-35：4）。

T03⑦B:79，夹砂红陶。足外表饰绳纹，足尖有捏捺。（图 3-2-35：5）。

（3）鼎式鬶

复原器 1 件。

T0901⑨A:28，夹砂棕褐陶。侈口，高领，折肩，鼓腹下坠，圜底，鱼鳍形足。口沿一侧有流，与流相对的腹部残留一把手。中腹饰一周凸带纹，鱼鳍形足外缘有锯齿纹，足两侧刻划纹显零乱。口径 11.4、高 23.7 厘米。（图 3-2-35：6；彩版一三：2）

（4）袋足鬶

口颈部标本共 8 件。质地分夹少量细砂的夹砂陶和泥质陶两种。器形上，将侈口的两侧口沿向内折叠，前端露一小口成管状流，后端为器口。细长颈，大袋足。颈部大多有一周凸棱，肩部一侧设一把手，与把手相对的肩部贴附一圆形泥饼，肩部另两侧有的贴附对穿纵向鸡冠状泥片。

T1001⑧：41，泥质红陶。口沿略残。肩部贴附有鸡冠状泥片。袋足丰满。残高 19.6 厘米。（图 3-2-36：1；彩版一三：3）

T1001⑨B：50，夹细砂红陶。肩部有贴附泥饼。（图 3-2-36：2）

T02⑧：56，泥质红陶。颈部无凸棱，肩部贴附有泥饼。肩腹部残留有烟垢。（图 3-2-36：3）

T03⑦B：85，夹细砂红陶。肩部贴附有泥饼。（图 3-2-36：4）

T03⑦B：92，夹细砂灰陶。肩部贴附有泥饼和鸡冠状泥片。（图 3-2-36：5）

T03⑦A：39，夹细砂红陶。肩部贴附有鸡冠状泥片。（图 3-2-36：6）

T03⑦A：38，夹细砂灰黄陶。肩部贴附有泥饼和鸡冠状泥片。（图 3-2-36：7）

T1001⑦B：37，泥质红陶。喇叭口。口沿内卷折叠后再贴附一泥条以加固。（图 3-2-36：8；彩版一三：4）

（5）豆

豆盘标本 21 件，豆柄标本 7 件，复原器 4 件。均为泥质陶。根据腹部特征可以分为折肩豆、折腹豆、弧腹豆和鼓折腹豆 4 型。豆柄可以分为宽高柄和细高柄两种，其中折肩豆和折腹豆均为宽高柄，弧腹豆为细高柄，鼓折腹豆豆柄情况不明。由于弧腹豆豆盘的演变关系不明显，主要变化特征在柄部，但因为没有复原器，无法进一步分式，所以将豆盘和豆柄分开介绍。

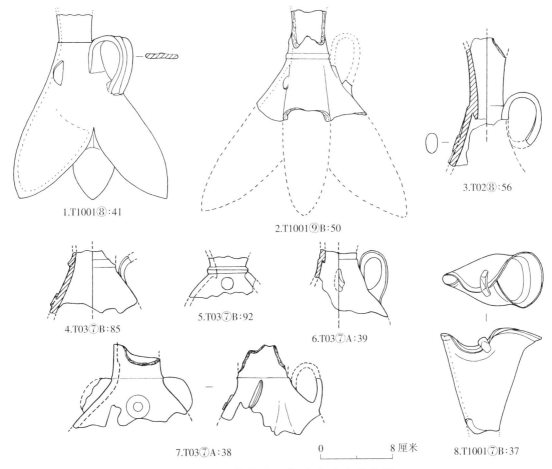

1.T1001⑧：41

2.T1001⑨B：50

3.T02⑧：56

4.T03⑦B：85

5.T03⑦B：92

6.T03⑦A：39

7.T03⑦A：38

0　　　　8 厘米

8.T1001⑦B：37

图 3-2-36　钱山漾一期文化遗存袋足鬶

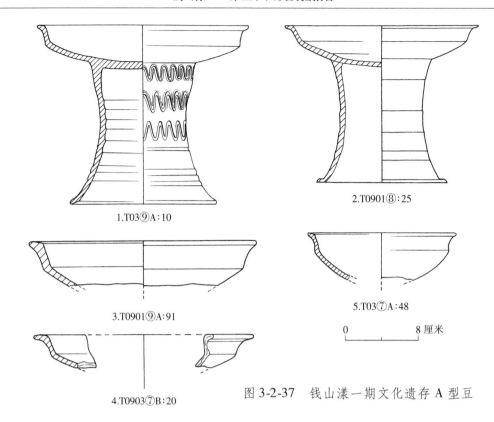

1.T03⑨A:10　　2.T0901⑧:25

3.T0901⑨A:91

5.T03⑦A:48

0　　　　　8厘米

4.T0903⑦B:20

图 3-2-37　钱山漾一期文化遗存 A 型豆

A 型　敞口，平沿，折肩，盘腹较浅，宽高柄。豆盘标本 3 件，复原器 2 件。

复原器 T03⑨A:10，泥质灰陶。柄中部略束。柄上半部饰上下三组水波纹，柄下部饰凹弦纹。口径 23.2、底径 16、高 19 厘米。（图 3-2-37：1；彩版一三：5）

复原器 T0901⑧:25，泥质黑衣陶，黑衣部分脱落。浅盘，盘内底有圆形下凹。柄中部略束，上有四周不太明显的突棱纹。口径 21.4、底径 14.4、高 16.4 厘米。（图 3-2-37：2；彩版一三：6）

T0901⑨A:91，泥质黑陶。口径 25 厘米。（图 3-2-37：3）

T0903⑦B:20，泥质黑陶。口径 24 厘米。（图 3-2-37：4）

T03⑦A:48，泥质灰陶。盘腹较深。口径 16 厘米。（图 3-2-37：5）

B 型　敞口，折腹，盘腹稍深，宽高柄。豆盘标本 2 件，复原器 2 件。依据宽柄变化特征将 2 件复原器分 2 式。

I 式　1 件。

复原器 T1101⑨A:28，泥质黑衣陶。平沿。豆盘内底有圆形下凹。宽柄较宽直，下端微外撇。腹部和柄部饰组合弦纹，宽柄内壁有轮制旋痕。口径 19.6、底径 14.4、高 13.2 厘米。（图 3-2-38：1；彩版一四：1）

II 式　1 件。

复原器 T03⑨A:14，泥质黑衣陶。盘腹内底有圆形下凹。宽柄稍瘦高，柄中部略束，下端外撇呈喇叭状。柄部饰四周突棱纹。口径 19.6、底径 11.6、高 14.8 厘米。（图 3-2-38：2；彩版一四：2）

另 2 件豆盘标本不分式。

T03⑭:149，泥质黑衣陶。口径 16 厘米。（图 3-2-38：3）

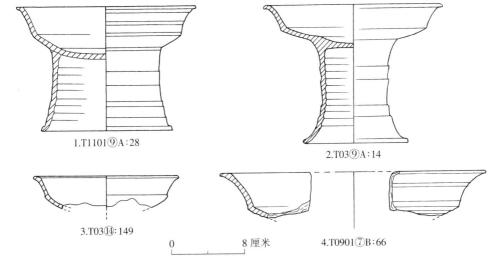

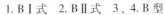

图 3-2-38　钱山漾一期文化遗存 B 型豆

1. B I 式　2. B II 式　3、4. B 型

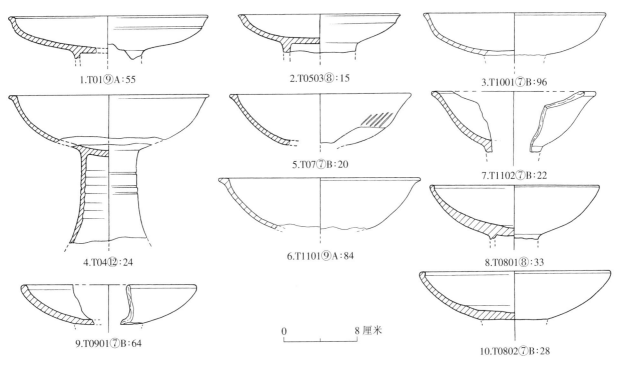

图 3-2-39　钱山漾一期文化遗存 C 型豆

1 ~ 3. Ca 型　4 ~ 7. Cb 型　8 ~ 10. Cc 型

T0901⑦B：66，泥质黑衣陶。平沿。口径 29 厘米。（图 3-2-38：4）

C 型　弧腹豆，一般为细高柄。依据口沿特征，将豆盘分 4 亚型。

Ca 型　敞口，浅盘。豆盘标本 3 件。

T01⑨A：55，泥质灰陶。口沿下一周凹弦纹。口径 21.8 厘米。（图 3-2-39：1）

T0503⑧：15，泥质黑衣陶。口径 17.6 厘米。（图 3-2-39：2）

T1001⑦B：96，泥质黑陶。口径 20 厘米。（图 3-2-39：3）

Cb 型　敞口，宽平沿，盘腹较深。豆盘标本 4 件。

T04⑫：24，泥质灰陶。柄下端残。柄上端三周凹弦纹。口径 22、残高 15.6 厘米。（图 3-2-39：4）

T07⑦B：20，泥质灰黄陶。腹部有短条状刮痕。口径 20 厘米。（图 3-2-39：5）

T1101⑨A：84，泥质黑衣陶。口径 22 厘米。（图 3-2-39：6）

T1102⑦B：22，泥质红陶。口径 18 厘米。（图 3-2-39：7）

Cc 型　敛口。豆盘标本 3 件。

T0801⑧：33，泥质黄胎黑衣陶。微敛口。口径 18.8 厘米。（图 3-2-39：8）

T0901⑦B：64，泥质黑衣陶。微敛口。口径 19 厘米。（图 3-2-39：9）

T0802⑦B：28，泥质黑陶。敛口。口径 21 厘米。（图 3-2-39：10）

Cd 型　敞口，沿面内斜，浅盘。豆盘标本 3 件。

T1101⑨A：42，泥质黑衣陶。盘腹一周凸棱，细高柄残。在凸棱和柄之间腹部饰刻划八字纹。口径 32 厘米。（图 3-2-40：1）

T0901⑦B：65，泥质灰陶。盘腹一周凹弦纹。口径 30 厘米。（图 3-2-40：2）

T1101⑦A：65，泥质灰黄陶。盘腹有三周凹弦纹和水波纹。（图 3-2-40：3）

D 型　侈口，鼓折腹。豆盘标本 3 件。

T1001⑨A：60，泥质黑衣陶。鼓腹处一周凹弦纹。柄残。口径 24 厘米。（图 3-2-40：4）

T0503⑧：25，泥质灰陶。平沿。折腹处一周凹弦纹，上腹部一周饰上下两组横向叶脉状

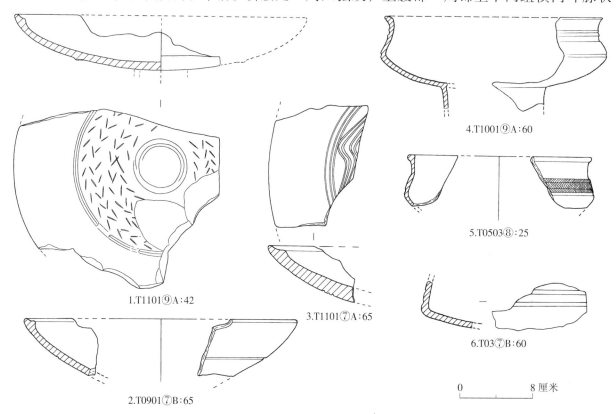

4.T1001⑨A：60

5.T0503⑧：25

6.T03⑦B：60

1.T1101⑨A：42

2.T0901⑦B：65

3.T1101⑦A：65

0　　　　8 厘米

图 3-2-40　钱山漾一期文化遗存 C 型、D 型豆

1 ~ 3. Cd 型　4 ~ 6. D 型

刻划纹。口径 20 厘米。（图 3-2-40：5）

T03⑦B：60，泥质黑陶。（图 3-2-40：6）

喇叭状细高豆柄标本 7 件，主要为 C 型豆豆柄。依据柄部特征变化分 2 式。

Ⅰ式　标本 4 件。柄中部微束。

T1003⑩：36，泥质黑陶。柄部上下饰四周细弦纹。（图 3-2-41：1）

T1001⑨A：121，泥质黑衣陶。盘内底圆形下凹。柄部饰二周细突棱纹。（图 3-2-41：2）

T0901⑧：83，泥质黑衣陶。柄部饰二周细突棱纹。（图 3-2-41：3）

T02⑧：50，泥质黑陶。盘内底有圆形下凹。柄上端饰二周细突棱纹。（图 3-2-41：4）

Ⅱ式　标本 3 件。柄中部束。

T0802⑦B：24，泥质灰黄陶。柄上端饰二周凹凸弦纹。（图 3-2-41：5）

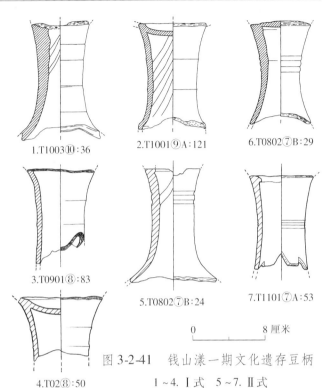

图 3-2-41　钱山漾一期文化遗存豆柄
1～4. Ⅰ式　5～7. Ⅱ式

T0802⑦B：29，泥质黑衣陶。柄中部饰三周凸棱纹。（图 3-2-41：6）

T1101⑦A：53，泥质黑皮陶。柄部饰三周凹弦纹。（图 3-2-41：7）

（6）平底盆

标本 20 件，均为口沿。泥质陶。一般为平底。依据口沿特征，分 4 型。

A 型　标本 11 件。平折沿，束颈，鼓肩。依据口沿变化特征分 3 式。

Ⅰ式　标本 4 件。沿较窄，微束颈，弧腹。

T01⑫：58，泥质灰黄陶。口径 32 厘米。（图 3-2-42：1）

T0603⑫：11，泥质红陶。口径 26 厘米。（图 3-2-42：2）

T1102⑩：24，泥质黄胎黑衣陶。肩腹部饰组合凹弦纹。口径 32 厘米。（图 3-2-42：3）

T1003⑩：37，泥质黄胎黑衣陶，黑衣脱落严重。口径 28 厘米。（图 3-2-42：4）

Ⅱ式　标本 3 件。沿稍宽，束颈，略鼓肩。

T0901⑧：88，泥质灰胎黑衣陶。腹部二周凸棱纹。口径 36 厘米。（图 3-2-42：5）

T0503⑧：22，泥质灰陶。口径 34 厘米。（图 3-2-42：6）

T03⑦B：84，泥质灰黄陶。口径 32 厘米。（图 3-2-42：7）

Ⅲ式　标本 4 件。沿较宽，部分翻卷，束颈与鼓肩明显。

T03⑦B：62，泥质灰黄陶。肩腹部设对称宽扁桥形把手。腹部饰横向刻划的短线纹和八字纹。口径 36 厘米。（图 3-2-43：1）

T0802⑦B：27，泥质灰陶。卷沿。肩部一周细凸棱，腹部饰横向的刻划八字纹。口径 40 厘米。（图 3-2-43：2）

T04⑦A：41，泥质灰黄陶。口径 26 厘米。（图 3-2-43：3）

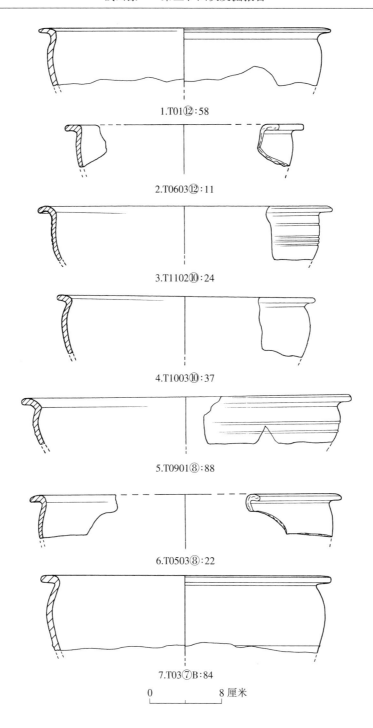

1.T01⑫：58

2.T0603⑫：11

3.T1102⑩：24

4.T1003⑩：37

5.T0901⑧：88

6.T0503⑧：22

7.T03⑦B：84

0　　　　　　8 厘米

图 3-2-42　钱山漾一期文化遗存 A 型平底盆

1~4. A I 式　5~7. A II 式

T03⑦A：53，泥质灰陶。口径 38 厘米。（图 3-2-43：4）

B 型　标本 4 件。平折沿，斜弧腹。

T0901⑧：87，泥质黑陶。肩腹部有二周细突棱纹。口径 36 厘米。（图 3-2-43：5）

T0902⑧：49，泥质灰陶。口径 34 厘米。（图 3-2-43：6）

T03⑫：147，泥质黑陶。（图 3-2-43：7）

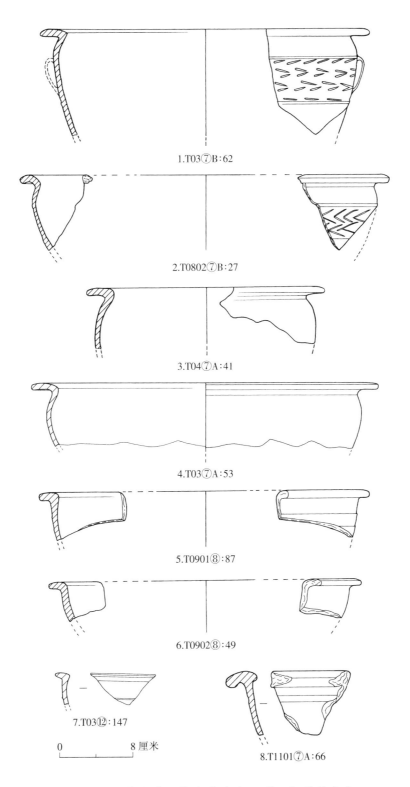

1.T03⑦B:62

2.T0802⑦B:27

3.T04⑦A:41

4.T03⑦A:53

5.T0901⑧:87

6.T0902⑧:49

7.T03⑫:147

0　　　　　8厘米

8.T1101⑦A:66

图 3-2-43　钱山漾一期文化遗存 A 型、B 型平底盆

1~4. A Ⅲ式　5~8. B 型

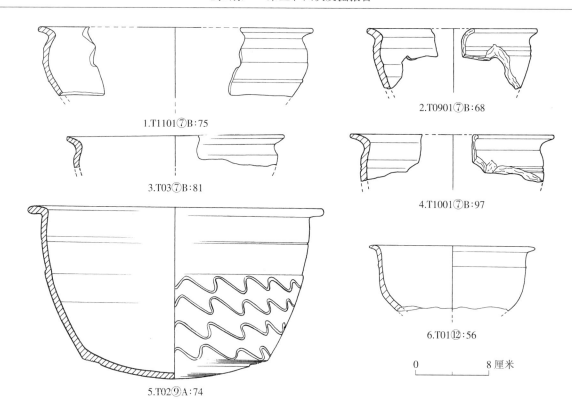

图 3-2-44　钱山漾一期文化遗存 C 型、D 型平底盆及凸圜底盆
1～4. C 型平底盆　5. 凸圜底盆　6. D 型平底盆

T1101⑦A：66，泥质灰陶。厚唇。口沿下一周凹弦纹。（图 3-2-43：8）

C 型　标本 4 件。侈口，束颈，弧腹。

T1101⑦B：75，泥质黑陶。肩腹部三周细突棱纹。口径 30 厘米。（图 3-2-44：1）

T0901⑦B：68，泥质灰陶。肩部二周突棱纹。口径 18.4 厘米。（图 3-2-44：2）

T1001⑦B：97，泥质灰黄陶。肩腹部二周凹弦纹。口径 22 厘米。（图 3-2-44：4）

T03⑦B：81，泥质灰黄陶。口径 24 厘米。（图 3-2-44：3）

D 型　标本 1 件。侈口，深弧腹。

T01⑫：56，泥质灰黄陶。上腹部一周细突棱纹。口径 18 厘米。（图 3-2-44：6）

（7）凸圜底盆

复原器 1 件。

T02⑨A：74，泥质黑衣陶。平折沿，弧腹至近底部折收为凸弧的圜底。上腹部一周凹弦纹，中腹一周突棱纹，下腹饰刻划水波纹。圜底可见椭圆的旋切痕迹。形态少见。口径 32.4、高 18.2 厘米。（图 3-2-44：5；彩版一四：3）

（8）泥质罐

标本 35 件，其中复原器 5 件。泥质罐是钱山漾一期文化遗存中重要的陶器，形态多样。依据口腹部特征，分为 5 型。

A 型　标本 4 件。高领罐，平底或矮圈足。常见装饰纹样有方格纹、条纹和条格纹等。

T1101⑧：19，泥质黑衣陶。侈口，肩略鼓。下腹残。领部饰多组凸棱和凹弦纹，腹部饰

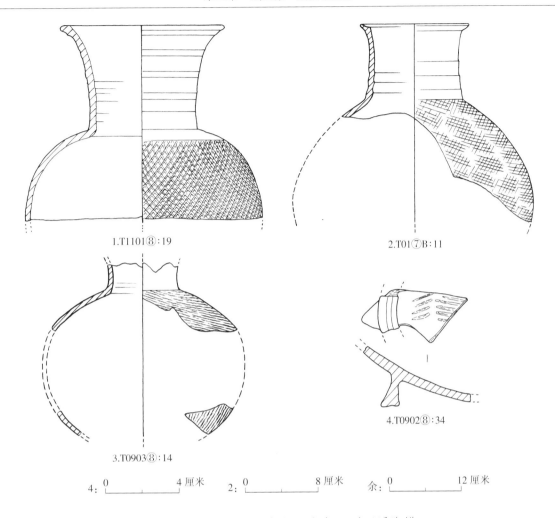

1.T1101⑧:19

2.T01⑦B:11

3.T0903⑧:14

4.T0902⑧:34

4:　0　　　　　　4 厘米　　　0　　　　　　8 厘米　　余:　0　　　　　　12 厘米

图 3-2-45　钱山漾一期文化遗存 A 型泥质陶罐

斜方格纹。领内壁多周旋痕。器形高大。口径 26.4、残高 30.8 厘米。（图 3-2-45:1；彩版一五:1）

　　T01⑦B:11，泥质青灰陶。下部残。侈口，溜肩，鼓腹。肩腹部饰由斜向细凸条纹和逆向凹弦纹交错成的条格纹。口径 12、残高 21 厘米。（图 3-2-45:2，3-2-8:8；彩版一五:2）

　　T0903⑧:14，泥质青灰陶。残。球腹。肩腹部饰细条纹。残高 27 厘米。（图 3-2-45:3，3-2-8:6）

　　另，从质地上可确认为此型罐的圈足标本 1 件。

　　T0902⑧:34，泥质青灰陶。矮圈足。圈足外底有刻划纹。（图 3-2-45:4）

　　B 型　标本 7 件，其中复原器 2 件。低领罐，平底或稍内凹。常见装饰纹样有弦断绳纹、水波纹等。

　　T0902⑩:15，泥质红陶。口沿残，溜肩，鼓腹，平底。肩部二周凹弦纹。底径 5、残高 12.2 厘米。（图 3-2-46:1；彩版一五:3）

　　复原器 T1102⑩:27，陶色灰、红夹杂。侈口，鼓腹，平底微内凹。上腹部饰弦断绳纹，下腹部饰水波纹。口径 15.6、底径 12、高 19.4 厘米。（图 3-2-46:2；彩版一五:4）

　　T1101⑨A:31，泥质黑衣陶。下部残。侈口，鼓肩，鼓腹。肩腹部饰竖向弦断绳纹。口径

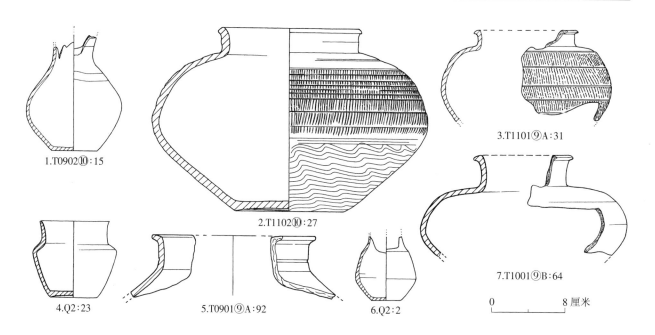

图 3-2-46　钱山漾一期文化遗存 B 型泥质陶罐

11.2 厘米。（图 3-2-46：3；彩版一五：5）

复原器 Q2：23，泥质灰陶。底和腹局部为红色。侈口，折肩，斜腹，平底微内凹。口径 7.7、底径 5.2、高 8.2 厘米。（图 3-2-46：4；彩版一五：6）

T0901⑨A：92，泥质黑衣陶。领部饰二周凹弦纹。口径 18 厘米。（图 3-2-46：5）

Q2：2，泥质红陶。口残。折肩，折腹，平底。器形小。底径 3.4、残高 6.8 厘米。（图 3-2-46：6）

T1001⑨B：64，泥质黑衣陶。侈口，广肩，鼓腹。口径 10.8 厘米。（图 3-2-46：7）

C 型　标本 8 件，其中口沿标本 4 件，腹底部标本 3 件，复原器 1 件。折沿罐，平底或矮圈足。薄胎。常见装饰纹样有水波纹、凸棱或凹弦纹、方格纹等。

复原器 T1001⑨A：43，泥质灰黄胎黑衣陶。厚圆唇，沿面略凹弧，溜肩，鼓腹，平底略内凹。肩腹部和鼓腹处有凹弦纹，腹部上下饰水波纹。口径 18.8、底径 12.8、高 29.4 厘米。（图 3-2-47：1；彩版一六：1）

T1001⑨A：59，泥质黄胎黑衣陶。圆唇。腹部一周凸棱并饰水波纹。口径 21.8 厘米。（图 3-2-47：2）

T04⑦A：44，泥质黑陶。肩部较丰。肩腹部饰四周细凸棱，中腹饰水波纹。口径 22 厘米。（图 3-2-47：3）

G12：12，泥质灰黄陶。肩部一周细凹弦纹。器形小。口径 9 厘米。（图 3-2-47：4）

T01⑫：57，泥质黑陶。沿面凹弧。口径 24 厘米。（图 3-2-47：5）

腹底部标本 3 件：

T1101⑧：26，泥质黑衣陶，黑衣铅色发亮。鼓腹。腹部饰斜向方格纹，又被三周宽凹弦纹隔断。（图 3-2-47：6）

T1001⑧：112，泥质黑衣陶。圆鼓腹，圈足残。下腹饰四周凹弦纹。（图 3-2-47：7）

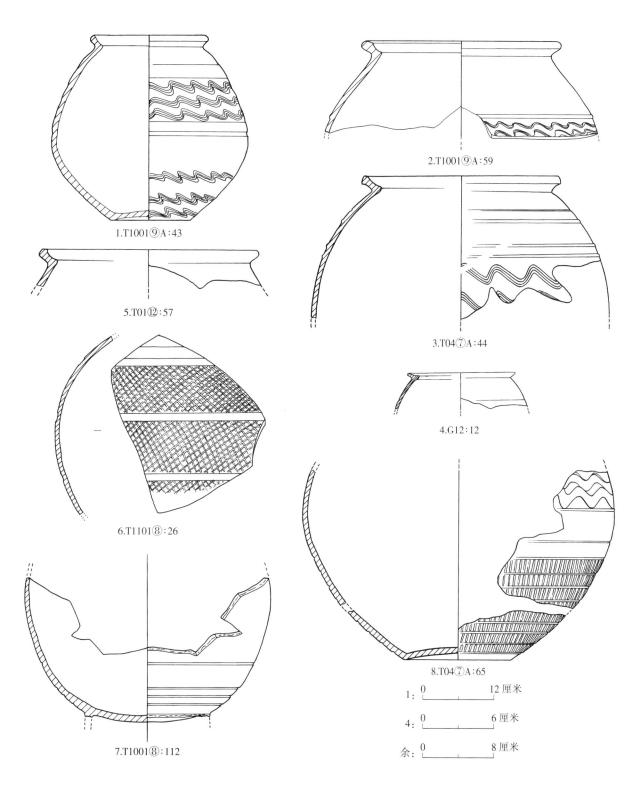

1.T1001⑨A:43

2.T1001⑨A:59

3.T04⑦A:44

4.G12:12

5.T01⑫:57

6.T1101⑧:26

7.T1001⑧:112

8.T04⑦A:65

图 3-2-47　钱山漾一期文化遗存 C 型泥质陶罐

T04⑦A：65，泥质黑陶。圆鼓腹，平底内凹。上腹部饰水波纹，下腹部饰弦断篮纹。底径 12 厘米。（图3-2-47：8）

D 型　标本 12 件，其中口沿标本 10 件，罐底部标本 1 件，复原器 1 件。大口罐，平底内凹。厚胎。常见装饰纹样有弦断绳纹或篮纹、凸棱纹，偶见水波纹。D 型泥质陶罐形态及装饰纹样上与夹砂陶瓷比较接近，除质地上的区别外，D 型泥质陶罐，大口，器形较宽矮；夹砂陶瓷，口略小，器形瘦高。依据口沿特征又可分 2 亚型。

Da 型　标本 7 件，其中复原器 1 件。折沿，沿面外缘有小平台，沿面凹弧。分 2 式。

Ⅰ 式　口沿标本 4 件。

T1001⑧：143，泥质灰黄陶。腹部饰弦断绳纹。口径 28 厘米。（图3-2-48：1）

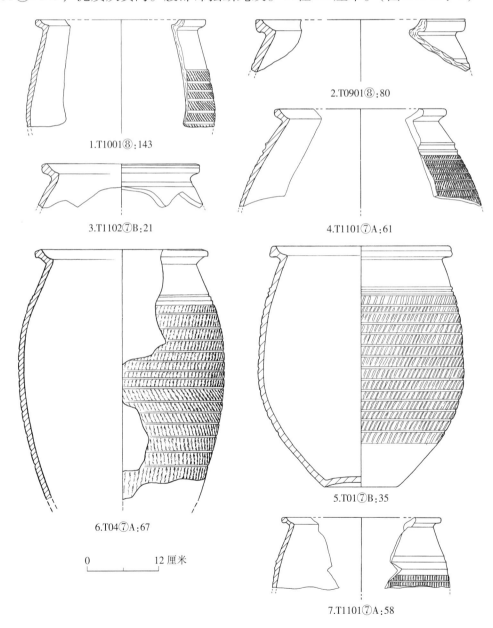

1.T1001⑧：143

2.T0901⑧：80

3.T1102⑦B：21

4.T1101⑦A：61

5.T01⑦B：35

6.T04⑦A：67

7.T1101⑦A：58

0　　　　　　12 厘米

图 3-2-48　钱山漾一期文化遗存 Da 型泥质陶罐

1～4. Da Ⅰ 式　5～7. Da Ⅱ 式

T0901⑧：80，泥质灰陶。厚唇，略呈盘口状。口径 34 厘米。（图 3-2-48：2）

T1102⑦B：21，泥质灰黄陶。唇面一周凹棱。口径 26 厘米。（图 3-2-48：3）

T1101⑦A：61，泥质红陶。肩部二周凸棱，腹部饰弦断绳纹。口径 28 厘米。（图 3-2-48：4）

Ⅱ式　标本 3 件，其中复原器 1 件。沿略翻卷。

复原器 T01⑦B：35，泥质黑陶。灰红胎，器表一层黑衣。唇中部一周浅凹棱。鼓腹，腹最大径偏下。平底内凹。肩部二周凸棱，腹部饰弦断篮纹。口径 29.8、底径 12.3、高 38.4 厘米。（图 3-2-48：5；彩版一六：2）

T04⑦A：67，泥质红陶。肩部二周凸棱，腹部饰弦断绳纹。口径 28.8、残高 39.6 厘米。（图 3-2-48：6）

T1101⑦A：58，泥质红陶。肩部二周凸棱，腹部饰弦断绳纹。口径 26 厘米。（图 3-2-48：7）

Db 型　口沿标本 4 件。折沿，沿面无小平台。分 4 式。

Ⅰ式　标本 1 件。折沿较陡，沿面略凹弧。

T1001⑧：114，泥质红胎黑衣陶。唇面下一周凹棱。腹部饰斜向绳纹。口径 32 厘米。（图 3-2-49：1）

Ⅱ式　标本 1 件。折沿稍坦，沿面略凹弧。

T1101⑧：82，泥质灰黄陶。唇面一周凹棱，肩部五周突棱，腹部饰弦断绳纹。口径 40 厘米。（图 3-2-49：2）

Ⅲ式　标本 1 件。折沿较坦，沿面略凹弧。

T03⑦B：71，泥质灰黄陶。唇面和唇下各一周凹棱。口径 36 厘米。（图 3-2-49：3）

Ⅳ式　标本 1 件。平折沿，沿面不凹弧。

T01⑦B：38，泥质灰黄陶。唇下一周凹棱。口径 36 厘米。（图 3-2-49：4）

另有 D 型罐底部标本 1 件：

T1101⑦A：62，泥质红陶。平底内凹。下腹部饰弦断绳纹。底径 11.5 厘米。（图 3-2-49：5）

E 型　标本 2 件，其中口腹部标本 1 件，复原器 1 件。侈口小罐。常见装饰纹样有凸棱纹、凹弦纹等。

复原器 T01⑫：16，泥质黑陶。侈口，束颈，鼓腹，平底微内凹。腹部一周凸带纹。口径 9.2、底径 6.4、高 7.6 厘米。

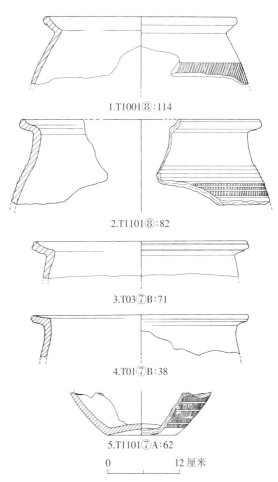

1.T1001⑧：114

2.T1101⑧：82

3.T03⑦B：71

4.T01⑦B：38

5.T1101⑦A：62

0　　　　　12 厘米

图 3-2-49　钱山漾一期文化遗存 Db 型泥质陶罐及 D 型泥质陶罐底部

1. Db Ⅰ式　2. Db Ⅱ式　3. Db Ⅲ式　4. Db Ⅳ式　5. D 型

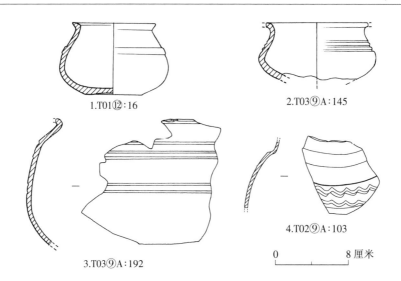

图 3-2-50　钱山漾一期文化遗存 E 型泥质陶罐及其他形态泥质陶罐腹部
1、2. E 型　3、4. 其他

（图 3-2-50：1；彩版一六：3）

　　T03⑨A：145，泥质黑陶。口底残。鼓腹。肩腹部饰组合凹弦纹。残口径 11.2 厘米。（图 3-2-50：2）

　　还有少量形态不明的泥质陶罐腹部残片。

　　T03⑨A：192，泥质黑陶。腹部饰组合凹弦纹。（图 3-2-50：3）

　　T02⑨A：103，泥质黑衣陶。折肩。腹部饰凸棱和水波纹。（图 3-2-50：4）

　　（9）夹砂罐

　　口沿标本 8 件。依据口沿特征，分 2 型。

　　A 型　标本 6 件。有领罐。质地和形态也有区别。

　　T0803⑩：9，夹砂红陶。侈口，平沿。领上部一周捺窝，中部一周浅突棱，颈部以下饰竖向绳纹，领内壁有轮制旋痕。口径 17、残高 13 厘米。（图 3-2-51：1；彩版一六：4）

　　T0902⑧：16，夹砂红陶。侈口，斜方唇，鼓腹下坠，圈足残。腹部饰绳纹。口径 8.4、残高 15 厘米。（图 3-2-51：2；彩版一六：5）

　　T04⑦A：55，夹砂灰黄陶。侈口，领中部凹弧，鼓肩。肩部饰组合细弦纹，腹部纹饰模糊。口径 13.9 厘米。（图 3-2-51：3）

　　T0503⑧：29，夹细砂黑陶。平沿。口径 23 厘米。（图 3-2-51：5）

　　T03⑦B：80，夹砂黑陶。胎厚。口沿残，圆鼓腹。腹部饰弦断篮纹。（图 3-2-51：6）

　　T1101⑦A：37，夹砂红陶。侈口，方唇。肩部二周凸棱，腹部饰竖向绳纹。口径 30 厘米。（图 3-2-51：7）

　　B 型　标本 2 件。无领罐。折沿，束颈，鼓腹。

　　T02⑨A：64，夹砂红陶。腹部二周凹弦纹。器形小。口径 11.2 厘米。（图 3-2-51：4）

　　T1001⑨A：65，夹细砂灰陶。大口，折沿，沿面略凹，束颈。腹部饰被凹弦纹隔断的斜方格纹。口径 28.6 厘米。（图 3-2-51：8；彩版一六：6）

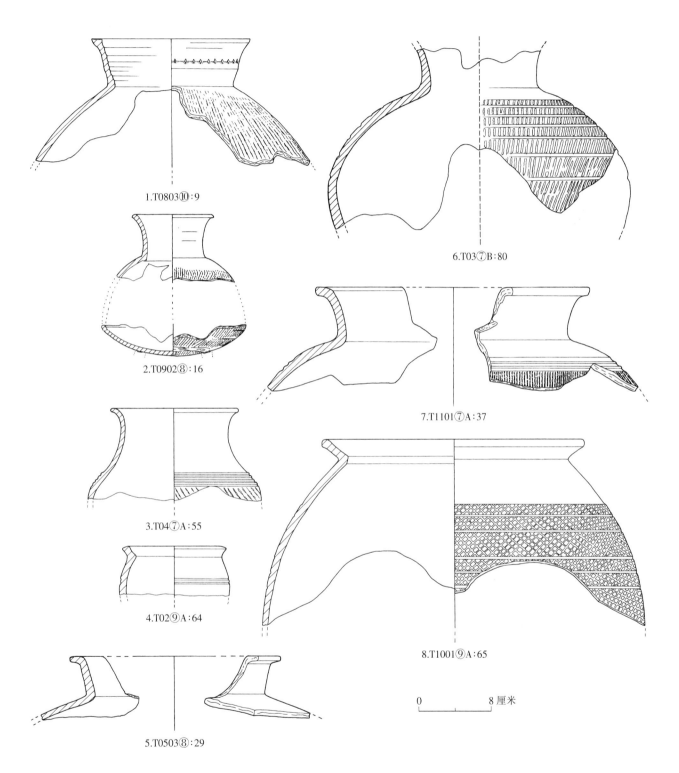

1.T0803⑩:9

6.T03⑦B:80

2.T0902⑧:16

7.T1101⑦A:37

3.T04⑦A:55

4.T02⑨A:64

8.T1001⑨A:65

5.T0503⑧:29

0　　　　　　8 厘米

图 3-2-51　钱山漾一期文化遗存 A 型、B 型夹砂陶罐

1~3、5~7. A 型　4、8. B 型

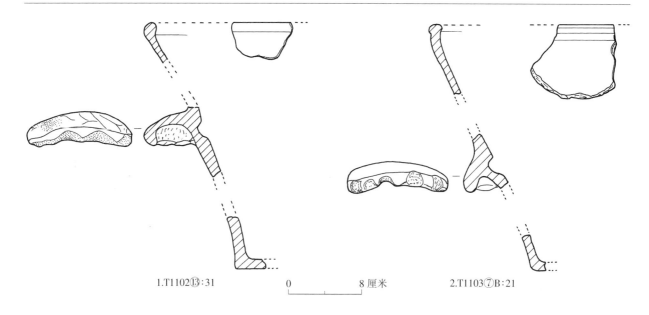

1.T1102⑬:31　　　　　0　　　　8厘米　　　　2.T1103⑦B:21

图3-2-52　钱山漾一期文化遗存簋形器

（10）簋形器

标本2件。器表为粗泥红陶，内壁为夹杂草茎的粗泥黑陶。敛口，斜弧深腹，平底。中腹设对称锯齿边鸡冠状錾手。器内壁有被火烘烤痕迹，用途不明。

T1102⑬:31，高约26厘米。（图3-2-52：1）

T1103⑦B:21，高约26厘米。（图3-2-52：2）

（11）圈足盘

标本11件，其中复原器3件。均为泥质陶。依据口腹部变化特征，分3型。

A型　敞口，平沿或斜平沿，折肩或折腹，浅盘。口沿下常可见一周突棱。口沿标本6件，腹部连圈足标本1件，复原器1件。

复原器T0901⑧:21，泥质灰黄陶。折腹。上腹一周凹弦纹，把部饰二周突棱。口径19.6、底径12、高8.8厘米。（图3-2-53：1；彩版一四：4）

T01⑨A:54，泥质灰黄陶。口沿下一周突棱。口径40厘米。（图3-2-53：2）

T1001⑨A:47，泥质黑衣陶。折肩。口径34厘米。（图3-2-53：3）

T0901⑧:23，泥质黑陶。折腹。口径26厘米。（图3-2-53：4）

T07⑦B:19，泥质黑陶。折肩。口沿下一周突棱。口径30厘米。（图3-2-53：5）

T1101⑦A:17，泥质黑衣陶。肩腹部饰多周凹弦纹。口径36厘米。（图3-2-53：6）

T1101⑦A:16，泥质灰陶。口径43.2厘米。（图3-2-53：7）

T1101⑦A:68，泥质黑衣陶。口残，折腹。上腹有二周凹弦纹，圈足把饰三周细凸棱，把中部一周饰斜线相交的刻划纹、小镂孔和弧线刻划纹构成的组合纹。底径29.6、残高16厘米。（图3-2-53：8）

B型　侈口，折下腹，盘腹较深。口沿标本1件，复原器1件。

复原器T1001⑨A:46，泥质黑衣陶。折下腹。上腹二周细突棱。口径20.6、底径14、高12.8厘米。（图3-2-53：9；彩版一四：5）

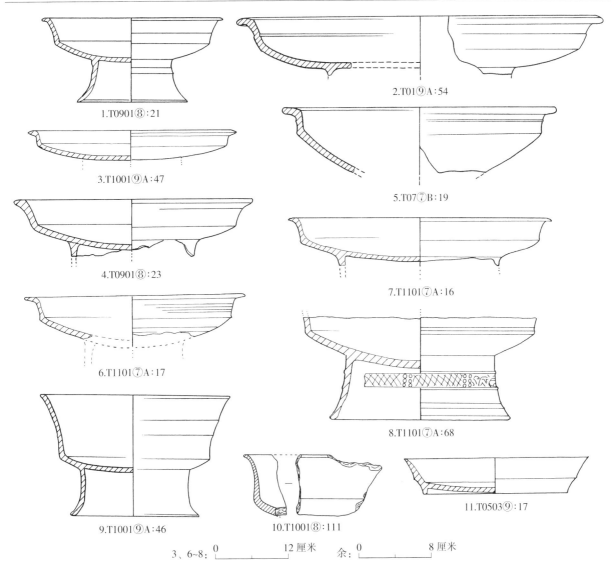

1.T0901⑧：21

2.T01⑨A：54

3.T1001⑨A：47

5.T07⑦B：19

4.T0901⑧：23

7.T1101⑦A：16

6.T1101⑦A：17

8.T1101⑦A：68

9.T1001⑨A：46

10.T1001⑧：111

11.T0503⑨：17

3、6~8：　0　　　　12厘米　　余：0　　　　8厘米

图 3-2-53　钱山漾一期文化遗存 A 型、B 型、C 型圈足盘

1~8. A 型　9、10. B 型　11. C 型

T1001⑧：111，泥质灰陶。（图 3-2-53：10）

C 型　复原器 1 件。T0503⑨：17，泥质灰陶。敞口，浅斜腹，矮圈足。腹部一周突棱。口径 20.4、底径 16、高 3.7 厘米。（图 3-2-53：11；彩版一四：6）

（12）尊

标本 5 件。敞口，高领，高圈足。

T03⑨A：13，泥质黑衣陶，黑衣脱落严重。口沿残。扁鼓腹，高圈足。领部和圈足各有二周凹弦纹，下腹部饰刻划水波纹。领部和圈足内壁均可见密集旋痕。器形瘦高。残高 36 厘米。（图 3-2-54：1；彩版一七：1）

T03⑨A：18，泥质黑衣陶。领部饰二周凹弦纹，领部内壁可见密集旋纹。口径 28 厘米。（图 3-2-54：2）

T03⑨A：19，泥质黑陶。领部三周凹弦纹。口径 26 厘米。（图 3-2-54：3）

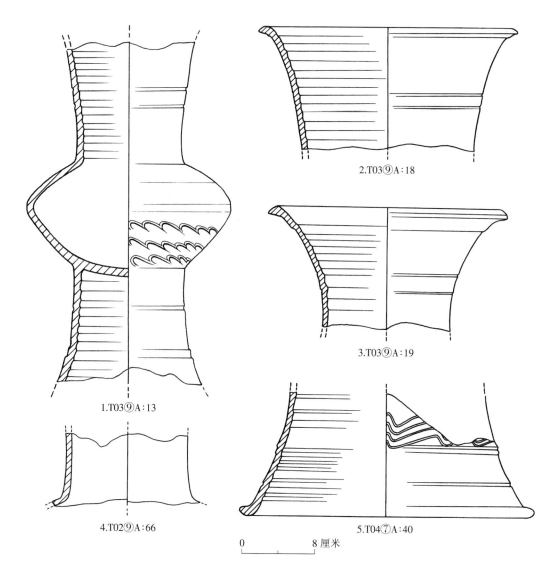

1.T03⑨A：13

2.T03⑨A：18

3.T03⑨A：19

4.T02⑨A：66

5.T04⑦A：40

0　　　　　8 厘米

图 3-2-54　钱山漾一期文化遗存尊

T02⑨A：66，泥质黑陶。（图 3-2-54：4）

T04⑦A：40，泥质黑陶。高圈足。圈足饰凹弦纹和水波纹，内壁有密集制作旋纹。底径 32 厘米。（图 3-2-54：5）

（13）乳丁足壶

标本 3 件。

T1103⑦B：9，泥质黄陶。口沿残。下腹筒状，平底附三个小乳丁足。残高 6.2 厘米。（图 3-2-55：1）

T0804⑩：2，泥质黑陶。残。平底附三小乳丁足。（图 3-2-55：2）

T1101⑦A：43，泥质灰黄陶。残。圜底附三乳丁足。（图 3-2-55：3）

（14）钵

复原器 1 件。

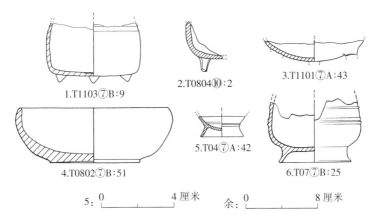

1.T1103⑦B：9　　2.T0804⑩：2　　3.T1101⑦A：43

4.T0802⑦B：51　　5.T04⑦A：42　　6.T07⑦B：25

5：0 —— 4厘米　　余：0 —— 8厘米

图3-2-55　钱山漾一期文化遗存乳丁足壶、钵和杯

1～3. 乳丁足壶　4. 钵　5、6. 杯

T0802⑦B：51，夹砂灰陶。敛口，弧腹，平底。口径16.4、底径10、高5.8厘米。（图3-2-55：4；彩版一七：2）

（15）杯

腹底部标本2件。

T07⑦B：25，泥质黑陶，薄胎。口沿残。下腹略鼓，圈足。下腹饰三周凸棱。底径4厘米。（图3-2-55：6）

T04⑦A：42，泥质黑陶。近圈足腹部一周凸棱。底径4.6厘米。（图3-2-55：5）

（16）瓮

标本22件，其中口沿标本16件，底部标本4件，复原器2件。均夹砂陶。瓮和D型泥质陶大口罐都是钱山漾一期文化遗存中比较富有特征的陶器，特别是腹部弦断绳纹或篮纹的装饰，具有强烈的外来文化指向性。形态上，均折沿，沿面凹弧。器形个体比较大，因而出土的碎片也比较多。主要依据腹部特征，分2型。

A型　折沿，束颈，鼓腹。依据口沿特征又可分3亚型。

Aa型　标本7件，其中复原器2件。方唇或圆唇，沿面外缘有小平台。

复原器T0901⑧：24，夹砂灰陶。斜方唇，上腹略鼓，往下渐收为小平底。肩部三周凸棱，腹部饰弦断篮纹。口径29.6、底径16.8、高53.2厘米。（图3-2-56：1；彩版一七：3）

复原器T04⑦A：66，夹砂黑陶。折沿较坦。鼓腹，腹大径略偏上，小平底内凹。腹部遍饰弦断篮纹。口径26.1、底径17.1、高47.7厘米。（图3-2-56：2；彩版一七：4）

T1001⑨B：68，夹细砂黑陶。圆唇。肩部三周凸棱，腹部饰弦断绳纹。口径30厘米。（图3-2-56：3）

G12：16，夹砂黑陶。肩部饰四周锯齿纹的凸棱，腹部饰弦断篮纹。口径36.9厘米。（图3-2-56：4）

T04⑦A：54，夹砂灰陶。肩部三周凸棱。口径23.6厘米。（图3-2-56：5）

T03⑦A：45，夹砂红陶。肩部二周凸棱，腹部饰弦断篮纹。口径28.8厘米。（图3-2-56：6）

T1101⑦A：59，夹砂灰陶。肩部四周凸棱，腹部饰弦断绳纹。口径30厘米。（图3-2-56：7）

Ab型　标本5件。圆唇，沿面无小平台。

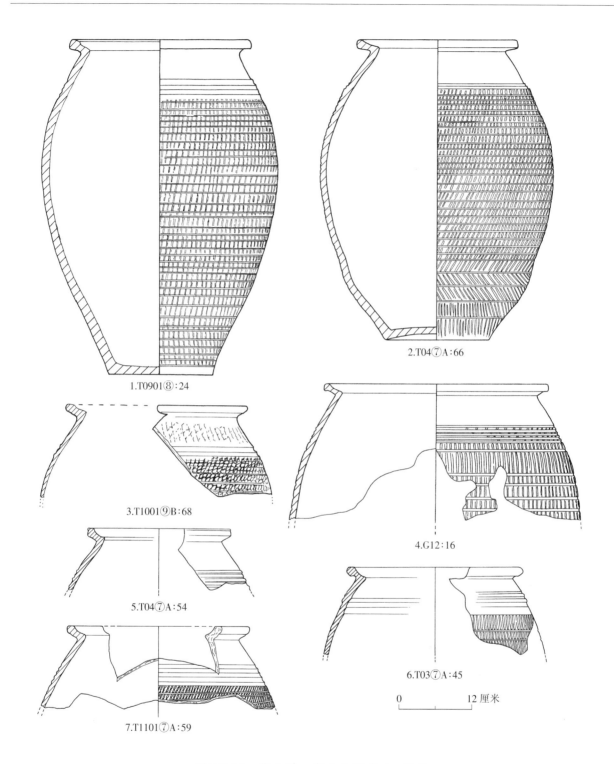

1.T0901⑧:24
2.T04⑦A:66
3.T1001⑨B:68
4.G12:16
5.T04⑦A:54
6.T03⑦A:45
7.T1101⑦A:59

0 ⌐————————————⌐ 12 厘米

图 3-2-56　钱山漾一期文化遗存 Aa 型瓮

T1001⑨A:57，夹细砂灰胎黑陶。肩部略凹。腹部饰弦断绳纹。口径 28 厘米。（图 3-2-57：1）

T01⑧:46，夹砂灰陶。口径 29.2 厘米。（图 3-2-57：2）

T0802⑦B:26，夹砂灰陶。肩部残存一周凸棱。口径 40.8 厘米。（图 3-2-57：3）

T03⑦B:73，夹砂灰黄胎黑陶。折沿较坦。肩部残存一周凸棱。口径 28 厘米。（图 3-2-57：4）

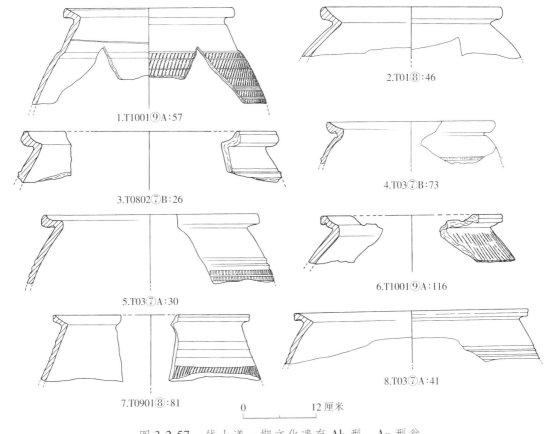

图 3-2-57 钱山漾一期文化遗存 Ab 型、Ac 型瓮

1 ~ 5. Ab 型 6 ~ 8. Ac 型

T03⑦A：30，夹砂灰陶。沿面凹弧明显。肩部二周凸棱，腹部饰弦断篮纹。口径 35.6 厘米。（图 3-2-57：5）

Ac 型 标本 3 件。方唇，唇面往往有一周凹棱，沿面无小平台。

T1001⑨A：116，夹细砂黑陶。肩腹部饰绳纹。口径 30 厘米。（图 3-2-57：6）

T0901⑧：81，夹细砂黑陶。肩部三周凸棱，腹部饰篮纹。口径 32 厘米。（图 3-2-57：7）

T03⑦A：41，夹砂灰陶。肩部残存二周凸棱。口径 38.4 厘米。（图 3-2-57：8）

B 型 标本 3 件。折沿，无颈或微束颈，瘦弧腹。沿面外缘有小平台。

T03⑨A：139，夹砂灰陶。腹部二周凸棱。口径 34 厘米。（图 3-2-58：1）

G12：2，夹砂红胎黑陶。大口。肩腹部一周凸棱和二周锯齿纹凸棱，腹部饰弦断篮纹。口径 53.2 厘米。（图 3-2-58：2）

T03⑦A：35，夹砂黑陶。肩腹部三周凸棱，腹部饰弦断篮纹。（图 3-2-58：4）

瓮的底部有平底、平底微内凹、假圈足平底和假圈足平底内凹等 4 种。标本 4 件。

T03⑦B：90，平底。夹砂红陶。腹部饰绳纹。底径 19.5 厘米。（图 3-2-58：3）

T03⑨A：140，假圈足平底。夹砂黑陶。近底腹部残留有模糊绳纹。底径 14.4 厘米。（图 3-2-58：5）

T03⑧：133，假圈足平底微内凹。夹砂红陶。下腹部饰弦断绳纹。底径 14.2 厘米。（图 3-2-58：6）

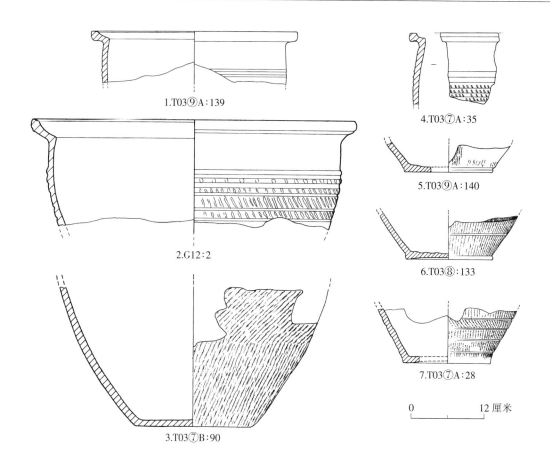

图 3-2-58　钱山漾一期文化遗存 B 型瓮及瓮底

1、2、4. B 型　　3、5 ~ 7. 瓮底

T03⑦A：28，平底内凹。夹砂灰陶。下腹部饰弦断绳纹。底径 14.2 厘米。（图 3-2-49：7）

（17）大口缸

标本 9 件，其中复原器 2 件。夹砂红陶居多，也有灰陶、黑陶。大敞口，斜腹，尖圆底。缸的变化规律，口沿由卷沿到平沿，腹部越来越内斜，从而使得底部越来越尖。据此，分 4 式：

Ⅰ式　标本 2 件。卷沿，厚圆唇。

T0603⑫：10，夹砂红陶。（图 3-2-59：1）

T1001⑨B：123，夹砂灰黑陶。（图 3-2-59：2）

Ⅱ式　标本 4 件，其中复原器 1 件。卷沿，唇略薄。深斜腹。

复原器 T01⑧：17，夹砂红陶。尖圆底。腹部饰斜向粗篮纹，篮纹较浅。口径 50、高 46 厘米。（图 3-2-59：4；彩版一七：5）

T03⑦A：27，夹砂灰陶。腹部饰弦断篮纹。（图 3-2-59：3）

T04⑦A：59，夹砂红陶，局部灰色。口沿下一周饰三个乳突。口径 49.2 厘米。（图 3-2-59：5）

T03⑦B：96，夹砂红陶，器表灰白色粗砂颗粒清晰可见。口沿下一周饰三个乳突和三周凹弦纹，腹部饰斜向粗篮纹。口径 50.1 厘米。（图 3-2-59：6）

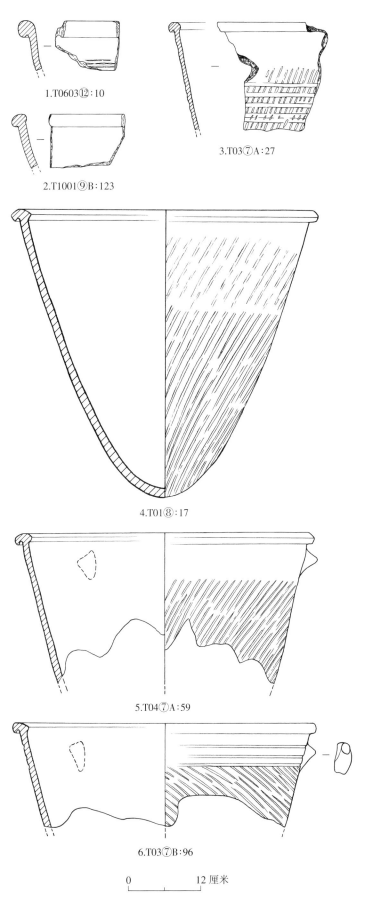

1.T0603⑫:10

2.T1001⑨B:123

3.T03⑦A:27

4.T01⑧:17

5.T04⑦A:59

6.T03⑦B:96

0   12厘米

图 3-2-59   钱山漾一期文化遗存大口缸（一）

1、2. Ⅰ式   3~6. Ⅱ式

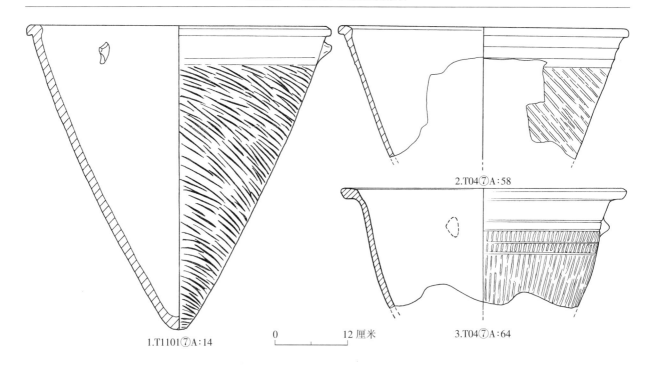

1.T1101⑦A：14　　　　　0　　　　12 厘米　　　2.T04⑦A：58　　　3.T04⑦A：64

图 3-2-60　钱山漾一期文化遗存大口缸（二）

1、2.Ⅲ式　3.Ⅳ式

　　Ⅲ式　标本 2 件，其中复原器 1 件。平沿，斜腹内收。

　　复原器 T1101⑦A：14，夹粗砂红陶。近尖底。腹部饰斜向粗篮纹（图 3-2-6：1），口沿下一周饰三个乳突。口径 50.4、高 48 厘米。（图 3-2-60：1；彩版一七：6）

　　T04⑦A：58，夹砂红陶。口沿下三周细突棱，腹部饰斜向粗篮纹。口径 47.4 厘米。（图 3-2-60：2）

　　Ⅳ式　标本 1 件。

　　T04⑦A：64，夹砂红陶。平沿较宽。腹部内斜更甚。口沿下一周饰四个乳突，腹部饰斜向篮纹，上部篮纹间饰有三周弦纹。口径 46.8 厘米。（图 3-2-60：3）

　　（18）斜腹碗

　　底部标本 2 件。斜腹，假圈足平底微内凹。

　　T1101⑧：27，泥质褐胎黑衣陶。底径 5.4 厘米。（图 3-2-61：1）

　　T0902⑧：27，泥质灰黄陶。底径 6 厘米。（图 3-2-61：2）

　　（19）器盖

　　复原器 6 件。依据盖身形态不同，分 2 型。

　　A 型　复原器 5 件。覆盘形。依据盖纽特征分 2 亚型。

　　Aa 型　3 件。喇叭圈足纽。

　　Q3：4，夹砂红陶。盖径 11.2、纽径 3.6、高 4 厘米。（图 3-2-61：3；彩版一八：1）

　　Q3：5，泥质灰黄陶。盖径 12、纽径 6.8、高 5 厘米。（图 3-2-61：5；彩版一八：2）

　　T03⑦B：6，夹砂红陶。盖内壁有旋痕。盖纽边缘有锯齿纹装饰。盖径 18、纽径 6.8、高 6.6 厘米。（图 3-2-61：4；彩版一八：3）

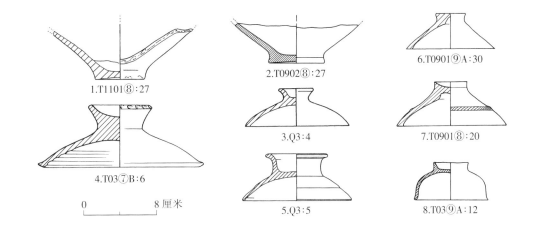

图 3-2-61　钱山漾一期文化遗存斜腹碗和器盖

1、2. 斜腹碗　3～5. Aa 型器盖　6、7. Ab 型器盖　8. B 型器盖

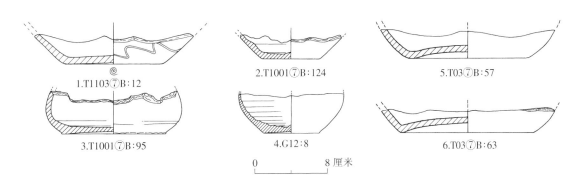

图 3-2-62　钱山漾一期文化遗存器底（一）

Ab 型　2 件。矮假圈足纽。

T0901⑨A：30，夹砂黑陶。假圈足平底状纽。盖径 9.6、纽径 3.4、高 3.8 厘米。（图 3-2-61：6；彩版一八：4）

T0901⑧：20，夹砂红陶。假圈足平底内凹状纽。盖面一周锯齿状堆纹（参见图 3-2-10：6）。盖径 12、纽径 3.6、高 4.6 厘米。（图 3-2-61：7；彩版一八：5）

B 型　复原器 1 件。覆碗形。

T03⑨A：12，泥质灰陶。圈足纽。盖径 8.1、纽径 3.8、高 4 厘米。（图 3-2-61：8；彩版一八：6）

（20）器底

可以分泥质陶和夹砂陶两类。

1）泥质陶器底

包括平底、平底内凹、凹底、矮圈足和高圈足等。

①平底

标本 2 件。主要为罐类器底。

T1103⑦B：12，泥质灰陶。下腹部装饰刻划水波纹。底径 11 厘米。（图 3-2-62：1）

T1001⑦B：124，泥质黑陶。底径 6.3 厘米。（图 3-2-62：2）

②平底内凹

标本 2 件。主要为罐、盆类器底。

T1001⑦B：95，泥质黑衣陶。鼓腹。底径 11.4 厘米。（图 3-2-62：3）

G12：8，泥质灰黄陶。鼓腹。底径 6 厘米。（图 3-2-62：4）

③凹底

标本 2 件。

T03⑦B：57，泥质黑陶。底径 13.2 厘米。（图 3-2-62：5）

T03⑦B：63，泥质灰陶。底径 14.8 厘米。（图 3-2-62：6）

④矮圈足

标本 4 件。主要为罐、圈足盘、盆类器底。

T01⑦B：36，泥质灰黄陶。下腹斜弧。下腹部饰组合弦纹和水波纹。底径 14 厘米。（图 3-2-63：1）

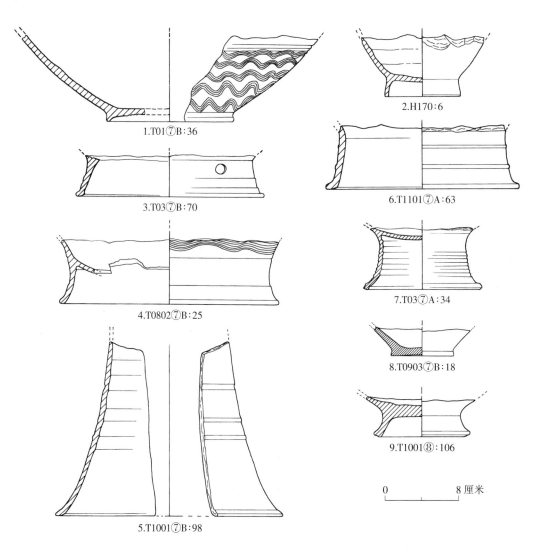

1.T01⑦B：36

2.H170：6

3.T03⑦B：70

6.T1101⑦A：63

4.T0802⑦B：25

7.T03⑦A：34

8.T0903⑦B：18

9.T1001⑧：106

5.T1001⑦B：98

0   8 厘米

图 3-2-63　钱山漾一期文化遗存器底（二）

H170：6，泥质黑陶。底径 8 厘米。（图 3-2-63：2）

T03⑦B：70，泥质黑陶。圈足饰有凸棱和镂孔。底径 20.8 厘米。（图 3-2-63：3）

T0802⑦B：25，泥质灰陶。下腹饰水波纹。底径 24 厘米。（图 3-2-63：4）

⑤高圈足

标本 3 件。主要为尊、圈足盘类圈足。

T1001⑦B：98，泥质灰黄陶。圈足饰三周凸棱，内壁有制作旋痕。底径 25 厘米。（图 3-2-63：5）

T1101⑦A：63，泥质灰黄陶。圈足饰二周凸棱。底径 21 厘米。（图 3-2-63：6）

T03⑦A：34，泥质黑陶。圈足饰多周突棱，内壁可见多周旋痕。底径 12.8 厘米。（图 3-2-63：7）

2）夹砂陶器底

分假圈足平底和圈足两种。

①假圈足平底

标本 1 件。主要为罐类器底。

T0903⑦B：18，夹砂黑陶。平底微内凹。底径 6.8 厘米。（图 3-2-63：8）

②圈足

标本 1 件。

T1001⑧：106，夹砂黑陶。底径 10.4 厘米。（图 3-2-63：9）

（21）器把

标本 4 件。

T1001⑨A：62，泥质黑衣陶。扁薄。正面饰组合刻划纹。（图 3-2-64：1）

T1101⑦B：76，夹细砂黑陶。羊角状把手。截面圆形。（图 3-2-64：2）

T0901⑦B：75，夹细砂灰黄陶。宽扁桥形。（图 3-2-64：3）

T1101⑦A：18，夹砂红陶。由四根泥条扭成麻花状把手。（图 3-2-64：4）

（22）隔档

标本 1 件。

T03⑭：151，粗泥灰黄陶。器形较大，形态不明。腹部直径约 40 厘米。（图 3-2-64：6）

（23）圆盘形器

标本 1 件。

T1003⑩：11，粗砂红陶，质地紧密。略残。周缘凸起，平底。疑为轮制陶器时放置陶器用的底盘。直径约 50.8、高 3.6 厘米。（图 3-2-64：7；彩版一八：7）

（24）红烧土器

标本 1 件。

T0503⑨：14，圆柱体，中部有一上下对穿的圆孔。疑为建筑构件。直径 12.4、高 9.2 厘米。（图 3-2-64：5；彩版一八：8）

（25）纺轮

标本 27 件，其中夹砂陶 13 件，泥质陶 14 件。平面圆形，中部一贯通圆孔。依据截面不

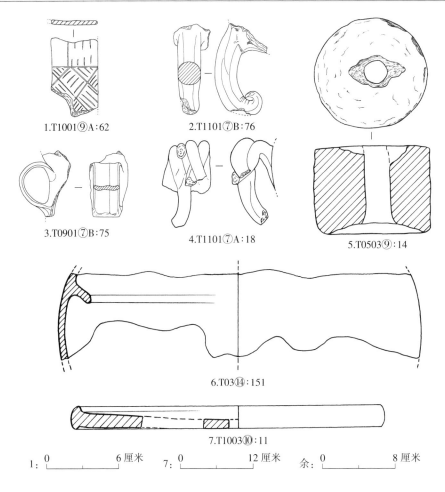

图 3-2-64　钱山漾一期文化遗存器把、隔档、圆盘形器和红烧土器

1~4. 器把　5. 红烧土器　6. 隔档　7. 圆盘形器

同形态，分 5 型。

A 型　标本 8 件。截面近半圆的馒头形。

Q1：6，泥质灰黄陶。直径 3.6、厚 1.4、孔径 0.7 厘米。（图 3-2-65：1；彩版一九：1）

Q2：3，夹砂灰黄陶。直径 3.6、厚 1.1、孔径 0.5 厘米。（图 3-2-65：2；彩版一九：1）

T0802⑦B：5，夹砂红陶。直径 3.4、厚 1.6、孔径 0.6 厘米。（图 3-2-65：3；彩版一九：1）

Q2：25，泥质灰黄陶。平整面一周锥刺纹。直径 2.8、厚 1.4、孔径 0.5 厘米。（图 3-2-65：5；彩版一九：1）

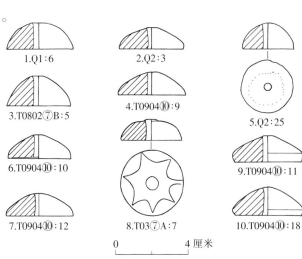

图 3-2-65　钱山漾一期文化遗存 A 型、B 型纺轮

1~8. A 型　9、10. B 型

T0904⑩：9，夹砂红陶。直径3.7、厚1.25、孔径0.5厘米。（图3-2-65：4；彩版一九：1）

T0904⑩：10，夹砂黑陶。直径3.4、厚1.3、孔径0.6厘米。（图3-2-65：6；彩版一九：1）

T0904⑩：12，泥质灰黄陶。直径3.6、厚1.2、孔径0.5厘米。（图3-2-65：7；彩版一九：1）

T03⑦A：7，泥质黑陶。平整面有一七角星状刻划纹。直径3.4、厚1.1、孔径0.7厘米。（图3-2-65：8；彩版一九：2）

B型　标本2件。形态与A型接近，但靠近平整面的侧缘部斜直。

T0904⑩：11，泥质灰黄陶。直径3.7、厚1.4、孔径0.6厘米。（图3-2-65：9）

T0904⑩：18，泥质灰黄陶。直径3.6、厚1.5、孔径0.6厘米。（图3-2-65：10；彩版一九：1）

C型　标本10件。截面近梯形。

Q1：7，夹砂灰黄陶。上底2.4、下底3.6、厚1.7、孔径0.5厘米。（图3-2-66：1）

T0802⑦B：4，夹砂红陶。上底2.6、下底3.8、厚1.1、孔径0.6厘米。（图3-2-66：2）

T0802⑦B：8，夹砂红陶。底面近边一周饰小圆形戳刻纹。上底3.2、下底4.1、厚1.5、孔径0.6厘米。（图3-2-66：3）

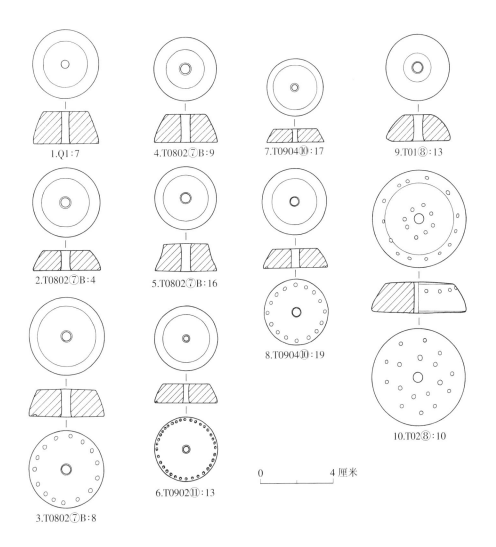

1.Q1：7　　4.T0802⑦B：9　　7.T0904⑩：17　　9.T01⑧：13

2.T0802⑦B：4　　5.T0802⑦B：16　　8.T0904⑩：19

3.T0802⑦B：8　　6.T0902⑪：13

10.T02⑧：10

0　　　　4厘米

图3-2-66　钱山漾一期文化遗存C型纺轮

T0802⑦B：9，夹砂红陶。上底2.1、下底3.4、厚1.5、孔径0.6厘米。（图3-2-66：4）

T0802⑦B：16，夹砂红陶。两腰边略内凹。上底2.4、下底3.4、厚1.5、孔径0.6厘米。（图3-2-66：5）

T0902⑪：13，夹砂红陶。底面近边一周饰小圆形戳刻纹。上底2.5、下底3.3、1厚、孔径0.4厘米。（图3-2-66：6）

T0904⑩：17，泥质红陶。上底2.3、下底3.1、厚0.7、孔径0.4厘米。（图3-2-66：7）

T0904⑩：19，夹砂灰陶。底面近边一周饰小圆形戳刻纹。上底2.5、下底3.5、厚1、孔径0.5厘米。（图3-2-66：8）

T01⑧：13，夹砂灰陶。上底1.6、下底3.6、厚1.4、孔径0.6厘米。（图3-2-66：9）

T02⑧：10，夹砂灰陶。正、底面及腰侧面均饰小圆形戳刻纹。上底3.4、下底5.1、厚1.6、孔径0.7厘米。（图3-2-66：10；彩版一九：3）

D型　标本2件。截面长方形。

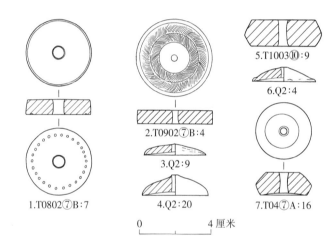

图3-2-67　钱山漾一期文化遗存D型、E型、F型纺轮
1、2.D型　3、4、6.E型　5、7.F型

T0802⑦B：7，泥质红陶。一面近边一周饰小圆形戳刻纹。直径3.5、厚0.8、孔径0.7厘米。（图3-2-67：1）

T0902⑦B：4，泥质黑陶。一面饰细刻划纹，图案精美。直径4.1、厚0.7、孔径0.3厘米。（图3-2-67：2；彩版一九：4）

E型　标本3件。截面弦月形。

Q2：9，泥质黑陶。直径3.4、厚0.6、孔径0.4厘米。（图3-2-67：3）

Q2：20，泥质黑陶。直径3.7、厚1.1、孔径0.4厘米。（图3-2-67：4；彩版一九：1）

Q2：4，泥质灰黄陶。直径3.5、厚0.75、孔径0.4厘米。（图3-2-67：6；彩版一九：1）

F型　2件。侧缘中部突出成钝角。

T1003⑩：9，泥质灰陶。直径4.2、厚1.4、孔径0.6厘米。（图3-2-67：5）

T04⑦A：16，泥质红陶。一面略内凹。直径3、厚1.2、孔径0.5厘米。（图3-2-67：7）

（26）网坠

标本3件。均夹砂陶，细长条柱状，两侧有凹槽以系绑。

G12：3，夹砂黑陶。通高2.1厘米。（图3-2-68：1；彩版一九：5）

G12：5，夹砂灰陶。通高2.1厘米。（图3-2-68：2；彩版一九：6）

T07⑦B：8，夹砂棕褐陶。通高2.5厘米。（图3-2-68：3）

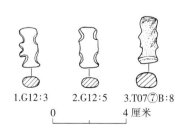

图3-2-68　钱山漾一期文化遗存网坠

二　石器

1. 总述

钱山漾一期文化遗存共出土石器 125 件。

器类有钺、锛、凿、刀、犁、镞、矛、砺石、石球和石器半成品等。与良渚文化时期石器相比，出现了一些具有鲜明时代特征和文化个性的石器，如弓背石锛、三棱形前锋的石镞、平面近横向梯形或长三角形的石刀等，这些石器与这个时期以弧背鱼鳍形足鼎为代表的陶器一起构成钱山漾一期文化遗存时期的典型器物群。

石器的制作技术一般先经打制结合锯切割成型，再经磨制加工而成。但与良渚文化时期数量众多的带孔石器和发达的钻孔技术相比，这个时期的带孔石器数量减少，发现的数量不多的带孔石器如石犁、石钺等，器身上的圆孔，不少是经打制而成，比较粗糙。

浙江大学地球科学系的董传万教授采用目测和对部分石器切片后的显微镜观察相结合的方法，对钱山漾一期文化遗存出土的其中 114 件石器做了矿物学鉴定（附录二）。从鉴定结果看，钱山漾一期文化遗存石器以沉积岩数量最多（97 件），变质岩次之（14 件），火成岩数量最少（3 件）。沉积岩中常见的有粉砂质泥岩、硅质泥岩、砂岩、杂砂岩和泥质硅质岩等，其中砂岩又可分为泥质粉砂岩、长石岩屑石英细砂岩、细砂岩和泥质细砂岩等多种，杂砂岩也可以分石英长石杂砂岩、长石杂砂岩、泥质杂砂岩等。变质岩主要有糜棱岩、堇青石斑点板岩、千枚岩和红柱石板岩等。火成岩主要为玻屑或晶屑凝灰岩。

2. 分述

（1）钺

标本 2 件，均残。

H170：4，灰黑色泥质硅质岩。精磨。刃部残，残呈长方形。中部一单面钻孔，器身近顶有疤痕。残长 9.9、厚约 1.2 厘米。（图 3-2-69：1；彩版二〇：1）

T0901⑦B：106，灰色凝灰岩。残存近顶部一角。上有半个对钻圆孔。（图 3-2-69：2）

（2）锛

标本 42 件，其中完整或基本完整器 37 件，5 件残损或受沁严重。材质以硅质泥岩、粉砂质泥岩和糜棱岩较为常见，其他还有千枚岩、泥质粉砂岩和泥质硅质岩等。部分由粉砂质泥岩制成的锛质地疏松变轻，风化严重。

平面一般为长方形或刃部略宽的梯形，单面刃，平腹弧背。器形大小、厚薄不一。制作上，一般刃部磨制最精，腹背及两侧面次之，顶部磨制较粗。依据形态将基本完整的 37 件分为 3 型。

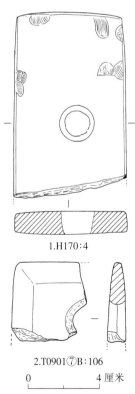

1. H170：4

2. T0901⑦B：106

0 ————— 4 厘米

图 3-2-69　钱山漾一期文化遗存石钺

1.T0903⑩:11　　2.Q1:8　　3.T0902⑧:7　　4.T0802⑦B:11

5.T1102⑦B:5　　6.T1001⑨A:26　　7.T04⑫:18　　8.T0803⑪:7

9.T0902⑩:8　　10.T1003⑩:8　　11.Q2:5　　12.Q2:12　　13.Q2:21

14.Q2:22　　15.Q2:27　　16.T1103⑦B:5　　17.T0902⑩:12

0　　　　　4 厘米

图 3-2-70　钱山漾一期文化遗存 A 型石锛

1~6. Aa 型　　7~16. Ab 型　　17. Ac 型

A 型　17 件。无段石锛。依据形态分 3 亚型。

Aa 型　6 件。形态较瘦长，长度大于或等于宽度的 2 倍。

T0903⑩:11，灰绿色糜棱岩。背稍弧。顶部粗。长 7.3、宽 3.4~3.8、厚约 1 厘米。（图 3-2-70:1；彩版二一:1）

Q1:8，灰黑色石质。磨制较精。弧背明显。长 5.1、宽 1.7~2.3、厚 0.9~1.2 厘米。

（图3-2-70：2）

T0902⑧：7，黑色千枚岩。顶部略残，腹面略窄。残长8.8、宽3.4～3.6、厚1.3～1.6厘米。（图3-2-70：3）

T0802⑦B：11，灰色硅质泥岩。通体精磨。窄刃。长6、宽2.1～2.9、厚0.5～0.7厘米。（图3-2-70：4；彩版二一：2）

T1102⑦B：5，浅灰色硅质泥岩。顶部和刃部略有残缺。长6.2、宽2.7～3.2、厚0.7～1厘米。（图3-2-70：5）

T1001⑨A：26，浅灰绿色泥质粉砂岩。略残。制作粗。残长7.3、宽2.3～2.6、厚约1.5厘米。（图3-2-70：6）

Ab型　10件。形态较宽矮，长度小于宽度的2倍。

T04⑫：18，浅灰白色硅质泥岩。器形小，厚实。腹面略窄。长4.6、宽2.8～3、厚0.9～1.15厘米。（图3-2-70：7；彩版二一：3）

T0803⑪：7，黑色泥质硅质岩。腹面略窄。器形小巧。长3.6、宽1.9～2.4、厚0.7～0.8厘米。（图3-2-70：8）

T0902⑩：8，灰绿色千枚岩。平面为刃部略宽的梯形。磨制精，顶部粗。长5.2、宽3～3.7、厚0.8～0.9厘米。（图3-2-70：9；彩版二一：4）

T1003⑩：8，灰黑色硅质泥岩。背较拱弧。顶部一角残。单面斜刃。长4.8、宽3.3～3.6、厚0.5～0.9厘米。（图3-2-70：10）

Q2：5，灰黄色石质。腹面略窄。窄刃。长4.6、宽2.3～2.6、厚0.6～0.8厘米。（图3-2-70：11）

Q2：12，灰色糜棱岩。刃部一角残缺。顶部粗。个体较大。长9、宽5.8～6.2、厚1.5～1.7厘米。（图3-2-70：12）

Q2：21，灰白色石质。器形小巧。长3.8、宽3～3.3、厚0.7～0.85厘米。（图3-2-70：13）

Q2：22，灰白色粉砂质泥岩。风化严重，质变轻。长5.4、宽4.1～4.5、厚0.6～1厘米。（图3-2-70：14）

Q2：27，灰色石质。腹面略窄。长5.1、宽3.5～3.9、厚0.7～1厘米。（图3-2-70：15）

T1103⑦B：5，浅灰色硅质泥岩。通体精磨。器形小巧。长3.6、宽2.4、厚0.5～0.8厘米。（图3-2-70：16；彩版二一：5）

Ac型　1件。腹背均平，双面刃。

T0902⑩：12，深灰色粉砂质泥岩。平面呈刃部略宽的梯形。磨制精，器形小巧，少见。长3.9、宽1.8～2.2、厚0.4厘米。（图3-2-70：17；彩版二一：6）

B型　14件。有段石锛。一般段较浅，起段位大多位于锛体中部。依据形态分2亚型。

Ba型　3件。形态较瘦长，长度大于或等于宽度的2倍。

T01⑫：15，浅灰白色硅质泥岩。略残。长9.6、残宽2～2.8、厚1.2～1.8厘米。（图3-2-71：1）

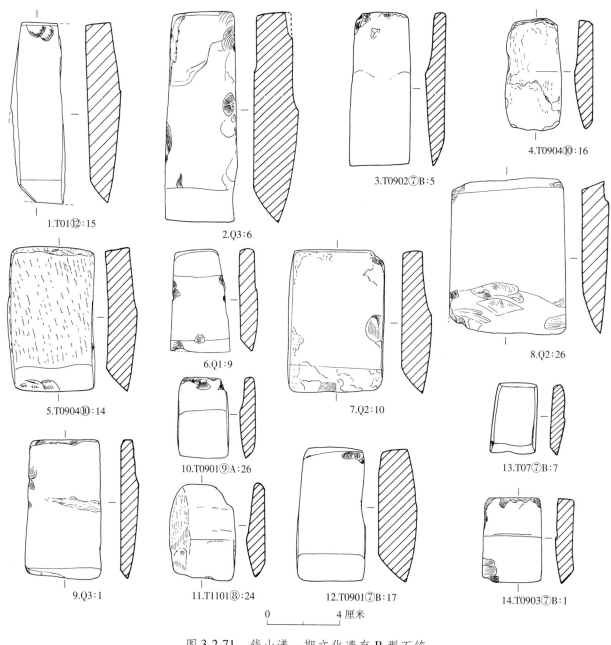

图 3-2-71 钱山漾一期文化遗存 B 型石锛

1～3. Ba 型 4～14. Bb 型

Q3:6，浅灰色硅质泥岩。器形瘦长但厚实。长 11.2、宽 3.4～3.8、厚 1.9～2.4 厘米。（图 3-2-71:2；彩版二一:7）

T0902⑦B:5，灰黑色千枚岩。精磨，顶部粗。长 8.1、宽 3～3.3、厚 0.7～1.1 厘米。（图 3-2-71:3；彩版二一:8）

Bb 型 11 件。形态较宽矮，长度小于宽度的 2 倍。

T0904⑩:16，凝灰岩。风化剥蚀严重，质变轻。长 5.9、宽 2.4～3、厚 0.6～1 厘米。（图 3-2-71:4）

T0904⑩：14，黑色千枚岩。磨制略粗。腹面稍窄，略凹弧。长7.7、宽4～4.1、厚1.3～1.6厘米。（图3-2-71：5）

Q1：9，浅灰色硅质泥岩。平面为刃部略宽的梯形。刃部有崩缺。起段位稍高。长5.6、宽2.4～3.3、厚0.7～1厘米。（图3-2-71：6）

Q2：10，灰白色粉砂质泥岩。质地因风化而疏松变轻。腹面稍窄。长7.5、宽5～5.2、厚1.1～1.6厘米。（图3-2-71：7；彩版二一：9）

Q2：26，灰白色粉砂质泥岩。背部近平，刃部有崩缺。腹背面长度差在顶部形成一斜坡。起段位较高。形态较特殊。长8.3、宽6～6.2、厚1.1～1.5厘米。（图3-2-71：8）

Q3：1，灰白色粉砂质泥岩。因风化而质变轻。窄刃。起段位较高。长7.4、宽3.7～4.2、0.6～1厘米。（图3-2-71：9；彩版二二：1）

T0901⑨A：26，浅灰色硅质泥岩。精磨，顶部粗糙。器形小。长4.3、宽2.6～2.8、厚0.6～0.9厘米。（图3-2-71：10；彩版二二：2）

T1101⑧：24，灰白色粉砂质泥岩。质地因风化而疏松变轻。长5.1、宽约3.6、厚0.6～1厘米。（图3-2-71：11）

T0901⑦B：17，青灰色石质。器形厚实。通体精磨。长7.1、宽3.3～3.7、厚1.9～2.1厘米。（图3-2-71：12）

T07⑦B：7，灰白色泥岩。器形小。腹面稍窄。器形小。长3.7、宽2～2.4、厚0.5～0.7厘米。（图3-2-71：13）

T0903⑦B：1，灰黑色硅质泥岩。刃部一角崩缺，顶部粗。形态小。长4.5、宽3～3.2、厚约0.9厘米。（图3-2-71：14；彩版二二：3）

C 型　6件。弓背石锛。锛身腹面凹弧，背面拱起呈弓背状。个体普遍较大。弓背石锛是太湖地区新出现的一种石锛器形。依据形态分2亚型。

Ca 型　3件。无段。

Q2：6，灰黑色糜棱岩。腹面略窄。顶部磨制粗。刃部一角有崩缺。长13.5、宽4.4～5.1、厚1.2～1.9厘米。（图3-2-72：1）

T0802⑧：46，灰绿色千枚岩。腹面略窄。顶部粗磨。长8.4、宽3.3～4.2、厚0.8～1厘米。（图3-2-72：2；彩版二二：6）

T1101⑧：22，灰黑色泥质杂砂岩。刃部残。器形厚，顶部和侧面粗磨。腹面略窄。长13.1、宽5.6～6.1、厚2～2.3厘米。（图3-2-72：3）

Cb 型　3件。有段。

H170：1，青灰色石质。背部有浅段。器形较大，形态较瘦长。弓背明显，刃部有崩缺。顶部较粗。长16.3、宽5.3～6.1、厚0.7～1.4厘米。（图3-2-72：4；彩版二二：4）

Q3：7，灰色石质。背部有浅段。起段位较高。器形较大，形态瘦长。腹面和顶部磨制粗。长19、宽6.6～7.9、厚0.8～1.4厘米。（图3-2-72：5；彩版二二：5）

H152：1，青灰色石质。除刃部外，整器磨制较粗。腹面略窄。长12.3、宽3.9～4.6、厚1.1～1.8厘米。（图3-2-72：6；彩版二二：7）

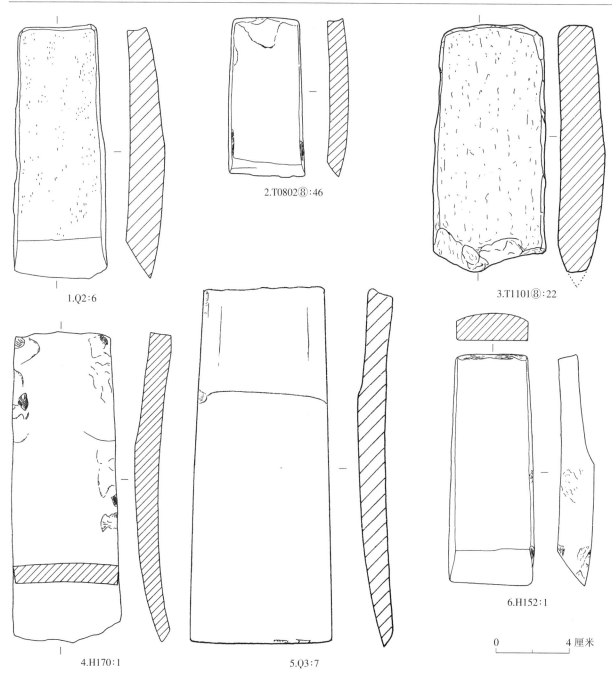

1.Q2:6

2.T0802⑧:46

3.T1101⑧:22

4.H170:1

5.Q3:7

6.H152:1

0　　　　　　4厘米

图 3-2-72　钱山漾一期文化遗存 C 型石锛

1～3. Ca 型　　4～6. Cb 型

（3）凿

标本 3 件。平面长条形，器形窄长。

Q3:2，灰色糜棱岩。单面凸弧刃，背部起段。长 6.8、宽 1.7～2.2、厚 0.5～1.1 厘米。（图 3-2-73：1；彩版二二：8）

T1001⑧:42，灰白色粉砂质泥岩。质地因风化而疏松变轻。器厚实。刃部有崩缺，顶部粗。长 11.4、宽 2.4、厚 2～2.5 厘米。（图 3-2-73：2）

T0903⑧:10，灰白色粉砂质泥岩。腹面略窄。略有残缺。器形厚实。长 8.7、宽 1.2～

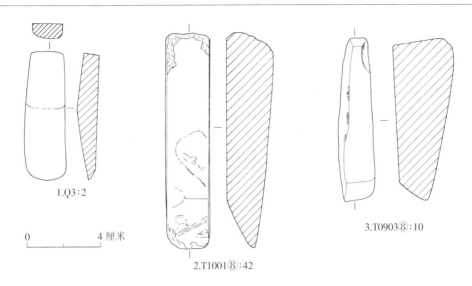

图 3-2-73 钱山漾一期文化遗存石凿

1.9、厚1.8~3.3厘米。（图3-2-73：3）

（4）刀

标本15件，其中4件完整。材质主要有泥质粉砂岩、粉砂质泥岩、泥质细砂岩和板岩等。石刀是钱山漾一期文化遗存富有特色的石器之一。除3件因残难以分型外，其余12件石刀可分2型：

A型 10件，其中3件完整。平面近横向梯形或长三角形，斜边起刃。器扁平。部分横向梯形石刀侧边也磨出窄刀。

Q1：3，茶色和灰黑色夹杂色石质。近横向长三角形，斜边起单面刃。磨制稍粗。长15.2、厚0.6~1.1厘米。（图3-2-74：1；彩版二三：1）

Q2：7，浅灰—灰色泥质粉砂岩。精磨。近横向梯形，斜边起单面刃，一侧边也有单面窄刃。长16.3、厚0.6厘米。（图3-2-74：2；彩版二三：2）

Q2：8，青灰色石质。不规则横向梯形、斜边和一侧边均起单面刃。长13.5、厚0.7厘米。（图3-2-74：3；彩版二三：3）

Q1：1，灰色石质。一端残。斜边起单面刃，一侧边反面也起单面窄刃。残长10、厚0.6厘米。（图3-2-74：4；彩版二三：4）

Q1：5，灰色泥质细砂岩。一端残。斜边起单面刃，一侧边反面也起单面刃。残长9.7、厚0.7厘米。（图3-2-74：5）

Q2：18，灰黑色板岩。两端残。斜边起单面刃。正面磨制略粗。残长10.5、厚0.5厘米。（图3-2-74：6）

Q2：11，浅灰—灰色泥质粉砂岩。残存一半。斜边起单面刃。一侧边也起单面窄刃。残长7、厚0.3厘米。（图3-2-74：7）

T0904⑩：15，浅灰色粉砂质泥岩。两端残。斜边起单面刃。残长7.2、厚0.4厘米。（图3-2-74：8）

Q1：4，灰色泥质细砂岩。一端残。横向近直角梯形，直边起单面刃。形态特殊。残长

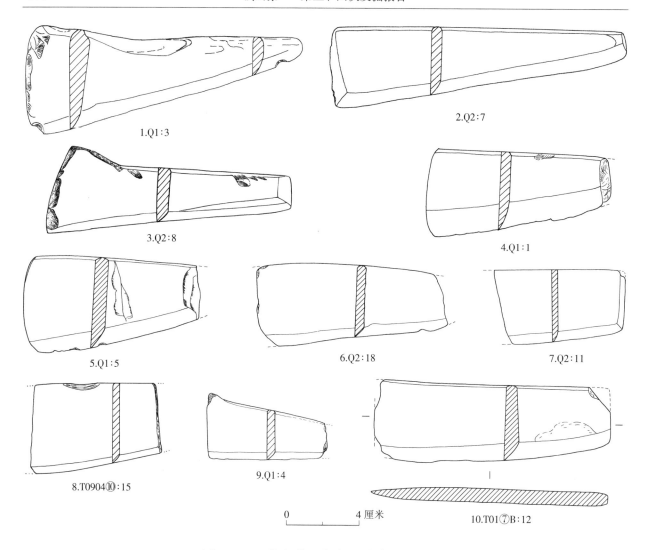

1.Q1：3

2.Q2：7

3.Q2：8

4.Q1：1

5.Q1：5

6.Q2：18

7.Q2：11

8.T0904⑩：15

9.Q1：4

0　　　　　　　4厘米

10.T01⑦B：12

图 3-2-74　钱山漾一期文化遗存 A 型石刀

6.6、厚 0.55 厘米。（图 3-2-74：9）

T01⑦B：12，灰色粉砂质泥岩。通体精磨。形态略殊，似是 A 型石刀的变体。斜边起单面刃，一侧边起双面刃。长 12.9、厚 0.6～0.8 厘米。（图 3-2-74：10）

B 型　2 件，其中 1 件完整。横向长方形。

T0801⑧：17，浅灰—灰色泥质粉砂岩。底边起双面窄刃。长 5.8、宽 2.8～3.2 厘米。（图 3-2-75：1；彩版二三：5）

T0804⑩：1，深灰色粉砂质泥岩。精磨。一端残。底边起单面刃，一侧边反面起单面斜刃。残端似有孔。残长 6.7、宽 2.5～2.6、厚 0.25 厘米。（图 3-2-75：2）

未分型　3 件。

Q1：2，浅灰—灰色泥质粉砂岩。上端残。形态略殊。底边起单面凸弧刃，一侧边也起单面刃。残长 6.8、厚 0.6 厘米。（图 3-2-75：3；彩版二三：6）

T05⑫：3，浅灰绿色泥质粉砂岩。残呈不规则形。器扁平。两边起单面刃。残长 7.6、厚 0.6 厘米。（图 3-2-75：4）

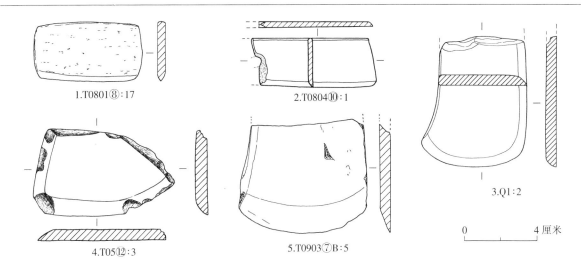

1.T0801⑧:17　　　2.T0804⑩:1　　　3.Q1:2

4.T05⑫:3　　　5.T0903⑦B:5

0　　　　　　4 厘米

图 3-2-75　钱山漾一期文化遗存 B 型及未分型石刀

1、2. B 型　　3~5. 未分型

T0903⑦B:5，灰色泥质粉砂岩。残呈近方形，器扁平。刃部磨制精，器身磨制粗。底边起单面凸弧刃。刃宽 6.9 厘米。（图 3-2-75:5）

（5）犁

标本 6 件，均残，且大多数较残碎。材质以泥质粉砂岩数量居多，此外还有细砂岩和泥质砂岩等。器扁平，一般经磨制，其中以刃部磨制最精，正面次之，背面磨制较粗。犁身上用来安装和固定的孔均琢制而成，比较粗糙，多数为双面琢制，也有少量单面琢制而成。

T0802⑬:48，灰黑色细砂岩。一弧边起单面刃，犁身上部残存四个双面琢制圆孔。残长 37.2、厚 1.2 厘米。（图 3-2-76:1；彩版二〇:2）

T0903⑪:12，灰黑色细砂岩。残存三角形犁首。两侧边起单面刃。断处残存二个琢制圆孔。残长 8.4、厚 0.75 厘米。（图 3-2-76:2）

T0802⑦B:6，黑色泥质粉砂岩。等腰三角形，犁首残缺，底边及腰边也有崩缺。两侧边起单面刃。犁身中部有一双面琢制圆孔。器形较小。也有可能是组合石犁之犁首组件。残长 8.2、底残宽 9、厚 0.7 厘米。（图 3-2-76:3；彩版二〇:3）

T02⑨A:65，灰黑色泥质粉砂岩。侧边起单面刃，断处残存半个单面琢制圆孔。厚 0.6 厘米。（图 3-2-76:4）

T0901⑨A:27，灰色泥质粉砂岩。侧边起单面刃，略拱弧。厚 0.7 厘米。（图 3-2-76:5）

T0801⑧:15，灰黑色细砂岩。犁身残存一双面琢制的圆孔。厚 0.7 厘米。（图 3-2-76:6）

（6）镞

标本 26 件，其中 10 件完整。材质以粉砂质泥岩数量最多，此外还有泥质粉砂岩和凝灰岩等。石镞也是钱山漾一期文化遗存富有特色的石器之一。其中三棱形前锋、圆柱状镞身、尖锥状铤的石镞是太湖地区新石器时代晚期新出现的一种石镞器形，最具时代特征。依据镞身不同形态，分 5 型。

A 型　5 件，其中 1 件完整。柳叶形。形态多狭长，镞身截面菱形，铤部形态不一，截面有扁、圆和菱形等。

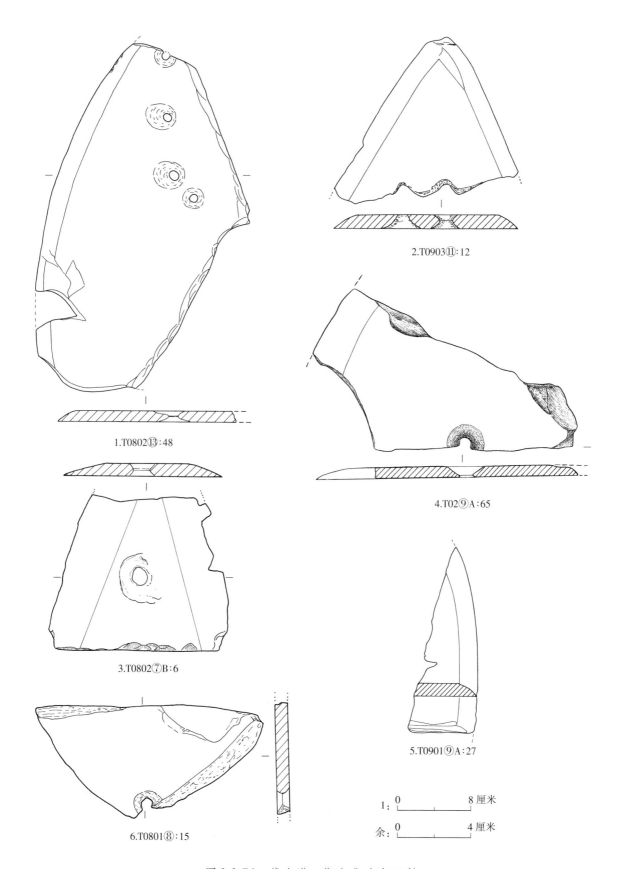

1. T0802⑬:48

2. T0903⑪:12

3. T0802⑦B:6

4. T02⑨A:65

5. T0901⑨A:27

6. T0801⑧:15

1: 0 ——— 8 厘米

余: 0 ——— 4 厘米

图 3-2-76　钱山漾一期文化遗存石犁

T0901⑫：31，深灰色粉砂质泥岩。铤部不明显。长5.3、宽1.6、厚0.6厘米。（图3-2-77：1；彩版二四：1）

T0902⑩：9，灰黑色泥质粉砂岩。器表因风化而剥落。形态狭长，扁圆铤稍残，铤部明显。残长9.4、宽2、厚0.8厘米。（图3-2-77：2；彩版二四：2）

T03⑨A：11，浅灰绿色粉砂质泥岩。圆铤，铤尾端略残。残长9.1、宽2、厚0.8厘米。（图3-2-77：3；彩版二四：3）

T03⑧：9，深灰色粉砂质泥岩。前锋残。铤部较长，截面菱形。残长7.3、宽1.6、厚0.6厘米。（图3-2-77：4；彩版二四：4）

G12：1，深灰色粉砂质泥岩。前锋和铤部均残。扁铤。残长7.2、宽2.5、厚0.8厘米。（图3-2-77：5）

B型　6件，其中5件完整。桂叶形。

T0901⑫：32，灰黑色石质。铤翼分界明显。铤部截面椭圆。长7、宽2.3、厚0.7厘米。（图3-2-77：6；彩版二四：5）

T0902⑩：10，灰黑色泥质粉砂岩。扁圆铤。铤翼分界不明显。长8.5、宽2.8、厚0.9厘米。（图3-2-77：8；彩版二四：6）

T1001⑨A：25，深灰色粉砂质泥岩。椭圆铤。长7.6、宽2.3、厚0.9厘米。（图3-2-77：9；彩版二四：7）

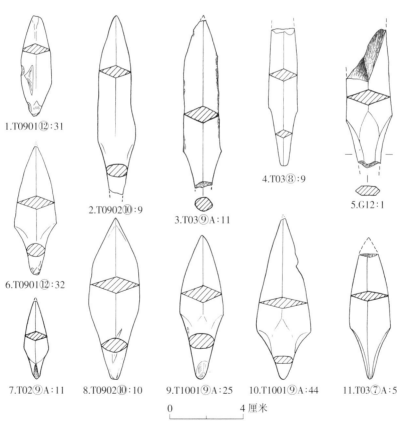

1.T0901⑫：31　　2.T0902⑩：9　　3.T03⑨A：11　　4.T03⑧：9　　5.G12：1

6.T0901⑫：32　　7.T02⑨A：11　　8.T0902⑩：10　　9.T1001⑨A：25　　10.T1001⑨A：44　　11.T03⑦A：5

0　　　　　4厘米

图3-2-77　钱山漾一期文化遗存A型、B型石镞

1～5. A型　6～11. B型

　　T1001⑨A：44，灰黑色石质。磨制精。扁铤。铤翼分界明显。长 8.7、宽 3、厚 0.6 厘米。（图 3-2-77：10）

　　T02⑨A：11，深灰色粉砂质泥岩。器形小巧。扁圆铤。长 4.3、宽 1.3、厚 0.5 厘米。（图 3-2-77：7；彩版二四：8）

　　T03⑦A：5，深灰色粉砂质泥岩。前锋残。椭圆铤。铤翼分界明显。残长 6.6、宽 2.3、厚 0.6 厘米。（图 3-2-77：11）

　　C 型　11 件，其中 2 件完整。三棱形前锋，圆柱状镞身，尖锥状铤。

　　Q2：19，灰色石质。精磨。长 6.9、镞身直径 0.9 厘米。（图 3-2-78：1；彩版二四：9）

　　T0904⑩：20，灰色石质。镞身中部微束。长 5.8、镞身直径 0.7 厘米。（图 3-2-78：2；彩版二五：1）

　　T0802⑬：12，浅灰绿色粉砂质泥岩。前锋残。残长 7.2、镞身直径 1 厘米。（图 3-2-78：3）

　　T0902⑩：11，深灰色粉砂质泥岩。铤部残。残长 6.4、镞身直径 1 厘米。（图 3-2-78：4；彩版二五：2）

　　T0802⑦B：15，深灰色粉砂质泥岩。前锋和铤部略残。锋部较长。残长 8.5、镞身直径 0.9 厘米。（图 3-2-78：5；彩版二五：3）

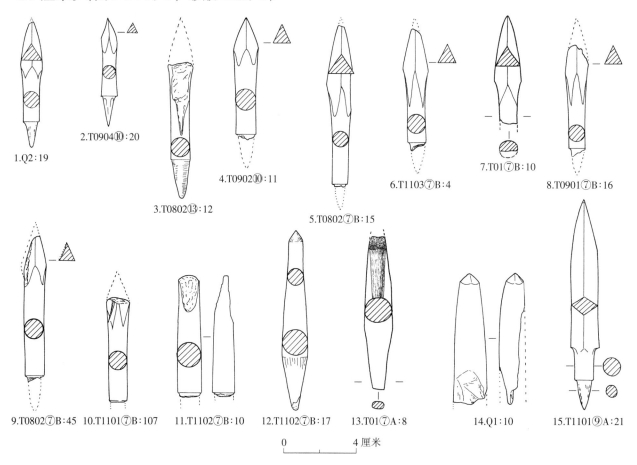

1.Q2：19　　2.T0904⑩：20　　3.T0802⑬：12　　4.T0902⑩：11　　5.T0802⑦B：15　　6.T1103⑦B：4　　7.T01⑦B：10　　8.T0901⑦B：16
9.T0802⑦B：45　　10.T1101⑦B：107　　11.T1102⑦B：10　　12.T1102⑦B：17　　13.T01⑦A：8　　14.Q1：10　　15.T1101⑨A：21

0　　　　　　4 厘米

图 3-2-78　钱山漾一期文化遗存 C 型、D 型、E 型石镞
1～11. C 型　　12～14. D 型　　15. E 型

T1103⑦B:4，深灰色粉砂质泥岩。前锋和铤部略残。残长6.4、镞身直径1厘米。（图3-2-78：6；彩版二五：4）

T01⑦B:10，浅灰绿色粉砂质泥岩。铤部残。锋部较长。残长5.7、镞身直径约1厘米。（图3-2-78：7）

T0901⑦B:16，深灰色粉砂质泥岩。前锋和铤部残。残长5.9、镞身直径0.9厘米。（图3-2-78：8）

T0802⑦B:45，灰黑色泥质粉砂岩。残长7.7、镞身直径1.1厘米。（图3-2-78：9）

T1101⑦B:107，浅灰绿色粉砂质泥岩。残长5.5、镞身直径约1厘米。（图3-2-78：10）

T1102⑦B:10，浅灰绿色粉砂质泥岩。残长6.2、镞身直径1.3厘米。（图3-2-78：11）

D型　3件，其中1件完整。柱条形。锥尖状前锋，柱状镞身，扁圆铤。

T1102⑦B:17，灰色石质。镞身近铤部较粗。长9.5、镞身最大径1.4厘米。（图3-2-78：12；彩版二五：5）

T01⑦A:8，浅灰绿色粉砂质泥岩。前锋残。残长8.2、镞身最大径1.5厘米。（图3-2-78：13；彩版二五：6）

Q1:10，肉红色玻屑凝灰岩。镞身下端和铤部残。残长6.9厘米。（图3-2-78：14）

E型　1件。完整。

T1101⑨A:21，灰黑色石质。镞身截面菱形，形态为狭长的柳叶形。铤部前端圆柱状，尾端锥尖状。铤翼分界明确。铤部可能借鉴了C型镞工艺。长11.1、宽1.5、厚0.9厘米。（图3-2-78：15；彩版二五：7）

（7）带柄石器

标本1件。

T0901⑧:22，灰黑色板岩。曲尺形。粗糙，似初步打制成型，未及磨制开刃。通长19.6厘米。（图3-2-79：1；彩版二〇：4）

（8）矛

标本1件。

T04⑦B:17，浅灰—灰色泥质粉砂岩。矛身三角形，柄部残。器形扁平。边缘留打制痕迹，粗糙。似为半成品。残长9.4、厚0.6厘米。（图3-2-79：2；彩版二五：8）

（9）小石器

标本3件。器形小巧，用途不明。

T0903⑩:9，黑色红柱石板岩。平面狭长倒梯形，一角略残。极平薄，通体精磨。顶部断面有正反两面切割后掰断的痕迹。下部有一道横向贯穿的浅凹槽。下端略薄，但不开刃。上底长5.4、下底残长4.4、高2.1厘米。（图3-2-79：3）

T0903⑧:7，灰黑色硅质泥岩。平面不规则长方形。磨制。无明显刃部。长3.2、宽1.2～1.3厘米。（图3-2-79：4）

T0801⑧:18，灰黑色硅质泥岩。平面不规则长方形。正反面均经磨制，一侧边磨出窄刃。长3.3、宽2.8厘米。（图3-2-79：5）

（10）残器

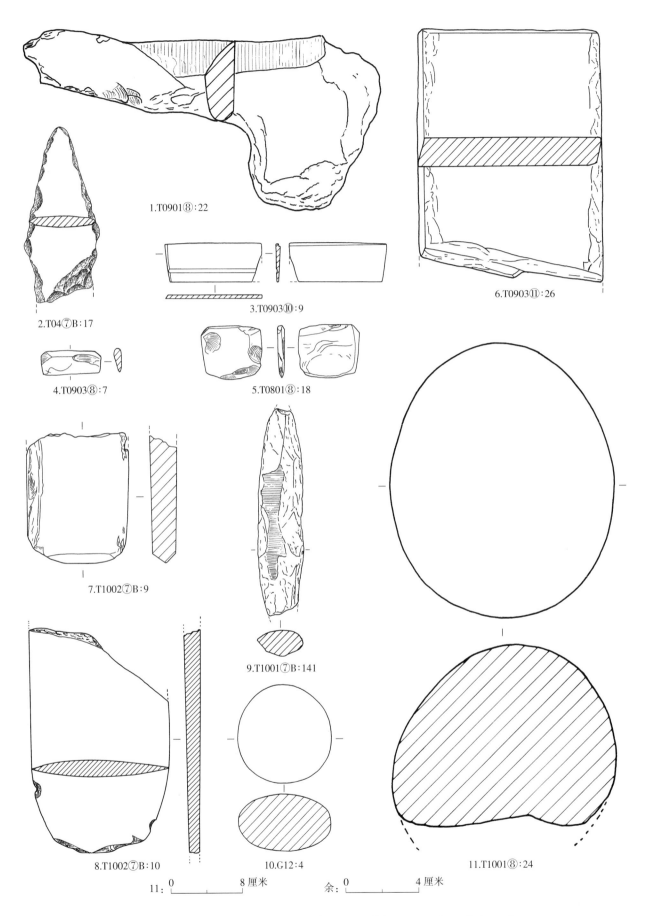

1.T0901⑧:22

2.T04⑦B:17

3.T0903⑩:9

4.T0903⑧:7

5.T0801⑧:18

6.T0903⑪:26

7.T1002⑦B:9

8.T1002⑦B:10

9.T1001⑦B:141

10.G12:4

11.T1001⑧:24

11: 0   8 厘米   余: 0   4 厘米

图 3-2-79   钱山漾一期文化遗存石矛、带柄石器、小石器和石球

1. 带柄石器   2. 矛   3~5. 小石器   6~9. 残石器   10、11. 石球

标本 4 件。器形不明。

T0903⑪：26，黑色石质。残呈长方形。器扁平，经粗磨。顶部断面留有两侧锯切割后掰断痕迹，两侧截面也有锯切割痕迹。疑是石器坯料。残长 13.5、宽约 10、厚 1.5 厘米。（图 3-2-79：6；彩版二〇：5）

T1002⑦B：9，灰黑色硅质泥岩。残呈长方形。磨制。一边起双面窄刃，刃部有崩缺。器厚实。残长 6.9、宽 5.3～5.5、厚 1.3～1.5 厘米。（图 3-2-79：7）

T1002⑦B：10，灰黑色石质。残呈舌形。通体精磨。两侧边起双面弧刃。残长 12 厘米。（图 3-2-79：8；彩版二〇：6）

T1001⑦B：141，浅灰绿色粉砂质泥岩。略残。形态狭长。初步打制成型，粗糙，未及磨制。截面扁圆。应是石镞的半成品。残长 11、宽 2.5 厘米。（图 3-2-79：9）

（11）球

标本 2 件。

G12：4，灰色杂砂岩。椭圆状球体。长径 5.3、短径 3 厘米。（图 3-2-79：10）

T1001⑧：24，灰色石质。椭圆状球体。一侧有残损。长径 28.8、短径 24.3 厘米。（图 3-2-79：11）

（12）砺石

标本 20 件，其中 5 件完整，余均有不同程度的残损。材质主要为砂岩和杂砂岩。与其他器形不同的是，砺石在残损后，仍可继续使用。从具体使用功能看，砺石可以分为被磨砺和用来打磨其他器物两种。前者一般器形个体较大，常有一个或正反两个磨砺面，磨砺面多略凹弧；后者一般个体较小，往往有多个磨砺面，磨砺面较平。也有部分砺石两种功能兼而有之。据此分 3 型。

A 型　3 件，其中 1 件完整。被磨砺的砺石。

T01⑧：9，灰色泥质粉砂岩。平面不规则长方形，器扁平。正反两个磨砺面，磨砺面凹弧明显。侧缘粗糙。长 24、厚 2～3.8 厘米。（图 3-2-80：1；彩版二六：1）

T04⑬：19，浅灰白色杂砂岩。残呈不规则形，器扁平。正面一个磨砺面。残长 10、厚 1.5～1.9 厘米。（图 3-2-80：2）

T1001⑧：142，浅灰白色杂砂岩。不规则形，器扁平。正反两个磨砺面。残长 11.5、厚 1.2 厘米。（图 3-2-80：5）

B 型　8 件，其中 4 件完整。用来打磨其他器物的砺石。

H170：5，灰白色泥岩。不规则长方体。表面因风化而脱落。长 6.7、宽 2.7、厚 1～1.5 厘米。（图 3-2-80：3）

T07⑧：9，灰白色细砂岩。不规则半月形，器扁平。正反面和侧缘都有磨砺痕迹。（图 3-2-80：4）

T0903⑧：8，灰色粉砂质泥岩。平面略呈梯形。四边皆有平直的磨砺面。下底边长 10.7、高 3、厚约 2.1 厘米。（图 3-2-80：6；彩版二六：2）

T0903⑦B：4，浅红—紫红色细砂岩。条状长方体，一端残。四个磨砺面。残长 7、厚 1.7～2.4 厘米。（图 3-2-80：7；彩版二六：3）

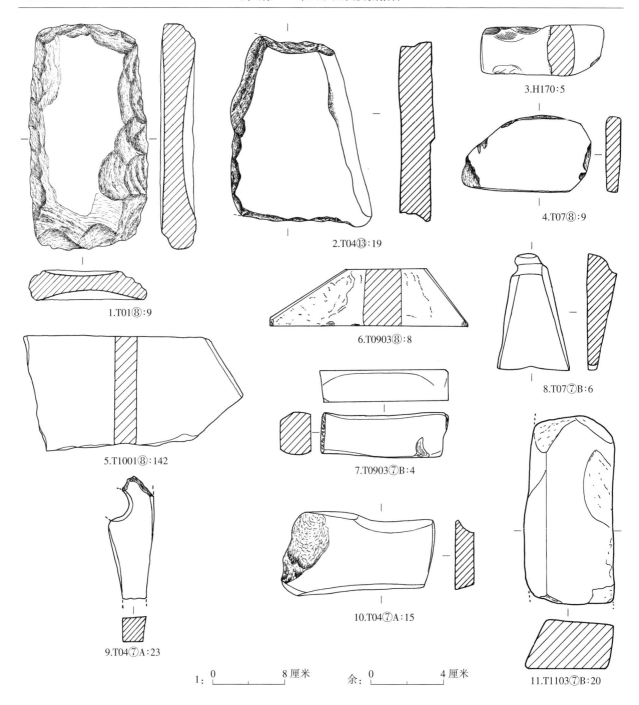

图 3-2-80　钱山漾一期文化遗存 A 型、B 型砺石

1、2、5. A 型　3、4、6~11. B 型

　　T07⑦B：6，浅红—紫红色细砂岩。不规则三角形。四个平整磨砺面。最长 6. 2 厘米。（图3-2-80：8；彩版二六：4）

　　T04⑦A：23，浅红—紫红色细砂岩。不规则条状长方体，两端残。四个磨砺面。一侧残端存半个单面钻圆孔。残长 6. 5 厘米。（图 3-2-80：9；彩版二六：5）

　　T04⑦A：15，灰白色长石杂砂岩。略残。不规则长方形，器扁平。五个面有磨砺痕迹。长

8、宽 3.5～4.4、厚 1 厘米。（图 3-2-80：10）

T1103⑦B：20，浅红—紫红色细砂岩。残呈不规则长方体。四个磨砺面。残长 10 厘米。
（图 3-2-80：11）

C 型　9 件，均残。两种功能兼而有之。

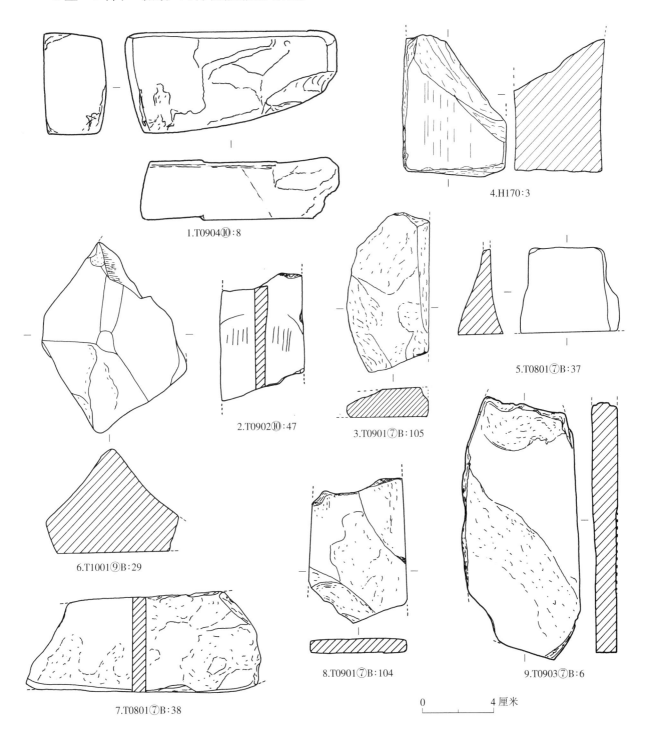

图 3-2-81　钱山漾一期文化遗存 C 型砺石

T0904⑩:8，浅灰白色硅质泥岩。不规则长方体。一角略残。五个磨砺面。长 11.6、宽 3.4～5.4、厚 3.4 厘米。（图 3-2-81:1；彩版二六:6）

T0902⑩:47，浅红—紫红色细砂岩。残呈平行四边形，器扁平。正反和侧缘四个磨砺面，正反磨砺面略凹弧。残长约 5.8、宽 4.5、厚 0.55～0.75 厘米。（图 3-2-81:2）

T1001⑨B:29，灰绿色杂砂岩。一角略残。不规则形，截面近三角形。三个磨砺面。最长 9.9 厘米。（图 3-2-81:6）

H170:3，灰黑色石质。残。不规则长方体。三个磨砺面，磨砺面略凹弧。残长 7 厘米。（图 3-2-81:4）

T0801⑦B:37，浅红—紫红色细砂岩。残。截面近三角形。两个斜的磨砺面。磨砺面略凹弧。残长 5.4 厘米。（图 3-2-81:5）

T0801⑦B:38，灰白色杂砂岩。残呈不规则长方形，器扁平。正反和侧缘共四个面有均匀磨砺痕迹。残长 12.6、宽 4.7～5.3、厚 0.7 厘米。（图 3-2-81:7）

T0903⑦B:6，灰白色杂砂岩。略残。器扁平。正反和侧缘共三个磨砺面。残长 13.9、厚 1.1～1.4 厘米。（图 3-2-81:9）

T0901⑦B:104，灰白色杂砂岩。残呈不规则长方形，器扁平。正反和侧缘四个磨砺面。残长 7、宽 5～5.5、厚 0.7 厘米。（图 3-2-81:8）

T0901⑦B:105，灰白色杂砂岩。残。不规则形。三个磨砺面。最长约 8 厘米。（图 3-2-81:3）

三　骨器

均为镞。

标本 8 件，出土于遗迹 Q2。其中 5 件可修复。三棱形前锋，圆柱状镞身，圆锥形铤，器形与 C 型石镞相同。

Q2:13，长 10.3、镞身直径 1 厘米。（图 3-2-82:1；彩版二七:1）

Q2:16，前锋略粗。长 8.5、镞身直径 1～1.1 厘米。（图 3-2-82:2；彩版二七:2）

Q2:15，长 9.8、镞身直径 1～1.1 厘米。（图 3-2-82:3）

Q2:28，长 9.7、镞身直径 0.8～1 厘米。（图 3-2-82:4；彩版二七:3）

Q2:14，长 8.4、镞身直径约 1 厘米。（图 3-2-82:5；彩版二七:4）

Q2:17，铤部残。残长 6.9、镞身直径 1 厘米。（图 3-2-82:6；彩版二七:5）

Q2:29，镞身下部和铤部残。残长 3.8、镞身直径约 1 厘米。（图 3-2-82:7）

Q2:30，前锋和铤部均残。残长 6.4 厘米。（图 3-2-82:8）

四　木器

标本 3 件。器形有杖形器、构件、锥状器。

（1）杖形器

1 件。

T1001⑨B:48，呈上端稍窄、下端稍宽、截面长方形的长条形。上端被加工成玉端饰状，

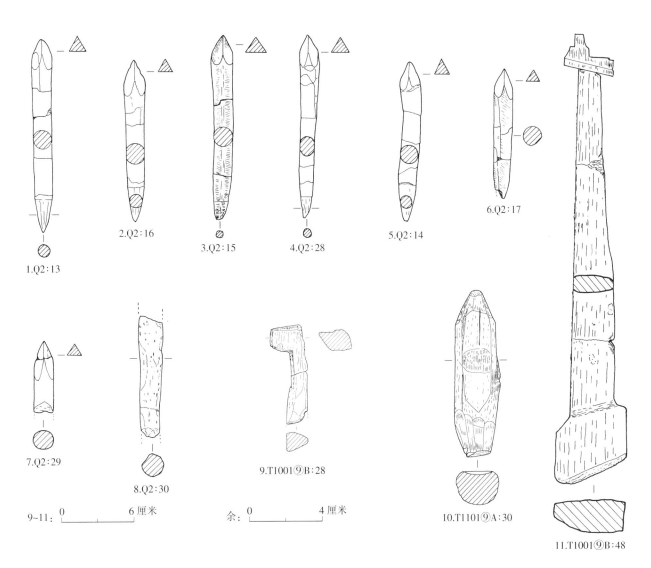

图 3-2-82 钱山漾一期文化遗存骨器及木器

1~8. 骨镞 9. 木构件 10. 木锥状器 11. 木杖形器

下端被加工成粗壮的平行四边形。应不是一般实用器。长 35.6 厘米。（图 3-2-82：11；彩版二七：6）

（2）构件

1 件。

T1001⑨B:28，残。一侧残留有半个方孔。残长 7.9 厘米。（图 3-2-82：9）

（3）锥状器

1 件。

T1101⑨A:30，圆木。两端呈圆锥状，一端略残。残长 13.2 厘米。（图 3-2-82：10）

五　其他有机质遗物

共发现竹编2件，麻葛类编织物1件。

（1）竹编

2件。

T1001⑨B：160，保存不理想，只能根据痕迹剥剔出大致形状。（图3-2-83：1；彩版二八：1）

T02⑨A：108，保存较好。（图3-2-83：2；彩版二八：2）

1. T1001⑨B：160

2. T02⑨A：108

0　　　　　　　8厘米

图3-2-83　钱山漾一期文化遗存竹编

（2）麻葛类编织物

1 件。

T1001⑦B：51，没有绘图。经高倍显微镜观察后，确认为麻葛类编织物（麻布？）。（彩版二八：3、4）

第四章　钱山漾二期文化遗存

第一节　文化遗迹

发现有居住遗迹、墓葬、灰坑等。现分别介绍如下：

一　居住遗迹

共发现 2 处。

F3

位置与层位　F3 位于发掘区中北部的 T0802、T0803、T0804、T0902、T0903、T0904、T1002、T1003 等探方内。开口于第 2A 层下，打破第 6A 和 7B 层。F3 东北、北和西北部被宋代沟破坏，F3 主体部分又被 26 座同是第 2 层下开口的马桥文化时期灰坑、1 座现代扰坑和 1 口宋代水井打破[①]。（彩版二九：1、2）

建筑形制　F3 主要由墙槽、隔墙和柱洞构成。墙槽共 8 条，由大致呈东西向和南北向的各 4 条墙槽将 F3 平面分隔出 7 个长方形单元，即东侧为两列三排的东西向长方形单元 6 间，西侧为南北向长方形的一间。再用东西向小隔墙将西侧大间分为三室，这样形成原应为面阔 3 间、进深 3 间的一栋九室的建筑形式。从发掘情况看，东北角一室被宋代沟破坏，所以现为一栋八室，残存建筑面积达 260 平方米。（图 4-1-1A；彩版三〇）

F3 大室室内面积约 19～22 平方米（以墙槽内侧计），小室室内面积约 10～13 平方米。墙槽宽 0.6～1.6 米，不同位置深浅不一，约 0.06～0.5 米，其中外围一周墙槽比内侧的墙槽略宽。墙槽内填红烧土或夹红烧土的黄褐土，土质结实，应经特别加工。小隔墙较窄，宽 0.1～0.15 米，其中Ⅰ、Ⅱ室之间的隔墙中可见东西排列共 15 个木骨痕迹，木骨已不见，仅存柱痕。柱痕多数为圆形或椭圆形，少量为横向圆角长方形。（图 4-1-1B）

在 F3 中室（Ⅱ、Ⅴ、Ⅷ室等）一带发现有南北向成组的 3～4 个柱洞，东西成列分布，较有规律。其中以Ⅴ室内的 3 列柱洞保存较好，也较有规律（分别为 D36～D40、D42～D44 和 D45～D48），Ⅱ室内也有 2 列（D24～D31），Ⅷ室内受宋代扰沟破坏严重，仅存分散的 3 个柱洞（D49、D52、D53）这些主要分布在中室一带的柱洞基本贯穿 F3 东西，可能与 F3 屋顶的营建有关。F3 墙槽内和室内也发现部分柱洞，但总体分布上没有明显规律。（图 4-1-1C、D）

---

① F3 资料与简报略不同，以本报告为准。

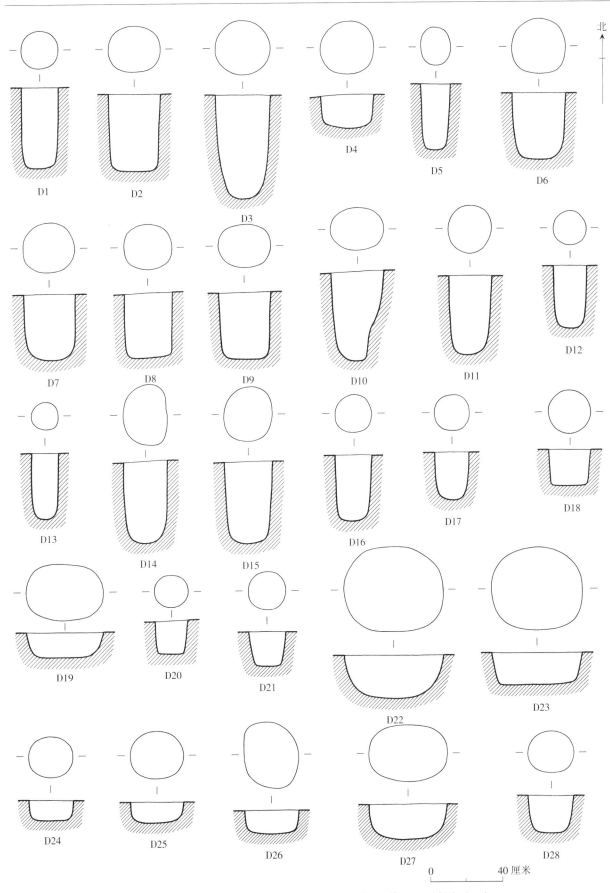

图 4-1-1C　钱山漾二期文化遗存 F3 柱洞（坑）平剖图（一）

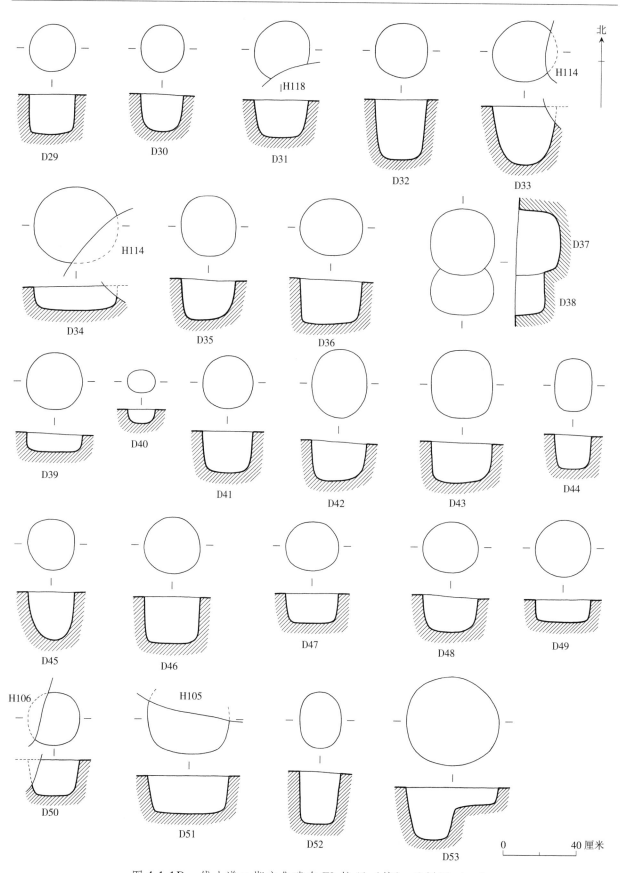

图 4-1-1D　钱山漾二期文化遗存 F3 柱洞（坑）平剖图（二）

　　F3 东南侧的Ⅶ室南墙墙槽开挖很浅（这与Ⅳ室较深的南墙槽形成鲜明对比），在墙槽中发现两个大型柱坑，柱坑内柱洞明显（编号 D22 和 D23），两个柱洞间距（以柱洞内侧计）为 2.15 米，应是 F3 的门道，即 F3 大门在东南侧。同时在Ⅰ室与Ⅳ室之间、Ⅲ室与Ⅵ室之间、Ⅴ室与Ⅷ室之间的墙槽也开挖甚浅，与相邻的墙槽形成明显落差，推测这里是 F3 营建前预留作为室与室之间的通道处。

　　西北角Ⅲ室中西部发现一平面呈圆角方形、面积约 2.3 平方米的大圜底状浅坑，坑内堆积可分四层：第 1 层为浅黄土，厚约 0 ~ 0.04 米。第 2 层为红烧土烧结层，厚 0.04 ~ 0.09 米。第 3 层为浅黄土，厚约 0 ~ 0.03 米。第 4 层为红烧土烧结层，厚 0 ~ 0.14 米。推测为 F3 灶址。

　　在 F3 正南部另发现有 50 个柱洞（坑），柱洞（坑）形制偏小，洞（坑）内多填红烧土，部分为灰褐色土夹红烧土颗粒。其中靠近 F3 南墙槽附近分布最密集，这些柱洞（坑）总体围成一处东西向、面积约 30 平方米的长方形单元，应是 F3 的附属建筑（表 4-1-1）。没有发现与 F3 有关的其他遗迹，可能 F3 上部已被晚期平整破坏。

表 4-1-1　钱山漾二期文化遗存 F3 南部附属建筑柱洞（坑）登记表

（单位：厘米）

编号＼名称	平面形状	底部形态	尺寸 口径	尺寸 深度	填土
D54	近圆形	圜底	12	10	红烧土
D55	近圆形	平底	23	19	红烧土
D56	近圆形	圜底	18	12	红烧土
D57	近圆形	平底	18	19	红烧土
D58	近圆形	平底	21	14	红烧土
D59	近圆形	圜底	18	8	红烧土
D60	椭圆形	平底	16 ~ 19	14	红烧土
D61	圆形	平底	15	9	红烧土
D62	近圆形	平底	18	15	红烧土
D63	圆形	平底	12	11	红烧土
D64	椭圆形	平底	33 ~ 50	10	红烧土
D65	近圆形	圜底	15	11	红烧土
D66	椭圆形	平底	12 ~ 16	11	红烧土
D67	圆形	尖圆底	15	18	红烧土
D68	近圆形	平底	20	9	红烧土
D69	近圆形	平底	20	18	红烧土
D70	近圆形	平底	17	9	红烧土
D71	椭圆形	圜底	18 ~ 20	12	红烧土
D72	近圆形	圜底	20	19	红烧土
D73	近圆形	平底	19	21	红烧土
D74	近圆形	圜底	14	9	红烧土
D75	椭圆形	圜底	13 ~ 16	10	红烧土
D76	圆形	平底	24	20	红烧土

续表 4-1-1

编号＼名称	平面形状	底部形态	尺寸		填土
			口径	深度	
D77	近圆形	圜底	18	13	红烧土
D78	椭圆形	圜底	16～23	12	红烧土
D79	近圆形	平底	22	11	红烧土
D80	椭圆形	平底	19～22	16	红烧土
D81	椭圆形	圜底	14～18	16	红烧土
D82	近圆形	斜底	20	13	红烧土
D83	椭圆形	圜底	18～25	16	红烧土
D84	近圆形	平底	16	9	红烧土
D85	近圆形	平底	17	12	红烧土
D86	近圆形	圜底	19	12	红烧土
D87	近圆形	圜底	16	15	红烧土
D88	椭圆形	平底	14～18	10	红烧土
D89	近圆形	圜底	20	15	红烧土
D90	椭圆形	圜底	19～22	23	红烧土
D91	近圆形	平底	30	12	红烧土
D92	近圆形	圜底	15	12	红烧土
D93	近圆形	平底	19	14	红烧土
D94	近圆形	平底	20	12	灰褐色土夹红烧土颗粒
D95	圆形	平底	20	12	灰褐色土夹红烧土颗粒
D96	椭圆形	圜底	22～30	15	灰褐色土夹红烧土颗粒
D97	近圆形	平底	16	6	灰褐色土夹红烧土颗粒
D98	圆形	平底	22	20	灰褐色土夹红烧土颗粒
D99	圆形	平底	19	9	灰褐色土夹红烧土颗粒
D100	椭圆形	圜底	26～34	16	灰褐色土夹红烧土颗粒
D101	近圆形	圜底	20	16	灰褐色土夹红烧土颗粒
D102	椭圆形	平底	17～20	18	灰褐色土夹红烧土颗粒
D103	近圆形	圜底	24	21	灰褐色土夹红烧土颗粒

推测 F3 为土坯泥墙、木骨泥墙和木构营建相结合的地面建筑形式。一栋八室的复杂建筑形式和 290 平方米的建筑面积（包括附属建筑）在太湖地区为首见，在国内同时期遗址中也罕见，为研究中国史前建筑提供了珍贵的资料。

铺垫层和活动广场 F3 室内土质均为纯净的黄褐土（第 6A 层），与 F3 外围的第 7B 层土质区别明显，第 6A 层黄褐土层被 F3 墙槽打破。推测该黄褐土层是 F3 挖槽营建前特意铺垫而成。

第 6C 层是一种夹杂大量红烧土颗粒和细沙粒的黄褐色土，质地致密。主要分布在 F3 外围的东、南、西三侧，其中南侧部分保存较好。推测该层可能是为了方便 F3 先民活动，也可能与某种信仰有联系而特别营建铺垫而成。

出土遗物 没有发现 F3 使用时期的遗物。但在第 6A 层（F3 营建前铺垫层）及 F3 的墙槽和柱洞中出土有一些陶器残片和玉石残器，可辨器形有足跟内壁有凹窝的扁侧足鼎、圈足盘、豆、罐、器盖、纺轮和石刀、石镞及玉锥形器等。（图 4-1-1E、F）

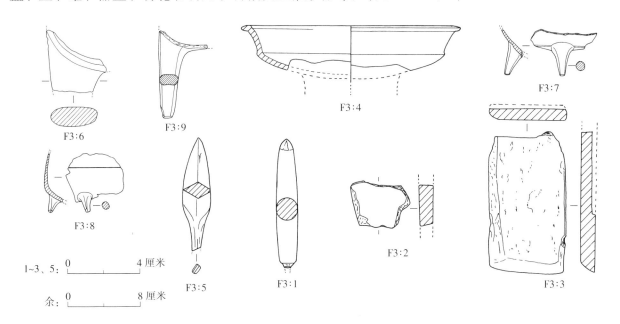

图 4-1-1E 钱山漾二期文化遗存 F3 墙槽及柱洞内出土陶器、玉石器

F3 的墙槽和柱洞中出土器物（标本编为 F3）（图 4-1-1E）：

F3：1，玉锥形器。鸡骨白。（彩版三九：8）

F3：2，玉器残件。褐色和灰绿色夹杂玉色。（彩版三九：9）

F3：3，B 型石刀。黑色泥质粉砂岩。

F3：4，豆盘。泥质灰胎黑衣陶。敞口，斜平沿，折腹。柄残。口径 23.6、残高 4.8 厘米。疑为钱山漾一期文化遗存遗留物。

F3：5，A 型石镞。灰黑色硅质泥质岩。（彩版三九：4）

F3：6，扁侧足。夹砂灰陶。近足跟外缘有二道按捺。

F3：7，乳丁足壶残片。泥质红陶。下腹略鼓折。系钱山漾一期文化遗存遗留物。

F3：8，乳丁足壶残片。同上件。

F3：9，扁侧足。夹砂红陶。足尖外缘有捏捺。

在 F3 营建前铺垫层（6A 层）出土器物（图 4-1-1F）：

T0803⑥A：5，A 型纺轮。泥质黑陶。（图 4-1-1F：7；彩版三八：4）

T0803⑥A：6，B 型砺石。深灰色细杂砂岩。（图 4-1-1F：13）

T0803⑥A：10，B 型泥质罐口沿。泥质灰陶。（图 4-1-1F：1）

T0803⑥A：15，圈足盘的盘底。泥质黑陶。圈足外底有一刻划符号。（图 4-1-1F：2，4-2-4：6）

T0903⑥A：2，C 型砺石。深灰色细杂砂岩。（图 4-1-1F：15；彩版四一：4）

T0903⑥A：3，B 型纺轮。泥质红陶。（图 4-1-1F：8；彩版三八：6）

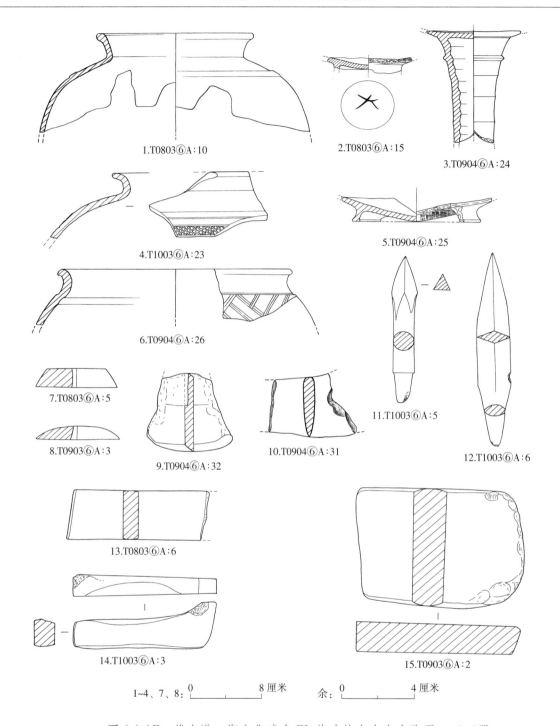

1.T0803⑥A∶10　　　2.T0803⑥A∶15　　　3.T0904⑥A∶24

4.T1003⑥A∶23　　　5.T0904⑥A∶25

6.T0904⑥A∶26

7.T0803⑥A∶5

8.T0903⑥A∶3　　　9.T0904⑥A∶32　　　10.T0904⑥A∶31　　　11.T1003⑥A∶5　　　12.T1003⑥A∶6

13.T0803⑥A∶6

14.T1003⑥A∶3　　　15.T0903⑥A∶2

1~4、7、8∶ 0 ———— 8厘米　　　余∶ 0 ———— 4厘米

图 4-1-1F　钱山漾二期文化遗存 F3 营建垫土内出土陶器、玉石器

T0904⑥A∶24，Ⅲ式豆柄。泥质灰陶。（图 4-1-1F∶3）

T0904⑥A∶25，圈足。泥质红陶。应为罐的圈足。圈足外底有交错绳纹。底径 14 厘米。疑是钱山漾一期文化遗存遗留物。（图 4-1-1F∶5）

T0904⑥A∶26，B 型夹砂罐口沿。夹砂灰陶。（图 4-1-1F∶6）

T0904⑥A∶31，石刀。黑色板岩。因残损未分型。（图 4-1-1F∶10）

T0904⑥A∶32，C 型石刀。灰黑色石质。（图 4-1-1F∶9）

T1003⑥A：3，B型砺石。浅灰色泥质粉砂岩。（图4-1-1F：8；彩版四一：3）

T1003⑥A：5，A型石镞。灰黑色泥质岩。（图4-1-1F：11）

T1003⑥A：6，B型石镞。灰黑色泥质岩。（图4-1-1F：12）

T1003⑥A：23，B型泥质罐。泥质灰黄陶。（图4-1-1F：4）

F4

位于发掘区东南部的T1101和T1102内。开口于第4A或4B层下，打破第6C层。共发现柱洞59个，编号D1～D59。这些柱洞（坑）主要集中分布在T1101北部的一个大约东西长9、南北宽约4.5米的东西向长方形的范围内。柱洞（坑）多呈圆形或椭圆形，直径（大径）为0.1～0.38米，深0.1～0.33米，平底为主，少量为圜底。洞内填土均为灰褐色土。（图4-1-2A～C；彩版三一：1、2）

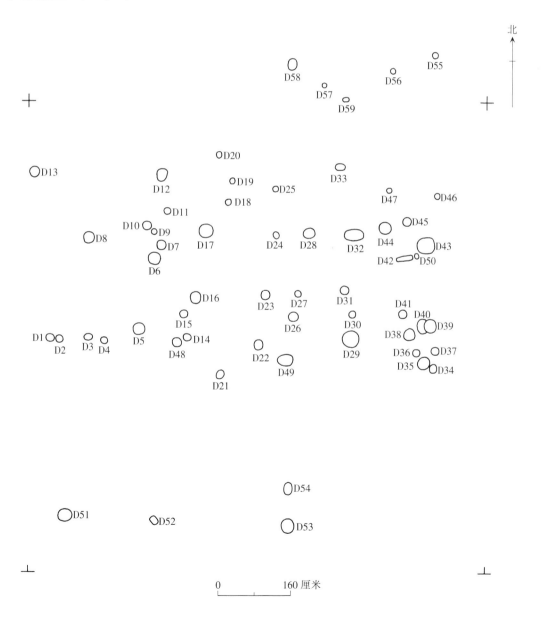

图4-1-2A　钱山漾二期文化遗存F4柱洞（坑）平面分布图

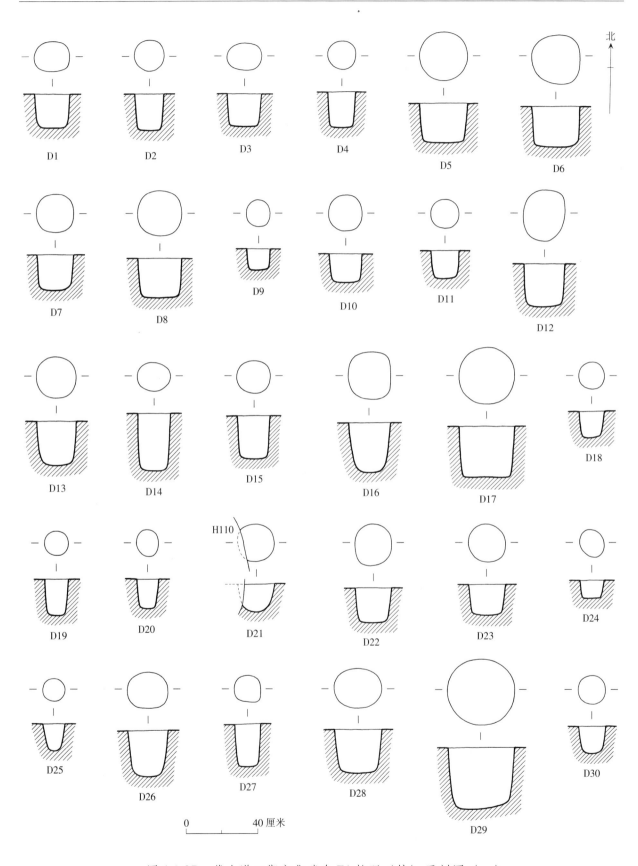

北

图 4-1-2B　钱山漾二期文化遗存 F4 柱洞（坑）平剖图（一）

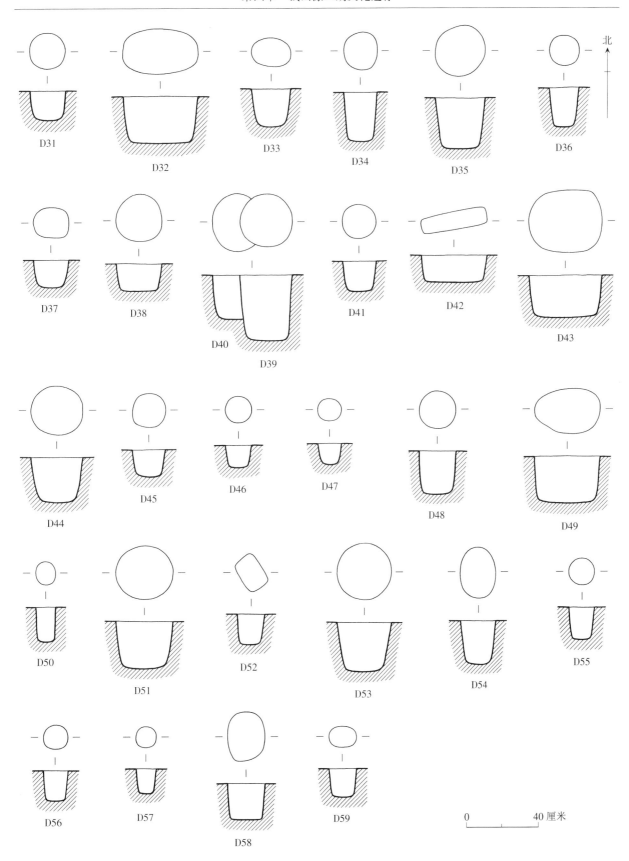

图 4-1-2C　钱山漾二期文化遗存 F4 柱洞（坑）平剖图（二）

F4 柱洞（坑）分布密集，柱洞（坑）平面分布的范围也较规整。但这些柱洞（坑）形制普遍较小，F4 又处在大型地面建筑 F3 东南部的活动广场。我们推测 F4 可能仅是一种露天无墙无顶的长方形架空平台的建筑形式，可能与部落先民的聚会活动有关。其中延伸出长方形范围的东北部和西南部的柱洞或与上下该建筑的通道有关。

此外，在 F3 南部的 T0901 北侧和 F3 东部的 T1103 也发现有部分柱洞（坑）：

位于 T0901 北侧的柱洞（坑）共 19 个，开口于第 4B 层下，打破第 6C 层。这些柱洞（坑）平面多为圆形或椭圆形，形态及洞内填土等与 F4 柱洞（坑）相近，位置上看也处于第 6C 层东西向的分布带上。所以，性质可能与 F4 相同，只是这个区域受晚期扰乱较多，柱洞（坑）保存不全。（图 4-1-3；表 4-1-2）

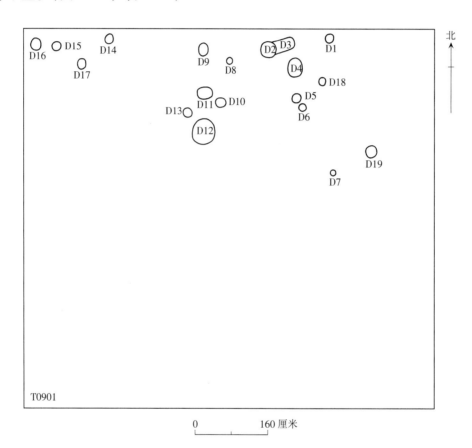

图 4-1-3　T0901 内的钱山漾二期文化遗存柱洞（坑）平面分布图

表 4-1-2　T0901 内的钱山漾二期文化遗存柱洞（坑）登记表

（单位：厘米）

名称 编号	平面形状	底部形态	尺寸		填土
			口径	深度	
D1	圆形	平底	20	18	灰褐色土夹红烧土颗粒
D2	圆形	平底	35	29	灰褐色土夹红烧土颗粒
D3	圆角长方形	平底	残长 40、宽 28	12	灰褐色土夹红烧土颗粒

续表 4-1-2

编号 ＼ 名称	平面形状	底部形态	尺寸 口径	尺寸 深度	填土
D4	椭圆形	平底	30～40	24	灰褐色土夹红烧土颗粒
D5	圆形	圜底	20	20	灰褐色土夹红烧土颗粒
D6	圆形	圜底	16	25	灰褐色土夹红烧土颗粒
D7	圆形	圜底	12	20	灰褐色土夹红烧土颗粒
D8	圆形	平底	16	14	灰褐色土夹红烧土颗粒
D9	椭圆形	平底	20～25	32	灰褐色土夹红烧土颗粒
D10	椭圆形	平底	18～25	23	灰褐色土夹红烧土颗粒
D11	椭圆形	平底	25～35	17	灰褐色土夹红烧土颗粒
D12	近圆形	平底	55	15	灰黄色土夹红烧土颗粒
D13	圆形	平底	20	13	灰褐色土夹红烧土颗粒
D14	圆形	圜底	20	19	灰褐色土夹红烧土颗粒
D15	圆形	圜底	20	25	灰黄色土夹红烧土颗粒
D16	椭圆形	圜底	22～25	27	灰褐色土夹红烧土颗粒
D17	圆形	平底	20	16	灰褐色土夹红烧土颗粒
D18	椭圆形	平底	16～20	12	灰褐色土夹红烧土颗粒
D19	圆形	平底	25	23	灰褐色土夹红烧土颗粒

　　位于 T1103 的柱洞（坑）共 8 个（D1～D8），开口于第 4A 层下，打破第 6C 层。柱洞（坑）平面有圆形、椭圆形，也有不规则形，形制大小不一。其中 D1～D7 大致围成一个长约 5、宽约 2.8 米的东西向长方形单位。（图 4-1-4；表 4-1-3）

表 4-1-3　T1103 内的钱山漾二期文化遗存柱洞（坑）登记表

（单位：厘米）

编号 ＼ 名称	平面形状	底部形态	尺寸 口径	尺寸 深度	填土
D1	不规则椭圆形	圜底	70～108	79	灰褐色土夹红烧土颗粒
D2	不规则形	底不平	最长 95、宽 45	35	灰褐色土夹红烧土颗粒
D3	椭圆形	平底	60～80	67	灰褐色土夹红烧土颗粒
D4	不规则椭圆形	底不平	35～45	44	灰褐色土夹红烧土颗粒
D5	圆角长方形	圜底	长 80、宽 38	41	灰褐色土夹红烧土颗粒
D6	圆角长方形	圜底	长 50、宽 40	32	灰褐色土夹红烧土颗粒
D7	圆形	圜底	35	53	灰褐色土夹红烧土颗粒
D8	椭圆形	圜底	27～35	24	灰褐色土夹红烧土颗粒

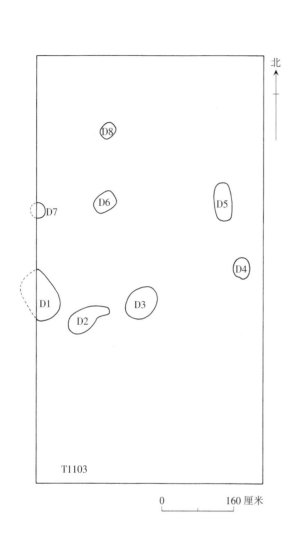

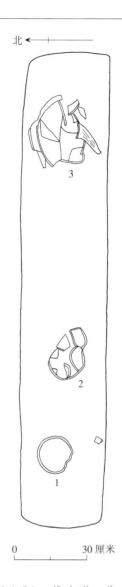

图 4-1-4　T1103 内的钱山漾二期文化　　　　　图 4-1-5A　钱山漾二期文化

遗存柱洞（坑）平面分布图　　　　　　　　　遗存 M1 平面图

二　墓葬

发现 1 座。

M1

位于 T1102 西部。开口于第 4B 层下，打破第 7B 层。长方形竖穴土坑墓，坑长 1.9、宽 0.32~0.36、深 0.12 米。灰绿色填土，骨架已朽。（图 4-1-5A）

随葬陶器 3 件，即扁侧足鼎、罐和钵，分别置于土坑内东部、中西部和西部。如把出土钵的西侧作为头向，则墓向为 275 度。（图 4-1-5B；彩版三二：1）

M1：1，钵。泥质黑陶。（彩版三七：6）

M1：2，B 型泥质罐。泥质黑皮陶。（彩版三七：1）

M1：3，A 型鼎。夹砂棕褐陶。（彩版三四：1）

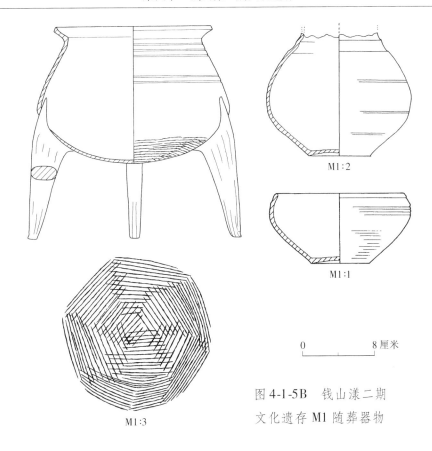

图 4-1-5B　钱山漾二期
文化遗存 M1 随葬器物

三　灰坑

共发现 14 个。均位于发掘区的中部。从位置上看，比较有规律的集中分布在大型建筑居址 F3 的南部和东南部。层位上，这些灰坑主要开口于第 4A 或 4B 层下，打破第 6C 层或 7B 层。少量开口于第 2 层下、第 5C 层下和第 6B 层下。而 F3 所在地势较高，这一带没有发现属于马桥文化时期的第 4 层，F3 开口于第 2 层下，直接打破第 7B 层。判断这些灰坑应均是 F3 存续期间形成的生活遗迹。从部分灰坑内出土有特殊的遗物或发现有遗迹情况看，这些灰坑明显具有不同的功能。据此，先将灰坑分为 4 型，再根据形制分为不规则椭圆形、圆角长方形、梯形和不规则形等若干亚型。现分别介绍如下：

Ⅰ型　2 个。形制较小，坑底均置一大型砺石，推测为石器磨制加工场所。

H135

位于 T1001 的西北部。开口于第 5C 层下，打破生土层。坑口不规则圆形，直径 0.98～1、深 0.44 米。直壁，斜底。坑内堆积为灰褐色土，略疏松，夹杂较多的红烧土颗粒和少量碎陶片、草木灰等。灰坑中部偏北底部置一大型砺石。（图 4-1-6；彩版三二：2）

H135：1，A 型砺石。紫色石质。

H137

位于 T1001 的南部。开口于第 4B 层下，打破第 7B 和 8 层，西南部又被 H75 打破。坑口不规则椭圆形，残径 0.79～1.03、深 0.29 米。斜壁，底略平。

坑内堆积为灰褐色土，夹杂少量红烧土颗粒、草木灰和陶器残片。坑底一侧置一大型砺

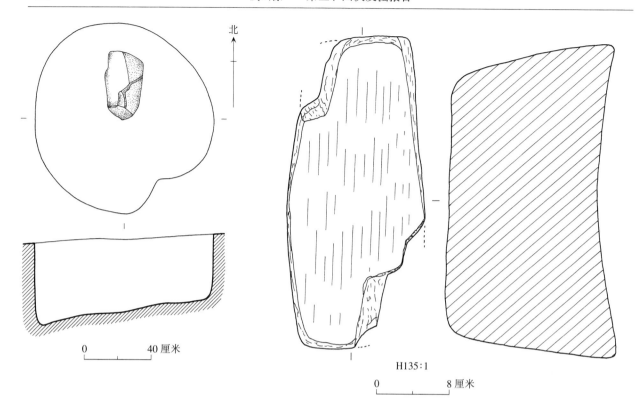

图 4-1-6　钱山漾二期文化遗存 H135 平剖图及出土器物

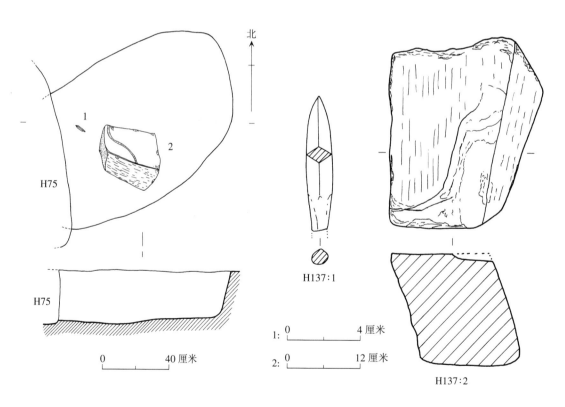

图 4-1-7　钱山漾二期文化遗存 H137 平剖图及出土器物

石，旁边出土一件石镞。（图4-1-7；彩版三二：3）

H137：1，A型石镞。灰绿色硅质泥岩。

H137：2，A型砺石。淡紫色石质。（彩版四一：1）

Ⅱ型　1个。形制较大，除坑底发现有1件砺石外，坑内另发现有4个柱坑。推测为架设有简易顶棚的石器磨制加工场所。

H151

位于T1002南部。开口于第4B层下，打破第7B层。坑口东西向不规则圆角长方形，长3.68、宽1.6~1.72、深0.34米。斜弧壁，底近平。坑内堆积为黄褐色土，夹杂少量红烧土颗粒、草木灰和碎陶片。坑底中部基本东西向分布着4处石块，其中1处为1件砺石，其余3处有1~2块石块，石块下部分别部分叠压住柱洞（坑）（Z1~Z3）。此外，在灰坑中部偏南处另发现1个柱洞（坑）（Z4）。（图4-1-8A、B；彩版三三：1）

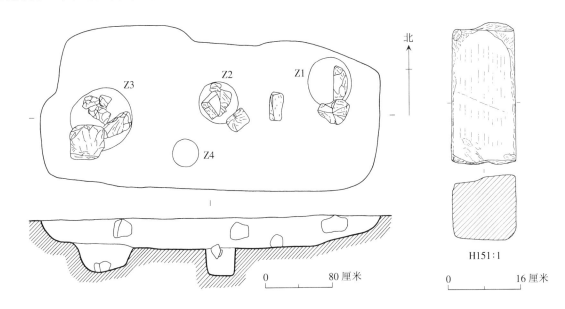

图4-1-8A　钱山漾二期文化遗存H151平剖图及出土器物

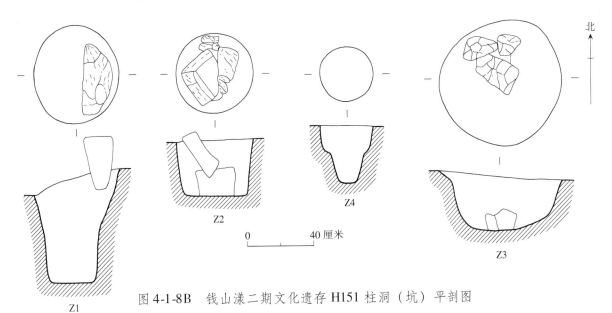

图4-1-8B　钱山漾二期文化遗存H151柱洞（坑）平剖图

H151:1，A 型砺石。灰色石质。长方体。（彩版四一：2）

Ⅲ型　1 个。形制小，坑内出土 1 件陶鼎。

H150

位于 T1102 南部。坑口上部被 H35 叠压打破，下部打破第 7B 层。坑口近圆形，直径 0.51、深 0.26 米。坑壁斜直，底近平。坑内堆积为黄褐斑土。坑内出土 1 件陶鼎。（图 4-1-9；彩版三三：2）

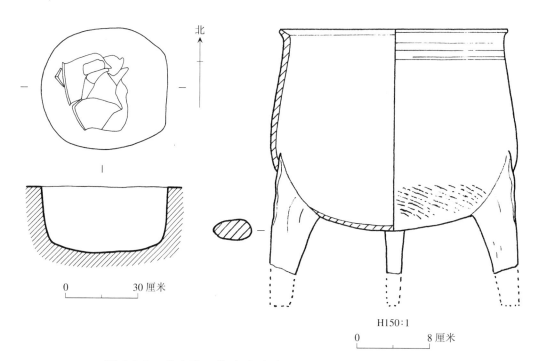

H150:1

图 4-1-9　钱山漾二期文化遗存 H150 平剖图及出土器物

H150:1，C 型鼎。夹砂灰陶。（彩版三四：5）

Ⅳ型　10 个。常见灰坑。根据坑口的平面形状分 4 亚型。

ⅣA 型　6 个。坑口为不规则椭圆形。

H110

位于 T1101 的中部。开口于第 4B 层下，打破第 6C 层，又被 F4 的 D14、D48 打破。坑口直径 0.7~0.72、深 0.21 米。坑壁斜直，坑底近平。坑内堆积为灰黑色土，土质松，含少量草木灰和碎陶片。（图 4-1-10）

H111

位于 T1101 的中南部。开口于第 4B 层下，打破第 6C、7B 和 8 层。北、中和南部又分别被 H110、H21、G2、H6 和 H66 打

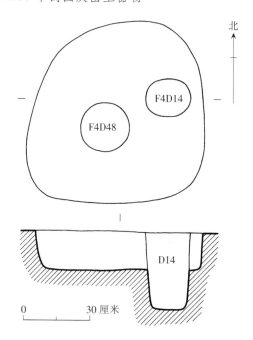

图 4-1-10　钱山漾二期文化遗存 H110 平剖图

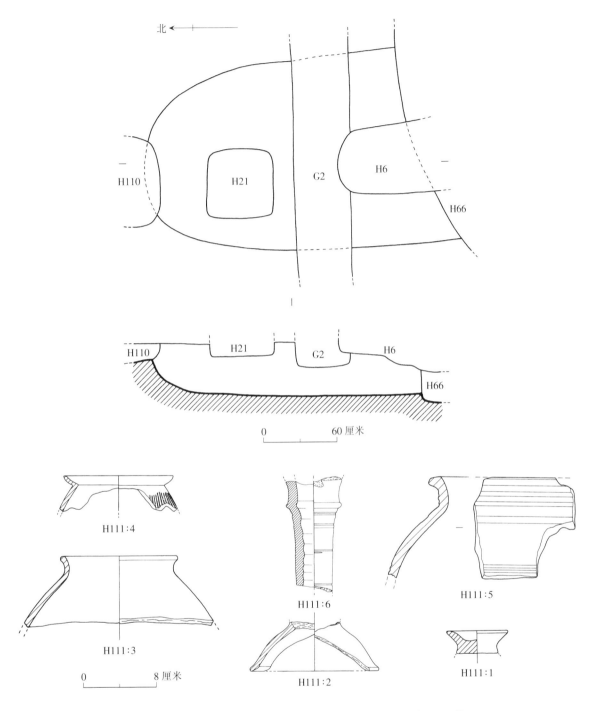

图 4-1-11　钱山漾二期文化遗存 H111 平剖图及出土器物

破。坑口残径 1.6~2.2、深 0.43 米。坑壁斜弧，底近平。坑内堆积为灰黑色土，土质
疏松，含少量草木灰和木炭。包含物主要为陶片，器形有鼎、豆、釜、罐、器盖等。
（图 4-1-11）

　　H111:1，盖纽。夹砂红陶。纽径 6.7 厘米。

　　H111:2，器盖。泥质红陶。纽残。

　　H111:3，罐口沿。夹砂灰黄陶。

H111：4，B 型釜口沿。夹砂灰陶。

H111：5，A 型夹砂罐口沿。夹砂灰陶。

H111：6，Ⅲ 式豆柄。泥质黑陶。（彩版三六：4）

H133

位于 T1002 中部。开口于第 4B 层下，打破第 7B 和 10 层，西南部又被 J5 打破。坑口直径 1.37～1.96、深 0.33 米。坑壁斜弧，浅圜底。坑内堆积深灰色土，土质略松，夹杂有少量草木灰和烧土颗粒。包含物有陶片和石器，器形有陶鼎、豆、罐、圈足盘、纺轮和石锛等。（图 4-1-12A、B）

H133：1，A 型豆盘。泥质黑陶。

H133：2，A 型纺轮。夹砂灰黄陶。（彩版三八：5）

H133：3，A 型石锛。深灰色泥质硅质岩。（彩版三九：2）

H133：4，C 型豆盘。泥质灰陶。

H133：5，A 型豆盘。泥质黑陶。

H133：6，A 型泥质罐口沿。泥质灰黄陶。

H133：7，A 型鼎口沿。夹砂黑陶。

H133：8，B 型釜口沿。夹砂灰陶。（彩版三五：6）

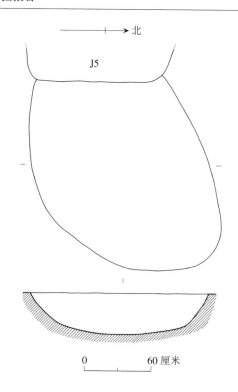

图 4-1-12A　钱山漾二期文化
遗存 H133 平剖图

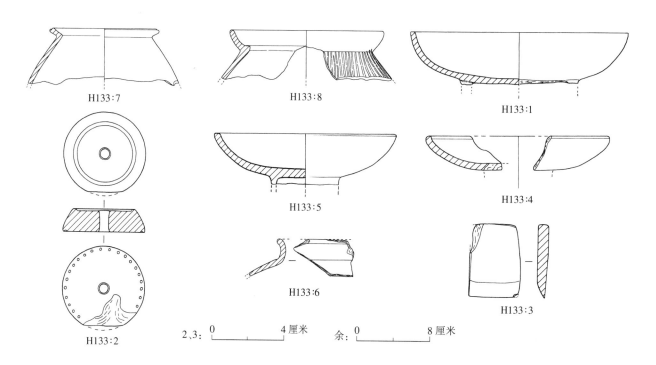

图 4-1-12B　钱山漾二期文化遗存 H133 出土器物

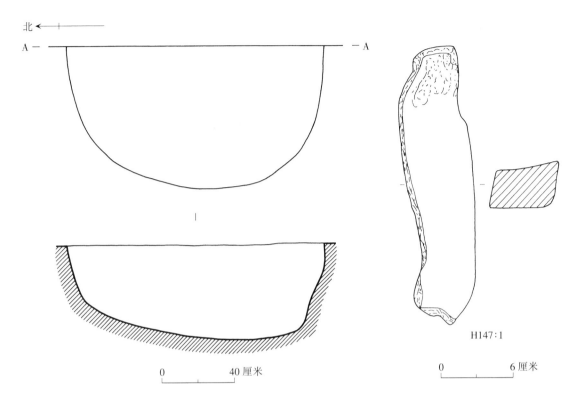

图 4-1-13　钱山漾二期文化遗存 H147 平剖图及出土器物

H147

位于 T0901 的东南部，东半部伸入隔梁中。开口于第 6B 层下，打破第 6C 和 7B 层。坑口径残 0.75～1.4、深 0.5 米。坑壁斜直，坑底由北往南倾斜。坑内堆积为灰褐色土，质地较致密，含少量红烧土颗粒。包含物有 1 件砺石和少量碎陶片。（图 4-1-13）

H147：1，A 型砺石。土灰色杂砂岩。

H153

位于 T0801 北部。灰坑上部被 H148 叠压打破，下部打破至生土层。坑口直径 1.6～1.8、深 0.36 米。斜弧壁，浅平圜底。坑内堆积为灰黑色土，土质疏松，含较多草木灰、木炭。包含物有陶片和骨器，器形有鼎、罐、瓮、豆和骨锥等。（图 4-1-14A、B；彩版三三：3）

H153：1，骨锥。白色。两端残。（彩版四一：5）

H153：2，扁侧足。夹砂灰陶。圜底饰交错绳纹。足跟内壁有椭圆形凹窝，足尖有捏捺。

H153：3，扁侧足。夹砂灰陶。截面椭圆，足尖有捏捺。

H153：4，B 型鼎口沿。夹砂灰陶。

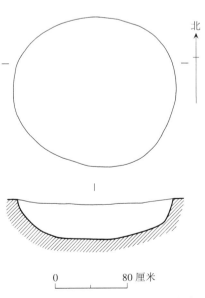

图 4-1-14A　钱山漾二期文化遗存
H153 平剖图

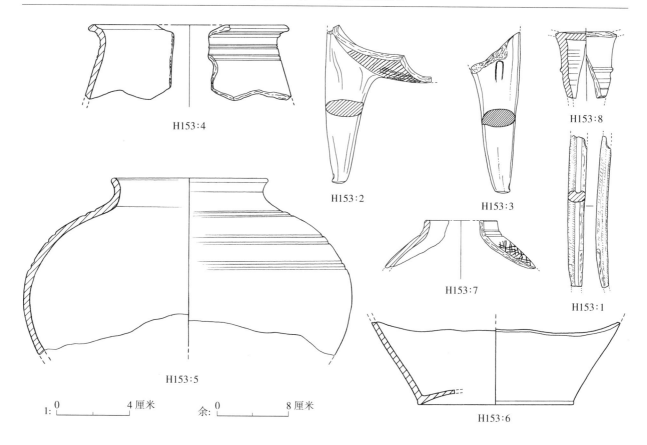

H153:4

H153:2

H153:3

H153:8

H153:7

H153:1

H153:5

1：　0　　　　4厘米　　　余：　0　　　　8厘米

H153:6

图 4-1-14B　钱山漾二期文化遗存 H153 出土器物

H153：5，B 型夹砂罐口沿。夹砂灰陶。（彩版三七：4）

H153：6，瓮底。夹砂灰陶。平底内凹。底径 17 厘米。系钱山漾一期文化遗存遗留物。

H153：7，罐口沿。夹砂红陶。短直口。

H153：8，Ⅲ式豆柄。泥质灰黄陶。柄部上端略粗并有一周凸棱。

H154

位于 T0801 中部。开口于第 4B 层下，打破第 6B 和 7B 层。坑口直径 0.95～1.1、深 0.2 米。坑壁斜弧，圜底。坑内堆积为灰褐色土，土质疏松，含少量草木灰。包含物主要为陶片，器形有鼎、罐等。（图 4-1-15A、B）

H154：1，A 型泥质罐口沿。泥质灰黄陶。

H154：2，B 型泥质罐。泥质黑陶。

H154：3，扁方足。夹砂灰黄陶。下部残。

H154：4，A 型夹砂罐口沿。夹砂黑陶。

ⅣB 型　2 个。坑口为圆角长方形。

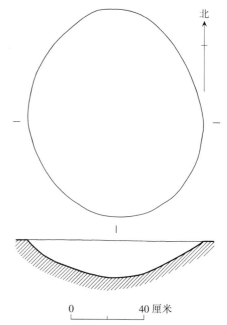

北

0　　　　40厘米

图 4-1-15A　钱山漾二期文化遗存 H154 平剖图

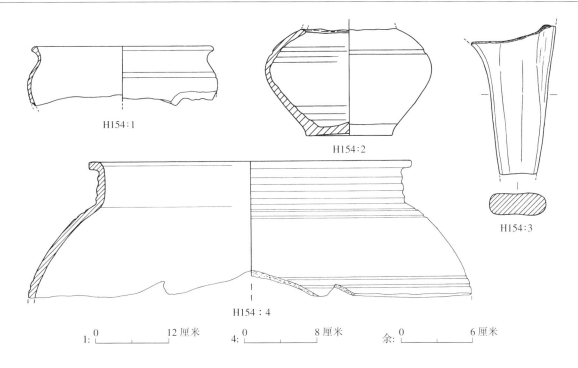

H154:1

H154:2

H154:3

H154：4

1: 0 —— 12 厘米　　　4: 0 —— 8 厘米　　　余: 0 —— 6 厘米

图 4-1-15B　钱山漾二期文化遗存 H154 出土器物

H132

位于 T0901 的中部。开口于第 4A 层下，打破第 6C 和 7B 层。坑口长 1.43、宽约 0.75、深 0.3 米。坑壁斜直，坑底由南往北倾斜呈斜坡状。坑内堆积为灰黑色土。包含物主要有少量陶器残片。（图 4-1-16）

H139

位于 T1002 的中东部。开口于第 4B 层下，打破第 7B 和 10 层，西南部又被灰坑 H133 打破。坑口长 2.59、宽 0.74～0.86、深 0.4 米。坑壁直，平底。坑内堆积为灰褐色土。包含有部分陶片和石器，器形有鼎和石刀、斧等。（图 4-1-17）

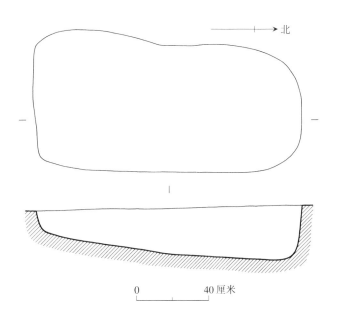

北

0 —— 40 厘米

图 4-1-16　钱山漾二期文化遗存 H132 平剖图

H139:1，扁侧足。夹砂灰陶。截面椭圆。足跟内壁有凹窝。

H139:2　A 型鼎口沿。夹砂灰陶。

H139:3，AⅡ式石刀。灰黑色粉砂质泥岩。（彩版四〇：2）

H139:4，石斧。灰色板岩。器形厚重。刃部残。

ⅣC 型　1 个。坑口为近直角梯形。

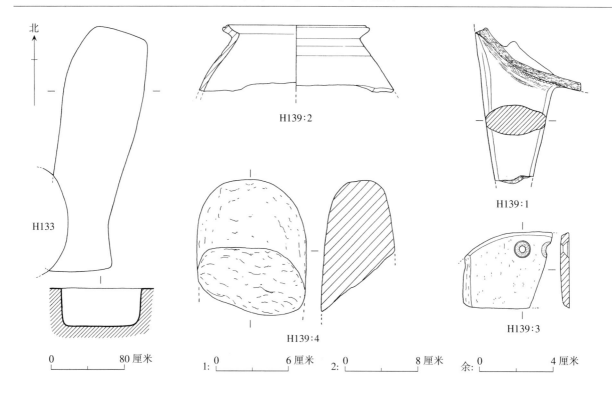

图 4-1-17　钱山漾二期文化遗存 H139 平剖图及出土器物

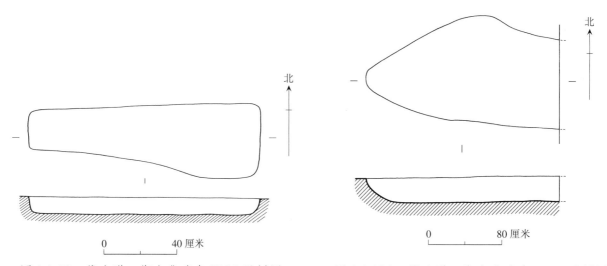

图 4-1-18　钱山漾二期文化遗存 H131 平剖图　　　　图 4-1-19A　钱山漾二期文化遗存 H155 平剖图

H131

位于 T0901 的中西部。开口于第 4A 层下，打破第 6C 和 7B 层。坑口最长 1.29、深 0.09 米。斜壁，底近平。坑内堆积为灰黑色土，含少量草木灰。包含物仅少量陶片。（图 4-1-18）

ⅣD 型　1 个。坑口为不规则形。

H155

位于 T0801 东南部，往东伸入东隔梁中。开口于第 2A 层下，打破第 6C 和 7B 层。坑口残长 2.1、最宽 1.14、深 0.28 米。坑壁斜弧，底近平。坑内堆积为灰黑色土，土质疏松，夹杂少量草木灰和红烧土颗粒。包含物主要有陶片，器形有鼎、豆等。（图 4-1-19A、B）

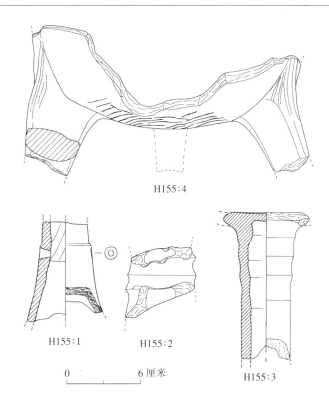

H155:4

H155:1　　　　　H155:2　　　　　H155:3

0　　　　　　6厘米

图 4-1-19B　钱山漾二期文化遗存 H155 出土器物

H155:1，Ⅰ式豆柄。泥质灰陶。

H155:2，Ⅰ式豆柄。泥质灰黄陶。柄部饰三周凸棱。

H155:3，Ⅰ式豆柄。泥质灰陶。（彩版三六：4）

H155:4，鼎的腹足部残片。夹砂灰陶。扁侧足，截面椭圆，足跟内壁有凹窝。圜底饰交错绳纹。

第二节　文化遗物

钱山漾遗址的二期文化遗存遗物相对不太丰富，特别是二期文化遗存的地层和遗迹单位中仍掺杂有一期文化遗存遗物，在一、二期文化遗存文化面貌尚不清楚的前提下，给整理工作带来了一定困难。出土遗物可分为陶器、石器、玉器、骨器和有机质遗物等。

一　陶器

1. 总述

（1）陶系

质地可分夹砂陶和泥质陶两大类。其中夹砂陶占 60.4%，主要有灰陶、红陶、黑陶及少量棕褐陶和青灰陶。泥质陶占 39.6%，以灰陶为主，还有黑陶、红陶、黑衣陶和少量灰黄陶、青灰陶。与一期文化遗存遗物相比，陶系中灰陶（包括黑陶、青灰陶等）的数量明显增加，占 59.9%，超过了红陶。（表 4-2-1）

表 4-2-1　钱山漾二期文化遗存陶系及纹样统计表

	泥质陶						夹砂陶					总数	百分比
	灰陶	灰黄陶	黑陶	黑衣陶	红陶	青灰陶	灰陶	黑陶	红陶	棕褐陶	青灰陶		
绳纹	4	1	6		2	1	43	12	31			100	2.3%
篮纹	3	1	4		3	2	17	2	10			42	1%
弦断绳纹	13	8	13	1	21		56	9	9			130	3%
弦断篮纹	1	1	12		4			3				21	0.5%
条纹	9				1	16	15	2	4			47	1%
方格纹	9		6		7	1	7		6		2	38	0.9%
交错绳纹	1		2				54	7	27			91	2.1%
交错刻划纹（肩部为多）	6		2		1		44	17	28	2	1	101	2.3%
刻划弦纹	21	11	22	13	1		27	6	31	2		134	3%
刻划水波纹	26	3	21	7	6							63	1.4%
附加堆纹							1	3	4			8	0.2%
其他	4		1									5	0.1%
素面	760	180	231	71	190	10	859	138	1123	44	6	3612	82.2%
合计	857	205	320	92	236	30	1133	189	1273	48	9	4392	
百分比	19.6%	4.7%	7.3%	2%	5.4%	0.7%	25.8%	4.3%	29%	1.1%	0.2%		100%
百分比	39.6%（1740）						60.4%（2652）						100%

（2）制法

陶器制作主要有泥条盘筑加慢轮修整和轮制两种。

（3）装饰

陶器的装饰方法有压（拍）印、刻划、堆贴、戳刻、按捺、镂孔等多种。压（拍）印的纹样有绳纹、篮纹、弦断绳纹、弦断篮纹、交错绳纹、方格纹、条纹等，据统计，有压（拍）印纹样的陶片约占陶片总数的10.8%。刻划、戳刻的纹样有单线或复线组合刻划纹、水波纹、弦纹、圆圈纹等。与一期文化遗存相比，弦断绳纹、弦断篮纹及水波纹数量明显减少。附加堆凸带纹、刻划八字纹等则已基本不见，而以单线或复线相交形成的各种刻划纹突然流行。陶器肩腹部的刻划弦纹数量也增多，鼎、釜的圜底盛行交错绳纹。

1）绳纹

主要见于泥质陶罐或夹砂陶瓮的腹部，少量见于夹砂盆的腹部。

T1001⑥C：151，夹砂灰陶。竖向绳纹。（图4-2-1：1）

F3：14，泥质红陶罐腹片。（图4-2-1：2）

2）篮纹

主要见于釜和夹砂缸的腹部。

T0901⑥C：129，夹砂棕褐陶缸腹片。上有一周锯齿状附加堆纹。（图4-2-1：3）

T0403⑥：40，夹砂黑陶带盖釜。（图4-2-1：4）

3）弦断绳纹

见于泥质陶大口罐或夹砂陶瓮腹部。

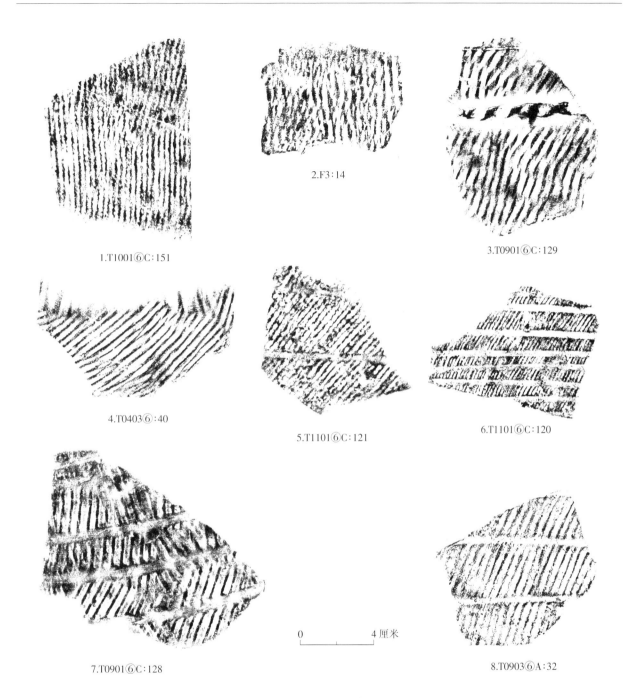

图 4-2-1　钱山漾二期文化遗存陶器纹饰（一）

1、2. 绳纹　3、4 篮纹　5、6. 弦断绳纹　7、8. 弦断篮纹

T1101⑥C:121，夹砂红陶。斜向绳纹。（图 4-2-1：5）

T1101⑥C:120，夹砂红陶瓮腹片。弦纹布列较密。（图 4-2-1：6）

4）弦断篮纹

见于泥质陶大口罐或夹砂陶瓮腹部。

T0901⑥C:128，泥质红陶大口罐腹片。篮纹较粗，略显凌乱。（图 4-2-1：7）

T0903⑥A:32，夹砂棕褐陶瓮腹片。篮纹稍细。（图 4-2-1：8）

5）交错绳纹或刻划纹

主要见于鼎、釜的圜底。具体形态也有不同，可分交错绳纹、交错刻划纹、还有在绳纹基础上再施加交错刻划纹等三种。有的不易区别。从该纹样主要出现在炊器的圜底部，但局部看似杂乱的纹样有的总体上又形成一个美观的图形来看，应该兼具实用和装饰功能。

T0802⑥C：56，夹砂灰陶鼎圜底残片。交错刻划纹。（图4-2-2：1）

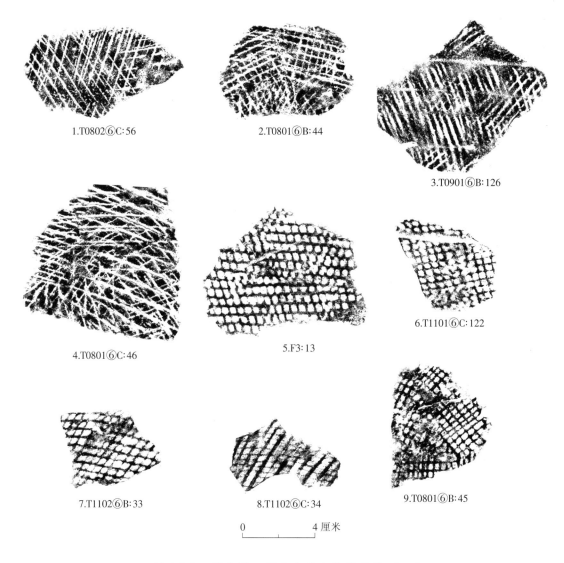

1.T0802⑥C：56　　　　2.T0801⑥B：44

3.T0901⑥B：126

4.T0801⑥C：46　　　　5.F3：13　　　　6.T1101⑥C：122

7.T1102⑥B：33　　　8.T1102⑥C：34　　　9.T0801⑥B：45

0　　　　4厘米

图4-2-2　钱山漾二期文化遗存陶器纹饰（二）

1、2. 交错刻划纹　3. 交错绳纹+浅显的弦纹　4. 绳纹+交错刻划纹　5～9. 方格纹

T0801⑥B：44，夹砂红陶鼎圜底残片。交错刻划纹。（图4-2-2：2）

T0901⑥B：126，夹砂灰陶。交错绳纹，还有浅显的弦纹。（图4-2-2：3）

T0801⑥C：46，夹砂红陶鼎圜底残片。在绳纹基础上再施交错刻划纹。（图4-2-2：4）

6）方格纹

主要见于泥质陶罐腹部。

F3：13，泥质黑陶罐腹片。小方格呈弧角方形甚至近圆形。（图4-2-2：5）

T1101⑥C：122，泥质红陶罐腹片。小方格四角略弧。（图4-2-2：6）

T1102⑥B：33，泥质黑陶罐腹片。斜向小方格边角均较分明。（图4-2-2：7）

T1102⑥C：34，泥质青灰陶罐腹片。斜向小方格边角均较分明。（图4-2-2：8）

T0801⑥B：45，泥质灰黄陶罐腹片。由不同方向的方格纹组合在一起。（图4-2-2：9）

7）条纹

细条纹主要见于泥质青灰陶罐。少量粗竖条纹出现于杯的腹部。

F3：10，泥质青灰陶罐腹片。条纹略粗。（图4-2-3：1）

T1003⑥C：58，泥质青灰陶罐腹片。条纹较细。（图4-2-3：2）

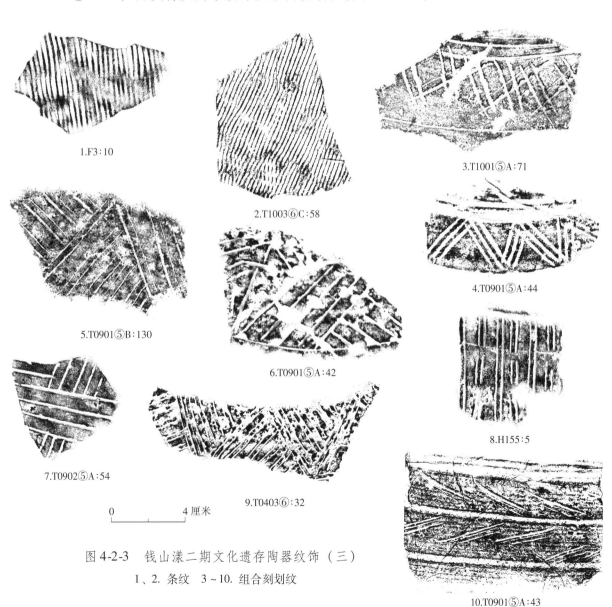

1.F3：10

2.T1003⑥C：58

3.T1001⑤A：71

5.T0901⑤B：130

6.T0901⑤A：42

4.T0901⑤A：44

7.T0902⑤A：54

9.T0403⑥：32

8.H155：5

0　　　　4厘米

10.T0901⑤A：43

图4-2-3　钱山漾二期文化遗存陶器纹饰（三）

1、2.条纹　3～10.组合刻划纹

8）组合刻划纹

主要见于罐的肩部。形态多样，有单线相交纹、不同方向的平行多线相交接形成的组合纹、平行的交替长短线纹、横向稻穗纹等。

T1001⑤A：71，夹砂灰陶罐。弦纹与单线相交纹组合。（图4-2-3：3）

T0901⑤A：44，泥质红陶罐。平行三线相接。（图4-2-3：4）

T0901⑤B：130，夹砂红陶罐。平行双线相交接。（图4-2-3：5）

T0901⑤A：42，泥质灰陶罐。（图4-2-3：6）

T0902⑤A：54，泥质灰陶罐。均平行五线相交接。（图4-2-3：7）

H155：5，夹砂灰陶罐。竖向平行的交替长短线组合刻划纹。（图4-2-3：8）

T0403⑥：32，夹砂灰陶罐。平行十二线相交接。（图4-2-3：9）

T0901⑤A：43，夹砂红陶罐。横向八字排列的平行三短线与弦纹组合纹，似横向稻穗纹。（图4-2-3：10）

9）水波纹

主要见于泥质陶罐腹部。

T0803⑥A：24，泥质灰陶。水波一侧有三至四线、水波另一侧为一至三线不等。（图4-2-4：1）

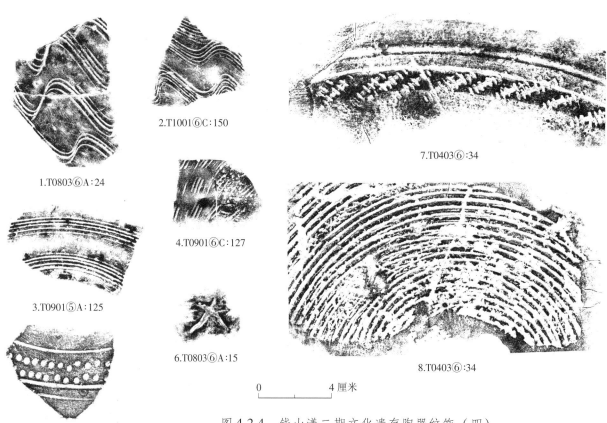

1.T0803⑥A：24

2.T1001⑥C：150

3.T0901⑤A：125

4.T0901⑥C：127

5.T0503⑦：20

6.T0803⑥A：15

7.T0403⑥：34

8.T0403⑥：34

0　　　　　　4厘米

图4-2-4　钱山漾二期文化遗存陶器纹饰（四）

1、2. 水波纹　3. 组合刻弦纹　4. 短线刻划纹　5. 二周刻弦纹之间饰圆形剔刻纹

6. 刻划符号　7. 戳刻纹　8. 同心圆刻划纹

T1001⑥C：150，泥质灰黑陶罐腹片。水波纹由五至六线刻划而成。（图4-2-4：2）

10）刻划纹或剔刻纹

主要见于罐、鼎的肩腹部和盆形釜的腹部。

T0901⑤A：125，泥质灰黑陶罐腹片。组合刻弦纹。（图4-2-4：3）

T0901⑥C：127，泥质红陶罐或盘的下腹部。短线刻划纹。（图4-2-4：4）

T0503⑦：20，泥质黑陶罐的肩部残片。二周刻弦纹之间饰圆形剔刻纹。（图4-2-4：5）

T0403⑥：34，夹砂黑陶盆形釜腹部的戳刻纹和圜底的同心圆刻划纹。（图4-2-4：7、8）

（4）刻划符号

1个。

T0803⑥A：15，泥质黑陶。疑是圈足盘残件。圈足外底有一刻划符号。（图4-2-4：6）

（5）器形

器形有鼎、釜、鬶、豆、盆、罐、盘、尊、钵、杯、器盖、纺轮等。其中以扁侧足鼎、罐、豆数量较多，釜、钵、杯等也颇具特征。（表4-2-2）

表4-2-2　钱山漾二期文化遗存陶器器形统计表

器类	地层	5A	5B	5C	6A	6B	6C	土台西外侧	遗迹（灰坑等）	合计	
鼎	口沿	10	7	10	25	12	41	12	21	138	
鼎	扁侧足	8	32	8		15	37	9	50	159	
鼎	扁方足	1		1	2	4	1		1	10	
鼎	圆锥足				1		1		2	4	
釜		1			1	1	3		2	8	
泥质罐		5	10	6	10	9	16	2	11	69	
豆	豆盘	1		1	5	3	3		10	23	66
豆	豆柄	12	4	3	4	4	6	2	8	43	
圈足盘	口沿			2	3	2	1		2	10	18
圈足盘	圈足	1	1				6			8	
夹砂罐		5	2	2	1	1	6	2	6	25	
盆				2	3	1	4			10	
袋足鬶			1		1		3			5	
钵									1	2	
杯		1					1			2	
尊								1		1	
器盖		1			2		9		2	14	
器耳（把）				1	1					2	
纺轮						1	3		3	7	
合计		46	57	35	57	51	143	32	119	540	

注：1）钱山漾二期文化遗存的地层和遗迹单位中仍发现有鱼鳍形足、舌形足和凿形足，判断系一期文化遗存遗留物。
　　2）土台西外侧指T0403和T0503的第6、7层。

2. 分述

（1）鼎

标本20件，其中复原器6件。钱山漾二期文化遗存的鼎以夹砂灰陶为主，有部分夹砂黑陶、红陶、棕褐陶和青灰陶。鼎足形态以扁侧足最为流行，有少量扁方足和圆锥足等。扁侧足截面扁圆，一般素面，足跟内壁通常有椭圆形凹窝，足尖有捏捺。由于其他形态足鼎复原器数量少，仅有的1件圆锥足鼎复原器在口腹部形态上又与扁侧足鼎相同，所以，主要依据口腹部形态特征将鼎分为4型。

A型　标本10件，其中复原器2件。折沿，束颈，鼓腹。唇面往往有一道凹棱。数量最多。

复原器M1：3，夹砂棕褐陶。沿面略凹弧，斜方唇，唇面有一周凹棱，鼓腹下垂。肩腹部有多周凹弦纹，圜底的装饰纹样比较特别。口径17.2、高22.4厘米。（图4-2-5：1；彩版三四：1）

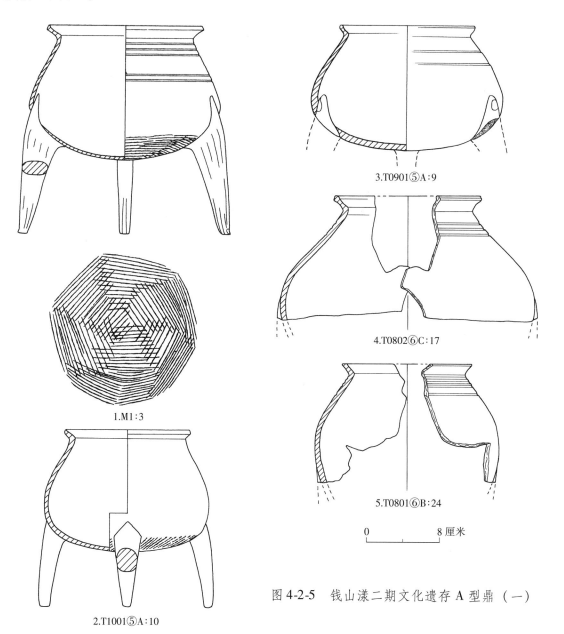

1.M1：3

2.T1001⑤A：10

3.T0901⑤A：9

4.T0802⑥C：17

5.T0801⑥B：24

0　　　　　　　8厘米

图4-2-5　钱山漾二期文化遗存A型鼎（一）

复原器 T1001⑤A：10，夹砂黑陶。圆锥足，足跟内壁有椭圆形凹窝，圜底饰交错绳纹。口径 13.6、高 18.8 厘米。（图 4-2-5：2；彩版三四：2）

T0901⑤A：9，夹砂灰陶。肩腹部二周细凹弦纹。足跟外缘有按捺。口径 14.6 厘米。（图 4-2-5：3；彩版三四：3）

T0802⑥C：17，夹砂灰陶。唇面一周凹棱，沿面略凹。肩部三周凹弦纹。口径 16 厘米。（图 4-2-5：4）

T0801⑥B：24，夹砂灰陶。沿面外缘有小平台。鼓腹，腹大径居中。肩部饰四周凹弦纹。口径 14 厘米。（图 4-2-5：5）

T0902⑤A：19，夹砂灰陶。唇面一周凹棱，沿面凹弧。肩部二周凹弦纹。口径 18 厘米。（图 4-2-6：1）

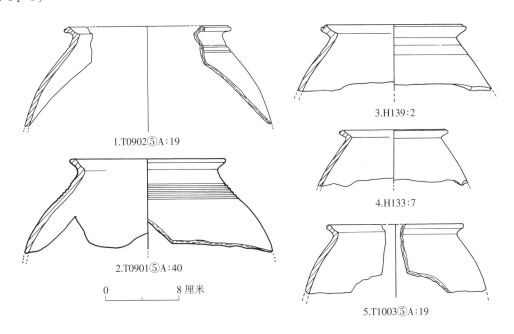

1.T0902⑤A：19

2.T0901⑤A：40

3.H139：2

4.H133：7

5.T1003⑤A：19

0　　　　　8 厘米

图 4-2-6　钱山漾二期文化遗存 A 型鼎（二）

T0901⑤A：40，夹砂灰陶。沿面外缘有小平台，沿面里侧凹弧。肩部饰组合凹弦纹。口径 17 厘米。（图 4-2-6：2）

H139：2，夹砂灰陶。唇面有一周凹棱，沿面略凹弧。口径 16 厘米。（图 4-2-6：3）

H133：7，夹砂黑陶。唇面有一周凹棱。口径 12 厘米。（图 4-2-6：4）

T1003⑤A：19，夹砂红陶。沿面略凹弧。口径 15 厘米。（图 4-2-6：5）

B 型　口腹部标本 5 件。折沿，微束颈，微鼓腹。口较大。

T0801⑥B：23，夹砂灰陶。唇面一周凹棱。肩腹部饰多组凹弦纹。口径 24 厘米。（图 4-2-7：1）

T0801⑥B：26，夹砂黑陶。沿面略凹弧。肩腹部饰多组凹弦纹。口径 21.4 厘米。（图 4-2-7：2）

H153：4，夹砂灰陶。肩部四周凹弦纹。口径 21.2 厘米。（图 4-2-7：3）

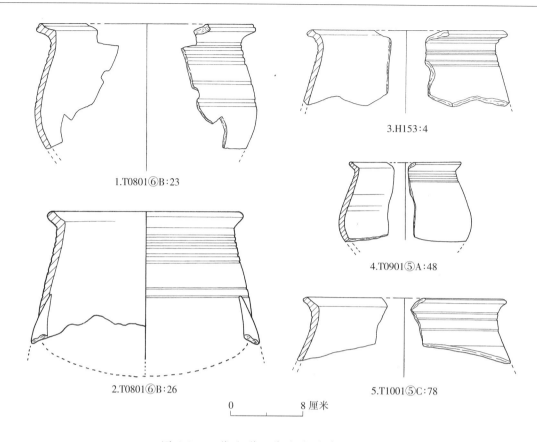

1.T0801⑥B:23
3.H153:4
2.T0801⑥B:26
4.T0901⑤A:48
5.T1001⑤C:78

0 　　　 8 厘米

图 4-2-7　钱山漾二期文化遗存 B 型鼎

T0901⑤A:48，夹砂灰陶。颈肩部三周凹弦纹。口径 12 厘米。（图 4-2-7：4）

T1001⑤C:78，夹砂灰陶。唇面有一周凹棱，肩部二周凹弦纹。口径 22 厘米。（图 4-2-7：5）

C 型　复原器 2 件。折沿，大口，微束颈，深弧腹。

复原器 T0802⑥C:3，夹砂灰陶。沿面略凹弧。扁侧足截面椭圆，足跟外缘有一按捺，足跟内壁有凹窝。腹部饰多组浅细凹弦纹，圜底饰交错绳纹。口径 16、高 18.2 厘米。（图 4-2-8：1；彩版三四：4）

复原器 H150:1，夹砂灰陶。沿面略内凹。扁侧足足根外缘有三道按捺，足根内壁有凹窝。上腹部有四周凹弦纹，圜底饰绳纹。口径 25.2、高 29.6 厘米。（图 4-2-8：2；彩版三四：5）

D 型　标本 3 件，其中复原器 2 件。侈口，大口无颈，筒状深腹。

复原器 T1002⑥C:7，夹砂灰陶。沿面内凹。扁侧足截面椭圆，足跟内壁有凹窝。腹部两组组合凹弦纹，圜底饰交错绳纹。下腹和圜底残留有烟垢。口径 27.2、高 30 厘米。（图 4-2-8：3；彩版三五：1）

复原器 T0901⑤B:19，夹砂灰陶。方唇，浅平圜底，扁方足。肩腹部三周细凹弦纹，圜底饰交错绳纹。口径 29.6、高 30.6 厘米。（图 4-2-8：4；彩版三五：2）

T0901⑤B:53，夹砂灰陶。上腹部饰三周细凹弦纹。口径 26 厘米。（图 4-2-8：5）

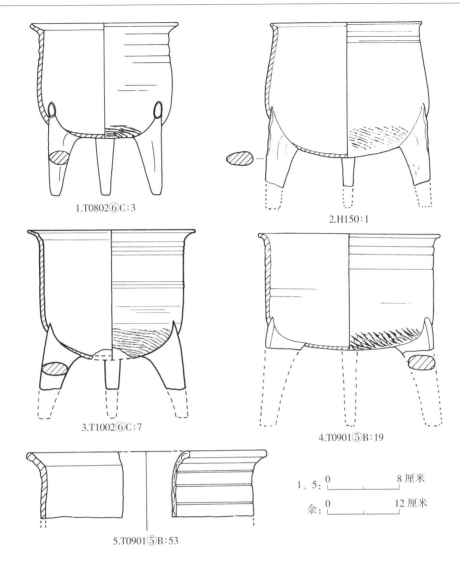

1.T0802⑥C：3

2.H150：1

3.T1002⑥C：7

4.T0901⑤B：19

1、5：　0 ——————— 8 厘米

余：　0 ——————— 12 厘米

5.T0901⑤B：53

图 4-2-8　钱山漾二期文化遗存 C 型、D 型鼎

1、2. C 型　3～5. D 型

（2）釜

标本 8 件。依据形态分 2 型。

A 型　标本 2 件。盆形釜。大敞口，斜弧腹，圜底。

T0403⑥：34，夹砂黑陶。近底处设对称鸡冠状小鋬。上腹部饰多周凹弦纹，中腹一周戳刻组合纹，圜底饰同心圆状刻划纹（图 4-2-4：7、8）。圜底和腹部有烟熏痕迹，盖残。口径 40、高 14.8 厘米。（图 4-2-9：1；彩版三五：3）

T03⑥C：26，夹砂红陶。近圜底可见鋬残痕。上腹部饰六周凹弦纹，圜底饰交错绳纹。口径 36 厘米。（图 4-2-9：2；彩版三五：4）

也有研究者认为该型釜为器盖。

B 型　标本 6 件。折沿，沿面凹弧，束颈，鼓腹。依据形态特征暂定为釜。

T0403⑥：40，夹砂黑陶。腹部饰斜向篮纹。下部残。附覆碗形器盖。口径 19.6、盖高 7.6 厘米。（图 4-2-9：3；彩版三五：5）

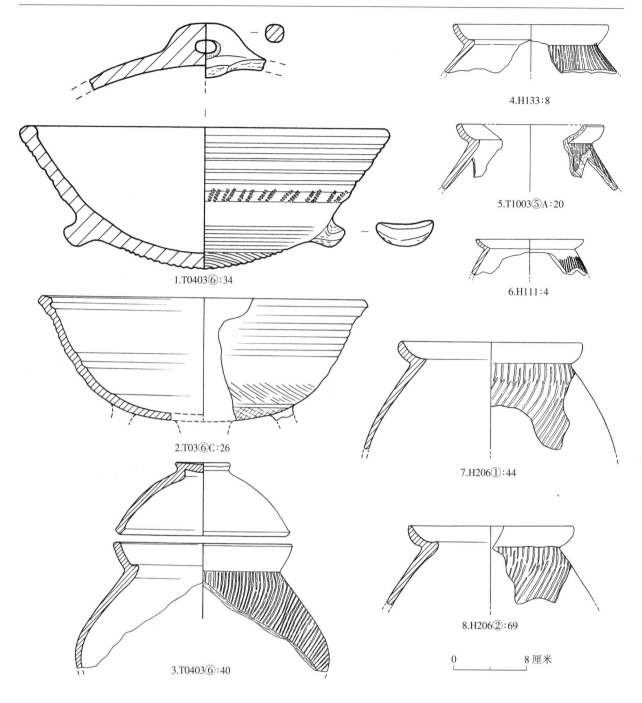

图 4-2-9　钱山漾二期文化遗存釜
1、2. A 型　3~8. B 型

H133：8，夹砂灰陶。腹部饰竖向篮纹。口径 17 厘米。（图 4-2-9：4；彩版三五：6）

T1003⑤A：20，夹砂灰陶。腹部饰篮纹。口径 16 厘米。（图 4-2-9：5）

H111：4，夹砂灰陶。腹部饰竖向篮纹。口径 12 厘米。（图 4-2-9：6）

另 2 件出自马桥文化灰坑：

H206①：44，夹砂黑陶。腹部饰斜向篮纹。口径 20 厘米。（图 4-2-9：7）

H206②：69，夹砂灰陶。腹部饰斜向篮纹。口径 18 厘米。（图 4-2-9：8）

（3）袋足鬲

颈部标本 1 件，袋足标本 1 件。

T0802⑥C：21，泥质红陶。细长颈。（图 4-2-10：1）

T0802⑥C：20，泥质红陶。袋足较肥。（图 4-2-10：2）

此两件可能为一期文化遗存遗留物。

（4）豆

豆盘标本 7 件、豆柄标本 16 件，复原器 1 件。豆是钱山漾二期文化遗存富有特征的器物。尽管出土残片不少，但由于缺乏复原器，这里将豆盘（含复原器）和豆柄分别介绍。

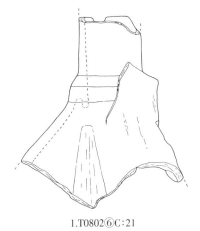
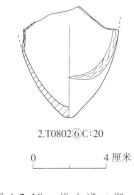

2.T0802⑥C：20

0   4 厘米

图 4-2-10 钱山漾二期
文化遗存袋足鬲

1.T0802⑥C：21

1）豆盘

标本 8 件。依据口腹部形态，分 3 型。

A 型 标本 4 件，其中复原器 1 件。敞口，弧腹略深。

复原器 T1001⑤C：18，泥质灰陶。盘腹饰多周细突棱。喇叭形细高柄中部饰二周凹弦纹。豆柄内壁有多道旋痕。口径 19.6、底径 13.2、高 19.2 厘米。（图 4-2-11：1；彩版三六：1）

T0801⑥B：27，泥质黑衣陶。口径 19 厘米。（图 4-2-11：2）

H133：1，泥质黑陶。口径 23.6 厘米。（图 4-2-11：3）

H133：5，泥质黑陶。口径 20 厘米。（图 4-2-11：4）

B 型 标本 2 件。敞口，平沿，浅盘。

T1003⑥C：29，泥质灰陶。略折腹。口径 22 厘米。（图 4-2-11：5）

T1101⑥C：50，泥质灰陶。口径 23 厘米。（图 4-2-11：6）

C 型 标本 2 件。敛口，斜弧腹。

H77：4，出自马桥文化灰坑。泥质黑衣陶。柄下端残。柄上端较粗壮并饰弦纹和一周突棱，柄中部略收缩，柄下端喇叭状外撇，似火炬形。口径 18.6、残高 31.8 厘米。（图 4-2-11：7；彩版三六：2）

H133：4，泥质灰陶。口径 20 厘米。（图 4-2-11：8）

2）豆柄

标本 16 件。均为喇叭形细高柄，一般中部略束。变化主要在柄部装饰上，由组合细突棱或凹弦纹装饰逐渐演变为凹弦纹加一周相对粗壮的凸棱。据此，分 3 式。

Ⅰ式 标本 5 件。柄部装饰主要为细突棱或凹弦纹。

T1001⑥B：73，泥质灰胎黑衣陶。柄上端二周细突棱。（图 4-2-12：1；彩版三六：3）

T0902⑤A：29，泥质灰陶。柄上端三周突棱。（图 4-2-12：2）

H155：3，泥质灰陶。柄上端三周突棱。（图 4-2-12：3；彩版三六：4）

H155：1，泥质灰陶。柄部饰一周突棱和一对圆形镂孔。（图 4-2-12：4）

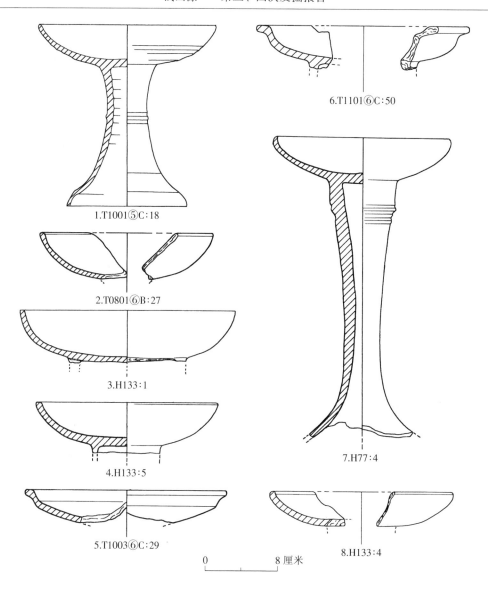

1.T1001⑤C:18

2.T0801⑥B:27

3.H133:1

4.H133:5

5.T1003⑥C:29

6.T1101⑥C:50

7.H77:4

8.H133:4

0   8厘米

图 4-2-11 钱山漾二期文化遗存豆

1~4. A 型   5、6. B 型   7、8. C 型

T1001⑤C:82，泥质灰陶。柄中部二周凹弦纹。（图 4-2-12：5）

Ⅱ式 标本 2 件。柄部装饰为组合的凹弦纹，弦纹变粗。

T1101⑥C:49，泥质黑陶。柄中部四周凹弦纹。（图 4-2-12：6；彩版三六：3）

T0901⑤A:39，泥质黑陶。柄中部四周凹弦纹。（图 4-2-12：7）

Ⅲ式 标本 9 件。柄部装饰为一周粗壮的凸棱加组合凹弦纹。部分豆柄上端较粗，中部收束，下端喇叭状外撇，豆柄整体呈炬形。柄内壁大多可见制作旋痕。

T0901⑤A:36，泥质灰陶。上端一周粗凸棱，凸棱下为六周凹弦纹。（图 4-2-12：8）

T0901⑤A:38，泥质黑陶。豆柄上端一周凸棱，凸棱下四周凹弦纹。（图 4-2-12：9）

T0901⑤A:37，泥质红陶。豆柄上端一周凸棱加三周凹弦纹。（图 4-2-12：10）

T0901⑤A:73，泥质灰黄陶。豆柄上端一周凸棱加二周凹弦纹。（图 4-2-12：11）

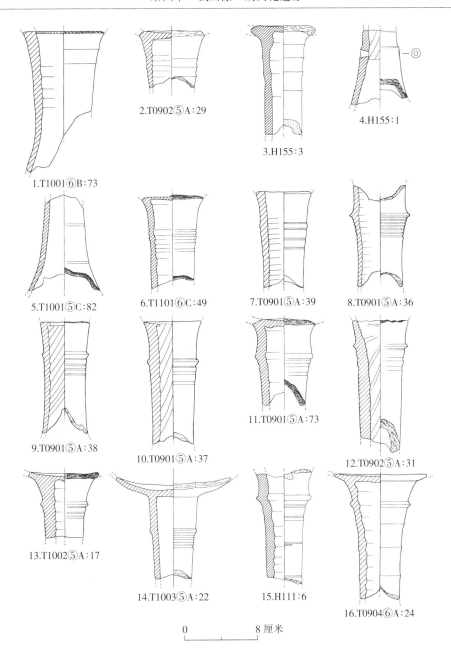

图 4-2-12　钱山漾二期文化遗存豆柄

1~5. Ⅰ式　6、7. Ⅱ式　8~16. Ⅲ式

T0902⑤A：31，泥质灰陶。豆柄上端一周凸棱加二周凹弦纹。（图 4-2-12：12）

T1002⑤A：17，泥质灰陶。豆柄上端一周凸棱加二周凹弦纹。（图 4-2-12：13）

T1003⑤A：22，泥质灰黄陶。豆柄上端一周凸棱加三周凹弦纹。（图 4-2-12：14；彩版三六：4）

H111：6，泥质黑陶。柄上端粗壮。豆柄上端一周凸棱加四周凹弦纹。（图 4-2-12：15；彩版三六：4）

T0904⑥A：24，泥质灰陶。豆柄上端一周凸棱，柄中部略收缩。（图 4-2-12：16）

（5）盆

标本 3 件。

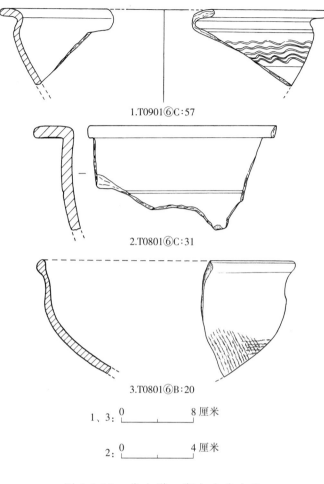

1. T0901⑥C:57

2. T0801⑥C:31

3. T0801⑥B:20

1、3：0━━━━━━━8厘米

2：0━━━━━━━4厘米

图4-2-13　钱山漾二期文化遗存盆

T0901⑥C:57，泥质灰陶。平沿，束颈，鼓肩，斜弧腹。腹部饰水波纹。口径36厘米。此件可能为钱山漾一期文化遗存遗留物。（图4-2-13：1）

T0801⑥C:31，泥质灰陶。宽平折沿。腹部一周凹弦纹。（图4-2-13：2）

T0801⑥B:20，夹砂灰陶。侈口，微束颈，肩略鼓，斜弧腹，底残。唇部一周凹棱，下腹部饰交错绳纹。口径27.6、残高12.4厘米。（图4-2-13：3；彩版三六：5）

（6）泥质罐

标本16件，其中复原器1件。依据口腹部特征，主要分5型。

A型　标本5件。侈沿，大口，束颈。鼓肩，肩较窄。

T0901⑤A:44，泥质红陶。颈部和鼓肩处各饰二周凹弦纹，肩部饰组合刻划纹。（图4-2-14：1）

H154:1，泥质灰黄陶。肩部二周凹弦纹。口径30厘米。（图4-2-14：2）

H133:6，泥质灰黄陶。（图4-2-14：3）

T0902⑤A:25，泥质黑陶。口径19.2厘米。（图4-2-14：4）

T1002⑥C:19，泥质灰陶。侈口，颈略束。口径16厘米。（图4-2-14：5）

B型　标本3件。侈沿，小口，颈部显领或低领，溜肩。

T0901⑤A:42，泥质灰陶。肩部饰组合刻划纹。（图4-2-14：6）

T0803⑥A:10，泥质灰陶。肩部一周凸棱。口径17.2厘米。（图4-2-14：7）

T1003⑥A:23，泥质灰黄陶。侈口，低领。肩部二周凹弦纹，腹部饰方格纹。（图4-2-14：8）

C型　标本4件。圆鼓腹，平底内凹。器形一般较小。

M1:2，泥质黑衣陶。口沿残。颈肩部二周凸棱，腹部有细弦纹。底径7、残高13厘米。（图4-2-15：1；彩版三七：1）

H154:2，泥质黑陶。口沿残。肩部一周凹弦纹。底径7厘米、残高8.5厘米。（图4-2-15：2）

T0503⑦:33，泥质黑衣陶。颈部三周凸棱。（图4-2-15：3）

T1001⑤C:84，泥质灰黄陶。肩部三周凹弦纹。（图4-2-15：4）

D型　标本3件，其中复原器1件。大口，折沿，鼓腹。

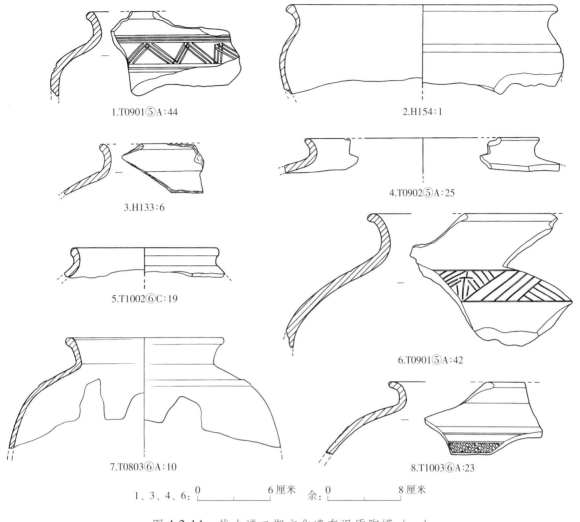

1.T0901⑤A：44　　　2.H154：1

3.H133：6　　　4.T0902⑤A：25

5.T1002⑥C：19

6.T0901⑤A：42

7.T0803⑥A：10　　　8.T1003⑥A：23

1、3、4、6：0 —— 6厘米　　余：0 —— 8厘米

图4-2-14　钱山漾二期文化遗存泥质陶罐（一）

1~5. A型　6~8. B型

复原器 T1001⑤C：21，泥质红陶。沿面略凹弧，小平底微内凹。腹部饰弦断绳纹。口径30.4、底径14.8、高41.2厘米。（图4-2-15：5；彩版三七：2）

T1003⑥C：32，泥质黑陶。肩部饰绳纹。口径37.2厘米。（图4-2-15：8）

T1101⑥C：56，泥质灰黄陶。肩部二周凸棱。口径28厘米。（图4-2-15：7）

E 型　标本1件。

T1102⑥C：20，泥质黑陶。短直口。形态特别。口径16.8厘米。（图4-2-15：6）

（7）夹砂罐

夹砂罐是钱山漾二期文化遗存典型器物之一。可惜无复原器。标本19件。主要依据口沿特征，将其中14件分2型。

A 型　11件。侈口，颈部显领或低领。多鼓肩，肩部有宽窄之分，并常饰各种组合刻划纹。

T0403⑥：33，夹砂灰陶。平沿，鼓肩，肩较窄，瘦弧腹。肩部饰组合刻划纹，腹部饰多组凹弦纹。口径40厘米。（图4-2-16：1；彩版三七：3）

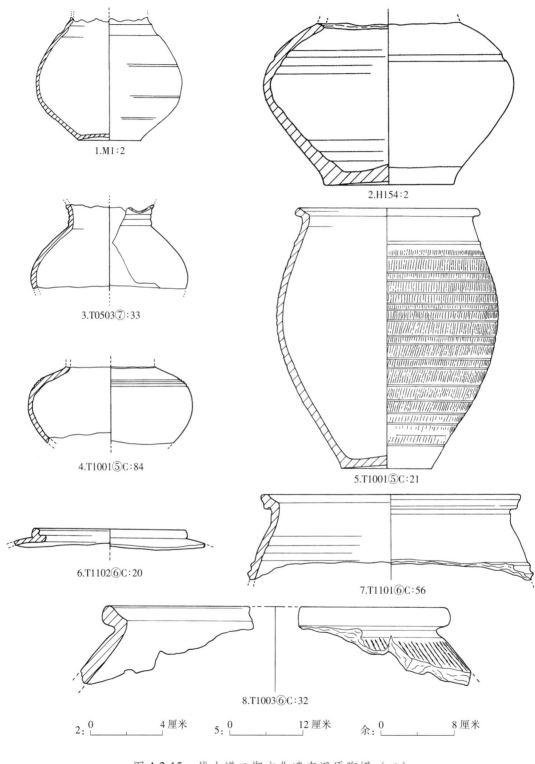

1.M1∶2

2.H154∶2

3.T0503⑦∶33

4.T1001⑤C∶84

5.T1001⑤C∶21

6.T1102⑥C∶20

7.T1101⑥C∶56

8.T1003⑥C∶32

2∶0　　　　4厘米　　　5∶0　　　　12厘米　　　余∶0　　　　8厘米

图4-2-15　钱山漾二期文化遗存泥质陶罐（二）

1~4.C型　5、7、8.D型　6.E型

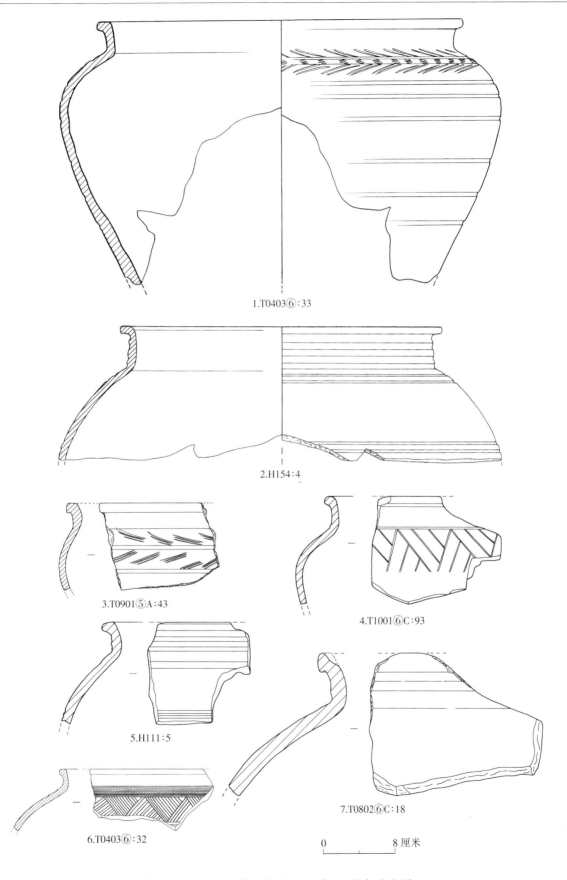

1.T0403⑥:33

2.H154:4

3.T0901⑤A:43

4.T1001⑥C:93

5.H111:5

6.T0403⑥:32

7.T0802⑥C:18

0　　　　　　8厘米

图4-2-16　钱山漾二期文化遗存 A 型夹砂陶罐

H154：4，夹砂黑陶。平沿，方唇，颈部显领。溜肩。领部和腹部饰凹弦纹。口径 35 厘米。（图 4-2-16：2）

T0901⑤A：43，夹砂红陶。方唇，略鼓肩。肩部饰组合刻划纹和凹弦纹。（图 4-2-16：3）

T1001⑥C：93，夹砂灰陶。鼓肩，肩窄。肩部饰组合复线刻划纹。（图 4-2-16：4）

H111：5，夹砂灰陶。颈部和肩部饰凹弦纹。（图 4-2-16：5）

T0403⑥：32，夹砂灰陶。肩部饰组合凹弦纹和组合刻划纹。（图 4-2-16：6，4-2-3：9）

T0802⑥C：18，夹砂灰陶。方唇。肩部无刻划纹。（图 4-2-16：7）

H8：10，出自马桥文化灰坑。夹砂灰陶。口沿残。鼓肩，瘦深弧腹。肩部饰组合弦纹和刻划纹。（图 4-2-17：1）

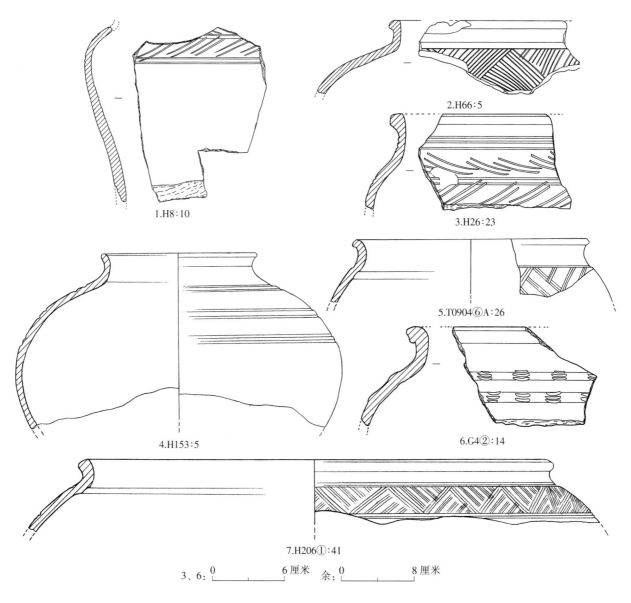

1.H8：10

2.H66：5

3.H26：23

4.H153：5

5.T0904⑥A：26

6.G4②：14

7.H206①：41

3、6：0　　6厘米　　余：0　　8厘米

图 4-2-17　钱山漾二期文化遗存 A 型、B 型夹砂陶罐
1~3、6. A 型　　4、5、7. B 型

H66：5，出自马桥文化灰坑。夹砂黑陶。肩部饰组合刻划纹。（图4-2-17：2）

H26：23，出自马桥文化灰坑。夹砂灰陶。颈部有凹弦纹，肩部饰组合刻划纹。（图4-2-17：3）

G4②：14，出自马桥文化灰沟。夹砂红陶。肩部有二周凸棱并饰组合短线刻划纹。（图4-2-17：6）

B型　3件。侈口，微束颈，圆鼓腹。口部有大小之分。肩部常饰组合刻划纹或组合弦纹。

H153：5，夹砂灰陶。小口，鼓腹。肩部饰组合凹弦纹。口径17厘米。（图4-2-17：4；彩版三七：4）

T0904⑥A：26，夹砂灰陶。大口。肩部饰组合刻划纹。口径26厘米。（图4-2-17：5）

H206①：41，出自马桥文化灰坑。夹砂灰陶。大口。肩部饰组合刻划纹。口径52厘米。（图4-2-17：7）

未分型　口沿标本5件。

T1001⑥C：39，夹细砂红褐胎灰陶。侈口，腹略鼓。腹部用泥条堆塑出一条横向蛇状图案。（图4-2-18：1；彩版三七：5）

T0801⑥B：25，夹砂红陶。侈口。口径18厘米。（图4-2-18：2）

H153：7，夹砂红陶。短直口微敛，溜肩。颈部饰二组凹弦纹，肩部饰组合刻划纹。口径8厘米。（图4-2-18：3）

H111：3，夹砂灰黄陶。侈口，溜肩。口径12.8厘米。（图4-2-18：4）

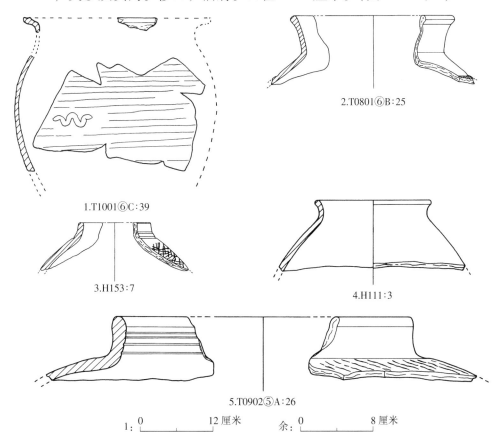

1.T1001⑥C：39

2.T0801⑥B：25

3.H153：7

4.H111：3

5.T0902⑤A：26

1：　0　　　　12厘米　　　余：　0　　　　8厘米

图4-2-18　钱山漾二期文化遗存其他夹砂陶罐

T0902⑤A：26，夹砂灰黄陶。直口。肩部饰篮纹。口径32.4厘米。（图4-2-18：5）

（8）圈足盘

标本3件，其中复原器1件。依据口腹部特征，分2型。

A型 标本2件，其中复原器1件。敞口，折腹。盘腹较深。

复原器T1001⑤C：22，泥质灰陶。平沿。盘腹略凹弧。口径21.2、底径15.6、高9.5厘米。（图4-2-19：1；彩版三六：6）

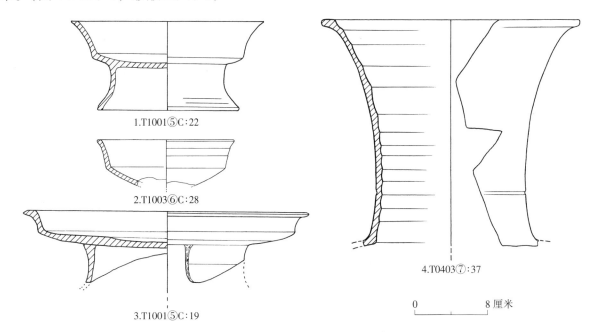

1.T1001⑤C：22

2.T1003⑥C：28

3.T1001⑤C：19

4.T0403⑦：37

0　　　　　8厘米

图4-2-19　钱山漾二期文化遗存圈足盘和尊

1、2.A型圈足盘　3.B型圈足盘　4.尊

T1003⑥C：28，泥质灰陶。腹较深。口径15厘米。（图4-2-19：2）

B型 标本1件。敞口，折肩。浅盘。

T1001⑤C：19，泥质灰陶。平沿。盘大而浅。口径31.6、残高7.6厘米。（图4-2-19：3）

（9）尊

标本1件。

T0403⑦：37，泥质灰陶。侈口，平沿，高领。领内壁有多周旋痕。口径28厘米。（图4-2-19：4）

（10）钵

标本2件，其中复原器1件。

复原器M1：1，泥质黑陶。敛口，鼓肩，斜弧腹，平底内凹。肩部有组合弦纹。口径14.4、底径6.4、高7.4厘米。（图4-2-20：1；彩版三七：6）

T0802⑥C：19，夹砂灰陶。直口微敛。口径13.6厘米。（图4-2-20：2）

（11）杯

标本2件。

T0901⑤A：35，泥质灰陶。残。直口略侈，折肩，上腹近直，上饰竖向条纹。（图4-2-20：

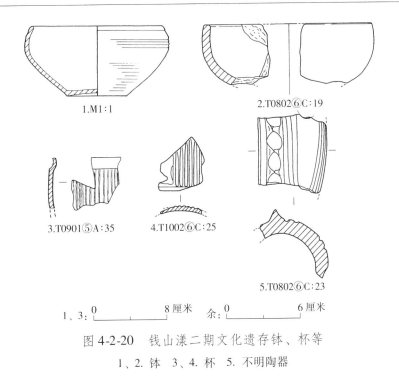

1、3：　0 _____ 8厘米　　余：0 _____ 6厘米

图 4-2-20　钱山漾二期文化遗存钵、杯等

1、2. 钵　　3、4. 杯　　5. 不明陶器

3；彩版三八：1）

T1002⑥C：25，泥质灰陶。腹部残片。质地与纹饰同上件。（图 4-2-20：4）

（12）不明陶器

标本 1 件。

T0802⑥C：23，夹砂红陶。截面拱弧，拱起面有纵向凹槽和锯齿状堆纹装饰。疑为山东龙山文化"鬼脸式"鼎足残片。（图 4-2-20：5；彩版三八：2）

（13）器盖

标本 4 件，其中复原器 1 件。

复原器 T0603⑥C：9，夹砂红陶。覆碟形。圈足纽。盖面一周锯齿状附加堆纹。盖径 11.4、纽径 3.4、高 3.6 厘米。（图 4-2-21：1）

T1003⑥C：27，泥质红陶。纽径 4 厘米。（图 4-2-21：2）

H111：2，泥质红陶。盖径 14 厘米。（图 4-2-21：3）

T0902⑤A：22，泥质黄陶。盖内壁有制作旋痕。盖径 20.8 厘米。（图 4-2-21：4）

（14）纺轮

标本 7 件。均完整。依据形态分 2 型。

A 型　6 件。平面圆形，截面梯形，中部一上下贯通圆孔。

T1001⑥C：32，夹砂红陶。底面近边一周饰圆形戳刻纹。上底 3.2、下底 4.4、厚 1.3、孔径 0.5 厘米。（图 4-2-21：5）

T1001⑥C：52，夹砂红陶。底面饰刻划弧边五角星图案。上底 3.2、下底 3.6、厚 0.8、孔径 0.5 厘米。（图 4-2-21：6）

T1103⑥C：7，泥质红陶。中部无孔。上底 2、下底 3、厚 0.75 厘米。（图 4-2-21：7；彩

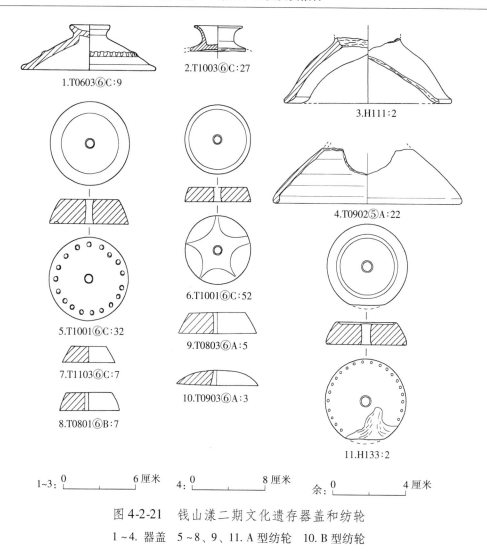

图 4-2-21　钱山漾二期文化遗存器盖和纺轮

1~4. 器盖　5~8、9、11. A 型纺轮　10. B 型纺轮

版三八：3）

　　T0801⑥B：7，泥质灰黑陶。上底 2.6、下底 3.4、厚 1 厘米。（图 4-2-21：8）

　　T0803⑥A：5，泥质黑陶。上底 3.2、下底 4.4、厚 1.1、孔径 0.5 厘米。（图 4-2-21：9；彩版三八：4）

　　H133：2，夹砂灰黄陶。正面中部下凹，底面近边一周饰小圆形戳刻纹。上底 3.6、下底 4.5、厚 1.2、孔径 0.6 厘米。（图 4-2-21：11；彩版三八：5）

　　B 型　1 件。截面馒头形。

　　T0903⑥A：3，泥质红陶。直径 4.5、厚 0.9、孔径 0.7 厘米。（图 4-2-21：10；彩版三八：6）

二　石器

1. 总述

钱山漾二期文化遗存共出土石器 43 件。均磨制。这个时期新出现的器形有半月形石刀、器形厚实的石斧等，一期文化遗存时期流行的 C 型石镞数量减少，而 A 型石刀、B 型石镞则没有发现。

从对出土的其中 36 件石器的矿物学鉴定结果看（附录二），钱山漾二期文化遗存石器的材质主要有沉积岩和变质岩两种，沉积岩数量较多，为 32 件，变质岩 4 件。沉积岩有泥岩、硅质岩、砂岩和杂砂岩等。变质岩主要为堇青石斑点板岩。

石器器形有斧、锛、刀、犁、镞、砺石等。

2. 分述

（1）斧

标本 1 件。

H139：4，灰色板岩。残。器形厚实。器表粗糙，有剥落。残长 7.2、残厚 3.8 厘米。（图 4-2-22：1）

（2）锛

标本 7 件，其中 3 件完整。材质主要有泥质硅质岩、硅质泥岩和板岩等。平面长方形或刃部略宽的梯形，单面刃。依据形态，将其中 5 件石锛分 2 型。

A 型　3 件。无段石锛。

T1103⑥C：6，灰白色石质，质轻。长 6.9、宽 2.3～2.9、厚 1～1.35 厘米。（图 4-2-22：2；彩版三九：1）

T0403⑦：24，黑色板岩。刃部残。残长 7.5、宽 2.4～3.6、厚 0.9～1.4 厘米。（图 4-2-22：3）

H133：3，深灰色泥质硅质岩。通体精磨。长 3.9、宽 2.7～2.8、厚 0.5～0.6 厘米。（图 4-2-22：4；彩版三九：2）

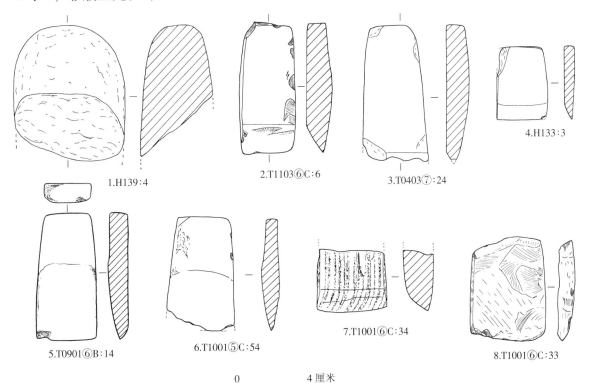

1.H139：4　　2.T1103⑥C：6　　3.T0403⑦：24　　4.H133：3

5.T0901⑥B：14　　6.T1001⑤C：54　　7.T1001⑥C：34　　8.T1001⑥C：33

0　　　　4 厘米

图 4-2-22　钱山漾二期文化遗存石斧和石锛

1. 石斧　2～4. A 型石锛　5、6. B 型石锛　7、8. 未分型石锛

B 型　2 件。有段石锛。

T0901⑥B：14，灰黑色硅质泥岩。磨制精。刃部有崩缺。段浅。长 6.8、宽 2.6～3.3、厚 0.5～1.1 厘米。（图 4-2-22：5；彩版三九：3）

T1001⑤C：54，灰黑色硅质泥岩。刃部残，腹面有剥落。背面磨制精。残长 6、宽 2.7～3.6 厘米。（图 4-2-22：6）

未分型　2 件，残。

T1001⑥C：34，浅灰白色泥质硅质岩。上端残。单面刃。刃宽 3.9 厘米。（图 4-2-22：7）

T1001⑥C：33，浅灰白色泥质硅质岩。残。粗糙，应为打制成型未及磨砺的半成品。长 5.6 厘米。（图 4-2-22：8）

（3）刀

标本 8 件，其中 1 件基本完整。材质主要有粉砂质泥岩、泥质粉砂岩和板岩等。依据形态将其中 6 件分 3 型。

A 型　3 件，其中 1 件基本完整。半月形石刀。器扁平，拱背，单面凹弧刃或直刃。分 2 式。

Ⅰ式　1 件。基本完整。

T0802⑥C：14，青灰色石质。凹弧刃。近背中部有两个对钻圆孔。高 4.3、厚 0.3 厘米。（图 4-2-23：1；彩版四〇：1）

Ⅱ式　2 件。

H139：3，灰黑色粉砂质泥岩。两端残。直刃。近背中部残存一个半对钻圆孔。高 4、厚 0.5 厘米。（图 4-2-23：2；彩版四〇：2）

T0901⑥C：15，灰黑色粉砂质泥岩。残高 4、厚 0.4 厘米。（图 4-2-23：3）

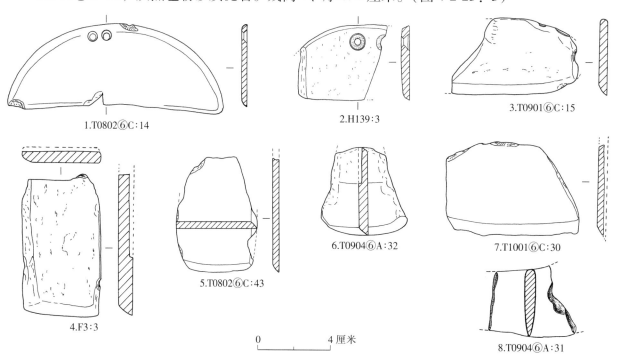

1.T0802⑥C：14　　2.H139：3　　3.T0901⑥C：15

4.F3：3　　5.T0802⑥C：43　　6.T0904⑥A：32　　7.T1001⑥C：30

8.T0904⑥A：31

0　　　　　4 厘米

图 4-2-23　钱山漾二期文化遗存石刀

1. AⅠ式　2、3. AⅡ式　4、5. B 型　6. C 型　7、8. 未分型

B 型　2 件。不规则长方形。器形扁平，单面刃，一边起刃或二边起刃。

F3：3，黑色泥质粉砂岩。一端略残。单面窄刃。残长 7.5、宽约 4.2、厚 0.8 厘米。（图 4-2-23：4）

T0802⑥C：43，灰黑色粉砂质泥岩。一端略残。二边起单面窄刃。器平薄。残长 6.2、宽约 4.5、厚 0.4 厘米。（图 4-2-23：5）

C 型　1 件。不规则梯形。

T0904⑥A：32，黑色石质。残。底边起单面刃。残高 4.6、刃宽 4.7、厚 0.5 厘米。（图 4-2-23：6）

未分型　2 件，残。

T1001⑥C：30，灰黑色粉砂质泥岩。器扁平，一边起单面刃。厚 0.5 厘米。（图 4-2-23：7）

T0904⑥A：31，黑色板岩。两端残，一边起凸弧刃。厚约 0.6 厘米。（图 4-2-23：8）

（4）犁

标本 4 件。均残。

T1002⑥C：8，黑色石质。近三角形，犁首残。底边平直，两侧边起单面刃。犁身中部有一双面琢制的圆孔，断残处另有半个双面琢制的圆孔。器形小，也有可能为组合石犁之犁首组件。残长 8.7、底宽 8.8、厚 0.75 厘米。（图 4-2-24：1；彩版四○：3）

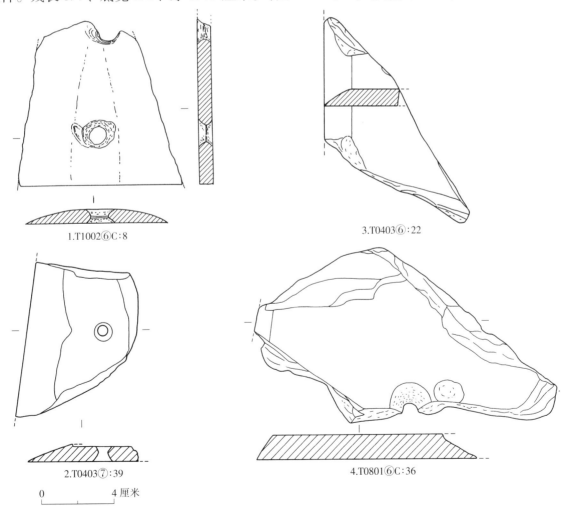

1.T1002⑥C：8

3.T0403⑥：22

2.T0403⑦：39

4.T0801⑥C：36

0　　　　4 厘米

图 4-2-24　钱山漾二期文化遗存石犁

T0403⑦：39，黑色泥质粉砂岩。残。一侧边起单面刃，器身有一双面钻圆孔，圆孔规整平齐。正面石质有剥落。残长8.2厘米。（图4-2-24：2）

T0403⑥：22，黑色泥质粉砂岩。残。一侧边起单面刃。厚0.9厘米。（图4-2-24：3）

T0801⑥C：36，紫灰色杂砂岩。残。犁身有一个对钻圆孔和一个未透对钻痕迹。器厚实。残最长16.5、厚1.3厘米。（图4-2-24：4）

（5）镞

标本9件，其中4件完整。材质有泥岩、硅质泥岩、泥质岩和粉砂质泥岩等。依据形态分3型。

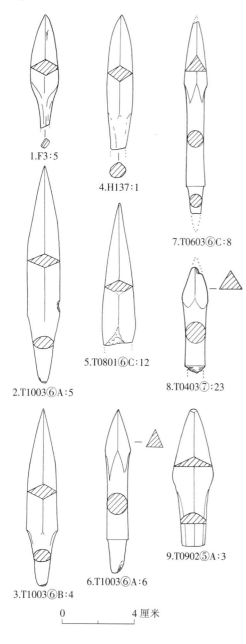

1.F3：5

4.H137：1

7.T0603⑥C：8

5.T0801⑥C：12

2.T1003⑥A：5

8.T0403⑦：23

3.T1003⑥B：4

6.T1003⑥A：6

9.T0902⑤A：3

0　　　　　　4厘米

图4-2-25　钱山漾二期文化遗存石镞
1～5.A型　6～8.B型　9.C型

A型　5件，其中2件完整。柳叶形。截面菱形，圆铤或椭圆铤。

F3：5，灰黑色硅质泥质岩。较短小。铤翼交接处不明显。铤部略残。残长6、宽1.5、厚0.8厘米。（图4-2-25：1；彩版三九：4）

T1003⑥A：5，灰黑色泥质岩。形态狭长。铤翼交接处明显。长11.4、宽1.8、厚0.6厘米。（图4-2-25：2）

T1003⑥B：4，灰绿色石质。形态狭长。铤翼分界明显。长9.4、宽1.7、厚0.8厘米。（图4-2-25：3）

H137：1，灰绿色硅质泥岩。铤部残。铤翼交接处不明显。残长7、宽1.4、厚0.8厘米。（图4-2-25：4）

T0801⑥C：12，灰黑色泥岩。下端及铤部残。锋部较尖长。残长7.6、厚0.7厘米。（图4-2-25：5）

B型　3件，其中1件完整。三棱形前锋，圆柱状镞身，圆锥状铤。

T1003⑥A：6，灰黑色泥质岩。精磨。长8.7、镞身直径1.1厘米。（图4-2-25：6）

T0603⑥C：8，灰黑色石质。精磨。铤部尾端略残。残长10.1、镞身直径0.95厘米。（图4-2-25：7；彩版三九：5）

T0403⑦：23，浅灰色泥岩。铤部残。器较粗短。残长5.5、镞身直径1.1厘米。（图4-2-25：8）

C型　1件。

T0902⑤A：3，灰黑色泥质岩。镞身平面等腰三角形，正面中间起脊，底面平整，截面为扁三角形。长铤与镞身长度相当，截面近半圆。器形少见。通高7.2厘米。（图4-2-25：9；彩版三九：6）

（6）残器

标本 1 件。

T1103⑥C：19，灰黑色粉砂质泥岩。磨制精。两端残。呈不规则长方形。一端有铤翼状分界。残长 4.7、残宽 1.9～2.3 厘米。（图 4-2-26：1）

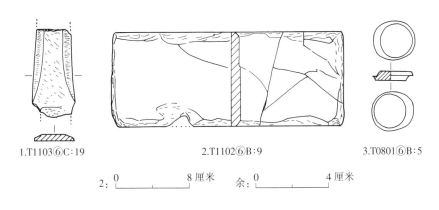

1.T1103⑥C：19 2.T1102⑥B：9 3.T0801⑥B：5

2： 0 _____ 8 厘米 余： 0 _____ 4 厘米

图 4-2-26 钱山漾二期文化遗存残石器等

1. 残石器 2. 石器坯料 3. 石钻芯

（7）砺石

标本 13 件，其中 9 件基本完整。材质主要为砂岩和杂砂岩。从具体使用功能看，砺石可以分为主要被磨砺、主要用来打磨其他器物和两种功能兼而有之等三种类型。据此分 3 型。

A 型 7 件。主要用来被磨砺的砺石。器形一般较大，有一个或正反两个磨砺面。

H135：1，紫色石质。略残。不规则厚实的长方体。正反两个磨砺面，其中一个磨砺面凹弧明显。长 30、最宽 15、厚 16.2～18.2 厘米。（图 4-2-27：1）

H137：2，淡紫色石质。不规则厚实的长方体。正反两个磨砺面。长 30、最宽 19.6、厚 17.6 厘米。（图 4-2-27：2；彩版四一：1）

H151：1，灰色石质。厚实的长方体。一个磨砺面，颇似现代磨刀石。长 30、宽 14、厚 13.8 厘米。（图 4-2-27：3；彩版四一：2）

T1001⑤A：16，淡紫色石质。不规则圆角方形，器厚实。一个磨砺面。最长 20、厚约 14.4 厘米。（图 4-2-27：4）

H147：1，土灰色杂砂岩。不规则长条形。正反两个磨砺面。长 22、宽 4.1～5.8、厚 3～3.5 厘米。（图 4-2-27：5）

T0802⑥C：44，灰色杂砂岩。残呈不规则长方形。两端残。一个磨砺面。残长 8 厘米。（图 4-2-27：6）

T1102⑥B：29，土灰色杂砂岩。不规则形。一端略残。一个磨砺面。残长 7.3 厘米。（图 4-2-27：7）

B 型 3 件。主要用来打磨其他器物的砺石。器形一般小巧，有多个磨砺面。

T1003⑥A：3，浅灰色泥质粉砂岩。不规则条状长方体。六个面均有磨砺痕迹。长 7.9、宽 1.6～2.7、厚 0.8～1.3 厘米。（图 4-2-28：1；彩版四一：3）

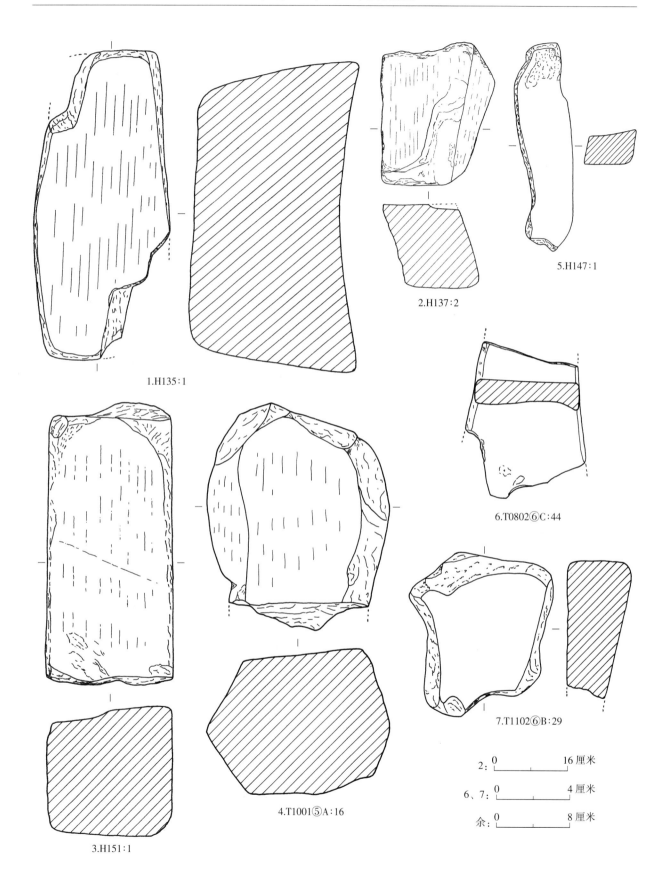

1.H135:1

2.H137:2

5.H147:1

6.T0802⑥C:44

3.H151:1

4.T1001⑤A:16

7.T1102⑥B:29

2:　0　　　　　16厘米

6、7:　0　　　　4厘米

余:　0　　　　8厘米

图 4-2-27　钱山漾二期文化遗存 A 型砺石

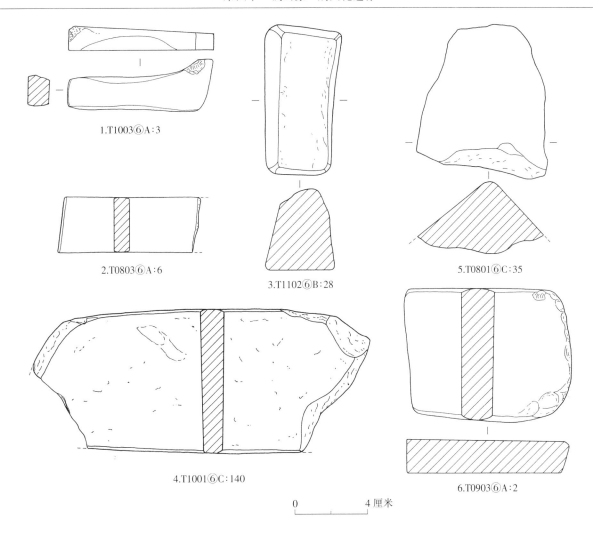

图 4-2-28　钱山漾二期文化遗存 B 型、C 型砺石

1～3.B 型　4～6.C 型

T0803⑥A：6，深灰色细杂砂岩。扁平的条状长方体。两端残。四个磨砺面。残长 7.3、宽 3、厚 0.85 厘米。（图 4-2-28：2）

T1102⑥B：28，灰色杂砂岩。不规则长方体。四个磨砺面。长 8 厘米。（图 4-2-28：3）

C 型　3 件。两种功能兼而有之。

T1001⑥C：140，土灰色杂砂岩。残呈不规则长方形，两端残。正面和两个侧面共三个磨砺面。残长 17、宽 7～7.6、厚 1～1.2 厘米。（图 4-2-28：4）

T0801⑥C：35，紫红色砂岩。残。截面三角形。两个相邻的磨砺面。（图 4-2-28：5）

T0903⑥A：2，深灰色细杂砂岩。不规则长方体。正反面和周缘共五个磨砺面。长 8～8.9、宽 6.6～7.1、厚 1.7～1.8 厘米。（图 4-2-28：6；彩版四一：4）

（8）坯料

标本 1 件。

T1102⑥B：9，灰黑色泥质粉砂岩。平面长方形，器形扁平。周缘为粗糙的打制断面，上下两面经粗磨加工。疑是经初步加工的石器坯料。长 25.4、宽 10、厚 1 厘米。（图 4-2-26：2；

彩版四〇：4）

（9）钻芯

标本 1 件。

T0801⑥B：5，黑色石质。错缝双面管钻芯。直径约 1.8、厚 0.5 厘米。（图 4-2-26：3）

三 玉器

标本 3 件。器形有凿、锥形器等。

（1）凿

1 件。

T1001⑥C：17，玉色深褐夹白斑。长条形，截面近方形，一端起单面刃。两侧面有切割痕。长 6.9、宽 0.6~0.7、厚 0.7 厘米。（图 4-2-29：1；彩版三九：7）

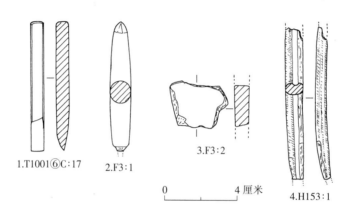

1.T1001⑥C：17　2.F3：1　3.F3：2　4.H153：1

图 4-2-29　钱山漾二期文化遗存玉器及骨器
1. 玉凿　2. 玉锥形器　3. 残玉器　4. 骨锥

（2）锥形器

1 件。

F3：1，出于 F3 墙槽填土内。鸡骨白。截面椭圆，榫残。残长 6.8 厘米。（图 4-2-29：2；彩版三九：8）

（3）残玉器

1 件。

F3：2，出于 F3 墙槽填土内。残。浅绿色夹褐斑。两侧平整，疑是璧或璜的残片。厚 0.7~0.8 厘米。（图 4-2-29：3；彩版三九：9）

四 骨器

标本 1 件。

锥

H153：1，骨质青灰泛白。截面扁圆的长条形，下端磨尖，上端残。器身有一条竖向凹槽。残长 8 厘米。（图 4-2-29：4；彩版四一：5）

第五章　马桥文化遗存

第一节　文化遗迹

发现有居住遗迹、灰沟、水井、灰坑等。现分别介绍如下：

一　居住遗迹

共发现 2 处（F1、F2）。

马桥文化时期与居住遗迹有关的柱洞（坑）主要分布在 T0801、T0901、T1001、T1002、T1102、T1103 和 T03 等探方内。（图 5-1-1）

柱洞（坑）均在第 2A 层下开口，打破第 4B 层，少量打破第 4A 层。由于居住遗迹废弃后，居住区附近后来又形成的数量较多的马桥文化时期灰坑或水井等遗迹打破了原居住遗迹的柱洞（坑），增加了确认居住遗迹单元的难度。其中，T0901、T1001 内的柱洞（坑）分布比较规律，确认为两个相对独立的建筑单元（F1、F2），其余的柱洞（坑）则已难以确定居住遗迹单元。

F1

位于 T0901 东部和 T1001 中西部。开口于第 2A 层下，打破第 4B 层。F1 中部、南部和西南部分别被 H8、H94、H50 和 J7

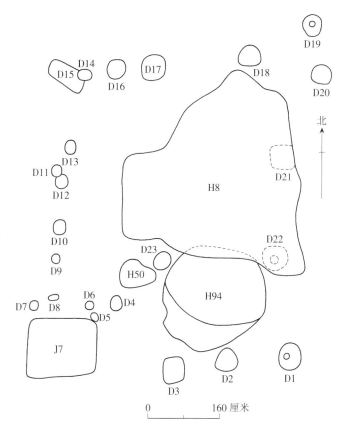

图 5-1-2A　马桥文化 F1 柱洞（坑）平面分布图

打破。F1 共发现柱洞（坑）23 个（编号 D1 ~ D23），平面基本呈不规则的南北向长方形，南北长约 7、东西宽约 5.3 米。柱洞（坑）大都为不规则的圆形或椭圆形，直径在 0.15 ~ 0.56 米，个别呈圆角方形。D1、D19、D22 中发现有明显柱痕，直径 0.12 ~ 0.15 米。柱洞（坑）间打破关系有 2 组：即 D11 打破 D12，D14 打破 D15。柱洞（坑）内均填灰褐色土。居住面已不存。F1 北侧 D17 与 D18 之间有约 1.6 米空隙，或为门道位置。（图 5-1-2A、B；彩版四二：1）

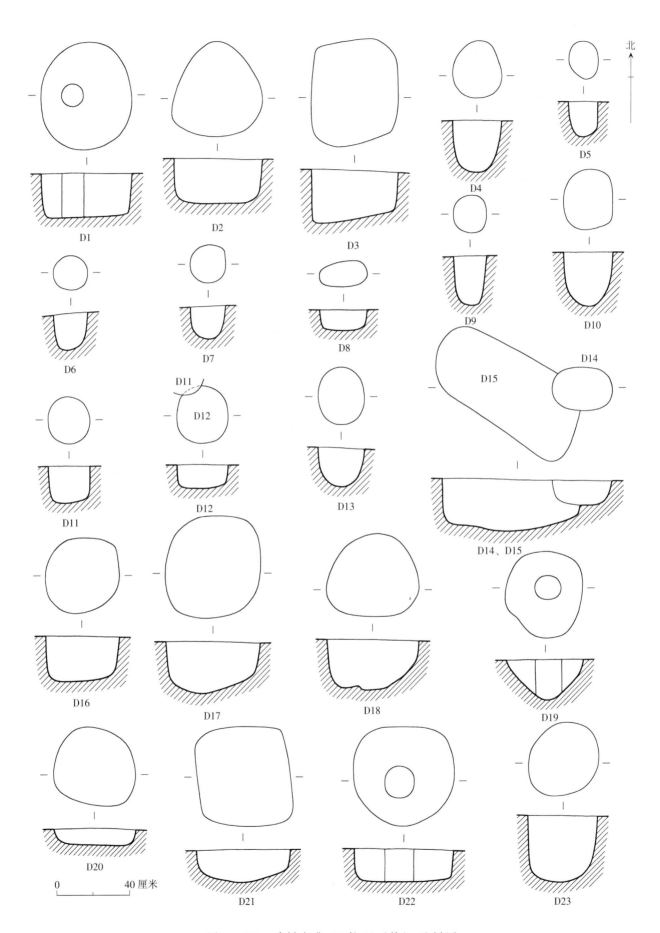

北

0   40厘米

图 5-1-2B　马桥文化 F1 柱洞（坑）平剖图

F2

位于 T1001 中东部和 T1101 西端。开口于第 2A 层下，打破第 4B 层。F2 中部和东南部分别被 H23、H34、H46 和 J8 打破。F2 共发现柱洞（坑）9 个（编号 D24～D32），平面基本为东西向的长方形，但东南部破坏严重。东西长约 3.75、南北宽约 2.4 米。柱洞（坑）均为不规则的圆形或椭圆形，形制普遍较大，直径（大径）0.3～0.65、深 0.23～0.59 米。D25 中发现有明显的柱痕，直径约 0.12 米。柱洞（坑）内均填灰褐色土。居住面已不存。由于东南部被破坏，门道的位置较难确认。（图 5-1-3A、B；彩版四二：2）

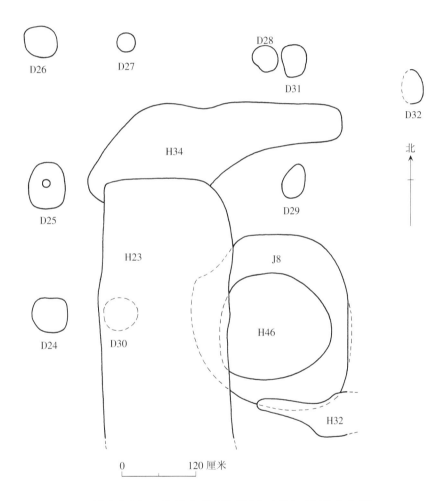

图 5-1-3A　马桥文化 F2 柱洞（坑）平面分布图

结合柱洞（坑）的分布特点，判断 F1、F2 均应为平地起建的地面建筑。

无法确定居住遗迹单元的柱洞（坑）有：T0801 内清理柱洞（坑）6 个，T1002 内清理柱洞（坑）9 个，T1102 内清理柱洞（坑）13 个，T1103 内清理柱洞（坑）12 个，T03 内清理柱洞（坑）3 个。（表 5-1-1）

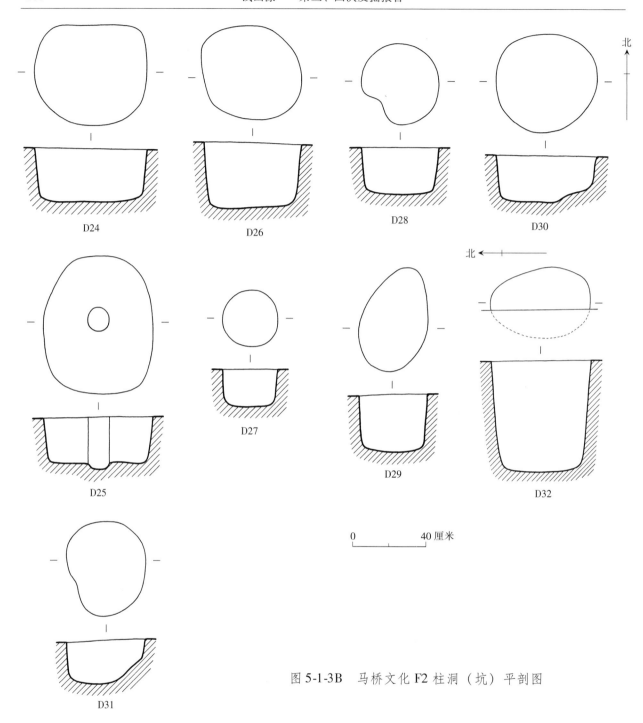

图 5-1-3B　马桥文化 F2 柱洞（坑）平剖图

表 5-1-1　马桥文化柱洞（坑）登记表

（单位：厘米）

编号 名称	平面形状	底部形态	尺寸		填土
			口径	深度	
T0801					
D1	椭圆形	圜底	18～24	50	灰褐色土

续表 5-1-1

编号 ＼ 名称	平面形状	底部形态	尺寸 口径	尺寸 深度	填土
D2	近圆形	平底	30	22	灰褐色土
D3	椭圆形	平底	15 ~ 18	10	灰褐色土
D4	近圆形	圜底	25	23	灰褐色土
D5	椭圆形	平底	22 ~ 29	23	灰褐色土
D6	椭圆形	平底	24 ~ 31	29	灰褐色土
T1002					
D1	椭圆形	圜底	18 ~ 20	13	灰褐色土
D2	不规则椭圆形	平底	42 ~ 48	20	灰褐色土
D3	近圆形	平底	20	26	灰褐色土
D4	近圆形	平底	12	10	灰褐色土
D5	近圆形	平底	10	12	灰褐色土
D6	近圆形	平底	18	27	灰褐色土
D7	近圆形	平底	15	24	灰褐色土
D8	近圆形	平底	14	12	灰褐色土
D9	近圆形	平底	18	16	灰褐色土
T1102					
D1	近圆形	平底	22	23	灰褐色土
D2	椭圆形	平底	19 ~ 22	8	灰褐色土
D3	近圆形	圜底	20	16	灰褐色土
D4	近圆形	平底	20	15	灰褐色土
D5	近圆形	平底	25	20	灰褐色土
D6	近圆形	平底	20	20	灰褐色土
D7	近圆形	圜底	20	8	灰褐色土
D8	近圆形	平底	22	10	灰褐色土
D9	椭圆形	平底	22 ~ 25	18	灰褐色土
D10	椭圆形	平底	25 ~ 30	15	灰褐色土
D11	椭圆形	圜底	40 ~ 50	18	灰褐色土
D12	近圆形	圜底	22	28	灰褐色土
D13	近圆形	圜底	20	8	灰褐色土
T1103					
D1	近圆形	圜底	24	11	灰褐色土
D2	近圆形	圜底	20	14	灰褐色土
D3	近圆形	圜底	17	12	灰褐色土

续表 5-1-1

编号	名称 平面形状	底部形态	尺寸		填土
			口径	深度	
D4	椭圆形	圜底	18～21	22	灰褐色土
D5	近圆形	圜底	19	55	灰褐色土
D6	近圆形	圜底	18	25	灰褐色土
D7	近圆形	平底	30	25	灰褐色土
D8	近圆形	圜底	30	14	灰褐色土
D9	椭圆形	平底	18～20	14	灰褐色土
D10	不规则椭圆形	平底	35～52	30	灰褐色土
D11	椭圆形	平底	30～35	12	灰褐色土
D12	椭圆形	平底	31～36	15	灰褐色土
T03					
D1	不规则椭圆形	圜底	25～36	16	灰褐色土
D2	椭圆形	圜底	32～42	20	灰褐色土
D3	椭圆形	圜底	30～40	18	灰褐色土

二　灰沟

共发现 9 条。

G1

位于 T1101 东南部。开口于第 2A 层下，打破第 4A、6C 层和 H45。平面为东西向长条形，西窄东宽，东端伸出发掘区外。东西残长 4.14、南北宽 0.2～1.08、深 0.14～0.42 米。沟壁斜直，沟底由西往东倾斜。沟内堆积为灰黑色土，包含有部分陶片。（图 5-1-4；彩版四三：1）

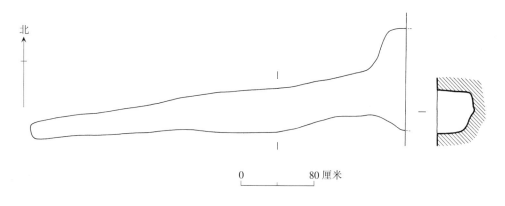

北

0 　　　　80 厘米

图 5-1-4　马桥文化 G1 平剖图

G2

位于 T1101 中南部。开口于第 4A 层下，打破第 6C 和 7B 层。G2 中部南侧被 H6 打破。平面为东西向长条形，西端伸入 T1001 东隔梁中。东西残长 6.2、南北宽 0.4～0.52、深 0.08～0.3米。沟壁斜直，底不平。沟内堆积为灰黑色土，质地略松。（图 5-1-5A、B；彩版四三：2）

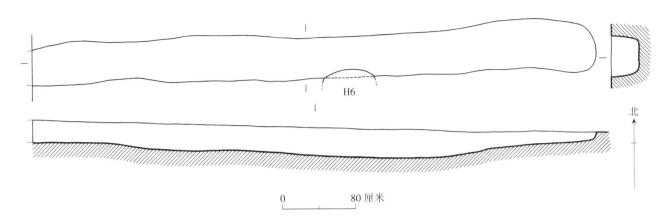

图 5-1-5A 马桥文化 G2 平剖图

包含物主要为数量不多的陶片，器形有瓦足盘等。

G2：1，瓦足盘。泥质红陶。瓦足下部残。口径
17.3、残高 5.2 厘米。（图 5-1-5B）

G3

位于 T03 西北部、T1001 南端和 T1101 的西南部。
开口于第 2A 层下，打破第 4A、6C、7A、7B 和 8 层，
又被 H69、H202 和 H203 打破。平面呈东窄西宽的长
条形，西端伸出发掘区外。东西残长 12.12、宽 0.15～

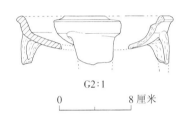

图 5-1-5B 马桥文化 G2 出土器物

1.15、深 0.15～0.48 米。沟壁斜直，沟底由东往西倾斜。沟内堆积为深灰褐色土，质地较松。
（图 5-1-6）

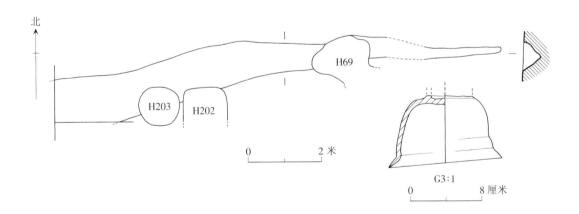

图 5-1-6 马桥文化 G3 平剖图及出土器物

包含物主要为陶片，器形有器盖等。

G3：1，器盖。夹砂灰黄陶。盖径 12.8、残高 6.6～7.6 厘米。

G4

位于 T1001 东北部。开口于第 2A 层下，打破第 4B、6C、7B、8、生土层和 H136，又被 F2 的柱洞（坑）D27、D28 和 D31 打破。平面为东西向的长条形，东端伸入 T1001 东隔梁中。东西残长 4.75、南北宽 0.98～1.68、深 1.09 米。沟壁较陡直，沟底高低不平。

沟内堆积可分 2 层：第 1 层为灰褐色土，厚约 0.7 米，质地略硬，含烧土颗粒。第 2 层为灰黑色土，厚约 0.39 米，质地略松。（图 5-1-7A；彩版四三：3）

包含物有陶片和石器等，器形有陶鼎、鬲、豆、盆、簋形器、杯、碗、器盖、拍和石锛、斧等。

第 2 层出土器物（图 5-1-7B）：

G4②：9，Bb I 式豆盘。泥质灰胎黑衣陶。敞口，微鼓腹。沿下和上腹饰凹弦纹。口径 19.4、残高 6.6 厘米。

G4②：10，K 型盆。粗泥红陶。底残。口沿一侧设一羊角状把手。口径 11.2 厘米。

G4②：11，Bd 型石锛。土灰色硅质泥岩。有段。长 4.7、宽 2.6～3、厚 0.6 厘米。（彩版九九：2）

G4②：12，Ab II 式豆。泥质灰陶。宽柄下部残。盘腹一周凸棱纹，豆柄上部饰二周凹弦纹和云雷纹。口径 21.6、残高 9.4 厘米。

G4②：13，Ba 型鬲。夹砂红陶。凹弧足。隔档明显。上下腹拍印斜向绳纹，圜底素面。底腹留有黑色烟垢。口径 26.4、高 38.4 厘米。（彩版六二：1）

G4②：14，A 型夹砂罐口沿。夹砂灰陶。系钱山漾二期文化遗存遗留物。

G4②：15，Ad 型罐。泥质红褐色硬陶。口沿、底残。肩腹部饰曲折纹。残高 14.5 厘米。

G4②：16，豆柄。泥质灰胎黑衣陶。柄中部饰组合凹弦纹。底径 16.5 厘米。

第 1 层出土器物（图 5-1-7C）：

G4①：1，Aa 型簋形器。泥质灰陶。（彩版八一：1）

G4①：2，A 型石斧。灰色石质。表皮因风化剥落严重。残长 8.8、厚 4.5 厘米。

G4①：3，残石器。土灰色杂砂岩。残呈横向梯形。表皮因风化而剥落。制作粗。残长 11.8 厘米。

G4①：4，Aa I 式盆。泥质灰陶。颈部四周凹弦纹，肩腹和底部拍印方格纹。口径 32.6、高 18 厘米。（彩版六六：5）

G4①：5，Aa I 式鼎口沿。夹砂橘红陶。腹部拍印斜

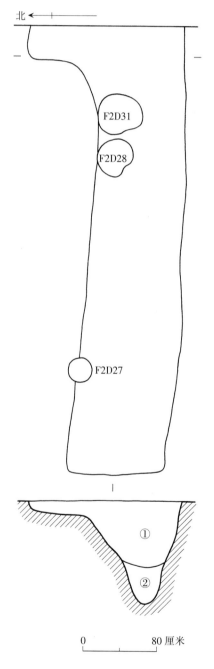

图 5-1-7A　马桥文化 G4 平剖图

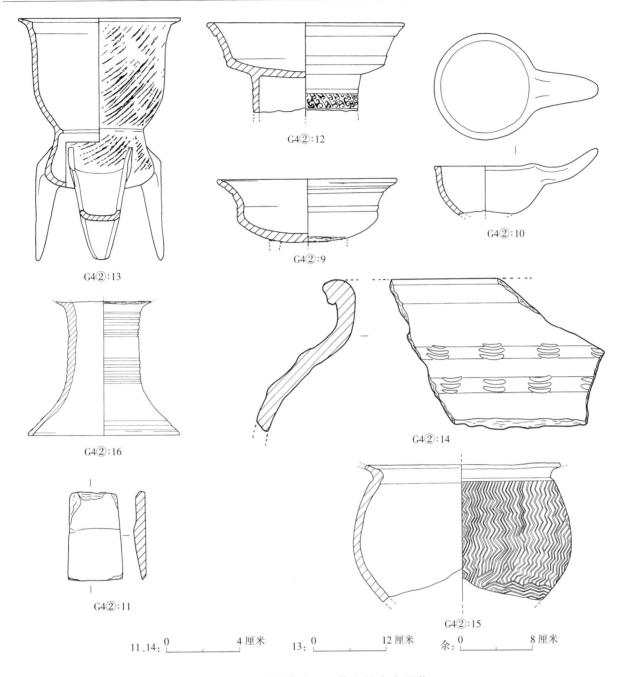

G4②:13

G4②:12

G4②:10

G4②:9

G4②:16

G4②:14

G4②:11

G4②:15

11、14：0　　　　4厘米　　　13：0　　　　12厘米　　　余：0　　　　8厘米

图 5-1-7B　马桥文化 G4 第 2 层出土器物

向绳纹。与足跟相连的器腹外壁也见绳纹，可判断足部是在腹部完成纹饰拍印后再加上去的。

G4①：6，C 型杯。泥质橘红陶。圈足残。沿面有制作旋痕。口径 11.6、残高 7.8 厘米。

G4①：7，B 型陶拍。夹砂红陶。蘑菇形。柄残。素面。残高 5.2 厘米。

G4①：8，残石器。灰黑色板岩。受沁严重。器形不明。残长 11.1、厚 0.7 ~ 1.5 厘米。

G4①：17，Aa Ⅱ 式鼎口沿。夹砂灰黑陶。腹部拍印横向绳纹。口径 19、残高 13.2 厘米。

G4①：18，B 型器盖。泥质灰黄陶。残。盖面和纽柄饰组合折线刻划纹。

G5

位于 T0802 中西部，西端上部略被扰。开口于第 2A 层下，打破第 4A、7B 和第 8 层。平

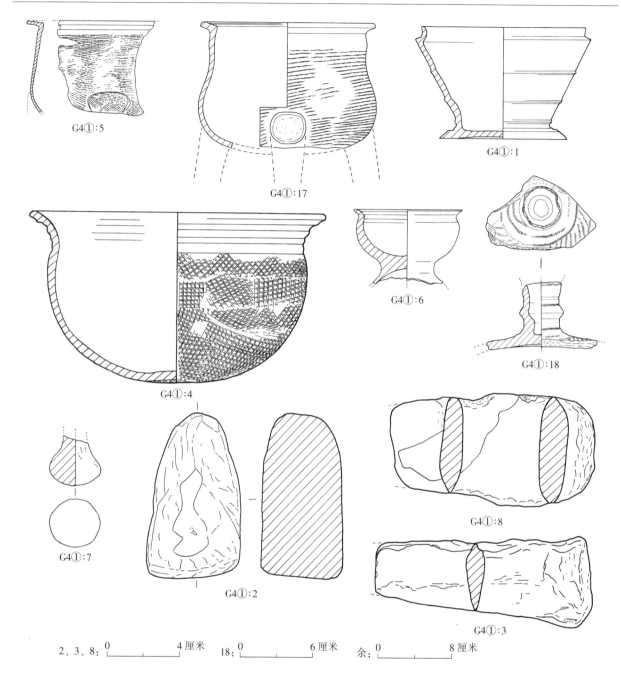

图 5-1-7C　马桥文化 G4 第 1 层出土器物

面为东西向的长条形，往西伸出发掘区外。东西残长 3.75、南北宽 0.56～0.8、深 0.2 米。斜壁，底近平。沟内堆积为深灰褐土，包含有少量陶片。（图 5-1-8；彩版四三：4）

G7

位于 T1103 南部，往西伸入 T1003 东隔梁中。开口于第 2A 层下，打破第 4A 层，东端又被 H141 打破。平面为东西向的长条形，东西残长 3.3、南北宽 0.8～1、深 0.75 米。沟壁斜直，底近平。沟内堆积为灰黑色土，土质疏松。包含物有陶片和石器，器形有盆、罐、器盖和石锛等。（图 5-1-9）

G7:1，Ba 型石锛。浅灰白色硅质泥质岩。刃部残。残长 8.8、宽 2.7～2.9、厚 1.9 厘米。

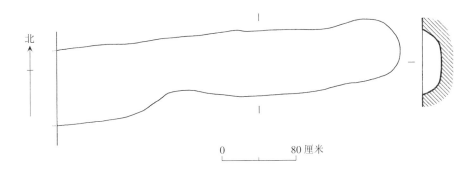

图 5-1-8　马桥文化 G5 平剖图

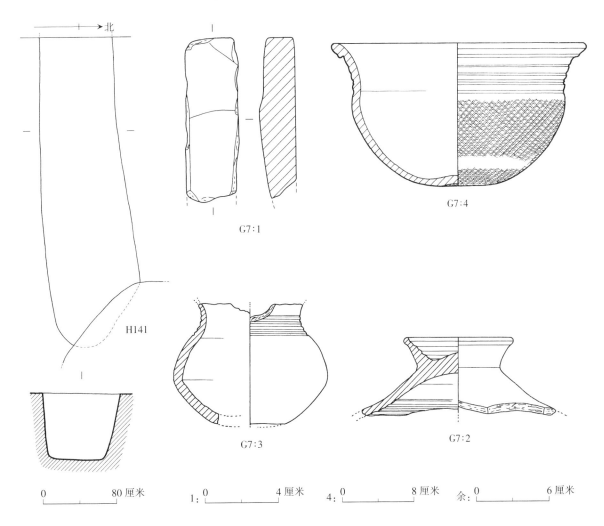

图 5-1-9　马桥文化 G7 平剖图及出土器物

　　G7：2，Aa 型器盖。泥质橘黄陶。残。圈足纽和盖内壁可见制作旋纹。纽径 8.8 厘米。

　　G7：3，Ea 型罐。泥质灰陶。口沿及底略残。颈部饰组合凹弦纹。

　　G7：4，AaⅢ式盆。泥质黑陶。

G10

位于 T0801 北隔梁中。开口于第 2A 层下，打破第 4B、7B 和第 8 层。西端又被 H148 打破。平面为东西向的不规则长条形，东西残长 3.05、南北宽 0.6~0.8、深约 0.2 米。斜弧壁，浅平，沟底由东往西略倾斜。沟内堆积为灰黑土，含草木灰，包含有少量陶片。（图 5-1-10）

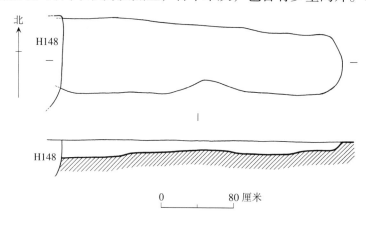

图 5-1-10　马桥文化 G10 平剖图

G11

位于 T07 和 T08 中部，东、西两端分别伸出 T08 东壁和 T07 西壁外。开口于第 3 层下，打破第 7B、8、12 层和 H206，又被 J9 打破。G11 为东西向长沟，东西残长 10、南北宽0.55~1.54、最深 0.38 米。斜壁，近平底。沟内堆积为深灰褐色土。（图 5-1-11A）

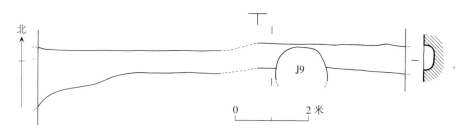

图 5-1-11A　马桥文化 G11 平剖图

包含物有陶片和石器，器形有鼎、豆、盆、罐、器盖、纺轮和石锛等。（图 5-1-11B）

G11：1，B 型纺轮。泥质红陶。截面梯形。上径 2.9、下径 3.8、厚 1、孔径 0.6 厘米。（彩版九五：4）

G11：2，Ad 型石锛。浅灰白色泥岩。一侧残。残长 4.1 厘米。

G11：3，Ba 型鼎口沿。夹砂红陶。腹部拍印的斜向篮纹纹饰已模糊。口径 24 厘米。

G11：4，Aa 型鼎口沿。夹砂红陶。腹部拍印横向绳纹。口径 20 厘米。

G11：5，Aa 型盆口沿。泥质灰黄陶。颈部略显领并饰凹弦纹。

G11：6，Aa 型盆口沿。泥质黑陶。侈口，翻贴沿。

G11：7，Ad 型罐口沿。泥质灰褐色硬陶。颈肩部有少许斜向条纹。口径 19 厘米。

G11：8，He 型豆盘。泥质灰黄陶。口沿、细柄下部均残。柄上端饰弦纹。

G11：9，Aa 型器盖。泥质橘红陶。残。纽径 5 厘米。

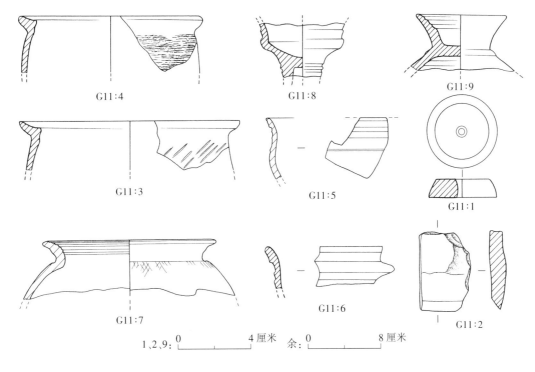

图 5-1-11B　马桥文化 G11 出土器物

G13

位于 T01 东部，东端伸入 T01 东隔梁中。开口于第 4A 层下，打破第 6C、7B、8 层，西端又分别被一晚期扰坑和 H209 打破。东西残长 3.4、南北宽 0.94～1.24、深 0.65 米。斜壁，尖底。沟内堆积为灰黑土。（图 5-1-12A）

包含物主要为陶片，器形有罐、钵等。（图 5-1-12B）

G13：1，Db 型罐口沿。泥质紫褐胎灰褐陶。沿面有旋纹，腹部拍印篮纹。口径 19.6 厘米。

G13：2，Db 型罐口沿。泥质灰色硬陶。沿面有旋纹，腹部拍印条纹。

G13：3，A 型钵口沿。泥质黑陶。沿下一周凹弦纹，腹部拍印篮纹。口径 20 厘米。

G13：4，G I 式罐。泥质灰色硬陶。

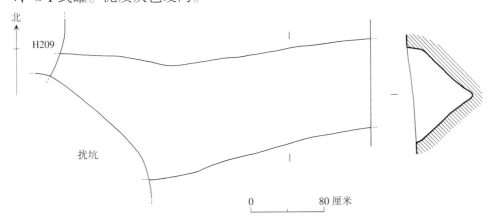

图 5-1-12A　马桥文化 G13 平剖图

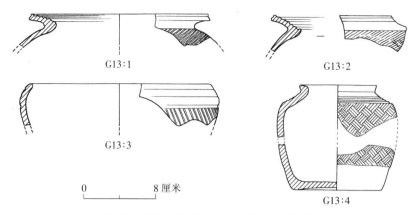

图 5-1-12B　马桥文化 G13 出土器物

三　水井

共发现 7 口。

J4

位于 T0902 南部。开口于第 2A 层下，打破第 4A 层至生土层。井口平面呈不规则椭圆形，直径约 0.87～1.09、深 1.52 米。井壁近直，加工痕迹明显。底平。井内堆积为灰黑色土，质地疏松。（图 5-1-13；彩版四四：1）

包含物有纺轮和少量陶片等。

J4:1，A 型纺轮。泥质黑陶。直径 4.8、孔径 1、厚 1.9 厘米。

J5

位于 T1002 中部。开口于第 2A 层下，打破第 4B 层至生土层。井口平面近圆角方形，边长 1.05～1.16、深 1.5 米。井壁上部斜弧，下部陡直，加工痕迹明显。底平。井内堆积为深灰褐色土，质地略松，包含有少量陶片。（图 5-1-14）

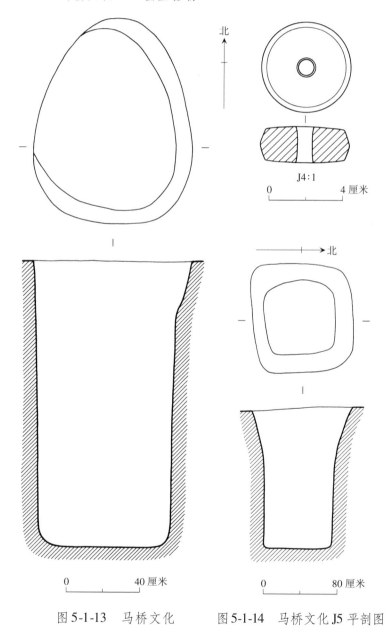

图 5-1-13　马桥文化
J4 平剖图及出土器物

图 5-1-14　马桥文化 J5 平剖图

J6

位于 T1103 中东部。井口上部被 H141 叠压打破。井口平面近圆形，直径 0.83～0.84、残深 0.59 米。井壁斜直，底平，加工痕迹均较明显。井内堆积为灰黑色土，质地疏松，包含有少量陶片。（图 5-1-15）

J7

位于 T0901 东南部。开口于第 2A 层下，打破第 4B 层至生土层。井口平面为圆角长方形，长 1.55、宽 1.24、深 1.87 米。井口往下约 0.3 米，缩小为直径约为 1 米的不规则圆形。井壁斜直，底近平。

J7 的堆积分 2 层：第 1 层为灰褐色土，第 2 层为青灰色土。

包含有少量陶片和陶拍等。（图 5-1-16）

J7①：1，陶拍。夹砂灰陶。蘑菇形。柄残。残高 3 厘米。

J8

位于 T1001 东部。开口于第 2A 层下，打破第 4B 层至生土层和 F2，又被灰坑 H23、H32 和 H46 打破。J8 由土坑和木质井壁组成。土坑平面为不规则圆形，直径约 2.82、深 2.5 米。坑壁斜弧，圜底。（图 5-1-17A；彩版四四：2）

木质井壁因外围土质长时间顶挤而呈垮扁状，裂成 5 块。从木质井壁保存情况看，原应为一整体的圆筒状井壁。井口有残朽。内壁直径约 0.9 米，井壁厚约 0.03、残存最高 1.76 米。木质井壁上发现有部分卯口，似为透气或连接固定而特

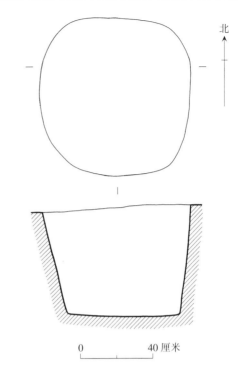

图 5-1-15　马桥文化 J6 平剖图

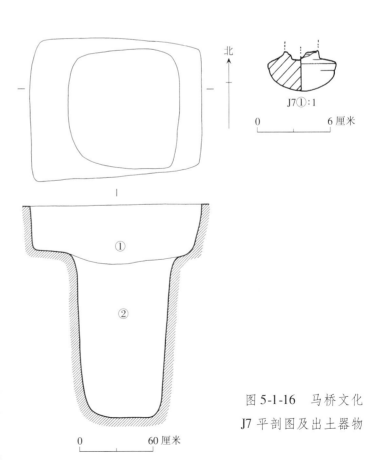

图 5-1-16　马桥文化 J7 平剖图及出土器物

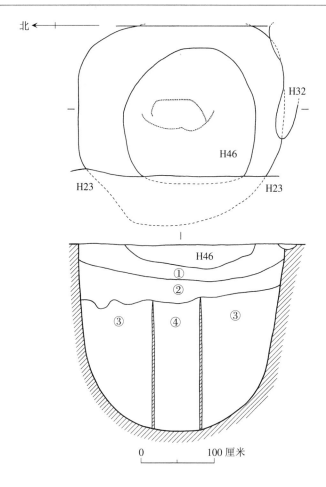

图 5-1-17A　马桥文化 J8 平剖图

意开凿。（图 5-1-17B）

J8 的堆积分 4 层：

第 1 层为灰褐色土，厚约 0.2 ~ 0.42 米。

第 2 层为浅灰褐土，厚约 0.2 ~ 0.53 米。第 1、2 层为木质井壁废弃后形成的堆积。

第 3 层为青灰褐斑土，系木质井壁外围填土，厚约 1.78 米。

第 4 层为青灰淤泥，分布在木质井壁内，系 J8 使用时形成的堆积。

J8 包含物有陶片和石器，器形有陶鼎、罐、钵、三足盘、器盖和石刀、镞、犁等。（图 5-1-17C ~ E）

第 4 层出土器物（图 5-1-17C）：

J8④：6，石犁残片。灰黑色泥质粉砂岩。器扁平，一侧边起单面刃。厚 0.8 厘米。

J8④：7，Ee 型罐。原始瓷，灰白胎，沿面及颈肩部有浅黄褐色釉。口沿略残。（彩版七八：1）

第 2 层出土器物（图 5-1-17D）：

J8②：4，Bb 型石镞。灰色板岩。镞锋稍残。残长 6.5、宽 2.2、厚 0.6 厘米。

J8②：5，石犁残片。黑色泥质粉砂岩。两侧边起单面刃，上下两端残存半个打制圆孔。

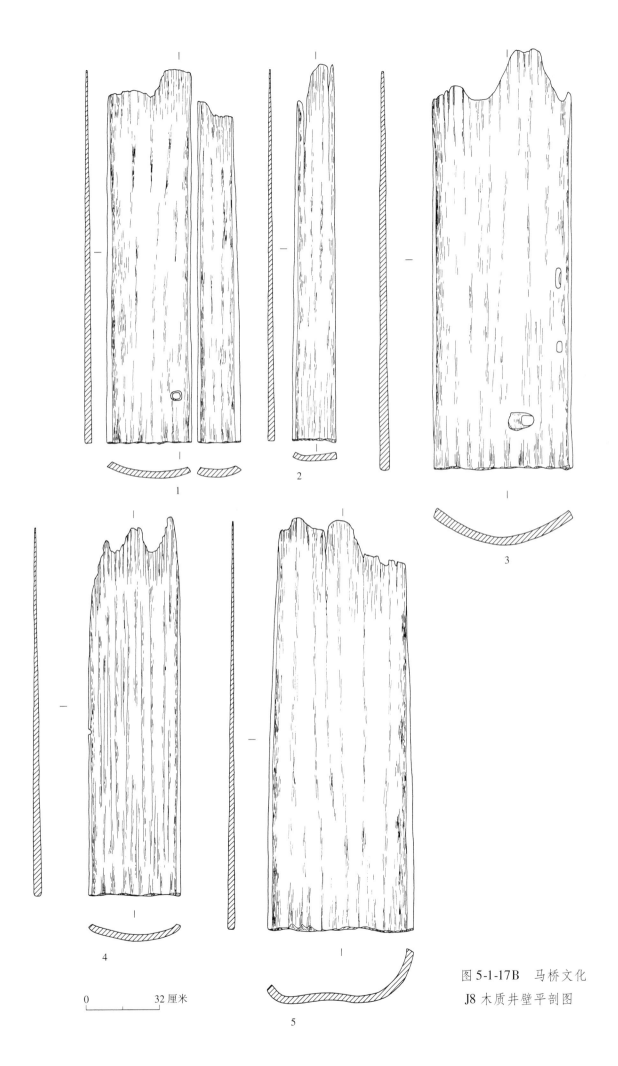

图 5-1-17B　马桥文化
J8 木质井壁平剖图

0 ⎿_____⏌ 32厘米

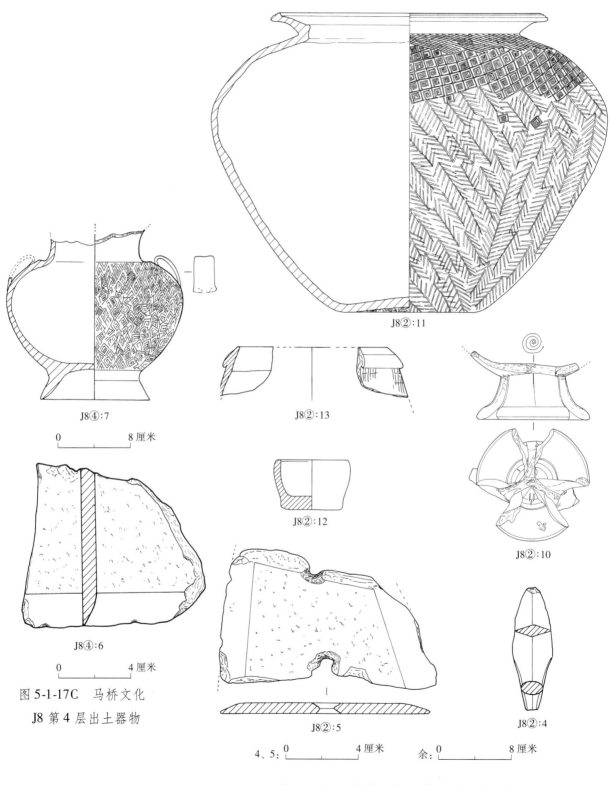

J8②:11

J8②:13

J8②:12

J8②:10

J8④:7

0　　　　　　8厘米

J8④:6

0　　　　4厘米

图 5-1-17C　马桥文化
J8 第 4 层出土器物

J8②:5

J8②:4

4、5：0　　　　4厘米　　　余：0　　　　8厘米

图 5-1-17D　马桥文化 J8 第 2 层出土器物

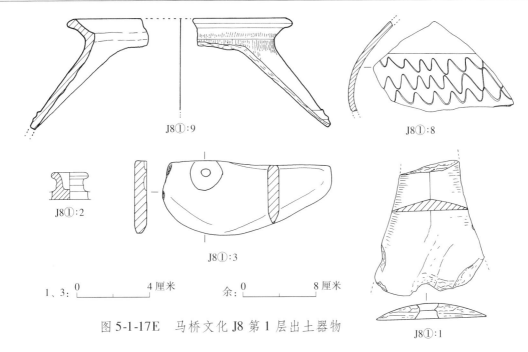

图 5-1-17E　马桥文化 J8 第 1 层出土器物

J8②：10，E 型三足盘。原始瓷，灰白胎，器表可见浅黄色薄釉。三足由原来的圈足切割而来。盘内底有制作旋纹。（彩版八三：5）

J8②：11，DbⅡ式泥质罐。泥质灰褐色硬陶。

J8②：12，B 型钵。夹砂红陶。厚胎，制作粗。

J8②：13，罐口沿。泥质灰黄陶。敛口。腹部拍印的条格纹模糊。器形少见。口径 16 厘米。

第 1 层出土器物（图 5-1-17E）：

J8①：1，石犁残片。灰黑色泥质粉砂岩。精磨。残存近犁首部分。两侧边起单面刃，下端残存半个打制圆孔。

J8①：2，B 型器盖。残存盖纽。泥质橘黄陶。纽径 3.6 厘米。

J8①：3，C 型石刀。灰色石质。（彩版一〇二：3）

J8①：8，罐腹片。泥质灰胎黑陶。饰三组水波纹。系钱山漾一期文化遗存遗留物。

J8①：9，鼎口沿。夹砂棕褐陶。折沿，沿面略凹，束颈。颈肩处存竖向条纹或细绳纹状抹痕，为加工时留下的痕迹。口径 24.6 厘米。系钱山漾一期文化遗存鱼鳍形足鼎口沿。

J9

位于 T08 的中西部。第 2A 层下开口，打破第 3 层至生土层和 H206、G11 等遗迹。井口平面为椭圆形，直径 1.35 ~ 1.45、深 1.6 米。井壁斜直，底近平。（图 5-1-18A）

J9 的堆积分 3 层：

第 1 层为黄褐色土，质地较硬，厚约 0.24 米。

第 2 层为灰褐色土，夹杂草木灰，厚约 0.3 米。

第 3 层为青灰色淤泥，厚约 1.06 米。

J9 包含物有陶片和石器，器形有陶鼎、甗、豆、罐、钵、器盖和石锛、石刀等。（图 5-1-18B、C、D）

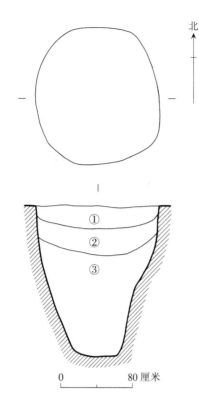

图 5-1-18A　马桥文化 J9 平剖图

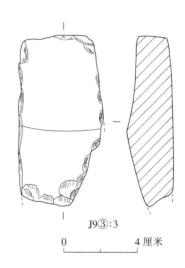

J9③:3

图 5-1-18B　马桥文化 J9 第 3 层出土器物

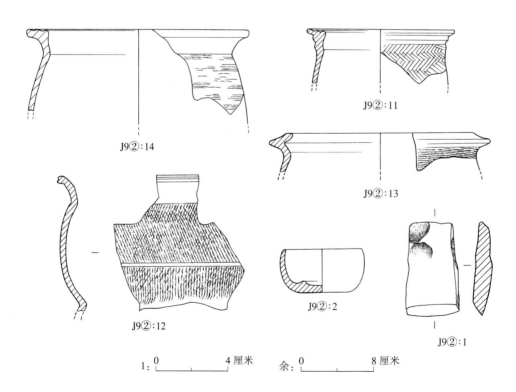

J9②:14

J9②:11

J9②:13

J9②:12

J9②:2

J9②:1

图 5-1-18C　马桥文化 J9 第 2 层出土器物

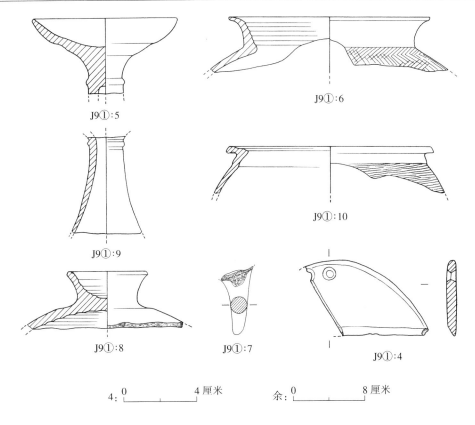

J9①:5

J9①:6

J9①:9

J9①:10

J9①:8

J9①:7

J9①:4

4：0 　　　　　 4厘米　　　　余：0 　　　　　 8厘米

图 5-1-18D　马桥文化 J9 第 1 层出土器物

第 3 层出土器物（图 5-1-18B）：

J9③:3，Ba 型石锛。浅灰白色泥质岩。略残。

第 2 层出土器物（图 5-1-18C）：

J9②:1，Bd 型石锛。浅灰白色泥岩。磨制。（彩版九九：6）

J9②:2，B 型钵。泥质灰褐色硬陶。（彩版八八：3）

J9②:11，AbⅡ式鼎口沿。夹砂灰陶。腹部拍印曲折纹。口径 16 厘米。

J9②:12，甗口沿。夹砂红陶。腹部饰竖向绳纹。

J9②:13，夹砂罐口沿。夹砂红陶。腹部拍印横向绳纹。形态少见。口径 20.4 厘米。

J9②:14，Aa 型鼎口沿。夹砂红陶。腹部拍印横向绳纹。口径 24.2 厘米。

第 1 层出土器物（图 5-1-18D）：

J9①:4，Aa 型石刀。灰黑色泥质粉砂岩。精磨。

J9①:5，Ha 型豆盘。泥质灰陶。柄部上端一周凸棱。

J9①:6，E 型罐口沿。泥质橘红陶。沿面有旋纹，腹部拍印曲折纹。口径 22 厘米。

J9①:7，圆锥足。泥质灰陶。应为三足盘的足。

J9①:8，Aa 型器盖盖纽。泥质橘黄陶。盖及圈足纽内壁有密集旋纹。纽径 8.4 厘米。

J9①:9，H 型豆的豆柄。泥质灰陶。细高柄，上端有一周凸棱。

J9①:10，C 型夹砂罐。夹砂红陶。腹部拍印横向绳纹。口径 22.8 厘米。

J10

位于 T06 西南部。东北侧上部被一近代坑扰乱。开口于第 2A 层下，打破第 4A 层至生土层。井口平面为椭圆形，直径 1.56 ~ 1.82、深 1.9 米。井壁斜弧，底平。（图 5-1-19A）

J10 的堆积可分 6 层：

第 1 层为灰褐色土，厚 0.7 ~ 0.74 米。

第 2 层为灰黑色土，夹杂有草木灰，厚约 0.4 ~ 0.46 米。

第 3 层为黄绿色土，厚 0.13 ~ 0.18 米。

第 4 层为黑土夹杂大量的草叶、树枝等有机质，厚约 0.22 ~ 0.38 米。

第 5 层为稻草堆积层，厚 0.06 ~ 0.12 米。

第 6 层为青灰淤泥，夹杂有草木灰，厚 0.12 ~ 0.2 米。

J10 包含物有陶片和石器，器形有陶鼎、罐、盆、纺轮和石镞、球等。（图 5-1-19B ~ D）

第 4 层出土器物（图 5-1-19B）：

J10④:3，CⅡ式石镞。灰黑色泥质硅质岩。精磨。（彩版一〇六:3）

J10④:4，Bb 型鼎腹片。夹砂灰陶。凹弧足。下腹和圜底拍印篮纹。

J10④:5，石球。灰白色花岗斑岩。椭圆球体。（彩版一〇七:3）

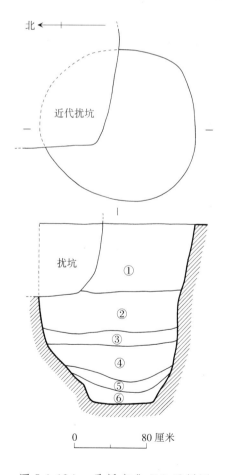

图 5-1-19A　马桥文化 J10 平剖图

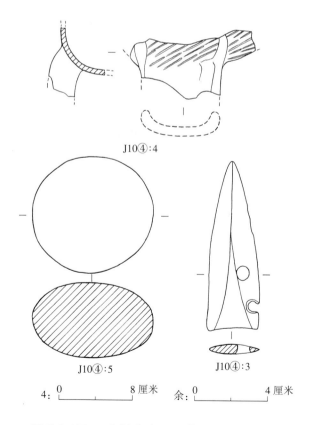

图 5-1-19B　马桥文化 J10 第 4 层出土器物

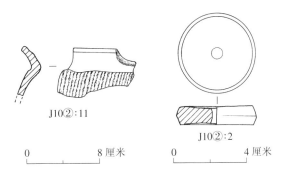

图 5-1-19C　马桥文化 J10 第 2 层出土器物

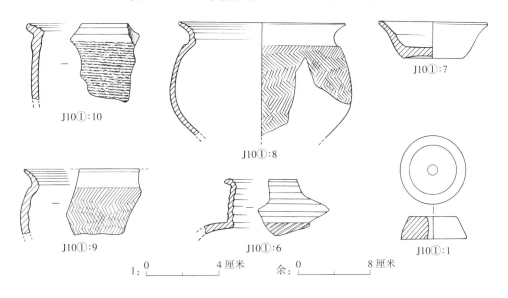

图 5-1-19D　马桥文化 J10 第 1 层出土器物

第 2 层出土器物（图 5-1-19C）：

J10②：2，A 型纺轮。泥质灰陶。直径 4.3 厘米。

J10②：11，A 型夹砂罐口沿。夹砂红陶。侈口。腹部拍印竖向绳纹。

第 1 层出土器物（图 5-1-19D）：

J10①：1，B 型纺轮。夹砂红陶。（彩版九五：6）

J10①：6，E 型罐口沿。泥质灰色硬陶。领部外壁饰弦纹，腹部拍印篮纹。

J10①：7，G 型盆。泥质紫褐色硬陶。胎厚。（彩版七〇：2）

J10①：8，Ad 型罐口沿。泥质橘红陶。

J10①：9，Ae 型罐口沿。泥质橘红陶。腹部拍印曲折纹。

J10①：10，Ab I 式鼎口沿。夹砂红陶。平折沿。腹部拍印横向绳纹。

四　灰坑

共发现 191 个。

马桥文化时期灰坑分布比较密集。这些灰坑从平面形状、深浅到坑内的堆积都有所不同，代表着这些灰坑有不一样的形成过程和不同的功能与用途。我们先根据堆积和出土遗物特点将这些灰坑分为普通灰坑、双层堆积灰坑、多层堆积灰坑、陶片坑、红烧土坑等 5 型。然后，再按照灰坑的坑口形制各分出若干亚型。

Ⅰ型　147 个。普通灰坑。形制大小不一，一般较浅，单层堆积。按照坑口的平面形状分为近圆形、不规则椭圆形、近方形、圆角长方形、不规则长条形和不规则形等 6 亚型。

ⅠA 型　9 个。坑口为近圆形。举 2 例。

H200

位于 T01 南部。开口被一晚期坑扰乱，打破生土层。坑口残径约 1.4、残深 0.55 米。坑内堆积为青灰泥。从深度和堆积特点看，H200 也可能为一口水井。（图 5-1-20A）

包含物有陶片和石器，器形有陶鼎、甗、罐、盆、豆、器盖和石锛等。（图 5-1-20B）

H200：1，B 型盆口沿。泥质紫褐色硬陶。沿面一刻划陶文。

H200：2，Aa 型豆柄。泥质灰陶。柄部饰组合凹弦纹。

H200：3，Aa 型豆柄。泥质红胎灰陶。柄部饰组合凹弦纹。

H200：4，Aa 型罐口沿。泥质灰陶。口径 10 厘米。

H200：5，圆锥足。夹砂红陶。

H200：6，AbⅠ式盆口沿。泥质灰胎黑衣陶。

H200：7，Ab 型石锛。灰黑色粉砂质泥岩。残。（彩版九七：2）

H200：8，Ad 型石锛。浅灰白色硅质泥质岩。

H200：9，Db 型罐口沿。泥质橘黄陶。

H200：10，Aa 型器盖。夹砂红陶。残。纽径 4.8 厘米。

H200：11，Ba 型豆柄。泥质灰陶。柄部饰弦纹和压印的云雷纹。

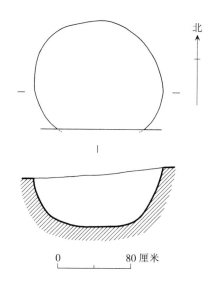

图 5-1-20A　马桥文化
H200 平剖图

H200：12，Cb 型罐口沿。泥质橘红陶。折沿，束颈。沿面有旋纹，腹部纹样已模糊。口径 15.6 厘米。

H200：13，甗腰部残片。夹砂灰黄陶。腰部内隔档明显，腹部拍印绳纹。

H200：14，Bf 型鼎口沿。粗泥灰黄陶，器表可见透气小孔。

H200：15，AbⅠ式盆口沿。泥质灰陶。

H200：16，Aa 型鼎口沿。夹砂灰陶。

H200：17，Aa 型器盖。夹砂红陶。残。纽径 2.9 厘米。

H200：18，E 型罐口沿。泥质紫褐色硬陶。沿面有旋纹。口径 11.2 厘米。

H200：19，AaⅠ式鼎。夹砂灰黑陶。舌形足残。与足部连接处的腹部在足跟脱落后，器表仍可见有绳纹，而足跟外缘附近反不见绳纹。可证明舌形足鼎制作成型过程：先成器，腹部拍印绳纹，然后按足，按足过程中，捏抹足跟与腹部连接处，使得足跟周围一带不见了绳纹。

H200：20，AaⅠ式鼎。夹砂灰黑陶。足残。足腹部交接处纹饰特征与 H200：19 相同。

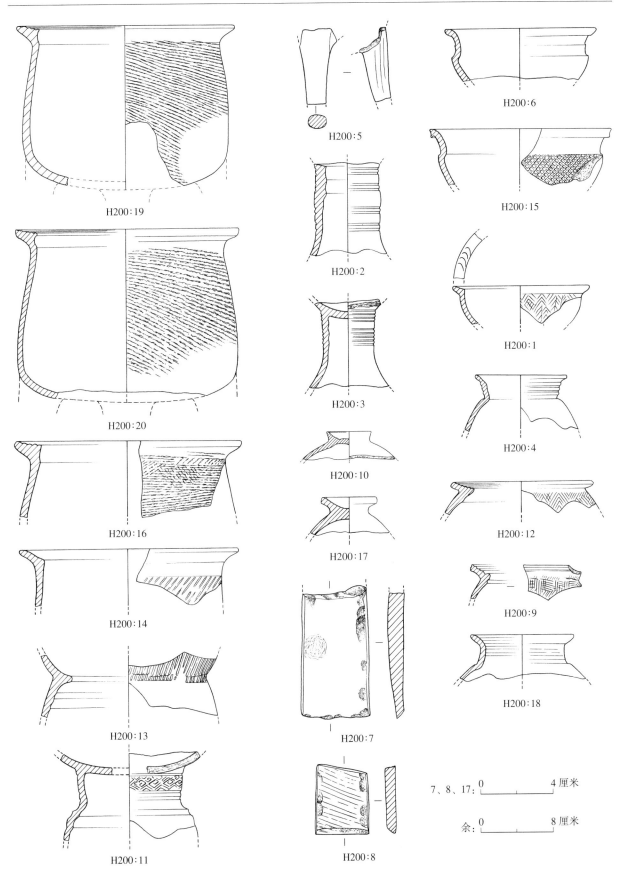

H200:19

H200:20

H200:16

H200:14

H200:13

H200:11

H200:5

H200:2

H200:3

H200:10

H200:17

H200:7

H200:8

H200:6

H200:15

H200:1

H200:4

H200:12

H200:9

H200:18

7、8、17:　0 _____ 4厘米

余:　0 _____ 8厘米

图 5-1-20B　马桥文化 H200 出土器物

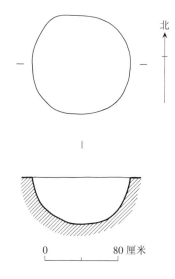

图 5-1-21A　马桥文化 H203 平剖图

H203

位于 T03 北隔梁中。开口于第 2A 层下，打破第 4A、4B、6C 层和 G3。坑口直径 1.04～1.06、深 0.5 米。斜弧壁，锅状圜底。坑内堆积为深灰褐色土。（图 5-1-21A）

包含物主要为陶片和少量石器，器形有陶鼎、豆、盆、罐、三足盘、觯和石刀等。（图 5-1-21B）

H203：1，AbⅢ式豆盘。泥质灰陶。

H203：2，Hc 型泥质罐口沿。泥质灰黄陶。

H203：3，Aa 型鼎口沿。夹砂红陶。

H203：4，罐底。泥质紫褐色硬陶。凹底。

H203：5，Cb 型罐口沿。泥质橘红陶。

H203：6，Dc 型罐口沿。泥质灰色硬陶。沿面有旋纹，腹部拍印席纹。口径 16 厘米。

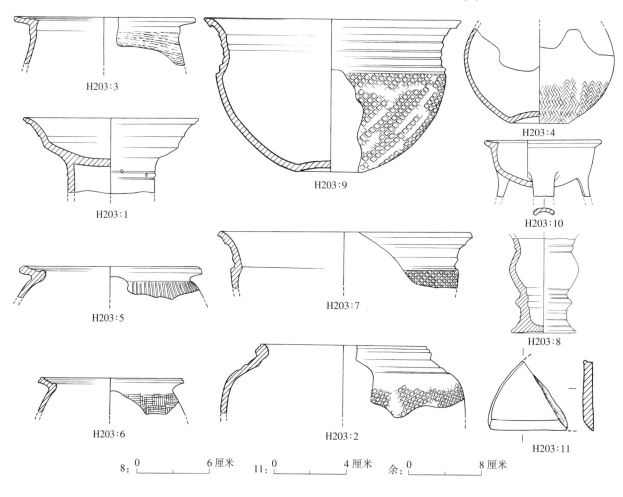

图 5-1-21B　马桥文化 H203 出土器物

H203：7，Aa 型盆口沿。泥质灰黄陶。中部有一
道凸棱。肩腹部拍印方格纹。口径 28 厘米。

H203：8，B 型觯的腹底部残片。泥质灰陶。

H203：9，AaⅢ式盆。泥质灰陶。（彩版六八：2）

H203：10，D 型三足盘。泥质红褐色硬陶。（彩
版八三：4）

H203：11，Aa 型石刀。灰黑色粉砂质泥岩。残。
厚 0.5 厘米。

ⅠB 型　78 个。坑口为不规则椭圆形。举 3 例。

H24

位于 T1002 的中北部。开口于第 2A 层下，打破第
4B、7B 层和 H88。坑口直径 1.4～2.46、深 0.4 米。坑壁
陡直，底略圜。坑内堆积为深灰褐色土。（图 5-1-22A）

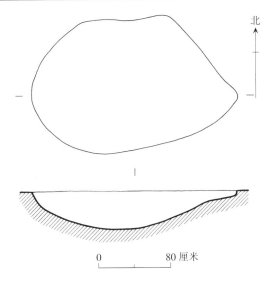

北

图 5-1-22A　马桥文化 H24 平剖图

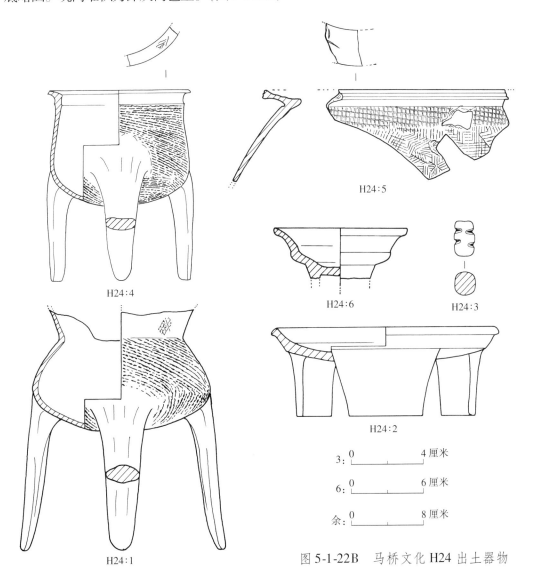

图 5-1-22B　马桥文化 H24 出土器物

包含有部分陶片，器形有鼎、鬶、豆、罐、瓦足皿和网坠等。（图 5-1-22B）

H24：1，A 型鬶腹足部残片。夹砂灰黄陶。

H24：2，Ⅰ式瓦足皿。泥质灰陶。（彩版八四：1）

H24：3，网坠。夹砂灰陶。

H24：4，Aa Ⅱ式鼎。夹砂灰黄陶。沿面一刻划陶文。（彩版五五：2）

H24：5，Db 型罐口沿。泥质橘黄陶。沿面残存半个刻划陶文。

H24：6，Ab Ⅲ式豆盘。泥质灰黄陶。

H177

位于 T03 的东南部。开口于第 4A 层下，打破第 4B 和 6B 层。坑口直径 0.6～0.84、深 0.18 米。坑壁斜，底近平。坑内堆积为深灰褐色土。（图 5-1-23A）

包含物主要为陶片，器形有鼎、罐、豆、三足盘等。（图 5-1-23B）

H177：1，Ab 型鼎口沿。夹砂红陶，局部黑色。

H177：2，夹砂罐口沿。夹砂红陶。腹部饰斜向篮纹。

H177：3，Aa 型鼎口沿。夹砂红陶。

H177：4，Ae 型罐。泥质紫褐色硬陶。侈口略残。

H177：5，Cb 型罐。泥质橘黄陶。（彩版七三：6）

H177：6，豆盘。泥质灰陶。敞口，斜弧腹，浅盘。

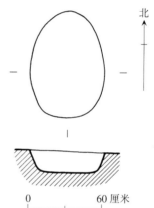

图 5-1-23A　马桥文化 H177 平剖图

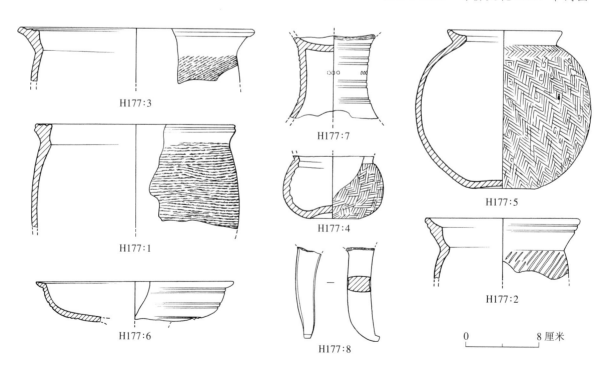

H177：3

H177：7

H177：5

H177：1

H177：4

H177：6

H177：8

H177：2

图 5-1-23B　马桥文化 H177 出土器物

盘腹饰 2 组组合凹弦纹。口径 21.8 厘米。疑为钱山漾一期文化遗存遗留物。

H177：7，Aa 型豆柄。泥质灰黄陶。柄部饰凹弦纹和小镂孔组合纹。

H177：8，A 型三足盘足。泥质灰色硬陶。截面近方形。

H205

位于 T05 的北部，灰坑西端被一晚期坑打破，北半部伸入北隔梁中，未清理。坑口上部也被扰，下部打破第 12 层和生土层。坑口残径 0.58～1.8、深 0.7 米。坑壁斜弧，底略圈。坑内堆积为深灰褐色土。（图 5-1-24A）

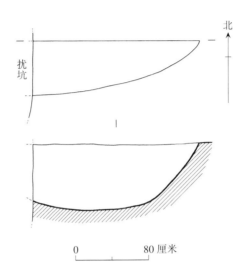

图 5-1-24A　马桥文化 H205 平剖图

包含物主要为陶片，器形有鼎、甗、罐、钵、瓿等。（图 5-1-24B）

H205：1，凹弧足。夹砂红陶。

H205：2，Bb Ⅱ 式鼎口沿。夹砂灰黄陶。折沿，束颈，弧腹。从足跟印痕判断为凹弧足。沿面有旋纹，腹部拍印粗篮纹。

H205：3，Bb Ⅱ 式鼎口沿。夹砂灰陶。折沿，束颈。沿面有多道旋纹，腹部饰斜向篮纹。口径 26 厘米。

H205：4，Bb Ⅱ 式鼎腹片。夹砂红陶。

H205：5，Bb Ⅱ 式鼎。夹砂灰陶。（彩版五八：3）

H205：6，Bb 型鼎口沿。夹砂红陶。口径 22 厘米。

H205：7，罐底。泥质橘黄陶。凹底。

H205：8，Db 型罐口沿。泥质橘黄陶。

H205：9，Aa 型瓿的腹底部。泥质灰陶。

H205：10，Cb 型钵口沿。泥质灰胎黑衣陶。

H205：11，Bb Ⅱ 式鼎。夹砂红陶。

H205：12，Bb 型甗口沿。夹砂红陶。形态少见。

H205：13，Ba Ⅱ 式鼎。夹砂灰黑陶，底部呈红色。

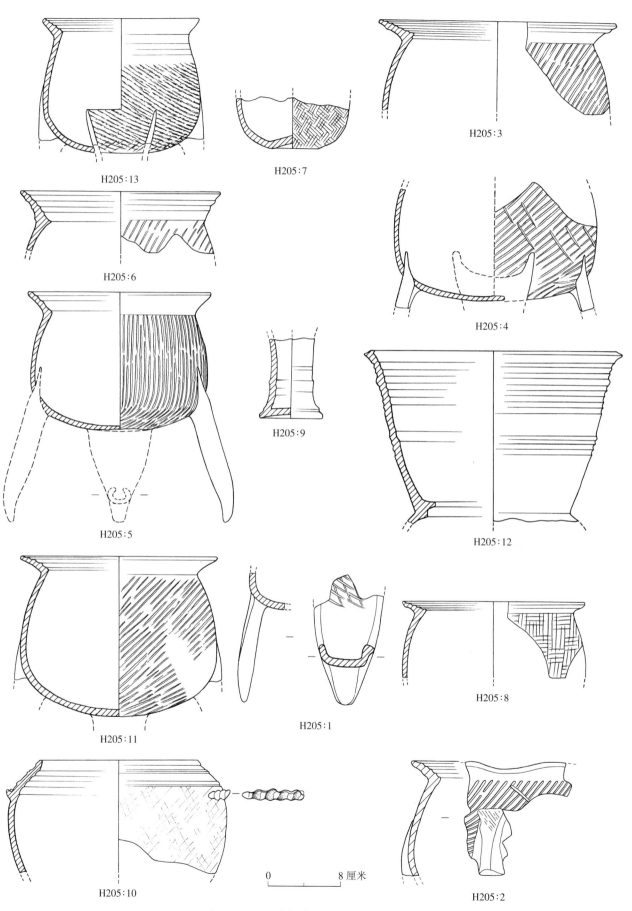

H205：13

H205：7

H205：3

H205：6

H205：4

H205：5

H205：9

H205：12

H205：11

H205：1

H205：8

H205：10

0   8 厘米

H205：2

图 5-1-24B　马桥文化 H205 出土器物

Ⅰ C 型　4 个。坑口为近方形。举 1 例。

H16

位于 T1101 东南部。开口于第 2A 层下，打破第 4B、6C、7A 和第 8 层。坑口边长 0.83～0.95、深 0.67～0.73 米。坑壁斜直，底近平。坑内堆积为深灰褐色土。（图 5-1-25A）

包含有少量陶片，器形有甗、罐、盆、陶拍等。（图 5-1-25B）

H16：1，A 型拍。泥质橘红陶。（彩版九二：1）

H16：2，A 型甗。夹砂灰黑陶。

H16：3，Ab 型罐。泥质红褐色硬陶。（彩版七二：5）

H16：4，G 型盆。泥质红陶。制作粗。

H16：5，Aa 型盆口沿。泥质灰陶。侈口，翻贴缘。颈部饰凹弦纹。腹部方格纹模糊。

Ⅰ D 型　8 个。坑口为近长方形或圆角长方形。举 1 例。

H41

位于 T1101 的东北部。开口于第 4B 层下，打破第 6C 和 7B 层，东北和西南部又分别被 H25、H36

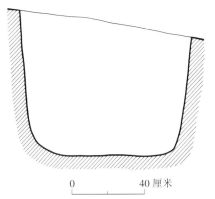

图 5-1-25A　马桥文化 H16 平剖图

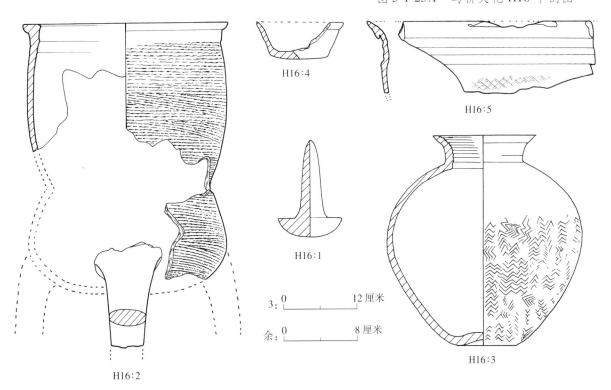

图 5-1-25B　马桥文化 H16 出土器物

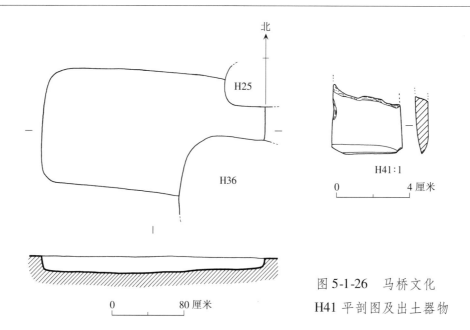

图 5-1-26　马桥文化 H41 平剖图及出土器物

打破。坑口长 2.4、宽 1.26、深 0.18 米。坑壁斜弧，底近平。坑内堆积为灰黑色土，土质疏松，夹杂有草木灰和少量红烧土颗粒。（图 5-1-26）

包含物有少量陶片和玉锛等。

H41：1，玉锛。深绿色玉。顶部残。（彩版一〇九：6）

ⅠE 型　14 个。坑口为不规则长条形。举 1 例。

H35

位于 T1101 北部和 T1102 南部。开口于第 2A 层下，打破第 4B、6B、6C 和 7B 层。坑口最长 2.98、宽 0.8 ~ 1.3、深 0.22 米。坑壁斜弧，底略圜。坑内堆积为深灰褐色土。（图 5-1-27A）

包含物主要为陶片，可辨器形有鼎、豆、杯等。（图 5-1-27B）

H35：1，A 型杯。泥质黑胎灰陶。

H35：2，C 型豆。泥质灰黄陶。（彩版六四：2）

H35：3，BbⅢ式鼎。夹砂红陶。（彩版五八：4）

H35：4，BaⅡ式鼎口沿。夹砂红陶。

H35：5，BaⅡ式鼎口沿。夹砂红陶。腹部饰横向绳纹。

H35：6，BcⅠ式鼎口沿。夹砂红陶。

H35：7，Ab 型豆柄。泥质灰黄胎黑衣陶。柄部饰云雷纹。

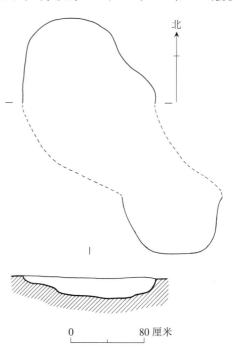

图 5-1-27A　马桥文化 H35 平剖图

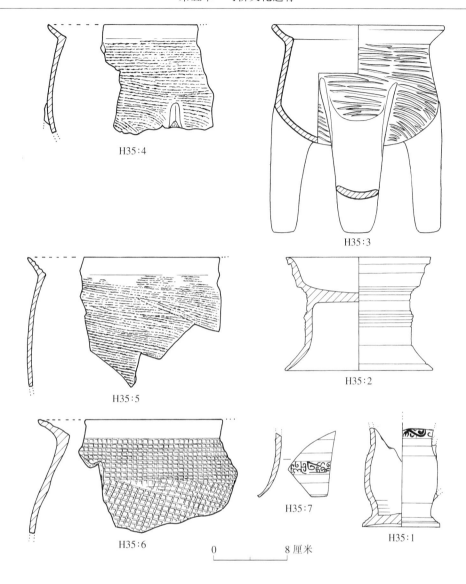

H35:4

H35:3

H35:5

H35:2

H35:6

H35:7

H35:1

0　　　　　　8厘米

图 5-1-27B　马桥文化 H35 出土器物

ⅠF 型　34 个。坑口为不规则形。举 3 例。

H26

位于 T1001 的北部和 T1002 的南部。开口于第 2A 层下，打破第 4B、7B、8、10 和 13 层。灰坑北部又被一晚期水井 J2 打破。形制较大，坑口最长 6、深 0.4 米。坑壁斜弧，底略圜。坑内堆积为深灰褐色土。（图 5-1-28A）

包含有较多陶片和残石器，器形有陶鼎、甗、罐、豆、钵、器盖、拍和石镞、刀、斧、犁等。（图 5-1-28B ~ E）

H26:1，BaⅢ式鼎。夹砂灰黄陶。带盖。（图 5-1-28B；彩版五七：5）

H26:2，E 型石镞。土黄色泥岩。（图 5-1-28E）

H26:3，AbⅡ式石刀。灰黑色泥质粉砂岩。（图 5-1-28E；彩版一〇一：2）

H26:4，B 型陶拍。夹砂灰黄陶。（图 5-1-28D；彩版九二：5）

H26:5，B 型石斧。灰黑色板岩。（图 5-1-28E；彩版九六：5）

H26:6，BfⅡ式鼎。夹砂灰黄陶。（图5-1-28B）

H26:7，D型陶拍。夹砂灰黄陶。（图5-1-28D；彩版九四:3）

H26:8，Aa型罐。泥质灰色硬陶。（图5-1-28D；彩版七一:4）

H26:9，B型甗的腹部残片。夹砂灰黄陶。（图5-1-28C）

H26:10，BaⅡ式鼎口沿。夹砂灰黄陶。（图5-1-28B）

H26:11，Bb型甗。夹砂灰黄陶。（图5-1-28C；彩版六二:4）

H26:12，Ba型甗。夹砂灰黄陶。（图5-1-28C；彩版六二:2）

H26:13，Fa型罐口沿。泥质紫褐胎灰褐色硬陶。（图5-1-28D）

H26:14，BfⅡ式鼎。夹砂灰黄陶。（图5-1-28B；彩版五九:6）

H26:15，BaⅢ式鼎口沿。夹砂灰黄陶。折沿，弧腹，凹弧足残。腹部饰竖向绳纹。口径28.4厘米。（图5-1-28B）

H26:16，Bb型石镞。灰绿色泥岩。残长5.1厘米。（图5-1-28E）

H26:17，DaⅡ式豆。泥质灰黄陶。（图5-1-28C；彩版六四:3）

H26:18，Ab型石镞。深灰色泥岩。（图5-1-28E；彩版一〇五:4）

H26:19，石犁残片。灰黑色泥质粉砂岩。磨制。中部一打制圆孔。厚1.2厘米。（图5-1-28E）

H26:20，DbⅠ式罐。泥质橘红陶。（图5-1-28D；彩版七五:4）

H26:21，Hb型罐口沿。泥质灰黄陶。（图5-1-28D）

H26:22，A型钵口沿。泥质灰陶。（图5-1-28D）

H26:23，A型夹砂罐口沿。夹砂灰陶。系钱山漾二期文化遗存遗留物。（图5-1-28D）

H26:24，豆柄。泥质灰陶。细高柄，中部略收束。柄上端一周凸棱，柄饰组合凹弦纹。柄内壁有制作旋纹。系钱山漾二期文化遗存遗留物。（图5-1-28C）

H26:25，豆柄。泥质灰陶。细高柄。柄上端三周凸棱。系钱山漾二期文化遗存遗留物。

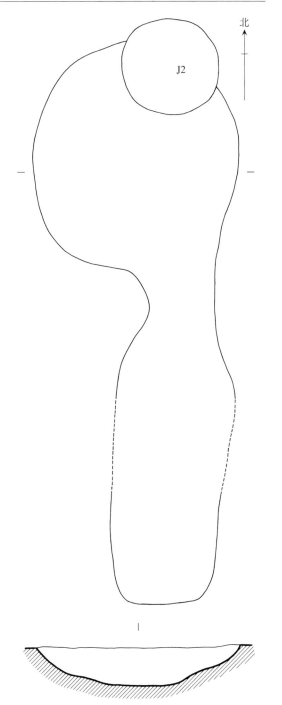

图5-1-28A　马桥文化H26平剖图

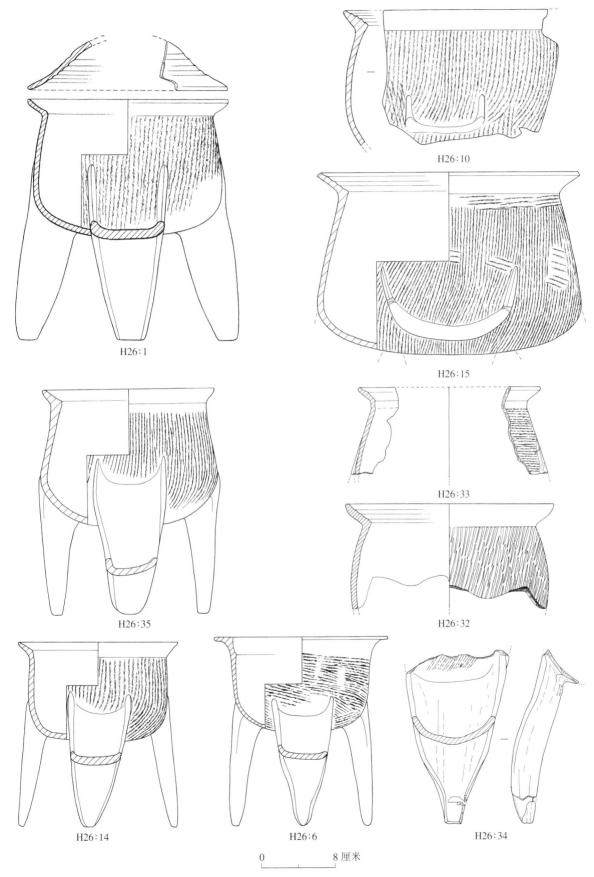

H26:10

H26:15

H26:1

H26:33

H26:35

H26:32

H26:14

H26:6

H26:34

0　　　　8厘米

图 5-1-28B　马桥文化 H26 出土器物（一）

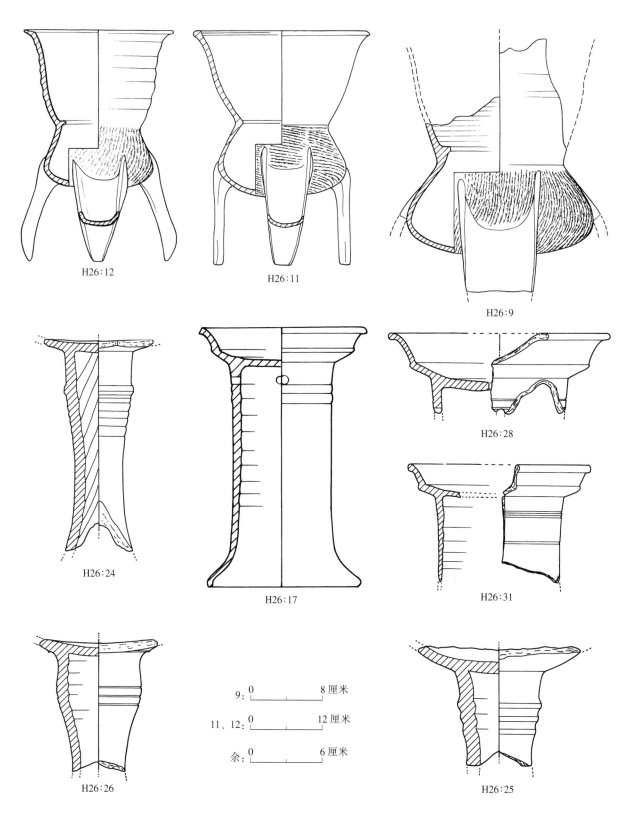

H26:12

H26:11

H26:9

H26:24

H26:17

H26:28

H26:31

H26:26

9: 0 —— 8 厘米

11、12: 0 —— 12 厘米

余: 0 —— 6 厘米

H26:25

图 5-1-28C　马桥文化 H26 出土器物（二）

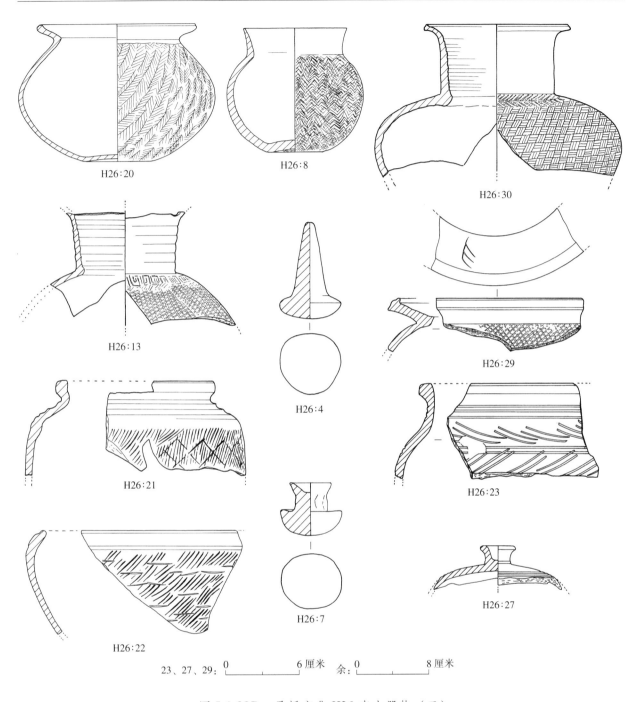

图 5-1-28D　马桥文化 H26 出土器物（三）

（图 5-1-28C）

H26∶26，豆柄。泥质黄胎黑陶。细高柄上端鼓突显粗壮，并饰三周凹弦纹。系钱山漾二期文化遗存遗留物。（图 5-1-28C）

H26∶27，B 型器盖。泥质灰黄胎黑衣陶。盖沿略残。纽径 2.8 厘米。（图 5-1-28D）

H26∶28，AbⅢ式豆。泥质灰陶。（图 5-1-28C）

H26∶29，Db 型罐口沿。泥质橘黄陶。折沿。沿面一刻划陶文。肩腹部饰方格纹。（图 5-1-28D；彩版五三∶2）

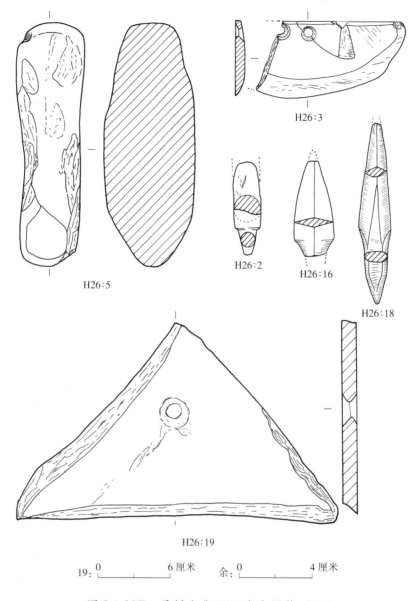

H26:3

H26:5

H26:2　　　H26:16

H26:18

H26:19

19: 0　　　6 厘米　　余: 0　　　4 厘米

图 5-1-28E　马桥文化 H26 出土器物（四）

H26：30，Fb 型罐口沿。泥质紫褐胎灰色硬陶。（图 5-1-28D）

H26：31，DaⅡ式豆。泥质灰黄陶。（图 5-1-28C）

H26：32，BbⅡ式鼎口沿。夹砂红陶。（图 5-1-28B）

H26：33，BaⅢ式鼎口沿。夹砂灰黄陶。折沿，束颈。腹部饰横向绳纹。口径 20 厘米。（图 5-1-28B）

H26：34，凹弧足。夹砂红陶。（图 5-1-28B）

H26：35，BaⅢ式鼎。夹砂灰黄陶。（图 5-1-28B）

H66

位于 T1101 的南部。开口于第 4A 层下，打破第 6C、7B 和第 8 层，又被 H6、H65 打破。坑口长 3、深 0.52 米。坑壁斜直，底近平。坑内堆积为深灰褐色土。（图 5-1-29A；彩版四四：3）

包含物主要为陶片，器形有鼎、罐、觯、瓢等。（图 5-1-29B）

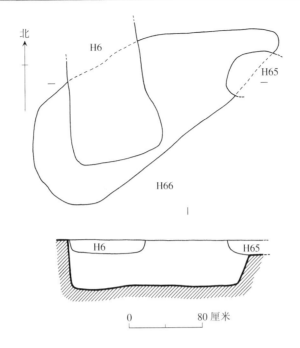

图 5-1-29A 马桥文化 H66 平剖图

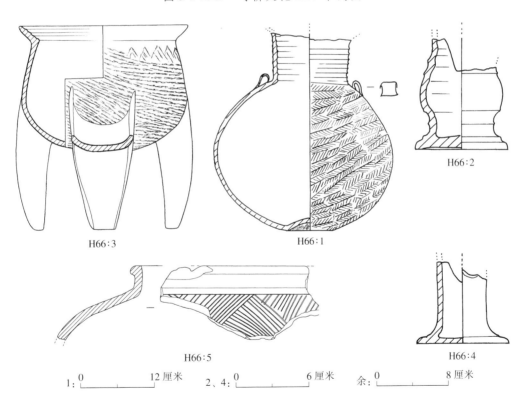

图 5-1-29B 马桥文化 H66 出土器物

H66：1，Fc 型罐。泥质橘红陶。口沿略残。（彩版七八：3）

H66：2，A 型觯的底部。泥质灰胎黑衣陶。

H66：3，BaⅡ式鼎。夹砂灰黄陶。（彩版五七：4）

H66：4，B 型觚的平底。泥质灰黄陶。

H66：5，A 型夹砂罐口沿。夹砂黑陶。为钱山漾二期文化遗存遗留物。

H89

位于 T1003 的东部。开口于第 2A 层下，打破第 4B、5A、7B、13 和生土层。坑口最长 3.5、最深 0.9 米。坑壁斜弧，灰坑周边较浅，近中部为一平面近圆形的深坑。坑内堆积为深灰褐色土。（图 5-1-30A）

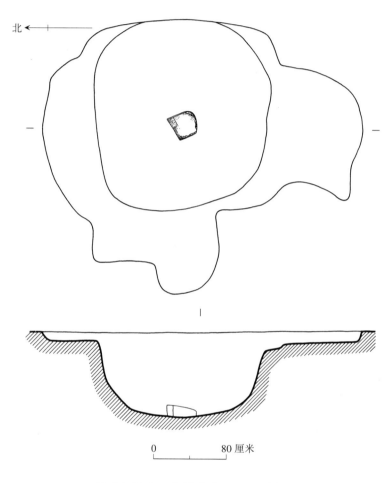

图 5-1-30A　马桥文化 H89 平剖图

包含有较多陶片和石器，器形有陶鼎、鬶、罐、豆、壶、瓦足皿、簋形器、器盖和石锛、双肩石器等。（图 5-1-30B ~ D）

H89：1，Bd 型石锛。浅灰白色粉砂质泥岩。（图 5-1-30D；彩版九九：4）

H89：2，Cc 型器盖纽。泥质灰黄陶。蘑菇形纽。残高 4.2 厘米。（图 5-1-30D）

H89：3，豆盘。泥质黑衣陶。敞口，浅盘。口径 17.6、残高 3.2 厘米。（图 5-1-30C）

H89：4，BfⅢ式鼎。夹砂灰黄陶。（图 5-1-30B）

H89：5，Ⅰ式瓦足皿。泥质灰陶。（图 5-1-30D）

H89：6，DaⅡ式豆。泥质灰黄陶。敞口，斜方唇，折腹，浅盘。口径 13.6、残高 3.2 厘米。（图 5-1-30C）

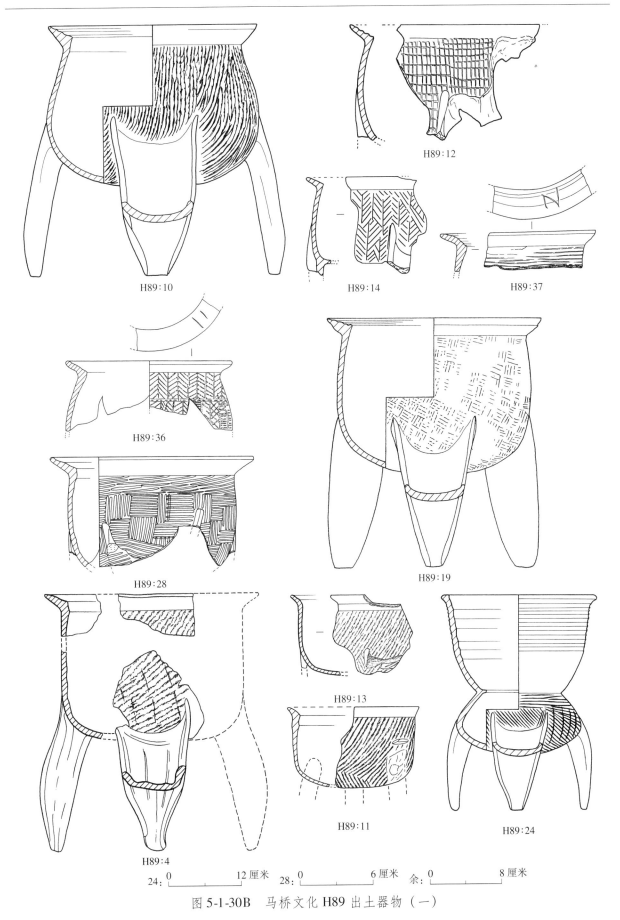

H89:10

H89:12

H89:14

H89:37

H89:36

H89:19

H89:28

H89:4

H89:13

H89:11

H89:24

24: 0 ____ 12厘米 28: 0 ____ 6厘米 余: 0 ____ 8厘米

图 5-1-30B 马桥文化 H89 出土器物（一）

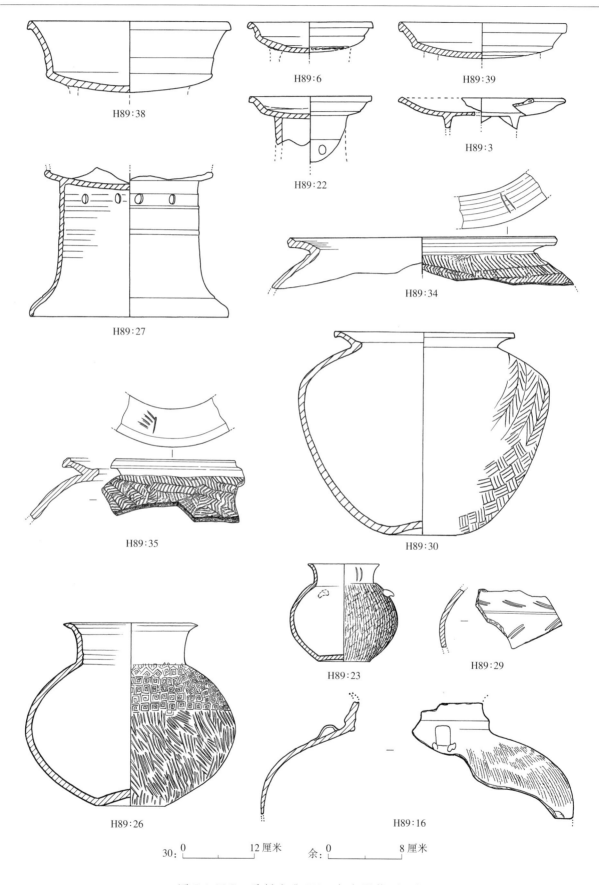

H89:38

H89:6

H89:39

H89:22

H89:3

H89:27

H89:34

H89:35

H89:30

H89:26

H89:23

H89:29

H89:16

30: 0 ⎯⎯⎯ 12 厘米　　余: 0 ⎯⎯⎯ 8 厘米

图 5-1-30C　马桥文化 H89 出土器物（二）

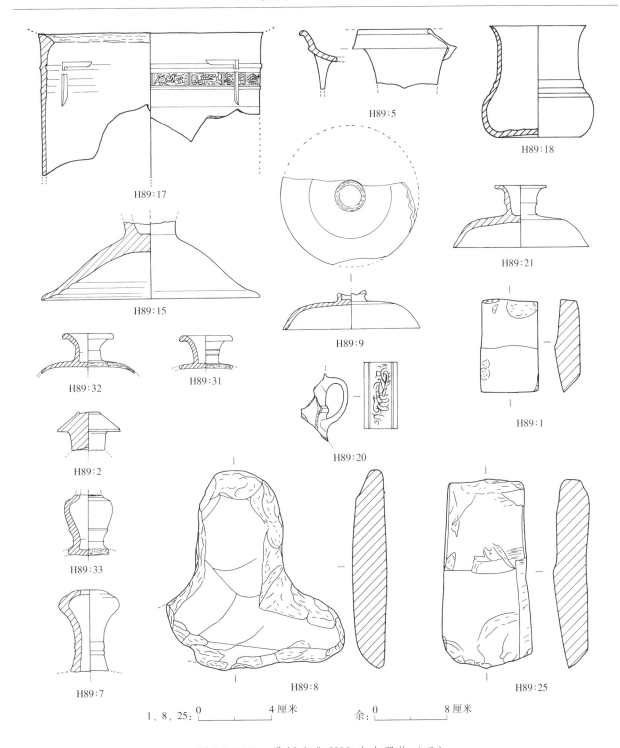

图 5-1-30D　马桥文化 H89 出土器物（三）

H89：7，Cb 型器盖纽。泥质灰黄陶。蘑菇形纽，中空。形态少见。残高 8.6 厘米。（图 5-1-30D）

H89：8，双肩石器。灰黑色板岩。（图 5-1-30D；彩版一〇四：3）

H89：9，B 型器盖。泥质灰胎黑陶。覆盘形，纽残。盖径 15 厘米。（图 5-1-30D）

H89：10，BaⅠ式鼎。夹砂灰黄陶。（图 5-1-30B；彩版五七：2）

H89：11，Cd 型鼎。夹砂红陶。（图5-1-30B）

H89：12，Bc Ⅱ 式鼎。夹砂灰黄陶。凹弧足残。腹部饰方格纹。（图5-1-30B）

H89：13，Bf Ⅲ 式鼎。夹砂灰黄陶。凹弧足残。腹部饰斜向粗绳纹，圜底为交错绳纹。（图5-1-30B）

H89：14，Bd 型鼎。夹砂灰黄陶。凹弧足残。（图5-1-30B）

H89：15，Aa 型器盖。夹砂灰黄陶。盖纽残。盖径23.6 厘米。（图5-1-30D）

H89：16，Fb 型罐残片。泥质灰色硬陶。（图5-1-30C）

H89：17，C 型簋形器圈足。泥质灰陶。（图5-1-30D；彩版八一：6）

H89：18，Ba 型壶。泥质灰陶。（图5-1-30D；彩版八六：6）

H89：19，Be 型鼎。夹砂灰黄陶。（图5-1-30B；彩版五九：4）

H89：20，器把。泥质黑衣陶。桥形把。把部正面饰压印的变体云雷纹。（图5-1-30D）

H89：21，B 型器盖。泥质灰黄陶。（图5-1-30D）

H89：22，Da Ⅲ 式豆。泥质灰胎黑衣陶。（图5-1-30C）

H89：23，Eb 型罐。泥质紫褐色硬陶。沿外壁有一刻划陶文。（图5-1-30C；彩版七七：4）

H89：24，Bb 型甗。夹砂橘黄陶。（图5-1-30B；彩版六二：6）

H89：25，Ba 型石锛。灰色石质。刃部残。有段。残长10 厘米。（图5-1-30D）

H89：26，Ea 型罐。泥质橘黄陶。（图5-1-30C；彩版七七：1）

H89：27，Da 型豆柄。泥质灰胎黑衣陶。宽柄，下端外撇成喇叭状。柄上部饰镂孔和凹弦纹。底径21.6 厘米。（图5-1-30C）

H89：28，Bf Ⅱ 式鼎。夹砂灰黄陶。（图5-1-30B）

H89：29，罐肩腹部残片。夹砂红陶。肩腹部饰刻划纹。系钱山漾二期文化遗存遗留物。（图5-1-30C）

H89：30，Db Ⅱ 式罐。泥质橘黄陶。（图5-1-30C；彩版七五：2）

H89：31，B 型器盖纽。泥质灰陶。纽径5.2 厘米。（图5-1-30D）

H89：32，B 型器盖纽。泥质灰黄陶。纽径5.1 厘米。（图5-1-30D）

H89：33，Cb 型器盖纽。泥质黑陶。残高6.4 厘米。（图5-1-30D）

H89：34，Db 型罐口沿。泥质橘红陶。沿面有一刻划陶文。肩部饰叶脉纹。口径28.6 厘米。（图5-1-30C；彩版四九：3）

H89：35，Db 型罐口沿。泥质橘黄陶。沿面有一刻划陶文。肩部饰叶脉纹。（图5-1-30C）

H89：36，Bd 型鼎口沿。夹砂红陶。沿面一刻划陶文，肩腹部饰叶脉纹。口径18 厘米。（图5-1-30B；彩版四九：1）

H89：37，鼎口沿。夹砂红陶。侈口。束颈。沿面一刻划陶文。（图5-1-30B；彩版五一：1）

H89：38，Ab Ⅰ 式豆。泥质灰胎黑衣陶。（图5-1-30C）

H89：39，Da Ⅱ 式豆。泥质黄胎黑衣陶，黑衣脱落殆尽。口径18.2、残高3.8 厘米。（图5-1-30C）

　　Ⅱ 型　27 个。灰坑形制一般较大，坑比较深，坑内的堆积可分为上、下两层。按坑口的平面形状分为不规则椭圆形、圆角长方形和不规则形等 3 亚型。

ⅡA 型　14 个。坑口为不规则椭圆形。举 3 例。

H75

位于 T1001 的西南部。开口于第 2A 层下，打破第 4A、6B、6C、7B 和第 8 层，东、西两端又分别被 H27 和 H33 打破。坑口直径 1.8 ~ 2.83、深 0.92 米。坑壁上部斜弧，下部较陡，底近平。（图 5-1-31A）

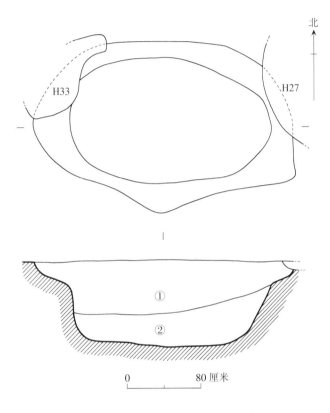

图 5-1-31A　马桥文化 H75 平剖图

坑内堆积可分 2 层：第 1 层为深灰褐色土，质地较硬。第 2 层为灰黑色土，夹杂有草木灰，质地疏松。

包含物有陶片和石器，器形有陶盆、豆、瓿、钵、杯、网坠、器盖和石刀、锛、犁、矛等。（图 5-1-31B、C）

第 2 层出土器物（图 5-1-31B）：

H75②：1，Bd 型石锛。浅灰色粉砂质泥岩。

H75②：2，E 型盆。泥质灰胎黑衣陶。（彩版六九：6）

H75②：3，AbⅠ式豆盘。泥质灰胎黑衣陶。

H75②：4，石矛。灰黑色泥岩。（彩版一〇六：9）

H75②：5，残石刀。灰黑色泥质粉砂岩。磨制。器形扁平，一侧边有单面刃。残长 7.5、厚 0.6 厘米。

H75②：6，BbⅡ式豆盘。泥质灰陶。

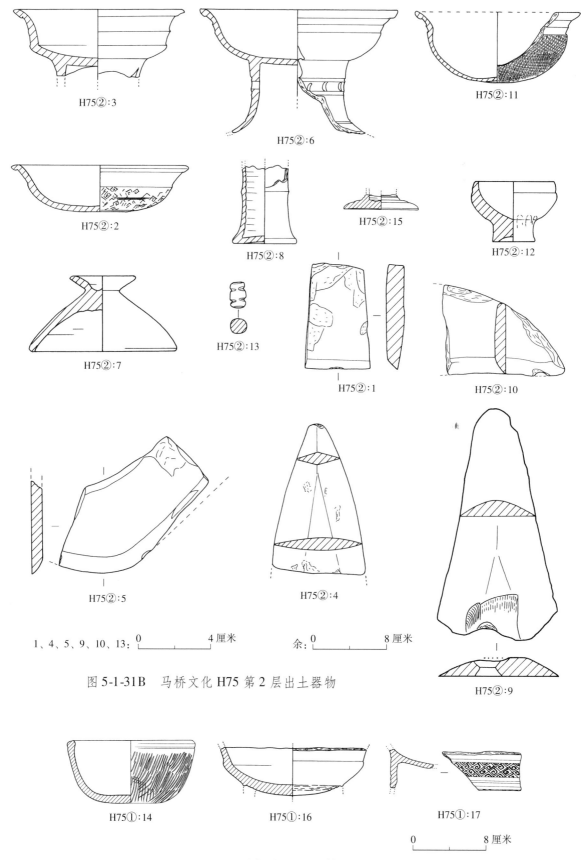

H75②:3

H75②:6

H75②:11

H75②:2

H75②:8

H75②:15

H75②:12

H75②:7

H75②:13

H75②:1

H75②:10

H75②:5

H75②:4

H75②:9

1、4、5、9、10、13：0　　　　4厘米　　　　余：0　　　　8厘米

图 5-1-31B　马桥文化 H75 第 2 层出土器物

H75①:14

H75①:16

H75①:17

0　　　　8厘米

图 5-1-31C　马桥文化 H75 第 1 层出土器物

H75②：7，Aa 型器盖。夹砂灰黄陶。制作粗。

H75②：8，Aa 型瓿的底部。泥质黑衣陶。

H75②：9，石犁残片。灰黑色粉砂岩。残存犁首部分。

H75②：10，Aa 型石刀。灰黑色泥质粉砂岩。单面刃。刃部残长 6.3、高 4.8、厚 0.5 ~ 0.6 厘米。

H75②：11，Ab Ⅲ 式盆。泥质灰陶。

H75②：12，C 型杯。夹砂灰陶。器形小，制作粗。（彩版八九：4）

H75②：13，网坠。泥质黑陶。

H75②：15，瓿底（？）。泥质灰陶。上部残。平底微内凹。底径 8 厘米。

第 1 层出土器物（图 5-1-31C）：

H75①：14，钵。泥质灰陶。敛口，弧腹，平底。沿下一周凹弦纹，腹部饰篮纹。器形少见。口径 14、底径 5.6、高 6.6 厘米。（彩版八七：5）

H75①：16，Ab Ⅰ 式豆。泥质灰黄陶。口沿及柄部残。折腹。残高 5 厘米。

H75①：17，Ab 型豆柄。泥质灰陶。柄部压印云雷纹。

H163

位于 T0703 的中西部。开口于第 2B 层下，打破第 4A、6C、12 和第 13 层。坑口直径 1.8 ~ 2.74、深 1.26 米。坑壁斜直，底略圜。（图 5-1-32A）

坑内堆积可分 2 层：第 1 层为深灰褐色土，质地较硬，夹杂有红烧土颗粒。第 2 层为灰黑色土，质软，夹杂草木灰。

包含物有陶片和石器，器形有陶罐、盆、豆、壶和石锛等。（图 5-1-32B、C）

第 2 层出土器物（图 5-1-32B）：

H163②：5，Ⅰ 型盆。泥质灰胎黑衣陶。（彩版七〇：4）

H163②：6，C 型盆。泥质橘黄陶。（彩版六九：1）

H163②：7，Aa 型罐口沿。泥质红褐色硬陶。下部残。肩部一侧有一刻划陶文。（彩版五四：8）

H163②：8，Ab Ⅰ 式豆盘。泥质灰黄胎黑衣陶。

H163②：9，Aa Ⅱ 式盆。泥质灰陶。

第 1 层出土器物（图 5-1-32C）：

H163①：1，Bb 型壶。泥质橘黄陶。口残。（彩版八七：2）

H163①：2，H 型盆。泥质橘红陶。（彩版七〇：3）

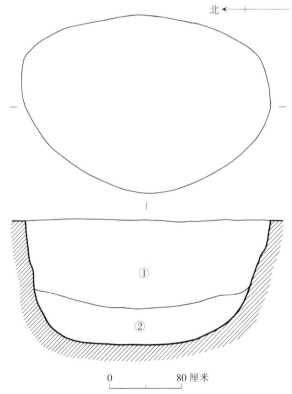

图 5-1-32A　马桥文化 H163 平剖图

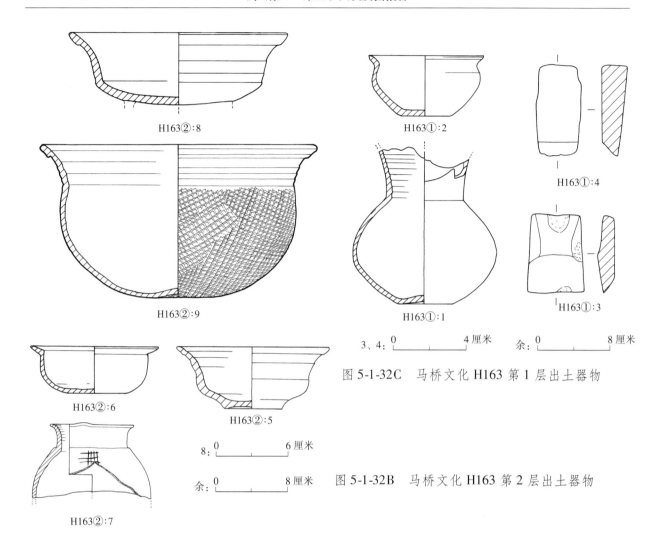

H163②:8

H163②:9

H163①:2

H163①:4

H163①:1

H163①:3

3、4：0　　　　　　4厘米　　　　余：0　　　　　　8厘米

图 5-1-32C　马桥文化 H163 第 1 层出土器物

H163②:6

H163②:5

H163②:7

8：0　　　　6厘米

余：0　　　　　　8厘米　　　图 5-1-32B　马桥文化 H163 第 2 层出土器物

H163①：3，Bd 型石锛。土灰色硅质泥岩。（彩版九九：3）

H163①：4，Ad 型石锛。浅灰白色硅质泥质岩。

H217

位于 T06 往西扩方处，往西伸出发掘区外，未清理。开口于第 2A 层下，打破第 3、12 和第 13 层。坑口残径 2.6~2.66、深 0.88 米。坑壁斜弧，圜底。（图 5-1-33A）

坑内堆积可分 2 层：第 1 层为深灰褐色土，夹杂黄褐斑土。第 2 层为灰黑色土，夹杂有较多草木灰，土质疏松。

包含物有陶片和石器，器形有陶鼎、甗、豆、盆、罐、钵、簋形器、器盖、拍、纺轮等和石刀、砺石等。（图 5-1-33B、C）

第 2 层出土器物（图 5-1-33B）：

H217②：19，Aa 型甗口沿。夹砂灰陶。

H217②：20，Ab Ⅱ式鼎口沿。夹砂灰黑陶。

H217②：21，甗口沿。夹砂红陶。折沿。腹部饰横向细绳纹。口径 22.8 厘米。

H217②：22，Aa Ⅱ式豆盘。泥质黑陶。

H217②：23，圈足。泥质黑陶。底径 16 厘米。疑为钱山漾一期或二期文化遗存遗留物。

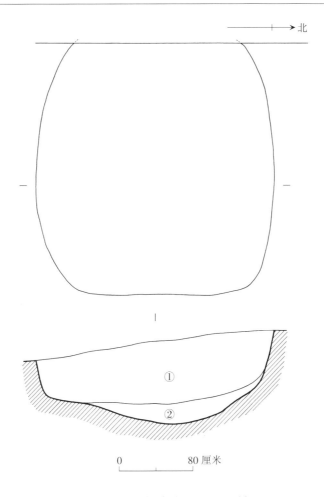

图 5-1-33A　马桥文化 H217 平剖图

H217②：24，Aa 型盆口沿。泥质黑陶。侈口，翻贴沿。颈部显领有凸棱，腹部饰方格纹。

H217②：25，Aa 型簋形器口沿。泥质灰陶。子口较高略敛。

H217②：26，C 型盆口沿。泥质橘红陶。口径 24 厘米。

H217②：27，Cd 型罐口沿。泥质紫褐胎灰色硬陶。器形小。

H217②：28，Da 型罐。夹砂红陶。厚胎，制作粗。

H217②：29，Aa Ⅱ 式盆。泥质灰陶。（彩版六七：5）

第 1 层出土器物（图 5-1-33C）：

H217①：1，Da 型石刀。灰黑色泥质粉砂岩。残。（彩版一〇二：5）

H217①：2，A 型纺轮。泥质红陶。（彩版九五：3）

H217①：3，B 型陶拍。夹砂灰陶。（彩版九三：4）

H217①：4，B 型钵。夹砂红陶。器形小，制作粗。（彩版八八：4）

H217①：5，Ab Ⅱ 式石刀。灰黑色板岩。（彩版一〇一：3）

H217①：6，Ab 型簋形器。泥质灰陶。（彩版八一：3）

H217①：7，石刀半成品。灰黑色泥质粉砂岩。已打制成扁平的半月形，未及精磨。（彩版一〇八：4）

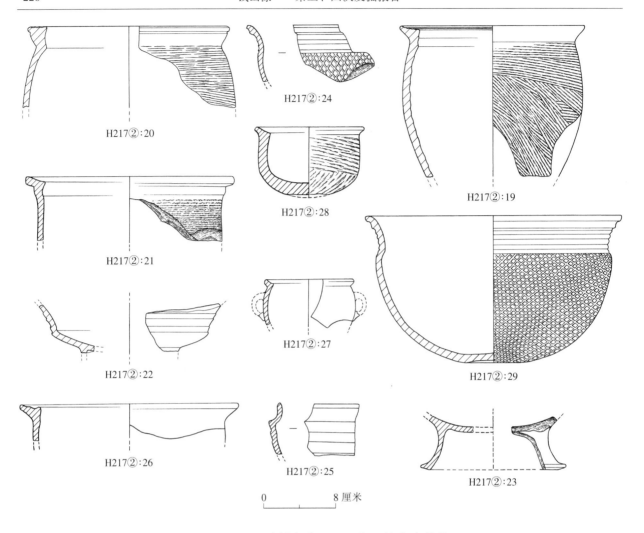

H217②:20

H217②:24

H217②:19

H217②:21

H217②:28

H217②:22

H217②:27

H217②:29

H217②:26

H217②:25

H217②:23

0 ———— 8 厘米

图 5-1-33B　马桥文化 H217 第 2 层出土器物

H217①:8，A 型砺石。浅红—紫红色杂砂岩。

H217①:9，AdⅡ式鼎的腹部残片。夹砂灰陶。

H217①:10，Aa 型器盖纽。夹砂灰陶。纽径 7.2 厘米。

H217①:11，Aa 型豆柄。泥质黑陶。

H217①:12，Aa 型豆柄。泥质黑陶。柄中部饰组合凹弦纹。

H217①:13，AdⅡ式鼎的腹部残片。夹砂灰陶。舌形足残。残高 8.6 厘米。

H217①:14，AaⅢ式盆口沿。泥质灰黄陶。颈部显领有弦纹，肩腹部饰斜方格纹。口径 25.6 厘米。

H217①:15，AaⅢ式盆口沿。泥质灰陶。侈口，翻贴沿。颈部显领有弦纹。肩腹部饰斜向细方格纹。口径 43.2 厘米。

H217①:16，Aa 型罐口沿。泥质灰色硬陶。

H217①:17，Aa 型鼎口沿。夹砂灰黑陶。沿面有弦纹，腹部饰横向绳纹。口径 22 厘米。

H217①:18，Aa 型豆柄。泥质灰陶。柄部饰组合凹弦纹。底径 12 厘米。

H217①:17

H217①:14

H217①:2

H217①:11

H217①:12

H217①:13

H217①:10

H217①:1

H217①:15

H217①:4

H217①:7

H217①:6

H217①:16

H217①:9

H217①:18

H217①:5

H217①:3

H217①:8

1~5、7: 0　　　　4厘米　　　余: 0　　　　8厘米

图 5-1-33C　马桥文化 H217 第 1 层出土器物

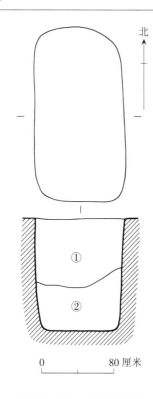

北

0 　　　　80 厘米

图 5-1-34A　马桥文化
H182 平剖图

ⅡB 型　6 个。坑口为圆角长方形。举 2 例。

H182

位于 T03 的中部。开口于第 4B 层下，打破第 6C、8、12 和第 13 层。坑口长 1.85、宽 1、深 1.2 米。坑壁陡直，底平。（图 5-1-34A）

坑内堆积为可分 2 层：第 1 层为深灰褐色土，质地较硬。第 2 层为灰黑色土，质软，夹杂较多草木灰。

包含物有陶片和石器，器形有陶鼎、甗、罐、豆、三足盘、盆、钵、器盖、拍和石锛、镞等。（图 5-1-34B、C）

第 2 层出土器物（图 5-1-34B）：

H182②：2，Ad 型石锛。浅灰白色泥质岩。器形小巧。

H182②：3，A 型石镞。灰黑色泥岩。镞身残。残长 5.5 厘米。

H182②：4，Aa 型石锛。浅灰色硅质岩。残。

H182②：18，Db 型罐口沿。泥质橘红陶。折沿，束颈。沿面有旋纹，腹部饰条格纹。

H182②：19，器盖残片。夹砂红陶。盖径 18 厘米。

H182②：20，Ba 型鼎口沿。夹砂灰黄陶。折沿。腹部饰横向绳纹。

H182②：21，凹弧足。夹砂红陶。

H182②：22，AcⅠ式鼎口沿。夹砂灰黑陶。侈口。沿面有道凸棱，腹部饰横向绳纹。

H182②：23，Ba 型鼎口沿。夹砂灰黄陶。折沿。沿面有多周旋纹，腹部饰竖向绳纹。

H182②：24，舌形足。夹砂红陶。

H182②：25，Ca 型钵口沿。泥质灰陶。

H182②：26，甗口沿。夹砂灰陶。

H182②：27，AdⅠ式鼎。夹砂红陶。残。

H182②：28，甗口沿。夹砂灰陶。深腹。腹部饰斜向绳纹。

H182②：29，甗口沿。夹砂灰黑陶。侈口，斜弧深腹。腹部饰横向绳纹。

H182②：30，甗口沿。夹砂红陶。折沿。腹部饰横向绳纹。口径 20 厘米。

第 1 层出土器物（图 5-1-34C）：

H182①：1，陶拍。夹砂红陶。柄残。拍面直径 8 厘米。

H182①：5，钵口沿。泥质灰陶。敛口。腹部饰篮纹。口径 16.8 厘米。

H182①：6，AbⅠ式鼎口沿。夹砂红陶。平折沿。腹部饰横向绳纹。口径 23.2 厘米。

H182①：7，A 型三足盘的足。泥质紫褐色硬陶。

H182①：8，B 型罐口沿。泥质灰褐色硬陶。

H182①：9，E 型罐口沿。泥质橘红陶。腹部饰叶脉纹。口径 20 厘米。

H182①：10，Aa 型鼎口沿。夹砂灰陶。平折沿。腹部饰横向绳纹。口径 22 厘米。

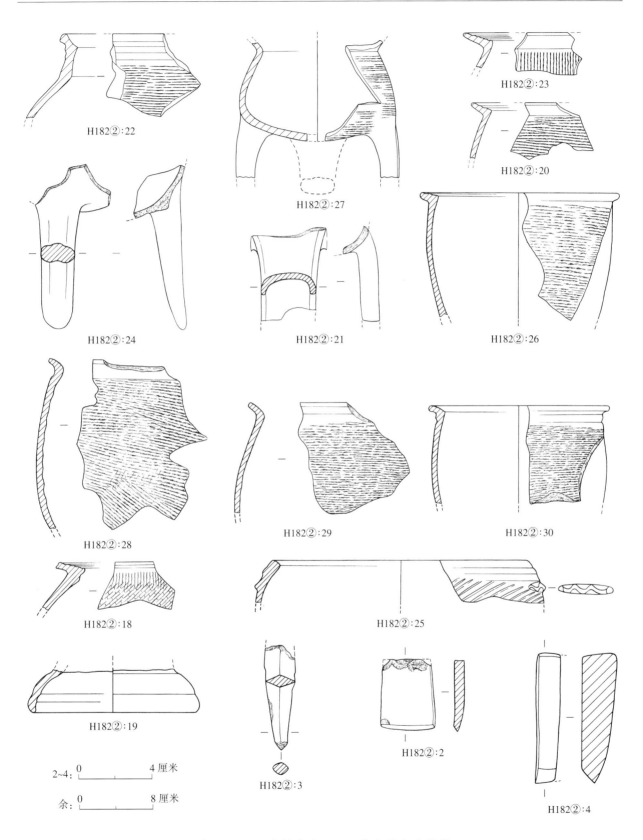

H182②:22

H182②:27

H182②:23

H182②:20

H182②:24

H182②:21

H182②:26

H182②:28

H182②:29

H182②:30

H182②:18

H182②:25

H182②:19

2~4:　0　　　　4 厘米

余:　0　　　　8 厘米

H182②:3

H182②:2

H182②:4

图 5-1-34B　马桥文化 H182 第 2 层出土器物

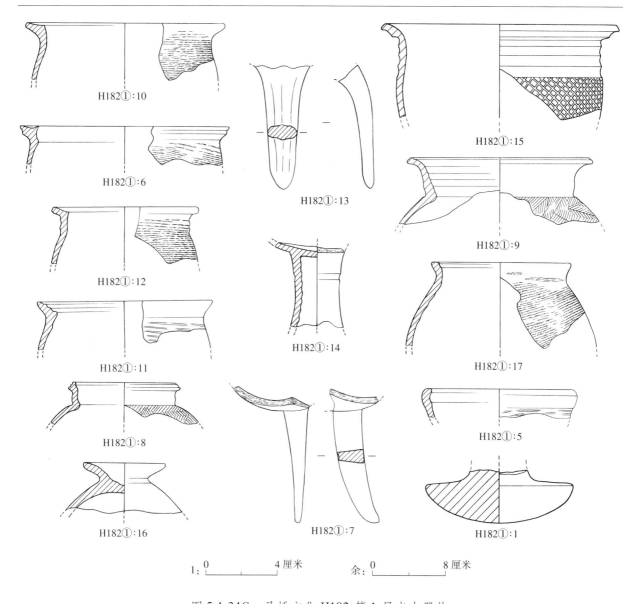

图 5-1-34C　马桥文化 H182 第 1 层出土器物

　　H182①：11，Ba 型鼎口沿。夹砂灰黄陶。折沿。腹部饰横向绳纹。似为凹弧足鼎残片。口径 19.2 厘米。

　　H182①：12，Ac I 式鼎口沿。夹砂红陶。折沿。腹部饰横向绳纹。口径 16 厘米。

　　H182①：13，舌形足。夹砂红陶。

　　H182①：14，Aa 型豆柄。泥质黑陶。细高柄上饰有弦纹，内壁旋纹密集。

　　H182①：15，Aa I 式盆口沿。泥质灰陶。侈口，微束颈。颈部有凸棱，腹部饰斜方格纹。口径 26 厘米。

　　H182①：16，Aa 型器盖纽。夹砂红陶。纽径 8.8 厘米。

　　H182①：17，A 型罐口沿。夹砂红陶。直口。弧腹。腹部饰斜向绳纹。口径 15.2 厘米。

　　H195

　　位于 T06 的中部，灰坑南侧上部略被晚期扰坑破坏。开口于第 4A 层下，打破第 7A、8、12

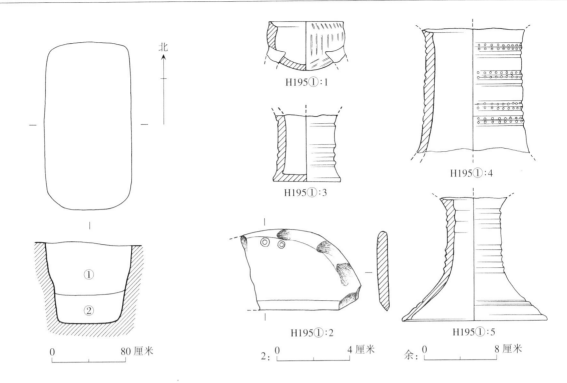

图 5-1-35A 马桥文化 H195 平剖图　　　图 5-1-35B 马桥文化 H195 出土器物

和第 13 层。坑口长 1.78、宽 0.94、深 0.86 米。坑壁斜直，底平。（图 5-1-35A；彩版四五：1）

坑内堆积可分 2 层：第 1 层为深灰褐色土，质地较硬。第 2 层为灰黑色土，质软，夹杂有草木灰。包含物有陶片和石器，器形有陶鼎、豆、瓠和石刀等。（图 5-1-35B）

H195①：1，D 型鼎。夹砂橘黄陶。足残。从足跟印痕看为凹弧足。器形小，制作粗。（彩版六一：2）

H195①：2，Aa 型石刀。灰黑色泥质粉砂岩。残存一半。（彩版一〇〇：6）

H195①：3，Ab 型瓠。泥质灰黄陶。上部残。

H195①：4，Ab 型豆柄。泥质灰陶。

H195①：5，Aa 型豆柄。泥质灰陶。

ⅡC 型　7 个。坑口为不规则形。举 2 例。

H56

位于 T0804 东部和 T0904 的中西部。开口于第 2A 层下，打破第 6A、10～13 层和生土层。坑口东西长 9.29、南北最宽 2.15、深 1.22 米。坑壁斜弧，底不平。（图 5-1-36A）

坑内堆积可分 2 层：第 1 层为深灰褐色土。第 2 层为黑土层，土质疏松，夹杂大量草木灰和红烧土颗粒。

包含物丰富，有较多的陶片和石器，器形有陶鼎、甗、盆、罐、豆、簋形器、钵、三足盘、拍、器盖和石刀、镰等。（图 5-1-36B～H）

第 2 层出土器物（图 5-1-36B、C）：

H56②：12，AcⅠ式鼎口沿。夹砂灰陶。平折沿。腹部饰横向细绳纹。口径 27.6 厘米。（图 5-1-36B）

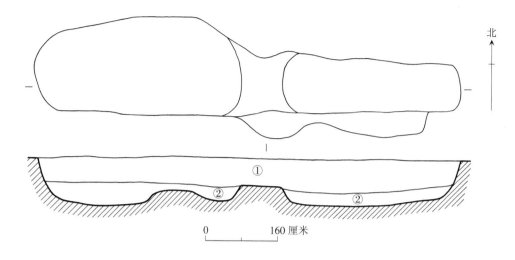

北

图 5-1-36A　马桥文化 H56 平剖图

H56②：13，AaⅠ式鼎。夹砂灰陶，局部灰黑或灰红。足残。（图 5-1-36B）

H56②：14，Ba 型甗。夹砂红陶。（图 5-1-36B；彩版六二：3）

H56②：15，C 型豆柄。泥质灰陶。柄上部直，下部外撇呈喇叭状。柄部饰三组组合凹弦纹。（图 5-1-36C）

H56②：16，Ab 型罐。泥质橘红陶。沿面有一刻划陶文。（图 5-1-36C；彩版五二：8，七二：1）

H56②：17，AaⅡ式鼎。夹砂灰褐陶。（图 5-1-36B；彩版五五：3）

H56②：18，A 型罐。夹砂灰陶。（图 5-1-36C；彩版七九：3）

H56②：19，Ba 型豆柄。泥质灰黄陶。（图 5-1-36C）

H56②：20，Ab 型甗。夹砂灰褐陶。（图 5-1-36B；彩版六一：6）

H56②：21，B 型器盖。泥质灰胎黑衣陶。（图 5-1-36C）

H56②：22，AaⅡ式鼎。夹砂灰褐陶，夹杂红褐和黑色。（图 5-1-36B；彩版五五：4）

H56②：23，AaⅡ式鼎。夹砂灰褐陶，局部黑色和橘红。（图 5-1-36B；彩版五五：5）

H56②：24，甗口沿。夹砂灰陶，局部黑色。（图 5-1-36B）

H56②：33，DbⅡ式罐口沿。泥质灰色硬陶。（图 5-1-36C）

第 1 层出土器物（图 5-1-36D ~ H）：

H56①：1，Cb 型鼎。夹砂灰陶。（图 5-1-36D；彩版六〇：4）

H56①：2，A 型甗的下体残片。夹砂灰黄陶。隔档不明显。舌形足下端残。下腹饰横向绳纹和刻划纹。残高 15.2 厘米。（图 5-1-36D）

H56①：3，B 型陶拍。夹砂灰陶。柄残。素面。残高 7.4 厘米。（图 5-1-36H）

H56①：4，B 型陶拍。夹砂灰黄陶。（图 5-1-36H；彩版九二：6）

H56①：5，Ba 型三足盘。泥质青灰色硬陶。足残。（图 5-1-36H）

H56①：6，Da 型石刀。土灰色板岩。残。（图 5-1-36H；彩版一〇二：4）

H56①：7，Af 型鼎。夹砂红陶。（图 5-1-36D；彩版五六：5）

H56①：8，A 型罐。夹砂灰黄陶。灰黄色器表似为涂抹层，易脱落。（图 5-1-36G；彩版七九：4）

H56①：9，Aa 型器盖。泥质红褐色硬陶。（图 5-1-36H）

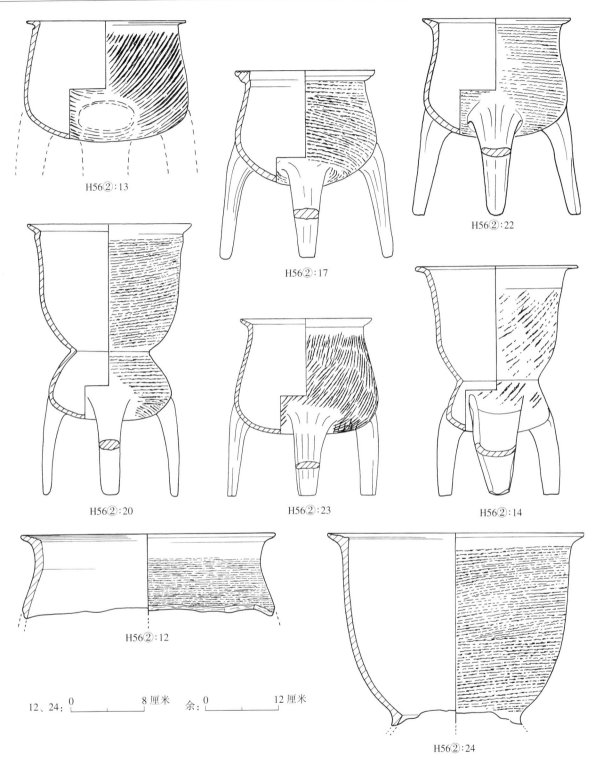

H56②:13

H56②:17

H56②:22

H56②:20

H56②:23

H56②:14

H56②:12

H56②:24

12、24：0 _____ 8厘米　余：0 _____ 12厘米

图 5-1-36B　马桥文化 H56 第 2 层出土器物（一）

H56①:10，石镰。灰黑色石质。表面受沁蚀。（图 5-1-36H；彩版一〇三：1）

H56①:11，B 型钵。夹砂灰黑陶。器形小，制作较粗。（图 5-1-36H；彩版八八：5）

H56①:25，AaⅠ式豆。泥质灰胎黑陶。柄下部残。（图 5-1-36E）

H56①:26，BbⅠ式豆。泥质黄胎黑衣陶。柄下部残。（图 5-1-36E；彩版六四：1）

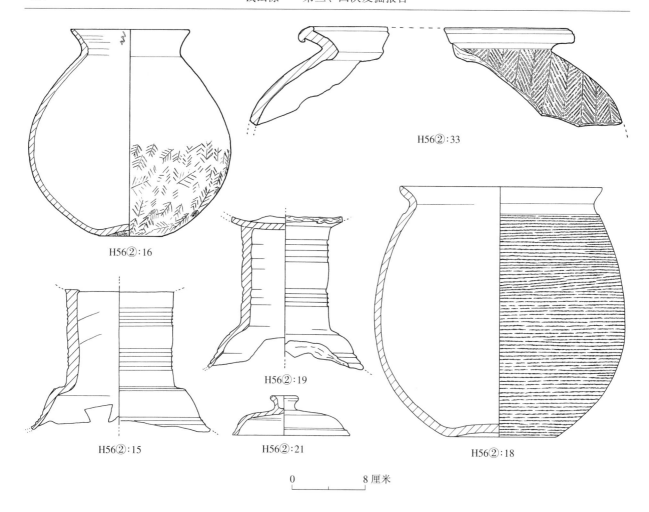

H56②:33

H56②:16

H56②:19

H56②:15

H56②:21

H56②:18

0　　　　　　8厘米

图 5-1-36C　马桥文化 H56 第 2 层出土器物（二）

H56①:27，A 型甗的腹足残件。夹砂灰黑陶。（图 5-1-36D）

H56①:28，A 型簋形器。泥质灰陶。口沿残。（图 5-1-36H）

H56①:29，AaⅡ式盆。泥质灰陶。（图 5-1-36F；彩版六七：6）

H56①:30，舌形鼎足。夹砂灰陶。足面遍饰刻划八字纹，近足跟处饰三道竖向锯齿状堆纹。系钱山漾一期文化遗存遗留物。（图 5-1-36D）

H56①:31，Aa 型器盖纽。夹砂灰陶。圈足纽。纽径 8.2 厘米。（图 5-1-36H）

H56①:32，A 型簋形器底部。泥质灰黄陶。（图 5-1-36H）

H56①:34，Db 型罐口沿。泥质红褐色硬陶。折沿，束颈。肩腹部饰杂乱的叶脉纹。口径 33.2 厘米。（图 5-1-36G）

H56①:35，DbⅡ式罐口沿。泥质红褐色硬陶。（图 5-1-36G）

H56①:36，Ad 型罐口沿。泥质红褐色硬陶。（图 5-1-36G）

H56①:37，Ab 型罐口沿。泥质紫褐色硬陶。（图 5-1-36G）

H56①:38，DbⅡ式罐口沿。泥质红褐色硬陶。折沿。肩部饰斜向叶脉纹，腹部饰方格纹。口径 31 厘米。（图 5-1-36G）

H56①:39，Ab 型罐口沿。泥质灰褐色硬陶。（图 5-1-36G）

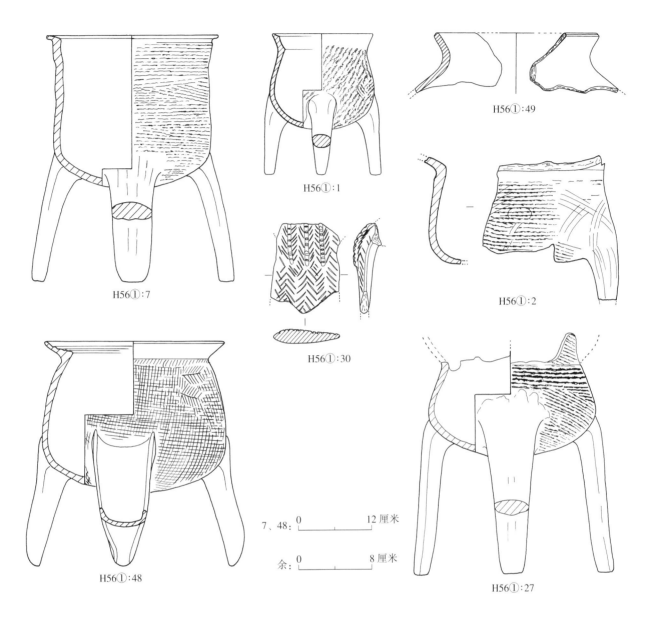

图 5-1-36D 马桥文化 H56 第 1 层出土器物（一）

H56①：40，Ab 型豆柄。泥质黑衣陶，黑衣脱落严重。（图 5-1-36E）

H56①：41，AaⅠ式豆盘。泥质灰胎黑衣陶。（图 5-1-36E）

H56①：42，AaⅠ式豆盘。泥质灰胎黑衣陶，黑衣脱落严重。（图 5-1-36E）

H56①：43，AaⅡ式盆口沿。泥质黑陶。颈部有多道弦纹，腹部饰方格纹。（图 5-1-36F）

H56①：44，AaⅠ式盆。泥质灰陶。底残。（图 5-1-36F）

H56①：45，AaⅡ式盆口沿。泥质灰陶。颈部有多道弦纹，腹部饰方格纹。口径 32 厘米。（图 5-1-36F）

H56①：46，AaⅡ式盆口沿。泥质灰陶。沿面有一刻划陶文，颈部有多道弦纹，腹部饰方格纹。口径 29 厘米。（图 5-1-36F；彩版四九：7）

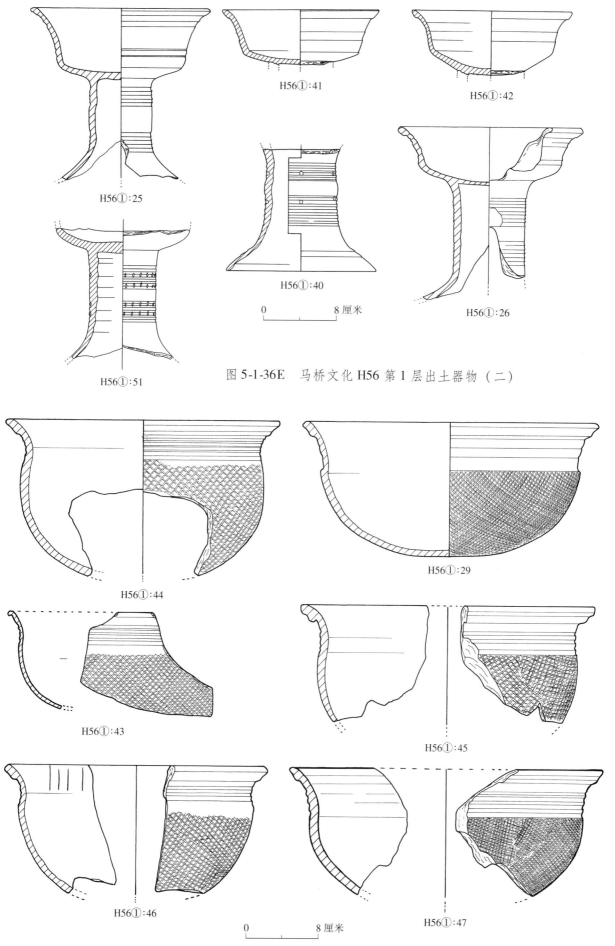

H56①:41

H56①:42

H56①:25

H56①:40

0　　　　　8 厘米

H56①:26

H56①:51

图 5-1-36E　马桥文化 H56 第 1 层出土器物（二）

H56①:44

H56①:29

H56①:43

H56①:45

H56①:46

0　　　　　8 厘米

H56①:47

图 5-1-36F　马桥文化 H56 第 1 层出土器物（三）

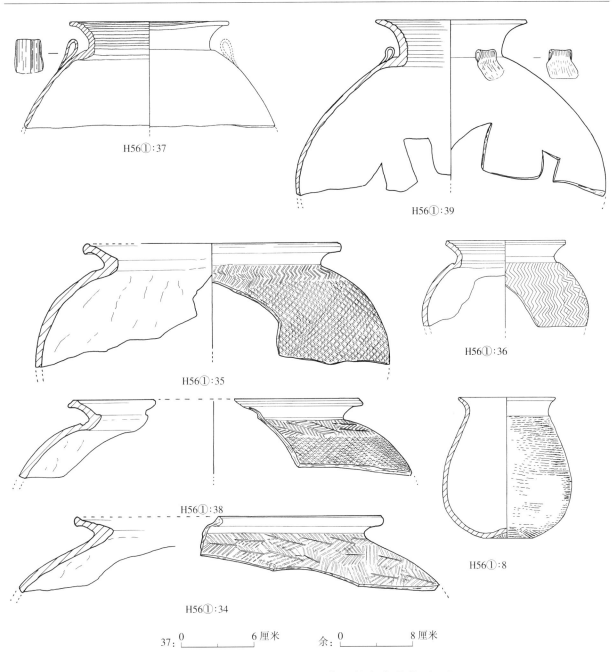

H56①:37

H56①:39

H56①:35

H56①:36

H56①:38

H56①:8

H56①:34

37: 0 ——— 6 厘米　　　余: 0 ——— 8 厘米

图 5-1-36G　马桥文化 H56 第 1 层出土器物（四）

H56①:47，AaⅡ式盆口沿。泥质灰陶。颈部有多道弦纹，腹部饰方格纹。口径 34 厘米。（图 5-1-36F）

H56①:48，BcⅠ式鼎。夹砂橘黄陶。（图 5-1-36D；彩版五八：6）

H56①:49，鼎口沿。夹砂红陶。侈口，口沿内外壁有灰白色涂抹层。系钱山漾一期文化遗存遗留物。（图 5-1-36D）

H56①:50，AbⅢ式石刀。黑色石质。残存一半。（图 5-1-36H）

H56①:51，Ab 型豆柄。泥质黑陶。柄部饰组合弦纹和戳刻小圆孔组合纹。（图 5-1-36E）

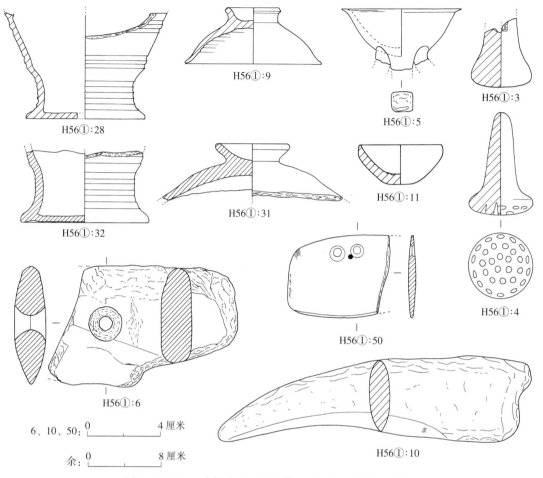

H56①:28　　H56①:9　　H56①:5　　H56①:3

H56①:32　　H56①:31　　H56①:11

H56①:6　　H56①:50　　H56①:4

6、10、50：0　　　　　4 厘米

余：0　　　　　8 厘米

H56①:10

图 5-1-36H　马桥文化 H56 第 1 层出土器物（五）

H206

位于 T08 的西部和 T07 的东隔梁，往南部分伸出发掘区外，往北伸入探方隔梁中（未清理）。开口于第 3 层下，打破第 12 层、生土层和 H208，又被 H190、G11 和 J9 等遗迹打破。坑口残长 4、残宽 2.2、最深 1.68 米。坑壁斜直，坑底由南往北倾斜，不平。（图 5-1-37A）

坑内堆积可分 2 层：第 1 层为深灰褐色土，厚约 0.38～0.56 米。第 2 层为青灰淤泥，局部夹杂黑色淤泥和草木灰，厚约 0.74～1.13 米。

包含物比较丰富，以陶片和石器为主。器形有陶鼎、甗、釜、盆、罐、豆、瓦足皿、碗、杯、钵、器盖、拍、纺轮和石刀、镞、双肩石器、砺石等。（图 5-1-37B～I）

第 2 层出土器物（图 5-1-37B～E）：

H206②:12，Aa 型罐。泥质红褐色硬陶。（图 5-1-37D；彩版七一：3）

H206②:13，Eb 型罐。泥质紫褐胎灰褐色硬陶。口沿略残。（图 5-1-37D；彩版七七：3）

H206②:14，Aa I 式豆。泥质黑衣陶。（图 5-1-37C；彩版六三：1）

H206②:15，Aa II 式盆。泥质灰陶。（图 5-1-37C；彩版六七：4）

H206②:16，Ec 型罐。泥质紫褐色硬陶。整器因过烧变形。领部外壁有一刻划陶文。（图 5-1-37D；彩版七七：5）

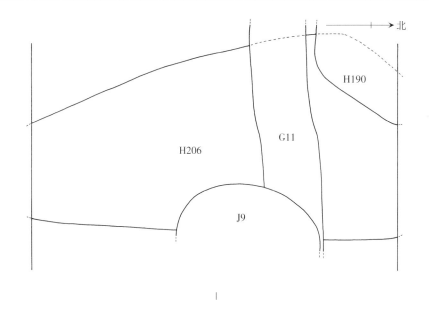

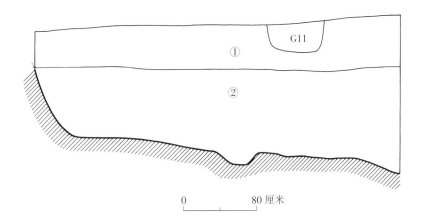

图 5-1-37A　马桥文化 H206 平剖图

　　H206②：17，碗。泥质灰色硬陶。下腹部有一刻划陶文。（图 5-1-37E；彩版五〇：3，八九：5）

　　H206②：18，Aa 型罐。泥质红褐色硬陶，局部黑色。（图 5-1-37D；彩版七一：1）

　　H206②：19，残石器。灰黑色粉砂质泥岩。长条圆柱状。两端残。器形不明。残长 7.7、直径 1.8 厘米。（图 5-1-37E）

　　H206②：20，B 型器盖纽。泥质灰陶。纽径 7.4 厘米。（图 5-1-37E）

　　H206②：21，C 型杯。夹砂灰陶。制作粗。（图 5-1-37E；彩版八九：2）

　　H206②：24，Db 型罐。夹砂橘黄陶。厚胎，制作粗。（图 5-1-37D；彩版八〇：5）

　　H206②：25，Aa 型豆柄。泥质灰陶。柄部饰组合弦纹和菱形云雷纹。（图 5-1-37C）

　　H206②：59，Aa 型器盖纽。泥质黑陶。纽径 5 厘米。（图 5-1-37E）

　　H206②：60，Ab 型石刀。灰黑色泥质粉砂岩。残。（图 5-1-37E）

　　H206②：61，Aa 型罐口沿。泥质红陶。口径 9.2 厘米。（图 5-1-37D）

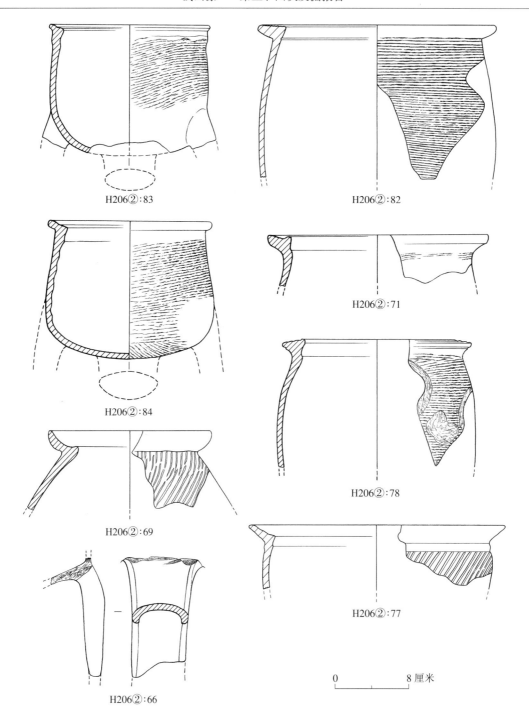

H206②:83

H206②:82

H206②:84

H206②:71

H206②:69

H206②:78

H206②:77

0　　　　　8厘米

H206②:66

图 5-1-37B　马桥文化 H206 第 2 层出土器物（一）

H206②:62，E 型罐口沿。泥质橘红陶。沿面有一刻划陶文。（图 5-1-37D；彩版五一：8）

H206②:63，C 型盆口沿。泥质橘黄陶。（图 5-1-37C）

H206②:64，A 型罐。夹砂红陶。腹部饰折线纹，不太清晰。口径 23.8 厘米。（图 5-1-37D）

H206②:65，Cb 型罐口沿。泥质橘红陶。腹部饰叶脉纹。口径 16 厘米。（图 5-1-37D）

H206②:66，凹弧足。夹砂红陶。（图 5-1-37B）

H206②:67，AbⅢ式盆口沿。泥质灰胎黑衣陶。（图 5-1-37C）

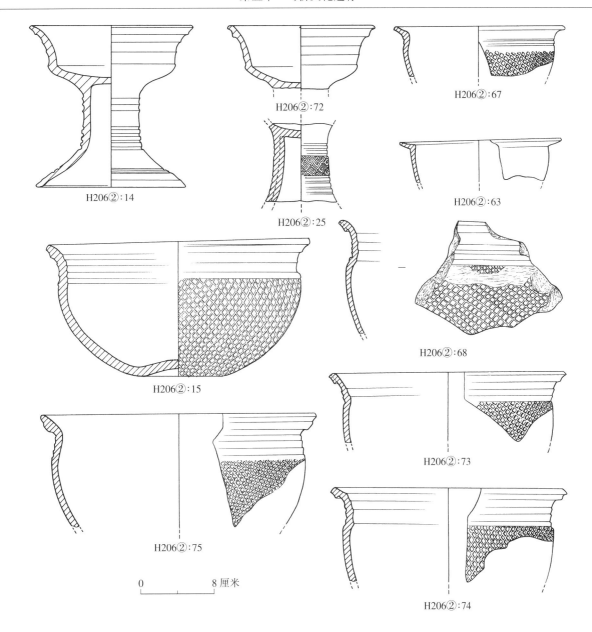

H206②:14

H206②:72

H206②:67

H206②:25

H206②:63

H206②:15

H206②:68

H206②:75

H206②:73

H206②:74

0　　　　　8 厘米

图 5-1-37C　马桥文化 H206 第 2 层出土器物（二）

H206②:68，Aa Ⅱ 式盆口沿。泥质灰陶。腹部饰斜向方格纹。（图 5-1-37C）

H206②:69，B 型釜口沿。夹砂灰陶。系钱山漾二期文化遗存遗留物。（图 5-1-37B）

H206②:70，A 型罐口沿。夹砂红陶。沿面有多道制作旋纹。腹部纹饰模糊。口径 20 厘米。（图 5-1-37D）

H206②:71，Aa 型鼎口沿。夹砂灰陶。口径 24 厘米。（图 5-1-37B）

H206②:72，Aa Ⅰ 式豆盘。泥质灰陶。口径 16 厘米。（图 5-1-37C）

H206②:73，Aa Ⅱ 式盆口沿。泥质灰陶。颈部饰弦纹，腹部饰斜向方格纹。口径 26 厘米。（图 5-1-37C）

H206②:74，Aa Ⅱ 式盆口沿。泥质黑陶。腹部饰斜向方格纹。口径 26 厘米。（图 5-1-37C）

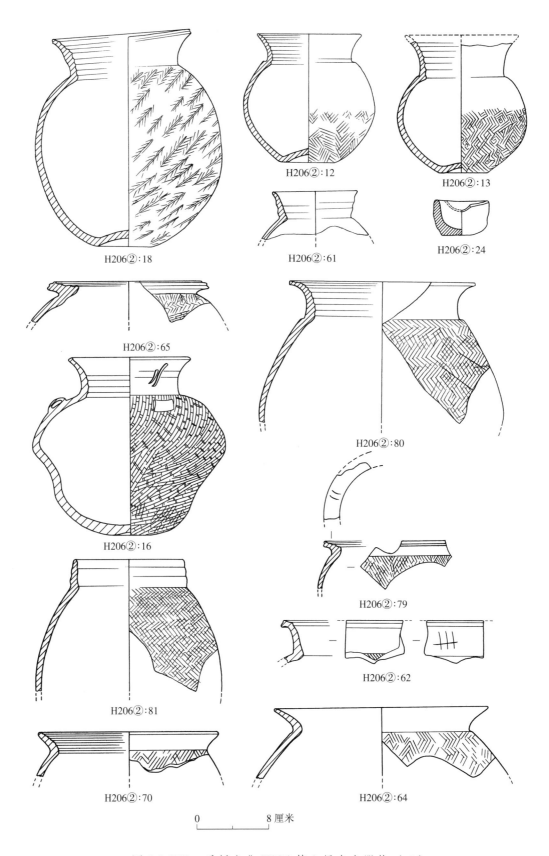

H206②:18

H206②:12

H206②:13

H206②:61

H206②:24

H206②:65

H206②:80

H206②:16

H206②:79

H206②:81

H206②:62

H206②:70

H206②:64

0　　　　　8厘米

图5-1-37D　马桥文化 H206 第 2 层出土器物（三）

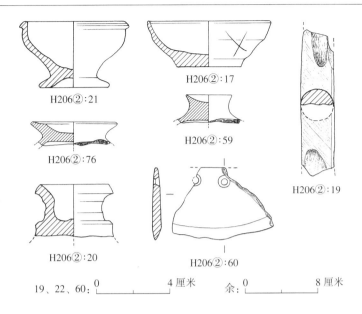

H206②:21

H206②:17

H206②:76

H206②:59

H206②:19

H206②:20

H206②:60

19、22、60：0——4厘米　　余：0——8厘米

图 5-1-37E　马桥文化 H206 第 2 层出土器物（四）

H206②：75，AaⅡ式盆口沿。泥质灰陶。颈部有多道弦纹，腹部饰斜向方格纹。口径 30 厘米。（图 5-1-37C）

H206②：76，Aa 型器盖纽。夹砂红陶。纽径 9.4 厘米。（图 5-1-37E）

H206②：77，BfⅠ式鼎口沿。夹砂灰陶。腹部饰斜向篮纹。口径 28 厘米。（图 5-1-37B）

H206②：78，AbⅠ式鼎口沿。夹砂灰褐陶。沿面有旋纹，腹部饰横向细绳纹。口径 20.4 厘米。（图 5-1-37B）

H206②：79，Dc 型罐口沿。泥质紫褐胎灰色硬陶。沿面有旋纹和一刻划陶文，腹部饰叶脉纹。（图 5-1-37D）

H206②：80，Ac 型罐口沿。泥质橘黄陶。（图 5-1-37D）

H206②：81，Ha 型罐口沿。泥质橘红陶。（图 5-1-37D）

H206②：82，Aa 型鼎口沿。夹砂灰黑陶。平折沿。沿面有多道旋纹，腹部饰横向绳纹。口径 26 厘米。（图 5-1-37B）

H206②：83，AbⅠ式鼎。夹砂灰黑陶。足残。（图 5-1-37B）

H206②：84，AaⅠ式鼎。夹砂灰陶。足残。（图 5-1-37B）

第 1 层出土器物（图 5-1-37F、G、H、I）：

H206①：1，Ab 型罐口沿。泥质红褐色硬陶。（图 5-1-37H）

H206①：2，B 型砺石。灰白色杂砂岩。不规则形。（图 5-1-37I）

H206①：3，双肩石器。灰黑色板岩。刃部有崩缺使用痕迹。（图 5-1-37I；彩版一〇四：1）

H206①：4，Ad 型罐。泥质橘黄陶。底残。（图 5-1-37H）

H206①：5，C 型纺轮。泥质黑陶。（图 5-1-37I；彩版九五：7）

H206①：6，A 型纺轮。泥质灰陶。（图 5-1-37I；彩版九五：1）

H206①：7，A 型甗腹足残件。夹砂红陶。（图 5-1-37G）

H206①：8，Ⅱ式瓦足皿。泥质灰陶。（图 5-1-37I；彩版八四：4）

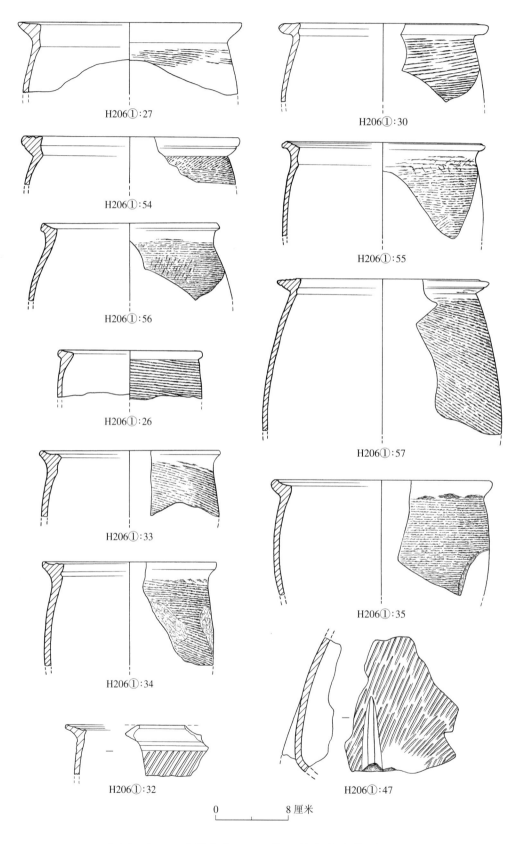

H206①:27

H206①:30

H206①:54

H206①:55

H206①:56

H206①:26

H206①:57

H206①:33

H206①:35

H206①:34

H206①:32

H206①:47

0　　　　　　8厘米

图 5-1-37F　马桥文化 H206 第 1 层出土器物（一）

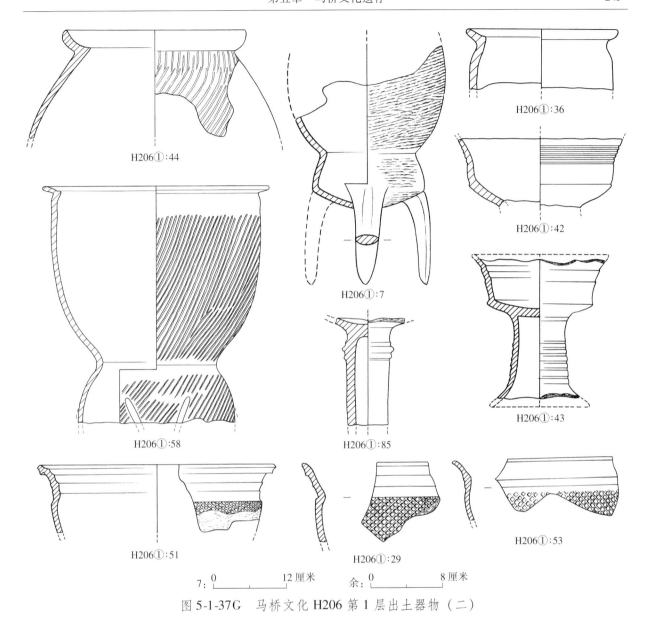

图 5-1-37G　马桥文化 H206 第 1 层出土器物（二）

H206①：9，Ab 型罐。泥质灰色硬陶。（图 5-1-37H；彩版七三：6）

H206①：10，Ab 型石刀。灰黑色粉砂质泥岩。残。（图 5-1-37I）

H206①：11，B 型陶拍。夹砂灰陶。柄残。残高 6.7 厘米。（图 5-1-37I）

H206①：22，Ab 型石镞。灰黑色泥岩。残。（图 5-1-37I）

H206①：23，AbⅠ式石刀。灰黑色泥质粉砂岩。磨制精。残。（图 5-1-37I；彩版一〇一：1）

H206①：26，Ab Ⅰ 式鼎口沿。夹砂灰陶。（图 5-1-37F）

H206①：27，Aa 型鼎口沿。夹砂灰陶。腹部横向细绳纹不清晰。口径 24.8 厘米。（图 5-1-37F）

H206①：28，Cb 型罐口沿。泥质灰色硬陶。（图 5-1-37H）

H206①：29，Aa 型盆口沿。泥质黑陶。颈部一周弦纹，腹部饰斜方格纹。（图 5-1-37G）

H206①：30，Aa 型鼎口沿。夹砂灰陶。腹部饰横向细绳纹。口径 22.8 厘米。（图 5-1-37F）

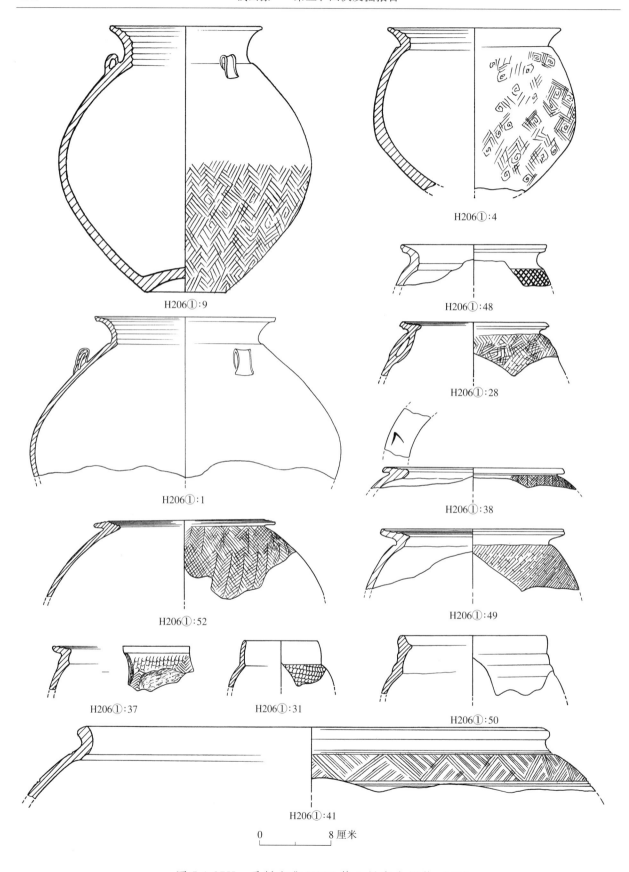

H206①:9

H206①:4

H206①:48

H206①:1

H206①:28

H206①:38

H206①:52

H206①:49

H206①:37

H206①:31

H206①:50

H206①:41

0　　　　　8厘米

图 5-1-37H　马桥文化 H206 第 1 层出土器物（三）

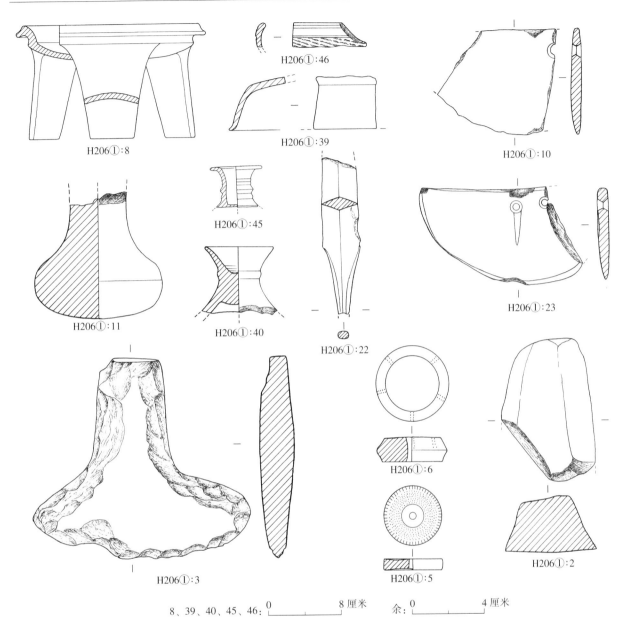

图 5-1-37I　马桥文化 H206 第 1 层出土器物（四）

H206①：31，Ha 型罐口沿。泥质灰色硬陶。（图 5-1-37H）

H206①：32，BfⅠ式鼎口沿。粗泥红陶，表有透气小孔。腹部饰篮纹。（图 5-1-37F）

H206①：33，AbⅠ式鼎口沿。夹砂红陶。腹部饰斜向细绳纹。口径 20 厘米。（图 5-1-37F）

H206①：34，AbⅠ式鼎口沿。夹砂灰褐陶。腹部纹饰不清。口径 19.2 厘米。（图 5-1-37F）

H206①：35，AbⅠ式鼎口沿。夹砂灰陶。腹部饰横向细绳纹。口径 24 厘米。（图 5-1-37F）

H206①：36，甗口沿。夹砂灰陶。口径 16.6 厘米。（图 5-1-37G）

H206①：37，Dd 型罐口沿。泥质橘黄陶。沿面有旋纹，腹部纹饰模糊。（图 5-1-37H）

H206①：38，Cb 型罐口沿。泥质红褐色硬陶。沿面有一刻划陶文。（图 5-1-37H）

H206①：39，器盖残片。粗泥灰陶，有透气细孔。（图 5-1-37I）

H206①：40，Aa 型器盖纽。原始瓷，灰白胎。内壁似有釉。纽径 7.2 厘米。（图 5-1-37I）

H206①：41，B 型夹砂罐口沿。夹砂灰陶。系钱山漾二期文化遗存遗留物。（图 5-1-37H）

H206①：42，Aa I 式豆盘。泥质灰黄陶。敞口，折腹。口沿下有多周弦纹。口径 18 厘米。（图 5-1-37G）

H206①：43，Aa I 式豆。泥质灰陶。口沿和柄底略残。（图 5-1-37G）

H206①：44，B 型釜口沿。夹砂灰黑陶。系钱山漾二期文化遗存遗留物。（图 5-1-37G）

H206①：45，B 型器盖纽。泥质灰陶。纽径 5.6 厘米。（图 5-1-37I）

H206①：46，钵口沿。泥质灰陶。弧敛口。腹部饰斜向绳纹。（图 5-1-37I）

H206①：47，Bb 型鼎残片。夹砂灰褐陶。腹部饰篮纹。（图 5-1-37F）

H206①：48，B 型罐口沿。泥质红褐色硬陶。腹部饰斜方格纹。口径 15.8 厘米。（图 5-1-37H）

H206①：49，Db 型罐口沿。泥质橘红陶。（图 5-1-37H）

H206①：50，B 型罐口沿。夹砂红陶。口径 16 厘米。（图 5-1-37H）

H206①：51，Aa 型盆口沿。泥质灰陶。颈部有二道弦纹，腹部饰斜方格纹。口径 26 厘米。（图 5-1-37G）

H206①：52，Cb 型罐口沿。泥质橘红陶。（图 5-1-37H）

H206①：53，Aa 型盆口沿。泥质灰陶。颈部有二道弦纹，腹部饰斜方格纹。（图 5-1-37G）

H206①：54，Aa 型鼎口沿。夹砂灰陶。沿面二道旋纹，腹部饰横向细绳纹。口径 24 厘米。（图 5-1-37F）

H206①：55，Aa 型鼎口沿。夹砂灰陶。沿面有旋纹，腹部饰横向细绳纹。口径 22 厘米。（图 5-1-37F）

H206①：56，Aa 型鼎口沿。夹砂灰陶。腹部饰横向细绳纹。口径 19.6 厘米。（图 5-1-37F）

H206①：57，Aa I 式鼎口沿。夹砂灰陶。平折沿，沿面有多道弦纹。腹部饰斜向绳纹。口径 22.8 厘米。（图 5-1-37F）

H206①：58，Bc 型甗。夹砂红陶。下部残。（图 5-1-37G）

H206①：85，豆柄。泥质黑陶。柄上端一周凸棱和凹弦纹，柄中部略缩呈矩形。系钱山漾二期文化遗存遗留物。（图 5-1-37G）

　　Ⅲ型　13 个。灰坑平面形状均为不规则的椭圆形或圆角长方形，形制较大，普遍较深。坑内的堆积有多层，并呈凹弧状，反映其逐渐被填埋的过程。举 4 例。

H101

　　位于 T0903 的南部和 T0902 的北部。开口于第 2A 层下，打破第 6A、7B、8、12、13、生土层和 F3 墙槽。坑口直径 2.28～3.6、深 1 米。坑壁斜弧，圜底。（图 5-1-38；彩版四六：1）

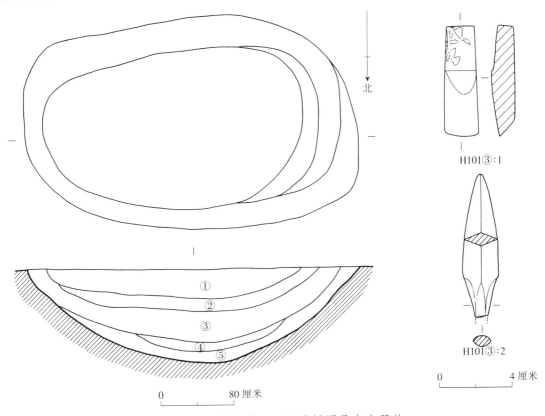

图 5-1-38　马桥文化 H101 平剖图及出土器物

坑内堆积可分 5 层：

第 1 层为灰褐色土。

第 2 层为深灰褐色土。

第 3 层为灰黑色土，夹杂有草木灰。该层中又有若干灰黑色土与黄褐色土相间的凹弧形薄层，野外没有区分。

第 4 层为青灰色土。

第 5 层为灰黑色土，夹杂有草木灰。

包含物有陶片和石器。陶片均细碎，石器器形有锛和镞。（图 5-1-38）

H101③：1，Bb 型石锛。灰色石质。精磨。（彩版九七：9）

H101③：2，Ab 型石镞。灰黑色泥岩。铤部略残。（彩版一〇五：3）

H102

位于 T0902 的东北部和 T0903 东南部。开口于第 2A 层下，打破第 6A、7B、10、12、13、生土层和 F3 墙槽。坑口直径 2.2～2.97、深 1.16 米。坑壁较陡直，底近平。（图 5-1-39A；彩版四六：2）

坑内堆积可分 10 层：

第 1 层为灰褐色土，夹杂红烧土颗粒，质地较硬。

第 2 层为深灰褐色土。

第 3 层为灰褐色土，质地疏松，较黏。

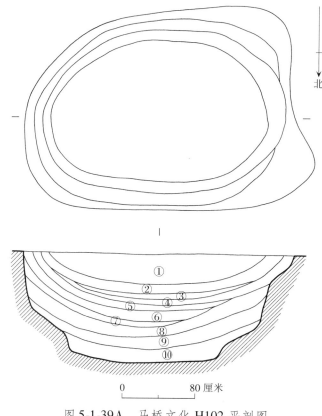

图 5-1-39A　马桥文化 H102 平剖图

第 4 层为黄绿色斑土，夹杂少量红烧土颗粒。

第 5 层为灰黑色土，土质较疏松，夹杂有大量草木灰。

第 6 层为灰褐色黏土。

第 7 层为黑色土，夹杂草木灰。

第 8 层为浅灰褐色土，夹杂有红烧土颗粒。

第 9 层为灰黑色黏土，夹杂大量草木灰。

第 10 层为青灰色淤泥，土质较纯净。

包含物有陶器和石器。器形有陶鼎、甗、盆、罐、钵和石刀、镞等。（图 5-1-39B）

H102③：1，AaⅢ式盆口沿。泥质灰陶。侈口，翻贴缘，肩微鼓，瘦弧腹。颈部饰凹弦纹，腹部饰方格纹。

H102④：2，B 型钵。泥质紫褐色硬陶。（彩版八八：2）

H102④：3，Ab 型石刀。灰黑色板岩。残。

H102⑤：4，Bc 型石镞。灰黄色板岩。铤部残。（彩版一〇六：1）

H102⑥：5，Aa 型甗。夹砂灰陶。下部残。

H102⑧：6，AaⅡ式盆。泥质灰陶。底残。颈部多周弦纹，肩腹部饰方格纹。口径 32 厘米。

H102⑨：7，AbⅢ式石刀。灰黑色粉砂质泥岩。精磨。残。（彩版一〇一：4）

H102①：8，Ae 型鼎。夹砂灰褐陶。（彩版五六：4）

H102③:1

H102⑧:6

H102④:2

H102⑤:4

H102④:3

H102⑥:5

H102①:8

H102⑨:7

H102①:10

H102①:9

3、4、7: 0 _____ 4厘米

9: 0 _____ 12厘米

余: 0 _____ 8厘米

图 5-1-39B　马桥文化 H102 出土器物

H102①：9，Ca 型罐。泥质红褐色硬陶。器形较大。（彩版七三：5）

H102①：10，B 型罐。夹砂红陶，局部黑色。底残。

H105

位于 T1003 的中南部。开口于第 2A 层下，打破第 6A、7B、10、12、13、生土层和遗迹 H106、H107、H126、H127、F3 墙槽。坑口直径 1.8 ~ 3.05、深 0.86 米。坑壁斜直，底近平。（图 5-1-40；彩版四五：2）

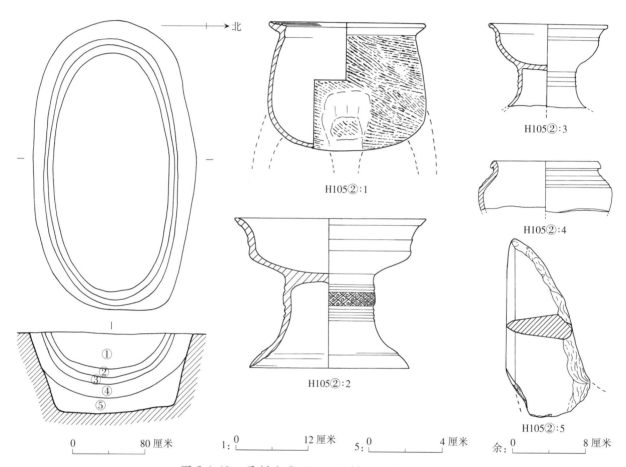

图 5-1-40　马桥文化 H105 平剖图及出土器物

坑内堆积可分 5 层：

第 1 层为灰褐色土，夹杂黄褐斑土和红烧土颗粒，质地较硬。

第 2 层为浅灰褐色土。

第 3 层为黄褐色土，夹杂红烧土颗粒。

第 4 层为灰黑色土，夹杂有红烧土颗粒和草木灰，土质较软。

第 5 层为青灰色土，质黏。

包含物有陶片和石器。器形有陶鼎、豆、罐和石犁等。

H105②：1，Aa I 式鼎。夹砂灰陶。舌形足残。

H105②：2，Ab I 式豆。泥质灰陶。（彩版六三：2）

H105②：3，E 型豆。泥质灰陶。柄底端残。（彩版六五：2）

H105②：4，GⅠ式罐口沿。泥质灰陶。

H105②：5，石犁残件。黑色石质。

H201

位于 T08 的东南部及往东扩方处，灰坑还往东、往南伸出发掘区外，未清理。开口于第 2A 层下，打破第 3、12 层和生土层。坑口为不规则形，残长 2.84、宽 1.86、深 0.84 米。坑壁斜弧，底近平。（图 5-1-41A；彩版四五：3）

坑内堆积可分 5 层：

第 1 层为深灰褐色土，夹杂少量红烧土颗粒。

第 2 层为黄绿色土。

第 3 层为黑色土，夹杂大量草木灰。

第 4 层为灰黑色土，质地软，夹杂少量红烧土颗粒和草木灰。

第 5 层为青灰褐斑土。

包含物有陶片和石器，器形有陶鼎、鬶、罐、豆、盆、篡形器、瓠、器盖、纺轮和石锛、镞、刀等。（图 5-1-41B～E）

第 5 层出土器物（图 5-1-41B）：

H201⑤：40，D 型鼎。粗泥灰黄陶。足残。器形小。

H201⑤：41，A 型鬶腹腰部。夹砂灰黑陶。束腰。上腹饰斜向绳纹，下腹饰横向绳纹。

H201⑤：42，罐口沿。泥质灰黄陶。

H201⑤：43，AcⅡ式鼎口沿。夹砂灰黑陶。腹部饰横向绳纹。口径 18.7 厘米。

H201⑤：44，AcⅡ式鼎口沿。夹砂红陶。腹部饰横向绳纹。口径 18.4 厘米。

H201⑤：45，鬶口沿（？）。夹砂红陶。器形少见。口径 22.8 厘米。

H201⑤：46，A 型罐口沿。夹砂红陶。沿面有旋纹，腹部横向绳纹依稀可见。口径 22.8 厘米。

H201⑤：47，Aa 型鬶。夹砂红陶。（彩版六一：3）

H201⑤：48，舌形足。夹砂灰陶。近足下腹部饰横向绳纹。

H201⑤：49，AcⅡ式鼎。夹砂灰陶。（彩版五六：3）

第 4 层出土器物（图 5-1-41C）：

H201④：5，AbⅡ式鼎。夹砂灰陶。足残。（彩版五六：2）

H201④：6，Aa 型石刀。灰色粉砂质泥岩。（彩版一〇〇：3）

H201④：7，Bb 型石镞。灰黑色泥岩。

H201④：8，Ca 型鼎。夹砂灰陶。足残。（彩版六〇：4）

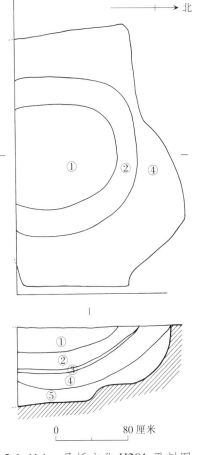

→北

0　　　　80厘米

图 5-1-41A　马桥文化 H201 平剖图

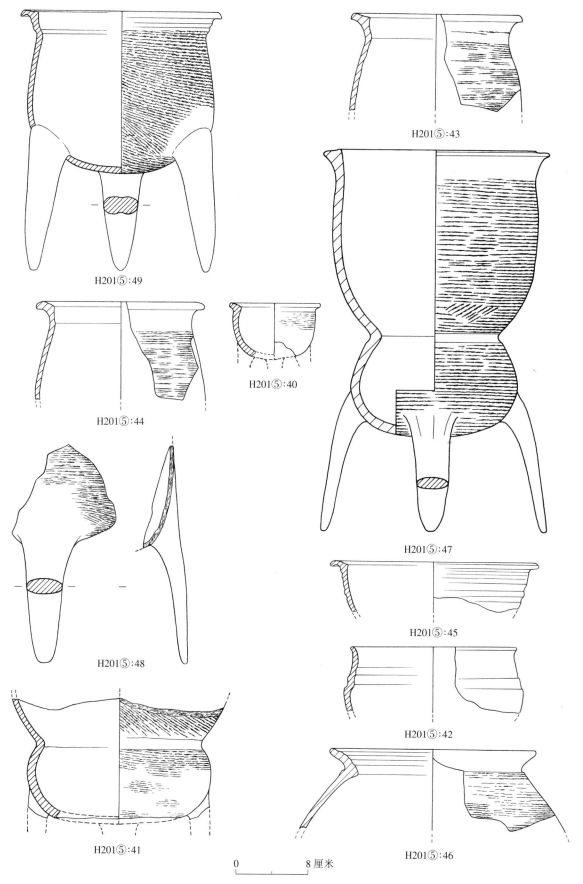

H201⑤:43

H201⑤:49

H201⑤:44

H201⑤:40

H201⑤:47

H201⑤:48

H201⑤:45

H201⑤:42

H201⑤:41

H201⑤:46

0　　　　　　8厘米

图5-1-41B　马桥文化 H201 第5层出土器物

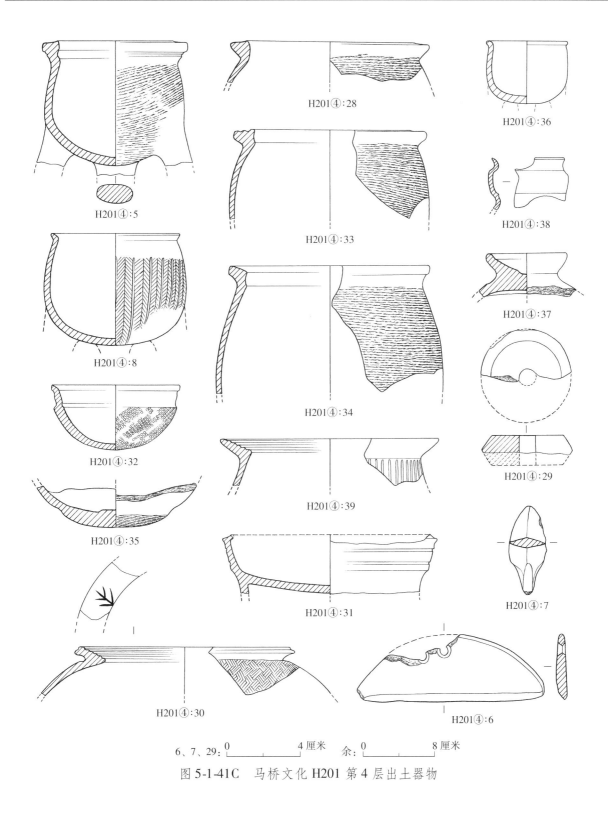

图 5-1-41C　马桥文化 H201 第 4 层出土器物

H201④:28，AbⅡ式鼎口沿。夹砂灰陶。腹部饰横向绳纹。口径 22 厘米。

H201④:29，A 型纺轮。泥质红陶。残。直径 4.9 厘米。

H201④:30，Cb 型罐口沿。泥质紫褐胎灰褐色硬陶。沿面有旋纹并有一刻划陶文，腹部

饰席纹。口径23.8厘米。（彩版五四：3）

H201④：31，B型簋形器。泥质黑陶。圈足残。

H201④：32，AbⅢ式盆。泥质灰黄陶。（彩版六八：4）

H201④：33，AbⅡ式鼎口沿。夹砂灰陶。腹部饰横向绳纹。口径21.2厘米。

H201④：34，AbⅡ式鼎口沿。夹砂红陶。腹部饰横向绳纹。口径22厘米。

H201④：35，罐底。夹砂灰黑陶。胎厚。凸圜底饰有绳纹。

H201④：36，D型鼎。夹砂红陶。足残。器形小，胎厚。

H201④：37，Aa型器盖纽。夹砂灰陶。残。纽径8.4厘米。

H201④：38，罐口沿。泥质灰陶。侈口，束颈，鼓肩。器形小巧少见。

H201④：39　BbⅢ式鼎口沿。夹砂红陶。沿面有旋纹，腹部饰竖向篮纹。口径24厘米。

第2层出土器物（图5-1-41D）：

H201②：17，B型瓠。泥质灰黄陶。上部残。

H201②：18，罐口沿。夹砂灰陶。腹部饰横向绳纹。口径15.8厘米。

H201②：19，Aa型豆柄。泥质灰黄陶。柄中部饰组合弦纹。

H201②：20，Ac型鼎口沿。夹砂灰陶。腹部饰横向绳纹。

H201②：21，Aa型豆柄。泥质黑陶。柄部饰云雷纹、弦纹和小圆点戳刻组合纹。

H201②：22，A型罐。夹砂灰陶。肩腹部饰叶脉纹。（彩版七九：5）

H201②：23，AaⅢ式盆口沿。泥质黑陶。领部有多道弦纹，腹部饰斜方格纹。

H201②：24，AbⅡ式鼎口沿。夹砂灰黑陶。腹部饰横向绳纹。口径20厘米。

H201②：25，AbⅡ式鼎口沿。夹砂灰陶。腹部饰横向绳纹。口径23.8厘米。

H201②：26，瓿口沿。夹砂灰陶。腹部饰横向绳纹。口径24.6厘米。

H201②：27，AcⅡ式鼎口沿。夹砂红陶。口径23.4厘米。

第1层出土器物（图5-1-41E）：

H201①：1，A型纺轮。泥质红陶。

H201①：2，残石器。灰黑色泥质粉砂岩。器形不明。残长8.1厘米。

H201①：3，罐底部。夹砂灰黄陶。

H201①：4，AaⅡ式豆盘。泥质灰黄陶。

H201①：9，A型石镞。紫红色杂砂岩。截面菱形。两端残。残长7.9厘米。

H201①：10，Aa型罐口沿。泥质紫褐胎灰褐色硬陶。沿面有密集制作旋纹，肩部纹饰模糊。口径14厘米。

H201①：11，Aa型鼎口沿。夹砂红陶。口径23.2厘米。

H201①：12，AbⅡ式鼎口沿。夹砂灰黑陶。腹部饰横向绳纹。口径14厘米。

H201①：13，Aa型器盖纽。夹砂灰陶。残。纽径8.4厘米。

H201①：14　AaⅢ式盆。泥质灰陶。底残。

H201①：15，Aa型罐口沿。原始瓷，灰白胎，黄褐色釉。沿面有旋纹。口径14厘米。

H201①：16，AbⅡ式鼎口沿。夹砂灰黑陶。腹部饰横向绳纹。

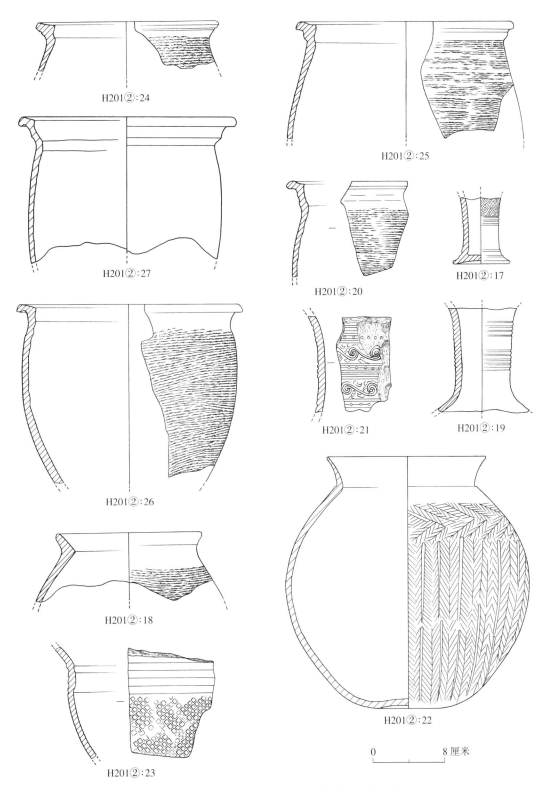

H201②:24

H201②:27

H201②:26

H201②:18

H201②:23

H201②:25

H201②:20

H201②:17

H201②:21

H201②:19

H201②:22

0 _____ 8厘米

图5-1-41D　马桥文化H201第2层出土器物

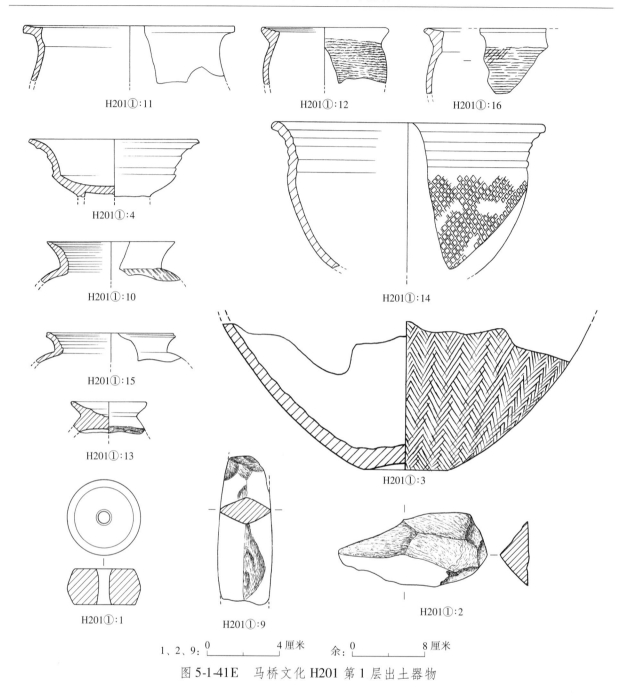

图 5-1-41E　马桥文化 H201 第 1 层出土器物

Ⅳ型　3 个。坑内近底部密集分布着陶片。

H79

位于 T0802 中西部。开口于第 2A 层下，打破第 4A 层。坑口平面近椭圆形，直径 1.13～ 1.16、深 0.21 米。坑壁斜弧，底略圜。坑内堆积为灰褐色土。坑内近底部发现有分布密集的 陶片和部分石器。（图 5-1-42A；彩版四七：1）

器形有陶鼎、甗、豆、罐、杯、拍和石刀、砺石等。（图 5-1-42B、C）

H79：1，陶拍。泥质橘黄陶。柄残。拍面有圆形凹窝和条纹。残高 3.2 厘米。（图 5-1- 42C）

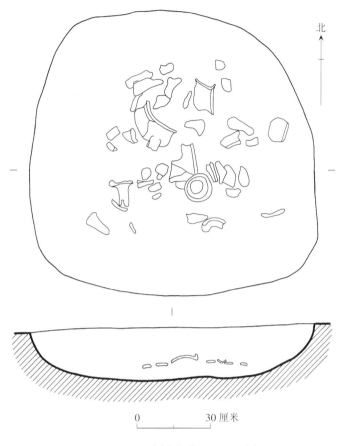

图 5-1-42A　马桥文化 H79 平剖图

H79：2，AbⅡ式石刀。灰黑色粉砂质泥岩。精磨。残。平背弧刃，一端略上翘。厚 0.5 厘米。（图 5-1-42C）

H79：3，BaⅡ式鼎。夹砂灰黄陶。（图 5-1-42B）

H79：4，Ab 型豆柄。泥质灰黄陶。柄部饰有组合凹弦纹。底径 19.8 厘米。（图 5-1-42C）

H79：5，BbⅡ式鼎。夹砂红陶。凹弧足残。（图 5-1-42B）

H79：6，BcⅡ式鼎。夹砂橘红陶。（图 5-1-42B；彩版五九：1）

H79：7，DaⅣ式豆。泥质灰陶。柄下部残。（图 5-1-42C）

H79：8，DaⅡ式豆。泥质橘红陶。（图 5-1-42C；彩版六四：4）

H79：9，B 型杯。泥质灰胎黑陶。口沿残。腹部一侧设竖向半环形把手。（图 5-1-42C）

H79：10，BfⅢ式鼎。夹砂红陶。（图 5-1-42B；彩版六〇：1，八九：1）

H79：11，Cb 型罐。泥质灰色硬陶。器形大，因过烧略变形扭曲。底残。（图 5-1-42C）

H79：12，A 型砺石。灰色石质。不规则形。两个磨砺面。（图 5-1-42C）

H79：13，Bd 型鼎。夹砂灰黄陶。（图 5-1-42B；彩版五九：3）

H79：14，Bb 型甗。夹砂橘红陶。（图 5-1-42B；彩版六二：5）

H79：15，BcⅠ式鼎。夹砂橘红陶。下腹和足残。（图 5-1-42B）

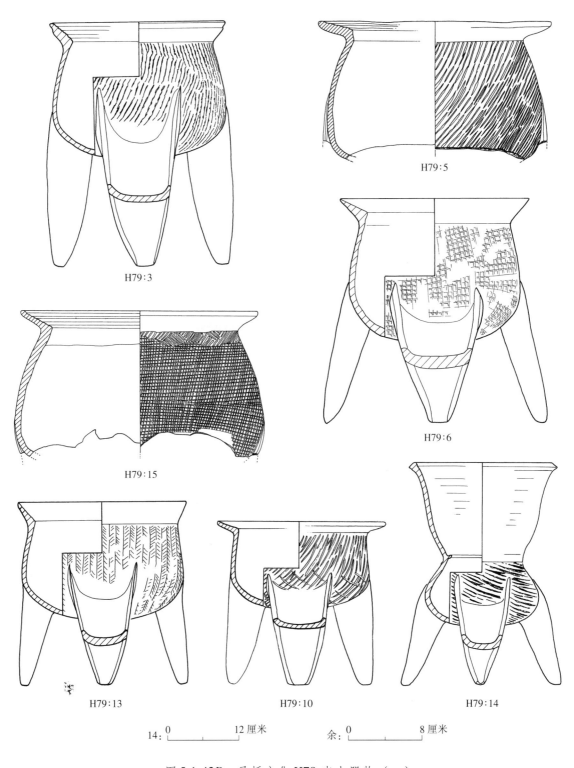

H79:3

H79:5

H79:6

H79:15

H79:13

H79:10

H79:14

14:　0 —— 12 厘米　　　余:　0 —— 8 厘米

图 5-1-42B　马桥文化 H79 出土器物 (一)

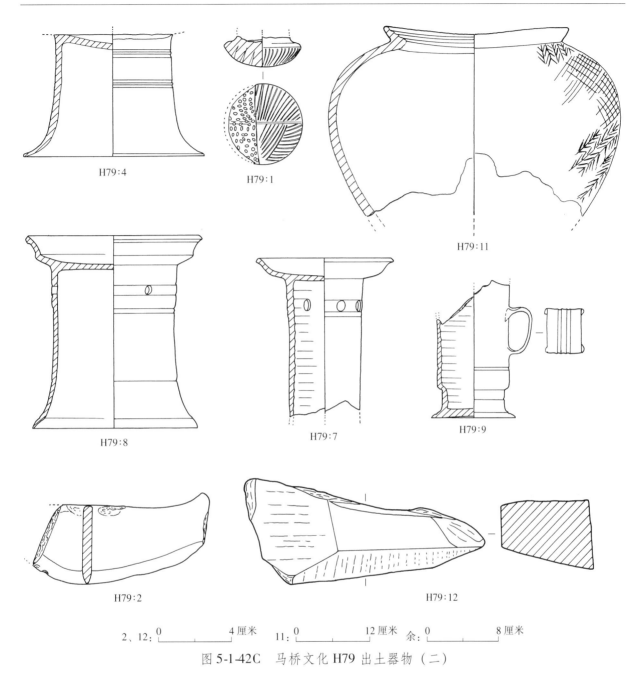

H79:4

H79:1

H79:11

H79:8

H79:7

H79:9

H79:2

H79:12

2、12：0 —— 4 厘米　　11：0 —— 12 厘米　　余：0 —— 8 厘米

图 5-1-42C　马桥文化 H79 出土器物（二）

H81

位于 T0802 西南部。开口于第 2A 层下，打破第 4A 层。坑口平面为不规则形。东西最长 1.78、南北最长 1.5、深 0.11 米。坑壁斜弧，底近平。坑内堆积为灰褐色土。（图 5-1-43A；彩版四七：2）

坑内近底部发现较多陶片，器形有鼎、罐、器盖等。（图 5-1-43B）

H81：1，Db I 式罐。泥质橘黄陶。沿面有多周旋纹，腹部饰凌乱席纹。（彩版七五：3）

H81：2，Ba III 式鼎。夹砂红陶。腹部一侧设扁条形把手，腹部饰斜向绳纹，圜底为交错绳纹。（彩版五七：6）

H81：3，Bc II 式鼎。夹砂灰黄陶。腹部和圜底均饰方格纹。（彩版五九：2）

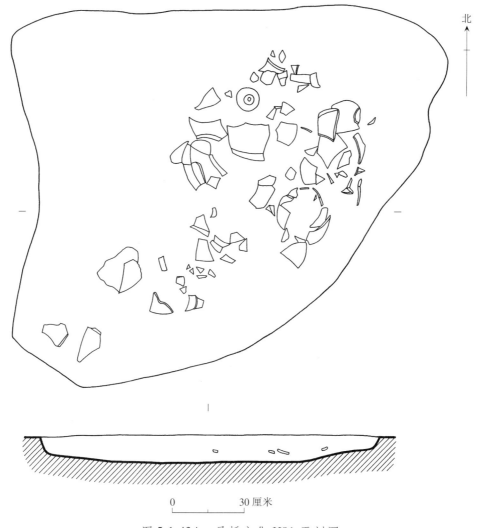

图 5-1-43A　马桥文化 H81 平剖图

　　H81：4，Dc 型罐。泥质灰褐色硬陶。口沿外壁一刻划陶文，腹部饰云雷纹。因过烧导致胎内充有气泡，器形略扭曲。（彩版五一：4，七五：6）

　　H81：5，Aa 型器盖。夹砂灰黄陶。（彩版九〇：1）

H107

　　位于 T1003 中部。第 2A 层下开口，打破第 6A 层和 H126、F3 墙槽，南部又被 H105 打破。坑口残呈不规则圆角近方形，残长 1.9～1.94、深 0.1 米。坑壁斜弧，坑底由北往南倾斜。坑内堆积为深灰褐土。（图 5-1-44A；彩版四八：1）

　　坑内近底部密集分布着陶片和少量石器。器形有陶鼎、甗、豆、罐、盉和石锛等。（图 5-1-44B～D）

　　H107：1，C 型簋形器。泥质灰黄胎黑衣陶。口沿残。盘腹和宽柄饰组合凹弦纹。（图 5-1-44C；彩版八一：6）

　　H107：2，C 型簋形器。泥质灰黄胎黑衣陶，黑衣脱落殆尽。腹部一侧有残留把手痕迹，腹部另饰凹弦纹。器形应与 H107：1 同。（图 5-1-44C）

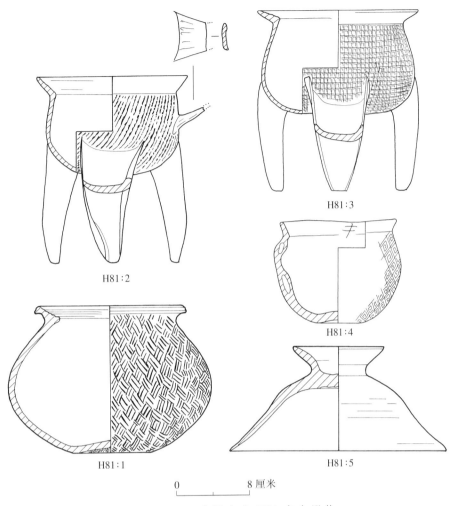

图 5-1-43B　马桥文化 H81 出土器物

H107：3，袋足盉。泥质灰陶。冲天嘴和桥形把残。（图 5-1-44D；彩版八五：5）

H107：4，Da 型豆柄。泥质灰胎黑衣陶。细高柄，柄上端饰凹弦纹和镂孔。（图 5-1-44B）

H107：5，BaⅢ式鼎。夹砂红陶。腹部饰斜向绳纹，圜底为交错绳纹。（图 5-1-44B；彩版五八：1）

H107：6，Aa 型石锛。浅灰色粉砂质泥岩。刃部残。（图 5-1-44C）

H107：7，BbⅢ式鼎。夹砂红陶。凹弧足下端略残。（图 5-1-44B；彩版五八：5）

H107：8，Da 型罐。泥质灰褐色硬陶。整器因过烧而变形。（图 5-1-44C）

H107：9，袋足盉。泥质灰胎黑陶。通高 28.6 厘米。（图 5-1-44D；彩版八五：4）

H107：10，DaⅡ式豆盘。泥质灰胎黑衣陶。粗柄残。口径 13.2、残高 3.2 厘米。（图 5-1-44B）

H107：11，DaⅡ式豆盘。泥质灰胎黑衣陶。把上部饰镂孔。（图 5-1-44B）

H107：12，DaⅢ式豆盘。泥质灰黄陶。粗柄下部残。柄上部饰凹弦纹。（图 5-1-44B）

H107：13，Hd 型豆盘。泥质灰黄陶。细高柄残。（图 5-1-44B）

H107：14，DaⅡ式豆。泥质灰黄陶。粗高柄下部残。（图 5-1-44B）

H107：15，Bb 型甗。夹砂橘红陶。下腹和圜底饰横向绳纹。（图 5-1-44B）

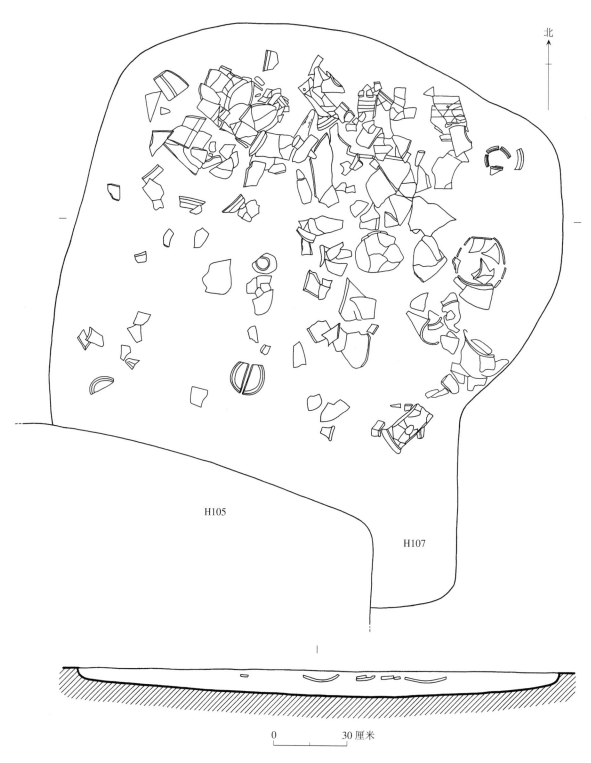

北

H105

H107

0　　　　　30厘米

图 5-1-44A　马桥文化 H107 平剖图

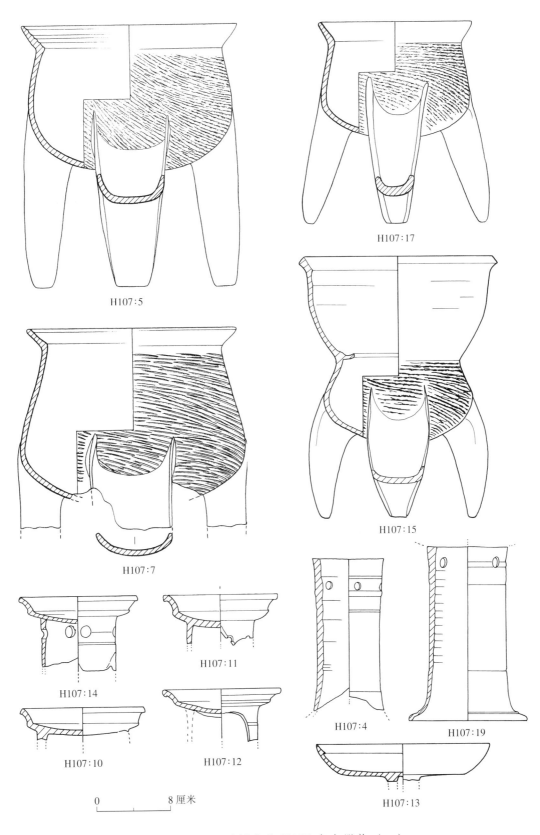

H107:5

H107:17

H107:7

H107:15

H107:14

H107:11

H107:10

H107:12

H107:4

H107:19

H107:13

0　　　　　8厘米

图 5-1-44B　马桥文化 H107 出土器物（一）

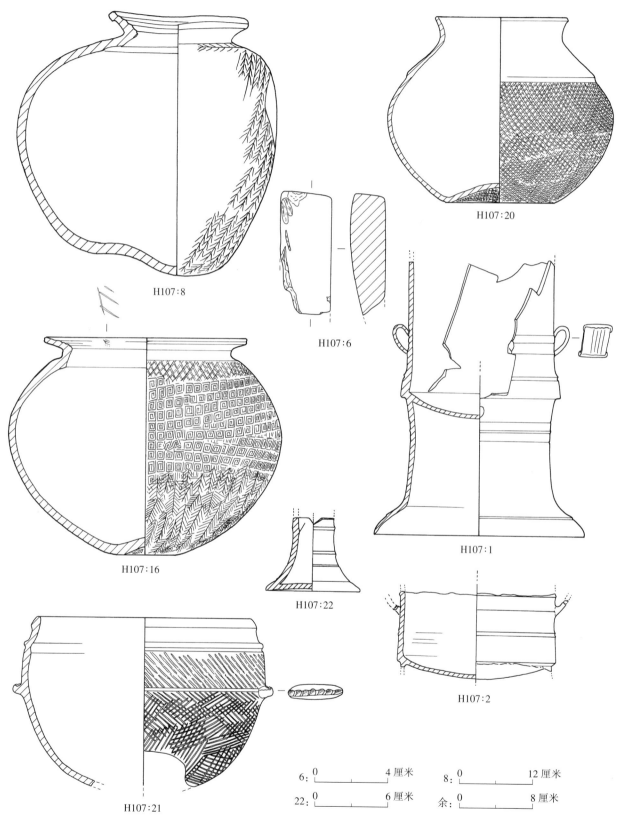

H107:8

H107:6

H107:20

H107:16

H107:22

H107:1

H107:21

H107:2

6:	0				4 厘米

22:	0				6 厘米

8:	0				12 厘米

余:	0				8 厘米

图 5-1-44C　马桥文化 H107 出土器物（二）

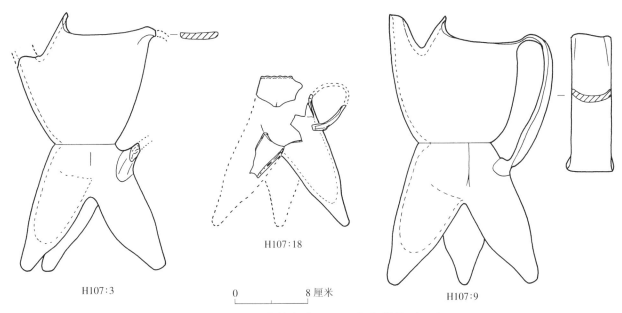

H107：3　　　　　　　　　H107：18　　　　　　　　　H107：9

0　　　　8厘米

图 5-1-44D　马桥文化 H107 出土器物（三）

H107：16，DbⅠ式罐。泥质橘黄陶。沿面有一刻划陶文。（图 5-1-44C；彩版七五：1）

H107：17，BaⅢ式鼎。夹砂红陶。腹部饰横向绳纹。（图 5-1-44B；彩版五八：2）

H107：18，盉的袋足。泥质黑陶。残存袋足。袋足上部有把手痕迹。器形应与 H107：9 相同。（图 5-1-44D）

H107：19，Da 型豆柄。泥质黑衣陶。柄部饰凹弦纹和镂孔。底径 13 厘米。（图 5-1-44B）

H107：20，Ag 型罐。泥质灰陶。（图 5-1-44C；彩版七三：3）

H107：21，Cb 型钵。泥质灰陶。底残。（图 5-1-44C；彩版八八：6）

H107：22，B 型瓠的底部。泥质黑陶。（图 5-1-44C）

Ⅴ型　1 个。坑内填红烧土。

H122

位于 T1003 中南部。开口于第 2A 层下，打破第 4B、6A、7B 层和遗迹 H127、F3 墙槽。坑口平面为不规则东西向圆角长方形，长 1.3、宽 0.56～0.85、深 0.4 米。坑壁斜壁，圜底。

坑内堆积可分 3 层：第 1 层为红烧土层，厚 0.07～0.25 米。出土的红烧土块有的有一个平整的面，有的中部可见木骨朽尽后的柱状小圆孔。第 2 层为黄绿色土，厚约 0.05～0.09 米。第 3 层为灰黑土，质地疏松，夹杂草木灰。包含物仅少量陶片。（图 5-1-45）

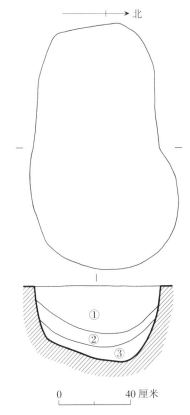

→ 北

①
②
③

0　　　　40厘米

图 5-1-45　马桥文化 H122 平剖图

第二节　文化遗物

钱山漾遗址第三、四次发掘出土的马桥文化时期遗物最为丰富，其中以陶器和原始瓷器、石器数量较多，有少量玉器、绿松石器、木器和其他有机质遗物等。

一　陶器和原始瓷器

1. 总述

（1）陶系

马桥文化的陶器陶色丰富，质地多样，火候也各不相同。根据质地，可以分夹砂陶、泥质陶、硬陶、粗泥陶和原始瓷等五大类。其中以夹砂陶数量最多（占 54.4%），其次是泥质陶（占 30%）、硬陶（占 12.5%）和粗泥陶（占 3%），原始瓷数量最少，仅 27 片（件）。（表 5-2-1）

表 5-2-1　马桥文化陶系和拍（压）印纹样统计表

	泥质							夹砂							粗泥陶	硬陶				原始瓷	合计	百分比
	灰陶	灰黄陶	黑陶	黑衣陶	红陶	橘黄陶	橘红陶	灰陶	灰黄陶	灰褐陶	灰黑陶	红陶	橘红陶	橘黄陶		灰色	灰褐色	红褐色	紫褐色			
绳纹	93	20	11	34	1	19	6	1045	2925	485	641	1131	882	16	146	15	14	14	7		7505	15.5
篮纹	34	18	12	12		31	7	106	618	38	37	109	270	17	176	14	33	19	10		1561	3.2
条纹	175	29	14	40	9	94	65	11	6	8	3		9		24	39	237	26	16		805	1.7
交错绳（篮）纹	25	1	5	6		1	3	99	244	40	27	151	53				12		2		671	1.4
方格纹	463	120	82	170	23	404	222	42	102	6	5	22	103	23		169	375	64	45		2440	5
条格纹	92	25	3	12	21	304	214	7	78	3		20	12	2		25	283	64	40		1205	2.5
折线纹	26	13	3		3	147	248	9	19			25				38	280	178	89	7	1096	2.3
叶脉纹	36	75	4	5	54	767	676	44	102	1			11	18	5	28	995	183	146		3150	6.5
席纹	14	16	2	1	2	223	146	18	4	4		33				20	146	41	19	1	690	1.4
云雷纹	55	23	20	44	5	152	43		33						2	128	55	12		3	575	1.2
叶脉纹+方格纹	1	8	1			31	25				3					35	7	14			125	0.3
云雷纹+方格纹	1					18	1	24	4	2	2	2				10	1	1			66	0.1
叶脉纹+席纹		1				19	5		1							9	3				37	0.1
叶脉纹+条格纹		1			1	5	18		1							10	1	2			39	0.1
云雷纹+叶脉纹						1	1	1					17			24					45	0.1

续表 5-2-1

	泥质							夹砂							粗泥陶	硬陶				原始瓷	合计	百分比
	灰陶	灰黄陶	黑陶	黑衣陶	红陶	橘黄陶	橘红陶	灰陶	灰黄陶	灰褐陶	灰黑陶	红陶	橘红陶	橘黄陶		灰色	灰褐色	红褐色	紫褐色			
其他				4	18	14		1									17	4	2		60	0.1
素面	3001	837	615	2355	89	940	808	2251	6563	1023	609	3406	2406	152	1122	428	1092	350	161	16	28341	58.5
合计	4016	1187	772	2679	213	3174	2502	3633	10720	1616	1327	4993	3813	215	1472	776	3700	1010	566	27	48411	100
百分比	8.3	2.5	1.6	5.4	0.4	6.6	5.2	7.5	22.2	3.3	2.8	10.3	7.9	0.4	3	1.6	7.6	2.1	1.2	0.1	100%	
	30%（合计14543）							54.4%（合计26317）							3%	12.5%（合计6052）				0.1%	100%	

泥质陶有泥质灰陶、泥质灰黄陶、泥质黑陶、泥质黑衣陶、泥质红陶、泥质橘黄陶和泥质橘红陶等，其中以泥质灰陶数量最多，泥质橘黄陶、黑衣陶、橘红陶次之。泥质灰陶、泥质灰黄陶、泥质黑陶、泥质黑衣陶和泥质红陶火候较低，与一般意义上的新石器时代泥质陶质地接近。器类上主要有豆、盆、簋形器、三足盘、瓦足皿、瓿、觯、袋足盉、钵、器盖、纺轮等。泥质橘红陶、泥质橘黄陶大都火候稍高，介于前述泥质灰陶、灰黄陶等与硬陶之间。器类上主要以罐为主，有少量的盆、钵和三足盘。也有部分泥质橘黄陶和泥质橘红陶的豆，火候及硬度不高。

夹砂陶有夹砂灰陶、夹砂灰黄陶、夹砂灰褐陶、夹砂灰黑陶、夹砂红陶、夹砂橘红陶和夹砂橘黄陶等，其中以夹砂灰黄陶数量最多，夹砂红陶、橘红陶和灰陶次之。器类上主要有鼎、瓿、罐、器盖、陶拍、网坠等。其中凹弧足的鼎或瓿中，夹砂橘红陶和夹砂橘黄陶数量较多。

粗泥陶的颜色有粗泥灰陶、粗泥红陶、粗泥灰黑陶等。器类上主要有凹弧足鼎、器盖、罐和钵等。

硬陶有灰色硬陶、灰褐色硬陶、红褐色硬陶和紫褐色硬陶等，其中以灰褐色硬陶数量最多，红褐色、紫褐色和灰色硬陶次之。器类上主要有罐、豆、壶、觯、盆、器盖等。部分硬陶器口沿及肩腹部可见点状釉斑。

原始瓷一般为灰白色胎，器身常可见黄褐色薄釉。器类有罐、壶、觯、器盖、豆和三足盘等。（彩版四八：2）

（2）制法

陶器的制作成型方法主要有泥条盘筑加慢轮修整和轮制两种，少量个体较小的非实用器为手工捏制而成。采用泥条盘筑加慢轮修整的陶器主要有罐、鼎、瓿等。采用轮制方法制成的陶器有豆、簋、瓿、觯、器盖等，器形工整对称，可以反映马桥文化时期不低的制陶水平和工艺。与太湖地区新石器时代时期先民不同的是，马桥文化先民在陶器烧制方面的关注及追求显然转移到了陶器的火候、硬度及耐用性上，大量更加耐用的硬陶器涌现，并开始出现了原始瓷器。但，这种尝试与探索的结果是导致不少器物因过烧而变形扭曲，从而给一些研究者一个马桥文化陶器制作技术水平比较落后的错误印象。

（3）装饰

陶器的装饰方法多种，有拍印、滚印、压印、刻划、戳刻、剔刻、镂孔等。拍印或滚印的纹样按流行程度依次为绳纹、叶脉纹、方格纹、篮纹、条格纹、折线纹、条纹、席纹、交错绳（篮）纹、云雷纹和少量菱格纹等，还有部分两种或两种以上的拍印组合纹样。压印的纹样主要有云雷纹、圆圈纹、鱼鸟纹等，其中压印的云雷纹一般呈一周带状分布，形态上可分菱形云雷纹、斜云雷纹和变体云雷纹。据统计，有拍印（或压印）纹样装饰的陶片约占陶片总量的41.5%。

1）绳纹

多见于夹砂陶的炊器如鼎和甗的腹部，泥质陶钵或罐的腹部也可见到。绳纹有粗细之分，横向或斜向的较为常见，少量为竖向绳纹。

H206②：111，夹砂灰褐陶。横向绳纹。（图5-2-1：1）

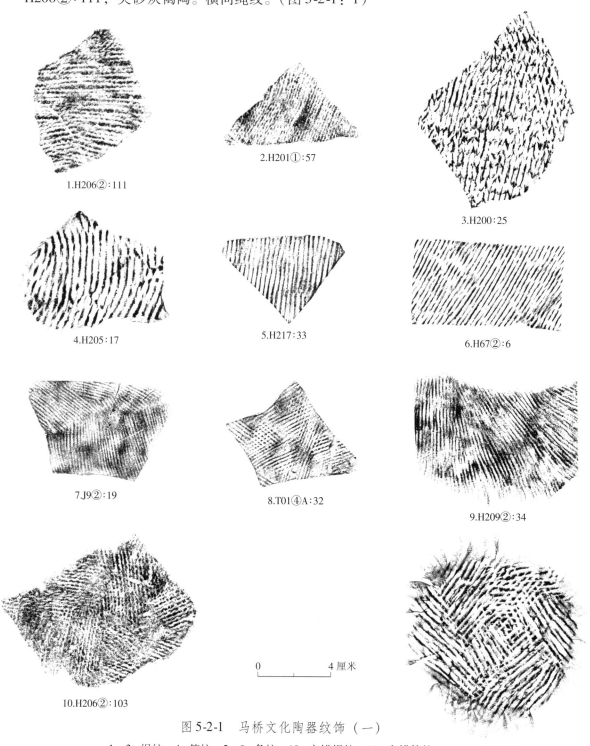

1.H206②：111

2.H201①：57

3.H200：25

4.H205：17

5.H217：33

6.H67②：6

7.J9②：19

8.T01④A：32

9.H209②：34

10.H206②：103

0   4厘米

11.H89：23

图 5-2-1　马桥文化陶器纹饰（一）

1～3. 绳纹　4. 篮纹　5～9. 条纹　10. 交错绳纹　11. 交错篮纹

H201①：57，夹砂灰黑陶。斜向细绳纹。（图5-2-1：2）

H200：25，泥质紫褐胎灰褐色硬陶。竖向粗绳纹。（图5-2-1：3）

2）篮纹

多见于凹弧足鼎或甗腹部，少量见于泥质灰陶钵或盆的腹部。

H205：17，夹砂橘黄陶。（图5-2-1：4）

3）条纹

多见于鸭形壶和泥质罐、钵的腹部。条纹有斜向、竖向及粗细之分。

H217：33，灰色硬陶。竖向条纹。（图5-2-1：5）

H67②：6，泥质灰色硬陶。斜向条纹。（图5-2-1：6）

J9②：19，泥质灰黄陶。细条纹，局部相交。（图5-2-1：7）

T01④A：32，泥质灰色硬陶。细条纹交错。（图5-2-1：8）

H209②：34，泥质橘红陶。罐腹部。斜向条纹。（图5-2-1：9）

4）交错绳（篮）纹

多见于鼎、甗的圜底部，少量见于夹砂或泥质罐的凹底。

H206②：103，夹砂灰陶罐的凹底。交错绳纹。（图5-2-1：10）

H89：23，夹砂灰陶。圜底为交错篮纹。（图5-2-1：11）

5）方格纹

多见于泥质陶盆、罐的腹部。方格有正斜、大小区别，拍印有深有浅。

H206②：15，泥质灰陶。盆腹部。斜方格纹，最为常见。（图5-2-2：1）

H202：13，泥质紫褐胎灰色硬陶。大方格，拍印较深。（图5-2-2：2）

H201①：54，泥质红褐色硬陶。大方格，拍印较浅。（图5-2-2：3）

H209①：46，泥质灰陶。斜方格纹，方格略小。（图5-2-2：4）

H201②：60，泥质紫褐胎灰褐色硬陶。细方格纹。（图5-2-2：5）

6）条格纹

多见于泥质罐的腹部，少量见于夹砂陶凹弧足鼎腹部。长条形格，有粗细、整齐与凌乱之分。

H206②：16，泥质紫褐色硬陶。罐。斜向条格较疏而凌乱。（图5-2-2：6）

H217：35，泥质紫褐色硬陶。竖向条格极细，排列凌乱。（图5-2-2：7）

H199：15，泥质紫褐色硬陶。条格较明确而整齐。（图5-2-2：8）

H209①：41，泥质紫褐胎灰色硬陶。条格排列整齐，接近方格纹。（图5-2-2：9）

H209①：33，夹砂灰黄陶。鼎腹部。粗条格排列整齐。（图5-2-2：10）

7）折线纹

多见于泥质罐的腹部，特别是泥质橘红陶、泥质橘黄陶罐的数量较多，还有少量见于原始瓷罐、壶和夹砂陶罐的腹部。纹样既有粗细、整齐与凌乱之分，又有近水波纹弧折线与直折线之别，折线纹折角还有锐角和钝角不同。

T1001④B：152，泥质橘红陶。水波纹状，粗线，锐角。（图5-2-3：1）

H16：6，泥质红褐色硬陶。线稍细，锐角。（图5-2-3：2）

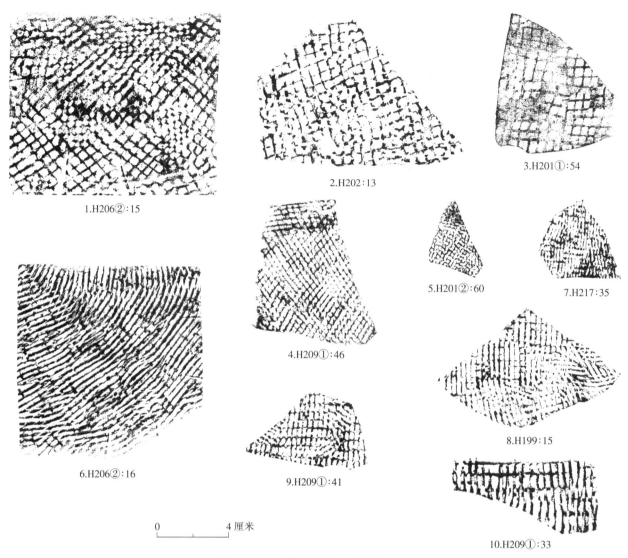

图 5-2-2　马桥文化陶器纹饰（二）

1～5. 方格纹　6～10. 条格纹

　　H213：7，灰色硬陶。线较直，纹样整齐，锐角。（图5-2-3：3）

　　H209②：48，泥质橘黄陶。线较细，纹样整齐，近直角。（图5-2-3：4）

　　J9③：22，泥质红褐色硬陶。线较细，钝角。（图5-2-3：5）

　　T01④A：28，泥质红陶。纹样显凌乱。（图5-2-3：6）

　　H175：11，红褐色硬陶罐的凹底。折线纹凌乱。（图5-2-3：7）

　　8）席纹

　　多见于泥质罐的腹部，部分见于凹弧足鼎腹部，个别见于夹砂罐腹部。一般由3～4道短线纵横交织，个别的有5道甚至6道线。席纹个体有大有小，纹路有正有斜，整体纹样有整齐也有凌乱。

　　H177：15，夹砂红陶罐的腹部残片。席纹较大。（图5-2-4：1）

　　H193②：23，泥质红陶。席纹较大，排列略松。（图5-2-4：2）

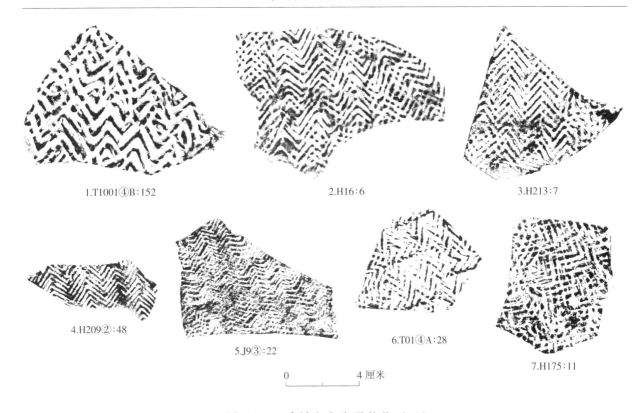

1.T1001④B:152　　　　　　2.H16:6　　　　　　3.H213:7

4.H209②:48

5.J9③:22

6.T01④A:28

7.H175:11

0　　　　4 厘米

图 5-2-3　马桥文化陶器纹饰（三）

1~7. 折线纹

J8②:14，泥质橘黄陶。席纹较正而整齐。（图 5-2-4：3）

G13:7，泥质橘黄陶。纹路较斜呈菱形。（图 5-2-4：4）

H34:13，泥质红褐色硬陶。纹样凌乱。（图 5-2-4：5）

T02④B:90，原始瓷腹片。灰白胎，黄褐色釉。席纹个体小，纹样凌乱。（图 5-2-4：6）

9）叶脉纹

多见于各类泥质陶罐的腹部，少量见于盆、凹弧足鼎、夹砂罐腹部。形态及排列上有粗细、深浅、整齐和凌乱等区别。

H26:20，泥质橘红陶。罐腹部。斜向粗叶脉纹。（图 5-2-5：1）

H193②:11，泥质红褐色硬陶。罐腹部。叶脉纹粗犷凌乱。（图 5-2-5：2）

H193②:24，泥质橘黄陶。罐腹片。叶脉纹大小中等，方向不一。（图 5-2-5：3）

H26:36，泥质橘黄陶。叶脉纹细而整齐。（图 5-2-5：4）

H204①:10，泥质橘红陶。罐腹片。细叶脉纹。（图 5-2-5：5）

H203:12，泥质橘黄陶。罐腹片。叶脉纹细而浅。（图 5-2-5：6）

T02④B:86，泥质紫褐色硬陶。罐腹片。叶脉纹浅而凌乱。（图 5-2-5：7）

10）拍印云雷纹

多见于泥质陶罐的腹部，少量见于盆的腹部。具体形态上也多有不同。

H141:2，泥质灰胎黑陶罐。云雷纹个体较大。（图 5-2-6：1）

H209①:7，泥质红褐色硬陶罐。云雷纹个体较大，形态较松。（图 5-2-6：2）

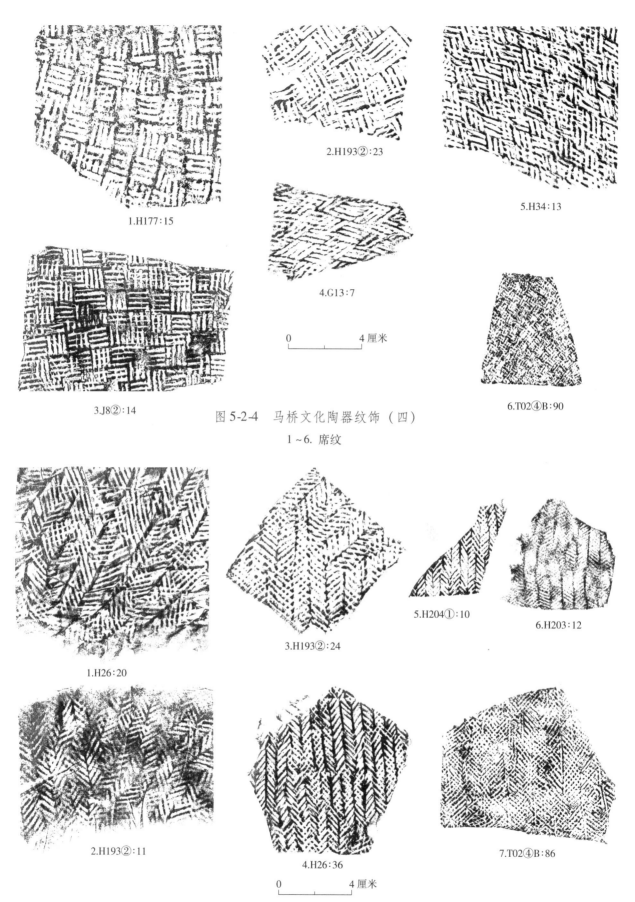

1.H177：15

2.H193②：23

5.H34：13

4.G13：7

3.J8②：14

0　　　　　4厘米

6.T02④B：90

图 5-2-4　马桥文化陶器纹饰（四）

1～6. 席纹

1.H26：20

3.H193②：24

5.H204①：10

6.H203：12

2.H193②：11

4.H26：36

7.T02④B：86

0　　　　　4厘米

图 5-2-5　马桥文化陶器纹饰（五）

1～7. 叶脉纹

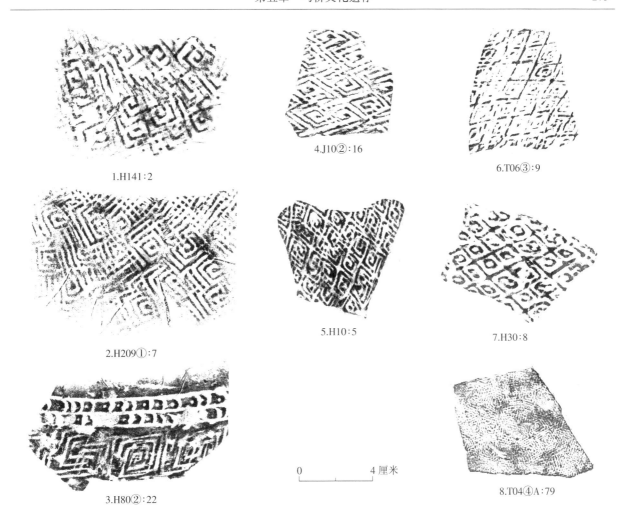

1.H141：2

4.J10②：16

6.T06③：9

2.H209①：7

5.H10：5

7.H30：8

3.H80②：22

0　　　　　4 厘米

8.T04④A：79

图 5-2-6　马桥文化陶器纹饰（六）

1~8. 拍印云雷纹

　　H80②：22，泥质橘黄陶。云雷纹个体大，上部并饰二周锯齿状堆纹。（图 5-2-6：3）

　　J10②：16，泥质橘黄陶。云雷纹个体稍小。（图 5-2-6：4）

　　H10：5，泥质黑陶。（图 5-2-6：5）

　　T06③：9，泥质橘黄陶。云雷纹个体较小，排列整齐。（图 5-2-6：6）

　　H30：8，泥质橘黄陶。略变异，近回纹。（图 5-2-6：7）

　　T04④A：79，泥质灰色硬陶。云雷纹浅细，个体小。（图 5-2-6：8）

　　11）压印云雷纹

　　往往呈一周带状分布，多见于豆的柄部和瓿、觯的腹部，少量也出现在罐的肩部、杯的
腹部和陶器的把部。具体在形态上可分为菱形云雷纹、斜云雷纹和形态各异的卷云状变体云
雷纹等三种。

　　H209②：37，泥质灰黄陶。豆柄。菱形云雷纹。（图 5-2-7：1）

　　H206②：25，泥质灰陶。豆柄。菱形云雷纹。（图 5-2-7：2）

　　H77：1，泥质灰陶。罐肩部。斜云雷纹。（图 5-2-7：3）

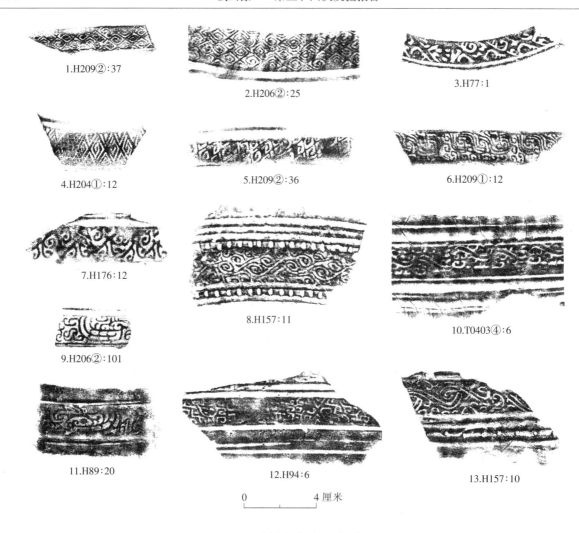

图 5-2-7　马桥文化陶器纹饰（七）

1、2、4. 菱形云雷纹　3、5~8. 斜云雷纹　9~13. 变体云雷纹

H204①：12，泥质黑衣陶。菱形云雷纹。（图 5-2-7：4）

H209②：36，泥质灰陶。豆柄。斜云雷纹。（图 5-2-7：5）

H209①：12，泥质灰陶。豆柄。斜云雷纹。（图 5-2-7：6）

H176：12，泥质黄胎黑衣陶。豆柄。斜云雷纹。（图 5-2-7：7）

H157：11，泥质灰陶。豆柄。斜云雷纹。（图 5-2-7：8）

H206②：101，泥质黑陶。变体云雷纹。（图 5-2-7：9）

T0403④：6，泥质灰陶。豆柄。变体云雷纹。（图 5-2-7：10）

H89：20，泥质黑衣陶。器把正面。变体云雷纹。（图 5-2-7：11）

H94：6，泥质黑陶。豆柄。变体云雷纹。（图 5-2-7：12）

H157：10，泥质灰陶。豆柄。变体云雷纹。（图 5-2-7：13）

12）拍印组合纹

一般由二种纹样组合而成，少量可见三种纹样组合。多见于泥质罐的腹部。

H148：9，泥质灰褐色硬陶。方格纹和叶脉纹组合。（图 5-2-8：1）

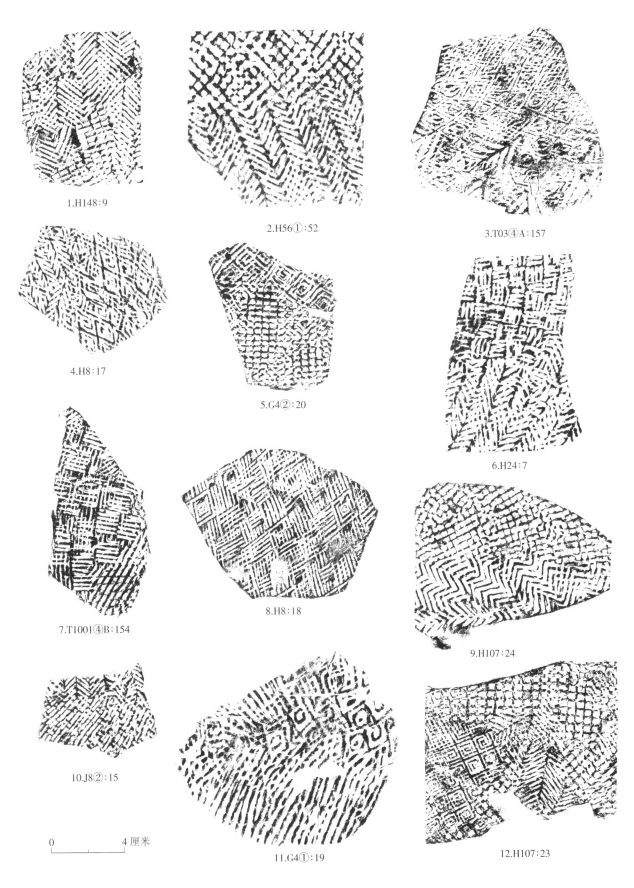

1.H148:9

2.H56①:52

3.T03④A:157

4.H8:17

5.G4②:20

6.H24:7

7.T1001④B:154

8.H8:18

9.H107:24

10.J8②:15

11.G4①:19

12.H107:23

0   4厘米

图 5-2-8 马桥文化陶器纹饰（八）

1、2. 方格纹＋叶脉纹 3、4. 云雷纹＋叶脉纹 5. 云雷纹＋方格纹 6. 席纹＋叶脉纹 7. 席纹＋菱格纹 8. 席纹中
夹杂少量云雷纹 9. 方格纹＋折线纹 10. 叶脉纹＋条格纹 11. 绳纹＋云雷纹 12. 方格纹＋云雷纹＋叶脉纹

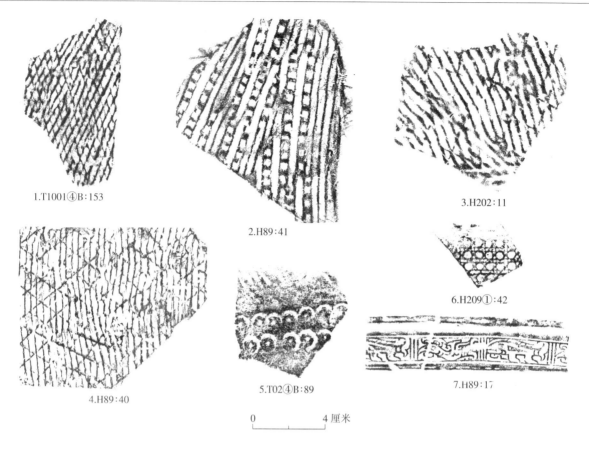

1.T1001④B：153

2.H89：41

3.H202：11

4.H89：40

5.T02④B：89

6.H209①：42

7.H89：17

0　　　　　　　4厘米

图 5-2-9　马桥文化陶器纹饰·（九）

1. 菱格纹　2. 近梯格纹　3. 篮纹结合大方格纹　4. 篮纹结合大菱格纹

5. 圈点纹　6. 双线方格纹结合圈圈纹　7. 鱼鸟组合纹

　　H56①：52，泥质灰褐色硬陶。方格纹和叶脉纹组合。（图 5-2-8：2）

　　T03④A：157，泥质红褐色硬陶。云雷纹和稀疏的大叶脉纹组合。（图 5-2-8：3）

　　H8：17，泥质灰褐色硬陶。云雷纹和叶脉纹组合。（图 5-2-8：4）

　　G4②：20，泥质橘黄陶。云雷纹和方格纹组合。（图 5-2-8：5）

　　H24：7，泥质橘黄陶。席纹和叶脉纹组合。（图 5-2-8：6）

　　T1001④B：154，泥质灰褐色硬陶。席纹和菱格纹组合。（图 5-2-8：7）

　　H8：18，泥质橘红陶。席纹中夹杂少量云雷纹。（图 5-2-8：8）

　　H107：24，方格纹和折线纹组合。（图 5-2-8：9）

　　J8②：15，泥质橘黄陶。叶脉纹和条格纹组合。（图 5-2-8：10）

　　G4①：19，泥质灰褐色硬陶。绳纹和云雷纹组合。（图 5-2-8：11）

　　H107：23，泥质橘黄陶。方格纹、云雷纹和叶脉纹组合。（图 5-2-8：12）

　　13）其他纹样

　　少见。

　　T1001④B：153，泥质橘黄陶。罐腹片。菱格纹。（图 5-2-9：1）

　　H89：41，泥质红褐色硬陶。近梯格纹。（图 5-2-9：2）

H202：11，泥质橘黄陶。篮纹结合大方格纹。（图5-2-9：3）

H89：40，泥质灰色硬陶。篮纹结合大菱格纹。（图5-2-9：4）

T02④B：89，泥质灰色硬陶。圈点纹。（图5-2-9：5）

H209①：42，泥质灰褐色硬陶。双线方格纹结合圈圈纹。（图5-2-9：6）

H89：17，泥质灰陶。压印的鱼鸟组合纹。（图5-2-9：7）

（4）刻划陶文

刻划陶文共75个，除T0403⑤：20罐的沿面发现有对称的2个陶文外，余均为1件1个。均入窑焙烧前刻。（图5-2-10～图5-2-16；彩版四九～五四）

陶文均由钝尖状物体刻划而成。刻划陶文的载体均为陶器。从质地上看，泥质陶共63件，夹砂陶共11件。泥质陶中各色硬陶30件，泥质橘红陶21件，泥质橘黄陶10件，泥质灰陶和原始瓷各1件。从器形上看，罐占据了绝对多数，为58件，其他还有鼎9件，盆4件，碗1件。另有2件夹砂陶口沿残片无法确定器形，可能为鼎、甗或夹砂罐。陶文出现最多的位置为陶器沿面，有69件，其他位置还有领部外壁、肩部、腹部和外底部等。（表5-2-2）

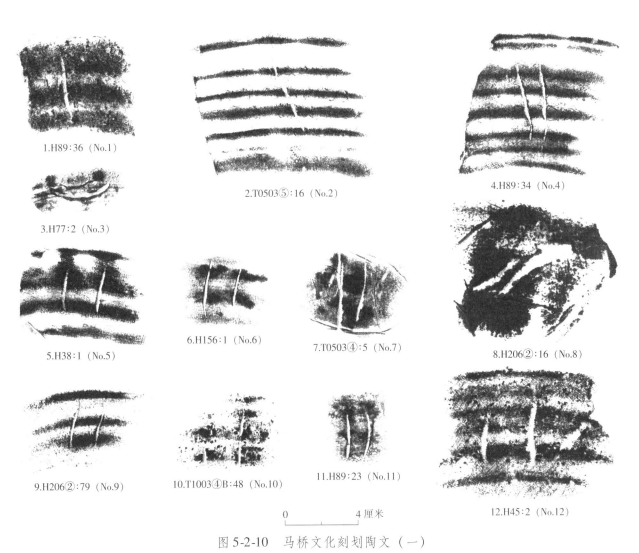

1.H89：36（No.1）

2.T0503⑤：16（No.2）

3.H77：2（No.3）

4.H89：34（No.4）

5.H38：1（No.5）

6.H156：1（No.6）

7.T0503④：5（No.7）

8.H206②：16（No.8）

9.H206②：79（No.9）

10.T1003④B：48（No.10）

11.H89：23（No.11）

12.H45：2（No.12）

0　　　4厘米

图5-2-10　马桥文化刻划陶文（一）

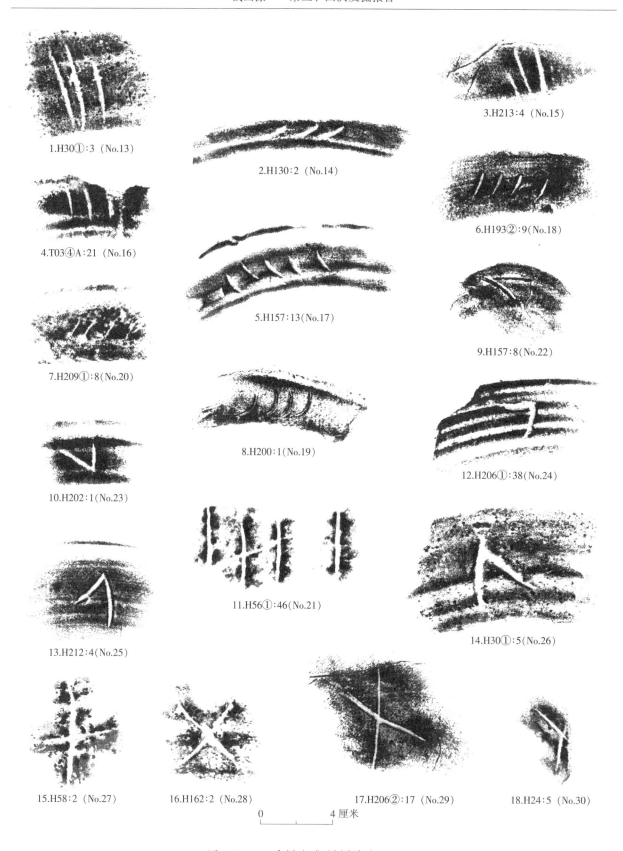

1.H30①:3（No.13）

2.H130:2（No.14）

3.H213:4（No.15）

4.T03④A:21（No.16）

5.H157:13（No.17）

6.H193②:9（No.18）

7.H209①:8（No.20）

8.H200:1（No.19）

9.H157:8（No.22）

10.H202:1（No.23）

11.H56①:46（No.21）

12.H206①:38（No.24）

13.H212:4（No.25）

14.H30①:5（No.26）

15.H58:2（No.27）

16.H162:2（No.28）

17.H206②:17（No.29）

18.H24:5（No.30）

0　　　　　4厘米

图 5-2-11　马桥文化刻划陶文（二）

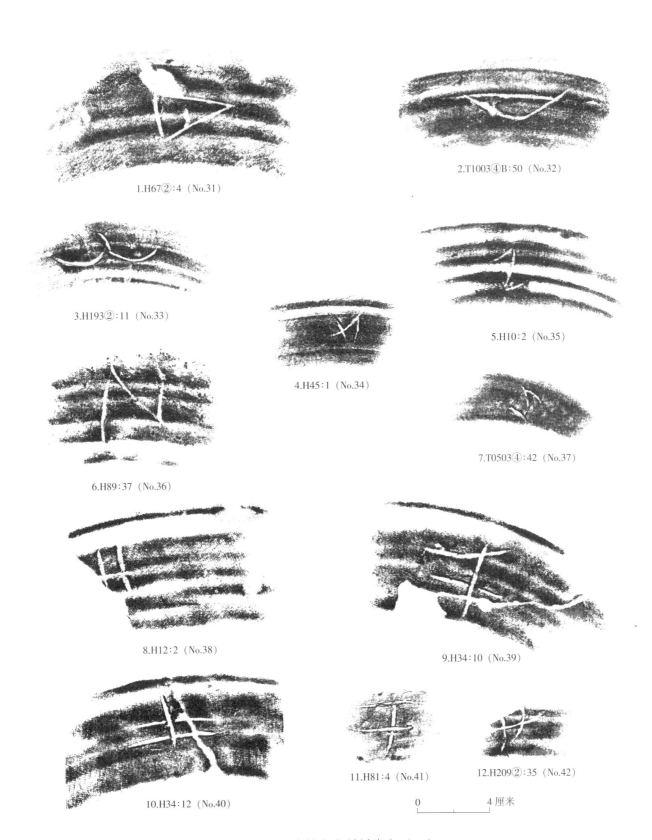

1.H67②:4（No.31）

2.T1003④B:50（No.32）

3.H193②:11（No.33）

4.H45:1（No.34）

5.H10:2（No.35）

6.H89:37（No.36）

7.T0503④:42（No.37）

8.H12:2（No.38）

9.H34:10（No.39）

10.H34:12（No.40）

11.H81:4（No.41）

12.H209②:35（No.42）

0　　　　4厘米

图 5-2-12　马桥文化刻划陶文（三）

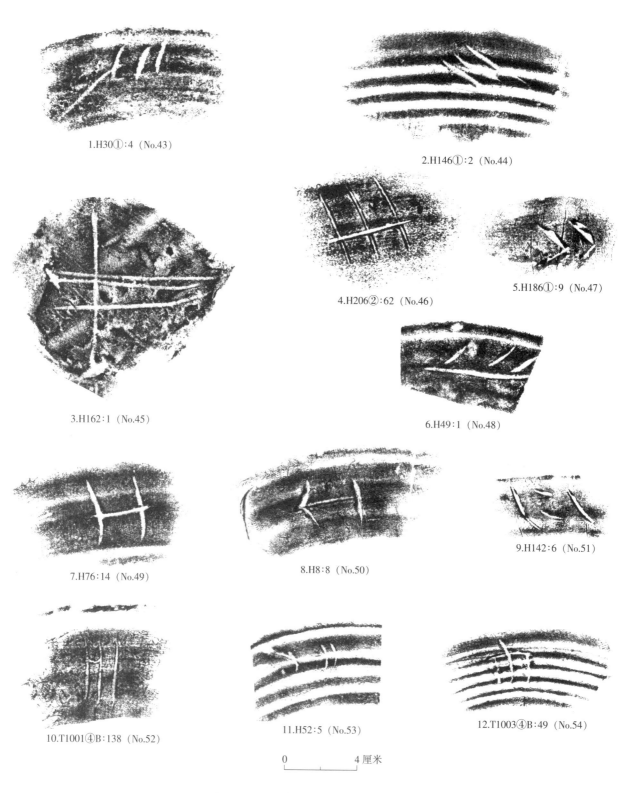

1.H30①:4（No.43）

2.H146①:2（No.44）

3.H162:1（No.45）

4.H206②:62（No.46）

5.H186①:9（No.47）

6.H49:1（No.48）

7.H76:14（No.49）

8.H8:8（No.50）

9.H142:6（No.51）

10.T1001④B:138（No.52）

11.H52:5（No.53）

12.T1003④B:49（No.54）

0　　　　　4厘米

图 5-2-13　马桥文化刻划陶文（四）

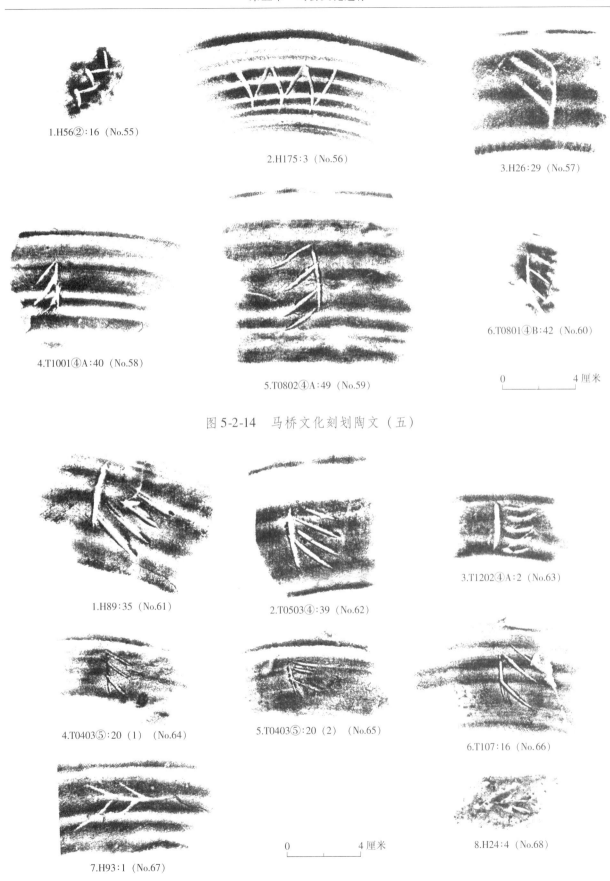

1.H56②:16（No.55）

2.H175:3（No.56）

3.H26:29（No.57）

4.T1001④A:40（No.58）

5.T0802④A:49（No.59）

6.T0801④B:42（No.60）

0　　　　4厘米

图 5-2-14　马桥文化刻划陶文（五）

1.H89:35（No.61）

2.T0503④:39（No.62）

3.T1202④A:2（No.63）

4.T0403⑤:20（1）（No.64）

5.T0403⑤:20（2）（No.65）

6.T107:16（No.66）

7.H93:1（No.67）

0　　　　4厘米

8.H24:4（No.68）

图 5-2-15　马桥文化刻划陶文（六）

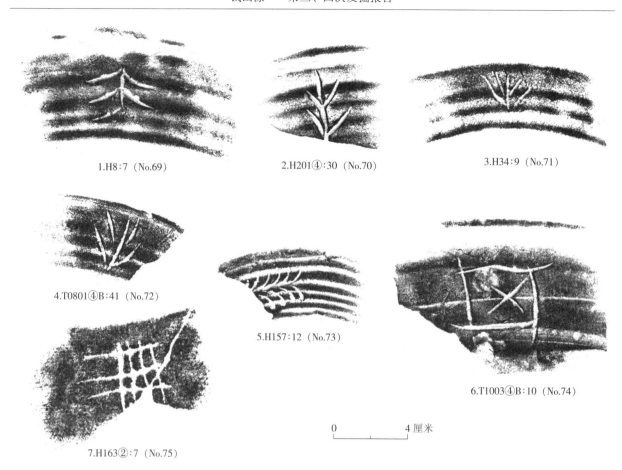

1.H8：7（No.69）　　　2.H201④：30（No.70）　　　3.H34：9（No.71）

4.T0801④B：41（No.72）

5.H157：12（No.73）

6.T1003④B：10（No.74）

0 ⸻⸻ 4 厘米

7.H163②：7（No.75）

图 5-2-16　马桥文化刻划陶文（七）

表 5-2-2　马桥文化刻划陶文登记表

内容 器物编号	序列号 （No.）	器名	质地	陶文位置	陶器型式	图版号
H89：36	1	鼎	夹砂红褐陶	沿面	Bd 型鼎	彩版四九：1
T0503⑤：16	2	罐	泥质橘黄陶	沿面	Db 型罐	
H77：2	3	罐	泥质紫褐色硬陶	沿面	Dc 型罐	彩版四九：2
H89：34	4	罐	泥质橘红陶	沿面	Db 型罐	彩版四九：3
H38：1	5	罐	泥质红褐色硬陶	沿面	Cb 型罐	
H156：1	6	罐	泥质灰色硬陶	沿面	Db 型罐	
T0503④：5	7	罐	泥质灰色硬陶	沿面	Aa 型罐	
H206②：16	8	罐	泥质紫褐色硬陶	领部外壁	Ec 型罐	
H206②：79	9	罐	泥质紫褐胎灰色硬陶	沿面	Dc 型罐	
T1003④B：48	10	鼎	夹砂灰黄陶	沿面		
H89：23	11	罐	泥质紫褐色硬陶	领部外壁	Eb 型罐	
H45：2	12	鼎	夹砂红陶	沿面	BbⅡ式鼎	
H30①：3	13	鼎	夹砂红陶	沿面		
H130：2	14	罐	泥质橘红陶	沿面	Db 型罐	彩版四九：4
H213：4	15	罐	泥质橘红陶	沿面	Aa 型罐	

续表 5-2-2

内容 器物编号	序列号 （No.）	器名	质地	陶文位置	陶器型式	图版号
T03④A：21	16	罐	泥质橘红陶	沿面	Cb 型罐	
H157：13	17	罐	泥质橘黄陶	沿面	Cb 型罐	彩版四九：5
H193②：9	18	罐	泥质红褐色硬陶	沿面	Dc 型罐	彩版四九：6
H200：1	19	盆	泥质红褐色硬陶	沿面	B 型盆	
H209①：8	20	鼎	夹砂灰陶	沿面	Aa 型鼎	
H56①：46	21	盆	泥质灰陶	沿面	AaⅡ式盆	彩版四九：7
H157：8	22	盆	泥质灰褐色硬陶	沿面	B 型盆	彩版四九：8
H202：1	23	罐	泥质橘黄陶	沿面	Dd 型罐	
H206①：38	24	罐	泥质红褐色硬陶	沿面	Cb 型罐	
H212：4	25	罐	泥质紫褐胎灰色硬陶	沿面	E 型罐	彩版五〇：1
H30①：5	26	鼎	夹砂红陶	沿面		
H58：2	27	鼎？	夹砂红陶	沿面		
H162：2	28	罐？	夹砂红陶	沿面		彩版五〇：2
H206②：17	29	碗	泥质灰色硬陶	腹外壁		彩版五〇：3
H24：5	30	罐	泥质橘黄陶	沿面	Db 型罐	
H67②：4	31	罐	泥质橘黄陶	沿面	Db 型罐	彩版五〇：4
T1003④B：50	32	罐	泥质橘红陶	沿面	Db 型罐	彩版五〇：5
H193②：11	33	罐	泥质橘红陶	沿面	Aa 型罐	彩版五〇：6
H45：1	34	罐	泥质紫褐色硬陶	沿面	Dc 型罐	彩版五〇：7
H10：2，	35	罐	泥质橘红陶	沿面	Cb 型罐	彩版五〇：8
H89：37	36	鼎	夹砂红陶	沿面		彩版五一：1
T0503④：42	37	盆	泥质红褐色硬陶	沿面	C 型盆	彩版五一：2
H12：2	38	罐	泥质橘红陶	沿面	Db 型罐	
H34：10	39	罐	泥质红褐色硬陶	沿面	Cb 型罐	彩版五一：3
H34：12	40	罐	泥质橘红陶	沿面	Cb 型罐	
H81：4	41	罐	泥质灰褐色硬陶	沿面	Dc 型罐	彩版五一：4
H209②：35	42	罐	泥质紫褐胎灰色硬陶	沿面	Db 型罐	彩版五一：5
H30①：4	43	鼎	夹砂红陶	沿面		彩版五一：6
H146①：2	44	罐	泥质橘红陶	沿面	Db 型罐	彩版五一：7
H162：1	45	罐	原始瓷	外底		
H206②：62	46	罐	泥质橘红陶	沿面	E 型罐	彩版五一：8
H186①：9	47	罐	泥质紫褐胎灰色硬陶	沿面	Aa 型罐	彩版五二：1
H49：1	48	罐	泥质橘红陶	沿面	Cb 型罐	
H76：14	49	罐	泥质橘黄陶	沿面	Db 型罐	彩版五二：2
H8：8	50	罐	泥质紫褐胎灰褐色硬陶	沿面	Cb 型罐	彩版五二：3
H142：6	51	罐	泥质灰色硬陶	沿面	Cd 型罐	彩版五二：4
T1001④B：138	52	罐	泥质紫褐胎灰色硬陶	沿面	E 型罐	彩版五二：5
H52：5	53	罐	泥质橘红陶	沿面	Cb 型罐	彩版五二：6
T1003④B：49	54	罐	泥质紫褐色硬陶	沿面	Cb 型罐	彩版五二：7
H56②：16	55	罐	泥质橘红陶	沿面	Ab 型罐	彩版五二：8
H175：3	56	罐	泥质紫褐色硬陶	沿面	Cb 型罐	彩版五三：1
H26：29	57	罐	泥质橘黄陶	沿面	Db 型罐	彩版五三：2
T1001④A：40	58	罐	泥质橘红陶	沿面	Db 型罐	彩版五三：3

续表 5-2-2

内容 器物编号	序列号 （No.）	器名	质地	陶文位置	陶器型式	图版号
T0802④A：49	59	罐	泥质灰色硬陶	沿面	Db 型罐	彩版五三：4
T0801④B：42	60	罐	泥质灰色硬陶	领部外壁	E 型罐	彩版五三：5
H89：35	61	罐	泥质橘黄陶	沿面	Db 型罐	
T0503④：39	62	罐	泥质橘红陶	沿面		彩版五三：6
T1202④A：2	63	罐	泥质橘红陶	沿面	Cb 型罐	彩版五三：7
T0403⑤：20（1）	64	罐	泥质灰色硬陶	沿面	Dc 型罐	彩版五三：8
T0403⑤：20（2）	65	罐	泥质灰色硬陶	沿面	Dc 型罐	
H107：16	66	罐	泥质橘黄陶	沿面	Db Ⅰ式罐	
H93：1	67	罐	泥质橘红陶	沿面	Db 型罐	彩版五四：1
H24：4	68	鼎	夹砂灰黄陶	沿面	Aa Ⅱ式鼎	
H8：7	69	罐	泥质橘红陶	沿面	Db 型罐	彩版五四：2
H201④：30	70	罐	泥质紫褐胎灰褐色硬陶	沿面	Cb 型罐	彩版五四：3
H34：9	71	罐	泥质灰褐色硬陶	沿面	Dc 型罐	彩版五四：4
T0801④B：41	72	罐	泥质紫褐色硬陶	沿面	Db 型罐	彩版五四：5
H157：12	73	罐	泥质橘红陶	沿面	Cb 型罐	彩版五四：6
T1003④B：10	74	罐	泥质橘黄陶	沿面	Db 型罐	彩版五四：7
H163②：7	75	罐	泥质红褐色硬陶	肩部	Aa 型罐	彩版五四：8

（5）器形

复原的陶器和原始瓷器共 256 件，其中陶容器 210 件，陶质工具 46 件。器形有鼎、甗、豆、盆、罐、簋形器、三足盘、瓦足皿、瓿、觚、袋足盉、壶、钵、杯、碗、甑、器盖、支座、陶拍、纺轮、网坠等。据统计，鼎、甗、罐、豆、盆是最常见的器物。（表 5-2-3）

表 5-2-3　马桥文化陶器器形分类统计表

（单位：片或件）

器类		地层或遗址	3	4A	4B	灰坑	灰沟	水井	土台西外侧地层	合计	
炊器	鼎口沿等		25	60	15	403	6	19	27	555	
	甗	口沿等		4		36		1	19	60	207
		隔档	2	7	4	116	9	7	2	147	
	凹弧足		12	68	73	1098	40	46	77	1414	
	舌形足		46	42	35	899	61	26	22	1131	
	圆锥足		4	14	20	140	7	6	9	200	
豆	豆盘等		2	6	12	146	10	5	6	187	515
	豆柄		5	13	19	255	9	13	14	328	
盆	口沿等		6	14	7	202	6	4	12	251	272
	底		1			17			3	21	
泥质罐			28	45	42	549	20	28	45	757	
夹砂罐			4	3	1	35		4	1	48	
簋形器				3	1	16	2			22	

续表 5-2-3

器类 \ 地层或遗址	3	4A	4B	灰坑	灰沟	水井	土台西外侧地层	合计
三足盘	2	4	1	15	1	1	2	26
瓦足皿		1	4	5	2		4	16
鸭形壶	2	4	2	3			3	14
壶	1		1	3			1	6
钵	4	2	1	41		2	1	51
觚	3	2	2	19			4	30
觯		2	4	12			1	19
刻槽盆				1				1
袋足盉				3				3
碗				2	1			3
杯		1		6	1			8
甑				1				1
器盖	3	8	10	114	6	3	6	150
器把（耳）	1	3		2				6
球形器				1				1
支座		1						1
纺轮	1	2	2	13	1	3	1	23
陶拍		1	2	26	1	1	2	33
网坠				3				3
合计	152	310	258	4182	183	169	262	5516

注：1）土台西外侧地层指 T0403④、T0403⑤、T0503④、T0503⑤。

2）鼎、甗口沿区分可能有一定误差。

2. 分述

（1）鼎

标本 129 件，其中复原器 36 件。鼎是马桥文化最主要的炊器，以夹砂陶为主，有少量的粗泥陶。按鼎足划分，有凹弧足鼎、舌形足鼎和圆锥足鼎等三种不同形制。鼎的制作方法为泥条盘筑加慢轮修整，不少鼎的口沿沿面上有慢轮修整时留下的密集弦纹。也有少量个体较小的鼎为手工捏制，应为非实用器。鼎足和器身分别制作再按贴相连，在鼎足足跟与器腹交接处附近常只见抹痕而不见纹饰，但在鼎足脱落后的器腹位置仍可看见纹饰。鼎的腹部装饰纹样有多种，以绳纹和篮纹居多，其他还有方格纹和少量的叶脉纹、席纹和折线纹。部分鼎的圜底饰有交错绳纹或交错篮纹。绳纹的装饰变化最多，有粗细之分，也有排列形式上的不同如横向、竖向和斜向等。此外，不同形制的鼎在质地和纹样装饰上也有一定区别。

据对钱山漾遗址第三、四次发掘地层及遗迹单位出土遗物的统计，共出土凹弧足 1414 只，舌形足 1131 只，圆锥足 200 只。据此推断，三种鼎（包括甗）的最少个体分别为：凹弧足鼎（包括甗）472 件，舌形足鼎（包括甗）377 件，圆锥足鼎 67 件。以凹弧足鼎（甗）最为流行，圆锥足鼎（甗）数量最少。

依据鼎足的不同和形制大小差异，将鼎分为 4 型。

A 型　舌形足鼎。标本 55 件，其中复原器 9 件。鼎足截面为扁椭圆形。陶色丰富，有夹砂灰陶、夹砂灰黄陶、夹砂灰褐陶、夹砂红陶、夹砂灰黑陶、夹砂橘红陶等。鼎腹部装饰纹样主要为绳纹，偶见篮纹和折线纹。绳纹的排列基本为横向或斜向。鼎的圜底也常可见交错绳纹。依据口沿和腹部的不同特征，分 6 亚型。

Aa 型　平折沿或斜折沿，微束颈，深腹。大部分口沿内侧胎厚。从出土口沿标本看，A型鼎中，此型鼎数量最多。标本 17 件，其中复原器 6 件。依据腹部变化分 2 式。

Ⅰ式　标本 9 件。足均残。深弧腹，圜底稍浅。

H206②：84，夹砂灰陶。斜折沿。沿面有旋纹，腹部饰横向绳纹，圜底饰交错绳纹。口径 18、残高 14.6 厘米。（图 5-2-17：1）

H200：19，夹砂灰黑陶。沿面有密集旋纹，腹部饰斜向绳纹，圜底饰交错绳纹。口径 23.8、残高 17 厘米。（图 5-2-17：2）

H31：1，夹砂灰陶。腹部饰横向绳纹。口径 16.7、残高 15.8 厘米。（图 5-2-17：3；彩版五五：1）

H200：20，夹砂灰黑陶。沿面有旋纹，腹部饰斜向绳纹。口径 24.6、残高 18 厘米。（图 5-2-17：4）

H105②：1，夹砂灰陶。沿面有密集旋纹，腹部饰斜向绳纹，圜底饰交错绳纹。口径 25.6、残高 20.4 厘米。（图 5-2-17：5）

H56②：13，夹砂灰陶，局部灰黑或灰红色。腹部饰斜向绳纹，圜底纹饰已模糊。口径 27、残高 19.2 厘米。（图 5-2-17：6）

（另 3 件 AaⅠ式鼎标本：T0403④：11，G4①：5，H206①：57）

Ⅱ式　标本 8 件，其中复原器 6 件。垂腹，圜底较深。

复原器 H24：4，夹砂灰黄陶。沿下一周凸棱，腹部饰斜向绳纹，圜底饰交错绳纹。沿面有一刻划陶文。口径 15.6、高 20.2 厘米。（图 5-2-18：1；彩版五五：2）

复原器 H56②：17，夹砂灰褐陶。沿下一周凸棱，沿面有密集旋纹，腹部饰斜向绳纹，圜底饰交错绳纹。口径 22、高 29.6 厘米。（图 5-2-18：2；彩版五五：3）

复原器 H56②：22，夹砂灰褐陶，夹杂红褐色和黑色。腹部饰横向绳纹，圜底饰交错绳纹。口径 24.4、高 31.2 厘米。（图 5-2-18：3；彩版五五：4）

复原器 H56②：23，夹砂灰褐陶，局部黑色或红色。腹部饰斜向绳纹，圜底饰交错绳纹。口径 21.2、高 28.4 厘米。（图 5-2-18：4；彩版五五：5）

复原器 H63：4，夹砂红陶。腹部饰斜向粗绳纹。口径 22.8、高 26.6 厘米。（图 5-2-18：5；彩版五五：6）

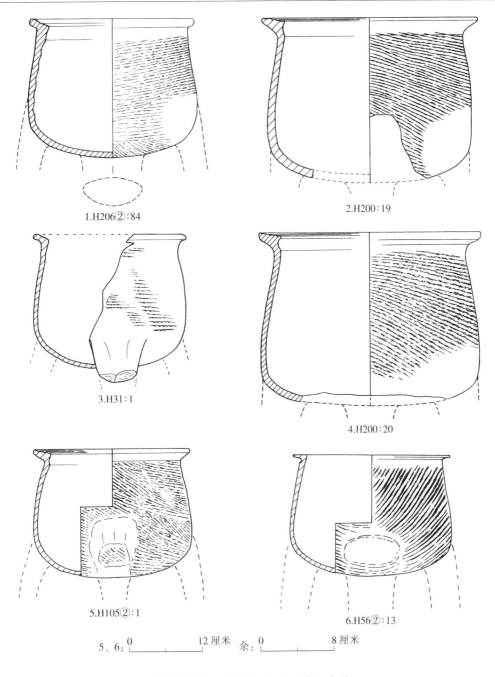

1.H206②：84
2.H200：19
3.H31：1
4.H200：20
5.H105②：1
6.H56②：13

5、6：　0 ————— 12厘米　余：　0 ————— 8厘米

图 5-2-17　马桥文化 Aa 型 I 式鼎

复原器 H63：5，夹砂红陶。腹部饰斜向绳纹，圜底饰交错绳纹。口径 21.6、高 31.2 厘米。（图 5-2-18：6）

H83：2，夹砂红陶。足下部残。沿面有旋纹，腹部饰斜向绳纹，圜底饰交错绳纹。口径 27.2、残高 24 厘米。（图 5-2-18：7）

G4①：17，夹砂灰黑陶。足残。腹部饰横向绳纹。口径 19、残高 13.2 厘米。（图 5-2-18：8）

Ab 型　标本 23 件。短平折沿，微束颈，深腹。沿内侧胎厚。依据腹部变化，分 2 式。

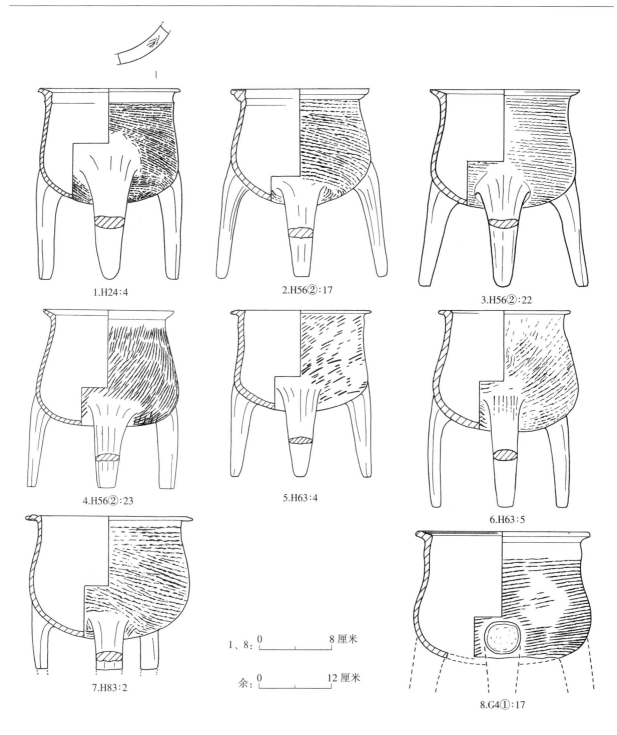

1.H24：4　　2.H56②：17　　3.H56②：22

4.H56②：23　　5.H63：4　　6.H63：5

7.H83：2

1、8：　0 —————— 8 厘米

余：　0 —————— 12 厘米

8.G4①：17

图 5-2-18　马桥文化 Aa 型 Ⅱ 式鼎

Ⅰ式　标本 12 件。深弧腹。

H206②：83，夹砂灰黑陶。足下部残。沿下一周略凸起。腹部饰斜向绳纹。口径 17.6、残高 13.6 厘米。（图 5-2-19：1）

H177：1，夹砂红陶。沿面有旋纹，腹部饰横向绳纹。口径 22 厘米。（图 5-2-19：2）

H206①：26，夹砂灰陶。腹部饰横向细绳纹。口径 15.8 厘米。（图 5-2-19：3）

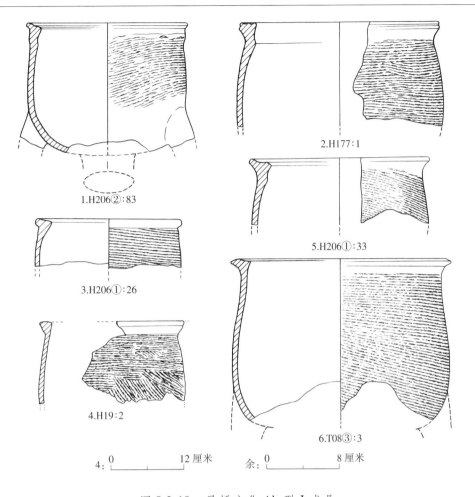

图 5-2-19　马桥文化 Ab 型 I 式鼎

　　H19：2，夹砂红陶。肩腹部饰横向绳纹，中腹饰斜向绳纹。口径 23.6 厘米。（图 5-2-19：4）

　　H206①：33，夹砂红陶。腹部饰斜向细绳纹。口径 20 厘米。（图 5-2-19：5）

　　T08③：3，夹砂红陶。足残。腹部饰横向细绳纹。口径 24.2、残高 17 厘米。（图 5-2-19：6）

　　（另 6 件 Ab I 式鼎标本：H182①：6，H196②：6，H206①：34，H206①：35，H206②：78，J10①：10）

　　II 式　标本 11 件。圆鼓腹。

　　H146①：3，夹砂灰褐陶。舌形足下部残。沿下一周凸棱，沿面有旋纹，腹部饰横向绳纹。口径 23、残高 21 厘米。（图 5-2-20：1；彩版五六：1）

　　H201④：5，夹砂灰陶。足下部残。深圜底。腹部饰斜向绳纹。口径 15.8、残高 14.2 厘米。（图 5-2-20：2；彩版五六：2）

　　H201①：12，夹砂灰黑陶。腹部饰横向绳纹。个体较小。口径 14 厘米。（图 5-2-20：3）

　　J9②：11，夹砂灰陶。沿下有二周凸棱，腹部饰横向折线纹。口径 16 厘米。（图 5-2-20：4）

　　H217②：20，夹砂灰黑陶。沿面有旋纹，腹部饰横向细绳纹。口径 22 厘米。（图 5-2-20：5）

　　H201②：25，夹砂灰陶。沿下一周凸棱，腹部饰横向细绳纹。口径 23.8 厘米。（图 5-2-20：6）

　　（另 5 件 Ab II 式鼎标本：H201①：16，H201①：24，H201②：28，H201②：33，H201②：34）

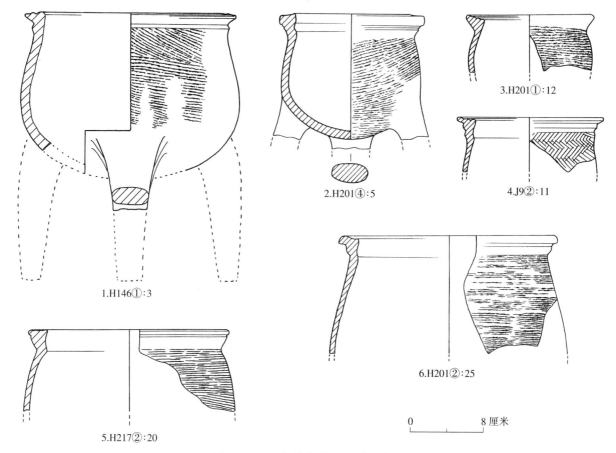

3.H201①:12

2.H201④:5

4.J9②:11

1.H146①:3

6.H201②:25

0　　　　　　8厘米

5.H217②:20

图 5-2-20　马桥文化 Ab 型 Ⅱ 式鼎

Ac 型　标本 10 件，其中复原器 1 件。近平折沿，颈部显领，深腹。依据腹部变化，分 2 式。

Ⅰ式　标本 6 件。鼓腹。

H180:6，夹砂灰褐陶。领部内壁凹弧。腹部饰斜向绳纹。口径 24 厘米。（图 5-2-21：1）

T07③:17，夹砂红陶。领部内壁凹弧。腹部饰横向细绳纹。口径 22.4 厘米。（图 5-2-21：2）

H180:15，夹砂灰褐陶。腹部饰横向细绳纹。口径 24 厘米。（图 5-2-21：3）

H182②:22，夹砂灰黑陶。斜折沿。腹部饰横向绳纹。（图 5-2-21：6）

（另 2 件 Ac Ⅰ式鼎标本：H182①:12，H56②:12）

Ⅱ式　标本 4 件，其中复原器 1 件。深弧腹，腹大径偏下。

复原器 H201⑤:49，夹砂灰陶。沿面有旋纹，腹部饰横向略斜绳纹，圜底饰交错绳纹。口径 22、高 27.6 厘米。（图 5-2-21：5；彩版五六：3）

H201②:27，夹砂红陶。器表脱落，腹部纹饰不清。器内壁凹凸不平。口径 23.4 厘米。（图 5-2-21：4）

H201⑤:43，夹砂灰黑陶。腹部饰横向细绳纹。口径 18.7 厘米。（图 5-2-21：7）

H201⑤:44，夹砂红陶。腹部饰横向细绳纹。口径 18.4 厘米。（图 5-2-21：8）

Ad 型　标本 3 件。侈沿，束颈。腹较浅。依据腹部变化，分 2 式。

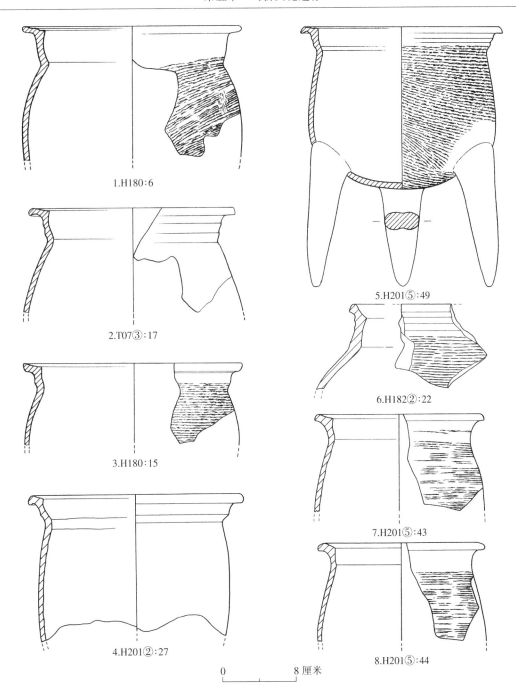

图 5-2-21 马桥文化 Ac 型鼎
1~3、6. AcⅠ式 4、5、7. AcⅡ式

Ⅰ式 标本 1 件。垂腹。

H182②:27，夹砂红陶。口沿和足下部略残。腹部饰横向绳纹，圜底有稀疏交错绳纹。残高 14.6 厘米。（图 5-2-22：1）

Ⅱ式 标本 2 件。有窄肩。

H217①:13，夹砂灰陶。口沿和足下部残。腹部饰横向绳纹，圜底饰交错绳纹。残高 8.6 厘米。（图 5-2-22：2）

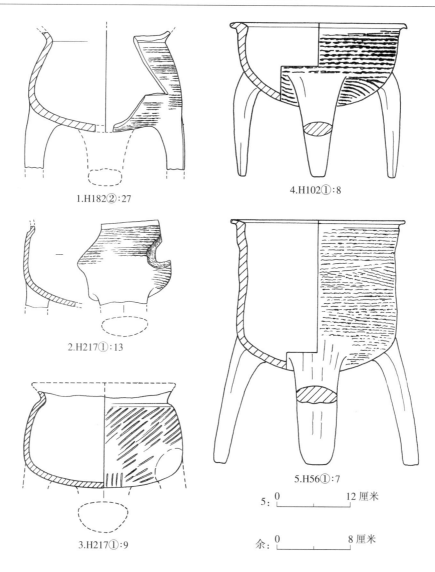

1.H182②:27　　　　　　　4.H102①:8

2.H217①:13

3.H217①:9

5.H56①:7

5:　0　　　　　　12 厘米

余:　0　　　　　　8 厘米

图 5-2-22　马桥文化 Ad 型、Ae 型、Af 型鼎
1. Ad Ⅰ式　2、3. Ad Ⅱ式　4. Ae 型　5. Af 型

　　H217①:9，夹砂灰陶。口沿和足残。腹部斜向篮纹较浅。圜底素面。残高 10 厘米。（图 5-2-22:3）

　　Ae 型　复原器 1 件。折沿。盆形浅腹。

　　复原器 H102①:8，夹砂灰褐陶。斜弧腹。沿下一周凸棱，腹部饰横向粗绳纹。口径 19.2、高 16.2 厘米。（图 5-2-22:4；彩版五六:4）

　　Af 型　复原器 1 件。平折沿。筒状深腹。

　　复原器 H56①:7，夹砂红陶。腹部饰横向细绳纹。个体较大。口径 28、高 39.2 厘米。（图 5-2-22:5；彩版五六:5）

　　B 型　凹弧足鼎。标本 58 件，其中复原器 22 件。质地以夹砂灰黄、橘黄和黄陶数量居多，还有夹砂橘红陶、夹砂灰陶、夹砂灰黄陶和夹砂红陶等，另外，还有部分粗泥陶。腹部的装饰纹样有多种，除常见的绳纹外，还有篮纹、方格纹、条格纹、叶脉纹、席纹等，是装饰纹样最丰富的炊器。绳纹的排列形式有横向、斜向和竖向等三种。形态上，均折沿，沿较宽，胎较薄，与 A 型鼎口沿区别明显。依据装饰及形态的不同，分 6 亚型。

Ba 型　折沿，束颈。腹部饰绳纹。标本 22 件，其中复原器 12 件。据腹部变化，分 3 式。

Ⅰ 式　标本 7 件，其中复原器 4 件。圆鼓腹，腹大径略大于口径。

复原器 T1101④B：48，夹砂红陶。腹部饰斜向绳纹，圜底可见交错绳纹。口径 15.8、高 21 厘米。（图 5-2-23：1）

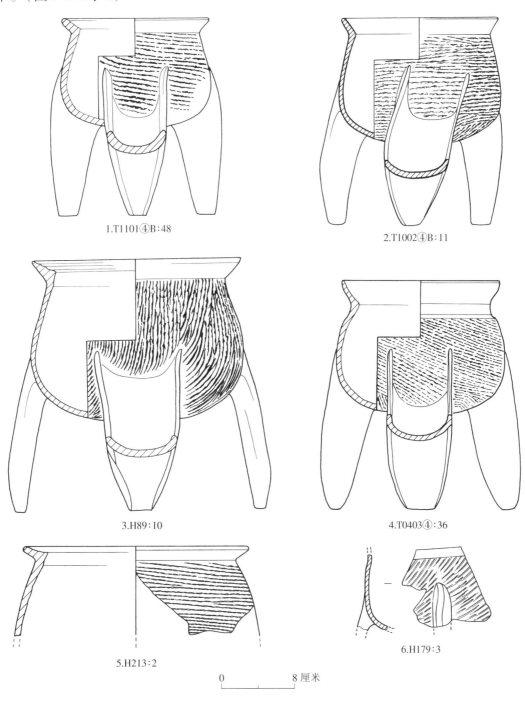

1.T1101④B:48

2.T1002④B:11

3.H89:10

4.T0403④:36

5.H213:2

6.H179:3

0　　　　　　　8 厘米

图 5-2-23　马桥文化 Ba 型 Ⅰ 式鼎

复原器 T1002④B：11，夹砂橘红陶。腹部饰横向粗绳纹，圜底饰交错绳纹。口径 17、高 22 厘米。（图 5-2-23：2；彩版五七：1）

复原器 H89：10，夹砂灰黄陶。沿面有旋纹，腹部饰竖向绳纹。口径 22.8、高 26.6 厘米。（图 5-2-23：3；彩版五七：2）

复原器 T0403④：36，夹砂红陶。沿面略凹弧。腹部饰斜向绳纹。口径 17.2、高 24.2 厘米。（图 5-2-23：4）

H213：2，夹砂红陶。沿面略凹弧。腹部饰横向绳纹。口径 24.6 厘米。（图 5-2-23：5）

H179：3，粗泥红陶。口沿及足残。腹部饰斜向绳纹。（图 5-2-23：6）

（另 1 件 Ba Ⅰ 式鼎标本：T01④A：20）

Ⅱ式　标本 8 件，其中复原器 3 件。弧腹或略鼓腹，腹大径约等于或略小于口径。

复原器 T01④A：20，夹砂红陶。沿面有旋纹，腹部饰横向和斜向绳纹，圜底饰交错绳纹。口径 21.4、高 25.2 厘米。（图 5-2-24：1；彩版五七：3）

复原器 H66：3，夹砂灰黄陶。沿面有旋纹，腹部饰斜向绳纹，圜底饰交错绳纹。口径 18.2、高 21.6 厘米。（图 5-2-24：2；彩版五七：4）

复原器 H79：3，夹砂灰黄陶。沿面有旋纹，腹部饰斜向绳纹，圜底饰交错绳纹。口径 19.2、高 25.8 厘米。（图 5-2-24：3）

H205：13，夹砂灰黑陶。足下部残。沿面有密集旋纹，腹部饰斜向绳纹，圜底饰交错绳纹。口径 17.2、残高 14.2 厘米。（图 5-2-24：4）

H76：11，夹砂橘红陶。足下部残。腹部饰斜向绳纹。（图 5-2-24：5）

H26：10，夹砂灰黄陶。足下部残。腹部饰竖向绳纹。（图 5-2-24：6）

H35：4，夹砂红陶。足残。腹部饰横向绳纹。（图 5-2-24：7）

（另 1 件 Ba Ⅱ 式鼎标本：H35：5）

Ⅲ式　标本 7 件，其中复原器 5 件。鼓腹下坠或腹大径小于口径。

复原器 H26：35，夹砂灰黄陶。腹部饰竖向绳纹。口径 18.6、高 24 厘米。（图 5-2-25：1）

复原器 H26：1，夹砂灰黄陶。带盖，盖纽残。鼎腹部饰竖向绳纹，盖面有多周细突棱。口径 21.6、高 25.8 厘米。（图 5-2-25：2；彩版五七：5）

复原器 H81：2，夹砂红陶。腹部一侧设一扁条形把手，把手略残。腹部饰斜向绳纹，圜底饰交错绳纹。口径 16.4、高 19.8 厘米。（图 5-2-25：3；彩版五七：6）

复原器 H107：5，夹砂红陶。沿面有旋纹，腹部饰斜向绳纹，圜底饰交错绳纹。口径 23.2、高 28 厘米。（图 5-2-25：4；彩版五八：1）

复原器 H107：17，夹砂红陶。腹部饰斜向绳纹。口径 16.8、高 21.3 厘米。（图 5-2-25：5；彩版五八：2）

（另 2 件 Ba Ⅲ 式鼎标本 H26：15，H26：33）

Bb 型　折沿，束颈。腹部饰篮纹。标本 13 件，其中复原器 2 件。依据腹部变化，分 3 式。

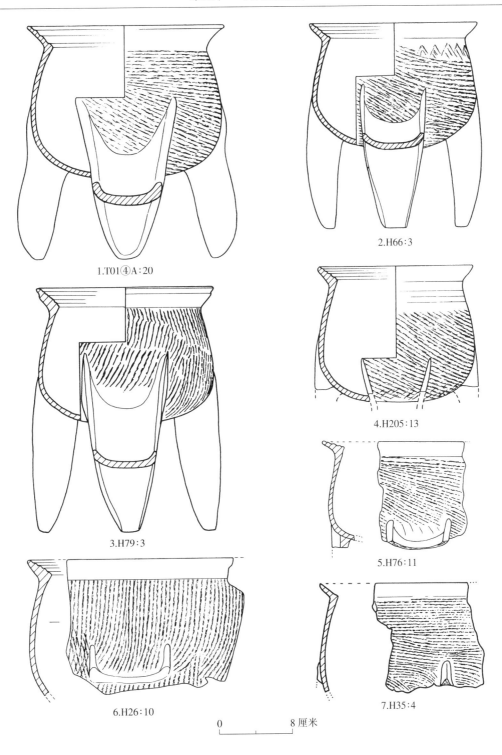

1.T01④A：20

2.H66：3

3.H79：3

4.H205：13

5.H76：11

6.H26：10

7.H35：4

0　　　　　　8厘米

图5-2-24　马桥文化Ba型Ⅱ式鼎

Ⅰ式　标本2件。圆鼓腹，腹大径略大于口径。

H187：4，夹砂红陶。沿面有旋纹，腹部饰竖向篮纹。口径21厘米。（图5-2-26：1）

H193①：14，夹砂红陶。沿面有旋纹，腹部饰斜向篮纹。口径20厘米。（图5-2-26：2）

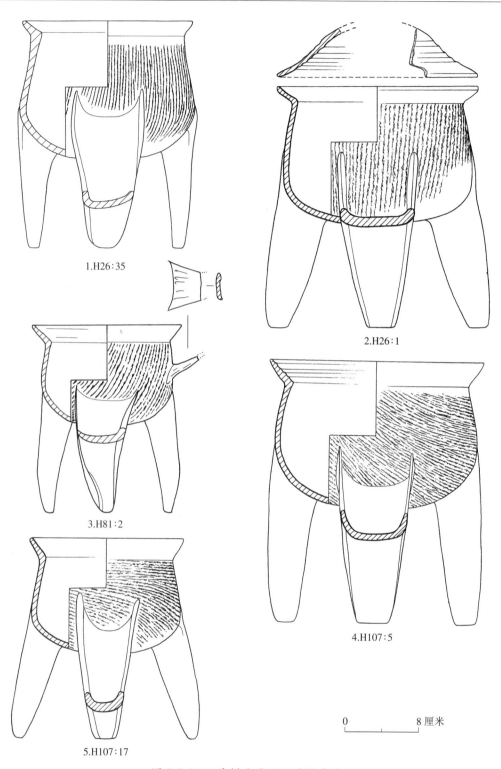

1.H26：35

2.H26：1

3.H81：2

4.H107：5

5.H107：17

0   8厘米

图 5-2-25　马桥文化 Ba 型 Ⅲ 式鼎

Ⅱ式　标本 8 件，其中复原器 1 件。弧腹或略鼓腹，腹大径约等于或略小于口径。

复原器 H205：5，夹砂灰陶。沿面有旋纹，腹部饰竖向篮纹，圜底饰交错篮纹。口径 20、高 24.4 厘米。（图 5-2-26：3；彩版五八：3）

H205：11，夹砂红陶。沿面有旋纹，腹部饰斜向篮纹，圜底饰交错篮纹。口径 21.6、残

1.H187：4

2.H193①：14

3.H205：5

4.H205：11

5.H79：5

6.H26：32

0 8厘米

图 5-2-26 马桥文化 Bb 型鼎（一）

1、2. Bb I 式 3～6. Bb II 式

高 17 厘米。（图 5-2-26：4）

　　H79：5，夹砂红陶。装饰同上件。口径 25.1、残高 14.7 厘米。（图 5-2-26：5）

　　H26：32，夹砂红陶。腹部饰竖向篮纹。口径 22.8、残高 11.3 厘米。（图 5-2-26：6）

　　H205：4，夹砂红陶。口沿及足残。腹部饰斜向篮纹，再饰少量反向短条纹。圜底饰交错篮纹。（图 5-2-27：1）

　　H45：2，夹砂红陶。腹部饰斜向篮纹，再饰少量反向短条纹。沿面有一刻划陶文。（图 5-2-27：2，5-2-10：12）

　　（另 2 件 Bb II 式鼎标本：H205：2，H205：3）

　　III 式　标本 3 件，其中复原器 1 件。鼓腹下坠或腹大径小于口径。

　　复原器 H35：3，夹砂红陶。沿面略凹弧。腹部饰横向和斜向篮纹。口径 18.8、高 22 厘米。（图 5-2-27：3；彩版五八：4）

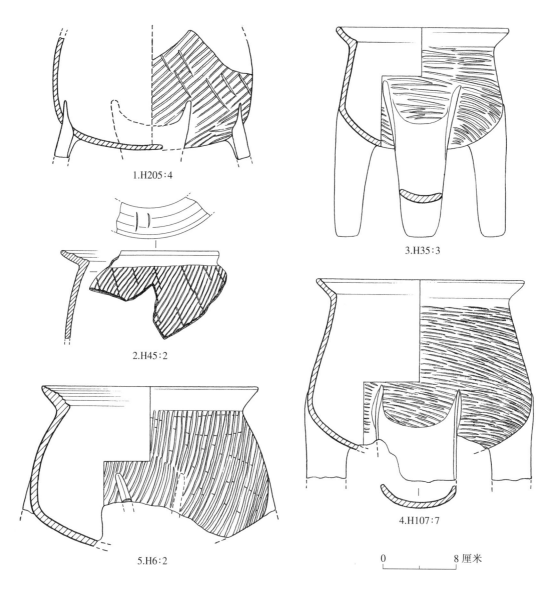

图 5-2-27　马桥文化 Bb 型鼎（二）

1、2. Bb Ⅱ式　3~5. BbⅢ式

H107：7，夹砂红陶。足下部残。腹部饰斜向篮纹，圜底饰交错篮纹。口径22.4、残高21.6厘米。（图5-2-27：4；彩版五八：5）

H6：2，夹砂灰黄陶。沿面有密集旋纹，腹部饰斜向篮纹。口径23.6厘米。（图5-2-27：5）

Bc型　折沿，束颈。腹部饰方格纹或条格纹。标本9件，其中复原器3件。依据腹部变化，将其中的7件分2式。

Ⅰ式　标本4件，其中复原器1件。腹大径大于或等于口径。

复原器 H56①：48，夹砂橘黄陶。沿面有旋纹，腹部和圜底均饰方格纹。口径29.6、高35.6厘米。（图5-2-28：1；彩版五八：6）

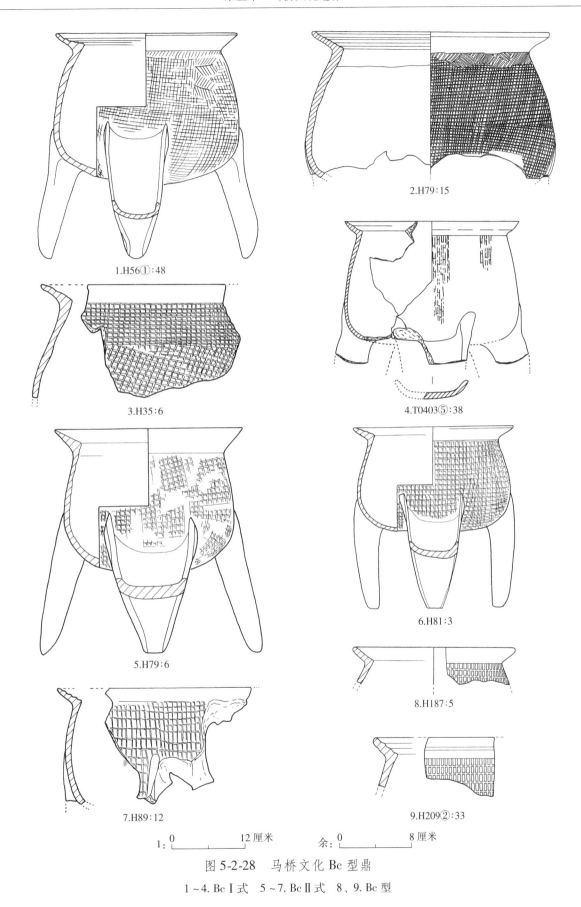

1.H56①:48

2.H79:15

3.H35:6

4.T0403⑤:38

5.H79:6

6.H81:3

7.H89:12

8.H187:5

9.H209②:33

1:　0 ⸺⸺⸺ 12厘米　　　余:　0 ⸺⸺ 8厘米

图 5-2-28　马桥文化 Bc 型鼎

1～4.Bc Ⅰ 式　　5～7.Bc Ⅱ 式　　8、9.Bc 型

H79：15，夹砂橘红陶。沿面有旋纹，颈部饰条纹，腹部饰方格纹。口径 25.8、残高 15.5 厘米。（图 5-2-28：2）

H35：6，夹砂红陶。颈肩部为正方向条格纹，腹部饰斜向条格纹。（图 5-2-28：3）

T0403⑤：38，夹砂灰黄陶。腹部纹饰模糊，似为竖向条格纹。口径 19、残高 15.2 厘米。（图 5-2-28：4）

Ⅱ式　标本 3 件，其中复原器 2 件。腹大径小于口径。

复原器 H79：6，夹砂橘红陶。腹部和圜底均饰方格纹。口径 20.4、高 23.8 厘米。（图 5-2-28：5；彩版五九：1）

复原器 H81：3，夹砂灰黄陶。腹部和圜底均饰方格纹。口径 17.6、高 19 厘米。（图 5-2-28：6；彩版五九：2）

H89：12，夹砂灰黄陶。沿面有旋纹，腹部饰方格纹。（图 5-2-28：7）

未分式　Bc 型不分式鼎标本 2 件。

H187：5，夹砂红陶。腹部饰条格纹。口径 18 厘米。（图 5-2-28：8）

H209①：33，夹砂灰黄陶。沿面有旋纹，腹部饰条格纹。（图 5-2-28：9）

Bd 型　标本 3 件，其中复原器 1 件。折沿，束颈。腹部饰叶脉纹。

复原器 H79：13，夹砂灰黄陶。腹部饰竖向叶脉纹。口径 18.4、高 19.4 厘米。（图 5-2-29：1；彩版五九：3）

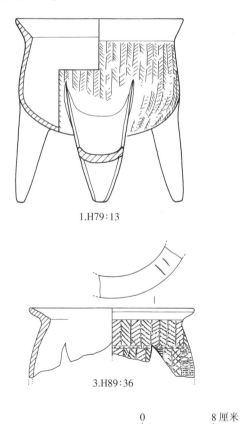

1.H79：13

2.H89：14

3.H89：36

0 ————— 8 厘米

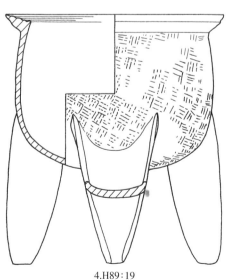

4.H89：19

图 5-2-29　马桥文化 Bd 型、Be 型鼎

1～3. Bd 型　4. Be 型

H89：14，夹砂灰黄陶。腹部饰竖向叶脉纹。（图5-2-29：2）

H89：36，夹砂红陶。腹部饰竖向叶脉纹。沿面有一刻划陶文。口径18厘米。（图5-2-29：3）

Be型 复原器1件。折沿，束颈。腹部饰席纹。

复原器H89：19，夹砂灰黄陶。沿面有旋纹，腹部和圜底饰略显凌乱的席纹。口径23.6、高26.4厘米。（图5-2-29：4；彩版五九：4）

Bf型 折沿，微束颈或无颈，大口，盆形鼎。腹部装饰纹样以绳纹、篮纹为主，偶见席纹。标本10件，其中复原器4件。依据腹部变化分3式。

Ⅰ式 标本4件，其中复原器1件。圆弧腹，微束颈。

复原器T01④A：19，夹砂红陶。腹部纹饰模糊，似为斜向绳纹。口径16.4、高16.2厘米。（图5-2-30：1；彩版五九：5）

H180：4，夹砂灰褐陶。腹部饰斜向篮纹。口径22厘米。（图5-2-30：2）

H206②：77，夹砂灰陶。腹部饰斜向篮纹。口径28厘米。（图5-2-30：3）

H206①：32，粗泥红陶。腹部饰斜向篮纹。（图5-2-30：4）

Ⅱ式 标本3件，其中复原器2件。斜弧腹，无颈。

复原器H26：6，夹砂灰黄陶。平折沿。腹部饰横向绳纹，圜底饰交错绳纹。口径19、高20厘米。（图5-2-30：5）

复原器H26：14，夹砂灰黄陶。腹部饰竖向绳纹，圜底饰交错绳纹。口径17.2、高19.6厘米。（图5-2-30：6；彩版五九：6）

H89：28，夹砂灰黄陶。颈肩部饰绳纹，腹部饰席纹。口径16.6、残高8.7厘米。（图5-2-30：7）

Ⅲ式 标本3件，其中复原器1件。筒状直腹或鼓腹下坠。

复原器H79：10，夹砂红陶。鼓腹下坠。腹部饰斜向篮纹，再饰少许反向短条纹。口径18.4、高17.4厘米。（图5-2-30：8；彩版六〇：1）

H89：13，夹砂灰黄陶。腹部饰斜向绳纹，圜底饰交错绳纹。（图5-2-30：9）

H89：4，夹砂灰黄陶。筒状直腹。腹部饰斜向篮纹，再饰少量反向短条纹。口径23、高约27.6厘米。（图5-2-30：10）

C型 标本13件，其中复原器5件。圆锥足鼎。数量较少，质地与A型鼎相近。腹部装饰以横向或斜向的绳纹为主，有部分竖向的绳纹，偶见叶脉纹。依据口、腹部特征，分5亚型。

Ca型 标本5件，其中复原器2件。侈沿，束颈。

复原器H8：9，夹砂红陶。沿较宽，垂腹，腹稍深。腹部饰竖向绳纹，圜底饰交错绳纹。口径24、高32.8厘米。（图5-2-31：1；彩版六〇：2）

复原器T1001④B：15，夹砂红陶。垂腹，腹大径偏下。腹部装饰竖向绳纹。口径17.2、高20厘米。（图5-2-31：2；彩版六〇：3）

H201④：8，夹砂灰陶。足残，从足跟印痕判断为圆锥足。短侈口，深弧腹。腹部饰竖向叶脉纹，较少见。口径14、残高12厘米。（图5-2-31：3；彩版六〇：4）

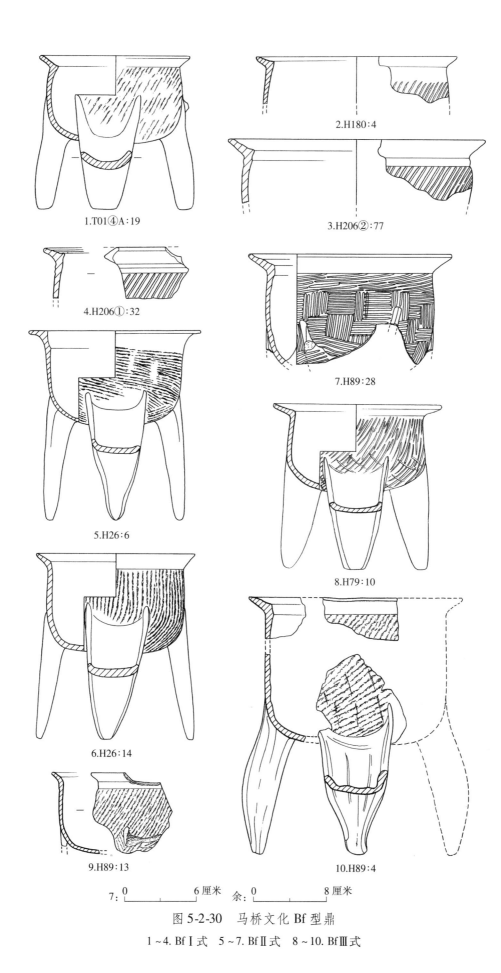

1.T01④A:19

2.H180:4

3.H206②:77

4.H206①:32

5.H26:6

6.H26:14

7.H89:28

8.H79:10

9.H89:13

10.H89:4

7: 0   6 厘米   余: 0   8 厘米

图 5-2-30 马桥文化 Bf 型鼎

1~4. Bf I 式   5~7. Bf II 式   8~10. Bf III 式

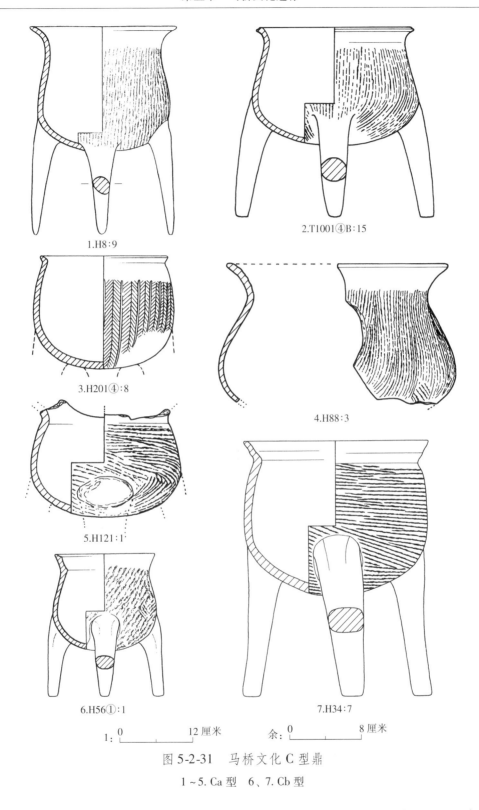

1.H8：9

2.T1001④B：15

3.H201④：8

4.H88：3

5.H121：1

6.H56①：1

7.H34：7

1: 0 ____ 12 厘米   余: 0 ____ 8 厘米

图 5-2-31　马桥文化 C 型鼎

1～5. Ca 型　6、7. Cb 型

　　H88：3，夹砂橘红陶。沿较宽，束颈，鼓腹。腹部饰竖向绳纹。口径 24.4、残高 14.8 厘米。（图 5-2-31：4）

　　H121：1，夹砂红陶。口沿及足残。圆弧腹。腹部饰横向或斜向绳纹，圜底饰交错绳纹。残高 12 厘米。（图 5-2-31：5）

　　Cb 型　复原器 2 件。斜折沿，束颈。

　　H56①：1，夹砂灰陶。圆弧腹。腹部饰稀疏斜向绳纹，圜底素面。口径 10.8、高 15 厘米。（图 5-2-31：6；彩版六〇：6）

　　H34：7，夹砂灰黄陶。弧腹，深圜底。腹部饰横向绳纹，圜底饰交错绳纹。口径 20.4、高 27 厘米。（图 5-2-31：7；彩版六〇：5）

　　Cc 型　复原器 1 件。平折沿，束颈，筒状腹。

　　复原器 H14：3，夹砂灰褐陶。沿面有旋纹，腹部饰斜向绳纹，圜底饰交错绳纹。口径 17.6、高 22.2 厘米。（图 5-2-32：1；彩版六一：1）

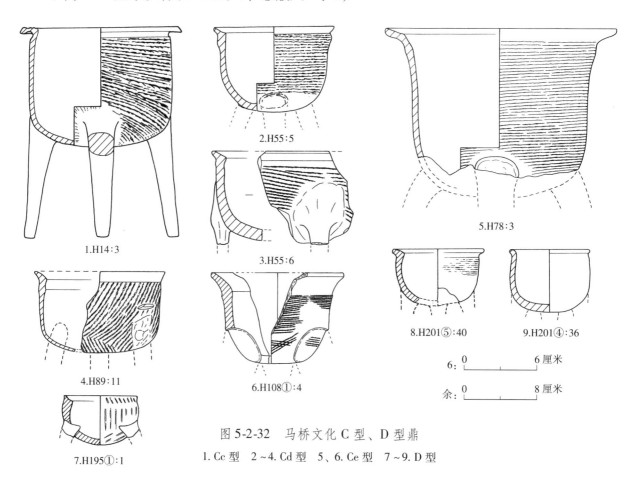

1.H14：3

2.H55：5

3.H55：6

4.H89：11

5.H78：3

6.H108①：4

7.H195①：1

8.H201⑤：40　　9.H201④：36

6:　0　　　　6 厘米

余:　0　　　　8 厘米

图 5-2-32　马桥文化 C 型、D 型鼎

1. Cc 型　2～4. Cd 型　5、6. Ce 型　7～9. D 型

　　Cd 型　标本 3 件。短折沿，大口，无颈，弧腹。器形多较小。

　　H55：5，夹砂灰陶，器表有一层灰白色涂抹层。足残。沿下一周凸棱。腹部饰横向绳纹。口径 13.2、残高 9 厘米。（图 5-2-32：2）

　　H55：6，夹砂橘黄陶。形态与上件相同。腹部饰斜向绳纹。残高 9.8 厘米。（图 5-2-32：3；彩版六一：5）

　　H89：11，夹砂红陶。足残。腹上部较直。腹部饰斜向粗绳纹，圜底饰交错绳纹。口径 14.4、残高 8.6 厘米。（图 5-2-32：4）

　　Ce 型　标本 2 件。大敞口，斜弧深腹。

H78:3，夹砂灰黄陶，局部橘红色。底足残。腹部饰横向细绳纹。口径25、残高15.8厘米。（图5-2-32：5）

H108①:4，夹砂红陶。沿下一周细凸棱，腹部饰横向绳纹。口径11、残高7.2厘米。（图5-2-32：6）

D型　标本3件。小鼎，非实用器，手工捏制而成。口径及腹深小于10厘米。

H195①:1，夹砂橘黄陶。直口微侈。舌形或凹弧足残。腹部依稀有竖向篮纹。口径8.1、残高5.2厘米。（图5-2-32：7；彩版六一：2）

H201⑤:40，粗泥灰黄陶。足残。折沿，弧腹。口径10、残高5.6厘米。（图5-2-32：8）

H201④:36，夹砂红陶。圆锥足残。侈口，深弧腹。口径8.8、残高6.6厘米。（图5-2-32：9）

（2）甗

标本27件，其中复原器9件。均为夹砂陶。从陶器的修复情况看，主要有舌形足甗和凹弧足甗两种，不见圆锥足甗。装饰纹饰以绳纹为主，篮纹次之。具体来看，大多为腹部上、下体都有装饰，也有仅下体有纹饰，上体为素面或弦纹。形态上，一般上体深弧或斜弧深腹，形体较大，下体扁鼓，形体较小。依据甗足不同，分2型。

A型　舌形足甗。标本16件，其中复原器2件。质地有夹砂灰陶、夹砂灰褐陶、夹砂灰黑陶和夹砂红陶等。一般腹部上、下体均有纹饰。依据口沿特征，将其中的9件标本分3亚型。

Aa型　标本6件，其中复原器1件。近平窄折沿，沿内侧胎厚，斜弧腹。口沿特征接近舌形足Ab型鼎，唯颈、腹部有别。

复原器H201⑤:47，夹砂红陶。上体微鼓腹。上、下体均饰横向细绳纹。口径24.6、高40.5厘米。（图5-2-33：1；彩版六一：3）

H16:2，夹砂灰黑陶。腹下体饰斜向细绳纹。（图5-2-33：2）

H217②:19，夹砂灰陶。微束颈。上体微鼓腹，饰斜向绳纹。口径20厘米。（图5-2-33：3）

H174:1，夹砂红陶。沿面有旋纹。上体为斜弧腹，饰斜向绳纹。口径27.6厘米。（图5-2-33：4）

H102⑥:5，夹砂灰陶。腹上体饰横向绳纹。口径24.8厘米。（图5-2-33：5）

H186①:5，夹砂黑陶。腹上体是横向绳纹。口径26厘米。（图5-2-33：6）

Ab型　标本2件，其中复原器1件。斜折沿。

H56②:20，夹砂灰褐陶。腹上、下体均饰斜向绳纹，圜底饰交错绳纹。口径26.4、高43.2厘米。（图5-2-34：1；彩版六一：6）

H14:5，夹砂红陶。足残。上体为斜弧腹。上、下体饰斜向绳纹，圜底饰交错绳纹。口径23.6、残高27.4厘米。（图5-2-34：2）

Ac型　标本1件。侈沿。

H10:1，夹砂红陶。足残。沿较宽，束颈，上体为圆鼓腹。上、下体均饰竖向绳纹。下体足残断面也可见绳纹，可证明甗足是在下体制作完成后再按粘而成。口径26.8、残高24.8厘米。（图5-2-34：5；彩版六一：4）

此外，另有A型甗的腹部标本7件：

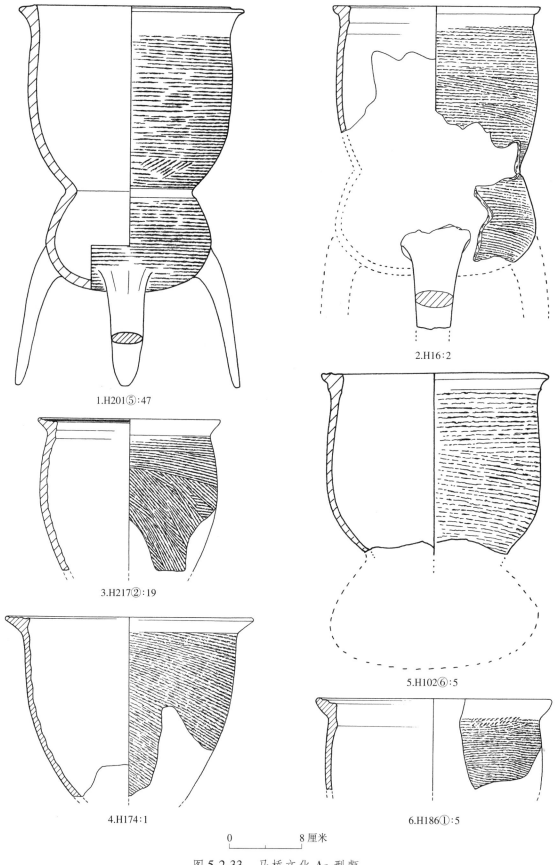

1.H201⑤:47

2.H16:2

3.H217②:19

4.H174:1

5.H102⑥:5

6.H186①:5

0   8 厘米

图 5-2-33 马桥文化 Aa 型甗

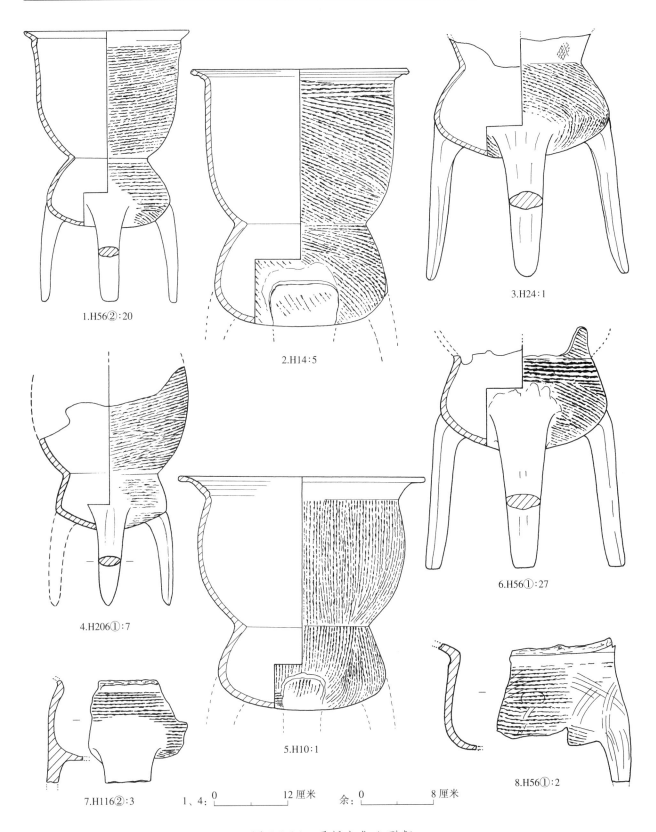

1.H56②:20

2.H14:5

3.H24:1

4.H206①:7

5.H10:1

6.H56①:27

7.H116②:3

8.H56①:2

1、4：0 ————————— 12厘米　余：0 ————————— 8厘米

图5-2-34　马桥文化 A 型鬶

1、2. Ab 型　3、4、6~8. A 型　5. Ac 型

H24：1，夹砂灰黄陶。腹下体饰斜向绳纹，圜底饰交错绳纹。残高 25 厘米。（图 5-2-34：3）

H206①：7，夹砂红陶。腹上、下体均饰斜向绳纹。残高 38 厘米。（图 5-2-34：4）

H56①：27，夹砂灰黑陶。纹样装饰同上件。残高 25.4 厘米。（图 5-2-34：6）

H116②：3，夹砂灰黑陶。腹下体饰横向粗绳纹。（图 5-2-34：7）

H56①：2，夹砂灰黄陶。下腹部饰横向绳纹和刻划纹。（图 5-2-34：8）

（另 2 件 A 型甗腹部标本：H97②：2，H201⑤：41）

B 型　凹弧足甗。标本 11 件，其中复原器 7 件。质地上以夹砂橘黄陶、夹砂灰黄陶、夹砂橘红陶、夹砂红褐陶多见。依据口沿特征，将其中的 9 件标本分 3 亚型。

Ba 型　复原器 3 件。大敞口，尖圆唇，沿外侈，无颈。上体为斜弧深腹。

复原器 G4②：13，夹砂红陶。内隔档明显。上、下体均饰斜向绳纹。圜底留有烟炱。口径 26.4、高 38.4 厘米。（图 5-2-35：1；彩版六二：1）

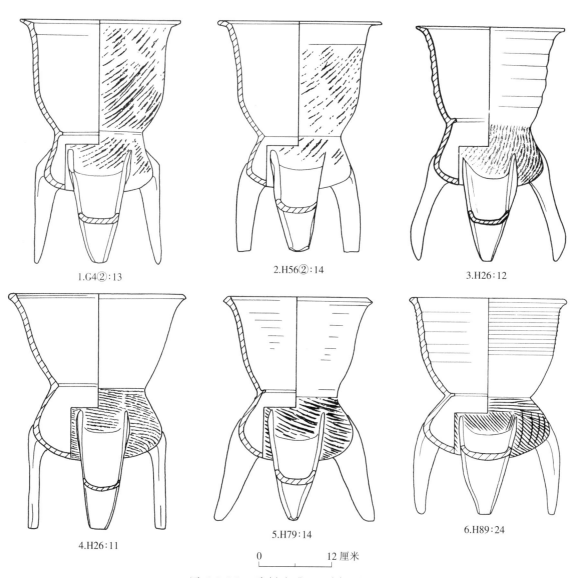

1.G4②：13　　　　2.H56②：14　　　　3.H26：12

4.H26：11　　　　5.H79：14　　　　6.H89：24

0　　　　　　12 厘米

图 5-2-35　马桥文化 B 型甗（一）

1～3. Ba 型　4～6. Bb 型

复原器 H56②：14，夹砂红陶。内隔档不明显。上、下体饰斜向绳纹。口径 26.8、高 36.4 厘米。（图 5-2-35：2；彩版六二：3）

复原器 H26：12，夹砂灰黄陶。内隔档明显。上体素面，下体饰斜向绳纹。口径 24、高 37 厘米。（图 5-2-35：3；彩版六二：2）

Bb 型　标本 5 件，其中复原器 4 件。敞口，厚圆唇或方唇。上体斜腹或斜弧腹，均素面或饰弦纹。

复原器 H26：11，夹砂灰黄陶。下体饰斜向绳纹，圜底饰交错绳纹。口径 28.8、高 37.2 厘米。（图 5-2-35：4；彩版六二：4）

复原器 H79：14，夹砂橘红陶。内隔档明显。腹部饰斜向绳纹，圜底饰交错绳纹。口径 24、高 35.4 厘米。（图 5-2-35：5；彩版六二：5）

复原器 H89：24，夹砂橘黄陶。内隔档明显。上体内、外壁均有多周旋纹，下体饰横向和斜向篮纹。口径 25.6、高 34.2 厘米。（图 5-2-35：6；彩版六二：6）

复原器 H107：15，夹砂橘红陶。斜方唇，斜弧腹。内隔档明显。下体饰斜向绳纹，圜底饰交错绳纹。口径 20.8、高 27.6 厘米。（图 5-2-36：1）

H205：12，夹砂红陶。缘略内勾。下体残。上体为斜腹，饰数周弦纹，内壁有密集旋纹。内隔档明显。口径 28 厘米。（图 5-2-36：2）

Bc 型　标本 1 件。折沿，束颈，上体为略鼓腹。

H206①：58，夹砂红陶。下体残可见足印。上、下体均饰斜向篮纹。口径 24.6、残高 25 厘米。（图 5-2-36：3）

另有 B 型甗的腹下体标本 2 件：

H8：2，夹砂红陶。凹弧足残。下体扁鼓腹，饰斜向绳纹。（图 5-2-36：4）

H26：9，夹砂灰黄陶。口足残。下体饰竖向绳纹，圜底饰交错绳纹。（图 5-2-36：5）

此外，还有一些夹砂陶口沿残片标本，怀疑是甗，但不确定或无法确定具体形制。从口沿特征看，主要有 5 种：

第一种　标本 5 件。近平折沿。口沿特征接近 Bc 型甗。

H201②：26，夹砂灰陶。腹上体饰横向绳纹。口径 24.6 厘米。（图 5-2-37：1）

H182②：26，夹砂灰陶。腹上体饰横向绳纹。口径 22 厘米。（图 5-2-37：2）

（此种口沿另 3 件标本：H182②：30，H199①：8，H217②：21）

第二种　标本 3 件。斜折沿，无颈。口沿特征接近 Ab 型甗。

H56②：24，夹砂灰陶，局部黑色。腹上体饰横向细绳纹。口径 28、残高 20 厘米。（图 5-2-37：3）

H157：15，夹砂红陶。沿下有二周细凸棱，腹上体饰斜向篮纹。口径 26.8、残高 20 厘米。（图 5-2-37：4）

（此种口沿另 1 件标本：T08③：10）

第三种　标本 2 件。斜折沿，束颈，深弧腹。

H180：10，夹砂灰陶。上体素面。口径 22 厘米。（图 5-2-37：5）

H206①：36，夹砂灰陶。口径 16.6 厘米。（图 5-2-37：6）

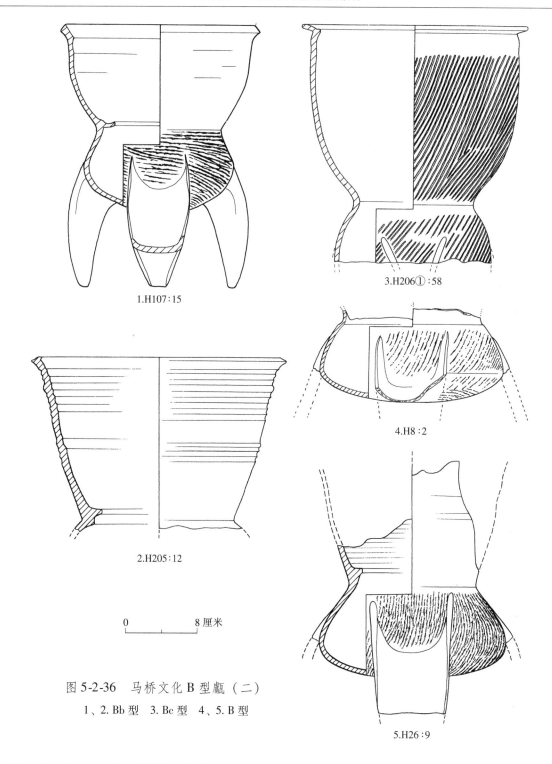

1.H107:15

3.H206①:58

2.H205:12

4.H8:2

0　　　　　　8厘米

图 5-2-36　马桥文化 B 型鬶（二）

1、2. Bb 型　3. Bc 型　4、5. B 型

5.H26:9

第四种　标本 3 件。侈沿，微束颈，深弧腹。

H182②:28，夹砂灰陶。腹上体饰斜向绳纹。（图 5-2-37:7）

H186①:7，夹砂红陶。腹上体饰横向绳纹。口径 20 厘米。（图 5-2-37:8）

（此种口沿另 1 件标本：H182②:29）

第五种　标本 1 件。侈沿，颈部显领，鼓腹。口沿特征接近 Ac 型鬶。

J9②:12，夹砂红褐陶。腹上体饰竖向绳纹。（图 5-2-37:9）

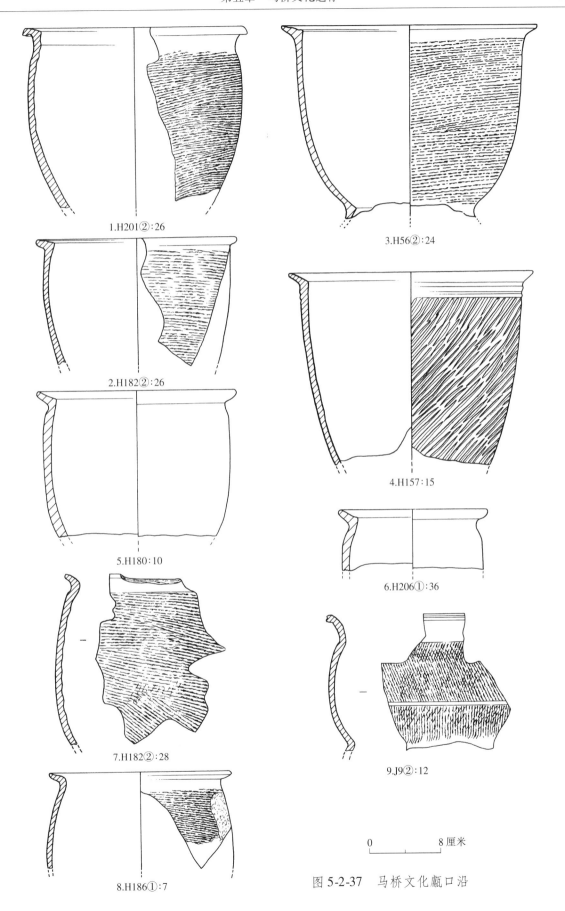

1.H201②:26

3.H56②:24

2.H182②:26

4.H157:15

5.H180:10

6.H206①:36

7.H182②:28

9.J9②:12

8.H186①:7

0   8厘米

图 5-2-37 马桥文化甗口沿

（3）豆

标本145件，其中复原器15件。豆是马桥文化的常见器物。以火候较低的泥质陶为主，有少量的硬陶。豆盘的装饰主要有凹凸弦纹和凸棱纹，豆柄的装饰有凹凸弦纹、凸棱纹、小圆形镂孔、锥刺纹、云雷纹等，其中呈带状分布的压印云雷纹出现频率较高。豆也是云雷纹装饰数量最多的器类。豆盘、豆柄的形态多样，据此分8型。

A型　标本73件，其中复原器4件。敞口，折腹，喇叭圈足柄。柄上部近直，下端呈喇叭状。质地主要有泥质灰陶、泥质灰胎黑衣陶、泥质黑陶和泥质灰黄陶等。依据形态，分2亚型。

Aa型　细喇叭圈足柄，柄上端直径小于豆盘口径的1/2。盘腹较深。盘腹常饰组合凹弦纹或细突棱。偶见硬陶。复原器1件，豆盘标本13件，豆柄标本24件。依据腹部变化，将复原器及豆盘标本共14件，分2式。

Ⅰ式　豆盘标本8件，复原器1件。沿下凹弧明显，折腹角度较小，腹较深。

H206②:14，泥质黑衣陶。翻贴缘。盘腹饰二周细突棱纹。柄部饰组合凹弦纹。口径17.6、底径16.2、高17.2厘米。（图5-2-38:1；彩版六三:1）

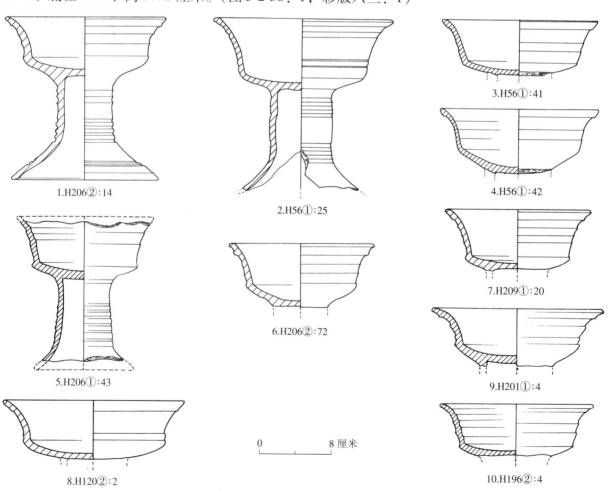

1.H206②:14

2.H56①:25

3.H56①:41

4.H56①:42

5.H206①:43

6.H206②:72

7.H209①:20

8.H120②:2

9.H201①:4

10.H196②:4

0　　　　8厘米

图5-2-38　马桥文化 Aa 型豆

1~7. AaⅠ式　8~10. AaⅡ式

H56①:25，泥质灰胎黑陶。柄下端略残。盘腹饰凹弦纹，柄部饰组合凹弦纹。口径19.7、残高18.2厘米。（图5-2-38：2）

H56①:41，泥质灰胎黑衣陶。翻贴缘。盘腹饰二周细突棱纹。口径17、残高5.8厘米。（图5-2-38：3）

H56①:42，泥质灰胎黑衣陶，黑衣脱落严重。翻贴缘。盘腹饰二周细突棱。口径17.3、残高6.8厘米。（图5-2-38：4）

H206①:43，泥质灰陶。口沿及柄底残。盘腹饰细突棱纹，柄部饰组合凹凸弦纹。残高15厘米。（图5-2-38：5）

H206②:72，泥质灰陶。翻贴缘。盘腹饰三周细突棱纹。口径16、残高6.6厘米。（图5-2-38：6）

H209①:20，泥质黑陶。翻贴缘。盘腹饰三周细突棱纹。口径16、残高6.2厘米。（图5-2-38：7）

（另2件 Aa I 式豆盘标本：H52:2，H206①:42）

II式 豆盘标本5件。大敞口，沿下稍凹弧，折腹角度较大，盘腹较浅。

H120②:2，泥质灰陶。盘腹饰一周突棱纹。口径20、残高6.2厘米。（图5-2-38：8）

H201①:4，泥质灰黄陶。盘腹饰二周细突棱纹。口径18.7、残高6.2厘米。（图5-2-38：9）

H196②:4，泥质黑陶。盘腹饰二周细突棱纹。口径16.8、残高5.4厘米。（图5-2-38：10）

（另2件 Aa II 式豆盘标本：H198:8，H217②:22）

Aa 型豆豆柄标本24件。柄的形态及装饰均有所区别。按照装饰特点区分，主要有三种形式：

第一种为组合的凹凸弦纹，此种装饰较为流行。豆柄标本14件。

H47:1 和 H195①:5，均为泥质灰陶。（图5-2-39：1、2）

H217①:11，泥质黑陶。（图5-2-39：3）

T04④A:21，泥质灰胎黑衣陶，黑衣脱落殆尽。形态特殊。柄部上、下饰十周凸棱纹，似良渚文化的竹节状豆把。但从质地、火候看，可确认此豆柄为马桥文化时期。（图5-2-39：4）

（另10件此种豆柄标本：H97①:4，H142:5，H182①:14，H199①:10，H200:2，H200:3，H201②:19，H209①:11，H217①:12，H217①:18）

第二种为凹弦纹和剔刻纹或小圆形镂孔组合。豆柄标本7件。

H124:3，泥质灰黄陶。柄部饰组合凹弦纹和六周横向之字形折线纹。（图5-2-39：5）

H87②:3，泥质灰陶。柄部饰组合凹弦纹和二周弯月形剔刻纹。（图5-2-39：6）

H210:8，泥质灰黄陶。柄部饰组合凹弦纹和上下三组半月形戳刻纹。（图5-2-39：7）

H209①:29，泥质青灰胎灰色硬陶。柄中部略收。柄上部饰组合凹弦纹和三周小圆形镂孔。（图5-2-39：8）

（另3件此种豆柄标本：H177:7，H186①:13，H210:1）

第三种为云雷纹和凹弦纹、戳刻纹组合。豆柄标本3件。

H157:11，泥质黑衣陶。柄部饰斜云雷纹、组合凹弦纹和二周小圆形戳刻纹。（图5-2-39：9）

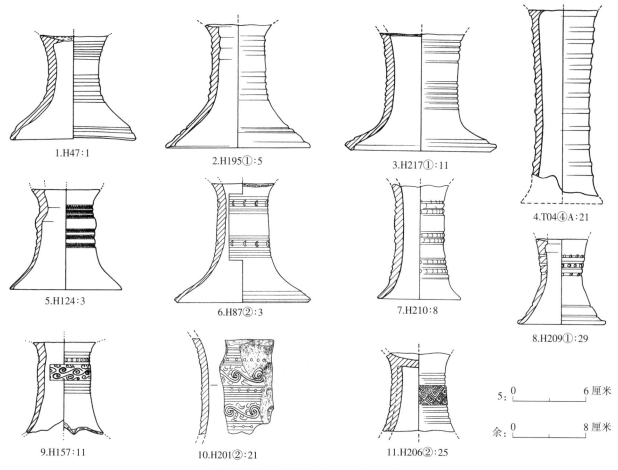

1.H47:1　2.H195①:5　3.H217①:11　4.T04④A:21　5.H124:3　6.H87②:3　7.H210:8　8.H209①:29　9.H157:11　10.H201②:21　11.H206②:25

5：0 6厘米

余：0 8厘米

图 5-2-39　马桥文化 Aa 型豆豆柄

H201②:21，泥质黑陶。柄部饰三周小圆形戳刻纹、二周变体云雷纹和组合凹弦纹。（图5-2-39：10）

H206②:25，泥质灰陶。柄部饰组合凹弦纹和菱形云雷纹。（图5-2-39：11，5-2-7：2）

Ab 型　粗喇叭圈足柄，柄上端直径大于豆盘口径的1/2。盘腹稍浅。复原器3件，豆盘标本8件，豆柄标本24件。依据腹部变化，将复原器及豆盘标本共11件，分3式。

Ⅰ式　豆盘标本4件，复原器2件。沿下略凹弧，折腹角度较小，腹稍深。

复原器 H105②:2，泥质灰陶。翻贴缘。盘腹饰一周细突棱纹，柄部饰一周菱形云雷纹和组合凹弦纹。口径20.8、底径17.6、高15.8厘米。（图5-2-40：1；彩版六三：2）

复原器 T0503④:9，泥质灰陶。翻贴缘。盘腹饰一周突棱纹，柄部饰组合凹弦纹和呈"品"字形分布的长条形镂孔。口径19.2、底径16、高16.2厘米。（图5-2-40：2；彩版六三：3）

H75②:3，泥质灰胎黑衣陶，黑衣脱落严重。翻贴缘。盘腹饰一周细突棱纹。口径18.4、残高7.2厘米。（图5-2-40：3）

H89:38，泥质灰胎黑衣陶。斜方唇。盘腹饰一周细突棱。口径22、残高7.6厘米。（图5-2-40：4）

H163②:8，泥质灰黄胎黑衣陶。翻贴缘。盘腹饰二周细突棱。口径18、残高5.8厘米。（图5-2-40：5）

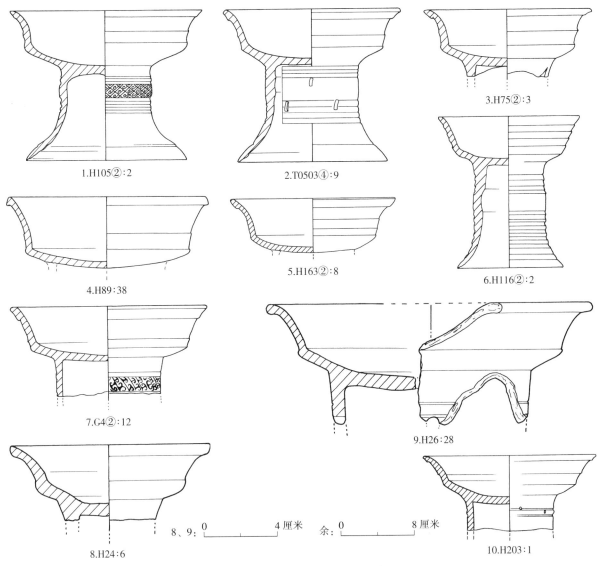

图 5-2-40　马桥文化 Ab 型豆

1～5. Ab Ⅰ 式　6、7. Ab Ⅱ 式　8～10. Ab Ⅲ 式

（另 1 件 Ab Ⅰ 式豆盘标本：H75①：16）

Ⅱ式　豆盘标本和复原器各 1 件。沿下凹弧不明显，折腹角度稍大。

复原器 H116②：2，泥质灰胎黑衣陶。盘腹饰四周细突棱纹，柄部饰组合凹凸弦纹。口径 15.6、底径 11.6、高 16 厘米。（图 5-2-40：6；彩版六三：4）

G4②：12，泥质灰陶。翻贴缘。盘腹饰一周细突棱纹。柄上端饰凹弦纹和一周变体云雷纹。口径 21.6、残高 9.4 厘米。（图 5-2-40：7）

Ⅲ式　豆盘标本 3 件。大敞口，折腹角度较大，盘腹较浅。

H24：6，泥质灰黄陶。器形较小。口径 11、残高 4 厘米。（图 5-2-40：8）

H26：28，泥质灰陶。柄上端饰凹弦纹。口径 18、残高 6.4 厘米。（图 5-2-40：9）

H203：1，泥质灰陶。翻贴缘。盘腹饰一周细突棱纹，柄上端饰凹弦纹和小圆形戳刻纹。口径 19.2、残高 8 厘米。（图 5-2-40：10）

Ab 型豆的豆柄标本 24 件。其装饰形式与 Aa 型细喇叭圈足柄相近，也有三种。但在装饰纹样的流行程度上有明显区别。

第一种主要为云雷纹和凹弦纹组合纹，部分再加戳刻纹或小圆形镂孔。此种装饰最为流行。豆柄标本 18 件。

菱形云雷纹和凹弦纹组合纹：

H69：2，泥质黑陶。柄中部一周凸棱。（图 5-2-41：1）

H175：7，泥质灰黄陶。（图 5-2-41：2）

H207：5，泥质灰陶。（图 5-2-41：3）

H209②：36，泥质灰陶。（图 5-2-41：4）

H209②：37，泥质灰黄陶。（图 5-2-41：5，5-2-7：1）

变体云雷纹、凹弦纹和小圆形戳刻纹或镂孔组合纹：

H209①：12，泥质灰陶。凹弦纹内另饰二周小圆形剔刻纹。（图 5-2-41：6）

H202：8，泥质黑陶。（图 5-2-41：7）

H157：10，泥质灰胎黑衣陶。（图 5-2-41：8）

H157：18，泥质黄胎黑衣陶。（图 5-2-41：9）

变体云雷纹和凹弦纹组合纹：

T0403④：6，泥质灰陶。（图 5-2-41：10）

（另 8 件此种豆柄标本：T0403④：10，T0503④：40，T0503⑤：44，H35：7，H75①：17，H94：6，H94：7，H125：10）

第二种为凹弦纹和剔刻纹或小圆形镂孔组合。豆柄标本 4 件。

H56①：51，泥质黑陶。（图 5-2-41：11）

H56①：40，泥质灰胎黑衣陶。（图 5-2-41：12）

H195①：4，泥质灰陶。（图 5-2-41：13）

（另 1 件此种豆柄标本：T02④A：13）

第三种为组合的凹凸弦纹。豆柄标本 2 件。

H79：4，泥质灰黄陶。（图 5-2-41：14）

G4②：16，泥质灰胎黑衣陶。（图 5-2-41：15）

B 型　标本 14 件，其中复原器 1 件。敞口，鼓腹或弧腹。质地与 A 型豆相近。依据豆盘形态，分 2 亚型。

Ba 型　豆盘标本 3 件，豆柄标本 6 件，复原器 1 件。深盘，鼓腹。喇叭圈足柄下端有鼓突。器形一般较大。

豆盘标本和复原器共 4 件。

复原器 H196②：3，泥质黄胎黑衣陶。腹部饰组合凹弦纹，豆柄上、下饰三组组合凹弦纹。口径 22、底径 20.8、高 24 厘米。（图 5-2-42：1；彩版六三：5）

H157：7，泥质灰胎黑衣陶。口沿略残。腹部饰组合凹弦纹。（图 5-2-42：2）

H159①：1，泥质灰陶。柄残。沿下凹弧明显，折腹处鼓突。腹部饰组合凹弦纹。口径 24.2、残高 9.8 厘米。（图 5-2-42：3）

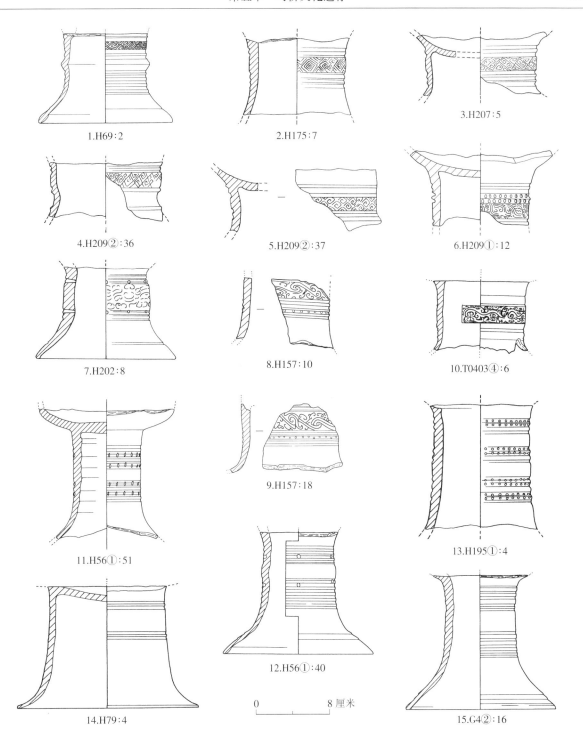

1.H69：2　　　2.H175：7　　　3.H207：5

4.H209②：36　　　5.H209②：37　　　6.H209①：12

7.H202：8　　　8.H157：10　　　10.T0403④：6

11.H56①：51　　　9.H157：18　　　13.H195①：4

14.H79：4　　　12.H56①：40　　　15.G4②：16

0 _____ 8 厘米

图 5-2-41　马桥文化 Ab 型豆豆柄

H161①：1，泥质灰陶。柄残。侈沿，翻贴缘。腹部二周凸棱，沿下至腹部饰上、下两组精美密集的刻划折线纹。口径 23.6、残高 9.6 厘米。（图 5-2-42：4；彩版六三：6）

豆柄标本 6 件。

H70①：2，泥质灰陶。豆柄饰组合凹弦纹、突棱纹和一周竖向椭圆形剔刻纹。豆柄略显宽矮。底径 20 厘米。（图 5-2-42：5）

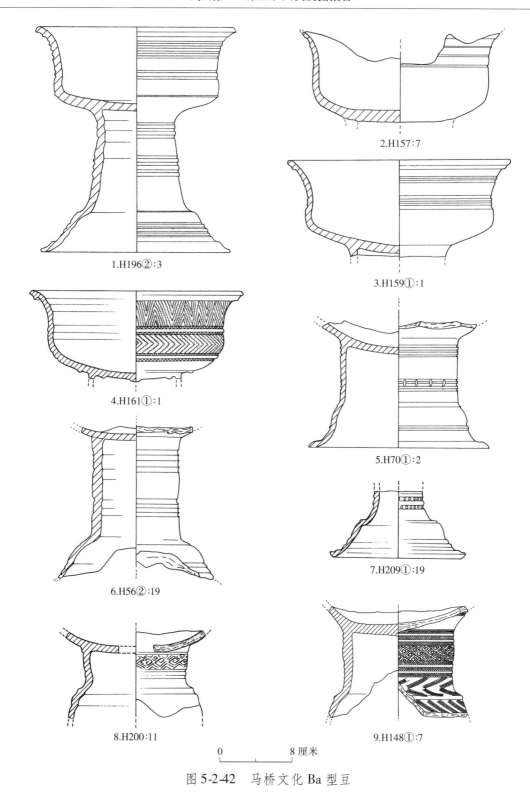

1.H196②:3

2.H157:7

3.H159①:1

4.H161①:1

5.H70①:2

6.H56②:19

7.H209①:19

8.H200:11

9.H148①:7

0　　　　　8厘米

图 5-2-42　马桥文化 Ba 型豆

　　H56②:19，泥质灰黄陶。豆柄上部较直，饰组合凹弦纹。柄下端残。豆柄略高。（图 5-2-42：6）

　　H209①:19，泥质黑陶。豆柄饰凹弦纹、突棱纹和二周竖向椭圆形剔刻纹。底径 14.8 厘米。（图 5-2-42：7）

H200：11，泥质灰陶。豆柄上部饰凹弦纹、突棱和一周云雷纹。（图5-2-42：8）

H148①：7，泥质黑陶。柄略宽。柄部饰凹弦纹、精美的之字形刻划纹和拍印的云雷纹组合纹。（图5-2-42：9）

（另1件Ba型豆柄标本：H56②：15）

Bb型　豆盘标本4件。侈沿，浅盘。鼓腹或弧腹。依据腹部形态变化，分2式。

Ⅰ式　标本3件。盘腹稍浅，略鼓腹，沿下向内凹弧。

H56①：26，泥质黄胎黑衣陶。柄下部残。翻贴缘。腹部饰凹弦纹，豆柄饰组合凹凸弦纹。口径20、残高18.2厘米。（图5-2-43：1；彩版六四：1）

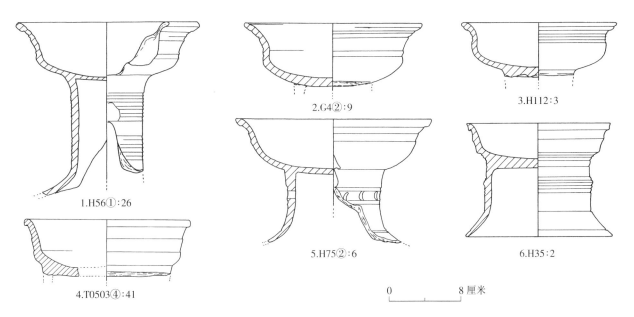

1.H56①：26
2.G4②：9
3.H112：3
4.T0503④：41
5.H75②：6
6.H35：2

0　　　　8厘米

图5-2-43　马桥文化Bb型、C型豆
1～3.BbⅠ式　4、6.C型　5.BbⅡ式

G4②：9，泥质灰胎黑衣陶。柄残。腹部饰组合凹弦纹。口径19.4、残高6.6厘米。（图5-2-43：2）

H112：3，泥质灰胎黑衣陶。柄残。翻贴缘。沿下饰组合凹弦纹。口径17.2、残高5.8厘米。（图5-2-43：3）

Ⅱ式　标本1件。盘腹稍浅，弧腹，沿下凹弧不明显。

H75②：6，泥质灰陶。柄下端残。翻贴缘。沿下饰凹弦纹，豆柄上部二周凹弦纹和一周竖向月牙形镂孔。口径21.6、残高13厘米。（图5-2-43：5）

C型　标本2件，其中复原器1件。敞口，深折腹，折腹位置接近盘底，粗喇叭圈足柄。

复原器H35：2，泥质灰黄陶。翻贴缘。盘腹饰突棱纹，喇叭圈足柄饰有凸棱和组合凹弦纹。口径15.8、底径16.2、高12厘米。（图5-2-43：6；彩版六四：2）

T0503④：41，泥质橘黄陶。宽柄残。翻贴缘。盘腹饰突棱纹。口径18、残高6厘米。（图5-2-43：4）

D型　标本32件，其中豆盘标本23件，豆柄标本5件，复原器4件。敞口，折腹或弧腹，总体盘较浅。质地主要有泥质灰黄陶、泥质橘黄陶、泥质橘红陶和泥质灰胎黑衣陶等。依据豆柄特征，分 2 亚型。

Da 型　粗柄。柄粗细还有不同，但柄上部直径一般大于豆盘口径的 1/2。柄中上部较直，至近底处喇叭状张开。柄部装饰简单，一般只有少量的凸棱纹、弦纹或镂孔等。豆盘标本 19 件，豆柄标本 3 件，复原器 2 件。依据豆盘变化特征，将豆盘标本和复原器共 21 件分 4 式。

Ⅰ式　豆盘标本 1 件。盘较深，折腹角度较小。

H187：9，泥质红陶。柄残。盘腹一周凹弦纹。口径 15.4、残高 5 厘米。（图 5-2-44：1）

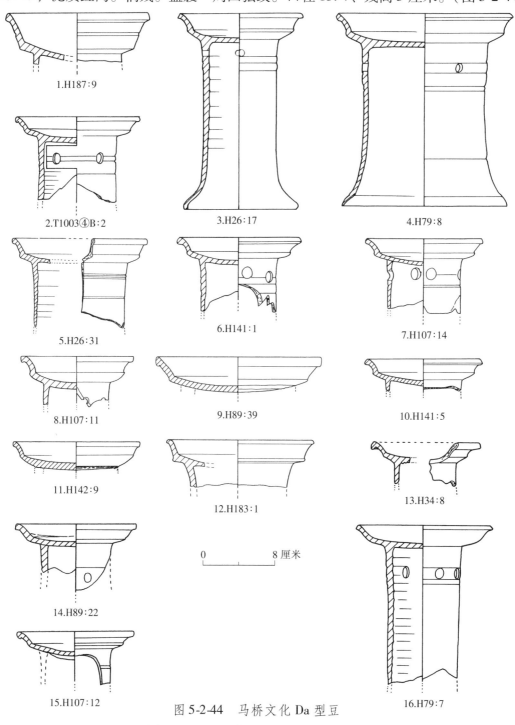

1.H187：9

2.T1003④B：2　　3.H26：17　　4.H79：8

5.H26：31　　6.H141：1　　7.H107：14

8.H107：11　　9.H89：39　　10.H141：5

11.H142：9　　12.H183：1　　13.H34：8

0　　　　8 厘米

14.H89：22

15.H107：12　　图 5-2-44　马桥文化 Da 型豆　　16.H79：7

1.DaⅠ式　2～12.DaⅡ式　13～15.DaⅢ式　16.DaⅣ式

Ⅱ式　豆盘标本 14 件，复原器 2 件。盘稍浅，折腹角度稍大。折腹明显，大部分折腹处有鼓突。

复原器 H26：17，泥质灰黄陶。方唇。柄上部三周凹弦纹和一周四个圆形镂孔。柄内壁有制作旋纹。整器制作规整、精美。口径 13.2、底径 12.6、高 20.6 厘米。（图 5-2-44：3；彩版六四：3）

复原器 H79：8，泥质橘红陶。柄上部饰凹弦纹和一周三个圆形镂孔。口径 18.8、底径 18、高 20.4 厘米。（图 5-2-44：4；彩版六四：4）

T1003④B：2，泥质灰黄胎黑衣陶。翻贴缘。柄上部饰三周凹弦纹和圆形镂孔。口径 13.4、残高 9 厘米。（图 5-2-44：2）

H26：31，泥质灰黄陶。柄部饰三周凹弦纹。口径 14.9、残高 9.4 厘米。（图 5-2-44：5）

H141：1，泥质灰胎黑衣陶。柄上部饰三周凹弦纹和圆形镂孔。口径 13.2、残高 7.8 厘米。（图 5-2-44：6）

H107：14，泥质灰黄陶。折腹处鼓突明显。柄上部饰凹弦纹和圆形镂孔。口径 12.6、残高 8 厘米。（图 5-2-44：7）

H107：11，泥质灰胎黑衣陶。折腹处鼓突明显。柄上部可见残镂孔装饰。口径 12.4、残高 5.2 厘米。（图 5-2-44：8）

H89：39，泥质黄胎黑衣陶，黑衣脱落殆尽。翻贴缘。口径 18.2、残高 3.8 厘米。（图 5-2-44：9）

H141：5，泥质灰黄胎黑衣陶。口径 13、残高 3.4 厘米。（图 5-2-44：10）

H142：9，泥质灰黄陶。口径 14、残高 3 厘米。（图 5-2-44：11）

H183：1，泥质橘红陶。折腹处鼓突明显。口径 16.4、残高 5 厘米。（图 5-2-44：12）

（另 5 件 DaⅡ式豆盘标本：T0403⑤：13，T01④A：23，H76：8，H89：6，H107：10）

Ⅲ式　豆盘标本 3 件。浅盘，豆盘折腹角度较大。折腹处鼓突不明显。

H34：8，泥质橘红陶。翻沿。口径 12、残高 4.6 厘米。（图 5-2-44：13）

H89：22，泥质灰胎黑衣陶。柄上部饰有凹弦纹和镂孔。口径 13.2、残高 6.8 厘米。（图 5-2-44：14）

H107：12，泥质灰黄陶。柄上部饰凹弦纹。口径 13、残高 5.6 厘米。（图 5-2-44：15）

Ⅳ式　浅盘，弧腹。豆盘标本 1 件。

H79：7，泥质灰陶。方唇。柄上部饰二周凹弦纹和圆形镂孔。柄内壁可见密集制作旋纹。口径 14.4、残高 16.2 厘米。（图 5-2-44：16）

（另 3 件 Da 型豆柄标本：H89：27，H107：4，H107：19）

Db 型　细高柄，喇叭状。柄上部直径小于豆盘口径的 1/2。器形一般较小，细高柄的装饰与粗柄的相近，增加的纹样有云雷纹。豆盘标本 4 件，豆柄标本 2 件，复原器 2 件。依据豆盘变化特征，将豆盘标本及复原器共 6 件分 3 式。

Ⅰ式　豆盘标本 1 件。盘腹折角较小，盘稍深。

复原器 H209①：6，泥质黑陶。翻贴缘。柄上端和近底处饰凹弦纹。口径 10.8、底径 10.8、高 11.6 厘米。（图 5-2-45：1；彩版六四：5）

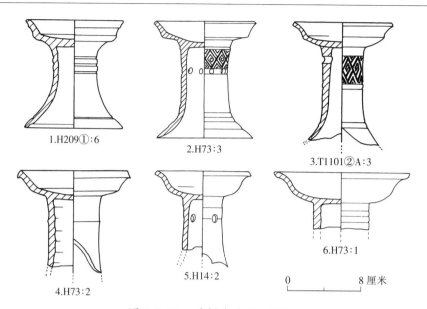

1.H209①:6

2.H73:3

3.T1101②A:3

4.H73:2

5.H14:2

6.H73:1

0　　　　　　8 厘米

图 5-2-45　马桥文化 Db 型豆

1. Db I 式　2~4. Db II 式　5、6. Db III 式

Ⅱ式　豆盘标本 2 件，复原器 1 件。盘腹折角较大，盘较浅。

复原器 H73:3，泥质橘黄陶。方唇。柄上端饰菱形云雷纹、凹弦纹和两对圆形镂孔，近底处也饰有弦纹。口径 10.8、底径 10.4、高 12.4 厘米。（图 5-2-45:2；彩版六四:6）

T1101②A:3，出自扰乱层。泥质灰黄陶。方唇，柄下端残。柄上部饰菱形云雷纹、凹弦纹和一周三个圆形镂孔，柄下端也饰凹弦纹。口径 10.8、残高 12.8 厘米。（图 5-2-45:3）

H73:2，泥质红胎黑衣陶。翻贴缘。柄中上部一周突棱。柄内壁多周旋纹。口径 12、残高 10.8 厘米。（图 5-2-45:4）

Ⅲ式　豆盘标本 2 件。略鼓腹，折腹特征不明显。

H14:2，泥质灰黄陶。柄下端残。方唇。柄上部饰凹弦纹和圆形镂孔。口径 10.4、残高 10.2 厘米。（图 5-2-45:5）

H73:1，泥质灰胎黑衣陶。柄上端饰三周凹弦纹。口径 14.8、残高 6 厘米。（图 5-2-45:6）

（另 2 件 Db 型豆柄标本：H34:2，H34:3）

E 型　豆盘标本及复原器各 1 件。敞口，深腹，略鼓腹。豆盘特征与 Ba 型豆接近，但喇叭圈足柄较矮，器形较小。

复原器 T03④A:3，泥质灰胎黑衣陶，黑衣脱落殆尽。沿下饰二周凹弦纹，柄部饰三周凸棱和小椭圆形锥刺纹。口径 13.2、底径 9.2、高 9 厘米。（图 5-2-46:1；彩版六五:1）

H105②:3，泥质灰陶。柄下端残。沿下饰凹弦纹，豆柄上端饰组合凹凸弦纹。口径 13、残高 8.8 厘米。（图 5-2-46:2；彩版六五:2）

F 型　复原器 1 件。宽平折沿，斜弧腹。

复原器 H180:1，泥质灰陶。沿下内凹呈束颈状。腹部饰三周细突棱，柄部饰凹凸弦纹。口径 20.8、底径 12.8、高 10.6 厘米。（图 5-2-46:3；彩版六五:3）

G 型　豆盘和豆柄标本各 2 件，复原器 1 件。硬陶或原始瓷，喇叭圈足柄一般不高。

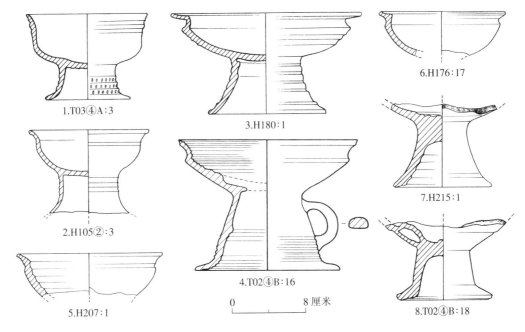

图 5-2-46　马桥文化 E 型、F 型、G 型豆

1、2. E 型　3. F 型　4 ~ 8. G 型

复原器 T02④B：16，泥质紫褐色硬陶。盘内外壁和柄部局部可见黑褐色釉点。敞口，侈沿，沿下内凹呈束颈状，斜弧腹。柄中部一侧另设有横穿把手，柄下端饰凹凸弦纹。盘内壁和圈足柄内壁可见密集制作旋纹。口径 19.4、底径 15.6、高 13.8 厘米。（图 5-2-46：4；彩版六五：4）

豆盘标本 2 件。

H207：1，泥质紫褐色硬陶。盘外壁有黄绿色釉。敞口，侈沿，沿下内凹，斜弧腹。盘内壁有旋纹。口径 16 厘米。（图 5-2-46：5）

H176：17，泥质红褐色硬陶。折沿，沿下内凹，斜弧腹。口径 14 厘米。（图 5-2-46：6）

豆柄标本 2 件。

H215：1，泥质青灰胎红褐色硬陶。喇叭圈足柄。柄内壁可见旋纹。底径 10.8 厘米。（图 5-2-46：7；彩版六五：5）

T02④B：18，原始瓷。青灰胎，盘内底有黄褐色釉。盘壁有过烧形成的气泡。圈足柄上部斜直，下端呈喇叭状，交界处转折明显。底径 10.6 厘米。（图 5-2-46：8；彩版六五：6）

H 型　豆盘标本 7 件，豆柄标本 7 件，复原器 2 件。喇叭状细高柄。依据豆盘形态，将豆盘标本及复原器共 9 件分 5 亚型。

Ha 型　豆盘标本 4 件。敞口，浅盘。

T04④A：13，泥质灰陶。柄上端一周凹弦纹。柄下部残。口径 16.8、残高 7.4 厘米。（图 5-2-47：1；彩版六六：1）

T1103④A：8，泥质灰黄陶。细柄近上端有二周细突棱。口径 17.2、残高 10 厘米。（图 5-2-47：2）

H77：5，泥质灰陶。盘腹有四周凹弦纹，细柄近上端有二周凸棱。口径 14.8、残高 9 厘米。（图 5-2-47：3）

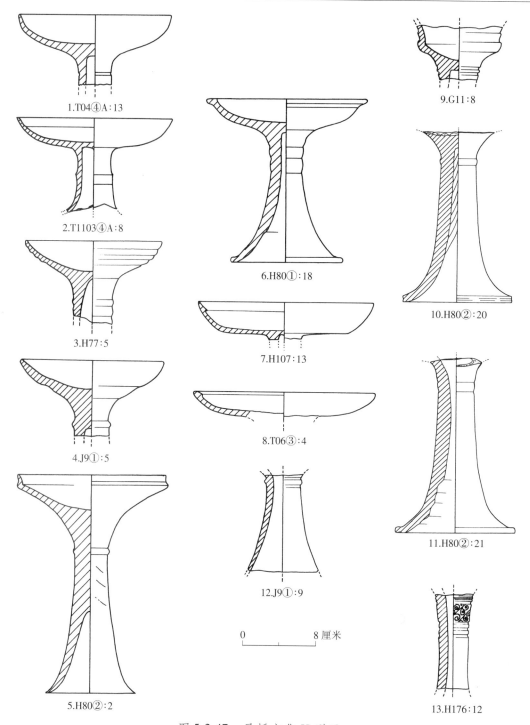

图5-2-47　马桥文化 H 型豆

1~4. Ha 型　5. Hb 型　6. Hc 型　7、8. Hd 型　9. He 型　10~13. H 型（豆柄）

J9①：5，泥质灰陶。柄上端一周凸棱。口径16、残高8厘米。（图5-2-47：4）

Hb 型　复原器1件。子母口。浅盘。

复原器 H80②：2，泥质灰陶。子口略侈，瘦斜腹。细柄上端与盘底连为一体，中上端略收缩。细柄中上部一周凸棱。口径16.4、底径10、高23厘米。（图5-2-47：5；彩版六六：2）

Hc 型　复原器1件。平沿，浅盘。

复原器 H80①：18，泥质黑陶。细柄上部二周凸棱。口径 17.6、底径 12.2、高 17.3 厘米。（图 5-2-47：6；彩版六六：3）

　Hd 型　豆盘标本 2 件。敞口，浅盘，内贴缘。

H107：13，泥质灰黄陶。斜弧腹，盘底近平。细柄残。口径 19.2、残高 4.2 厘米。（图 5-2-47：7）

T06③：4，泥质黑衣陶。柄残。口径 20、残高 2.6 厘米。（图 5-2-47：8）

　He 型　豆盘标本 1 件。折腹，深盘。

G11：8，泥质黄胎黑衣陶，黑衣脱落殆尽。口及柄残。细柄上端二周凹弦纹。（图 5-2-47：9）

　另 H 型豆柄标本 7 件：

H80②：20，泥质灰陶。柄上端一周凸棱。内壁有绞挖形成的旋痕。底径 11.8、残高 18 厘米。（图 5-2-47：10）

H80②：21，泥质灰陶。柄上端二周凹弦纹。底径 13、残高 18.5 厘米。（图 5-2-47：11）

J9①：9，泥质灰陶。柄上端一周凸棱。（图 5-2-47：12）

H176：12，泥质黄胎黑衣陶。柄部饰组合凹弦纹和云雷纹。形态少见。（图 5-2-47：13）

（另 3 件 H 型豆柄标本：H80②：6，H179：5，T0801④B：22）

（4）盆

标本共 93 件，其中复原器 33 件。盆也是马桥文化常见器物之一。依据形态，分 12 型。

　A 型　标本 68 件，其中复原器 20 件。出土数量最多。侈沿，大多为翻贴缘，微束颈，弧腹，小凹底或近平圜底。质地以火候较低的泥质灰陶占绝对多数，有少量的泥质黑陶、泥质黑衣陶和泥质红陶。颈部基本均装饰有弦纹或凸棱纹，腹底部纹饰以斜方格纹最为流行，有少量叶脉纹。依据器形大小及颈腹部特征分 2 亚型。

　Aa 型　弧腹。器形通常较大，出土数量多。部分器物可能因个体较大而在烧制过程中扭曲变形。标本 58 件，其中复原器 18 件。依据肩腹部变化特点，将其中的 43 件分 3 式。

　Ⅰ式　标本 7 件，其中复原器 4 件。弧腹饱满。

复原器 T0904④B：6，泥质灰陶。凹底。腹、底部饰方格纹。口径 24.4、高 15 厘米。（图 5-2-48：1；彩版六六：4）

复原器 G4①：4，泥质灰陶。凹底。腹、底部饰方格纹。口径 32.6、高 18 厘米。（图 5-2-48：2；彩版六六：5）

复原器 H157：5，泥质灰陶。腹部饰斜方格纹。口径 31.6、高 17.6 厘米。（图 5-2-48：3；彩版六六：6）

复原器 H209①：14，泥质灰陶。颈部略长，凹底，底较大。腹部饰斜方格纹。口径 33、高 16.4 厘米。（图 5-2-48：4）

H56①：44，泥质灰陶。底残。腹部饰斜方格纹。口径 30、残高 16.6 厘米。（图 5-2-48：5）

（另 2 件 Aa Ⅰ式盆标本：H182①：15，H198：7）

　Ⅱ式　标本 23 件，其中复原器 10 件。弧腹略瘦。

复原器 H55：4，泥质灰陶。凹底。腹、底部饰方格纹。口径 31.6、高 17.2 厘米。（图 5-2-49：1；彩版六七：1）

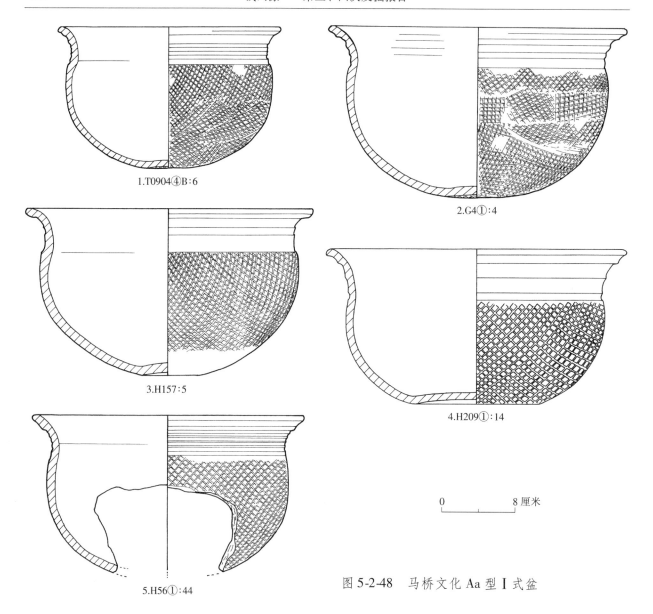

1.T0904④B:6

2.G4①:4

3.H157:5

4.H209①:14

0　　　　　8厘米

5.H56①:44

图 5-2-48　马桥文化 Aa 型 I 式盆

　　复原器 H80②：10，泥质灰陶。凹底。腹、底部饰方格纹。口径 35.2、高 17.8 厘米。（图 5-2-49：2；彩版六七：2）

　　复原器 H83：3，泥质灰陶。凹底。腹、部方格纹显凌乱。口径 31.6、高 17.4 厘米。（图 5-2-49：3）

　　H159①：2，泥质黑陶。近平圜底略残。腹部饰方格纹。口径 36、残高 18 厘米。（图 5-2-49：4）

　　复原器 H163②：9，泥质灰陶。凹底。腹、底部饰方格纹。口径 30.4、高 16 厘米。（图 5-2-49：5）

　　复原器 H173：1，泥质灰陶。近平圜底。腹、底部饰斜方格纹。口径 32、高 15 厘米。（图 5-2-49：6；彩版六七：3）

　　复原器 H206②：15，泥质灰陶。凹底较深。器形略扭曲。腹部饰斜方格纹。口径 28.8、高 14～14.6 厘米。（图 5-2-50：1；彩版六七：4）

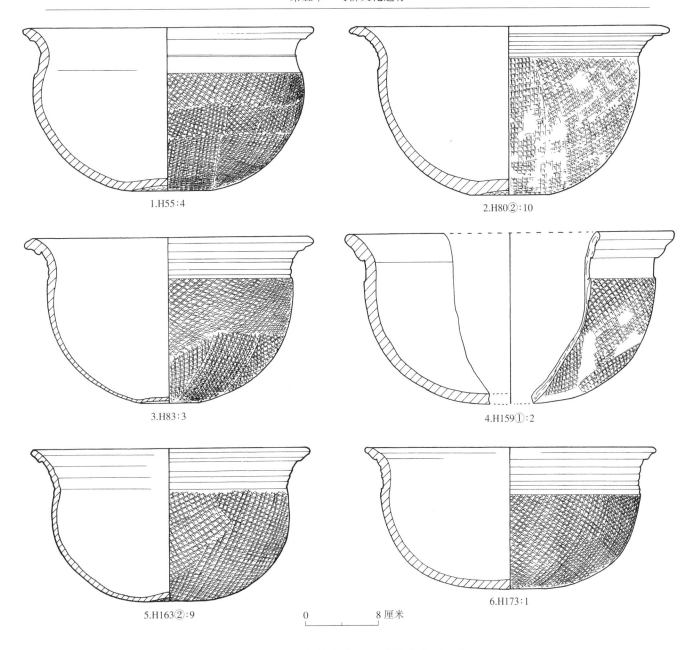

1.H55：4　　　　　　　　　　　　2.H80②：10

3.H83：3　　　　　　　　　　　　4.H159①：2

5.H163②：9　　　　0　　　　8 厘米　　　　6.H173：1

图 5-2-49　马桥文化 Aa 型 Ⅱ 式盆（一）

复原器 H217②：29，泥质灰陶。凹底。腹部饰斜方格纹。口径 28、高 15.6 厘米。（图 5-2-50：2；彩版六七：5）

复原器 H55：1，泥质灰陶。大口，浅腹，凹底。腹部饰斜方格纹。口径 34.4、高 13 厘米。（图 5-2-50：3）

复原器 H78：4，泥质灰胎黑衣陶，黑衣脱落殆尽。器形同上件。腹、底部方格纹方向凌乱。口径 31.6、高 14 厘米。（图 5-2-50：4）

复原器 H56①：29，泥质灰陶。近平圜底。腹、底部饰斜方格纹。口径 32、高 14.3 厘米。（图 5-2-50：6；彩版六七：6）

H210：7，泥质灰陶。残。腹部饰竖向叶脉纹。（图 5-2-50：5）

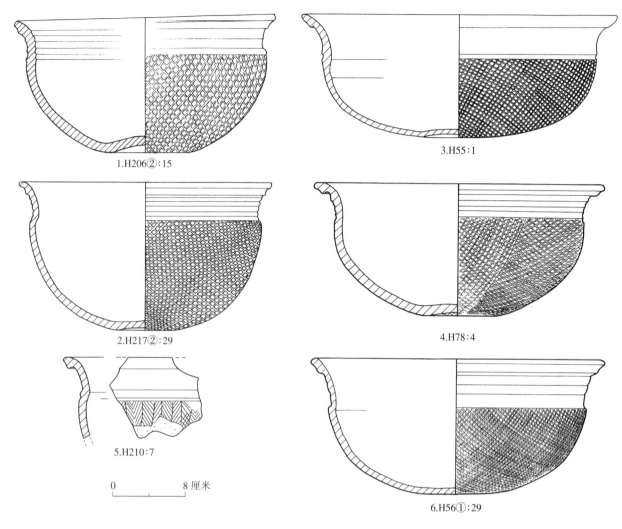

1.H206②:15

3.H55:1

2.H217②:29

4.H78:4

5.H210:7

0 _____ 8厘米

6.H56①:29

图 5-2-50　马桥文化 Aa 型 Ⅱ 式盆（二）

（另 11 件 AaⅡ式盆标本：H56①:43，H56①:45，H56①:46，H56①:47，H102⑧:6，H175:5，H206②:68，H206②:73，H206②:74，H206②:75，T03④A:20）

Ⅲ式　标本 13 件，其中复原器 4 件。瘦斜弧腹，部分器物因腹瘦而显鼓肩。

复原器 G7:4，泥质黑陶。凹底。腹、底部饰斜方格纹。口径 28、高 15.2 厘米。（图 5-2-51:1）

复原器 H80②:15，泥质灰陶。器形扭曲。近平圜底。腹部饰方格纹。口径 30.8、高 15～17.2 厘米。（图 5-2-51:2；彩版六八:1）

H201①:14，泥质灰陶。底残。腹部饰斜方格纹。口径 30 厘米。（图 5-2-51:3）

复原器 H203:9，泥质灰陶。凹底。腹部饰斜方格纹。口径 28、高 16.2 厘米。（图 5-2-51:4；彩版六八:2）

复原器 H204①:4，泥质灰陶。器形扭曲。凹底。腹部饰方格纹。口径 30、高 13.6～16.2 厘米。（图 5-2-51:5；彩版六八:3）

（另 8 件 AaⅢ式盆标本：H11:3，H80:17，H102③:1，H176:13，H188①:8，H201②:23，H217①:14，H217①:15）

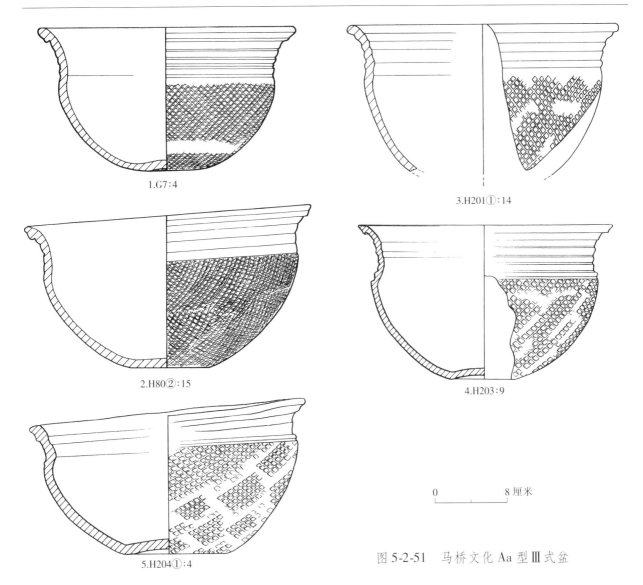

1.G7:4

3.H201①:14

2.H80②:15

4.H203:9

0　　　　　8厘米

5.H204①:4

图 5-2-51　马桥文化 Aa 型 Ⅲ 式盆

　　未分式　未分式的 Aa 型盆标本 15 件：H16:5，H187:7，H187:12，H188①:15，H199①:6，H203:7，H206①:29，H206①:51，H206①:53，H209①:15，H209①:24，H210:3，H217②:24，G11:5，G11:6。

　　Ab 型　标本 10 件，其中复原器 2 件。瘦弧腹。一般器形较小，数量较少。根据颈肩部变化特点，分 3 式。

　　Ⅰ式　标本 4 件。束颈，颈部显领，折肩。

　　T02④B:19，泥质灰陶。翻贴缘。折肩处一周凸棱。口径 18.6 厘米。（图 5-2-52：1）

　　H200:6，泥质灰胎黑衣陶，黑衣脱落严重。颈部有一周突棱。口径 16.8 厘米。（图 5-2-52：2）

　　H200:15，泥质灰陶。翻贴缘。腹部饰斜方格纹。口径 20 厘米。（图 5-2-52：3）

　　H202:4，泥质灰陶。翻贴缘。腹部饰斜方格纹。口径 18 厘米。（图 5-2-52：4）

　　Ⅱ式　标本 3 件。微束颈，鼓肩或略折。

　　H180:13，泥质黑陶。翻贴缘。底残。口径 15.6、残高 6.6 厘米。（图 5-2-52：5）

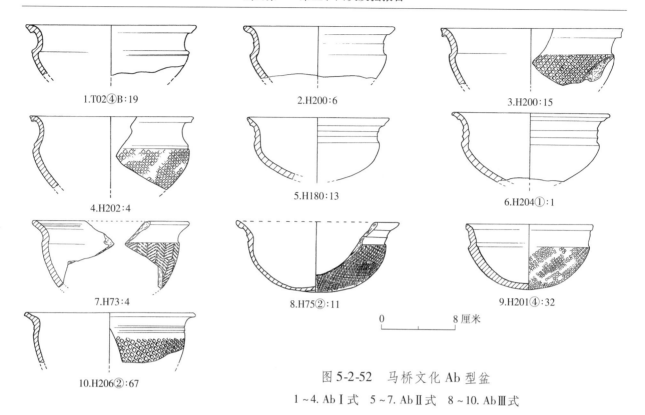

1.T02④B:19　　　　2.H200:6　　　　3.H200:15

4.H202:4　　　　5.H180:13　　　　6.H204①:1

7.H73:4　　　　8.H75②:11　　　　9.H201④:32

10.H206②:67

0　　　　8 厘米

图 5-2-52　马桥文化 Ab 型盆

1~4. Ab I 式　　5~7. Ab II 式　　8~10. Ab III 式

H204①:1，泥质黑陶。翻贴缘。颈部有二周凸棱。口径 17.2、残高 7.4 厘米。（图 5-2-52：6）

H73:4，泥质黑陶。侈沿。下腹残。腹部饰竖向叶脉纹。口径 17、残高 7.1 厘米。（图 5-2-52：7）

III 式　标本 3 件，其中复原器 2 件。微束颈，弧腹。

复原器 H75②:11，泥质灰陶。翻贴缘，底微凹。腹部饰斜方格纹。口径 18、高 7.5 厘米。（图 5-2-52：8）

复原器 H201④:32，泥质灰黄陶。凸圜底。腹部饰细斜方格纹。口径 14、高 6.8 厘米。（图 5-2-52：9；彩版六八：4）

H206②:67，泥质灰胎黑衣陶，黑衣脱落殆尽。腹部饰斜方格纹。口径 18.8、残高 5.2 厘米。（图 5-2-52：10）

B 型　标本 6 件，其中复原器 2 件。斜折沿，斜弧腹，凹底。质地以泥质灰褐色或紫褐色硬陶居多。腹部常有纹样装饰，纹样有曲折纹、叶脉纹、云雷纹、条格纹等。

复原器 H211:1，泥质灰褐色硬陶。斜腹，浅凹底。腹部饰云雷纹。口径 16.1、底径 6、高 7.1 厘米。（图 5-2-53：1；彩版六八：6）

复原器 H157:8，泥质灰褐色硬陶。器形因过烧而扭曲。腹部较深，浅凹底。腹底部饰交错零乱的条纹。沿面有一刻划陶文。口径 13.4、高 7~8 厘米。（图 5-2-53：2；彩版六八：5）

H175:4，泥质紫褐胎灰褐色硬陶。底残。腹部饰曲折纹和叶脉纹。口径 16、残高 5.4 厘米。（图 5-2-53：3）

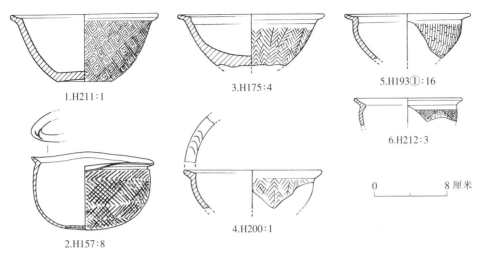

1.H211∶1　　3.H175∶4　　5.H193①∶16　　6.H212∶3　　2.H157∶8　　4.H200∶1

0　　　　8 厘米

图 5-2-53　马桥文化 B 型盆

H200∶1，泥质紫褐色硬陶。下部残。腹部饰叶脉纹。沿面有一刻划陶文。口径 15.2 厘米。（图 5-2-53∶4）

H193①∶16，泥质橘黄陶。底残。腹部饰竖向细条格纹。口径 14、残高 4.8 厘米。（图 5-2-53∶5）

H212∶3，泥质紫褐胎灰色硬陶。下部残。腹部纹饰模糊。口径 12 厘米。（图 5-2-53∶6）

C 型　标本 5 件，其中复原器 1 件。折沿，弧腹较深，平底。质地以泥质橘黄或橘红陶居多，腹部多素面。

复原器 H163②∶6，泥质橘黄陶。宽平折沿，近平圈底。口径 14、底径 6.8、高 5 厘米。（图 5-2-54∶1；彩版六九∶1）

H206②∶63，泥质橘黄陶。沿面较宽，上有多周旋纹。口径 17.8 厘米。（图 5-2-54∶2）

H217②∶26，泥质橘红陶。内折棱明显。口径 24 厘米。（图 5-2-54∶3）

H209①∶31，泥质橘红陶。宽平折沿，沿面有多周旋纹。口径 18 厘米。（图 5-2-54∶4）

T0503④∶42，泥质红陶。沿面有一刻划陶文。口径 12.6 厘米。（图 5-2-54∶5）

D 型　标本 3 件，其中复原器 2 件。侈口，深弧腹，平底或稍内凹。均素面。

复原器 H58∶1，泥质橘黄陶。口沿下二周凹弦纹。口径 12.8、底径 7.2、高 5 厘米。（图 5-2-54∶6；彩版六九∶2）

T1002④B∶12，泥质橘黄陶。口沿略残。器内壁可见多周旋纹。残口径 12.8、底径 9、残高 6.1 厘米。（图 5-2-54∶7；彩版六九∶3）

复原器 H146①∶1，泥质灰褐色硬陶。口径 11.2、底径 6.8、高 4.4 厘米。（图 5-2-54∶9；彩版六九∶4）

E 型　复原器 2 件。敞口，弧腹，近平圈底。形态与 A 型接近，但又有区别。

复原器 H19∶3，泥质红陶。深弧腹。口沿下二周弦纹，腹部饰大型云雷纹。口径 26.4、高 14 厘米。（图 5-2-54∶8；彩版六九∶5）

复原器 H75②∶2，泥质灰胎黑衣陶。斜弧腹。下腹部饰云雷纹。口径 19.2、高 5 厘米。（图 5-2-54∶11；彩版六九∶6）

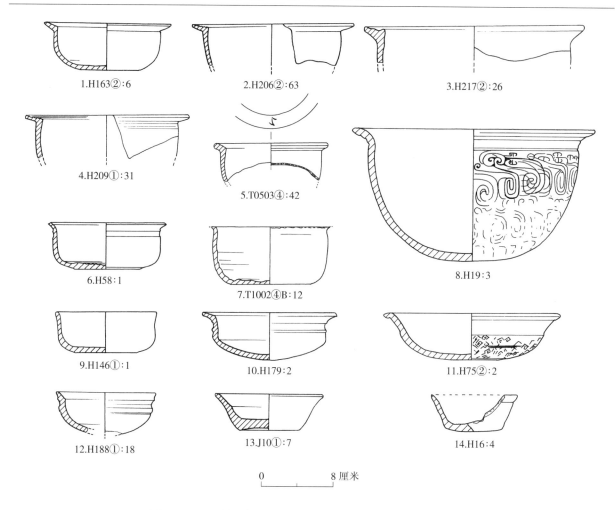

0　　　　　8厘米

图 5-2-54　马桥文化 C 型、D 型、E 型、F 型、G 型盆
1～5. C 型　6、7、9. D 型　8、11. E 型　10、12. F 型　13、14. G 型

F 型　标本 2 件，其中复原器 1 件。侈沿，微束颈，略鼓肩，斜弧腹，圜底。似豆盘。

复原器 H179：2，泥质灰黄陶。口径 14.8、高 5 厘米。（图 5-2-54：10；彩版七〇：1）

H188①：18，泥质灰陶。颈部饰弦纹。口径 11.2、残高 4.2 厘米。（图 5-2-54：12）

G 型　复原器 2 件。敞口，斜腹，平底或稍内凹。

复原器 J10①：7，泥质紫褐色硬陶。平底稍内凹。口径 12、底径 6.8、高 3.8 厘米。（图 5-2-54：13；彩版七〇：2）

复原器 H16：4，泥质红陶。平底。口径 9.2、底径 6.4、高 4 厘米。（图 5-2-54：14）

H 型　复原器 1 件。

复原器 H163①：2，泥质橘红陶。侈口，束颈，鼓肩，斜弧腹，平底。口径 12.6、底径 5.6、高 6.4 厘米。（图 5-2-55：1；彩版七〇：3）

I 型　复原器 1 件。

复原器 H163②：5，泥质灰胎黑衣陶。敞口，翻贴缘，略鼓腹，平底内凹。颈腹部饰细突棱纹。口径 17、底径 6.4、高 6.5 厘米。（图 5-2-55：2；彩版七〇：4）

J 型　复原器 1 件。

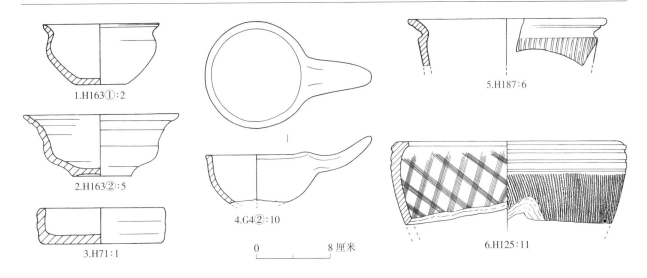

图 5-2-55　马桥文化 H 型、I 型、J 型、K 型、L 型盆和刻槽盆

1. H 型盆　2. I 型盆　3. J 型盆　4. K 型盆　5. L 型盆　6. 刻槽盆

复原器 H71：1，泥质灰陶。口微敛，直腹，大平底。腹外壁有凹弧。器形较宽矮。口径 13.4、底径 13、高 3.8 厘米。（图 5-2-55：3；彩版七〇：5）

K 型　标本 1 件。

G4②：10，粗泥红陶。短侈口，斜弧腹，底残。口沿一侧设一羊角状把手。口径 11.2 厘米。（图 5-2-55：4）

L 型　标本 1 件。

H187：6，泥质灰陶。侈沿，束颈，有窄肩，斜腹。腹部饰竖向篮纹。口径 22 厘米。（图 5-2-55：5）

（5）刻槽盆

标本 1 件。

H125：11，泥质灰陶。下部残。敛口，弧腹，器形似钵。口沿下有三周凹弦纹，腹部饰竖向绳纹。器内壁刻斜方格形凹槽。口径 24.8 厘米。（图 5-2-55：6）

（6）泥质罐

标本 223 件，其中复原器 46 件。泥质罐是马桥文化最常见陶器之一。质地上以火候较高的各色硬陶和火候稍高的泥质橘黄、橘红陶或红褐陶为主。底部形态以凹底最多，还有近平圜底、平底或平底内凹和少量的圈足。罐的装饰纹样种类多，并常见组合纹装饰。同时，罐也是这个时期陶文的最主要的载体。由于罐的种类较多，形态多样，装饰不一。我们先依据口沿的变化特征分为不同类型（如侈沿、卷沿、折沿、矮颈、低领、高领、敛口、直口等），再依据口腹部变化特征（如鼓腹、弧腹、球腹或大口、中口、小口等）来区分亚型。大、中、小口区分的标准：小口的口径在腹大径的 50% 左右，中口的口径在腹大径的 70% 左右，大口的口径在腹大径的 90% 以上。据此，将泥质罐分 9 型。

A 型　标本 43 件，其中复原器 13 件。侈沿，凹底。依据口沿及腹部特征，分 7 亚型。

Aa 型　标本 20 件，其中复原器 5 件。多为小口。侈沿，束颈，鼓腹或弧腹。颈肩交界处

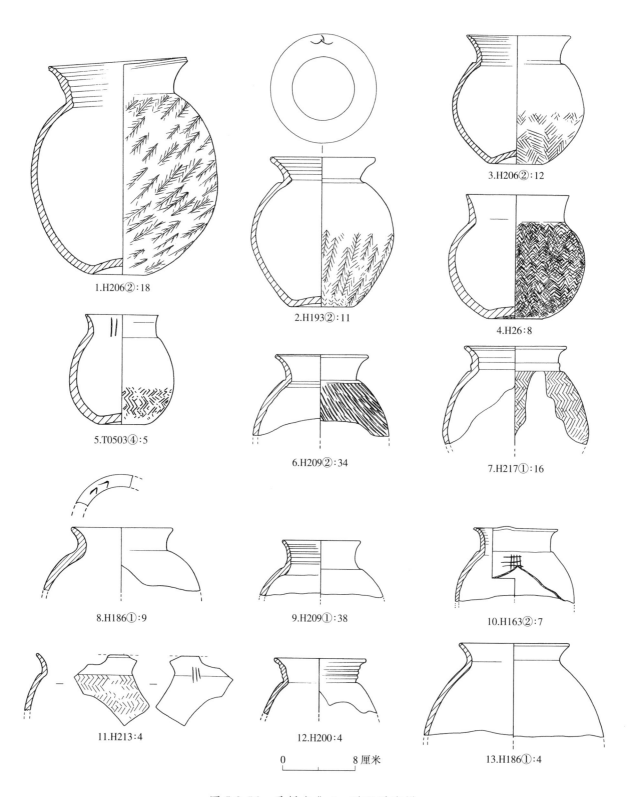

1.H206②:18

2.H193②:11

3.H206②:12

4.H26:8

5.T0503④:5

6.H209②:34

7.H217①:16

8.H186①:9

9.H209①:38

10.H163②:7

11.H213:4

12.H200:4

0　　　　　　8厘米

13.H186①:4

图 5-2-56　马桥文化 Aa 型泥质陶罐

常可见一周凹棱。

复原器 H206②：18，泥质红褐色硬陶。瘦弧腹。沿面有多周旋纹，肩腹和底部饰稀疏叶脉纹。器形略扭曲。口径 15、高 22～23 厘米。（图 5-2-56：1；彩版七一：1）

复原器 H193②：11，泥质红褐色硬陶。沿面可见密集旋纹并有一刻划陶文，下腹部饰叶脉纹。口径 11.5、高 15.8 厘米。（图 5-2-56：2；彩版七一：2）

复原器 H206②：12，泥质红褐色硬陶。沿面有密集旋纹，下腹和凹底饰稀疏折线纹。口径 11.4、高 13.6 厘米。（图 5-2-56：3；彩版七一：3）

复原器 H26：8，泥质灰色硬陶。肩腹及底部饰凌乱的折线纹。口径 11.2、高 13.2 厘米。（图 5-2-56：4；彩版七一：4）

复原器 T0503④：5，泥质灰褐色硬陶。瘦弧腹。沿面有一刻划陶文，下腹部饰折线纹。口径 8、高 11.6 厘米。（图 5-2-56：5；彩版七一：5）

H209②：34，泥质橘红陶。腹部饰斜向条纹。器内壁凹凸不平。口径 10.2 厘米。（图 5-2-56：6，5-2-1：9）

H217①：16，泥质灰色硬陶。肩腹部饰折线纹。口径 11.2 厘米。（图 5-2-56：7）

H186①：9，泥质紫褐胎灰褐色硬陶。沿面有一刻划陶文。口径 11.2 厘米。（图 5-2-56：8）

H209①：38，原始瓷。灰白胎，沿内外和肩部均可见淡黄色釉。沿面有旋纹。口径 8.6 厘米。（图 5-2-56：9）

H163②：7，泥质红褐色硬陶。瘦弧腹。沿面有旋纹。肩部有一刻划陶文。口径 9.2 厘米。（图 5-2-56：10）

H213：4，泥质橘红陶。沿面有一刻划陶文。肩腹部饰折线纹。（图 5-2-56：11）

H200：4，泥质灰陶。沿外壁三周凸棱。口径 10 厘米。（图 5-2-56：12）

H186①：4，粗泥灰黄陶，器表多气孔。口径 11.8 厘米。（图 5-2-56：13）

（另 7 件 Aa 型罐标本：H70①：9，H186①：11，H186①：14，H188①：17，H201①：10，H201①：15，H206②：61）

Ab 型 标本 10 件，其中复原器 6 件。小口，侈沿，球腹。个体多较大，肩部常设有三系。依口部形态，可再细分为两种。

一种为侈沿，束颈。复原器 4 件。

复原器 H56②：16，泥质橘红陶。腹大径略偏下。沿面可见多周旋纹，下腹部和凹底饰叶脉纹。沿面另有一刻划的陶文。口径 13、高 21.8 厘米。（图 5-2-57：1；彩版七二：1）

复原器 H63：3，泥质橘红陶。肩部设三系。腹、底部饰云雷纹和折线纹组合纹。口径 15.2、高 30.6 厘米。（图 5-2-57：2；彩版七二：2）

复原器 H157：1，泥质紫褐色硬陶。整器因过烧而扭曲变形。沿面有密集旋纹，肩腹部和凹底饰折线纹。口径约 18、高 29.2～31.2 厘米。（图 5-2-57：3；彩版七二：3）

复原器 H157：4，泥质红褐色硬陶。肩部设三系。沿面有密集旋纹，下腹和凹底饰横向的叶脉纹。器形略扭曲。口径 16.4、高 28.6～29.6 厘米。（图 5-2-57：4；彩版七二：4）

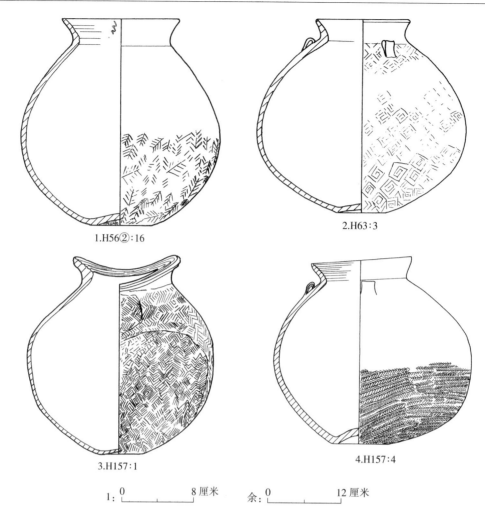

1.H56②:16

2.H63:3

3.H157:1

4.H157:4

```
          0              8 厘米
1:                                  余:  0              12 厘米
```

图 5-2-57 马桥文化 Ab 型泥质陶罐（一）

另一种为沿略外翻，颈部显领。标本 6 件，其中复原器 2 件。

复原器 H16:3，泥质红褐色硬陶。腹大径略偏上。沿面可见多周旋纹，下腹部饰曲折纹。口径 16.8、高 33.2 厘米。（图 5-2-58:1；彩版七二:5）

复原器 H206①:9，泥质灰色硬陶。凹底较深。肩部设三系。沿面可见密集旋纹，下腹和底部饰折线纹。口径 16.5、高 28.2 厘米。（图 5-2-58:2；彩版七二:6）

H56①:39，泥质灰褐色硬陶。下部残。肩部设三系。沿面有密集旋纹。口径 16.8 厘米。（图 5-2-58:3）

H206①:1，泥质红褐色硬陶。下部残。肩部设三系。沿面有密集旋纹。口径 20 厘米。（图 5-2-58:4）

H87②:2，泥质紫褐胎灰色硬陶。肩腹部饰横向叶脉纹。沿面有密集旋纹。口径 24.2 厘米。（图 5-2-58:5）

H56①:37，泥质紫褐色硬陶。形制较小。沿面有多周旋纹。口径 13 厘米。（图 5-2-58:6）

Ac 型 标本 2 件。中口，侈沿，沿较宽，圆鼓腹。

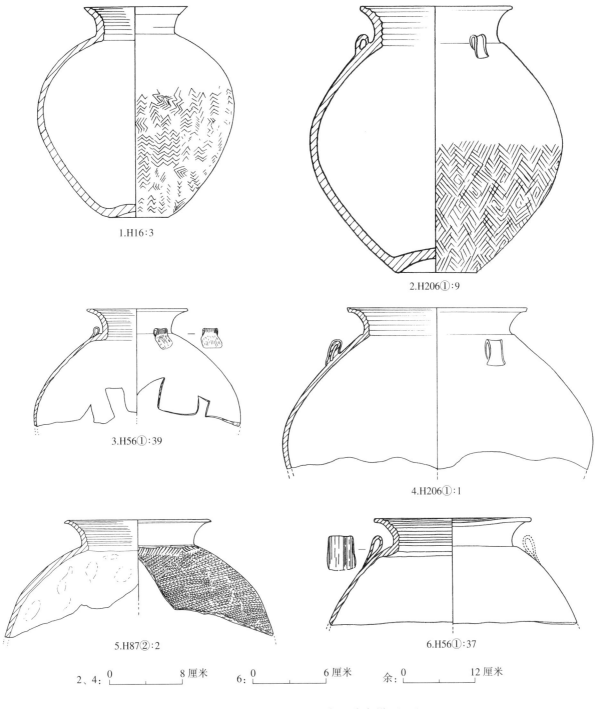

1.H16:3

2.H206①:9

3.H56①:39

4.H206①:1

5.H87②:2

6.H56①:37

2、4：　0　　　　　8厘米　　　6：　0　　　　6厘米　　　余：　0　　　　12厘米

图 5-2-58　马桥文化 Ab 型泥质陶罐（二）

　　H206②:80，泥质橘黄陶。下部残。沿面有多周旋纹，肩腹部饰曲折纹。口径20厘米。（图 5-2-59：1）

　　H208:1，泥质橘黄陶。沿面有多周旋纹，沿外壁饰二周凸棱。肩腹部饰折线纹。（图 5-2-59：2）

　　Ad 型　标本6件。中口，侈沿略外翻，显短颈，鼓腹。颈肩交界处一周凹棱。

　　H206①:4，泥质橘黄陶。底部略残。沿面有旋纹，肩腹部饰浅疏的云雷纹。口径18.8、

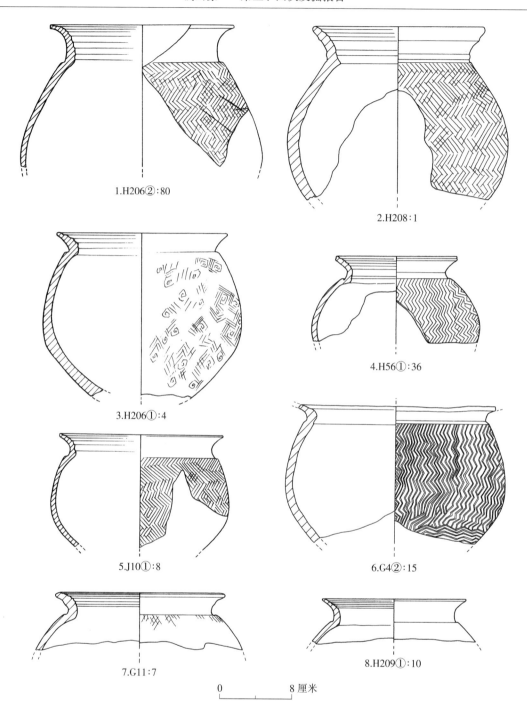

1.H206②:80

2.H208:1

3.H206①:4

4.H56①:36

5.J10①:8

6.G4②:15

7.G11:7

8.H209①:10

0　　　　　　　　　8厘米

图 5-2-59　马桥文化 Ac 型、Ad 型泥质陶罐

1、2. Ac 型　3～8. Ad 型

残高 17.2 厘米。（图 5-2-59：3）

　　H56①:36，泥质红褐色硬陶。沿面多周旋纹，肩腹部饰折线纹。口径 13 厘米。（图 5-2-59：4）

　　J10①:8，泥质橘红陶。沿面有旋纹，肩腹部饰折线纹。口径 18、残高 12 厘米。（图 5-2-59：5）

G4②：15，泥质红褐色硬陶。口沿、底残。肩腹部饰折线纹。残高14.5厘米。（图5-2-59：6）

G11：7，泥质灰褐色硬陶。沿面多周旋纹，肩部纹饰稀疏模糊。口径19厘米。（图5-2-59：7）

H209①：10，泥质橘红陶。沿面有旋纹。口径15.6厘米。（图5-2-59：8）

Ae型　标本3件，其中复原器1件。大口，侈沿，沿较窄。

复原器H209①：7，泥质红褐色硬陶。口沿略扭曲，微束颈，瘦弧腹。凹底较深。沿面有旋纹，腹部饰云雷纹。口径13.8、高12.4～13.2厘米。（图5-2-60：1，5-2-6：2；彩版七三：1）

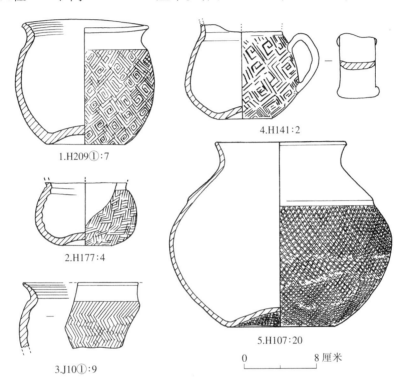

1.H209①：7

4.H141：2

2.H177：4

3.J10①：9

5.H107：20

0　　　　　8厘米

图5-2-60　马桥文化 Ae型、Af型、Ag型泥质陶罐

1～3.Ae型　4.Af型　5.Ag型

H177：4，泥质紫褐色硬陶。口沿稍残。鼓腹。腹、底部饰凌乱的席纹。残高6.6厘米。（图5-2-60：2）

J10①：9，泥质橘红陶。沿面有旋纹，腹部饰折线纹。（图5-2-60：3）

Af型　标本1件。带把。

H141：2，泥质灰胎黑衣陶。大口，口沿略残。鼓腹下坠，凹底。腹部一侧设横穿半环形把手。腹、底部饰大云雷纹。残高10厘米。（图5-2-60：4，5-2-6：1；彩版七三：2）

Ag型　复原器1件。

复原器H107：20，泥质灰陶。侈沿，鼓腹，大凹底。形态特殊。肩部一周突棱，腹、底部饰斜方格纹。口径14.2、高19.6厘米。（图5-2-60：5；彩版七三：3）

B型　标本6件，其中复原器1件。卷沿，短颈，瘦弧腹。

复原器H193②：7，泥质红褐色硬陶。瘦弧腹。下腹部饰折线纹。口径11、高13厘米。（图5-2-61：1；彩版七三：4）

H204①：6，泥质红褐色硬陶。口径10厘米。（图5-2-61：2）

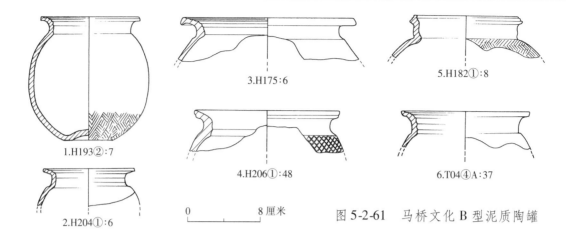

图 5-2-61　马桥文化 B 型泥质陶罐

H175：6，泥质橘黄陶。沿面可见密集旋纹。口径 19.2 厘米。（图 5-2-61：3）

H206①：48，泥质红褐硬陶。肩腹部饰斜方格纹。口径 15.8 厘米。（图 5-2-61：4）

H182①：8，泥质灰褐色硬陶。肩腹部饰折线纹。口径 11.2 厘米。（图 5-2-61：5）

T04④A：37，泥质橘红陶。沿面有旋纹。口径 14 厘米。（图 5-2-61：6）

C 型　标本 48 件，其中复原器 6 件。窄折沿，折沿伸出颈部较短，束颈，凹底。依据口部特征，分 4 亚型。

Ca 型　标本 4 件，其中复原器 1 件。小口，鼓腹。

复原器 H102①：9，泥质红褐色硬陶。腹大径略偏上。器内壁凹凸不平。器形较大。沿面有旋纹，颈肩处一周凹棱。肩腹部和底部饰折线纹和叶脉纹。口径 23.2、高 41.2 厘米。（图 5-2-62：1；彩版七三：5）

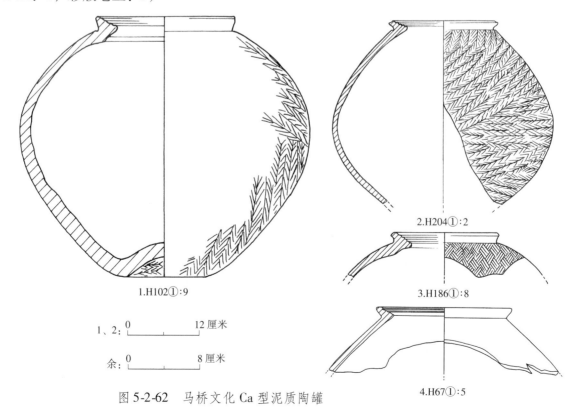

图 5-2-62　马桥文化 Ca 型泥质陶罐

H204①：2，泥质橘黄陶。底残。腹大径略偏下。沿面有密集旋纹，肩腹部满饰叶脉纹。口径 18、残高 29.1 厘米。（图 5-2-62：2）

H186①：8，泥质紫褐胎灰褐色硬陶。沿面有旋纹，肩腹部饰席纹。口径 11.8 厘米。（图 5-2-62：3）

H67①：5，泥质红褐色硬陶。沿面有旋纹。口径 14.6 厘米。（图 5-2-62：4）

Cb 型　标本 36 件，其中复原器 1 件。中口，圆鼓腹。折沿大多较坦，部分折沿近平。部分颈肩交界处有一周凹棱。此型罐沿面上发现的陶文数量较多，共 15 个。

复原器 H177：5，泥质橘黄陶。沿面略内凹。圆鼓腹，浅凹底。肩腹部和凹底饰曲折纹。口径 12.5、高 16.8 厘米。（图 5-2-63：1；彩版七三：6）

H80①：19，泥质灰色硬陶。底残。素面。口径 21.6、残高 25.2 厘米。（图 5-2-63：2）

T03④A：21，泥质橘红陶。沿面有旋纹并有一刻划陶文。肩腹部饰叶脉纹。口径 16 厘米。（图 5-2-63：3）

H79：11，泥质灰色硬陶。口部因过烧而扭曲。鼓肩。肩腹部饰叶脉纹和条格纹。口径 26.5～30.4、残高 30 厘米。（图 5-2-63：4）

T04④A：33，泥质紫褐胎灰色硬陶。素面。口径 19.2 厘米。（图 5-2-63：5）

H201④：30，泥质紫褐胎灰褐色硬陶。沿面有密集旋纹并有一刻划陶文。肩腹部饰席纹。口径 23.8 厘米。（图 5-2-63：6）

T02④B：23，泥质橘黄陶。沿面有旋纹，肩腹部饰条格纹和叶脉纹。口径 16 厘米。（图 5-2-64：1）

T0403④：17，原始瓷。泥质灰白色胎。颈肩部可见绿褐色釉。肩部饰云雷纹。（图 5-2-64：2）

H179：4，泥质橘黄陶。颈肩部凹棱较深。沿面有旋纹，肩腹部饰折线纹。口径 13 厘米。（图 5-2-64：3）

H203：5，泥质橘红陶。折沿近平。沿面有旋纹，肩部饰竖向篮纹。口径 20 厘米。（图 5-2-64：4）

H206①：28，泥质灰色硬陶。折沿近平。胎壁内有因过烧形成的气泡。沿面有旋纹，肩腹部饰凌乱曲折纹。口径 16.2 厘米。（图 5-2-64：5）

H206①：52，泥质橘红陶。平折沿。沿面有旋纹，肩腹部饰竖向叶脉纹。口径 20 厘米。（图 5-2-64：6）

H8：8，泥质灰褐色硬陶。折沿近平。沿面有一刻划陶文。肩部饰叶脉纹。口径 21.4 厘米。（图 5-2-64：7）

H206①：38，泥质红褐色硬陶。平折沿。沿面有旋纹并有一刻划陶文。肩部饰竖向叶脉纹。口径 19.7 厘米。（图 5-2-64：8）

（另 22 件 Cb 型罐标本，其中有陶文的口沿标本 11 件：T1202④A：2，T1003④B：49，H10：2，H34：10，H34：12，H38：1，H49：1，H52：5，H157：12，H157：13，H175：3，其他口沿标本 11 件：H10：3，H176：11，H198：10，H198：4，H199①：4，H199①：13，H200：12，H206②：65，H207：6，H209①：22，H213：5）

Cc 型　复原器 2 件。中口，斜折沿，束颈，鼓腹。

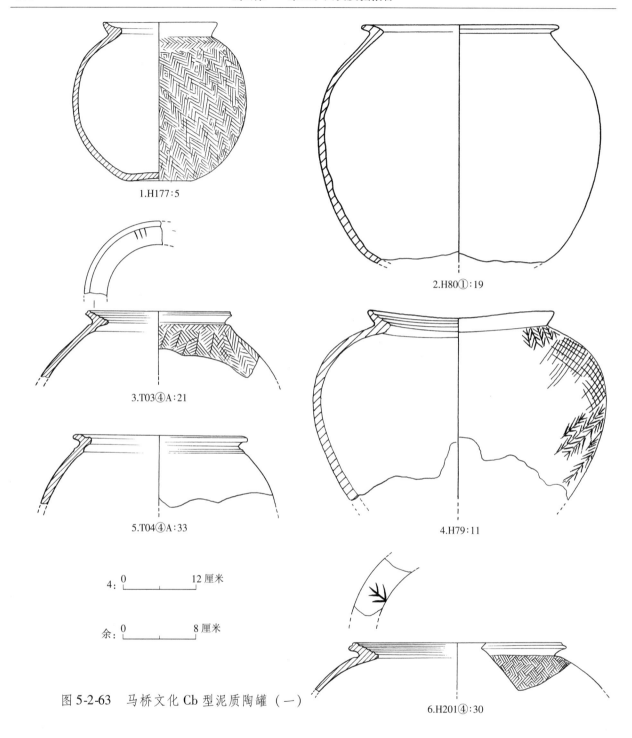

1.H177:5

2.H80①:19

3.T03④A:21

4.H79:11

5.T04④A:33

6.H201④:30

4:　0 ┣━━━━━━━┫ 12 厘米

余:　0 ┣━━━━━━━┫ 8 厘米

图 5-2-63　马桥文化 Cb 型泥质陶罐（一）

　　复原器 H55:3，泥质橘红陶。鼓腹下坠。沿面有密集旋纹，肩腹部和底部饰横向曲折纹。口径 18.8、高 22 厘米。（图 5-2-65:1；彩版七四:1）

　　复原器 H97①:1，泥质灰褐色硬陶。沿面有旋纹，肩腹部和底部饰稀疏的曲折纹。口径 14.6、高 14 厘米。（图 5-2-65:3；彩版七四:2）

　　Cd 型　标本 6 件，其中复原器 2 件。大口，弧腹。

　　复原器 H175:1，泥质灰色硬陶。折沿近平，微束颈。腹、底部饰斜向叶脉纹。口径 14.6、高 12 厘米。（图 5-2-65:2；彩版七四:3）

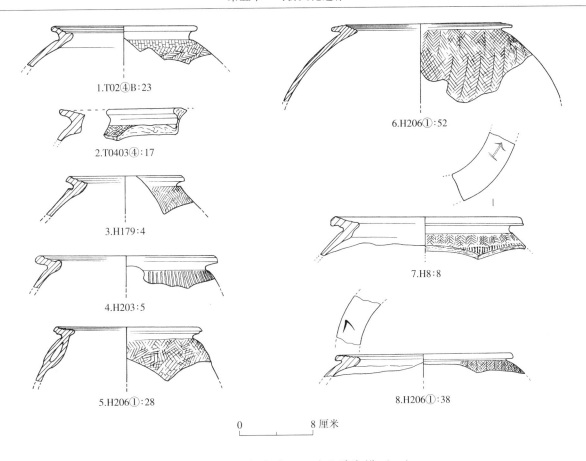

图 5-2-64　马桥文化 Cb 型泥质陶罐（二）

复原器 H193②：10，泥质橘红陶。沿面略凹弧。腹底部饰曲折纹。口径 12.4、高 11 厘米。（图 5-2-65：5；彩版七四：4）

H142：6，泥质灰色硬陶。凹底残。上腹饰曲折纹，下腹饰方格纹。沿面有一刻划陶文。器形有些扭曲。口径 11.8 ~ 14、高约 10 ~ 10.6 厘米。（图 5-2-65：4；彩版七四：5）

H198：6，泥质红褐色硬陶。沿面有旋纹。瘦弧腹。腹部饰曲折纹。口径 18 厘米。（图 5-2-65：6）

H217②：27，泥质紫褐胎灰色硬陶。器形小。从印痕看，肩部应设有对称横穿半环形双耳。口径 9.6 厘米。（图 5-2-65：7）

H209①：28，泥质橘红陶。沿面略凹弧。瘦弧腹。口径 18 厘米。（图 5-2-65：8）

D 型　标本 65 件，其中复原器 15 件。宽折沿，折沿伸出颈部较长，束颈，基本为凹底，偶见近平圈底。依据器形特征及质地，分 5 亚型。

Da 型　复原器 1 件。

复原器 H107：8，泥质灰褐色硬陶。小口。整器因过烧而扭曲变形。束颈，略鼓肩。肩腹部和底部饰叶脉纹。口径 23.2、高约 42 厘米。（图 5-2-66：1）

Db 型　标本共 45 件，其中复原器 5 件。中口。数量最多，但大都为口沿残片。个体大小不一。此型罐沿面发现的陶文数量最多，共 21 件。依据肩腹部变化特征，将其中 11 件标本，分 2 式。

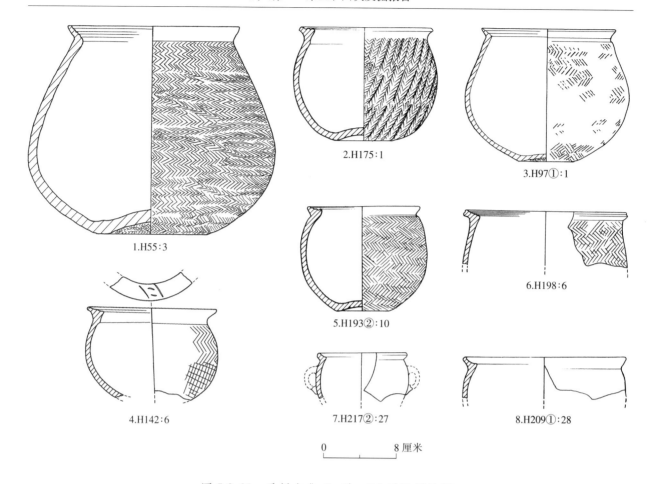

图 5-2-65　马桥文化 Cc 型、Cd 型泥质陶罐

1、3. Cc 型　2、4~8. Cd 型

Ⅰ式　标本 6 件，其中复原器 3 件。鼓腹。

复原器 H107：16，泥质橘黄陶。有短颈，小凹底。颈肩部、肩腹部和下腹、底部分别饰方格纹、云雷纹和叶脉纹。沿面有旋纹并有一刻划陶文。口径 22.2、高 23 厘米。（图 5-2-66：2；彩版七五：1）

复原器 H81：1，泥质橘黄陶。方唇，凹底略大而浅。沿面有旋纹，肩腹部和底部满饰凌乱席纹。口径 16.4、高 15.6 厘米。（图 5-2-66：3；彩版七五：3）

复原器 H26：20，泥质橘红陶。腹、底部饰叶脉纹。口径 17.2、高 14.6 厘米。（图 5-2-66：4，5-2-5：1；彩版七五：4）

H58：3，泥质橘红陶。肩腹部饰席纹和云雷纹。口径 25.6 厘米。（图 5-2-66：5）

H206①：49，泥质橘红陶。沿面有密集旋纹，肩腹部饰条格纹。口径 20 厘米。（图 5-2-66：6）

T0801④B：41，泥质紫褐色硬陶。沿面有一刻划陶文，肩腹部饰方格纹。口径 17 厘米。（图 5-2-66：7）

Ⅱ式　标本 5 件，其中复原器 2 件。鼓肩。

复原器 J8②：11，泥质灰褐色硬陶。颈肩部、肩部和腹底部分别饰绳纹、云雷纹和叶脉纹。个体较大。口径 30、高 31.8 厘米。（图 5-2-67：1）

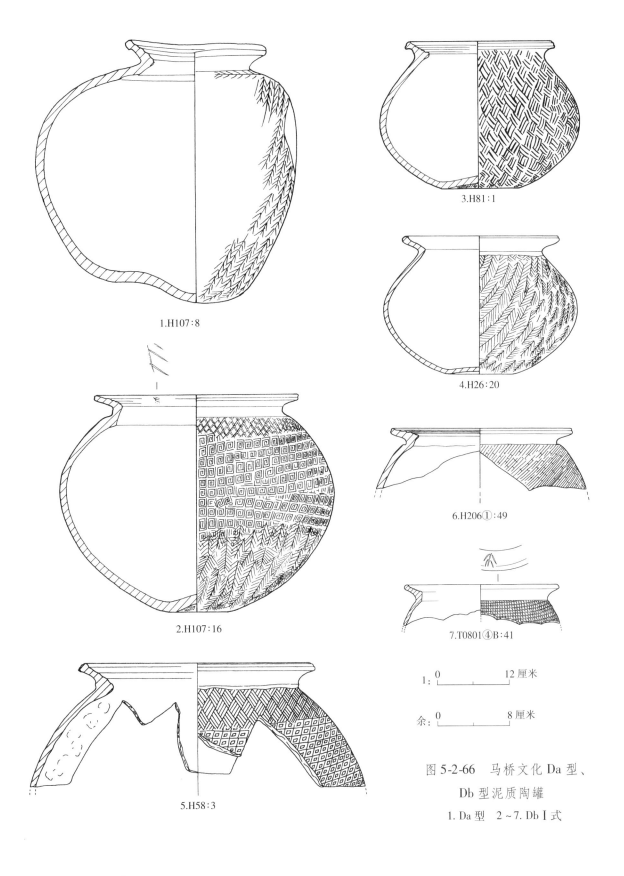

1.H107:8

2.H107:16

5.H58:3

3.H81:1

4.H26:20

6.H206①:49

7.T0801④B:41

1:　0　　　　　12 厘米

余:　0　　　　8 厘米

图 5-2-66　马桥文化 Da 型、
　　Db 型泥质陶罐
　1. Da 型　2～7. Db Ⅰ 式

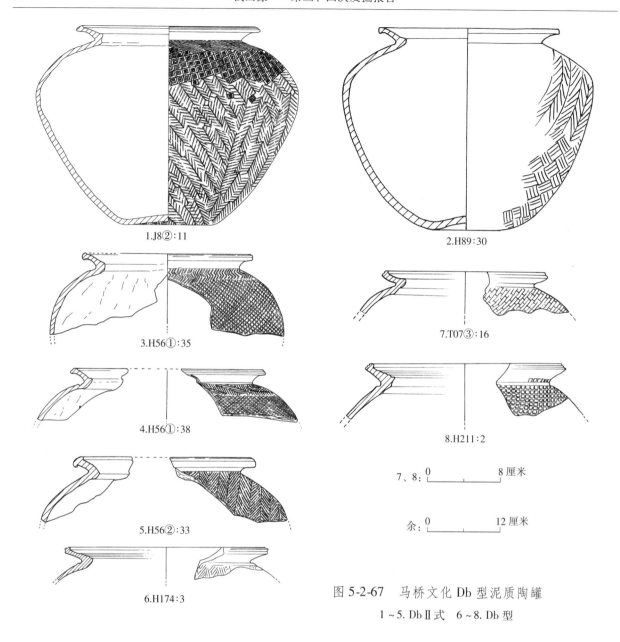

图 5-2-67　马桥文化 Db 型泥质陶罐
1～5. DbⅡ式　6～8. Db 型

复原器 H89：30，泥质橘黄陶。小凹底。肩部和上腹部饰叶脉纹，下腹部饰席纹。个体较大。口径 29.6、高 32 厘米。（图 5-2-67：2；彩版七五：2）

H56①：35，泥质红褐陶。颈肩部饰折线纹，肩腹部饰斜方格纹。口径 28 厘米。（图 5-2-67：3）

H56①：38，泥质红褐色硬陶。颈肩部和肩腹部分别饰叶脉纹和斜方格纹。口径 32 厘米。（图 5-2-67：4）

H56②：33，泥质灰色硬陶。肩腹部饰叶脉纹。口径 30 厘米。（图 5-2-67：5）

Db 型罐不分式的口沿标本：

H174：3，泥质橘红陶。方唇，缘尖内勾。沿面有旋纹，肩部饰曲折纹。口径 34 厘米。（图 5-2-67：6）

T07③：16，泥质橘红陶。沿面凹弧。肩腹部饰条格纹。口径 18 厘米。（图 5-2-67：7）

H211：2，泥质橘黄陶。缘尖内勾。沿面有旋纹，肩腹部饰方格纹。口径22厘米。（图5-2-67：8）

（另31件Db型罐不分式口沿标本，其中有陶文的19件：T0503⑤：16，T0503④：39，T0802④A：49，T1001④A：40，T1003④B：10，T1003④B：50，H8：7，H12：2，H24：5，H26：29，H67②：4，H76：14，H89：34，H89：35，H93：1，H130：2，H146①：2，H156：1，H209②：35。其他口沿标本12件：H56①：34，H182②：18，H198：5，H200：9，H207：7，H209①：13，H209①：32，H210：5，H212：2，H213：3，G13：1，G13：2）

Dc型　标本12件，其中复原器6件。大口，鼓腹或垂腹。质地以各色硬陶为主。

复原器T0403⑤：20，泥质灰色硬陶。器壁内有多个因过烧形成的气泡，整器扭曲变形。折沿较陡，束颈，鼓腹。肩腹部和底部饰方格纹。沿面有对称两个刻划陶文。口径12.2、高12厘米。（图5-2-68：1；彩版七五：5）

复原器H81：4，泥质灰褐色硬陶。折沿陡直，束颈，鼓腹，小凹底。器形因过烧而扭曲，器壁内有气泡。肩腹部饰云雷纹。沿面有一刻划陶文。口径10.6～13、高11厘米。（图5-2-68：2；彩版七五：6）

复原器H157：14，泥质红褐色硬陶。折沿稍坦，束颈，鼓腹。沿面可见旋纹，肩腹部饰折线纹。口径14.4、高11.2厘米。（图5-2-68：3；彩版七六：1）

复原器H77：2，泥质紫褐色硬陶。器形因过烧而扭曲。近平折沿，鼓腹，凹底。肩腹部饰小方格纹。沿面有一刻划陶文。口径14.4、高9.8～11厘米。（图5-2-68：4；彩版七六：2）

复原器H34：5，泥质灰褐色硬陶。折沿，沿面较宽，垂腹，凹底较深。沿面有密集旋纹，腹底部饰条格纹。口径12.8、高11.6厘米。（图5-2-68：5；彩版七六：3）

复原器H193②：9，泥质红褐色硬陶。器形略扭曲。垂腹，近平圜底。腹底部饰折线纹。沿面有一刻划陶文。口径14、高11.6～12.6厘米。（图5-2-68：6；彩版七六：4）

H34：9，泥质灰褐色硬陶。肩腹部饰方格纹。沿面有一刻划陶文。口径14.4厘米。（图5-2-68：7）

（另5件Dc型罐标本：H45：1，H203：6，H206②：79，H209①：30，H210：6）

Dd型　标本4件，其中复原器1件。大口，鼓腹或垂腹。质地以泥质橘红或橘黄陶为主。

复原器H202：1，泥质橘黄陶。垂腹，底微凹。沿面有旋纹，并有一刻划的陶文。腹底部饰方格纹。口径18.6、高13.4厘米。（图5-2-68：10；彩版七六：5）

H205：8，泥质橘黄陶。下部残。鼓腹。沿面有旋纹，腹部饰席纹。口径20厘米。（图5-2-68：8）

H213：6，泥质橘红陶。肩腹部饰竖向篮纹。口径20厘米。（图5-2-68：9）

（另1件Dd型罐标本：H206①：37）

De型　标本3件，其中复原器2件。大口，微鼓腹或弧腹。质地以泥质橘黄陶或橘红陶为主。器形较小。

复原器H34：1，泥质橘红陶。弧腹，凹底。腹底部饰凌乱的席纹。口径11.2、高7厘米。（图5-2-68：11；彩版七六：6）

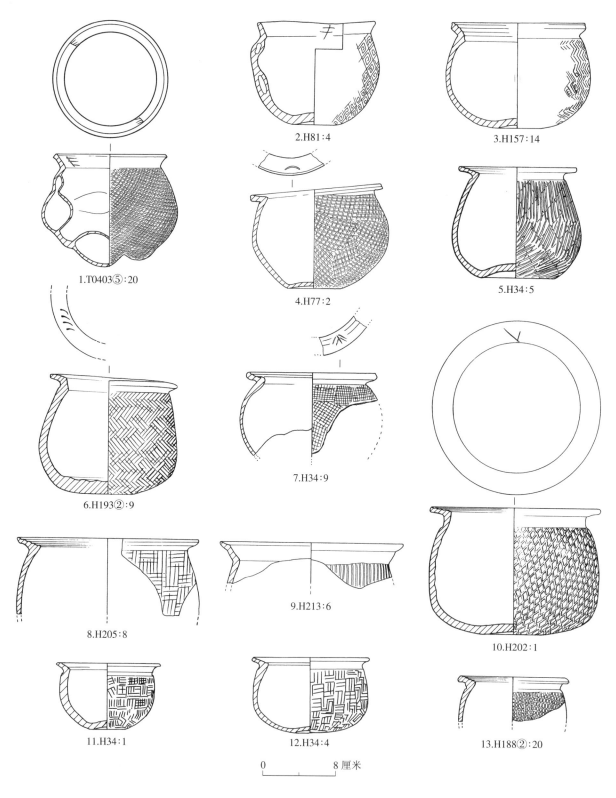

1.T0403⑤:20　　2.H81:4　　3.H157:14　　4.H77:2　　5.H34:5　　6.H193②:9　　7.H34:9　　8.H205:8　　9.H213:6　　10.H202:1　　11.H34:1　　12.H34:4　　13.H188②:20

0　　　　8厘米

图5-2-68　马桥文化Dc型、Dd型、De型泥质陶罐

1～7. Dc型　　8～10. Dd型　　11～13. De型

复原器 H34：4，泥质橘红陶。微鼓腹，凹底。腹底部饰席纹。口径 12.8、高 8 厘米。（图 5-2-68：12）

H188②：20，泥质橘黄陶。下部残。沿面可见旋纹，腹部饰方格纹。口径 12 厘米。（图 5-2-68：13）

E 型　标本 26 件，其中复原器 6 件。低领罐。有的肩部设有横穿三系或勾喙状小錾。依据口、腹部特征，将其中的 13 件标本分 6 亚型。

Ea 型　标本 5 件，其中复原器 2 件。扁鼓腹，凹底。

复原器 H89：26，泥质橘黄陶。沿面有旋纹。肩部及上腹部饰云雷纹，下腹及底部饰篮纹。口径 14.6、高 19.4 厘米。（图 5-2-69：1；彩版七七：1）

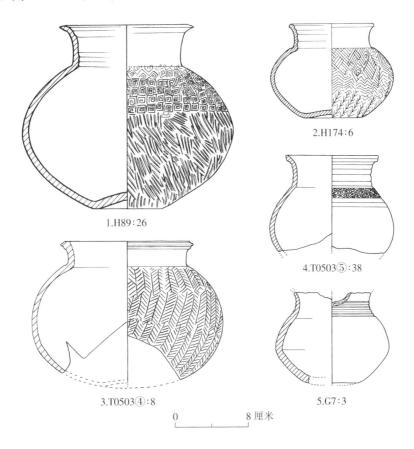

图 5-2-69　马桥文化 Ea 型泥质陶罐

复原器 H174：6，泥质橘黄陶。沿面有多周旋纹，肩及上腹饰席纹和折线纹，下腹及底部饰叶脉纹。口径 9.2、高 10 厘米。（图 5-2-69：2；彩版七七：2）

T0503④：8，泥质紫褐胎灰褐色硬陶。底略残。肩腹部饰叶脉纹。口径 13.6、残高 14.6 厘米。（图 5-2-69：3）

T0503⑤：38，泥质灰陶。沿外壁三周凸棱，肩部一周饰压印的云雷纹。口径 10.2、残高 10.3 厘米。（图 5-2-69：4）

G7：3，泥质灰陶。颈部有四周细凸棱。（图 5-2-69：5）

Eb 型　标本 4 件，其中复原器 2 件。圆鼓腹，凹底。

复原器 H206②：13，泥质紫褐胎灰褐色硬陶。鼓腹。沿面有旋纹，下腹部和凹底饰折线纹。口径 12.2、高 14.6 厘米。（图 5-2-70：1；彩版七七：3）

复原器 H89：23，泥质紫褐色硬陶。肩部设三勾喙状小鋬。肩腹部饰竖向绳纹，间饰有斜向短条纹。沿外壁有一刻划陶文。口径 7.8、高 10.4 厘米。（图 5-2-70：2；彩版七七：4）

T0801②：34，泥质橘红陶。底略残。领部内壁有旋纹，肩腹部饰斜向叶脉纹。口径 12、残高 16 厘米。（图 5-2-70：3）

H207：4，泥质灰褐色硬陶。口、底均残。腹部饰凌乱席纹。（图 5-2-70：4）

Ec 型　复原器 1 件。鼓肩，凹底。

复原器 H206②：16，泥质紫褐色硬陶。整器因过烧而扭曲变形。肩部设三系，领部内壁有旋纹，肩腹部和底部饰条格纹。领部外壁有一刻划陶文。口径 13.2、高 19 厘米。（图 5-2-70：5，5-2-2：6；彩版七七：5）

Ed 型　标本 1 件。球腹，凹底。

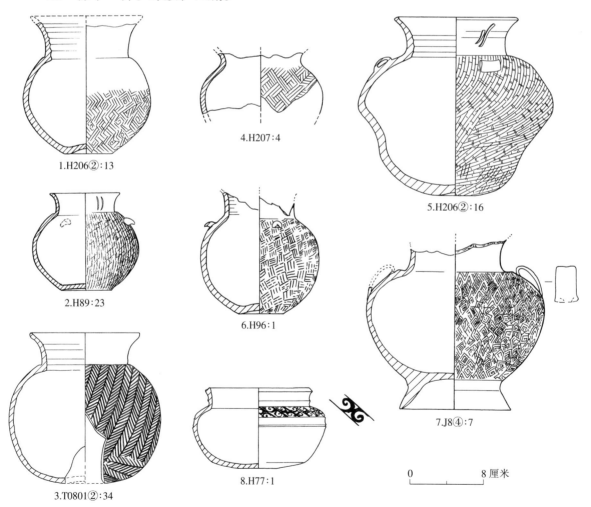

1.H206②：13

4.H207：4

5.H206②：16

2.H89：23

6.H96：1

7.J8④：7

3.T0801②：34

8.H77：1

0　　　　　8 厘米

图 5-2-70　马桥文化 Eb 型、Ec 型、Ed 型、Ee 型、Ef 型泥质陶罐

1～4. Eb 型　5. Ec 型　6. Ed 型　7. Ee 型　8. Ef 型

H96：1，泥质橘红陶。口沿略残，也可能为高领罐。肩部设三个勾喙状小鋬。肩腹部和底部饰席纹。残高 13 厘米。（图 5-2-70：6；彩版七七：6）

Ee 型 标本 1 件。圈足。

标本 J8④：7，原始瓷。灰白胎，浅黄褐色釉。口沿略残。鼓肩。肩部设对称横穿双耳。肩腹部饰凌乱的云雷纹。底径 12、残高 18.2 厘米。（图 5-2-70：7；彩版七八：1）

Ef 型 复原器 1 件。鼓肩，近平凸圜底。

复原器 H77：1，泥质灰胎黑衣陶，黑衣脱落殆尽。领部较直。领部外壁一周凸棱，肩部二周凹弦纹并饰斜云雷纹。口径 11.6、高 8.5 厘米。（图 5-2-70：8，5-2-7：3；彩版七八：2）

不分亚型的 E 型罐标本 13 件。

T0801④B：42，泥质紫褐胎灰色硬陶。口微敛，直领。肩部饰云雷纹，并设三个勾喙状小鋬。领部外壁饰凸棱，并有一刻划陶文。形态特殊。口径 10.5 厘米。（图 5-2-71：1）

J10①：6，泥质灰色硬陶。领部近直。肩部饰篮纹。（图 5-2-71：2）

H212：4，泥质灰黑色硬陶。领部内壁有一刻划陶文。口径 15.1 厘米。（图 5-2-71：3）

H130：3，泥质灰色硬陶。肩部有勾喙状小鋬。沿领部有密集旋纹，肩部饰席纹。（图 5-2-71：4）

T01④A：18，泥质紫褐胎灰褐色硬陶。肩部饰折线纹。口径 14 厘米。（图 5-2-71：5）

H182①：9，泥质橘红陶。沿面有旋纹，肩腹部饰叶脉纹。口径 20 厘米。（图 5-2-71：6）

H206②：62，泥质橘红陶。沿面有一刻划陶文。（图 5-2-71：7）

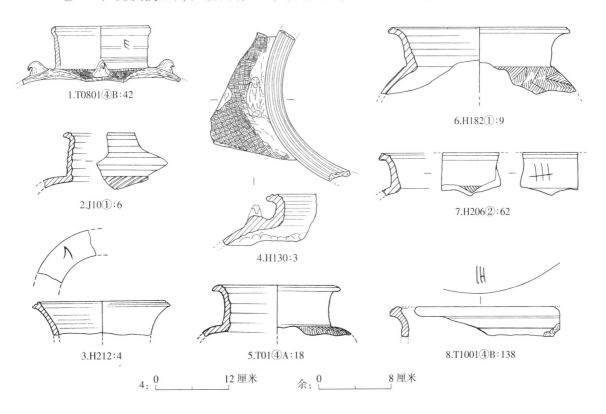

1.T0801④B：42
6.H182①：9
2.J10①：6
4.H130：3
7.H206②：62
3.H212：4
5.T01④A：18
8.T1001④B：138

4： 0 12 厘米　　余： 0 8 厘米

图 5-2-71 马桥文化 E 型泥质陶罐

T1001④B：138，泥质紫褐胎灰色硬陶。残。沿面有一刻划陶文。（图5-2-71：8）。

（另5件不分亚型的E型罐标本：J9①：6，H186①：12，H200：18，H202：7，H207：8）

F型　标本7件。高领，肩部常设有三系。依据肩腹部特征，分3亚型。

Fa型　溜肩，鼓腹。标本3件。

T01④A：25，泥质紫褐胎灰褐陶。肩部设三系。领部内壁可见旋纹。口径17.4厘米。（图5-2-72：1）

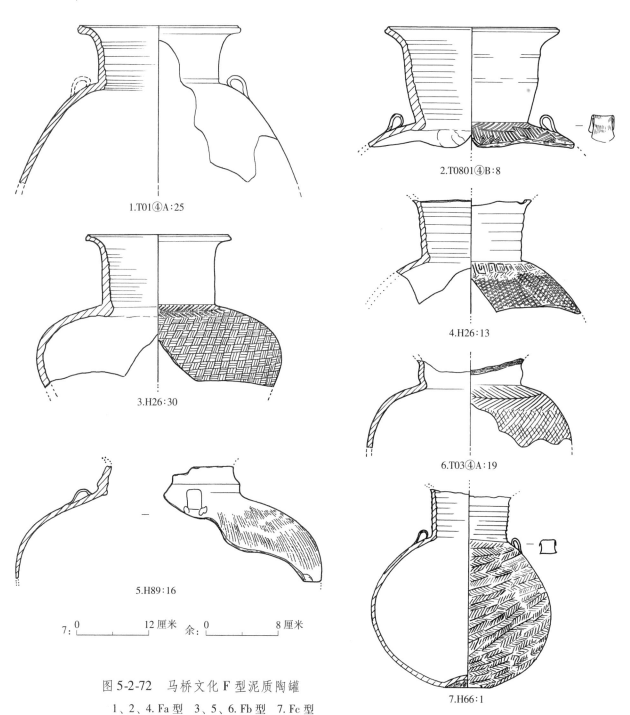

1.T01④A：25

2.T0801④B：8

3.H26：30

4.H26：13

5.H89：16

6.T03④A：19

7.H66：1

7：0　　12厘米　余：0　　8厘米

图5-2-72　马桥文化F型泥质陶罐

1、2、4. Fa型　3、5、6. Fb型　7. Fc型

T0801④B:8，泥质橘红陶。肩部设三系。肩部饰叶脉纹和云雷纹。领部内壁可见密集旋纹。口径18.8厘米。（图5-2-72：2）

H26:13，泥质紫褐胎灰褐色硬陶。口沿略残。肩腹部饰云雷纹和斜方格纹。领部内壁可见多周旋纹。（图5-2-72：4）

Fb型　鼓肩。标本3件。

H26:30，泥质紫褐胎灰色硬陶。肩腹部饰席纹。领部内壁可见密集旋纹。口径15.6厘米。（图5-2-72：3）

H89:16，泥质灰色硬陶。口沿残。肩部设三系。腹部饰竖向条纹。（图5-2-72：5）

T03④A:19，泥质紫褐色硬陶。肩部饰横向叶脉纹，腹部饰条格纹。（图5-2-72：6）

Fc型　标本1件。球腹。

H66:1，泥质橘红陶。口沿略残。肩部设三系。腹底部饰斜向叶脉纹。领部内壁有多周制作旋纹。残高31.2厘米。（图5-2-72：7；彩版七八：3）

G型　标本8件，其中复原器3件。短侈口，平底或微内凹。依据肩腹部变化特征，分2式。

I式　标本5件，其中复原器2件。鼓肩或略折肩，肩较窄，深弧腹。

复原器T0901④A:46，泥质灰陶。肩部有凹弦纹。平底稍内凹。口径14.4、底径8.4、高11.3厘米。（图5-2-73：1；彩版七八：4）

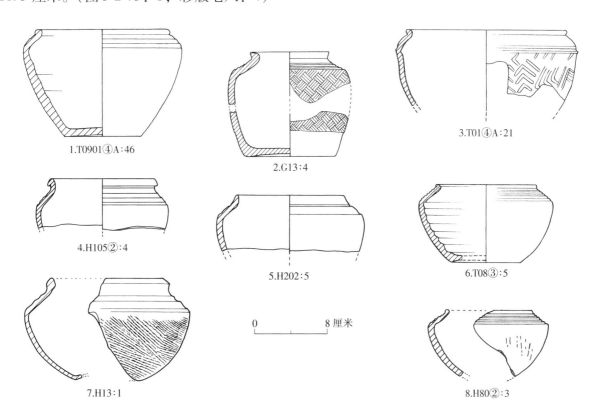

1.T0901④A:46

2.G13:4

3.T01④A:21

4.H105②:4

5.H202:5

6.T08③:5

0　　　　　8厘米

7.H13:1

8.H80②:3

图5-2-73　马桥文化G型泥质陶罐

1~5.G I 式　6~8.G II 式

复原器 G13：4，泥质灰色硬陶。折肩，平底微内凹。肩部有数周凹弦纹，腹部饰席纹。口径8.6、底径10、高11厘米。（图5-2-73：2）

T01④A：21，泥质黑陶。折肩。腹部纹饰模糊，似为折线纹。口径17.6厘米。（图5-2-73：3）

H105②：4，泥质灰陶。翻贴缘，折肩。肩部有数周突棱。口径11.6厘米。（图5-2-73：4）

H202：5，泥质橘黄陶。肩部饰凹弦纹。口径12厘米。（图5-2-73：5）

Ⅱ式　标本3件，其中复原器1件。折肩，肩稍宽，斜弧腹。

复原器 T08③：5，泥质灰陶。平底稍内凹。肩部有数周弦纹。器内壁有制作旋纹。口径11、底径8、高8.2厘米。（图5-2-73：6；彩版七八：5）

H13：1，泥质灰陶。肩部饰数周突棱，腹部饰斜向细绳纹。底稍残。口径12.2、残高10.8厘米。（图5-2-73：7）

H80②：3，泥质红陶。肩部饰数周凹弦纹。口径9.6厘米。（图5-2-73：8）

H 型　标本12件，其中复原器1件。直口。依据口沿特征，分4亚型。

Ha 型　标本3件。直口稍长，溜肩。

H206②：81，泥质橘红陶。肩腹部饰横向曲折纹。口径12.2厘米。（图5-2-74：1）

H206①：31，泥质灰色硬陶。肩腹部饰方格纹。口径8.2厘米。（图5-2-74：2）

H199①：11，泥质橘黄陶。口沿略残。口径残14厘米。（图5-2-74：3）

Hb 型　标本4件。直口较短，厚唇，鼓肩或折肩。

H26：21，泥质灰黄陶。微束颈，折肩。肩部有三周凹弦纹，腹部饰竖向绳纹并叠加稀疏条格纹。口径17厘米。（图5-2-74：4）

T02④B：20，泥质灰陶。微束颈，鼓肩。腹部饰稀疏绳纹。口径16厘米。（图5-2-74：6）

T0801④B：40，泥质灰黄陶。折肩，肩窄，瘦斜腹。腹部饰菱形云雷纹。（图5-2-74：7）

H11：1，泥质灰黄陶。折肩。肩部三周凹弦纹，腹部饰斜向绳纹。口径14.4厘米。（图5-2-74：8）

Hc 型　标本4件。直口微敛，折肩或鼓肩。

H76：7，泥质灰胎黑衣陶。瘦弧腹，凹底残。折肩处一周凸棱，腹部饰方格纹。口径15.4、残高14.8厘米。（图5-2-74：10）

H8：16，泥质灰陶。折肩。肩部二周突棱。口径15厘米。（图5-2-74：11）

H203：2，泥质灰黄陶。厚唇，鼓肩。肩部二周凹弦纹，腹部饰方格纹。口径18厘米。（图5-2-74：12）

H142：8，泥质灰胎黑衣陶。鼓肩，弧腹。肩部二周凸棱，腹部饰方格纹。口径27、残高16厘米。（图5-2-74：13）

Hd 型　复原器1件。

H209①：4，粗泥灰黄陶。短直口，腹部近直，大平底稍内凹。颈部有两个对称小圆孔，腹部依稀可见斜向篮纹。器口略有高低。口径11.6、高11.6～12厘米。（图5-2-74：9；彩版七九：1）

Ⅰ 型　1件复原器。H162：1，原始瓷。青灰胎，口沿及上腹施淡黄绿色釉。侈口，显低领，鼓腹，大平底。肩部一侧设环形把手。器底有一刻划陶文。器形小。口径6、底径5.6、

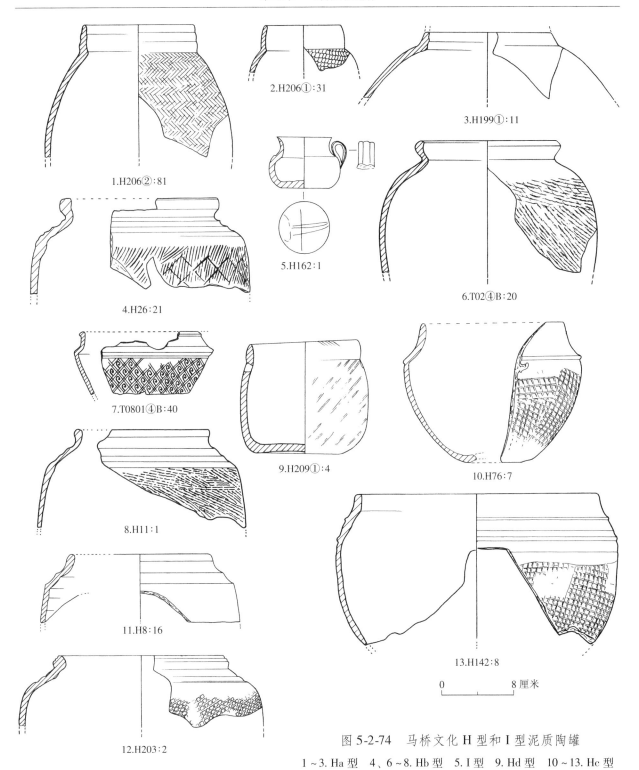

图 5-2-74　马桥文化 H 型和 I 型泥质陶罐

1～3. Ha 型　4、6～8. Hb 型　5. I 型　9. Hd 型　10～13. Hc 型

高 5.4 厘米。（图 5-2-74：5；彩版七九：2）

马桥文化泥质罐中还有形制偶见、未予分型的罐口沿标本 3 件和罐的凹底标本 4 件。

口沿标本 3 件：

H201⑤：42，泥质灰黄陶。直口略侈，口较大，鼓肩。口径 18 厘米。（图 5-2-75：1）

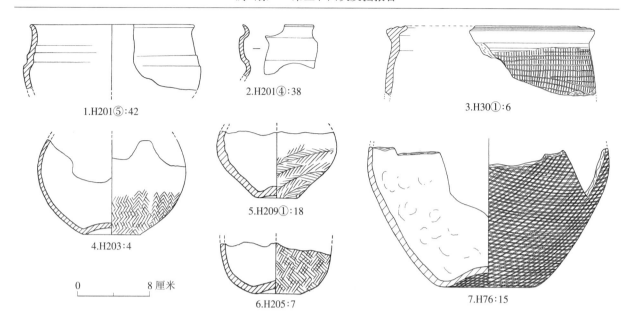

0　　　　　8 厘米

图 5-2-75　马桥文化未分型泥质陶罐

H201④：38，泥质灰陶，泛青。侈口，束颈，鼓肩。下部残。形态少见。（图 5-2-75：2）

H30①：6，泥质红陶。折敛口，深弧腹。下部残。腹部饰条格纹。口径 22.4 厘米。（图 5-2-75：3）

凹底标本 4 件：

H203：4，泥质紫褐色硬陶。球腹。下腹和底部饰折线纹。残高 10 厘米。（图 5-2-75：4）

H209①：18，泥质灰褐色硬陶。鼓腹，小凹底。下腹部饰叶脉纹。残高 7.2 厘米。（图 5-2-75：5）

H205：7，泥质橘黄陶。腹部和凹底饰席纹。残高 5.2 厘米。（图 5-2-75：6）

H76：15，泥质灰色硬陶。凹底较深。下腹和凹底饰斜方格纹。残高 14.8 厘米。（图 5-2-75：7）

（7）夹砂罐

标本 35 件，其中复原器 9 件。底部形态有凹底、平底内凹和凸圜底等多种，以凹底为主。装饰纹样以绳纹居多，还有篮纹、叶脉纹、折线纹等。依据口部特征，将其中 29 件标本分 4 型。

A 型　标本 12 件，其中复原器 3 件。侈口，束颈。具体在口沿及腹部特征上又有明显区别。

复原器 H56②：18，夹砂灰陶。圆弧深腹，凹底。腹部饰横向细绳纹。口径 22、高 26.6 厘米。（图 5-2-76：1；彩版七九：3）

复原器 H56①：8，夹砂灰黄陶。垂腹，凹底。腹部饰横向细绳纹。口径 10.6、高 15 厘米。（图 5-2-76：3；彩版七九：4）

复原器 H201②：22，夹砂灰陶。鼓腹，凹底。颈肩处一周凹棱，肩部饰斜向叶脉纹，腹部饰竖向叶脉纹。口径 17.5、高 26.8 厘米。（图 5-2-76：2；彩版七九：5）

H108①：3，夹砂灰陶。下部残。圆鼓腹。沿面有密集旋纹，腹部饰横向细绳纹。口径 23、残高 17.6 厘米。此件有疑问，也可能为鼎。（图 5-2-76：4）

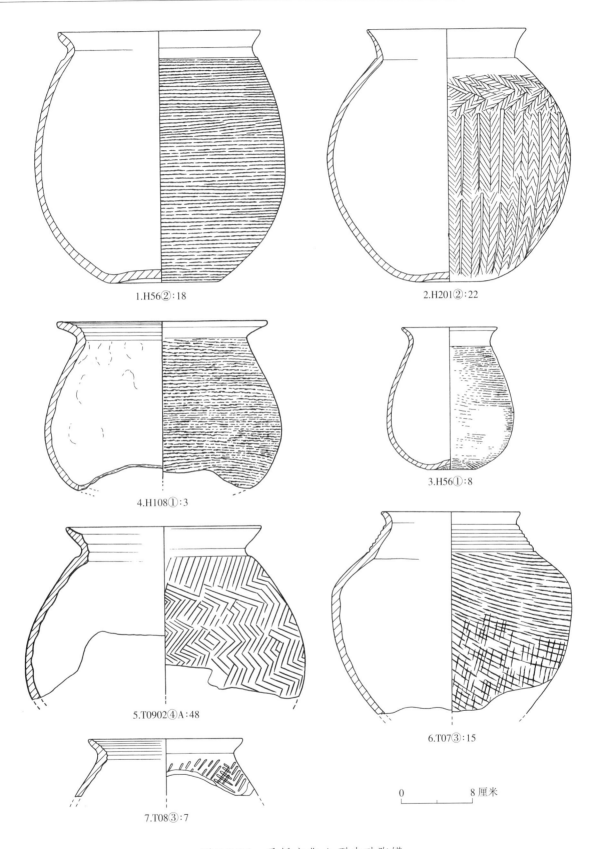

1.H56②:18

2.H201②:22

4.H108①:3

3.H56①:8

5.T0902④A:48

6.T07③:15

7.T08③:7

0　　　　　8厘米

图 5-2-76　马桥文化 A 型夹砂陶罐

　　T0902④A：48，夹砂红陶。圆鼓腹。下部残。颈肩处一周凹棱，腹部饰横向折线纹。形制及装饰与泥质陶 Ad 型罐相同。口径 21.2 厘米。（图 5-2-76：5）

　　T07③：15，夹砂红陶。下部残。短侈口，鼓肩，斜弧腹。沿下有数周凹弦纹，肩腹部纹饰模糊，肩部似为斜向绳纹，腹部纹饰凌乱。口径 15.4、残高 21.2 厘米。（图 5-2-76：6）

　　T08③：7，夹砂红陶。肩腹部饰篮纹。口径 16.8 厘米。（图 5-2-76：7）

　　（另 5 件 A 型夹砂罐标本：J10②：11，H182①：17，H201⑤：46，H206②：64，H206②：70）

　　B 型　标本 5 件，其中复原器 2 件。短直口，微侈或微敛。

　　复原器 T0503⑤：21，夹砂红陶，局部黑色。直口微敛，圆弧腹，凸圜底。肩腹部饰斜向绳纹。口径 16、高 19 厘米。（图 5-2-77：1；彩版八〇：1）

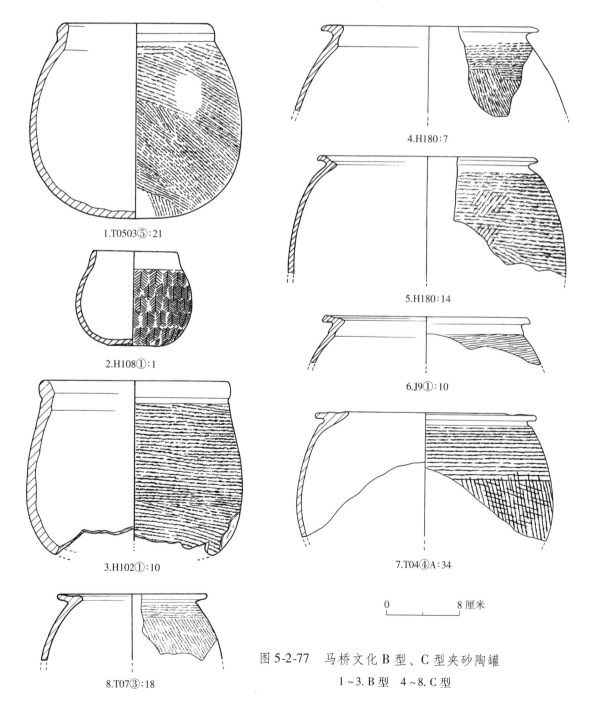

1. T0503⑤：21

2. H108①：1

3. H102①：10

8. T07③：18

4. H180：7

5. H180：14

6. J9①：10

7. T04④A：34

0　　　　　8 厘米

图 5-2-77　马桥文化 B 型、C 型夹砂陶罐
1～3. B 型　4～8. C 型

复原器 H108①：1，夹砂灰黑陶。直口微敛，鼓腹，凹底。腹部饰竖向叶脉纹。口径 9.2、高 9.2 厘米。（图 5-2-77：2；彩版八〇：2）

H102①：10，夹砂红陶，局部黑色。底残。形制与 T0503⑤：21 同。肩腹部饰横向细绳纹。口径 21.2、残高 17 厘米。（图 5-2-77：3）

（另 2 件 B 型夹砂罐标本：H176：10，H206①：50）

C 型　标本 8 件。近平折沿，束颈，圆弧腹。肩腹部一般饰绳纹。此型夹砂陶口沿片不能确定是罐或是鼎（鬲），暂归为夹砂罐。

H180：7，夹砂红陶。肩部饰横向绳纹，腹部饰竖向绳纹。口径 23.6 厘米。（图 5-2-77：4）

H180：14，夹砂红陶。腹部饰横向绳纹。口径 24 厘米。（图 5-2-77：5）

J9①：10，夹砂红陶。肩部饰横向绳纹。口径 22.8 厘米。（图 5-2-77：6）

T04④A：34，夹砂红陶。肩部饰横向绳纹，腹部绳纹交错显凌乱。口径 24 厘米。（图 5-2-77：7）

T07③：18，夹砂红陶。颈肩部饰横向绳纹，腹部饰竖向绳纹。口径 16.4 厘米。（图 5-2-77：8）

（另 3 件 C 型夹砂罐标本：H180：3，H180：8，H207：2）

D 型　复原器 4 件。小罐。依据口、底部特征分 2 亚型。

Da 型　2 件。折沿，弧腹，凸圜底。

复原器 H83：1，夹砂红陶。沿下一周突棱，腹部饰横向绳纹。口径 13.8、高 8 厘米。（图 5-2-78：1；彩版八〇：3）

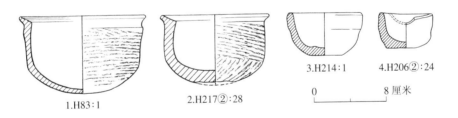

图 5-2-78　马桥文化 D 型夹砂陶罐
1、2. Da 型　3、4. Db 型

复原器 H217②：28，夹砂红陶。厚胎，制作粗。腹部饰斜向绳纹。口径 12、高 7.4 厘米。（图 5-2-78：2）

Db 型　2 件。直口微敞，斜腹，平底。

复原器 H214：1，夹砂灰陶。厚胎，制作粗。口径 8、底径 3.5、高 4.5 厘米。（图 5-2-78：3；彩版八〇：4）

复原器 H206②：24，夹砂橘黄陶。厚胎，制作粗。腹部捏制凹凸不平。口径 5.8、底径 3.2、高 3.6～3.8 厘米。（图 5-2-78：4；彩版八〇：5）

此外，有未予分型的夹砂罐口沿标本 4 件和底部标本 2 件。

口沿标本：

H157：17，夹砂灰陶，胎厚。敛口。腹部饰横向绳纹。口径 12.8 厘米。（图 5-2-79：1）

J9②：13，夹砂红陶。折敛口。肩部饰横向绳纹。口径 20.4 厘米。（图 5-2-79：2）

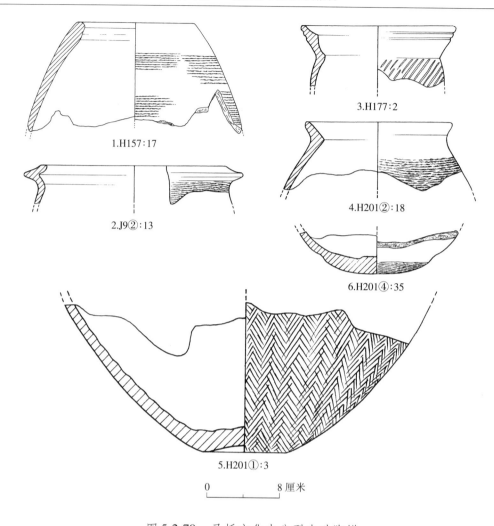

图 5-2-79　马桥文化未分型夹砂陶罐

　　H177：2，夹砂红陶，器表有一层灰黄色涂抹层。折沿，沿较宽。肩腹部饰斜向篮纹。口径 16.8 厘米。（图 5-2-79：3）

　　H201②：18，夹砂灰陶。斜折沿，束颈。腹部饰横向绳纹。口径 15.8 厘米。（图 5-2-79：4）

　　夹砂罐底部标本：

　　H201①：3，夹砂灰黄陶。下腹斜弧，凹底。下腹饰折线纹。（图 5-2-79：5）

　　H201④：35，夹砂灰黑陶。凸圜底。饰绳纹。（图 5-2-79：6）

　　（8）簋形器　标本 18 件，其中复原器 4 件。依据形态，分 4 型。

　　A 型　标本 10 件，其中复原器 3 件。泥质陶为主，个别为夹砂陶。斜腹或斜弧腹，平底或稍内凹。腹部常饰组合凹弦纹或凸棱纹。依据口沿特征，分 2 亚型。

　　Aa 型　标本 5 件，其中复原器 2 件。子母口。

　　复原器 H171：1，泥质灰胎黑衣陶。子口内敛，平底内凹。斜弧腹饰多组凹弦纹。口径 16.8、底径 13.2、高 15 厘米。（图 5-2-80：1；彩版八一：2）

　　复原器 G4①：1，泥质灰陶。子口略侈，平底略内凹，底缘外凸。斜腹饰三周凸棱纹。口径 18、底径 14、高 11.8 厘米。（图 5-2-80：2；彩版八一：1）

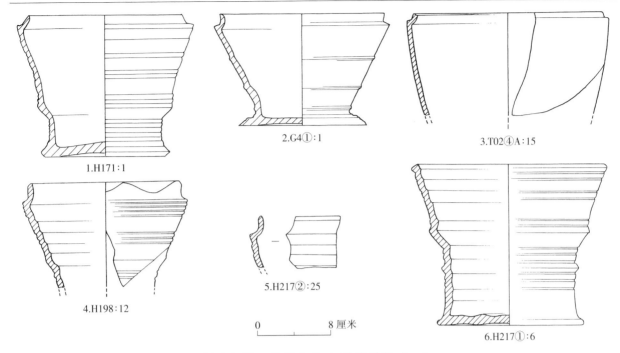

图 5-2-80　马桥文化 A 型簋形器（一）

1～5. Aa 型　6. Ab 型

T02④A：15，泥质灰黄陶。下部残。腹部素面无装饰。口径 20.8 厘米。（图 5-2-80：3）

H198：12，夹砂灰陶。下部残。腹部饰多组凹弦纹，腹内壁有多周旋纹。口径 16.6 厘米。（图 5-2-80：4）

H217②：25，泥质灰陶。下部残。腹部饰凹弦纹。（图 5-2-80：5）

Ab 型　复原器 1 件。敛口。

复原器 H217①：6，泥质灰陶。中腹略鼓折，平底微内凹。腹部饰多组凹弦纹和凸棱纹，腹内壁可见多周旋纹。口径 21.6、底径 16、高 17 厘米。（图 5-2-80：6；彩版八一：3）

另有不分亚型的 A 型簋形器腹底部标本 4 件：

H56①：32，泥质灰黄陶。上部残。平底略内凹。下腹饰多组凸棱纹。底径 14 厘米。（图 5-2-81：1）

H97①：5，泥质灰黄陶。上部残。平底，底缘外凸。下腹饰组合凹弦纹。底径 12.6 厘米。（图 5-2-81：2）

H56①：28，泥质灰陶。上部残。平底，底缘外凸。腹部饰组合凹弦纹。底径 13 厘米。（图 5-2-81：3）

T04④A：36，泥质灰黄陶。上部残。平底，底缘外凸。近底腹部饰组合凹弦纹。底径 14 厘米。（图 5-2-81：4）

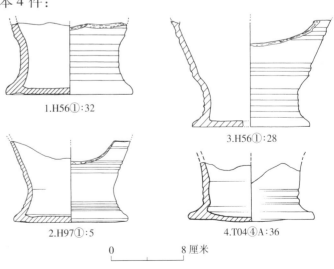

图 5-2-81　马桥文化 A 型簋形器（二）

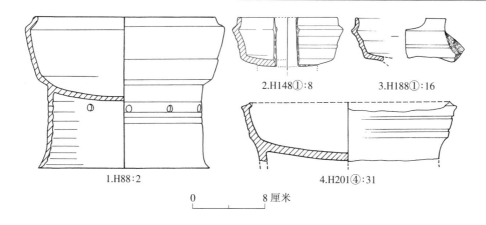

1.H88：2

2.H148①：8　　3.H188①：16

4.H201④：31

0 ————— 8 厘米

图 5-2-82　马桥文化 B 型簋形器

B 型　标本 4 件，其中复原器 1 件。子母口，折下腹，宽圈足。

复原器 H88：2，泥质灰胎黑衣陶。子口内敛。斜上腹，下腹折收。腹部一周凸棱，圈足把上部饰小镂孔和凹弦纹。口径 20、底径 18.8、高 16 厘米。（图 5-2-82：1；彩版八一：4）

H148①：8，泥质灰黄陶。圈足把残。口径 11 厘米。（图 5-2-82：2）

H188①：16，泥质红陶。腹部一周凸棱。（图 5-2-82：3）

H201④：31，泥质黑陶。口沿及足均残。腹部饰组合凹弦纹。（图 5-2-82：4）

C 型　标本 3 件。筒状直腹，宽高圈足。

H107：1，泥质灰黄胎黑衣陶。口残。筒状直腹，高宽把，下端喇叭状外撇。下腹部设一对横穿桥形耳。下腹和宽把饰组合凹弦纹。器形高大。底径 22.8、残高 29 厘米。（图 5-2-83：1；彩版八一：5）

H107：2，泥质灰黄胎黑衣陶。口部和圈足均残。残高 9 厘米。（图 5-2-83：2）

H89：17，泥质灰陶。高宽圈足把。宽把上部有压印的一周鱼和鸟的组合纹。鱼和鸟的图案被限于一个个横向长方形小框内交替排列，长方形小框上下各一周凸棱，并间饰有折角状的细长条镂孔，比较精美。残高 15、宽约 24 厘米。（图 5-2-83：3，5-2-9：7；彩版八一：6）

D 型　标本 1 件。圆弧腹，宽圈足。

T03④B：24，泥质灰陶。口部及圈足均残。腹部设一对横穿耳。中腹饰二组压印的神兽纹。圈足上部有二周凹弦纹。残高 16 厘米。（图 5-2-83：4；彩版八二：1）

（9）三足盘

标本 22 件，其中复原器 6 件。依据足部形态，分 5 型。

A 型　截面扁圆的锥形足。均泥质陶，部分烧成火候较高。浅盘，高足，足尖外撇。标本 13 件，其中复原器 5 件。依据口腹部特征，分 3 式。

Ⅰ式　标本 2 件。平折沿略内斜，微折腹，腹较深。

H48：5，泥质灰陶。足残。口径 20 厘米。（图 5-2-84：1）

T04④A：35，泥质灰陶。足下部残。上腹部二周浅突棱。口径 18 厘米。（图 5-2-84：2）

Ⅱ式　标本 5 件，其中复原器 3 件。平折沿或略内斜，斜弧腹，腹较深。

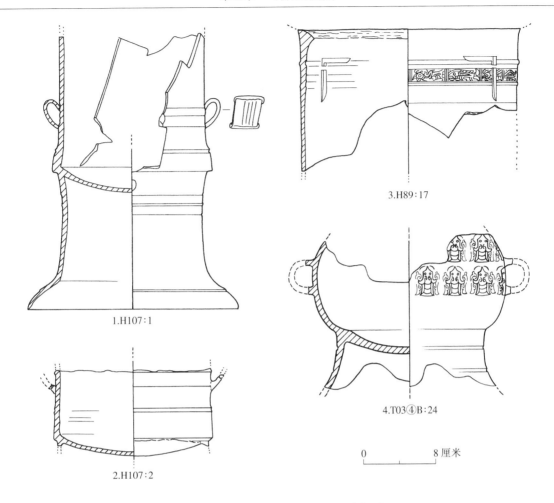

1.H107：1

2.H107：2

3.H89：17

4.T03④B：24

0 ————— 8 厘米

图 5-2-83　马桥文化 C 型、D 型簋形器

1～3.C 型　4.D 型

复原器 H48：2，泥质灰陶。口径 19、高 15.2 厘米。（图 5-2-84：3；彩版八二：2）

复原器 T07④A：14，泥质灰陶。口径 20、高 14.6 厘米。（图 5-2-84：4；彩版八二：3）

复原器 T07④A：3，泥质灰陶。平沿略内斜。口径 18.8、高 15.4 厘米。（图 5-2-84：5；彩版八二：4）

H80②：5，泥质灰陶。足残。口径 18.4 厘米。（图 5-2-84：6）

H214：2，泥质紫褐胎灰陶，火候略高。足残。口径 16 厘米。（图 5-2-84：7）

Ⅲ式　复原器 2 件。平折沿内斜或敞口，侈沿，斜弧浅腹。

复原器 H80②：1，泥质灰胎黑衣陶。平折沿内斜。口径 19.2、高 16.8 厘米。（图 5-2-84：8；彩版八二：5）

复原器 T07③：4，泥质紫褐胎灰色硬陶。敞口，侈沿。口径 14、高 11 厘米。（图 5-2-84：9；彩版八二：6）

此外，A 型三足盘还有截面呈长方形或弧边三角形等不同形态的瘦高足标本 4 件，一般烧制火候较高。

H182①：7，泥质紫褐色硬陶。截面近长方形。盘内底可见黄褐色斑点状爆汗釉。

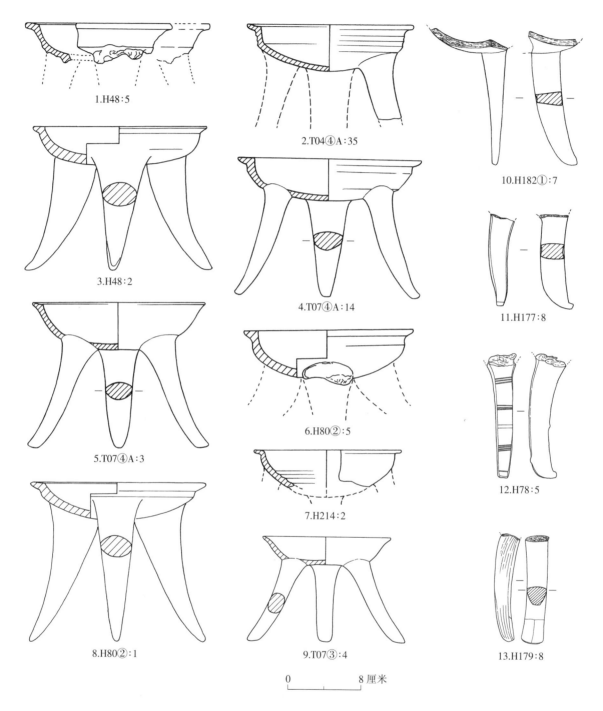

1.H48：5

2.T04④A：35

3.H48：2

4.T07④A：14

5.T07④A：3

6.H80②：5

7.H214：2

8.H80②：1

9.T07③：4

10.H182①：7

11.H177：8

12.H78：5

13.H179：8

0　　　　　8厘米

图5-2-84　马桥文化A型三足盘

1、2.AⅠ式　3~7.AⅡ式　8、9.AⅢ式　10~13.A型

（图5-2-84：10）

　　H177：8，泥质灰色硬陶。截面长方形。（图5-2-84：11）

　　H78：5，泥质灰色硬陶。截面长方形。足面上下有三组横向组合刻弦纹。（图5-2-84：12）

　　H179：8，泥质灰黄陶，火候较高。截面近弧边三角形。（图5-2-84：13）

　　B型　标本6件。截面扁圆或近方形的锥形足，足较矮，足尖外撇。一般胎较厚。依据口

部特征分2个亚型。

Ba 型　标本4件。敞口，侈沿，深弧腹。有泥质的，也有夹砂的。夹砂陶的大多制作较粗。此型盘也可作器盖用。

H56①：5，泥质青灰色硬陶。足残。从足的残断面看，足跟截面近方形。口径13厘米。（图5-2-85：1）

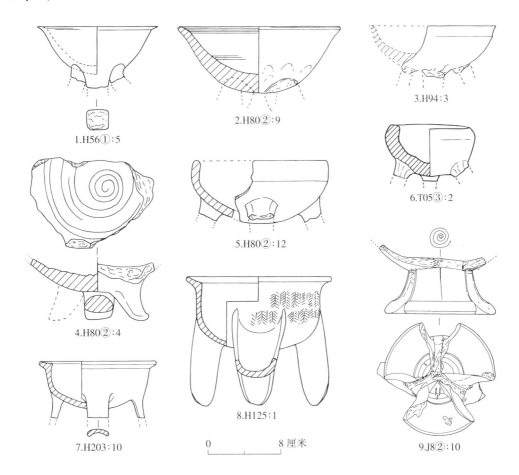

1.H56①：5
2.H80②：9
3.H94：3
4.H80②：4
5.H80②：12
6.T05③：2
7.H203：10
8.H125：1
9.J8②：10

0　　　　　8厘米

图5-2-85　马桥文化B型、C型、D型、E型三足盘
1～4. Ba型　5、6. Bb型　7. D型　8. C型　9. E型

H80②：9，原始瓷。灰白胎，盘内壁有浅绿色釉，盘外壁可见黄褐色釉。足残。沿面有多周弦纹。口径17.6厘米。（图5-2-85：2；彩版八三：1）

H94：3，夹砂红陶，局部灰褐色。足残。口径14厘米。（图5-2-85：3）

H80②：4，夹砂红陶。口沿残，存三足。盘内底有旋纹。（图5-2-85：4）

Bb 型　标本2件。敛口，深弧腹。均为夹砂陶，一般制作较粗。

H80②：12，夹砂红陶。足残，截面椭圆。直口略敛。口径14.4、残高6.6厘米。（图5-2-85：5；彩版八三：2）

T05③：2，夹砂灰黄陶。厚胎。弧敛口。足下部残。口径8.8、残高6厘米。（图5-2-85：6）

C 型　复原器1件。凹弧足。

复原器 H125：1，泥质灰黄陶。折沿，弧腹，凹弧足。腹部饰竖向叶脉纹。口径15.6、高

13.6 厘米。（图 5-2-85：8；彩版八三：3）

D 型　1 件。凹弧面向内的凹弧足。

H203：10，泥质红褐色硬陶。火候略高。平折沿，瘦弧腹，凹弧足下部残。沿面有多周旋纹。口径 12.7 厘米。（图 5-2-85：7；彩版八三：4）

E 型　标本 1 件。把圈足切割后形成的花瓣状三足。

J8②：10，原始瓷。灰白胎，器表可见黄色薄釉。残。圈足被切割成花瓣状三足。盘内底有密集旋纹。（图 5-2-85：9；彩版八三：5）

（10）瓦足皿

标本 10 件，其中复原器 5 件。一般敞口，折腹，浅盘，三个平面呈倒梯形的瓦状足。质地以泥质灰陶居多，少量泥质黑衣陶或红陶。依据口沿特征分 2 式。

Ⅰ 式　标本 5 件，其中复原器 3 件。敞口，侈沿。

复原器 H24：2，泥质灰陶。口径 24、高 9.4 厘米。（图 5-2-86：1；彩版八四：1）

复原器 T0801④B：39，泥质灰陶。折腹处一周凸棱。口径 26.8、高 6.2 厘米。（图 5-2-86：2；彩版八四：2）

复原器 T1001④B：136，泥质灰陶。口径 24、高 8 厘米。（图 5-2-86：3）

H89：5，泥质灰陶。残高 6.2 厘米。（图 5-2-86：4）

G2：1，泥质红陶。口径 17.3、残高 5.2 厘米。（图 5-2-86：5）

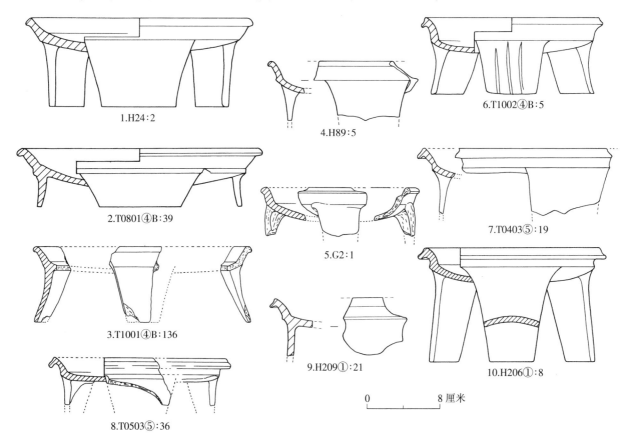

1.H24：2

4.H89：5

6.T1002④B：5

2.T0801④B：39

5.G2：1

7.T0403⑤：19

3.T1001④B：136

9.H209①：21

10.H206①：8

8.T0503⑤：36

0　　　　　8 厘米

图 5-2-86　马桥文化瓦足皿

1～5. Ⅰ式　6～10. Ⅱ式

Ⅱ式 标本 5 件，其中复原器 2 件。敞口，外翻沿。

复原器 T1002④B：5，泥质灰胎黑衣陶。腹略深。一瓦足正面有三条竖向刻划纹。口径 19.6、高 8.1 厘米。（图 5-2-86：6；彩版八四：3）

复原器 H206①：8，泥质灰陶。折腹处一周凸棱。口径 20、高 12 厘米。（图 5-2-86：10；彩版八四：4）

T0403⑤：19，泥质灰陶。残高 7 厘米。（图 5-2-86：7）

T0503⑤：36，泥质灰陶。足下部残。口径 20、残高 5 厘米。（图 5-2-86：8）

H209①：21，泥质黑陶。折腹处一周凸棱。残高 6.6 厘米。（图 5-2-86：9）

（11）觚

标本 20 件，其中复原器 3 件。主要依据腹底部特征，分 3 型。

A 型 标本 12 件，其中复原器 2 件。平底或微内凹，底缘略外凸。分 2 亚型。

Aa 型 标本 7 件，其中复原器 1 件。细筒状直腹，器形较瘦高，纹样装饰相对较少。

复原器 H76：4，泥质黑陶。喇叭口。下腹部一周突棱纹。口径 6、底径 6.4、高 23.9 厘米。（图 5-2-87：1；彩版八四：5）

T06③：6，泥质灰黄陶。口沿残。下腹一周凹弦纹，内壁可见密集制作旋纹。底径 6.8、残高 11.4 厘米。（图 5-2-87：2）

H30①：7，泥质灰陶。口沿残。内壁可见密集制作旋纹。底径 6.6、残高 7.2 厘米。（图 5-2-87：3）

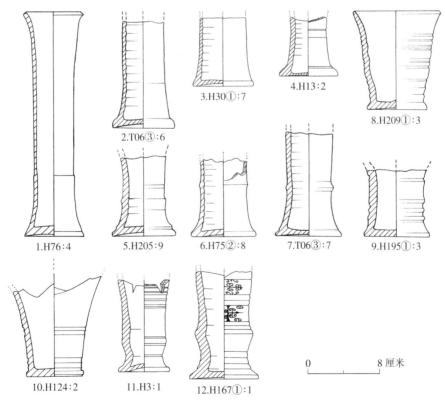

图 5-2-87 马桥文化 A 型觚

1 ~ 7. Aa 型 8 ~ 12. Ab 型

H13：2，泥质灰黄陶。上部残。下腹部有凹凸弦纹，内壁可见制作旋纹。底径6.4、残高6.2厘米。（图5-2-87：4）

H205：9，泥质灰陶。上部残。下腹部一周细突棱和数周弦纹。底径7、残高8.4厘米。（图5-2-87：5）

H75②：8，泥质黑衣陶。上部残。腹部一周细突棱，内壁可见密集制作旋纹。底径7、残高8.2厘米。（图5-2-87：6）

T06③：7，泥质灰黄陶。下腹一周突棱。内壁可见多周旋纹。底径7.3、残高11厘米。（图5-2-87：7）

Ab型　标本5件，其中复原器1件。斜弧腹或下腹微鼓，器形较宽矮，腹部常饰有密集凹弦纹。

复原器H209①：3，泥质黑陶。喇叭口，下腹微鼓，平底微内凹。腹部上下饰密集凹弦纹。口径9.7、底径6.6、高10.4厘米。（图5-2-87：8；彩版八四：6）

H195①：3，泥质灰黄陶。口沿残。平底。腹部饰组合凹凸弦纹。底径7.4、残高7厘米。（图5-2-87：9）

H124：2，泥质灰黄胎黑衣陶。口沿残。平底。下腹部饰二组组合凹弦纹。底径6、残高10.6厘米。（图5-2-87：10）

H3：1，泥质黑陶。口沿残。下腹微鼓。腹部饰多组凹弦纹。底径5.5、残高9.7厘米。（图5-2-87：11）

H167①：1，泥质黑陶。口沿残。下腹部有鼓突，平底微内凹。腹部饰多组凹弦纹和上下二组压印的变体云雷纹。底径7.5、残高11.4厘米。（图5-2-87：12）

B型　标本7件，均残存中下腹和底部。平底或微内凹，底缘外凸较甚，下腹部常有一周鼓突的棱。

T0403⑤：8，泥质灰陶。口沿略残。中腹略内弧，平底微内凹。下腹一周突棱。底径7.2、残高15.2厘米。（图5-2-88：1；彩版八四：7）

H142：4，泥质黑陶。平底微内凹。下腹部有三周突棱，并饰弦纹和变体云雷纹。底径7.6、残高13厘米。（图5-2-88：2）

T1001④A：8，泥质灰陶。平底。下腹一周突棱，上下并饰有组合凹弦纹。底径7.2、残高9厘米。（图5-2-88：3）

H174：2，泥质灰黄陶。腹部内弧。下腹和近底处各一周突棱。底径5.5、残高6.5厘米。（图5-2-88：4）

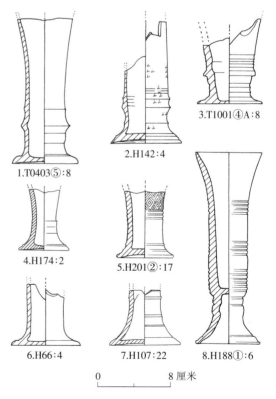

1.T0403⑤：8　　2.H142：4　　3.T1001④A：8
4.H174：2　　5.H201②：17
6.H66：4　　7.H107：22　　8.H188①：6

0　　　　　8厘米

图5-2-88　马桥文化B型、C型觚
1～7. B型　8. C型

H201②:17,泥质灰黄陶。中腹内弧。腹部饰组合凹凸弦纹和压印的菱形云雷纹,近底处二周突棱。底径6.8、残高7厘米。(图5-2-88:5)

H66:4,泥质灰黄陶。直筒状下腹。底径7.6、残高6.4厘米。(图5-2-88:6)

H107:22,泥质黑陶。下腹部饰突棱和凹弦纹。底径7.7、残高5.8厘米。(图5-2-88:7)

C型　复原器1件。圈足瓠。

复原器H188①:6,泥质黑陶。喇叭口、细筒状直腹,小喇叭圈足。腹部上下共饰三组组合凹弦纹,圈足柄中部有一周凸棱。口径7.2、底径7、高20.4厘米。(图5-2-88:8;彩版八五:1)

(12)觯

10件,其中复原器1件。依据腹部特征将其中9件标本分3型。

A型　标本4件,其中复原器1件。鼓腹或扁鼓腹,均平底或微内凹。

复原器H125:3,泥质黄胎黑衣陶。喇叭口,中腹微凹弧,下腹鼓突。中腹和近底处饰弦纹。口径9.2、底径6.2、高13厘米。(图5-2-89:1;彩版八五:2)

H66:2,泥质灰胎黑衣陶。上部残。下腹鼓。鼓腹上下均饰细突棱。底径7.6、残高8.6厘米。(图5-2-89:2)

T0403④:5,泥质灰黄陶。上部残。下腹鼓突。近底腹部饰突棱。底径6.8、残高12厘米。(图5-2-89:3)

H98:1,原始瓷,灰白胎,器表有浅褐色釉。上部残。扁鼓腹,底缘外凸较甚,平底。底径8.4、残高11厘米。(图5-2-89:4;彩版八五:3)

B型　标本3件。中腹鼓,下腹有一周凸棱。

T02④B:21,泥质黑陶。上部残。平底内凹较甚,近矮圈足。中腹饰压印的云雷纹,腹部另饰多组凹凸弦纹。底径5.9、残高7.9厘米。(图5-2-89:5)

H203:8,泥质灰陶。上部残。平底微内凹。鼓腹上下均饰有多组凹凸弦纹。底径5.2、残高7.5厘米。(图5-2-89:6)

T1001④B:3,泥质黄胎黑衣陶。上部残。形态同上件近。平底。底径6.4、残高10.5厘米。(图5-2-89:7)

C型　标本2件。圆弧腹。

T1001④B:137,泥质灰黄陶。

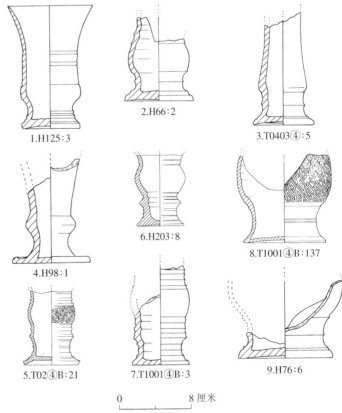

1.H125:3　　2.H66:2　　3.T0403④:5
4.H98:1　　6.H203:8　　8.T1001④B:137
5.T02④B:21　　7.T1001④B:3　　9.H76:6

0　　　　　8厘米

图5-2-89　马桥文化觯
1~4.A型　5~7.B型　8、9.C型

上部残。平底内凹。腹部饰压印的菱形云雷纹，腹下部饰凹弦纹。底径 9、残高 9.4 厘米。（图 5-2-89：8）

H76：6，泥质灰黄陶。残。平底微内凹。近底下腹饰二组突棱。底径 10.4、残高 8 厘米。（图 5-2-89：9）

（另一件不分型觯标本：H69：1）

（13）袋足盉

标本 3 件，其中复原器 1 件。均出自 H107。直口微敛，束腰，上腹斜弧，三袋足充当下腹。上腹中上部一侧往外延伸成一冲天嘴，靠近冲天嘴一侧口沿内敛较甚并作弧尖状突起。与嘴相对一侧从口沿沿面到袋足上部架一扁条形把手。形态别致。

复原器 H107：9，泥质灰胎黑陶。通高 28.6 厘米。（图 5-2-90：1；彩版八五：4）

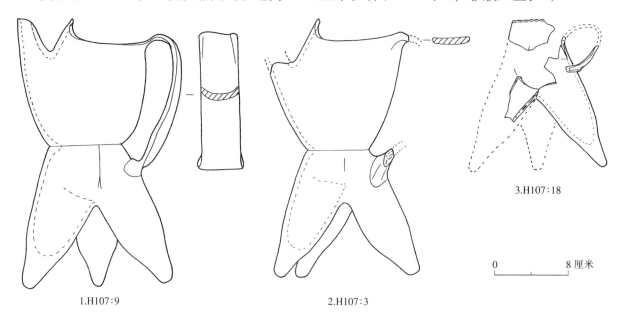

1.H107：9　　　　2.H107：3　　　　3.H107：18

0　　　　8 厘米

图 5-2-90　马桥文化袋足盉

H107：3，泥质灰陶。冲天嘴和把部残。通高 27.4 厘米。（图 5-2-90：2；彩版八五：5）

H107：18，泥质黑陶。残存袋足部分。（图 5-2-90：3）

（14）壶

标本 12 件，其中复原器 2 件。依据形态分 2 型。

A 型　鸭形壶。标本 8 件。

T1001④B：11，泥质青灰陶。侈口，矮领，弧腹，尾部丰满，平底。宽扁把手残，把手根部两侧饰一对圆饼形钉。腹部满饰条纹。口径 10.4、底径 5、高 12 厘米。（图 5-2-91：1；彩版八六：1）

T0901④B：34，泥质紫褐色硬陶。喇叭口，高领，扁鼓腹，一侧略尖为鸭尾，小凹底。把手残。口径 5.6、底径 2.8、高 7.5 厘米。（图 5-2-91：2；彩版八六：2）

H124：1，泥质紫褐胎灰色硬陶。口、领上部及把手残。扁鼓腹一侧略尖为鸭尾，圈足。腹部饰条纹。底径 5.6、残高 9.4 厘米。（图 5-2-91：3；彩版八六：3）

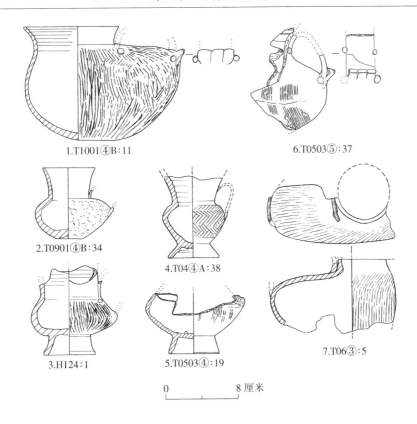

图 5-2-91 马桥文化 A 型壶

T04④A：38，原始瓷。灰白胎，通体施酱黄色釉。口沿、领上部及把手残。喇叭口，鼓腹。腹部一侧鸭尾形态不明显。腹部饰曲折纹。底径 5.8、残高 8.6 厘米。（图 5-2-91：4；彩版八六：4）

T0503④：19，泥质紫褐胎灰色硬陶。口沿残。鼓腹，圈足。底径 5.4、残高 6.4 厘米。（图 5-2-91：5）

T0503⑤：37，泥质灰陶。残。鸭尾丰满。把手根部两侧饰一对泥饼形钉。腹部饰条纹。残高 10.8 厘米。（图 5-2-91：6）

T06③：5，泥质灰陶，泛青。残。鸭尾丰满。腹部饰条纹。残高 7.8 厘米。（图 5-2-91：7）

（另 1 件 A 型壶标本：H202：2）

B 型　长口或高领。标本 4 件，其中复原器 2 件。依据腹部形态分 2 亚型。

Ba 型　复原器 2 件。扁鼓腹，平底略内凹。

复原器 T0503⑤：11，泥质橘红陶。喇叭口，高领。领下部饰凹弦纹。领部内壁有轮制旋纹。器形瘦高。口径 11.4、底径 8、高 15.6 厘米。（图 5-2-92：1；彩版八六：5）

复原器 H89：18，泥质灰陶。侈口，高直领。领部和腹部交界处饰凹弦纹。器形显宽矮。口径 10.4、底径 9.4、高 11.8 厘米。（图 5-2-92：2；彩版八六：6）

Bb 型　标本 2 件。圆鼓腹，凹底。

T08③：4，泥质紫褐色硬陶。口沿残。高领。下腹部饰折线纹。底径 4.9、残高 10.6 厘米。（图 5-2-92：3；彩版八七：1）

H163①：1，泥质橘黄陶。口沿残。高领内壁可见旋纹。底径 6、残高 16.6 厘米。（图 5-2-92：4；彩版八七：2）

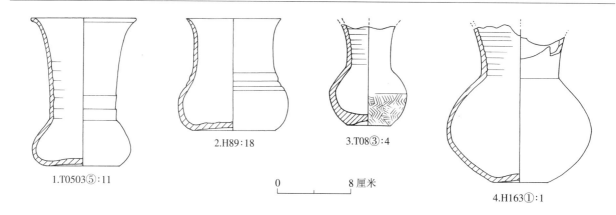

1.T0503⑤:11
2.H89:18
3.T08③:4
4.H163①:1

0 　　　　 8厘米

图 5-2-92　马桥文化 B 型壶
1、2. Ba 型　3、4. Bb 型

（15）钵

标本 30 件，其中复原器 11 件。泥质陶为主，也有部分夹砂陶。依据形态，分 4 型。

A 型　标本 16 件，其中复原器 3 件。弧敛口，斜弧腹，圜底近平。肩部常有一周凹弦纹，腹部常饰有绳纹、篮纹、条纹或叶脉纹等。

复原器 H8:4，泥质灰陶。腹部饰竖向条纹。口径 11.8、高 5.6 厘米。（图 5-2-93：1；彩版八七：3）

复原器 H75①:14，泥质灰陶。沿下一周凹弦纹，腹部饰凌乱篮纹。口径 14、高 6.6 厘米。（图 5-2-93：2；彩版八七：5）

复原器 H14:4，泥质灰陶。腹部和底部饰条纹。口径 12.4、高 5.4 厘米。（图 5-2-93：3；彩版八七：4）

H8:14，泥质黑陶。腹部饰斜向绳纹。口径 12.6 厘米。（图 5-2-93：4）

H180:9，泥质灰陶。腹部饰横向绳纹。口径 14 厘米。（图 5-2-93：5）

H12:3，泥质灰陶。腹部饰凌乱篮纹。（图 5-2-93：6）

H26:22，泥质灰陶。腹部饰斜向条纹并贴附横向片状泥条。（图 5-2-93：7）

T03④B:23，泥质灰陶。腹部饰斜向篮纹。口径 23.2 厘米。（图 5-2-93：8）

G13:3，泥质黑陶。口沿下有数周凹弦纹，腹部饰斜向篮纹。口径 20 厘米。（图 5-2-93：9）

H11:2，泥质黑陶。腹部饰横向绳纹。（图 5-2-93：10）

H194①:2，泥质灰陶。腹部饰斜向篮纹。口径 27.2 厘米。（图 5-2-92：11）

T01④A:24，泥质黑陶。折敛口，形态稍殊。口沿下二周凹弦纹，腹部饰叶脉纹。口径 20 厘米。（图 5-2-93：12）

（另 4 件 A 型钵标本：H23:1，H34:11，H182①:5，H206①:46）

B 型　标本 9 件，其中复原器 8 件。微敛口，弧腹，平底或微内凹。泥质陶、夹砂陶均有，一般素面。

复原器 H125:7，泥质红褐色硬陶。内壁可见旋纹。口径 7.6、底径 4.8、高 5.6 厘米。（图 5-2-94：1；彩版八八：1）

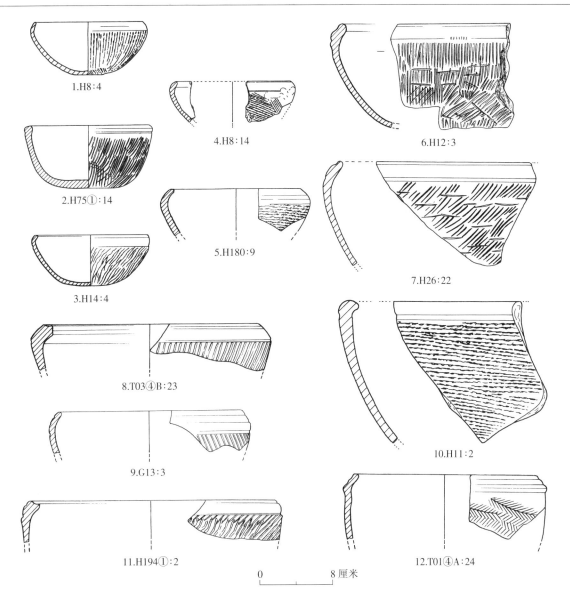

1.H8：4

4.H8：14

6.H12：3

2.H75①：14

5.H180：9

7.H26：22

3.H14：4

8.T03④B：23

9.G13：3

10.H11：2

11.H194①：2

0　　　　　8 厘米

12.T01④A：24

图 5-2-93　马桥文化 A 型钵

复原器 H102④：2，泥质紫褐色硬陶。平底略内凹。口径10、底径6、高5厘米。（图5-2-94：2；彩版八八：2）

复原器 J9②：2，泥质灰褐色硬陶。内底有一周凸棱。口径8.5、底径5.8、高4.6厘米。（图5-2-94：3；彩版八八：3）

复原器 H217①：4，夹砂红陶。平底内凹。器小，制作粗。口径6.2、底径3.3、高3.2厘米。（图5-2-94：4；彩版八八：4）

复原器 H56①：11，夹砂灰黑陶。斜弧腹。器小，制作粗。口径9、底径2.5、高4.2厘米。（图5-2-94：5；彩版八八：5）

复原器 J8②：12，夹砂红陶。胎厚，制作粗。口径7.7、底径6.7、高5.3厘米。（图5-2-94：6）

复原器 H199①：7，泥质黑陶。假圈足平底。内壁有旋纹。口径12.6、底径7.6、高4.4

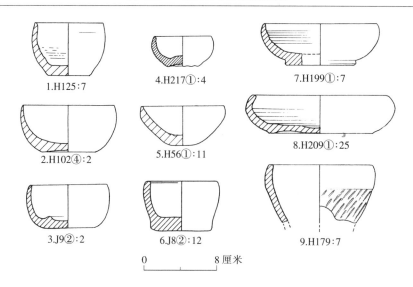

1.H125:7　　4.H217①:4　　7.H199①:7
2.H102④:2　　5.H56①:11　　8.H209①:25
3.J9②:2　　6.J8②:12　　9.H179:7

0　　　　　　8 厘米

图 5-2-94　马桥文化 B 型钵

厘米。（图 5-2-94：7）

复原器 H209①:25，泥质橘黄陶。平底微内凹。器形宽矮。口径 14.8、底径 11.5、高 4 厘米。（图 5-2-94：8）

H179:7，粗泥红陶。腹部饰斜向篮纹。口径 11.2 厘米。（图 5-2-94：9）

C 型　标本 5 件。弧敛口，圆弧腹。肩部或腹部两侧常饰有对称的锯齿状堆纹。依据口沿形态分 2 亚型。

Ca 型　方唇。标本 3 件。

H63:6，泥质灰陶。口沿下一周凹弦纹，腹部饰斜向篮纹。（图 5-2-95：1）

T0403④:16，泥质灰陶。口沿下二周凹弦纹，腹部饰斜向绳纹。（图 5-2-95：2）

H182②:25，泥质灰陶。口沿下一周凸棱，腹部饰斜向篮纹。口径 28 厘米。（图 5-2-95：3）

Cb 型　尖圆唇。标本 2 件。

H205:10，泥质灰胎黑衣陶，黑衣脱落殆尽。底残。略鼓肩。肩部饰弦纹，腹部纹饰已不清，似为斜方格纹。口径 17.2、残高 12 厘米。（图 5-2-95：4）

H107:21，泥质灰陶。底残。腹中部两侧饰对称的锯齿边鸡冠状小錾。口沿下有一周凸棱，上腹部饰斜向篮纹，下腹部饰交错篮纹。口径 23.6、残高 18 厘米。（图 5-2-95：5；彩版八八：6）

（16）杯

标本 6 件，其中复原器 3 件。依据形态分 3 型。

A 型　标本 1 件。似觯。

H35:1，泥质黑胎灰陶。口沿及把手残。下腹略鼓，平底内凹。上腹残可见云雷纹，腹部饰凹弦纹和突棱。底径 8.6、残高 10.4 厘米。（图 5-2-96：1）

B 型　标本 1 件。筒状直腹。

H79:9，泥质灰胎黑陶。口沿残。近底处腹部收缩，平底略内凹。腹部一侧设宽扁把手。底径 9.4、残高 14.6 厘米。（图 5-2-96：2；彩版八九：1）

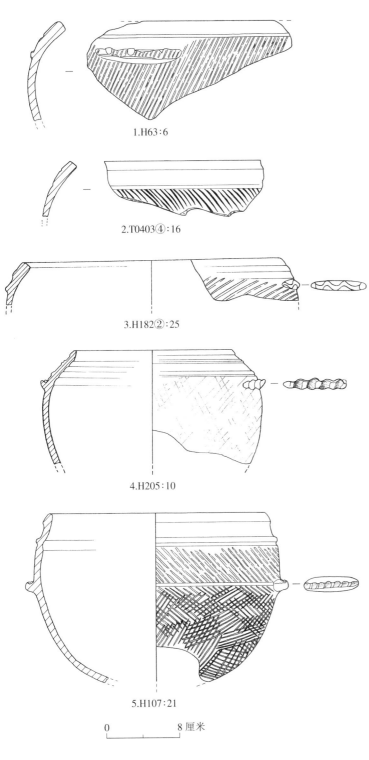

图 5-2-95 马桥文化 Ca 型、Cb 型钵
1～3. Ca 型 4、5. Cb 型

C 型 标本 4 件，其中复原器 3 件。弧腹，圈足。

G4①：6，泥质橘红陶。侈口，束颈，鼓肩，弧腹。圈足下部残。沿面可见制作旋痕。口径 11.6、残高 7.8 厘米。（图 5-2-96：3）

复原器 H206②：21，夹砂灰陶。略卷沿，鼓肩，瘦弧腹。口径 12、底径 7.6、高 7 厘米。（图 5-2-96：4；彩版八九：2）

复原器 H63：1，夹砂红陶。侈口，弧腹。口沿下二周凹弦纹。口沿高低不平。制作粗。口径 8.6、底径 5.4、高 6.3～6.8 厘米。（图 5-2-96：5；彩版八九：3）

复原器 H75②：12，夹砂灰陶。直口，略鼓腹。厚胎，制作粗。口径 8.6、底径 4.6、高 6.4 厘米。（图 5-2-96：6；彩版八九：4）

（17）碗

复原器 2 件。

复原器 H206②：17，泥质灰色硬陶。直口微敞，斜弧腹，假圈足平底。腹部有一刻划陶文。口径 13.4、底径 7、高 4.8 厘米。（图 5-2-96：7；彩版八九：5）

复原器 H78：2，夹砂红陶。口微侈，鼓肩，斜弧腹，假圈足平底。口径 18、底径 9.2、高 8.6 厘米。（图 5-2-96：8；彩版八九：6）

（18）甑

标本 1 件。

H125：9，泥质灰黄陶。残存底部。平底密布小孔。底径 6.4 厘米。

（图 5-2-96：9）

（19）器盖

标本 81 件，其中复原器 24 件。泥质陶和夹砂陶均有，还有少量粗泥陶。泥质陶器盖大都

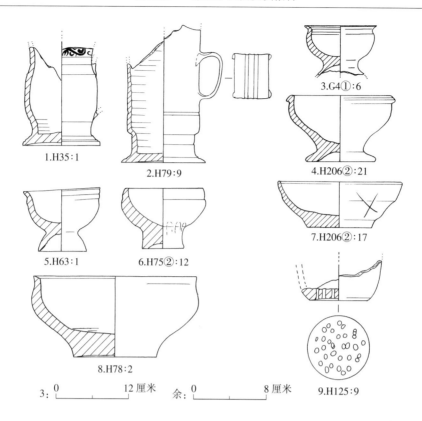

图 5-2-96　马桥文化杯、碗和甑

1. A 型杯　2. B 型杯　3~6. C 型杯　7、8. 碗　9. 甑

轮制，器形规整，应是豆、簋、三足盘等陶器的盖。夹砂陶和粗泥陶器盖大都制作较粗，应是鼎、甗等陶器的盖。盖身近覆碗形。依据盖纽形态不同，分 3 型。

A 型　宽矮圈足纽。标本 41 件，其中复原器 14 件。质地有夹砂陶 29 件，泥质陶 8 件，粗泥陶 4 件。具体根据盖纽的形态不同，分 4 亚型。

Aa 型　圈足略外撇。35 件，其中复原器 11 件。

复原器 H67①：2，夹砂灰黄陶。口外侈，盖身较深。盖径 17.6、纽径 7.4、高 7.2 厘米。（图 5-2-97：1）

复原器 H81：5，夹砂灰黄陶。器形同上件。盖径 24、纽径 10、高 11 厘米。（图 5-2-97：2；彩版九〇：1）

复原器 T0403④：4，泥质橘红陶。盖身较浅。盖径 19.2、纽径 6.6、高 6.8 厘米。（图 5-2-97：3；彩版九〇：2）

复原器 H55：2，夹砂灰陶。盖面有一周凹弦纹。盖径 20.6、纽径 6.8、高 6.6 厘米。（图 5-2-97：4）

复原器 H56①：9，泥质红褐色硬陶。盖身内壁可见制作旋纹。盖径 14.8、纽径 5.6、高 6 厘米。（图 5-2-97：5）

复原器 H196①：1，夹砂红陶。盖面弧拱，口稍敛。盖径 11.2、纽径 6、高 5.4 厘米。（图 5-2-97：6）

复原器 H75②：7，夹砂灰黄陶。制作粗。盖径 16、纽径 7.2、高 8 厘米。（图 5-2-97：7）

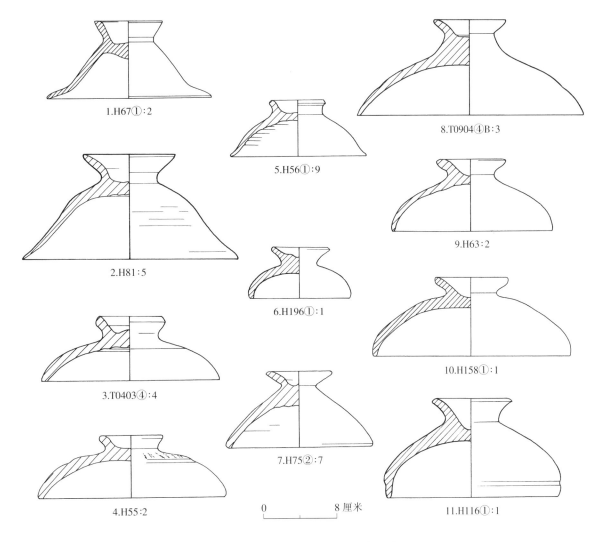

1.H67①:2

5.H56①:9

8.T0904④B:3

2.H81:5

6.H196①:1

9.H63:2

3.T0403④:4

7.H75②:7

10.H158①:1

4.H55:2

0　　　　　8厘米

11.H116①:1

图 5-2-97　马桥文化 Aa 型器盖

　　复原器 T0904④B：3，夹砂灰陶，局部黑色。盖径 24.8、纽径 8、高 10.2 厘米。（图 5-2-97：8）

　　复原器 H63：2，夹砂红陶。器形同上件。盖径 17.8、纽径 7.6、高 7.6 厘米。（图 5-2-97：9）

　　复原器 H158①：1，粗泥灰陶。器形同上件。盖径 21.6、纽径 8、高 8.4 厘米。（图 5-2-97：10）

　　复原器 H116①：1，夹砂灰黄陶。器形同上件。盖身近缘处一周凹弦纹。盖径 19、纽径 8.4、高 10.4 厘米。（图 5-2-97：11）

　　（另 24 件 Aa 型器盖标本：H6：1，H56①：31，H67②：3，H89：15，H176：5，H176：6，H180：12，H182①：16，H186①：6，H187：11，H188①：13，H193①：15，H200：10，H200：17，H201①：13，H201④：37，H206①：40，H206②：59，H206②：76，H209①：27，H217①：10，G7：2，G11：9，J9①：8）

　　Ab 型　标本 2 件，其中复原器 1 件。圈足近直。

　　复原器 H138②：3，夹砂灰褐陶。盖径 11.2、纽径 4.2、高 5.3 厘米。（图 5-2-98：1）

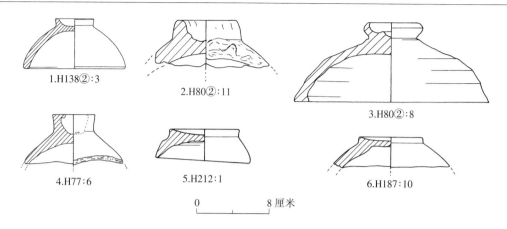

图 5-2-98　马桥文化 Ab 型、Ac 型、Ad 型器盖
1、2. Ab 型　3、4. Ac 型　5、6. Ad 型

H80②：11，夹砂灰褐陶。盖身残。纽径 6.4 厘米。（图 5-2-98：2）

Ac 型　标本 2 件，其中复原器 1 件。圈足缘内勾。

复原器 H80②：8，夹砂红陶。盖沿平，略内敛。盖径 21.2、纽径 5.6、高 8.4 厘米。（图 5-2-98：3；彩版九〇：3）

H77：6，夹砂灰黑陶。盖身残。纽径 4.5 厘米。（图 5-2-98：4）

Ad 型　标本 2 件，其中复原器 1 件。假圈足纽。

复原器 H212：1，夹砂灰陶。假圈足略内凹。盖沿高低不平，制作粗。盖径 10.4、纽径 7.6、高 3～3.6 厘米。（图 5-2-98：5）

H187：10，夹砂灰黑陶。盖身残。假圈足略内凹。纽径 6.8 厘米。（图 5-2-98：6）

B 型　标本 20 件，其中复原器 7 件。小喇叭圈足纽，盖面和纽柄常饰弦纹。均为泥质陶，轮制，制作较精。

复原器 H162：3，泥质黄胎黑衣陶，黑衣脱落殆尽。近直口，盖身较深。盖面和纽柄均饰组合弦纹。盖径 17.3、纽径 4.1、高 8.8 厘米。（图 5-2-99：1）

复原器 T0801④B：13，泥质灰胎黑衣陶。形态同上件。盖面及近口处饰弦纹，纽柄饰一周突棱。盖径 13.4、纽径 3.6、高 7.4 厘米。（图 5-2-99：2）

复原器 H176：2，泥质灰陶。器形同上件。盖面饰组合弦纹，另饰五对小镂孔，纽柄饰二周突棱。盖径 19.4、纽径 5、高 8.3 厘米。（图 5-2-99：3；彩版九〇：4）

复原器 H8：1，泥质灰陶。方唇，盖面斜弧。盖面饰二周弦纹，纽柄饰二周突棱纹。盖径 15.6、纽径 5.7、高 7.4 厘米。（图 5-2-99：4；彩版九〇：5）

复原器 H142：1，泥质灰陶。盖面一周凹弦纹，纽柄饰一周突棱。盖径 19.6、纽径 6.8、高 7.8 厘米。（图 5-2-99：5；彩版九〇：6）

复原器 H89：21，泥质灰黄陶。器形同上件。纽柄饰一周突棱。盖径 14.8、纽径 5.6、高 6.4 厘米。（图 5-2-99：6）

复原器 H56②：21，泥质灰胎黑衣陶。器形同上件。盖面饰弦纹，近口处一周凹弦纹。盖径 13、纽径 3.2、高 4.2 厘米。（图 5-2-99：7）

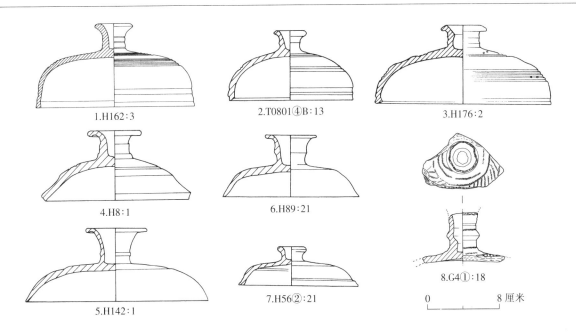

图 5-2-99 马桥文化 B 型器盖

G4①:18,泥质灰黄陶。残盖纽。纽柄一周粗凸棱,盖面及纽柄另饰之字形刻划纹。(图 5-2-99:8)

(另 12 件 B 型器盖标本:H26:27,H76:13,H89:9,H89:31,H89:32,H174:5,H186 ①:10,H206②:20,H206①:45,J8①:2,T1002④B:24,T1003④B:47)

C 型 标本 12 件,其中复原器 3 件。蘑菇形纽。具体依据纽的形态不同,分 4 亚型。

Ca 型 标本 4 件,其中复原器 2 件。小圆形乳突状纽顶。

复原器 H76:10,泥质黑陶。盖身较深,直口略侈。盖面及纽柄各一周细突棱。盖径 8、高 7 厘米。(图 5-2-100:1;彩版九一:1)

复原器 T0403⑤:9,泥质灰胎黑衣陶。口内敛。盖径 7.2、高 4.2 厘米。(图 5-2-100:2;彩版九一:2)

(另 2 件 Ca 型器盖标本:H12:1,H80:7)

Cb 型 标本 4 件,其中复原器 1 件。大圆弧状纽顶,中空。

复原器 H144:1,泥质灰胎黑衣陶。盖身为覆盖的浅盘形。盖纽较高,纽柄饰一周凸棱。盖径 18、高 12.4 厘米(图 5-2-100:7;彩版九一:3)

H142:7,泥质灰黄陶。盖身残。纽柄下部饰二周凹弦纹。残高 9.7 厘米。(图 5-2-100:8)

(另 2 件 Cb 型器盖标本:H89:7,H89:33)

Cc 型 盖纽标本 2 件。截面呈不规则梯形状纽顶。

T03④A:22,泥质黑陶。残高 4 厘米。(图 5-2-100:3)

H89:2,泥质灰黄陶。残高 4.2 厘米。(图 5-2-100:4)

Cd 型 盖纽标本 2 件。小圈足状纽顶,中空,内置一泥质陶圆球。

H94:4,泥质黑衣陶。纽柄中部一周细突棱。残高 4.1 厘米。(图 5-2-100:5)

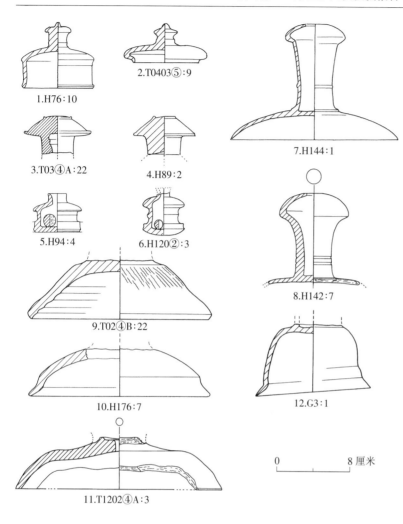

1.H76:10　2.T0403⑤:9
3.T03④A:22　4.H89:2
5.H94:4　6.H120②:3
7.H144:1
8.H142:7
9.T02④B:22
10.H176:7
12.G3:1
11.T1202④A:3

0　　　　　8厘米

图 5-2-100　马桥文化 C 型及未分型器盖

1、2.Ca 型　3、4.Cc 型　5、6.Cd 型　7、8.Cb 型　9～12.未分型

H120②:3，泥质灰陶。器形同上件。残高 5 厘米。（图 5-2-100:6）

另有不分型盖身标本 8 件：

T02④B:22，泥质黑陶。盖面依稀可见绳纹，盖身内壁有旋纹。盖径 20、残高 6.3 厘米。（图 5-2-100:9）

H176:7，粗泥红陶。盖径 20、残高 5 厘米。（图 5-2-100:10）

T1202④A:3，夹砂红陶。覆盘形。纽残。盖身与盖纽有小圆孔相通。盖径 22.6、残高 5.5 厘米。（图 5-2-100:11）

G3:1，夹砂灰黄陶。盖身较深。制作粗，器形扭曲。盖径 12.8、残高 6.6～7.6 厘米。（图 5-2-100:12）

（另 4 件盖身标本：H8:5，H182②:19，H199①:9，H206①:39）

（21）残器

因残不能确定器形，2 件。

H193②:12，泥质黑陶。残。细高柄，中空，平底略内凹。疑为细高柄杯形器。底径 8、残高 8.3 厘米。（图 5-2-101:1）

H157:16，夹砂灰黄陶。底残。器口近椭圆，微敛口，弧腹。口沿一侧有提梁。残高 5.2 厘米。（图 5-2-101:5）

（22）刻纹陶棒

1 件。

H80②:16，泥质灰褐色硬陶，局部有斑点状黄绿色釉。截面略呈半圆的长条形，两端残。平整面有刻划的图案。用途性质不明。残长 8.2、厚约 1 厘米。（图 5-2-101:4；彩版九一:4）

（23）器把

1 件。

H89:20，泥质黑衣陶。半环状。把部正面饰变体云雷纹。（图 5-2-101:2）

（24）球形器

1 件。

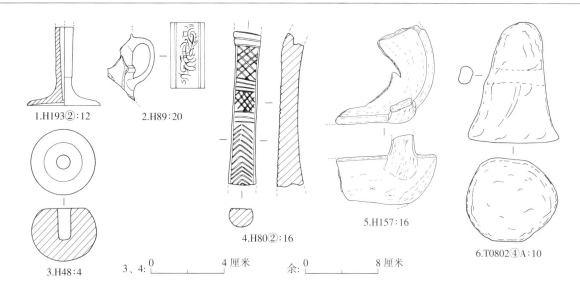

1.H193②:12　　2.H89:20　　4.H80②:16　　5.H157:16　　3.H48:4　　6.T0802④A:10

3、4: 0 ———— 4厘米　余: 0 ———— 8厘米

图5-2-101　马桥文化不明陶器、器把、球形器、刻纹陶棒、支座

1、5. 不明器物　2. 器把　3. 球形器　4. 刻纹陶棒　6. 支座

H48:4，泥质灰黄陶。近球形，一侧有一深度略过球体一半的圆孔。直径2.8～3.5、孔径0.7厘米。（图5-2-101：3）

（25）支座

1件。

T0802④A:10，夹砂红陶。圆锥体，稍斜，中部有一横向穿孔。高12.8厘米。（图5-2-101：6；彩版九一：5）

（26）陶拍

标本35件，其中复原器18件。质地以夹砂陶居多（24件），泥质陶次之（11件）。拍面以凸弧圆形或椭圆形为主。依据拍柄及拍头的特征，将其中的27件分5型。

A型　标本5件，其中复原器3件。圆锥状长柄，柄与拍头交接处近直角转折，分界清晰。

复原器H16:1，泥质橘红陶。拍面直径6.8、高10.3厘米。（图5-2-102：1；彩版九二：1）

H19:1，泥质紫褐色硬陶。柄末端略残。拍面直径5.6、残高11.4厘米。（图5-2-102：2；彩版九二：2）

复原器H193①:3，夹砂红陶。拍面直径8、高8.5厘米。（图5-2-102：3；彩版九二：3）

T01④A:5，泥质橘黄陶。柄末端略残。拍面直径6、残高7厘米。（图5-2-102：4）

复原器H194①:1，夹砂红陶。柄略扭曲拍面直径6.3、高8.5厘米。（图5-2-102：5；彩版九二：4）

B型　标本13件，其中复原器8件。圆锥状长柄，柄与拍头分界模糊。

复原器H26:4，夹砂灰黄陶。拍面直径约6.5、高10.2厘米。（图5-2-102：6；彩版九二：5）

复原器H56①:4，夹砂灰黄陶。拍面密布小圆形凹窝。拍面直径6.9、高10.9厘米。（图5-2-102：8；彩版九二：6）

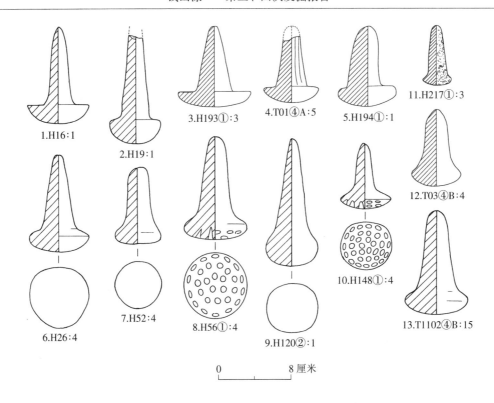

图 5-2-102　马桥文化 A 型、B 型陶拍

1～5. A 型　6～13. B 型

复原器 H52：4，夹砂红陶。拍面直径 5、高 8 厘米。（图 5-2-102：7；彩版九三：1）

复原器 H120②：1，泥质橘红陶。拍头球状。拍面直径 5～5.6、高 13.5 厘米。（图 5-2-102：9；彩版九三：2）

复原器 H148①：4，夹砂灰陶。拍面密布小圆形凹窝。拍面直径 5～5.5、高 6.9 厘米。（图 5-2-102：10；彩版九三：3）

复原器 H217①：3，夹砂灰陶。拍面直径 3、高 6.3 厘米。（图 5-2-102：11；彩版九三：4）

复原器 T03④B：4，夹砂红陶。拍面直径 5.3、高 8.2 厘米。（图 5-2-102：12；彩版九三：5）

复原器 T1102④B：15，夹砂红陶。拍面直径 6.8、高 11 厘米。（图 5-2-102：13；彩版九三：6）

（另 5 件 B 型陶拍标本：H56①：3，H78：1，H94：5，H206①：11，G4①：7）

C 型　复原器 2 件。长圆柱状柄。

复原器 H112：2，夹砂灰陶。拍面直径 6.8、高 8.8 厘米。（图 5-2-103：1；彩版九四：1）

复原器 H31：2，夹砂橘红陶。拍面直径 7.2、高 7.6 厘米。（图 5-2-103：2；彩版九四：2）

D 型　标本 6 件，其中复原器 4 件。短圆柱状柄。柄端面分内凹和平整两种。

复原器 H26：7，夹砂灰黄陶。柄端面内凹。拍面直径 5.8～6.6、高 5.7 厘米。（图 5-2-103：3；彩版九四：3）

T0503⑤：12，泥质橘红陶。柄端面内凹。拍面残。凸弧拍面有条纹和方格纹。拍面直径 7、高 4.7 厘米。（图 5-2-103：4；彩版九四：4）

复原器 T1202④A：1，夹砂红陶。柄端面内凹。拍面密布小椭圆形凹窝。拍面直径

6.6、高5.4厘米。（图5-2-103：5；彩版九四：5）

T0803①：2，出土于表土层。泥质橘黄陶。柄端面内凹。拍面略残，并有刻划纹、交错刻划纹等。拍面直径7.2、高4.8厘米。（图5-2-103：6；彩版九四：6）

复原器H138②：2，夹砂灰陶。柄端面平整。拍面有小圆形凹窝。拍面直径6、高5.6厘米。（图5-2-103：7；彩版九四：7）

复原器T0801②A：1，出于扰乱层。夹砂灰黄陶。柄端面平整。拍面密布条纹。拍面直径6.2、高4.2厘米。（图5-2-103：8；彩版九四：8）

E型　复原器1件。喇叭圈足状短柄。

复原器H70①：5，夹砂红陶。柄及拍头均中空。拍面直径约2.5、高5.5厘米。（图5-2-103：9；彩版九四：9）

（另8件因残未分型陶拍标本：H141：4，H79：1，H92：1，H157：9，H182①：1，H198：3，T0403⑤：12，J7①：1）

（27）纺轮

23件，均完整或可复原。其中泥质陶16件，夹砂陶7件。平面均圆形，中部一贯通圆孔。依据截面不同形态，分5型。

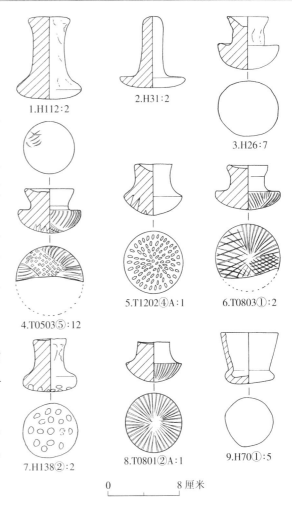

1.H112：2　2.H31：2　3.H26：7　4.T0503⑤：12　5.T1202④A：1　6.T0803①：2　7.H138②：2　8.T0801②A：1　9.H70①：5

0　　　　8厘米

图5-2-103　马桥文化C型、D型、E型陶拍
1、2.C型　3~8.D型　9.E型

A型　11件。两面平整，侧缘中部突出成钝角。数量最多，均为泥质陶。

H8：3，泥质灰陶。直径3.9、厚1、孔径0.8厘米。（图5-2-104：1）

H109：1，泥质黑陶。侧缘饰小三角形组合刻划纹。直径3.7、厚1.5、孔径0.6厘米。（图5-2-104：2）

H201①：1，泥质红陶。较厚实。直径4、厚1.9、孔径0.9厘米。（图5-2-104：3）

H206①：6，泥质灰陶。侧缘饰五组锥刺纹。直径3.9、厚1.3、孔径0.7厘米。（图5-2-104：4；彩版九五：1）

T07③：5，泥质灰黄陶。侧缘和一面饰之字形刻划纹。直径4.2、厚1.6、孔径0.8厘米。（图5-2-104：5；彩版九五：2）

H217①：2，泥质红陶。直径4.2、厚1.1、孔径0.6厘米。（图5-2-104：6；彩版九五：3）

（另5件A型纺轮：J4：1，J10②：2，H120②：4，H188①：3，H201②：29）

B型　9件。两面平整，截面梯形。

T0503④：7，夹砂灰黄陶。上径3.3、下径4.4、厚1.5、孔径0.6厘米。（图5-2-104：7）

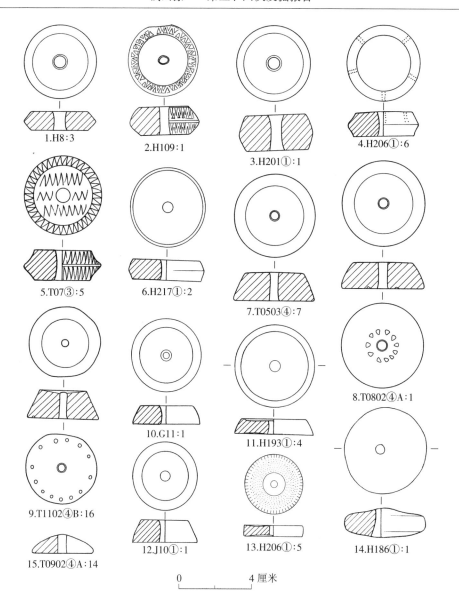

图 5-2-104　马桥文化纺轮

1 ~ 6. A 型　7 ~ 12. B 型　13. C 型　14. D 型　15. E 型

　　T0802④A：1，夹砂灰褐陶。下底面围绕圆孔一周饰不规则三角形组合戳刻纹。上径 3.3、下径 4.5、厚 1.4、孔径 0.6 厘米。（图 5-2-104：8）

　　T1102④B：16，夹砂灰黄陶。上底面略凹弧，靠近边缘一周饰小圆形戳刻纹。上径 2.6、下径 3.9、厚 1.5、孔径 0.4 厘米。（图 5-2-104：9）

　　G11：1，泥质红陶。上径 2.9、下径 3.8、厚 1、孔径 0.6 厘米。（图 5-2-104：10；彩版九五：4）

　　H193①：4，泥质红陶。上下底面均略下凹。上径 3.6、下径 4.4、厚 0.8、孔径 0.6 厘米。（图 5-2-104：11；彩版九五：5）

　　J10①：1，夹砂红陶。上径 2.6、下径 3.6、厚 1.2、孔径 0.6 厘米。（图 5-2-104：12；彩版九五：6）

（另3件B型纺轮：H188①：1，H199①：1，T1001④B：35）

C型　1件。截面长方形。

H206①：5，泥质黑陶。两面略凹，一面饰小圆点和短线组合刻划纹。直径3.2、厚0.6、孔径0.4厘米。（图5-2-104：13；彩版九五：7）

D型　1件。截面为两面微凸的扁椭圆形。

H186①：1，夹砂红陶。直径4.5、厚1.5、孔径0.5厘米。（图5-2-104：14；彩版九五：8）

E型　1件。截面为近半圆的馒头形。

T0902④A：14，泥质黑陶。直径3.3、厚1、孔径0.5厘米。此件可能是钱山漾一期文化遗存遗留物。（图5-2-104：15）

（28）网坠

3件，均完整。

H18：1，泥质灰陶。一段稍窄的扁平长条形，一侧边有凹槽。长4.9厘米。（图5-2-105：1）

H24：3，夹砂灰陶。圆柱体，侧面有凹槽。高1.9厘米。（图5-2-105：2）

H75②：13，泥质黑陶。圆柱体，侧面有凹槽。高1.4厘米。（图5-2-105：3）

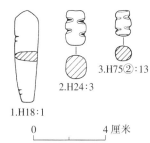

3.H75②：13

2.H24：3

1.H18：1

0　　　　　4厘米

图5-2-105　马桥文化网坠

二　石器

1. 总述

共出土马桥文化石器229件，其中17件因残破或受沁严重难辨形制。马桥文化时期石器方面的特点：半月形石刀盛行，新出现的石器器形有A型石斧、C型石镞等。

除半成品外，石器均经磨制。但具体磨制程度区别较大，一些器形如石斧的器身故意留下琢打的糙面，双肩石器则大多制作较粗。

我们对出土的其中192件石器做了矿物学鉴定（附录二）从鉴定结果看，马桥文化石器的材质以沉积岩数量最多（156件），变质岩次之（33件），火成岩数量最少（仅4件）沉积岩岩性种类较多，较常见的有泥质粉砂岩、泥岩、粉砂质泥岩、硅质泥质岩、泥质硅质岩和岩屑长石杂砂岩等。变质岩主要有板岩和千枚岩。火成岩主要有辉绿岩和花岗斑岩。

石器器形有斧、锛、凿、刀、镰、犁、双肩石器、镞、矛、戈、砺石和石器半成品等。

2. 分述

（1）斧

标本11件，其中5件完整。依据形态与制作特征分2型。

A型　标本7件，其中2件完整。平面长方形，器形厚重，双面刃。仅刃部磨制，器身被故意琢打成糙面。

T0403④：3，灰色—灰绿色辉绿岩。刃部磨制精。长11.6、宽5~6.1、厚4厘米。（图5-2-106：1；彩版九六：1）

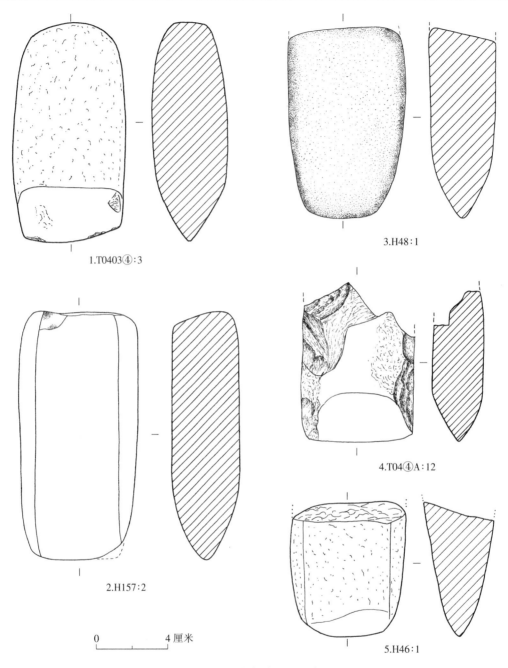

1.T0403④:3

3.H48:1

2.H157:2

4.T04④A:12

0　　　　　4 厘米

5.H46:1

图 5-2-106　马桥文化 A 型石斧

H157:2，灰色板岩。正背面较平，稍经磨制。长 13.1、宽 5.5～6.6、厚 3.7 厘米。（图 5-2-106：2；彩版九六：2）

H48:1，黑色板岩。顶部残。刃部稍窄，器表略受沁脱落。残长 10.1、宽 3.6～6.4、厚 3.6 厘米。（图 5-2-106：3；彩版九六：3）

T04④A:12，黑色辉绿岩。残。正背面较平。残长 8.3、宽 6.1、厚 2.8 厘米。（图 5-2-106：4）

H46:1，灰色杂砂岩。残。刃部稍窄，磨制较精。残长 7.1、宽 4.9～6.2 厘米。（图 5-2-106：5）

（另 2 件 A 型石斧标本：G4①：2；T1101④A：10。）

B 型　标本 4 件，其中 3 件完整。器形狭长，厚实。双面刃。器身经磨制。

T0803④A：3，灰色杂砂岩。器表略受侵蚀。刃部磨制较精。长 10.8、宽 3.5 ~ 3.9、厚 4 厘米。（图 5-2-107：1；彩版九六：4）

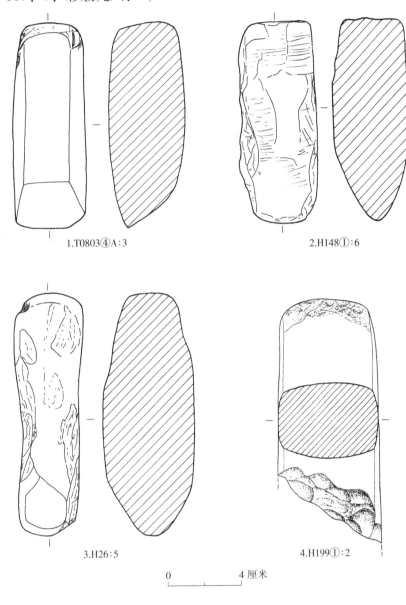

1.T0803④A：3　　　　　2.H148①：6

3.H26：5　　　　　4.H199①：2

0　　　　4 厘米

图 5-2-107　马桥文化 B 型石斧

H26：5，灰黑色板岩。器形狭长，厚实。磨制粗。长 12.9、宽 3.1 ~ 3.7、最厚 4.9 厘米。（图 5-2-107：3；彩版九六：5）

H199①：2，黑色板岩。刃部残。器形较大。磨制稍精。残长 13、宽 4.9 ~ 5.6、厚 4 厘米。（图 5-2-107：4）

H148①：6，浅灰白色硅质泥质岩。表皮因风化而剥落。长 10.8、宽约 4、厚 4.2 厘米。（图 5-2-107：2；彩版九六：6）

（2）锛

标本57件，其中33件基本完整。材料上主要有泥岩、硅质岩、泥质岩和千枚岩等，还有少量的板岩。石锛一般平面为长方形或刃部略宽的梯形，多单面刃，平腹弧背。器形大小、厚薄不一。制作上，一般刃部磨制最精，腹背及两侧面次之，顶部磨制较粗。2件因残难以分型外，将余55件分2型。

A 型　标本20件，其中10件完整。无段石锛。依据形态，分5亚型。

Aa 型　2件。形态较瘦长，长度大于或等于宽度的2倍。器形厚实。

H107：6，浅灰色粉砂质泥岩。刃部残。精磨。残长6.5、宽2.8、厚1.9厘米。（图5-2-108：1）

H182②：4，浅灰色硅质岩。残。刃部磨制精。长7、残宽1.3、厚1.8厘米。（图5-2-108：2）

Ab 型　标本3件，其中1件完整。形态较瘦长，长度大于或等于宽度的2倍。器形多平薄。

T1001④B：14，浅灰白色泥质硅质岩。完整。平面为刃部略宽的梯形。腹面两侧有疤痕。上边长1.4、下边长3.1、高7.1、厚0.8厘米。（图5-2-108：3；彩版九七：1）

H200：7，灰黑色粉砂质泥岩。顶部残。刃部有崩缺。残长7、宽3.5～3.6、厚0.9厘米。（图5-2-108：4；彩版九七：2）

T0403④：2，灰色泥岩。顶部残。器表略受沁。残长8.5、宽约2.4～2.6、厚1厘米。（图5-2-108：5）

Ac 型　4件。形态较宽矮，长度小于宽度的2倍。器形厚实，个体较大。

T0403⑤：21，青灰色石质。顶部残。单面刃。残长7.7、宽4.8～4.9、厚1.8厘米。（图5-2-108：6）

T1101④A：7，灰白色石质。刃部和顶部略残。长8、宽4、厚2.8厘米。（图5-2-108：7）

H46：2，灰白色石质。顶部残。腹面较粗。残长7.2、宽5～5.2、厚2厘米。（图5-2-108：8）

H52：3，灰色千枚岩。刃部残。制作粗。残长7.6、宽4.6、厚2.4厘米。（图5-2-108：9）

Ad 型　标本10件，其中8件完整。形态较宽矮，长度小于宽度的2倍。器形多平薄，个体较小。

T0803④A：4，灰绿色千枚岩。长4.3、宽3.1～3.4、厚0.6厘米。（图5-2-109：1；彩版九七：3）

T1103④B：3，灰黑色斑点板岩。通体精磨。长4.8、宽2.8～3.1、厚0.7厘米。（图5-2-109：2；彩版九七：4）

H52：1，灰色石质。长4.5、宽3.1、厚0.9厘米。（图5-2-109：3）

H157：6，浅灰色粉砂质泥岩。器表因风化而脱落。长4.1、宽3.1～3.4、厚约0.5厘米。（图5-2-109：4）

H200：8，浅灰白色硅质泥质岩。斜顶。长3.2～3.7、宽2.7～2.8、厚0.6厘米。（图5-2-109：5）

H182②：2，浅灰色粉砂质泥质岩。长3.8、宽2.7～3、厚0.6厘米。（图5-2-109：6）

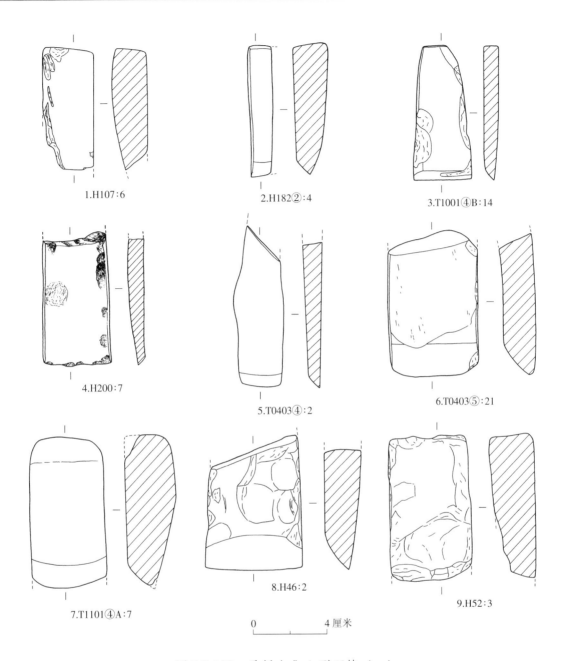

1.H107：6　　　　2.H182②：4　　　　3.T1001④B：14

4.H200：7　　　　5.T0403④：2　　　　6.T0403⑤：21

7.T1101④A：7　　　8.H46：2　　　9.H52：3

0 _____ 4 厘米

图 5-2-108　马桥文化 A 型石锛（一）

1、2. Aa 型　　3 ~ 5. Ab 型　　6 ~ 9. Ac 型

　　H204①：5，浅灰白色硅质泥质岩。长 3.5、宽 2.4、厚 0.7 厘米。（图 5-2-109：7；彩版
九七：5）

　　H97②：3，浅灰色粉砂质泥质岩。器表因风化而脱落严重。长 5.6、宽 3.4 ~ 4、厚 1 厘
米。（图 5-2-109：8）

　　G11：2，浅灰白色泥岩。残。残长 4.1、残宽 2.8、厚 0.8 厘米。（图 5-2-109：9）

　　H163①：4，浅灰白色硅质泥质岩。器表因风化而脱落。长 4.8、宽 2 ~ 2.5、厚 1.4 厘米。
（图 5-2-109：10）

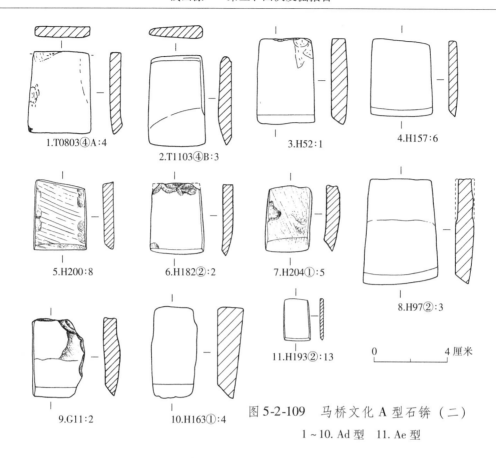

图 5-2-109　马桥文化 A 型石锛（二）

1~10. Ad 型　　11. Ae 型

Ae 型　标本 1 件。个体极小。双面刃。

H193②：13，黑色泥质粉砂岩。完整。通体精磨。长 2.2、宽 1.3~1.4、厚 0.15 厘米。（图 5-2-109：11；彩版九七：6）

B 型　标本 35 件，其中 23 件完整。有段石锛。一般背部横脊线均较明显，但段均较浅，有的呈略凹弧的斜坡状，有的仅在两侧作象征性凹弧。起段位多在锛体中段，也有略高或稍低。不少段的表面磨制较粗或留打制糙面。依据形态，分 4 亚型。

Ba 型　标本 6 件，其中 1 件完整。形态较瘦长，长度大于或等于宽度的 2 倍。器形厚实，个体较大。

H193①：1，浅灰白色硅质泥岩。完整。器形大而厚实。单面刃。腹面稍窄，受沁有脱落。段面和顶部制作粗糙。刃部磨制精。长 15.9、宽 4.7~5.8、最厚 2.65 厘米。（图 5-2-110：1；彩版九七：7）

T0802④A：2，深灰黑色千枚岩。刃部残。制作稍粗。残长 8.5、宽 2.6~4、厚 2.45 厘米。段甚浅。（图 5-2-110：2）

J9③：3，浅灰白色泥质岩。刃部残。段面呈斜坡状，起段处横脊线明显。残长 9、宽 3.8~4.5、厚 2.5 厘米。（图 5-2-110：3）

H114：1，灰色石质。刃部残。残长 9.7、宽 3.7~4、厚 2 厘米。（图 5-2-110：4）

G7：1，浅灰白色硅质泥质岩。刃部残。器表受沁而脱落。器形较狭长。残长 8.8、宽 2.7~2.9、厚 1.9 厘米。（图 5-2-110：5）

（另 1 件 Ba 型石锛标本：H89：25）

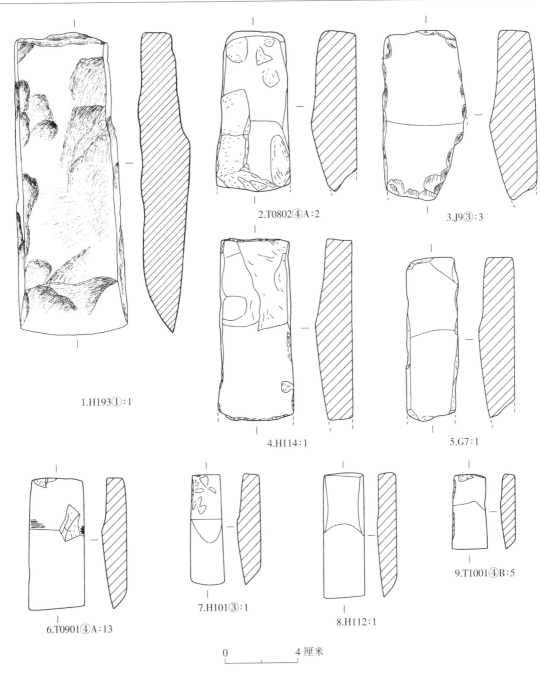

1.H193①:1

2.T0802④A:2

3.J9③:3

4.H114:1

5.G7:1

6.T0901④A:13

7.H101③:1

8.H112:1

9.T1001④B:5

0 　　　　4厘米

图 5-2-110　马桥文化 Ba 型、Bb 型石锛

1~5. Ba 型　6~9. Bb 型

　　Bb 型　标本 5 件，其中 4 件完整。形态较瘦长，长度大于或等于宽度的 2 倍。器形相对平薄，个体略小。

　　T0901④A:13，青灰色石质。完整。单面斜刃。通体精磨。长 6.6~7、宽 3、厚 1.3 厘米。（图 5-2-110：6；彩版九七：8）

　　H101③:1，灰色石质。完整。平面为刃部略宽的长梯形。浅台阶状段。通体精磨。长5.9、宽 1.85、厚 1.2 厘米。（图 5-2-110：7；彩版九七：9）

　　H112:1，黑色石质。完整。单面斜刃。段浅。通体精磨。长 6.4~6.6、宽 2.2、厚 1.15

厘米。（图 5-2-110：8；彩版九八：1）

　　T1001④B：5，灰白色泥质硅质岩。完整。刃部磨制精。段甚浅。器形较小。长 3.95、宽 1.7～1.95、厚 0.8 厘米。（图 5-2-110：9；彩版九八：2）

　　（另 1 件 Bb 型石锛标本：H166：1）

　　Bc 型　标本 10 件，其中 6 件完整。形态较宽矮，长度小于宽度的 2 倍。器形厚实，个体较大。

　　H141：3，灰白色石质。完整。顶部略斜。磨制精。长 7.6、宽 4.6～4.8、厚 1.8 厘米。（图 5-2-111：1；彩版九八：3）

　　H76：1，灰白色石质。完整。刃部有崩缺。长 7、宽 3.9～4.3、厚 1.9 厘米。（图 5-2-111：2）

　　H138②：1，灰白色石质。完整。顶部粗。长 6.5、宽 4～4.2、厚 1.8 厘米。（图 5-2-111：3；彩版九八：4）

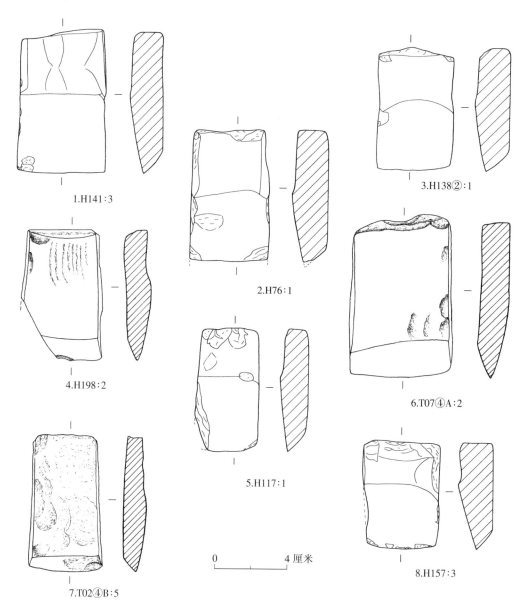

1. H141：3　　2. H76：1　　3. H138②：1　　4. H198：2　　5. H117：1　　6. T07④A：2　　7. T02④B：5　　8. H157：3

0　　　　4 厘米

图 5-2-111　马桥文化 Bc 型石锛

H198：2，灰绿色千枚岩。刃部一角残。通体精磨。长6.9、残宽3.9～4.4、厚1.4厘米。（图5-2-111：4；彩版九八：5）

H117：1，灰白色石质。起段位略高。刃部一角残。长6.5、宽3.1～3.5、厚1.5厘米。（图5-2-111：5；彩版九八：6）

T07④A：2，灰白色硅质泥岩。完整。表皮略受沁。顶部粗。段甚浅，两侧凹弧明显。长8.6、宽5.3～5.6、厚1.5厘米。（图5-2-111：6）

T02④B：5，浅灰白色粉砂质泥岩。完整。腹面和段面制作粗。长7.2、宽3.4～4、厚1.2厘米。（图5-2-111：7；彩版九八：7）

H157：3，浅灰白色泥质硅质岩。完整。起段位略高。磨制较精。长5.7、宽3.8～4.1、厚1.85厘米。（图5-2-111：8；彩版九八：8）

（另2件Bc型石锛标本：H193①：2，T0904④B：7）

Bd型　标本14件，其中12件基本完整。形态较宽矮，长度小于宽度的2倍。器形多平薄，个体较小。

T0801④B：19，浅灰白色粉砂质泥岩。完整。顶部略粗。长5.1、宽3.7～3.8、厚1.1厘米。（图5-2-112：1；彩版九九：1）

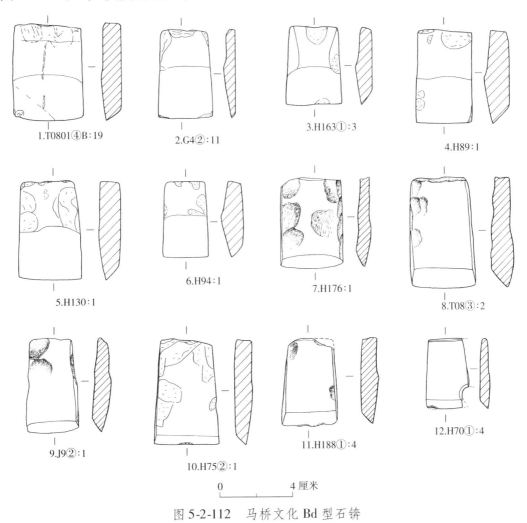

1.T0801④B：19　2.G4②：11　3.H163①：3　4.H89：1

5.H130：1　6.H94：1　7.H176：1　8.T08③：2

9.J9②：1　10.H75②：1　11.H188①：4　12.H70①：4

0　　　　4厘米

图5-2-112　马桥文化Bd型石锛

G4②：11，土灰色硅质泥岩。完整。器平薄。长 4.7、宽 2.6～3、厚 0.6 厘米。（图 5-2-112：2；彩版九九：2）

H163①：3，土灰色硅质泥岩。完整。段面两侧略凹弧。长 4.2、宽 2.7～3.1、厚 0.9 厘米。（图 5-2-112：3；彩版九九：3）

H89：1，浅灰白色粉砂质泥岩。完整。长 4.9、宽 3～3.1、厚 1.4 厘米。（图 5-2-112：4；彩版九九：4）

H130：1，灰黄色石质。段浅。长 5.2、宽 3～3.5、厚 1.2 厘米。（图 5-2-112：5）

H94：1，浅灰白色硅质泥质岩。完整。长 4、宽 2.2～2.5、厚 1.2 厘米。（图 5-2-112：6）

H176：1，灰黑色硅质泥岩。完整。刃部精磨，腹面和顶部制作较粗。长 4.8、宽 3.4、厚 0.7 厘米。（图 5-2-112：7；彩版九九：5）

T08③：2，浅灰白色粉砂质泥岩。完整。段面制作较粗。长 5.75、宽 3.3～3.5、厚 1.2 厘米。（图 5-2-112：8）

J9②：1，浅灰白色泥岩。完整。长 5、宽 2.3～2.85、厚 0.8 厘米。（图 5-2-112：9；彩版九九：6）

H75②：1，浅灰色粉砂质泥岩。完整。平面为刃部略宽的梯形。段面两侧凹弧。上边长 2.8、下边长 3.5、高 5.6 厘米。（图 5-2-112：10）

H188①：4，浅灰白色硅质泥质岩。顶部一角略残。平面为刃部略宽的梯形。上边长约 2.5、下边长 3、高 4.6 厘米。（图 5-2-112：11）

H70①：4，灰黑色泥质硅质岩。刃部有崩缺。磨制较精。刃部与一侧边相交一角有半个单面钻孔。长 3.8、宽 2～2.4、厚 0.5 厘米。（图 5-2-112：12）

（另 2 件 Bd 型石锛标本：H114：2，T1002④B：2）

因残不分型的石锛 2 件：H80②：13；H70②：6。

（3）凿

标本 3 件，均完整。平面长条形。

T0901④B：5，灰黑色千枚岩。单面刃。器形稍大。似是二次加工而成。长 10.9、宽 1.5～1.7、最厚 2.8 厘米。（图 5-2-113：1；彩版九九：7）

H196①：2，浅灰白色硅质泥岩。单面刃。长 4.7、宽 1.6～1.9、最厚 1.1 厘米。（图 5-2-113：2；彩版九九：8）

T0901④A：11，浅灰色硅质岩。精磨。单面刃。一侧面有切割痕迹。长 5、宽 0.7～1.2、厚 0.8 厘米。（图 5-2-113：3；彩版九九：9）

（4）刀

标本 40 件，其中 5 件完整。材料上以泥质粉砂岩数量最多，粉砂质泥岩次之，其他还有板岩、杂砂岩和硅质泥岩等。5 件因残难辨形态外，将余 35 件分 4 型。

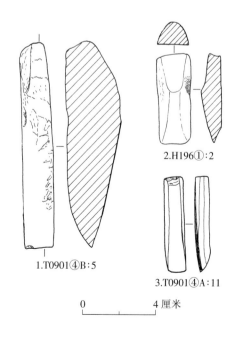

2.H196①：2

1.T0901④B：5

3.T0901④A：11

0 ⊢—⊢—⊢—⊢ 4 厘米

图 5-2-113　马桥文化石凿

A 型　标本 27 件，其中 2 件完整。半月形双孔石刀。分 2 个亚型。

Aa 型　标本 14 件，其中 2 件完整。半月形，拱背直刃。少量刃部微凸弧或凹弧。器多扁平，近背中部一般并列两个小孔。

T1001④B：13，灰黑色石质。完整。两对钻小孔偏向一侧。双面刃。刃长 10.8、高 4.6、厚 0.7 厘米。（图 5-2-114：1；彩版一〇〇：1）

T0901④A：4，灰黑色石质。完整。单面刃略凹弧。器形较扁长，器身由背部到起刃部逐渐变厚。刃长 12、高 3.6、厚 0.3～0.7 厘米。（图 5-2-114：2；彩版一〇〇：2）

H201④：6，灰色粉砂质泥岩。略残。器形较扁长。双面窄刃。刃长 10、高 3.5、厚 0.5 厘米。（图 5-2-114：3；彩版一〇〇：3）

T1001④B：53，灰黑色石质。两端残。单面刃。近背中部一对钻孔，旁边另一浅锥尖钻痕。刃残长 6.7、高 5.5、厚 0.4 厘米。（图 5-2-114：4；彩版一〇〇：4）

T0901④A：8，灰黑色泥质粉砂岩。一端残。单面刃，刃部有崩缺。近背中部存半个对钻

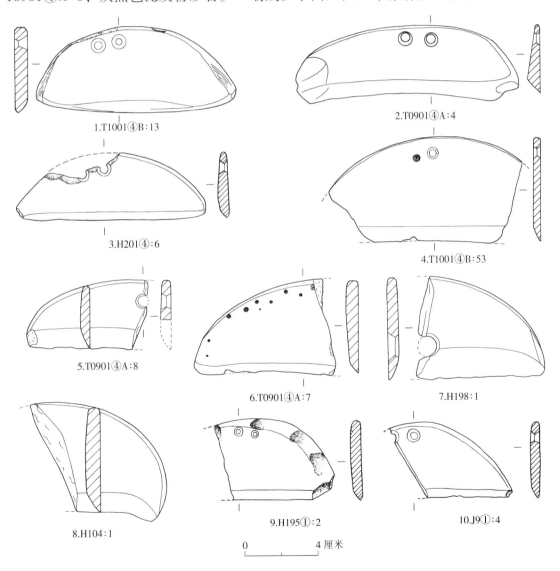

图 5-2-114　马桥文化 Aa 型石刀

小孔。刃残长 5.6、高 3.7、厚 0.5 厘米。（图 5-2-114：5）

T0901④A：7，灰黑色泥质粉砂岩。一端残。单面刃微凹弧。正面近背部分布有 11 处浅锥尖状钻痕。刃残长 7.4、高 5.2、厚 0.5～0.65 厘米。（图 5-2-114：6；彩版一○○：5）

H198：1，灰黑色泥质粉砂岩。一端残。单面刃。近刃中部残存半个对钻圆孔。刃残长 7.3、高 5.4、厚 0.5 厘米。（图 5-2-114：7）

H104：1，灰黑色粉砂质泥岩。残。单面刃，刃部一端略尖凸。刃残长 4.4、高约 5.7、厚 0.8 厘米。（图 5-2-114：8）

H195①：2，灰黑色泥质粉砂岩。一端残。单面窄刃。近背中部两处锥尖状钻痕。刃残长 4.3、高 4.3、厚 0.6 厘米。（图 5-2-114：9；彩版一○○：6）

J9①：4，灰黑色泥质粉砂岩。单面刃。近背中部存一个半对钻圆孔。刃残长 4.5、高 4、厚 0.5 厘米。（图 5-2-114：10）

（另 4 件 Aa 型石刀标本：H75②：10，H203：11，T1102④B：6，T1102④B：14）

Ab 型　标本 13 件，均残。半月形，直背凸弧刃。凸弧面中段起刃，两端斜弧或斜直，不起刃。4 件因残不辨式别外，将余 9 件分 4 式。

Ⅰ式　标本 1 件。两端斜弧或斜直，与刃部分界不明显。

H206①：23，灰黑色泥质粉砂岩。一端残。单面刃。近背中部存一个半对钻圆孔。背残长 6.9、高 5.1、厚 0.6 厘米。（图 5-2-115：1；彩版一○一：1）

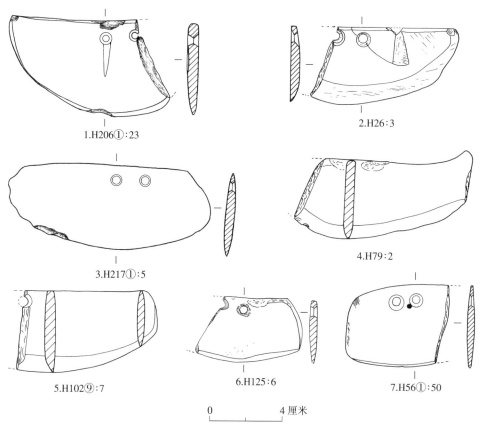

1.H206①：23

2.H26：3

3.H217①：5

4.H79：2

5.H102⑨：7

6.H125：6

7.H56①：50

0　　　　4 厘米

图 5-2-115　马桥文化 Ab 型石刀（一）

1. Ab Ⅰ 式　2～4. Ab Ⅱ 式　5～7. Ab Ⅲ 式

Ⅱ式 标本3件。两端斜弧或斜直，与刃部分界稍明显。

H26：3，灰黑色泥质粉砂岩。两端斜弧。单面刃，近背中部两对钻小孔。背残长6.5、高4.1、厚0.5厘米。（图5-2-115：2；彩版一〇一：2）

H217①：5，灰黑色板岩。略残。单面刃，两端斜直。器身中部略厚，近背和刃部稍薄。背残长9、高4.4、厚0.5厘米。（图5-2-115：3；彩版一·〇一：3）

H79：2，灰黑色粉砂质泥岩。一端残。双面刃。平背一端上翘。背残长8、高4.15、厚0.5厘米。（图5-2-115：4）

Ⅲ式 标本3件。两端斜弧或斜直，与刃部分界明显。

H102⑨：7，灰黑色粉砂质泥岩。残。两端斜弧。近背中部残存半个对钻小孔。背残长6.6、高4.3、厚0.6厘米。（图5-2-115：5；彩版一〇一：4）

H125：6，黑色硅质泥岩。残。两端斜弧。近背中部存一个半对钻小孔。双面刃。背残长3.5、高3.4、厚0.4厘米。（图5-2-115：6）

H56①：50，黑色石质。残。两端斜弧。近背中部两个对钻圆孔，另一个浅钻痕。中部略厚。形态稍殊。背残长5、高4.3、厚0.4厘米。（图5-2-115：7）

Ⅳ式 标本2件。两端平直，与刃部分界截然。

H8：15，灰黑色泥质粉砂岩。单面刃。近背中部残存一个半对钻小孔，近背一侧另有一钻痕。背残长5.9、残高4.5、厚0.35~0.45厘米。（图5-2-116：1；彩版一〇一：5）

T0503④：43，灰黑色泥质粉砂岩。单面刃。近背中部两个对钻小孔。背残长4.7、高5、厚0.4厘米。（图5-2-116：2；彩版一〇一：6）

因残不分式的Ab型石刀标本4件：

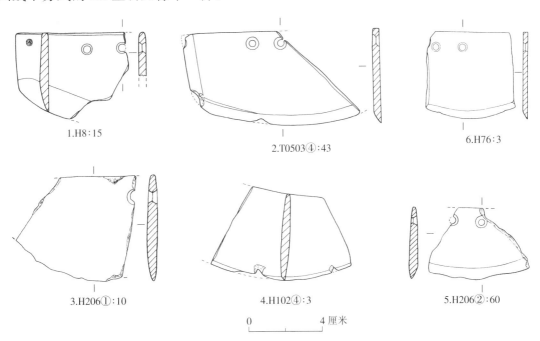

1.H8：15　　2.T0503④：43　　6.H76：3

3.H206①：10　　4.H102④：3　　5.H206②：60

0　　　　4厘米

图5-2-116　马桥文化Ab型石刀（二）

1、2. AbⅣ式　3~6. Ab型

　　H206①:10，灰黑色粉砂质泥岩。磨制精。两端残。单面刃。残断处存半个对钻小孔。高约5.5、厚0.6厘米。（图5-2-116：3）

　　H102④:3，灰黑色板岩。两端残。单面刃。高约4.6、厚0.45厘米。（图5-2-116：4）

　　H206②:60，灰黑色泥质粉砂岩。两端残。单面刃。近背中部两个对钻小孔。高约3.8、厚0.4~0.45厘米。（图5-2-116：5）

　　H76:3，黑色泥质粉砂岩。两端残。单面窄刃。近背中部两个对钻小孔。高4.6、厚0.25厘米。（图5-2-116：6）

　　B型　标本3件。倒梯形石刀，有的接近横向长方形。

　　H188①:2，灰黑色泥质粉砂岩。平面接近横向长方形。一端残。单面刃，近背中部并列2个小孔，一个为单面钻，另个为双面钻。残长4.8、宽3~3.25、厚0.5厘米。（图5-2-117：1；彩版一〇二：1）

　　H179:1，灰黑色粉砂质泥岩。平面倒梯形。一端残。下边起单面刃。靠近腰边一侧有上下两个双面钻小孔。残长3.8~4.6、高3.5、厚0.5厘米。（图5-2-117：2）

　　H70②:7，灰黑色石质。平面近横向长方形。一端残。下边起单面刃。近背中部一双面钻

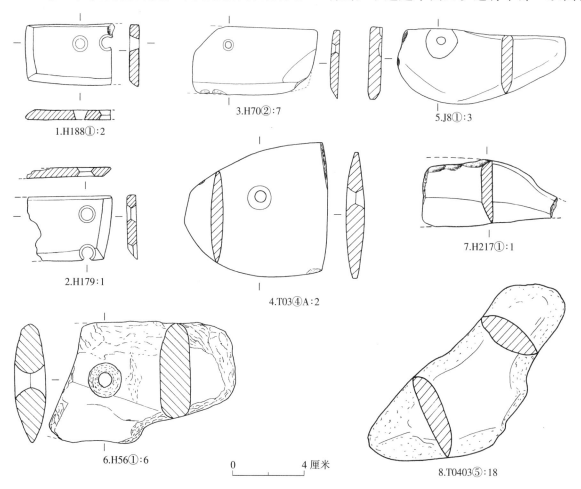

1.H188①:2　　3.H70②:7　　5.J8①:3

2.H179:1　　4.T03④A:2　　7.H217①:1

6.H56①:6　　　0　　　4厘米　　　8.T0403⑤:18

图5-2-117　马桥文化B型、C型、D型石刀

1~3. B型　4、5. C型　6、7. Da型　8. Db型

小孔。残长约 5、高 3.4～3.6、厚 0.45 厘米。（图 5-2-117：3）

C 型　2 件，均完整。平面形状不规则，斜弧刃石刀。

T03④A：2，灰黑色粉砂质泥岩。不规则弧边三角形。通体精磨。一边的二分之一起双面斜弧刃。中部偏上一双面钻孔。最长 7.8、最宽 6.8、最厚 1 厘米。（图 5-2-117：4；彩版一〇二：2）

J8①：3，灰色石质。不规则半月形。背近平，弧边的二分之一起双面刃。近背一侧有一较大的管钻浅痕。最长 9、最宽 3.9、厚 0.65 厘米。（图 5-2-117：5；彩版一〇二：3）

D 型　标本 3 件，其中 1 件完整。带柄石刀。分 2 亚型。

Da 型　标本 2 件。横柄石刀。

H56①：6，土灰色板岩。残呈不规则长方形。双面刃，柄部略窄。器身中部一双面琢打圆孔。器形较厚实。残长约 9.5、厚 1.7 厘米。（图 5-2-117：6；彩版一〇二：4）

H217①：1，灰黑色泥质粉砂岩。不规则长方形，两端残。器扁平一端变窄成柄部，单面刃。残长 7.4、厚 0.6 厘米。（图 5-2-117：7；彩版一〇二：5）

Db 型　1 件，完整。斜柄石刀。

T0403⑤：18，灰黑色岩屑长石杂砂岩。单面刃。刃宽 6.5、厚 1～1.3 厘米。（图 5-2-117：8；彩版一〇二：6）

（另 5 件因残难辨形态的石刀：H14：1，H75②：5，H96：2，H125：5，H148①：3）

（5）镰

标本 9 件，其中 2 件完整，但受沁严重，表皮脱落。材质有泥质粉砂岩、粉砂质泥岩和板岩等。平面为一端稍宽，一端较尖窄的横向长条形，斜刃，刃部中段略凹弧。

H56①：10，灰黑色石质。受沁致表皮脱落。双面凹弧刃。通长 16.4、厚 1.1 厘米。（图 5-2-118：1；彩版一〇三：1）

H70①：3，黑色板岩。表皮因风化而脱落。双面刃略凹弧。长 14、最厚 1.6 厘米。（图 5-2-118：2；彩版一〇三：2）

H187：2，灰黑色泥质粉砂岩。略残。磨制精。长边起单面刃略凹弧，宽短边也起单面刃。镰身柄端 2 个双面琢制圆孔，镰身残端也存半个对钻圆孔。可能也用作其他用途。残长约 17、厚 1 厘米。（图 5-2-118：3；彩版一〇三：3）

T02④B：7，灰黑色泥质粉砂岩。磨制精。柄端残。单面凹弧刃。残长 13.4、厚 0.8 厘米。（图 5-2-118：4）

T0904④B：4，灰黄色板岩。一端残。双面刃略凹弧。残长 8.6、厚 0.9 厘米。（图 5-2-118：5）

H209①：1，灰黑色泥质粉砂岩。一端残。器扁平。单面斜刃。残长 12.9、厚 0.6 厘米。（图 5-2-118：6）

T02④B：8，灰黑色泥质粉砂岩。器扁平。两端残。单面斜刃。残长 5.2、厚 0.5 厘米。（图 5-2-118：7）

H98：2，灰黑色粉砂质泥岩。两端残。器扁平。单面斜刃。残长 6.2、厚 0.55 厘米。（图 5-2-118：8）

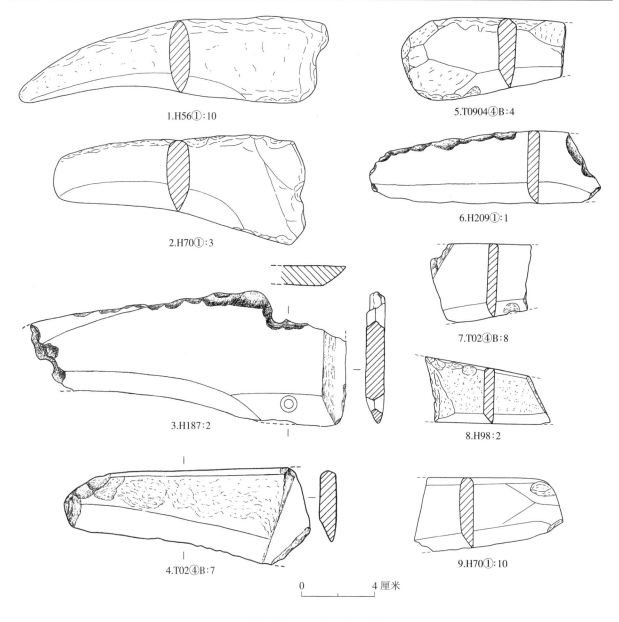

1. H56①:10
5. T0904④B:4
2. H70①:3
6. H209①:1
3. H187:2
7. T02④B:8
8. H98:2
4. T02④B:7
9. H70①:10

0　　　　4 厘米

图 5-2-118　马桥文化石镰

H70①:10，灰黑色粉砂质泥岩。一端残。单面斜刃。残长 7.9、厚 0.8 厘米。（图 5-2-118：9）

（6）犁　标本 24 件，均残，且不少为碎片。材质以泥质粉砂岩数量最多，有少量的粉砂质泥岩和板岩。器扁平，单面刃。一般刃部及正面磨制较精，背面粗磨。器身一般有小孔，大多琢打而成，比较粗糙，少量为单面钻或双面钻。

T04④A:3，土灰色板岩。器表因风化而严重剥落。平面近三角形，犁身底端残。近犁首处一双面琢打圆孔。残高 24.8 厘米。（图 5-2-119：1）

T0902④A:1，灰黑色石质。犁身底端残。平面近三角形。两侧边起单面刃。中部纵向排列有 2 个双面琢打圆孔。残高 13.6、厚 1 厘米。（图 5-2-119：2；彩版一〇三：4）

T1002④B:3，灰黑色泥质粉砂岩。残存近犁首部分。两侧边起单面刃。上存一个半双面琢打圆孔。残高 12.9、厚 1 厘米。（图 5-2-119：3）

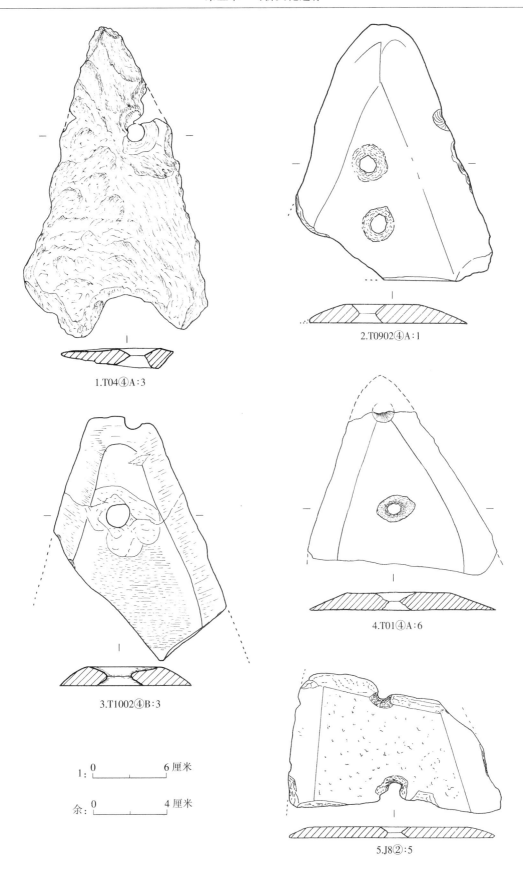

1. T04④A:3

2. T0902④A:1

3. T1002④B:3

4. T01④A:6

1: 0　　　　　6厘米

余: 0　　　　　4厘米

5. J8②:5

图 5-2-119　马桥文化石犁（一）

　　T01④A：6，灰黑色泥质粉砂岩。残存近犁首部分。两侧边起单面刃。上存一个半双面琢打圆孔。残高约8、厚0.9厘米。（图5-2-119：4；彩版一〇三：5）

　　J8②：5，黑色泥质粉砂岩。残。两侧边起单面刃，上下残断处各存半个双面琢打圆孔。厚0.6厘米。（图5-2-119：5）

　　T0901④A：3，黑色泥质粉砂岩。残存近犁首部分。两侧边起单面刃。上存一个半双面琢打圆孔。厚0.6厘米。（图5-2-120：1）

　　J8①：1，灰黑色泥质粉砂岩。残存近犁首部分。两侧边起单面刃。残端处存半个双面琢打圆孔。厚0.8厘米。（图5-2-120：2）

　　H75②：9，灰黑色泥质粉砂岩。残存犁首部分。两侧边起单面刃。残端处存半个双面琢打圆孔。残高12.3、厚1厘米。（图5-2-120：3）

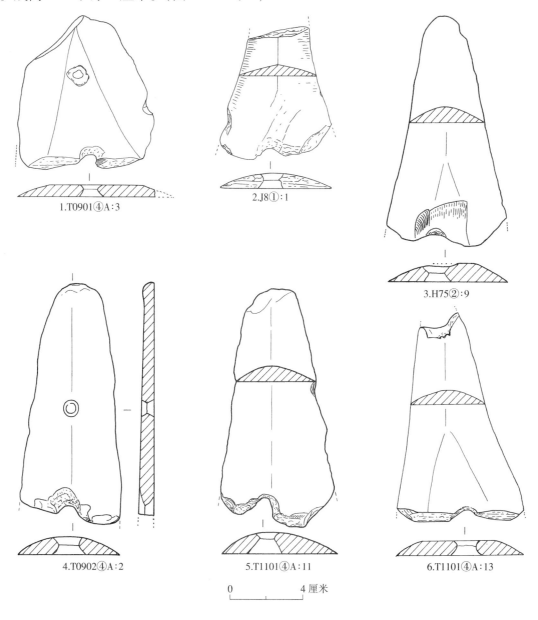

1.T0901④A：3　　2.J8①：1　　3.H75②：9

4.T0902④A：2　　5.T1101④A：11　　6.T1101④A：13

0　　　　4厘米

图5-2-120　马桥文化石犁（二）

T0902④A：2，灰黑色泥质粉砂岩。残存犁首部分。中部一工整双面钻圆孔，残断处半个双面琢打圆孔。犁首显狭长。残高 12.8、最厚 0.9 厘米。（图 5-2-120：4；彩版一〇三：6）

T1101④A：11，灰黑色泥质粉砂岩。残存犁首部分。两侧边起单面刃。残断处存半个双面琢打圆孔。残高 12.6、厚 1.1 厘米。（图 5-2-120：5）

T1101④A：13，灰黑色泥质粉砂岩。残存犁首部分。两侧边起单面刃。残断处存半个双面琢打圆孔。残高 11、厚 0.8 厘米。（图 5-2-120：6）

（另 13 件石犁标本：H26：19，H46：3，H70①：1，H105②：5，H142：3，H148①：2，H188①：5，H193②：5，J8④：6，T0801④B：11，T0901④A：2，T1001④A：9，T1101④B：32）

（7）双肩石器

标本 4 件，其中 2 件完整。大多磨制较粗。

H206①：3，灰黑色板岩。粗磨。单面凸弧刃，刃部崩缺严重。双肩宽窄不一。通高 10.6、刃部宽 11.8、厚 1.85 厘米。（图 5-2-121：1；彩版一〇四：1）

T04④A：22，灰色长石杂砂岩。制作粗。双肩宽窄不一。刃部严重崩缺。通高 9.1、刃宽 10.8、厚 1.8 厘米。（图 5-2-121：2；彩版一〇四：2）

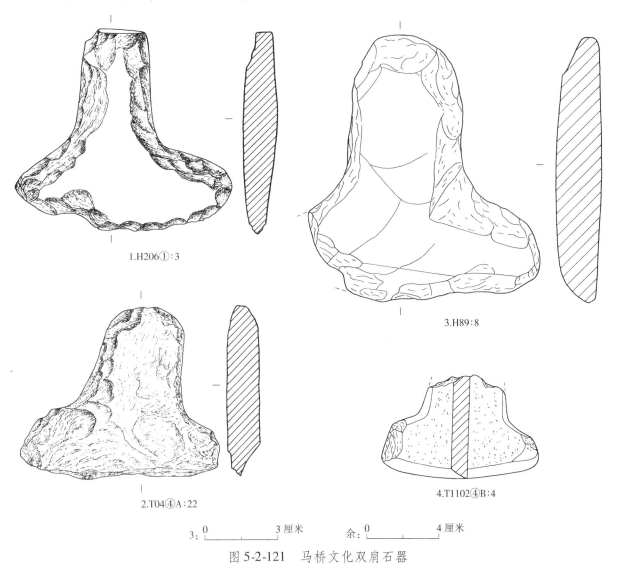

1.H206①：3

3.H89：8

2.T04④A：22

4.T1102④B：4

3：0 ___ 3厘米　　余：0 ___ 4厘米

图 5-2-121　马桥文化双肩石器

H89：8，灰黑色板岩。肩及刃部一侧残。粗磨。单面刃。通高10.6、厚1.9厘米。（图5-2-121：3；彩版一〇四：3）

T1102④B：4，灰黑色泥质粉砂岩。柄上端残。器扁平，磨制略精。单面凸弧刃。残高5.5、刃宽8.6、厚0.9厘米。（图5-2-121：4；彩版一〇四：4）

（8）镞　标本36件，其中8件完整。材质以泥岩数量最多，此外还有硅质岩、泥质岩、板岩、千枚岩和杂砂岩等。依据形态分7型。

A型　标本15件，其中2件完整。镞身平面柳叶形，截面菱形。除5件因残不分型外，将余10件分3亚型。

Aa型　标本1件。铤部不明显。

T1102④B：13，灰黑色泥岩。铤部略残。残长6.3、宽2、厚0.8厘米。（图5-2-122：1；彩版一〇五：1）

Ab型　标本8件，其中2件完整。铤部明显。铤截面多扁圆，少量扁平。

H106：1，灰黑色泥岩。完整。器较薄，短铤，截面扁平。长8.9、宽2.3、厚0.6厘米。（图5-2-122：2；彩版一〇五：2）

H101③：2，灰黑色泥岩。扁圆铤略残。残长7.5、宽1.8、厚0.6厘米。（图5-2-122：3；彩版一〇五：3）

T01④A：7，灰黑色泥岩。前锋和铤尾端均略残。扁圆铤。残长7.5、宽2、厚0.8厘米。（图5-2-122：4）

T1001④B：12，灰色泥岩。前锋和铤尾端略残。残长8.7、宽2、厚1厘米。（图5-2-122：5）

H26：18，深灰色泥岩。锋尖略残。扁铤，尾端磨尖。形态略殊。残长9.6、宽1.7、厚0.6厘米。（图5-2-122：6；彩版一〇五：4）

H8：6，浅灰色硅质泥岩。前锋残。个体稍大。扁圆铤。残长7.9、宽2.8、厚1.1厘米。（图5-2-122：7）

H206①：22，灰黑色泥岩。前锋残。扁圆铤。残长8.3、宽2、厚0.6厘米。（图5-2-122：8）

T1001④A：6，灰黑色泥岩。完整。器表略受沁脱落。圆柱状铤。长5.5、宽1.6、厚0.7厘米。（图5-2-122：9；彩版一〇五：5）

Ac型　标本1件。铤翼分界明确。

H148①：1，浅紫红色粉砂质泥

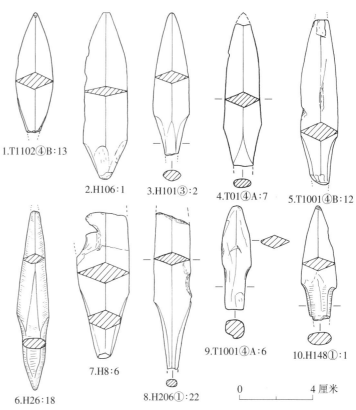

1.T1102④B：13
2.H106：1　3.H101③：2　4.T01④A：7　5.T1001④B：12
6.H26：18　7.H8：6　8.H206①：22　9.T1001④A：6　10.H148①：1

0　　　　　　4厘米

图5-2-122　马桥文化A型石镞
1. Aa型　2～9. Ab型　10. Ac型

岩。扁圆铤，铤尾端残。残长 6.1、宽 2、厚 0.7 厘米。（图 5-2-122：10；彩版一〇五：6）

（另 5 件不分亚型的 A 型石镞标本：H182②：3，H201①：9，T1101④A：12，T1002④B：4，T1002④B：6）

B 型 标本 13 件，其中 3 件完整。镞身平面桂叶形，截面菱形。1 件因残不分型外，将余 12 件分 3 亚型。

Ba 型 标本 2 件。铤部不明显。

H207：3，紫红色泥岩。两端略残。残长 5.8、宽 2.4、厚 0.7 厘米。（图 5-2-123：1）

H10：4，灰黑色泥岩。两端略残。残长 6.5、宽 2.4、厚 0.9 厘米。（图 5-2-123：2）

Bb 型 标本 7 件，其中 2 件完整。铤部明显。

T1001④B：7，灰黑色泥岩。完整。中部略起脊。铤尾端磨尖，截面扁方。长 5.8、宽 2.4、厚 0.7 厘米。（图 5-2-123：3；彩版一〇五：7）

H201④：7，灰黑色泥岩。铤截面扁方。长 4.7、宽 2、厚 0.5 厘米。（图 5-2-123：4）

J8②：4，灰色石质。锋尖略残。表皮受侵脱落。铤截面扁圆。残长 6.5、宽 2.2、厚 0.6 厘米。（图 5-2-123：5）

H22：1，灰黑色泥岩。前锋残。铤尾端磨尖，截面扁圆。残长 4.7、宽 2.25、厚 0.6 厘米。（图 5-2-123：6）

H67①：1，灰黑色泥岩。两端略残。铤截面扁圆。残长 4.9、宽 2.6、厚 0.7 厘米。（图 5-2-123：7）

H26：16，灰绿色泥岩。扁圆铤尾端残。残长 5.1、宽 2.1、厚 0.5 厘米。（图 5-2-123：8）

T0904④B：5，灰黑色泥岩。扁圆铤尾端残。残长 4、宽 1.55、厚 0.6 厘米。（图 5-2-123：9；彩版一〇五：8）

Bc 型 标本 3 件，其中 1 件完整。铤翼分界明确。

T0503④：6，灰绿色泥岩。扁圆铤。长 7.7、宽 2.6、厚 0.75 厘米。（图 5-2-123：10；彩版一〇五：9）

H102⑤：4，灰黄色板岩。扁圆铤尾端残。长 7.6、宽 2.7、厚 0.9 厘米。（图 5-2-123：11；彩版一〇六：1）

H208：2，黑色硅质泥质岩。镞身残。扁方铤。器形较小。残长 3.7、宽 1.95、厚 0.45 厘米。（图 5-2-123：12）

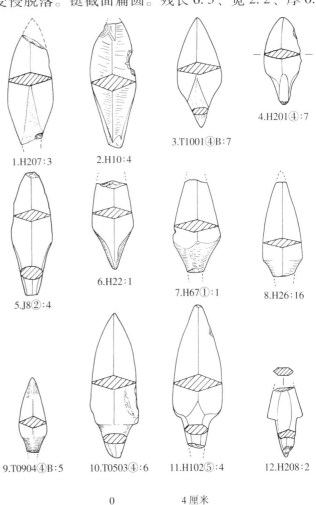

1.H207：3　2.H10：4　3.T1001④B：7　4.H201④：7　5.J8②：4　6.H22：1　7.H67①：1　8.H26：16　9.T0904④B：5　10.T0503④：6　11.H102⑤：4　12.H208：2

0　　　4 厘米

图 5-2-123 马桥文化 B 型石镞

1、2. Ba 型　3～9. Bb 型　10～12. Bc 型

（1件因残不分亚型 B 型镞标本：H193②：6）

C 型　标本 2 件，均完整。平面三角形。

H186②：2，黑色硅质泥岩。平面近等腰三角形，底边凹弧。器平薄，通体精磨。高 4.9 ~ 5、底边宽 2.6、厚 0.2 厘米。（图 5-2-124：1；彩版一〇六：2）

J10④：3，灰黑色泥质硅质岩。平面为不规则等腰三角形，底边凹弧。近底端有两个单面钻圆孔。器平薄，通体精磨。高 8.9 ~ 9、底边宽 2.6、厚 0.55 厘米。（图 5-2-124：2；彩版一〇六：3）

D 型　标本 1 件，完整。弧边三角形镞身，长条形铤。

H204①：3，灰黑色泥岩。器扁平，铤截面扁方。铤长大于镞身。通长 6.5、厚 0.5 厘米。（图 5-2-124：3；彩版一〇六：4）

E 型　标本 3 件，均残。三棱形前锋，圆柱状镞身，圆锥铤。

T1001④B：56，灰黑色泥岩。三棱形前锋较长，铤部残。残长 5.9、镞身直径 1 厘米。（图 5-2-124：4；彩版一〇六：5）

T0801④B：6，灰色千枚岩。三棱形前锋较短。铤部残。残长 6.2、镞身直径 1 厘米。（图 5-2-124：5）

H26：2，土黄色泥岩。前锋残。残长 4.9、镞身直径约 1.4 厘米。（图 5-2-124：6）

F 型　标本 1 件。柱条形。

H80②：14，灰黑色泥岩。圆柱状镞身。圆锥状前锋和挺均残。通体磨制光滑。残长 8.2、镞身直径 1.4 厘米。（图 5-2-124：7）

G 型　标本 1 件。前锋截面菱形，圆柱状镞身，圆锥铤。似是 A 型石镞和 F 型石镞的结合体。

H125：8，灰黑色粉砂质泥岩。铤部略残。残长 5.7、镞身直径 1 厘米。（图 5-2-124：8；彩版一〇六：6）

以上石镞中的 E 型和 F 型分别与钱山漾一期文化遗存的 C 型和 D 型石镞相同，不排除有早期遗留的可能。

（9）矛　标本 3 件。矛身为等腰三角形。

H209①：5，黑色板岩。矛头尖锋略残，矛身中部有脊，截面菱形。梢柄截面扁圆。残高 11.5、厚 0.85 厘米。（图 5-2-125：1；彩版一〇六：7）

T02④B：6，灰黑色粉砂质泥岩。梢柄残。矛身扁平。残高 8 厘、厚 0.55 厘米。（图 5-2-125：2；彩版一〇六：8）

H75②：4，灰黑色泥岩。残。器扁平，矛身前端略起中脊。残高 8、厚 0.6 厘米。

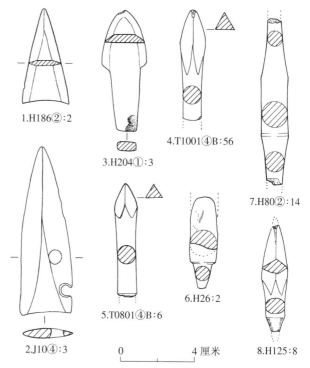

1.H186②：2

2.J10④：3

3.H204①：3

4.T1001④B：56

5.T0801④B：6

6.H26：2

7.H80②：14

8.H125：8

0　　　　4 厘米

图 5-2-124　马桥文化 C 型、D 型、E 型、F 型、G 型石镞

1、2. C 型　3. D 型　4 ~ 6. E 型　7. F 型　8. G 型

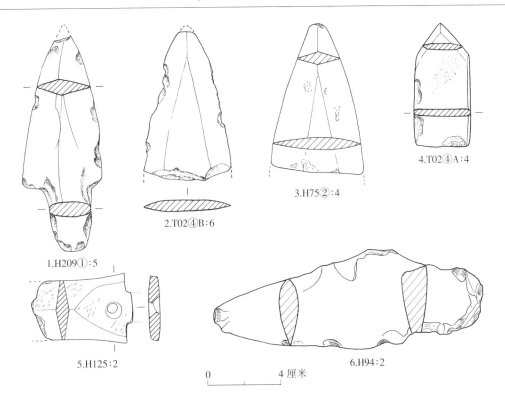

图 5-2-125　马桥文化石矛、石圭形器和石戈

1~3. 石矛　4. 石圭形器　5、6. 石戈

（图 5-2-125：3；彩版一〇六：9）

（10）戈（？）

标本 2 件。

H125：2，灰黑色泥质硅质岩。援、内两端均残。器扁平，援中部略起脊，内截面扁方。近内援中部一对钻圆孔（穿）器形小，磨制精。残长 5.5 厘米。（图 5-2-125：5；彩版一〇七：1）

H94：2，灰黑色石质。一端残。一边起双面刃。残长 14.9 厘米。（图 5-2-125：6；彩版一〇七：2）

（11）圭形器

标本 1 件。

T02④A：4，灰黑色泥质粉砂岩。平面长方形，前端加工成三角状尖峰，两侧边起双面刃。整器平薄。通长 6.6、器身宽 3.1、厚 0.4 厘米。（图 5-2-125：4；彩版一〇四：5）

（12）砺石　标本 12 件。材料主要为砂岩和杂砂岩。依据使用功能的不同，分 3 型。

A 型　6 件。主要用来被磨砺。一般个体较大。一般有 1~2 个磨砺面。

H217①：8，浅红紫红色杂砂岩。器形大。不规则长方体。1 个磨砺面。（图 5-2-126：1）

T0503⑤：10，灰白色细杂砂岩。不规则长方体。4 个磨砺面。长 14.9、宽 5.1~6.7、厚 4~5.9 厘米。（图 5-2-126：2；彩版一〇七：4）

H187：1，灰色杂砂岩。厚实的不规则长方体。正反 2 个磨砺面。长 23、宽约 10、厚 8~8.6 厘米。（图 5-2-126：3；彩版一〇七：5）

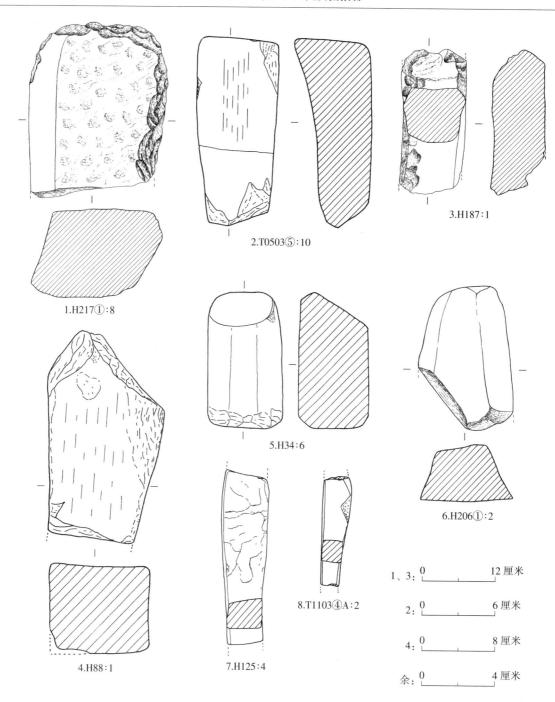

1.H217①:8

2.T0503⑤:10

3.H187:1

5.H34:6

6.H206①:2

8.T1103④A:2

7.H125:4

4.H88:1

1、3:	0		12 厘米
2:	0		6 厘米
4:	0		8 厘米
余:	0		4 厘米

图 5-2-126　马桥文化 A 型、B 型砺石
1 ~ 4. A 型　5 ~ 8. B 型

H88:1，紫色石质。一端残。不规则长方体。2 个磨砺面。最长 22.5、宽 9 ~ 12.7、厚约 9.2 厘米。（图 5-2-126：4）

（另 2 件标本：H79:12，T0901④A:10）

B 型　4 件。主要用来磨砺其他器物。一般个体较小。常有多个磨砺面。

H34:6，灰黄色杂砂岩。圆柱状。柱面和上端斜向截面均有磨砺痕迹。高 7.3、直径 3.7 厘米。（图 5-2-126：5；彩版一○七：6）

H206①：2，灰白色杂砂岩。不规则形。2个磨砺面。最长7.6厘米。（图5-2-126：6）

H125：4，灰红色杂砂岩。残。近长方体状。长方体一端有2个磨砺面。长9.3、宽1.8~2.6、厚约1.6厘米。（图5-2-126：7；彩版一〇七：7）

T1103④A：2，灰色杂砂岩。不规则长方体状。两端残。4个磨砺面。残长5.8、宽0.8~1.5、厚1.2厘米。（图5-2-126：8）

C型　2件。前两种功能兼而有之。

T1101④A：9，紫红色杂砂岩。不规则圆柱体。一端残。柱面一周有8个磨砺面。残高9.7厘米。（图5-2-127：1；彩版一〇七：8）

T02④B：17，灰色岩杂砂岩。不规则圆柱体。一端残。柱面一周有7个磨砺面。残高11厘米。（图5-2-127：3；彩版一〇七：9）

（13）球

标本1件。

J10④：5，浅肉红色花岗斑岩。平面圆形，截面椭圆。长径6.5、短径4厘米。（图5-2-127：2；彩版一〇七：3）

（14）坯料

标本2件。

H77：3，灰黑色泥质粉砂岩。长条形，截面直角三角形。斜边面略凸弧，精磨。长直边面粗磨，短直边面为明显锯切割痕迹。残长22.6厘米。（图5-2-127：4；彩版一〇八：1）

H76：2，灰黑色泥质粉砂岩。不规则长方形，两端残。器扁平，正反两面经粗磨。两长边留打制加工痕迹。残长17.5、厚1.4厘米。（图5-2-127：5）

（15）半成品

标本7件。器形有半月形石刀、锛、斧、镰等。

半月形刀

标本4件。器扁平，正反两面经粗磨。周边仍为粗糙的打制加工面。未开刃。

H87②：1，灰绿色石质。中部偏下一双面琢打圆孔。未开刃。高6.2、径长14.3、厚0.7厘米。（图5-2-128：1；彩版一〇八：2）

H142：2，灰黑色凝灰岩。半月形的两侧较方直。高9.2、径长22、厚0.8厘米。（图5-2-128：2；彩版一〇八：3）

H217①：7，灰黑色泥质粉砂岩。直边已被打制成一斜面，似原拟制拱背直刃型石刀。高约4、径长8.2、厚1厘米。（图5-2-128：3；彩版一〇八：4）

H76：9，土灰色板岩。一端残。背平直，已经磨制。似原拟制平背弧刃型石刀。残高4.5、径残长9.5、厚0.75厘米。（图5-2-128：4；彩版一〇八：5）

锛

标本1件。

T0801④B：10，青灰色石质。平面长方形。器表仍为打制的糙面。长9.8、宽4、厚2厘米。（图5-2-128：5）

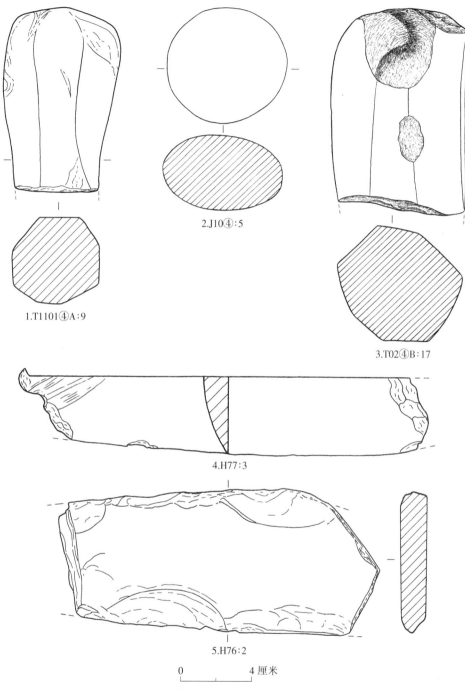

1.T1101④A:9

2.J10④:5

3.T02④B:17

4.H77:3

5.H76:2

0　　　　4厘米

图 5-2-127　马桥文化 C 型砺石、石球和石器坯料

1、2. C 型砺石　3. 石球　4、5. 石器坯料

斧

标本 1 件。

T1101④A:8，灰黑色石质。正背两面较平。刃部未开。长 13.3、宽 5.9～6.1、厚 3.4～

3.8 厘米。（图 5-2-128:6；彩版一〇九:1）

镰

标本 1 件。

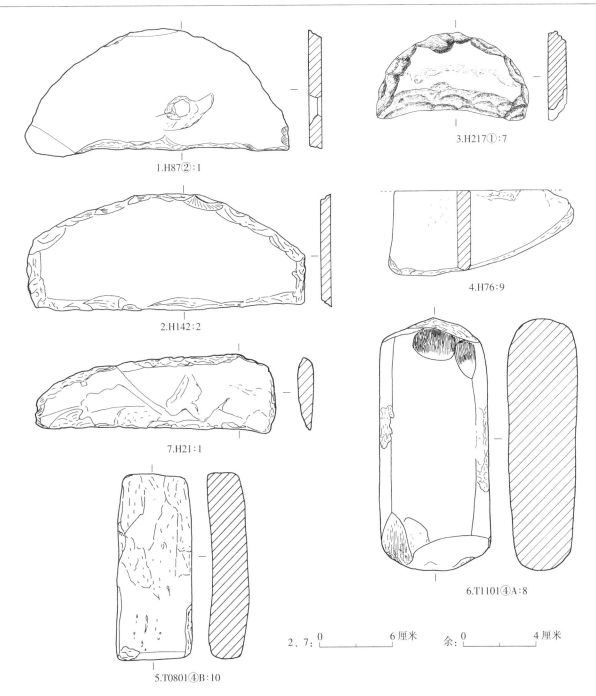

图 5-2-128　马桥文化石器半成品

1～4. 半月形石刀　5. 石锛　6. 石斧　7. 石镰

H21：1，灰黑色泥质粉砂岩。初步打制成型，周缘留打制痕迹。通长 19.8、厚约 1.3 厘米。（图 5-2-128：7；彩版一〇九：2）

（16）残石器

因残难辨形态。标本 17 件。

H76：12，灰色板岩。磨制。一残边留半个双面钻圆孔。疑为石钺残件。（图 5-2-129：1）

H175：2，灰黑色泥岩。器平薄，一端残。两残边似可延伸成三角状尖峰。疑为石圭。残

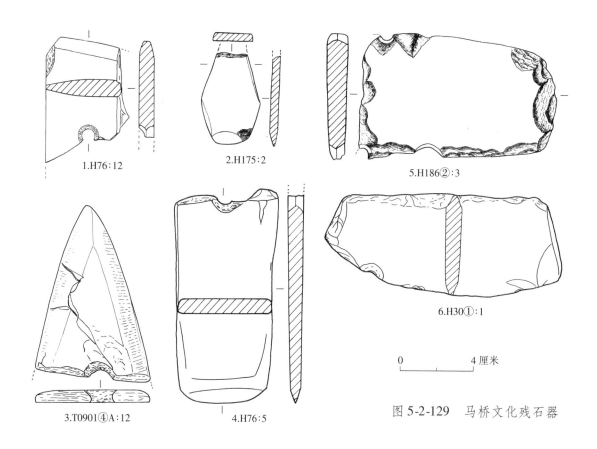

1.H76：12　　2.H175：2　　5.H186②：3

3.T0901④A：12　　4.H76：5　　6.H30①：1

图 5-2-129　马桥文化残石器

长 4.8、厚 0.4 厘米。（图 5-2-129：2）

T0901④A：12，灰黑色粉砂质泥岩。精磨。残呈三角形，前端有尖锋。器扁平。与犁首或矛头不同的是两侧边不起刃。底端残边存半个双面琢打圆孔。残高 9.3、厚 0.7 厘米。（图 5-2-129：3；彩版一〇九：3）

H76：5，石戈？黑色石质。平面残呈扁平的长方形。一端起双面刃，刃部略窄。另端残，残断处存半个双面钻圆孔。残长 11.4、宽 5.2～5.7、厚 0.8 厘米。（图 5-2-129：4；彩版一〇九：4）

H186②：3，石戈？灰黑色板岩。两端均残，平面残呈长方形。两侧边残存 3 处半个圆孔，似为捆系用。疑为器柄部分。残长 10.8、宽 4.7～6.3、厚 0.8～1.2 厘米。（图 5-2-129：5）

H30①：1，灰黄色板岩。一端残。表皮因受沁而脱落。一边起凸弧刃，刃部有崩缺。其余两边留打制的糙面。残长 12.6、厚约 0.9 厘米。（图 5-2-129：6）

（另 11 件难辨形态石器标本：H30①：2，H48：3，H48：6，H180：2，H188①：7，H201①：2，H206②：19，H209①：2，G4①：3，G4①：8，T0901④B：33）

三　玉器

2 件。均为玉锛。

T0904④B：2，褐色玉夹杂较多白斑。完整。平面长方形。单面刃，近侧边各一个单面钻小孔。近顶部正反两面有切割痕迹。器形小巧，制作精。长 2.6、宽 2.1、厚 0.4 厘米。（图 5-

2-130：1；彩版一〇九：5）

H41：1，深绿色玉。平面近长方形。顶部残。单面刃，刃部两端有崩缺。刃宽3.9厘米。（图5-2-130：2；彩版一〇九：6）

四　绿松石器

1件。绿松石珠。

H37：1，管形珠。双面钻孔。高0.8～1、直径0.7厘米。（图5-2-130：3）。

五　木器

1件。木桨

H94：8，两端残。平面长条形，中部稍窄处截面近圆，似为柄。残长48、柄直径2厘米。（图5-2-131：1）

六　其他有机质遗物

2件。经中国丝绸博物馆周旸初步鉴定，H108③：2为麻质编织带。H199①：14织物的材质也不是桑蚕丝（详见附录三）。在此前的报道中曾将此两件织物分别称为丝带和绢片。关于此两件织物的具体材质还可进一步分析研究。

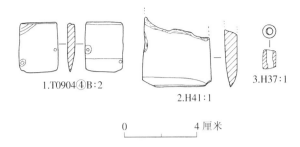

1.T0904④B:2　　2.H41:1　　3.H37:1

0　　　　　4厘米

图5-2-130　马桥文化玉器及绿松石器

1、2. 玉锛　3. 绿松石珠

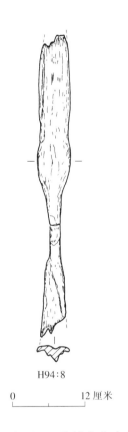

H94:8

0　　　　　12厘米

图5-2-131　马桥文化木桨

第六章　表土层和扰乱层出土遗物

表土层（第 1 层）和扰乱层（第 2A 层）出土的遗物有石器、陶拍、陶纺轮等。石器多为钱山漾一期文化遗存到马桥文化时期，个别的年代要再晚些。陶拍为马桥文化时期。

一　石器

均经磨制，器形有斧、锛、镞、凿、刀、犁、矛、镰、砺石等。

（1）斧

标本 3 件。

TT1102②A：8，灰绿色石质。平面近长方形，器形厚实。双面刃，刃部略窄。长 10.1、刃宽 2.5、最厚 4.4 厘米。（图 6-0-1：1）

T0703②A：4，灰色石质。刃部略残。器形近上件。器身留打制糙面，刃部磨制略精。长 9.6、刃残宽 2.7、最厚 3.6 厘米。（图 6-0-1：2）

T0603②A：3，灰绿色石质。刃中部残。平面残呈长方形。器较宽。残长 10.2、刃宽 8、最厚 3 厘米。（图 6-0-1：3）

（2）锛

标本 10 件。

① 有段石锛　6 件。一般平面长方形，单面刃，背部有浅段。

T06②A：1，灰白色石质。长 6、刃宽 3.1、最厚 1.2 厘米。（图 6-0-1：4）

T01①：1，灰白色石质。表面因风化而脱落。长 6.3、刃宽 3、最厚 1.3 厘米。（图 6-0-1：5）

T0503②A：3，灰白色石质。长 6.3、刃宽 3.6、最厚 1.5 厘米。（图 6-0-1：6）

T0603②A：7，浅灰色石质。长 6.2、刃宽 3.7、最厚 1.2 厘米。（图 6-0-1：7）

T1002②A：1，灰白色石质。器较小。长 4、刃宽 3、最厚 0.7 厘米。（图 6-0-1：8）

T0603②A：6，青灰色石质。单面凸弧刃。器较薄。长 6.4、刃宽 3.7、最厚 0.8 厘米。（图 6-0-1：9）

② 无段石锛　4 件。

T08②A：1，浅灰色石质。平面宽矮长方形。单面斜刃。长 3.6、刃宽 3、厚 0.5 厘米。（图 6-0-1：10）

T01②A：3，青灰色石质。平面长方形。单面刃。长 4.4、刃宽 2.5、厚 0.6 厘米。（图 6-0-1：11）

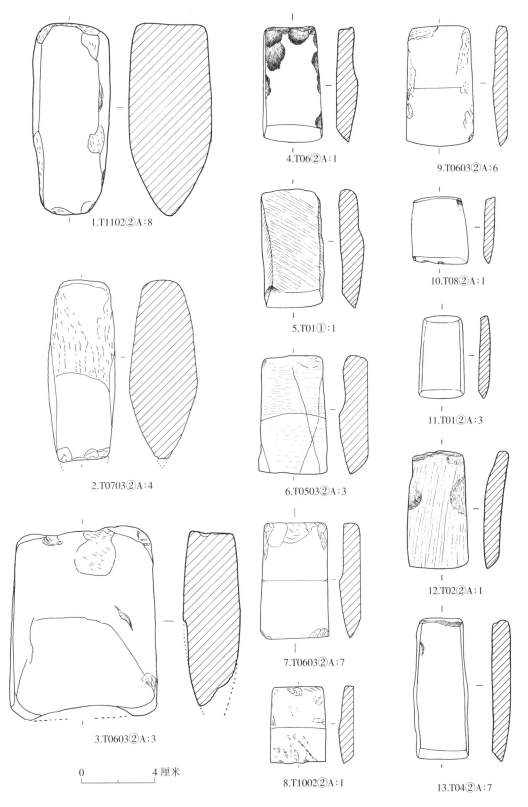

1.T1102②A:8

2.T0703②A:4

3.T0603②A:3

0　　　　　4厘米

4.T06②A:1

5.T01①:1

6.T0503②A:3

7.T0603②A:7

8.T1002②A:1

9.T0603②A:6

10.T08②A:1

11.T01②A:3

12.T02②A:1

13.T04②A:7

图 6-0-1　表土层出土的石器（一）

1~3. 石斧　4~9. 有段石锛　10~13. 无段石锛

T02②A：1，灰白色石质。平面长方形。单面刃。长6.2、刃宽3.4、厚0.9厘米。（图6-0-1：12）

T04②A：7，青灰色石质。平面长方形，腹面略窄。单面刃。长7.5、刃宽2.9、厚1厘米。（图6-0-1：13）

（3）镞

标本6件。

T0901②A：1，灰黑色石质。三角形短锋，截面菱形，扁铤略长。长4.5厘米。（图6-0-2：1）

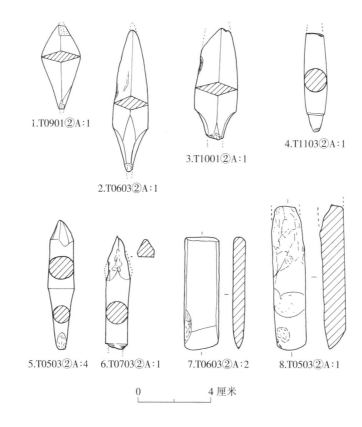

1.T0901②A：1　　2.T0603②A：1　　3.T1001②A：1　　4.T1103②A：1

5.T0503②A：4　　6.T0703②A：1　　7.T0603②A：2　　8.T0503②A：1

0　　　　　4厘米

图6-0-2　表土层出土的石器（二）

1~6. 石镞　7、8. 石凿

T0603②A：1，青灰色石质。柳叶形，截面菱形。长7.5厘米。（图6-0-2：2）

T1001②A：1，灰黑色石质。柳叶形。两端残。残长5.8厘米。（图6-0-2：3）

T1103②A：1，灰黑色石质。前锋残缺。镞身截面圆形，短圆铤。残长5.2厘米。（图6-0-2：4）

T0503②A：4，灰黑色石质。锥尖状前锋，圆柱状镞身，圆锥状铤。长6.9厘米。（图6-0-2：5）

T0703②A：1，灰黑色石质。铤部残。三棱形前锋，圆柱状镞身。残长6厘米。（图6-0-2：6）

（4）凿

标本 2 件。

T0603②A：2，灰绿色石质。平面长条形。双面斜刃。长 6、宽 1.9、厚 0.6 厘米。（图 6-0-2：7）

T0503②A：1，灰色石质。顶部残。平面长条形，单面刃。残长 7.6、宽 1.7、厚 1.2 厘米。（图 6-0-2：8）

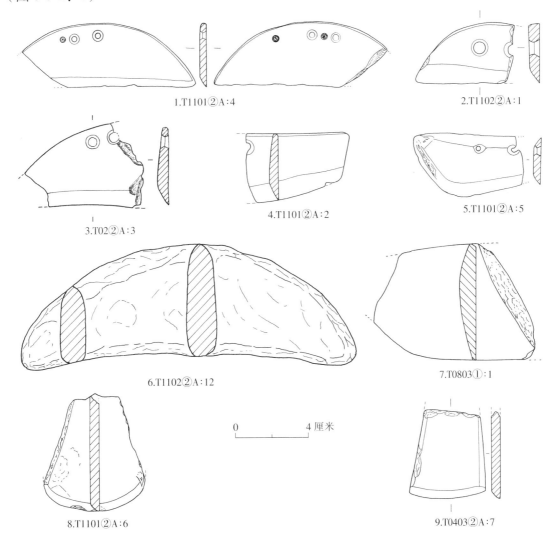

1.T1101②A：4　　2.T1102②A：1

3.T02②A：3　　4.T1101②A：2　　5.T1101②A：5

6.T1102②A：12　　7.T0803①：1

0 ——————— 4 厘米

8.T1101②A：6　　9.T0403②A：7

图 6-0-3　表土层出土的石器（三）

1～9. 石刀

（5）刀

标本 9 件。一般磨制较精。

T1101②A：4，灰黑色石质。半月形，一角残。拱背直刃。近背中部有两个双面钻小孔，另有两处未透钻痕。刃残长 7、高 3.3、厚 0.4 厘米。（图 6-0-3：1）

T1102②A：1，灰黑色石质。残。半月形，拱背直刃。中部存一个半双面钻孔。刃残长 5、高 3.3、厚 0.6 厘米。（图 6-0-3：2）

T02②A：3，灰黑色石质。残。半月形，拱背直刃。近背中部存一个半双面钻圆孔。近刃部处较厚。高4.4、厚0.6厘米。（图6-0-3：3）

T1101②A：2，灰黑色石质。残。半月形，直背凸弧刃。近背中部残存半个双面钻圆孔。背残长5.6、高3.7、厚0.5厘米。（图6-0-3：4）

T1101②A：5，灰黑色石质。残。不规则半月形，直背弧刃，但背部也起单面刃。少见。近背中部存一个半双面钻圆孔。残长5.6、高3.3、厚0.4厘米。（图6-0-3：5）

T1102②A：12，灰色石质。半月形石刀的半成品，初步打制成形。制作粗。长18.1、高6、厚1.6厘米。（图6-0-3：6）

T0803①：1，灰黑色石质。残。一边起单面刃。精磨。残长8.3厘米。（图6-0-3：7）

T1101②A：6，灰黑色石质。残。器扁平，一边起单面凸弧刃。残高6.1、刃宽5.2厘米。（图6-0-3：8）

T0403②A：7，灰黑色石质。残呈刃部略宽的梯形。单面刃略凸弧。残高4.7、刃宽4.2、厚0.5厘米。（图6-0-3：9）

（6）犁

标本1件。

T07②A：12，灰黑色石质。平面略呈细高三角形，器扁平。两腰边略凹弧，并起单面刃。犁身近犁首处二个双面打制圆孔，近底端处也有一个双面打制圆孔。通高44.6、厚1厘米（图6-0-4：1；彩版一〇四：6）。

（7）矛

标本1件。

T1102②A：7，灰色石质。三角形前锋，近方形短柄，器扁平。制作粗，似为半成品。通高8.7、厚0.7厘米。（图6-0-4：2）

（8）镰

标本1件。

T01②A：4，青灰色石质。一边起双面刃。因风化而剥落严重。长15.3厘米。（图6-0-4：3）

（9）砺石

标本1件。

T07①：13，紫色砂岩。平面形状不规则。一面有五道沟状磨砺痕迹。最长12.8厘米。（图6-0-4：4）

二　陶器

主要有陶拍、纺轮。

（1）陶拍

标本2件。

T0403②A：25，夹砂灰黄陶。柄残。拍面直径3.9厘米。（图6-0-4：5）

T0801②A：2，夹砂红陶。柄上端残。拍面直径3.6、残高2.7厘米。（图6-0-4：6）

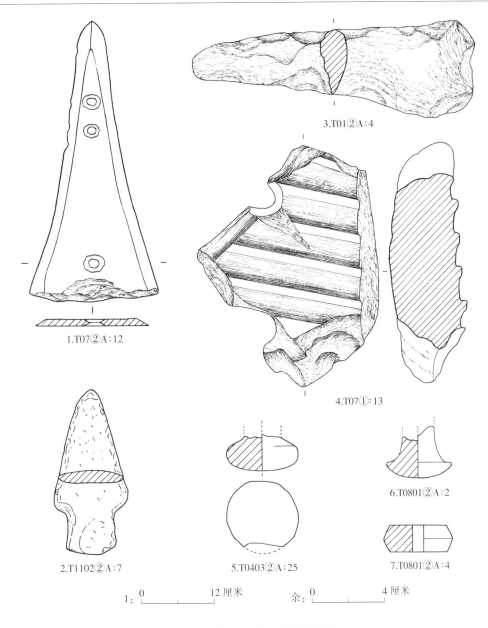

图 6-0-4　表土层出土的石器及陶拍、纺轮

1. 石犁　2. 石矛　3. 石镰　4. 砺石　5、6. 陶拍　7. 陶纺轮

（2）纺轮

标本 1 件。

T0801②A：4，泥质灰陶。直径 3.8、孔径 0.6、厚 1.4 厘米。（图 6-0-4：7）

第七章 动植物遗存和遗址古环境

第一节 孢粉与植物硅酸体分析报告

孢粉和植物硅酸体分析所用材料采自 T0901 探方南壁，地表以下每隔 10 厘米采取一份土样，合计 16 份。根据土质、土色和文化遗物，T0901 探方南壁自上而下可划分为 7 个堆积地层：第 1 层厚约 12 厘米，为现代水田耕作层；第 2A 层厚约 7 厘米，为扰乱层，是宋代以后形成的地层；第 4A 层厚约 22 厘米，为马桥文化层；第 6C 层厚约 25 厘米，为钱山漾二期文化遗存地层；第 7B 层、第 8 层以及第 9A 层，分别厚约 24 厘米、15 厘米和 27 厘米，为钱山漾一期文化遗存地层。地层土质均为细粉砂或粉砂质黏土。

如图 7-1-1 所示，T0901 探方南壁剖面土壤中的孢粉可以分 6 个带：Ⅰ 带为生土层，不见文化遗物，不见孢粉，有少量的禾本科芒属硅酸体。Ⅱ 带包含第 8 层和第 9A 层，富含植物孢粉，可见数量较多的稻属、芦苇属、芒属等禾本科植物运动细胞硅酸体。Ⅲ 带包含第 7B 层和第 6C 层下部，植物孢粉数量急剧减少，禾本科植物运动细胞硅酸体密度仍然较高，但其中的稻属硅酸体明显下降。Ⅳ 带为第 6C 层的上部，不见植物孢粉，植物硅酸体以芒属为主，稻属硅酸体数量很少。Ⅴ 带为第 4A 层，孢粉数量极少，禾本科植物硅酸体密度增加，其中芒属、稻属硅酸体增加显著。Ⅵ 带为表土层，植物孢粉显著增加，富含植物硅酸体，稻属硅酸体数量进一步增加，芒属硅酸体有所下降。

土壤中孢粉和硅酸体种类和密度的变化主要与植被环境有关。钱山漾遗址地层中孢粉和植物硅酸体变化提供了该地区约距今 4400 多年来植被环境的变化信息。在钱山漾一期文化遗存时期，该地区植被繁茂，呈现平原低湿地带为芦苇、干燥地带为芒草优势种群的植被景观，周围山地树木葱郁，并有大面积的稻田等人工植被。钱山漾一期文化遗存晚期到钱山漾二期文化遗存时期，该地区有一次较大的环境变化，平原地区植被覆盖率和稻田面积减少，对先民生活产生了很大的影响。到马桥文化时期，环境开始改善，草地面积和水田面积增加。从孢粉和植物硅酸体分析结果看，尽管距今 4400 多年以来该地区环境曾经有过较大的波动，但植被中植物种群变化不是很大。下面仅就钱山漾遗址文化层的孢粉组合进行叙述（图 7-1-2）。

木本花粉：松树（*Pinus*）、冷杉（*Abies*）、杉树（*Cunninghamia*）、落叶栎（Deciduous-*Quercus*）、常绿栎（Evergreen-*Quercus*）、栲（*Castanopsis*）、榆（*Ulmus*）、胡桃（*Carya*）、桤木（*Alnus*）、鹅耳枥（*Carpinus*）、枫香（*Liquidambar*）、蕈树（*Altingia*）、柳树（*Salix*）等。木本植物中以壳斗科（*Fagaceae*）占优势，其次为杉属、松属。

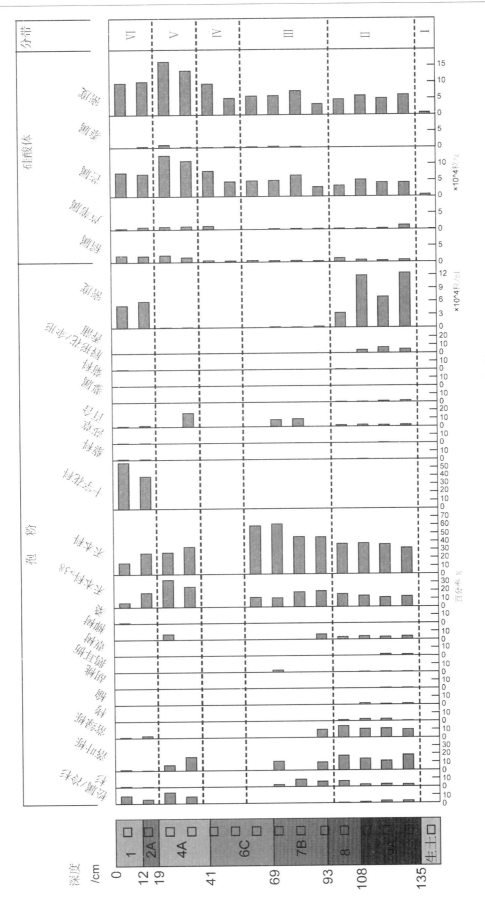

图 7-1-1 孢粉和植物硅酸体分析结果

图 7-1-2　土壤中的孢粉

1. 冷杉（*Abies*）　2、3. 松（*Pinus*）　4、12. 杉（*Cunninghamia*）　5. 栲（*Castanopsis*）　6. 栗（*Castanea*）　7. 落叶栎（Deciduous – *Quercus*）　8、9. 常绿栎（Evergreen – *Quercus*）　10. 榆（*Ulmus*）　11. 桑属（*Morus*）　13、14. 禾本科（Gramineae）　15. 柳（*Salix*）　16. 桤木（*Alnus*）　17. 鹅耳枥（*Carpinus*）　18. 蕈树（*Altingia*）　19、20. 十字花科（Cruciferae）　21. 荇菜（*Nymphoides*）　22. 蓼属（*Polygonum*）　23. 莎草科（Cyperaceae）　24. 菊科（Compositae）　25. 藜科（Chenopodiaceae）　26. 灰菜（*Chenopodium*）　27. 爵床属（*Rostellularia*）　28. 伞形花科（Umbelliferae）　29. 胡桃（*Carya*）　30. 杪椤属（*Alsophila*）　31. 香蒲（*Typha*）　32. 豆科（Leguminosae）　33. 百合科（Liliaceae）

草本花粉：禾本科（Gramineae）、十字花科（Cruciferae）、灰菜（Chenopodium）、莎草科（Cyperaceae）、百合（Liliaceae）、菊科（Compositae）、蒿属（Artemisia）、伞形花科（Umbel-liferae）、荇菜（Nymphoides）、香蒲（Typha）、弋尾科（Iridaceae）、葫芦科（Cucurbitaceae）、萍蓬草（Nuphar）、豆科（Leguminosae）、蓼属（Polygonum）等。草本植物以禾本科植物花粉为主，其中大于38μm的约占25%，小于38μm的约占75%；其次是香蒲和百合科植物的花粉。另外，还见有狗脊等蕨类植物孢子。

第二节　树木遗存

遗址出土的树木遗存，采用徒手方法获得横切面、径切面和弦切面的切片，用阿拉伯树胶封片剂制作玻片，根据管孔有无区分针叶树和阔叶树；根据树脂道、早晚材的变化、射线列数，纹孔和薄壁螺纹加厚等特征，鉴别针叶树木类别；根据管孔类型、轴向薄壁细胞组织类型、木射线类型和列数、管孔内含物、树脂道等特征，鉴定阔叶树类别。（图7-2-1A～D）

一　钱山漾一期文化遗存的树木种类及其构成

钱山漾一期文化遗存共鉴定树木遗存44点，如表7-2-1所示，它们分属于松科（Pinaceae）、罗汉松科（Podocarpaceae）、壳斗科（Fagaceae）、樟科（Lauraceae）、金缕梅科（Hamamelidace-ae）、漆树科（Anacardiaceae）、杨柳科（Salicaceae）、楝科（Meliaceae）、山茱萸科（Cornace-ae）、苦木科（Simaroubaceae）等9科，有松树（Pinus sp.）、栲树（Castanopsis sp.）、罗汉松（Podocarpus sp.）、青冈（Cyclobalanopsis sp.）、石栎（Lithocarpus glaber）、麻栎（Quercus acu-tissima）、樟树（Cinnamomum camphora）、蕈树（Altingia chinensis）、盐肤木（Rhus chinensis）、柳树（Salix babylonica）、楝树（Melia azedarach）、椿树（Ailanthus sp.）、山茱萸（Cornus sp.）等13种树木遗存。

树木遗存按属性可分针叶树、阔叶树。阔叶树中有常绿阔叶树和落叶阔叶树，其中，阔叶常绿树有31点、约占总数的72.1%，阔叶落叶树有11点、约占总数的25.6%，常绿针叶树2点、约占总数的2.3%，针叶树只有2种，为马尾松和罗汉松。常绿阔叶树种类不多，有青冈、栲树、石栎、蕈树和樟树等5种。落叶阔叶树有麻栎、柳树、楝树、山茱萸、椿树、盐肤木等6种。

二　钱山漾二期文化遗存的树木种类及其构成

钱山漾二期文化遗存共鉴定树木遗存15点，如表7-2-1所示，它们分属壳斗科、杨柳科、桑科（Moraceae）等3科，有栲树、青冈、柳树、桑树（Morus alba）等4种树木遗存。其中阔叶常绿树8点，占53.3%，阔叶落叶树7点，占46.7%。

三　马桥文化时期的树木种类及其构成

马桥文化时期仅鉴定3点树木遗存，分别来自于壳斗科的栲树、榆科（Ulmaceae）的榉树（Zelkova serrata）和槭树科的槭树（Acer sp.），既有阔叶常绿树，也有阔叶落叶树。

松（*Pinus* sp.）

麻栎（*Quercus acutissima*）

青冈（*Cyclobalanopsis* sp.）

图 7 – 2 – 1A　树木遗存微观构造（一）

石栎（*Lithocarpus glaber*）

栲（*Castanopsis* sp.）

榉树（*Zelkova* sp.）

图 7 - 2 - 1B 树木遗存微观构造（二）

椿（*Ailanthus* sp.）

桑（*Morus alba*）

罗汉松（*Podocarpus* sp.）

图 7 - 2 - 1C　树木遗存微观构造（三）

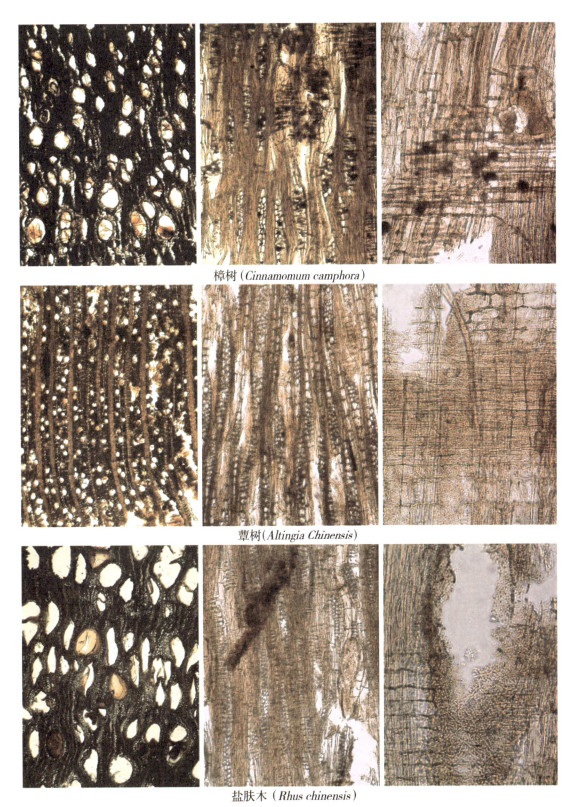

樟树（*Cinnamomum camphora*）

蕈树（*Altingia Chinensis*）

盐肤木（*Rhus chinensis*）

图 7 – 2 – 1D 树木遗存微观构造（四）

表 7-2-1　钱山漾遗址树木遗存鉴定结果表

分期	序号	编号	中文名	科名	学名	属性	备注
	1	T0901⑨A	蕈树	金缕梅科	*Altingia* chinensis	阔叶常绿	
	2	T0901⑨A	蕈树	金缕梅科	*Altingia chinensis*	阔叶常绿	
	3	T1001⑦B	罗汉松	罗汉松科	*Podocarpus* sp.	针叶常绿	
	4	T1001⑨A	柳树	杨柳科	*Salix babylonica*	阔叶落叶	
	5	T1001⑨A	蕈树	金缕梅科	*Altingia chinensis*	阔叶常绿	
	6	T1001⑨A	蕈树	金缕梅科	*Altingia chinensis*	阔叶常绿	
	7	T1001⑨A	蕈树	金缕梅科	*Altingia chinensis*	阔叶常绿	
	8	T1001⑨A	蕈树	金缕梅科	*Altingia chinensis*	阔叶常绿	
	9	T1001⑨A	蕈树	金缕梅科	*Altingia chinensis*	阔叶常绿	
	10	T1101⑨A	蕈树	金缕梅科	*Altingia chinensis*	阔叶常绿	
	11	T1101⑨A	青冈	壳斗科	*Cyclobalanopsis glauca*	阔叶常绿	
	12	T1101⑨A	栲属	壳斗科	*Castanopsis* sp.	阔叶常绿	
	13	T1101⑨A	石栎	壳斗科	*Lithocarpus glaber*	阔叶常绿	
	14	T1101⑨A	青冈	壳斗科	*Cyclobalanopsis glauca*	阔叶常绿	
钱山漾一期文化遗存	15	T1101⑨A	柳树	杨柳科	*Salix babylonica*	阔叶落叶	
	16	T1101⑨A	蕈树	金缕梅科	*Altingia chinensis*	阔叶常绿	
	17	T1101⑨A	石栎	壳斗科	*Lithocarpus glaber*	阔叶常绿	
	19	T1101⑨A	蕈树	金缕梅科	*Altingia chinensis*	阔叶常绿	
	18	T1101⑨A	蕈树	金缕梅科	*Altingia chinensis*	阔叶常绿	
	20	T1101⑨A	石栎	壳斗科	*Lithocarpus glaber*	阔叶常绿	
	21	T1101⑨A	蕈树	金缕梅科	*Altingia chinensis*	阔叶常绿	
	22	T1101⑨A	楝树	楝科	*Melia azedarach*	阔叶落叶	
	23	T1101⑨A	青冈	壳斗科	*Cyclobalanopsis glauca*	阔叶落叶	
	24	T1101⑨A	松	松科	*Pinus* sp.	针叶常绿	
	25	T1101⑨A	山茱萸	山茱萸科	*Cornus* sp.	阔叶落叶	
	26	T1101⑨A	石栎	壳斗科	*Lithocarpus glaber*	阔叶常绿	
	27	T1101⑨A	蕈树	金缕梅科	*Altingia chinensis*	阔叶常绿	
	28	T1101⑨A	蕈树	金缕梅科	*Altingia chinensis*	阔叶常绿	
	29	T1101⑨A	石栎	壳斗科	*Lithocarpus glaber*	阔叶常绿	
	30	T1101⑨A	栲属	壳斗科	*Castanopsis* sp.	阔叶常绿	
	31	T1101⑨A	石栎	壳斗科	*Lithocarpus glaber*	阔叶常绿	
	32	T1101⑨A	麻栎	壳斗科	*Quercus acutissima*	阔叶落叶	
	33	T1101⑨A	石栎	壳斗科	*Lithocarpus glaber*	阔叶常绿	
	34	T1101⑨A	麻栎	壳斗科	*Quercus acutissima*	阔叶落叶	
	35	T1101⑨A	麻栎	壳斗科	*Quercus acutissima*	阔叶落叶	
	36	T1101⑨A	椿树	苦木科	*Ailanthus* sp.	阔叶落叶	
	37	T1101⑨A	麻栎	壳斗科	*Quercus acutissima*	阔叶落叶	
	38	T1101⑨A	樟树	樟科	*Cinnamomum camphora*	阔叶常绿	
	39	T1101⑨A	蕈树	金缕梅科	*Altingia chinensis*	阔叶常绿	

续表 7-2-1

分期	序号	编号	中文名	科名	学名	属性	备注
钱山漾一期文化遗存	40	T1101⑨A	盐肤木	漆树科	*Rhus chinensis*	阔叶落叶	
	41	T1101⑨A	蕈树	金缕梅科	*Altingia chinensis*	阔叶常绿	
	42	T1001⑨B:28	栲属	壳斗科	*Castanopsis* sp.	阔叶常绿	构件
	43	T1001⑨B:48	青冈	壳斗科	*Cyclobalanopsis glauca*	阔叶常绿	杖形器
	44	T1101⑨A:30	蕈树	金缕梅科	*Altingia chinensis*	阔叶常绿	锥形器
钱山漾二期文化遗存	45	T0403⑥	栲属	壳斗科	*Castanopsis* sp.	阔叶常绿	
	46	T0403⑥	栲属	壳斗科	*Castanopsis* sp.	阔叶常绿	
	47	T0403⑥	青冈	壳斗科	*Cyclobalanopsis glauca*	阔叶常绿	
	48	T0403⑥	青冈	壳斗科	*Cyclobalanopsis glauca*	阔叶常绿	
	49	T0403⑥	青冈	壳斗科	*Cyclobalanopsis glauca*	阔叶常绿	
	50	T0403⑥	柳树	杨柳科	*Salix babylonica*	阔叶落叶	
	51	T0403⑥	青冈	壳斗科	*Cyclobalanopsis glauca*	阔叶常绿	
	52	T0403⑥	青冈	壳斗科	*Cyclobalanopsis glauca*	阔叶常绿	
	53	T0403⑥	柳树	杨柳科	*Salix babylonica*	阔叶落叶	
	54	T0403⑥	柳树	杨柳科	*Salix babylonica*	阔叶落叶	
	55	T0403⑥	栲树	杨柳科	*Castanopsis* sp.	阔叶落叶	
	56	T0403⑥	柳树	杨柳科	*Salix babylonica*	阔叶落叶	
	57	T0403⑥	柳树	杨柳科	*Salix babylonica*	阔叶落叶	
	58	T0403⑥	桑树	桑科	*Morus alba*	阔叶落叶	
	59	T0403⑦	栲属	壳斗科	*Castanopsis* sp.	阔叶常绿	木桩
马桥文化	60	H94:8	榉树	榆科	*Zelkova* sp.	阔叶落叶	木桨
	61	H108	栲属	壳斗科	*Castanopsis* sp.	阔叶常绿	
	62	J7	槭属	槭树科	*Acer* sp.	阔叶落叶	

第三节　植物种子和果实遗存分析报告

在遗址发掘过程中，对一些地层和遗迹单元进行了植物遗存调查。调查的单位有属于钱山漾一期文化遗存的 T03⑦B、T01⑧、T02⑨A、T0901⑨A、T1101⑨A；属于钱山漾二期文化遗存的 T0503⑥、T0503⑦以及属于马桥文化时期的灰坑 H26、H199、H193、H196、H108、H78、H53 和水井 J8 等。调查主要采用水洗除去土粒，必要时采用 3% 碳酸氢钠溶液浸泡分散土粒。通过肉眼分拣和显微镜放大后分拣相结合，获得植物遗存。

一　遗址中收集的植物种子和果实遗存

如表 7-3-1，遗址共收集植物种子和果实（图 7-3-1）遗存一万多粒，分属于禾本科（Gramineae）、葫芦科（Cucurbitaceae）、菱科（Trapaceae）、蔷薇科（Rosaceae）、漆树科（Anacardiaceae）、柿树科（Ebenaceae）、壳斗科（Fagaceae）、山茱萸科（Cornaceae）、葡萄科（Vitaceae）、石蒜科（Amaryllidaceae）、防己科（Menispermaceae）、睡莲科（Nymphaeaceae）、蓼科（Polygonaceae）、

表 7-3-1　钱山漾遗址植物种子/果实数量统计表

种类	钱山漾一期文化遗存					钱山漾二期文化遗存					马桥文化					合计
数量单元	TO3⑦B	TO1⑧	TO2⑨A	TO901⑨A	T1101⑨A	TO503⑥	TO503⑦	H26	H199	H193	H196	H108	J8	H78	H53	
稻米 *Oryza sativa*	443	53	90	31	1448	8	1	2			15	59	3	10	8400	10563
甜瓜 *Cucumis melo*	125	19	129	11		33	15	8	31		1	7	7			386
葫芦 *Lagenaria siceraria*	73	1	2										1			77
菱角 *Trapa japonica*			77				119	161	59		39	238				693
桃 *Prunus persica*			2				10	8	11							31
梅 *Prunus mume*	4		2					1			8					15
杏 *Prunus armeniaca*	1															1
南酸枣 *Choirospondias axillaris*										1						1
柿子 *Diospyros* sp.		2	3				2				2					9
壳斗科 Fagaceae			1				3				2					6
八角枫 *Alangium* sp.													42			42
葡萄 *Vitis* sp.	8		1										16	2		27
乌敛梅 *Cayratia japonica*	1												11			12
石蒜 *Lycoris* sp.	1	87	1				6				6		47			148
防己 *Stephania* sp.		1														1
芡实 *Euryale ferox*			3				2	15	9		1					30
马唐 *Digitaria* sp.																0
蓼属 *Polygonum* spp.			50										5			55
酸模 *Rumex* sp.													13			13
鳢肠菊 *Wedelia* sp.													3			3
毛茛 *Ranunculus* sp.	2												12			14
苋菜 *Amaranthus* sp.													2			2
细辛 *Asarumscnsu* sp.	66		1													67
莎草科 Cyperaceae	13		2					1								16
白屈菜 *Chelidonium majus*		2	2													4
金鱼藻 *Ceratophyllum demersum*	1	2	1										2			6
眼子菜 *Potamogeton* spp.			1													1
接骨草 *Sambucus* sp.													174			174
葎草 *Humulus* sp.	153												22			175
堇菜 *Viola* sp.													165			165
其他	12		30								1		16			59
合计	903	167	398	42	1448	41	158	196	110	1	75	304	541	12	8400	12796

比例尺：1–7,17 mm; 8–12,10 mm; 9–39,5 mm

图 7-3-1　遗址中出土的植物种子

1. 梅（*Prunus mume*）　　2、6. 杏（*Prunus valgaris*）　　3. 南酸枣（*Choerospondias axillaris*）　　4. 桃（*Prunus persica*）
5. 葫芦（*Lagenaria siceraria*）　　7. 菱角（*Trapa bispinosa*）　　8. 柿（*Diospyros glaucifolia*）　　9. 石蒜（*Lycoris* sp.）
10. 八角枫（*Alangium chinense*）　　11. 防己（*Stephania* sp.）　　12. 芡实（*Euryale ferox*）　　13、14. 酸模（*Rumax* sp.）
15、16. 蓼（*Polygonum* sp.）　　17、18. 乌蔹梅（*Cayratia japonica*）　　19. 未定名　　20. 灯笼草（*Physalis* sp.）　　21.
细辛（*Asarumscnsu* sp.）　　22. 接骨草（*Sambucus chinensis*）　　23、24. 马唐（*Digitaria ciliaris*）　　25、26. 葡萄（*Vitis
amurensis*）　　27. 金鱼藻（*Ceratophyllum demersum*）　　28. 蟛蜞菊（*Wedelia chinensis*）　　29. 水毛花（*Scirpus triangula-
tus*）　　30. 藨草（*Scirpus triqueter*）　　31. 白屈菜（*Chelidonium majus*）　　32. 堇菜（*Viola* sp.）　　33. 甜瓜（*Cucumis
melo*）　　34、35. 稻谷（*Oryza sativa*）　　36. 苋菜（*Amaranthus* sp.）　　37. 葎草（*Humulus scandens*）　　38. 眼子菜
（*Potamogeton* sp.）　　39. 毛茛（*Ranunculus chinesis*）

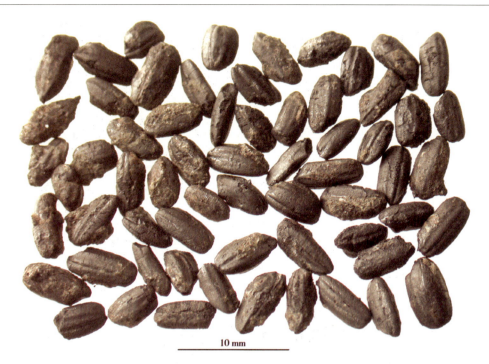

图 7-3-2　H53 出土的稻米

菊科（Asteraceae）、毛茛科（Ranunculaceae）、苋科（Amaranthaceae）、马兜铃科（Aristolo-chiaceae）、莎草科（Cyperaceae）、罂粟科（Papaveraceae）、金鱼藻科（Ceratophyllaceae）、眼子菜科（Potamogetonaceae）、三白草科（Saururaceae）、桑科（Moraceae）、堇菜科（Violace-ae）等20余科30余种。（图7-3-1）

（1）稻米

遗址中发现数量最多的植物遗存。稻谷遗存大部分以稻米的形式存在，稻谷数量很少，米粒形态完整。对马桥文化时期灰坑 H53 出土稻米形态特征参数测量结果显示，稻米的长5.64毫米、宽2.93毫米、厚2.24毫米，长宽比为1.92，与野生稻粒型明显不同，属于栽培稻（Oryza sativa）。一般情况，籼稻米瘦长，长宽比在2～3（高的可达3以上），多数在2以上；粳稻米短圆，长宽比在1.6～2.3之间，多数在2以下①。从长宽比看，遗址中出土的稻米粒型更接近于现代栽培稻中的粳亚种。（图7-3-2）

（2）桃

果核，数量不多，以碎片为主。马桥文化时期较完整有7颗，翼短小，核椭圆形，核面以沟纹为主，有点纹，长约26毫米、宽约19毫米、厚约15毫米，属于蔷薇科的毛桃、普通桃（Prunus persica）系统。

（3）梅

果核，数量很少。核长约17毫米、宽约14毫米，核卵圆形，顶端圆形或有小突尖头，基部渐狭而呈楔形，两侧微扁，腹棱稍钝，腹棱与背棱均有纵沟，核面有蜂窝状孔穴，属于蔷薇科的梅（Prunus mume），也称酸梅、乌梅。

---

① 游修龄：《对河姆渡遗址第四文化层出土稻谷和骨耜的几点看法》，《文物》1976年第8期，20～23页。

（4）杏

果核，数量不多。核长约13毫米、宽约10毫米，核卵圆形或椭圆形，顶端圆钝或稍尖，基部对称，鲜有不对称的，核表面稍粗糙，核面有纹或平滑，腹棱较圆钝，有背棱腹面有龙骨状侧棱。属于蔷薇科的普通杏（*Prunus valgaris*）或其变种。

（5）柿子

种子，数量较少。扁平倒卵形，长约12毫米、宽约8毫米，顶端圆，基部较窄，两侧较薄，两面平坦，种脐小，线形，位于尖窄一端，可能属于柿科的浙江柿（*Diospyros glaucifolia*）或其变种。

（6）南酸枣

果核，数量很少，仅见1颗。果核椭圆形，长约23毫米、直径约16毫米，先端圆，近顶部有4~5个发芽孔，基部圆，有小尖头，种脐在小尖上，表面淡褐色，略具5条浅沟槽，有不连续孔组成的带，特征明显，属于漆树科的南酸枣（*Choerospondias axillaris*）。

（7）八角枫

种子，数量较多。宽倒卵形，侧面披针形，背面有浅沟，腹面有数个小凹陷和不明显的沟，两侧有两条纵沟。种子灰褐色，没有光泽，长约8毫米、宽约6毫米、厚约5毫米，属于山茱萸科的八角枫（*Alangium chinense*）。

（8）壳斗科

数量很少，仅见少量的果皮碎片，无法进行种属鉴定。

（9）葡萄

种子，数量不多。上部沟槽相连，种子腹面中央有一条肋状棱线，在近中段两侧各有一凹槽，喙部有两种形态，短喙、尖顶。从种子形态特征看，遗址出土葡萄可能属于葡萄科的山葡萄（*Vitis amurensis*）。

（10）乌蔹梅

种子，数量较少。种子深褐色，倒卵形，长约6毫米、宽约4毫米。外形与葡萄种子相近，背部有几条深沟槽，喙部较短、尖顶，属于葡萄科的乌蔹梅（*Cayratia japonica*）。

（11）瓠瓜

种子，数量较多。种子扁平，褐色，长卵圆形，长约13毫米、宽约5毫米，种脐上方有对称的突出点，属于葫芦科的瓠瓜（*Lagenaria siceraria*）。

（12）甜瓜

种子，数量较多。种子扁卵圆形，种皮土黄色，其中马桥文化时期的种子长约3.8毫米、宽约1.6毫米，形态特征与葫芦科的甜瓜（*Cucumis melo*）种子相似，但小于现代薄皮甜瓜种子。

（13）菱角

果实，数量很多。果实三角形，有两个果角，深褐色，长20~50毫米、宽14~30毫米，形态特征与菱科的二角菱（*Trapa bispinosa*）或南湖菱（*T. acornis*）相似。另外还有一些四角菱（*T. ccadrispinosa*）碎片。

（14）芡实

种子，数量不多。近圆球形，深褐色，种脐到顶端有延长线，种子表面粗糙，凹凸不平，有浅沟，种子长约 14 毫米、宽约 12 毫米左右，属于睡莲科的芡实（*Euryale ferox*）。

（15）防己

种子，数量很少。黄褐色，长约 7 毫米、宽约 6 毫米，宽倒卵形，中央部位马蹄状凹陷，前端和基部外缘有羽翼状突起，属于防己科千金藤属的植物（*Stephania* sp.）。

（16）蓼属

种子，数量较多。圆形，侧面扁平，前端突起，背腹面中央有浅凹陷，表面光滑，浅灰色或黑色，长 2.2～3.3 毫米、宽 2.0～3.0 毫米，有蓼科的红蓼（*Polygonum pilosa*）和酸模叶蓼（*P. lapathifolium*）等多种。

（17）酸模

果实和种子，数量不多。花被有翅，长 5 毫米左右，表面网纹明显，近基部具椭圆形的瘤状突起。种子长约 2 毫米、宽约 1 毫米，褐色，卵状三面体形，具三纵棱，表面光滑，顶端尖锐，基部钝锐，为蓼科酸模属植物（*Rumex* sp.）。

（18）毛茛

种子，数量不多。不对称倒卵形，侧面扁平，前端突起，表面有圆形小网格纹，灰褐色，长约 3 毫米、宽约 2 毫米、厚约 1 毫米，为毛茛科的茴茴蒜（*Ranunculus chinesis*）。

（19）细辛

种子，数量较多。背面长椭圆形，腹面有凹陷，表面有较大的凹陷网格纹，种子灰褐色，没有光泽，长约 3.4 毫米、宽约 2.5 毫米，为细辛（*Asarumscnsu* sp.）。

（20）石蒜

种子，数量较多。半球形、球形、扁球形，形状变化很多，背面圆形，腹面扁平有棱，表面黑色，光滑，有光泽，长约 7 毫米、宽约 8 毫米、厚约 6 毫米，属于石蒜科的石蒜（*Lycoris* sp.）。

（21）莎草科

种子，数量不多。见有藨草（*Scirpus triqueter*）、水毛花（*Scirpus triangulatus*）和苔草（*Carex* sp.）等。

（22）葎草

种子，数量较多。扁椭圆形，两面凸透镜状，两侧有棱，前端突起，黑色或暗灰色，长约 4.5 毫米、宽约 4 毫米，为葎草（*Humulus scandens*）。

（23）接骨草

种子，数量较多。卵形，前端较尖，侧面半卵圆形，背面中央有棱状突起，表面有波纹状隆起，黄色，没有光泽，长约 2 毫米、宽约 1.5 毫米，为忍冬科的接骨草（*Sambucus chinensis*）。

（24）金鱼藻

种子，数量很少。宽卵圆形，微扁，边缘有三刺，先端渐细成针状，长约 5 毫米、宽约 2 毫米，为金鱼藻科的金鱼藻（*Ceratophyllum demersum*）。

（25）堇菜

种子，数量较多。宽倒卵形，脐部尖，腹面隆起不明显，黑色，没有光泽，长约 1.7 毫米、宽约 1.3 毫米，为堇菜科的紫花地丁（*Viola* sp.）。

除了以上这些植物种子和果实遗存，还见有蟛蜞菊（*Wedelia chinensis*）、眼子菜（*Pota-*

mogeton sp. ）、苋菜（*Amaranthus* sp. ）、灯笼草（*Physalis* sp. ）等，但数量均较少。

二 遗址各个文化时期的植物种实遗存种类和构成

分述如下：

（1）钱山漾一期文化遗存的植物种子和果实

钱山漾一期文化遗存共获得 2958 粒植物种子和果实，鉴定出稻米、甜瓜、葫芦、菱角、桃、梅、杏、柿子、壳斗科、葡萄、乌蔹莓、石蒜、防己、芡实、蓼属、酸模、毛莨、细辛、莎草科、白屈菜、金鱼藻、眼子菜、葎草等 18 科 20 余种植物种子和果实。从数量上看，稻米最多，占 69.8%；其次是甜瓜，占 9.6%；葎草，占 5.2%；石蒜，占 3.0%；菱角，占 2.6%；细辛，占 2.3%，蓼属种子，占 1.7%。

（2）钱山漾二期文化遗存的植物种子和果实

钱山漾二期文化遗存共获得 199 粒植物种子和果实，鉴定出稻米、甜瓜、菱角、桃、柿子、壳斗科、石蒜、芡实等 8 科 8 种植物种子和果实。其中数量最多的是菱角，占 60.0%；其次是甜瓜，占 24.1%；桃核，占 5.0%，稻米，占 4.5%；石蒜，3.0%；壳斗科，占 1.5%；柿子、芡实各占 1.0%。

（3）马桥文化的植物种子和果实

马桥文化植物种子和果实多出自灰坑，有 9639 粒，以稻米最多，占 88.1%，特别是 H53，仅半个灰坑土样就发现完整的炭化米 8000 余粒；其次是菱角，占 5.2%；接骨草，占 1.8%；堇菜，占 1.7%。另外还有甜瓜、葫芦、桃、梅、南酸枣、柿子、壳斗科、八角枫、葡萄、乌蔹莓、石蒜、芡实、蓼属、酸模、蟛蜞菊、毛莨、苋菜、莎草科、金鱼藻、葎草等植物种子和果实。

第四节 动物遗存分析报告

钱山漾遗址第三、四次发掘共采集动物骨骼标本 238 件（图 7-4-1），全部为手选获得。其中 233 件为哺乳动物，其余 5 件标本属爬行类和鱼类，包括 1 件龟甲残块，1 件鼋背甲碎片（图 7-4-1：1），2 件鱼鳃盖骨（未鉴定到属种），1 件青鱼咽齿骨（图 7-4-1：2）鉴于标本的保存和采集情况，本文将着重对哺乳动物遗存进行分析和讨论。

一 研究方法

本文严格按照标准动物考古学研究方法对钱山漾遗址出土的动物遗存进行分析和讨论。每一件标本按出土单位编号，鉴定数据全部录入数据库。记录信息包括以下几项：编号、出土单位、出土层位、动物名称、骨骼、数量、左右、保存部位、愈合情况、保存状况、年龄、性别以及加工痕迹。对保存较好、具有测量和统计意义的标本（包括骨骼和牙齿）均按照冯登德里施（Angela von den Driesch）的标准[1]——进行测量。为对遗址出土的猪骨进行深入分析，详细记录了猪的下颌臼齿的磨蚀程度和出现的病理情况。

---

[1] 安格拉·冯登德里施著，马萧林、侯彦峰译：《考古遗址出土动物骨骼测量指南》，科学出版社，2007 年。

1.T1001⑨B：036 鼋甲

2.T0503⑥：05 青鱼咽齿骨

3.T02⑨A：01 麋鹿头骨

4.T1101⑨A：012 水牛右侧掌骨

5.T02⑨A：010 獐右侧下颌骨

6.T03⑨A：06 狗左侧下颌骨

图 7-4-1　遗址中出土的动物遗存

统计主要采用可鉴定标本数（Number of Identified Specimens，简称 NISP）和最小个体数（Minimum Number of Individuals，简称 MNI）两种方法。本文"可鉴定标本"指能

够鉴定到骨骼部位（如肱骨、股骨等）和科以上种类（包括科、属、种）的标本①。因而肋骨和残破肢骨都归为"不可鉴定标本"。最小个体数是通过计算某一种动物保存数量最多的部位而得出。因标本总数较少，在统计时不再区分出土单位与层位，全部作为同一组标本。

二 统计和分析

标本大部分出自钱山漾一期文化遗存时期地层，另有 11 件标本出自土台西外侧的钱山漾二期文化遗存（T0403⑥和 T0503⑥），仅有 4 件标本出自马桥文化时期遗迹，即 J8、H193、H208 和 H209 各 1 件。经过统计得出，238 件哺乳动物标本中，可鉴定标本总数为 176，含 6 种动物，共计 15 个个体。详细统计数据见表 7-4-1、图 7-4-2。其中亚洲象仅有 1 件臼齿残块，其余动物按种类依次分析和讨论。

表 7-4-1 钱山漾遗址出土动物骨骼可鉴定标本数与最小个体数统计表

	学名	NISP	% NISP	MNI	% MNI
亚洲象	*Elephas maximus*	1	0.6	1	6.3
水牛	*Bubalus* sp.	44	25.0	2	12.5
麋鹿	*Elaphurus davidianus*	97	55.2	3	18.8
獐	*Hydropotes inermis*	2	1.2	1	6.3
鹿*	Cervidae	3	2.7		
猪	*Sus* sp.	26	14.8	7	43.8
狗	*Canis lupus familiaris*	2	1.1	2	12.5
食肉类*	Canidae	1	0.6		
总计		176		15	
不可鉴定标本		57			

*为不能鉴定到种属的标本，因而不参与统计最小个体数。

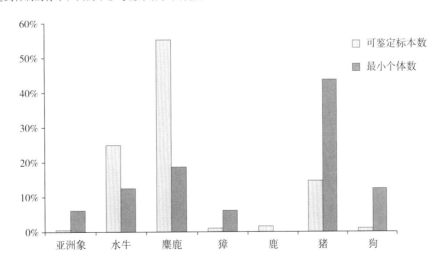

图 7-4-2 钱山漾遗址出土动物遗存统计与比较

---

① R. L. Lyman，*Quantitative Paleozoology.* Cambridge：Cambridge University Press，2008.

1. 水牛

钱山漾遗址出土的 44 件水牛骨均为肢骨（图 7-4-1：4），比较难以据此鉴定到种。因此我们将这些标本测量，并将测量值与其他遗址的水牛标本进行比较，测量数据见表 7-4-2。测量数据表明，钱山漾遗址的水牛与跨湖桥遗址（跨湖桥文化）和田螺山遗址（河姆渡文化）的水牛体型相仿。后两个遗址的水牛已被鉴定为圣水牛（*Bubalus mephistopheles*）[1]，属全新世野生水牛品种[2]。从目前观察到的标本情况看，钱山漾遗址的水牛可能同属圣水牛品种。

表 7-4-2　钱山漾遗址水牛标本测量数据及比较

肱骨	GL	BT	BD		
T1001⑨B：06		100.31			
田螺山		90.19			
桡骨	GL	Bp	BFp	Bd	BFd
T1101⑨A：01	341	103.37	94.73	94.29	92.52
T1101⑨A：028	341	104.91	93.97	95.33	91.64
T1001⑨B：08		95.11	90.21		
平均值	341	101.13	92.97	94.81	92.08
田螺山		97.75	90.25	92.24	85.78
跨湖桥		98.54		93.54	
胫骨	GL	Bp	Bd		
T1001⑨A：02			86.8		
T1001⑨A：038			80.86		
平均值			83.83		
田螺山			81.02		
跨湖桥			85.50		
距骨	GLl 外	GLm 内	Dl	Dm	Bd
T1001⑨A：05	87.41		48.73		
T01⑬：05			49.92		62.09
平均值	87.41		48.73		62.09
田螺山	84.10	75.14	44.54	44.99	49.04
跨湖桥	85.72				61.22

2. 麋鹿

麋鹿原产东亚，从化石分布看，第四纪广布于中国东部平原，地质上属喜马拉雅运动的沉降区域。脊椎动物化石群中常与亚洲象、麂、水鹿、水牛、犀和扬子鳄等动物共生，同属适应温暖湿润气候的动物。麋鹿的身体构造适宜在湿地、沼泽一类环境生存，蹄宽大，趾间有皮腱膜，适于在沼泽地行走。麋鹿属大型鹿，颈背粗壮；角枝性状特殊，前后分为两枝，

---

① 刘莉、陈星灿、蒋乐平：《跨湖桥遗址的水牛遗存分析》，浙江省文物考古研究所和萧山博物馆编《跨湖桥》，344～348 页，文物出版社，2004 年。

② 刘莉、杨东亚、陈星灿：《中国家养水牛初探》，《考古学报》2006 年第 2 期。

并随年龄增长，角枝的次级分叉愈发复杂，因而鹿角的个体差异很大，甚至同一个体的左右两枝也不甚对称[1]。

钱山漾的标本通过与现生麋鹿标本比对确认为麋鹿。麋鹿骨骼占到可鉴定标本总数的一半以上，其可鉴定标本数也大于其他鹿和水牛，可见狩猎麋鹿是钱山漾生业经济的重要组成部分。大部分遗存为肢骨；另有一件残缺头骨，仅存后部，角柄上存有一小段鹿角（图 7-4-1：3）鹿角表面较光滑，推测正处于生茸期。麋鹿仅雄性生角，鹿角通常于 12 月或 1 月脱落并几乎立即再生，茸一般于 3~4 月从角上清除。由此我们可以推知，该个体为雄性，被捕获的时间可能是 1 月至 3 月。

3. 獐

獐为我国常见的小型鹿类，成体体重约 15 公斤，目前主要分布在淮河流域至南岭间的大部分区域，多栖息于沿江湖两岸的湿地、芒丛及邻近低山丘陵，一般较少进入林区[2]。雌雄均不生角，雄性上犬齿发达，伸出唇外呈现为獠牙，即考古墓葬中常出现的随葬品"獐牙"。钱山漾遗址出土的獐标本只有一件右侧下颌骨（图 7-4-1：5），为一成年个体。

4. 猪

猪的驯化一直是中国动物考古学所关注的重要问题，本文将通过多种方法来讨论钱山漾遗址的猪是家猪还是野猪，包括数量分析，形态变化和病理学分析。

从上面的可鉴定标本数和最小个体数统计可以看出，猪骨遗存在钱山漾遗址的哺乳动物资源中占有较高的比例，表明其在生业经济中处于相当重要的地位。而且值得注意的是，两种统计方法得出的结果之间存在明显反差。从表 7-4-1 的数据和图 7-4-2 可以看出，可鉴定标本数和最小个体数的分布情况并不一致。麋鹿标本的可鉴定标本数显然是六种动物中最高的，占总数的一半有余，然而其最小个体数却只有总数的 18.8%。相反，虽然猪的标本只有可鉴定标本总数的 14.8%，其最小个体数的比率却是最高，达 40%。猪的最小个体数是根据其保存数量最多的部位下颌骨和头骨统计得出。通过分析原始数据发现，26 件猪骨中，12 件为下颌骨（表 7-4-3），远高于其他任何部位的骨骼。除去下颌骨和头骨，其余标本所代表的最小个体数仅为 1。这一差别可能与猪在当时生业经济中的地位和利用方式有关，因而我们进一步分析了猪骨在遗址平面上的出土情况。

从表 7-4-3 可以看出，猪下颌骨的出土单位较为集中，有两个相对密集分布区，一为 T0901~T1001 第 9 层，共 6 件，一为 T01 第 13 层，共 4 件，其余两件标本分别出自 T0901 第 8 层和 T02 第 7B 层。与此同时，这些地层单位中与下颌骨共存的其他部位骨骼却非常之少。但是由于标本数较少，对于造成这种现象的原因我们还无从确认，因为多种原因都可能造成这一现象，譬如手选的取样方法使得取样容易受到人为因素的影响，从而造成下颌骨和大标本被重视，而趾骨等小标本被忽略。另一方面，下颌骨的集中分布也可能与当时钱山漾人弃置垃圾的方式以及遗迹现象的空间分布有关。

---

① 盛和林：《中国鹿类动物》，224~233 页，华东师范大学出版社，1992 年。
② 盛和林：《中国鹿类动物》，96~108 页，华东师范大学出版社，1992 年。

表7-4-3　钱山漾遗址出土猪骨统计表

编号	单位	层位	骨骼	数量	左/右	保存部位	愈合情况	保存状况	年龄	性别	人工痕迹
T1101⑨A：03	T1101	⑨A	髋骨	1	右	髂骨—髋臼					
T1101⑨A：013	T1101	⑨A	头骨	1		顶骨—枕骨					
T1101⑨A：014	T1101	⑨A	头骨	1		顶骨残块					
T1001⑨B：027	T1001	⑨B	下颌骨	1	左＋右	完整		M1 刚出	6 月龄左右		
T1001⑨B：028	T1001	⑨B	下颌骨	1	左＋右	联合部—右 P4 段				雌性	
T1001⑨B：029	T1001	⑨B	枢椎	1			后关节面未愈合				
T1001⑨A：036	T1001	⑨A	下 M2	1	右	残					
T1001⑨A：037	T1001	⑨A	股骨	1	左	骨干近段					
T1001⑨A：038	T1001	⑨A	胫骨	1	右	远端	愈合				
T0503⑥：01	T0503	⑥	头骨	1		下颌骨		dm3 萌出中约 2~3 月龄			
T0403⑥：04	T0403	⑥	桡骨	1	右	完整	远端未愈合	关节脱落			
T0901⑨A：01	T0901	⑨	下颌骨	1	左	骨体下部—下颌支		残块			
T0901⑨A：02	T0901	⑨	下颌骨	1	左	左下颌支—联合部右侧					
T0901⑨A：03	T0901	⑨	下颌骨	1	右	下颌角					
T0901⑨A：04	T0901	⑨	下颌骨	1	右	下颌支					
T0901⑨A：05	T0901	⑨	肩胛骨	1		肩胛盂					
T0901⑧：01	T0901	⑧	下颌骨	1	右	残块		M3 未出			
T02⑨A：015	T02	⑨A	桡骨	1	左	近端					
T02⑨A：016	T02	⑨A	头骨	1		后部残块					
T02⑨A：017	T02	⑨A	尺骨	1	左	近端	愈合				
T02⑨A：018	T02	⑨A	肱骨	1	右	远端	愈合				前侧有切痕
T01⑬：01	T01	13	下颌骨	1	右	P3 - M2 后		M3 未萌出，畸形			
T01⑬：02	T01	13	下颌骨	1	左	P2 - M3		M2 缺失		雄性	
T01⑬：03	T01	13	下颌骨	1	左	P3 - M3 段		齿列略弯		雄性	
T01⑬：04	T01	13	下颌骨	1	左	M1 - M2 后		M3 未出			
T02⑦B：01	T02	⑦B	下颌骨	1	左	P4 - M3 段					

（1）下颌第三臼齿（M₃）测量分析

在驯化过程中，由于饮食、人为选择等因素，家猪的体型通常小于野猪，因此测量尺寸被用做区分考古遗址出土的家猪和野猪的重要标准[①]。出于结构差异等原因，牙齿（一般测量臼齿）在尺寸上的变化速度比颅后骨要慢，也就是说，在驯化过程的早期，尽管猪的体型已经开始缩小，牙齿的大小可能仍与野猪接近。臼齿显著缩小表明驯化已经对个体的形态产生了巨大影响，可以视作家猪的驯化发展到成熟阶段的标志。

[①]　H. Hongo, R. H. Meadow, Pig exploitation at Neolithic Cayonu Tepesi (Southeastern Anatolia) [J], *MASCA research papers in science and archaeology*, 1998, 15: 77 - 98.

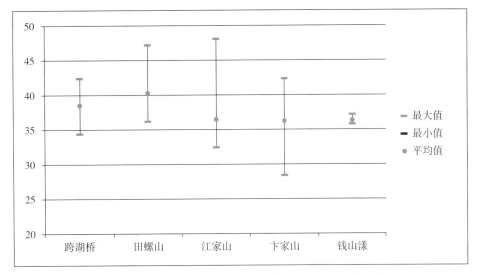

图 7-4-3　长江下游地区猪下颌 M3 长度比较图

　　钱山漾遗址能够测量的下 M3 只有三颗，长度分别为 37.12 毫米、36.01 毫米和 35.79 毫米，分布非常集中。为了表现下 M3 长度在新石器时代的长程变化，我们选取了长江下游地区从早到晚的几个遗址的数据进行比较（图 7-4-3）。从图中可以看出，五组数据按数值大小（尤其是平均值）可简单分为两组，均值较大（38 毫米～40 毫米）的跨湖桥遗址（跨湖桥文化）和田螺山遗址（河姆渡文化），以及均值较小（36 毫米左右）的江家山遗址（马家浜文化）、卞家山遗址（良渚文化）和钱山漾遗址。已有研究认为，跨湖桥遗址与田螺山遗址的猪属于驯化早期阶段的家猪[1]。总的来说，尽管钱山漾遗址猪下颌 M3 的数量很少，但测量数据显示它们已经表现出长度缩短的特点，与家猪的测量数据接近。

　　（2）牙齿病理分析

　　近年来，通过对遗址出土的猪下颌骨标本的病理观察来判断家猪的方法正逐渐进入人们视线。一种常用且有效的病理特征是"线性釉质发育不全（Linear Enamel Hypoplasia，简称 LEH）"。线性釉质发育不全（Linear Enamel Hypoplasia）是一种发生于哺乳动物牙齿釉质层的病症，牙冠在发育过程中釉质层的厚度受到某些因素的干扰变薄，一般表现为釉质表面一个或多个的沟或线状凹痕（图 7-4-4）。形成线性釉质发育不全的原因有许多，一般是由发育期生理紧张造成的，譬如营养不良等。研究表明，由于受到人类的干扰，在家猪的牙齿上出现线性釉质发育不全的频率远远大于野猪，因而成为判断猪早期驯化的方法之一。最近，这种方法在我国得到了较为广泛的应用和大量考古资料的支持[2]。

　　① 南川雅男、松井章、中村慎一等：《由田螺山遗址出土的人类与动物骨骼胶质碳氮同位素组成推测河姆渡文化的食物资源与家畜利用》，北京大学中国考古学研究中心、浙江省文物考古研究所《田螺山遗址自然遗存综合研究》，262～269 页，文物出版社，2011 年；袁靖、杨梦菲：《动物研究》，浙江省文物考古研究所和萧山博物馆编《跨湖桥》，241～270 页，文物出版社，2004 年。

　　② K. Dobney，A. Ervynck，U. Albarella *et al*. The chronology and frequency of a stress marker（linear enamel hypoplasia）in recent and chronological populations of Sus scrofa in north-west Europe，and the effects of early domestication，*Journal of Zoology*，2004，264：197－208. 凯斯·道伯涅、袁靖、安东·欧富恩克等：《家猪起源研究的新视角》，《考古》2006 年第 11 期，74～80 页；H. Wang，L. Martin，S. Hu *et al*，Pig domestication and husbandry practices in the middle Neolithic of the Wei River Valley，northwest China：evidence from linear enamel hypoplasia，*Journal of Archaeological Science*，2012，

图 7-4-4　　线性釉质发育不全表现特征

　　对线性釉质发育不全病理特征的记录和分析沿用了 Dobney 和 Ervynck 的研究方法①。由于 LEH 主要出现在臼齿上，在前臼齿和乳臼齿上的出现频率很低，观测对象为下颌骨臼齿。以每一个牙尖为单位，分别记录其舌侧 LEH 的数量，并用游标卡尺测量每一条 LEH 高度，即其最低点至齿冠底部（釉质与牙本质相交处）的垂直高度。钱山漾遗址的标本参见图 7-4-5。

　　在观察的 9 件猪下颌骨的 14 颗臼齿上，共观察到 9 条线状的 LEH 特征，出现概率为 64.3%。已有材料中没有 M1 出现 LEH 的例子，只出现在 M2 和 M3 上。根据 Dobney 的研究，LEH 在 M1 上有两个集中分布位置，分别与出生与断奶有关；M2 上 LEH 的集中分布则与动物出生后的第一个冬天造成的营养摄入不足有关；M3 上 LEH 分布范围较大，可能是由第二个冬天造成的②。

　　根据牙齿生长的规律，LEH 首先出现在牙齿顶部，然后随着釉质的生长逐渐被推向牙冠底部，即同一牙尖上越接近顶部的 LEH 形成时间越晚，因此可以通过 LEH 的高度来推测其形成的时间③。钱山漾遗址的 LEH 目前只在 M2 和 M3 上观察到，M1 上的出现率为 0，可见冬季食物短缺是造成 LEH 的主要原因。

　　除线性釉质发育不全外，钱山漾的猪下颌标本还表现出 M3 畸形的病理特征。图 7-4-5 中可以看出 M3 正处于萌出前的 C 或 V 阶段（参见 Grant 氏磨蚀分级标准），牙齿向右侧扭曲，而非正对牙槽的方向，预计其萌出过程将不甚顺利，并可能造成该个体的不适。推测这一情况与猪的齿槽缩短有关。以往的研究表明，由于家猪在被驯化过程中吻部会逐渐缩短，而牙齿

①　K. Dobney & A. Ervynck. A protocol for recording linear enamel hypoplasia on archaeological pig teeth, *International Journal of Osteoarchaeology*, 1998, 8（4）: 263 – 273.

②　K. Dobney & A. Ervynck. A protocol for recording linear enamel hypoplasia on archaeological pig teeth, *International Journal of Osteoarchaeology*, 1998, 8（4）: 263 – 273.

③　K. Dobney, Interpreting developmental stress in archaeological pigs – the chronology of Linear Enamel Hypoplasia, *Journal of Archaeological Science*, 2000, 27: 597-607.

1.T0503⑥：01(2~3 月龄)

2.T1001⑨B：027(约 6 月龄)

3.T01⑬：02(18~24 月龄)

4.T01⑬：01(右外侧俯视)

5.T01⑬：01(线性釉质发育不全)

6.T01⑬：02(线性釉质发育不全)

7.T1001⑨B：026(加工骨片)

8.T1001⑨B：035(加工骨片)

图 7-4-5　遗址中出土的猪下颌骨及加工骨片

长度的变化要慢于颌骨的变化，因而齿列扭曲可以被用做判断家猪的标准之一[①]。与此同时，这件标本的 M_2 上也出现了线性釉质发育不全的病症。除这件标本之外，另一件出自同一单位的标本也存在轻微齿列扭曲的现象。

（3）死亡年龄结构

统计猪的死亡年龄结构是探讨这些个体是家猪还是野猪的重要方法之一。颅后骨的愈合情况和牙齿的萌出和磨蚀程度都可以用来估算个体的死亡年龄。由于钱山漾遗址出土猪下颌骨数量较多，且最小个体数亦统计自下颌骨数量，本文将采用后者建立猪的死亡年龄结构。

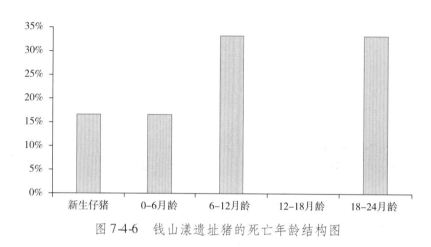

图 7-4-6　钱山漾遗址猪的死亡年龄结构图

遗址出土的 7 个个体中有 6 个可以估算年龄，其年龄分别为：1 个个体为新生仔猪；1 个约 6 月龄；2 个约 12 月龄；2 个约 18～24 月龄。其中新生仔猪是由 T0503 第⑥层出土的下颌骨判断的。总的来看，这些个体的年龄都在 24 月龄以下，即幼年和亚成年个体，尤其集中为 12 月龄至 24 月龄的亚成年个体。根据动物生长的规律，幼年阶段生长迅速，大约在成年前后体重接近顶峰，此后体重基本保持稳定。从获取肉食资源的角度，饲养成年个体的投入多而产出少。因而对于以供应肉食为主要目的的家畜，人们往往只选择少数成年个体用于繁殖，其余的在其生长速度减慢之前宰杀掉，图 7-4-6 所表现的模式正属于这一类型。

综合考虑骨骼形态、大小和种群的死亡年龄结构，钱山漾遗址的猪应当为家猪。

5. 狗

狗是最早被驯化的动物，在比利时和西伯利亚地区已经分别发现距今 3 万年以上的狗化石[②]。我国目前发现最早的狗出现于距今约 1 万年的河北徐水南庄头遗址[③]，其次为河南舞阳贾湖遗址（距今 9000 年左右）[④]。钱山漾遗址共出土有两件狗下颌骨（图 7-4-1：6），其各项测量数据见表 7-4-4。

① 袁靖、杨梦菲：《动物研究》，浙江省文物考古研究所和萧山博物馆编《跨湖桥》，241～270 页，文物出版社，2004 年。

② Mietje Germonpré, Mikhail V. Sablin, Rhiannon E. Stevens *et al.* Fossil dogs and wolves from Palaeolithic sites in Belgium, the Ukraine and Russia: osteometry, ancient DNA and stable isotopes, *Journal of Archaeological Science*, 2009, 36 (2): 473 – 490. Nikolai D. Ovodov, Susan J. Crockford, Yaroslav V. *Kuzmin mail et al.*, A 33, 000-Year-Old Incipient Dog from the Altai Mountains of Siberia: Evidence of the Earliest Domestication Disrupted by the Last Glacial Maximum, *PLoS One*, 2011, 6 (7): e22821.

③ 袁靖、李珺：《河北徐水南庄头遗址出土动物遗存报告》，《考古学报》2010 年第 3 期，385～391 页。

④ 袁靖：《中国新石器时代家畜起源的几个问题》，《文物》2001 第 5 期。

表 7-4-4　钱山漾遗址狗下颌骨测量值表

下颌骨	左/右	1	2	3	4	5	6	7	8	9	10	11	12	13	14	15L	15W	17	18	19	20
T0901⑧:02	左							71.26	69.46	61.51	31.57	37.48	27.76		18.01						15.84
T03⑨A:06	左	141.12	139.18	133.04	123.69	115.87	122.48	76.33	68.59	63.46	33.16	37.06	31.61	21.36	20.04	8.51	6.67	12.89	61.73	26.48	21.8

注：测量位置沿用冯登里德里施的编码系统，详见图 7-4-7。

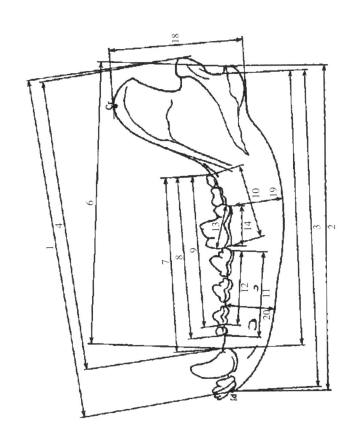

图 7-4-7　狗下颌骨（左）测量示意图

第五节　动植物遗存反映的遗址古环境和先民的经济活动

一　遗址古环境

钱山漾遗址位于太湖南岸，地处杭嘉湖平原北侧，地势低平，河网密布。杭嘉湖平原整体上呈现为以太湖为中心，南、东高起而向北、西降低的浅碟形洼地。

钱山漾遗址出土的野生哺乳动物均为偶蹄类，包括体型较大的水牛、麋鹿和小型鹿、獐，代表了当地生态环境的特色。这三种偶蹄动物都喜栖息于接近水源的平原地带，均为当地常见动物。水牛因皮肤缺乏汗腺，尤喜浸泡在水塘中降温；麋鹿同为栖息于湿地、沼泽的动物；獐多栖息于湿地和芒丛环境。通过野生动物资源的分布情况来推断，钱山漾遗址当时的古环境以湿地和芒丛环境为主，森林较少。

钱山漾遗址土壤孢粉分析结果显示，木本植物中以常绿栎和栲树为代表的壳斗科占优势，其次为杉属、松属，落叶树木花粉种类也很多；草本植物以禾本科植物花粉为主，其次是香蒲和百合科植物的花粉，既有水生、湿生植物花粉，也有中生、旱生植物，反映了山地为常绿阔叶树木与落叶阔叶树木的混交林、平原为湿地草原的植被特征。

钱山漾遗址的植物种实遗存中除了与先民食物生产活动有关的，还有数量较多、种类丰富的指示生物环境的遗存。这些植物遗存对复原钱山漾遗址的古环境具有重要意义。

遗址出土的植物种实遗存以草本植物为主，反映遗址及附近没有森林，遍布着草甸。根据生境，不同植物遗存可以分为旱地植物和水生植物。如表 7-5-1 所示，旱地植物有白曲菜、接骨木、堇菜、苋菜等，约占草本植物种子总数的 22.0%。水生植物中有浮水植物，如菱角、芡实、眼子菜等，约占草本植物种子总数的 46.2%；沉水植物有金鱼藻等，仅占草本植物种子总数的 0.4%；水缘植物，如石蒜、藨草、水毛花、苔草、毛茛、蟛蜞菊、蓼等，约占草本植物种子总数的 15.1%。另外，还有多种喜湿植物，如酸模、葎草、细辛等，约占草本植物种子总数的 16.3%。

表 7-5-1　钱山漾遗址草本植物遗存的生境分类

生境分类		种属	百分率%
旱地植物		白曲菜、接骨草、堇菜、苋菜等	22.0
水生植物	浮水植物	菱角、芡实、眼子菜	46.2
	沉水植物	金鱼藻	0.4
	水缘植物	石蒜、藨草、水毛花、苔草、毛茛、蟛蜞菊、蓼等	15.1
喜湿植物		酸模、葎草、细辛等	16.3

钱山漾遗址出土的树木遗存中有常绿阔叶树种、也有落叶叶树种和针叶树种，与孢粉分析揭示的山地为常绿阔叶树和落叶阔叶树的混交林的森林植被特征基本相似。如图 7-5-1 所示，常绿阔叶树以青冈、栲属、石栎、蕈树、樟科为代表，是森林植被的优势种群；落叶阔叶树以麻栎、槠树、槭属、桑、楝树、山茱萸、椿树、盐肤木、柳树为代表，次之；针叶树

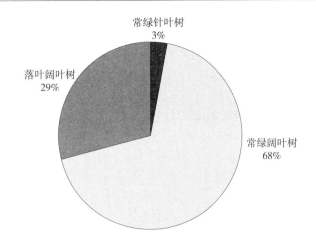

常绿针叶树
3%

落叶阔叶树
29%

常绿阔叶树
68%

图 7-5-1　树木遗存的构成

木较少，零星分布。

　　钱山漾遗址动植物遗存调查结果为我们呈现出遗址区域距今 4400~4000 年前后的古环境面貌：地形微起伏，湖泊沼泽遍布，河流纵横，并间有岛状微高地，呈现冲积平原的湿地景观。平原自然植被以水生和喜湿性植物为主，木本植物种群很少。湿地生物多样性极为丰富，河流湖泊分布着芡实、荇菜、眼子菜为代表浮水植物和挺水浮水性植物；沼泽湿地密布着莎草科、菊科、蓼属植物为代表的沼生植物；微高地上植物以禾本科、酸模等为代表，并零星分布着楝树、柳树、枫杨等喜湿和耐湿的木本植物；山地森林有壳斗科、榆科、樟科、山茶科、木兰科、胡桃科、桦木科、桑科等常绿和落叶阔叶树木，呈现具有亚热带常绿森林植被带的植被特征。该地区森林植被、湿地植被、人工植被相互交错，鸟类成群结队在湿地嬉戏，草食性动物在草地上奔走觅食，先民开垦湿地种植水稻，开垦微高地种植瓜果蔬菜，充满生机活力。

二　先民的经济活动

　　钱山漾遗址发现的植物种实遗存有与先民食物生产有关的，也有居住地周围环境自然生长的植物。前者除了大量的稻米以外，还有葫芦、甜瓜、桃、梅、杏、柿、菱角、芡实等，这些植物现在均被人工栽培，一直是长江中下游地区谷物、瓜、果、蔬菜种植的传统特色。

　　稻米是遗址发现数量最多的植物遗存，钱山漾一期文化遗存、二期文化遗存以及马桥文化时期均有发现，反映了该遗址以栽培水稻为主的农作物生产特点，以稻米为主食的生活特色，表明饭稻羹鱼的传统江南生业形态至迟在距今 4400 多年前已经成熟。

　　葫芦发现在钱山漾一期文化遗存和马桥文化时期，数量较多。葫芦的栽培历史很早，与狗的饲养几乎同时出现[①]。早期主要利用其成熟果实果皮坚厚、中空等特点，加工成储物、舀水、凫水等用途的器具。葫芦栽培容易，管理方便，到了新石器时代晚期，栽培葫芦的目的可能是一举两得，幼嫩果实作为蔬菜食用，成熟果实制作实用器具。

---

① D. Q. Fuller, L. A. Hosoya, Y. F. Zheng et al., A contribution to the prehistory of domesticated bottle gourds in Asia: Rind measurements from Jomon Japan and Neolithic Zhejiang, China, *Economic Botany*, 2010, 64 (3): 260 - 265.

甜瓜种子出土数量较多，各个文化阶段均有发现。长江下游地区食用甜瓜具有悠久的历史，至迟在距今 7000 以前的河姆渡文化时期已经开始利用。从种子大小、形态特征等考察该地区不同时期考古遗址出土的甜瓜种子显示，钱山漾遗址马桥文化时期灰坑出土的甜瓜种子形态已经与以前的有很大不同，不仅种子籽粒较大，而且种皮组织结构具有现代栽培甜瓜和菜瓜两种类型，明显表现出多样性，表明当时先民不仅重视甜瓜食味、果形大小等选择，而且根据不同食用需要，已经培育出作为水果用的香瓜（*Cucumis melo*）和蔬菜用的菜瓜（*Cucumis melo* var. *conomon*）等多种类型①。

桃、梅、杏是钱山漾一、二期文化遗存和马桥文化先民食用水果的重要来源。从钱山漾遗址出土桃核形态特征看，属于与现代栽培品种同一个种的毛桃，且具有人工驯化特征（另文发表）。梅和杏是桃子近缘种，尽管对考古遗址出土的遗存还有待深入研究，但有理由相信，与桃子一样，进入钱山漾一期文化遗存时期，已经成为先民园圃中栽培的一种重要果树。

遗址出土菱角的数量仅次于稻米，芡实数量也不少，在先民的食物结构中占有一定的地位。从形态特征和形状大小方面看，钱山漾遗址出土的菱角、芡实与新石器时代中期遗址，如跨湖桥、河姆渡、马家浜等遗址出土的比较，有明显的差异，表明钱山漾一期文化遗存时期先民可能已经人工干预菱角的生长发育，来获得更多的收成。

钱山漾遗址出土的可作为食物利用的植物遗存中，除了稻谷（米）和瓜、果、蔬菜外，还有南酸枣和葡萄等果实的种子，食用这些植物果实的习俗不仅历史悠久，而且延续了几千年，直至近现代农民还在野外采集食用，这是先民经济生活与居住地自然环境相适应的最好诠释。南酸枣是漆树科的一种植物，果实营养丰富，其滋味酸中沁甜，可鲜食，是史前先民食用的重要水果，在距今 8000 年以后的新石器时代遗址中均有出土。种植南酸枣技术要求很高，从栽培到结果需要很长的年限，实生苗一般需要 10 年以上才能结果，且结果比例只有20% 左右。目前我国只有江西省的一些地方有栽培，通过嫁接缩短结果年限，提高果树结果比例。包括钱山漾遗址在内，迄今浙江有多处新石器时代遗址出土了葡萄种子，如田螺山、庄桥坟、卞家山等，表明了距今 7000 年以来，葡萄一直是先民的重要水果资源。史前的葡萄与现代栽培葡萄不同，一般认为现代栽培葡萄为欧洲系统，起源于西亚和欧洲中部地区，大约在汉代传入中国。钱山漾等考古遗址中发现葡萄种子表明我国长江流域地区采集利用葡萄的历史不亚于西亚、欧洲等地，除了采食野生葡萄，在历史上可能存在本土葡萄的驯化栽培历史②。

钱山漾遗址先民的肉食来源可以简单分为两类：野生动物和家养动物。其中野生资源中既包括水牛和麋鹿一类大型偶蹄类动物，也有鱼和鼋等水生动物；家养动物包括猪和狗两种。相对于样品总量，钱山漾遗址的动物种类较多，说明当时人们的食物来源较为广泛，利用周围环境中一切可供利用的资源。

钱山漾遗址的猪骨表现出显著的驯化特征，包括下颌第三臼齿（M_3）缩小，一些个体出现了家猪种群中常见的病理特征，如齿列扭曲和线性釉质发育不全等。死亡年龄结构表明遗

① 郑云飞、陈旭高：《甜瓜起源的考古学研究》，《浙江省文物考古研究所学刊》第八辑，578~585 页，科学出版社，2006 年。
② 郑云飞、游修龄：《新石器时代遗址出土的葡萄种子引起的思考》，《农业考古》2006 年第 1 期，156~160 页。

址的猪多在成年前（以 M_3 的磨蚀为标志）被宰杀，表现为饲养家猪的常见结构。

从统计数据中可以看出，野生动物在人们肉食谱中占有很大分量。可鉴定标本数中，猪的比例仅有不足 20%，远远少于野生偶蹄类动物高达 80% 的比例。尽管最小个体数统计中猪的比例达到 43.8%，但从提供肉量的角度考虑，猪仍旧略低于水牛和麋鹿。前面提到，猪下颌骨的比例较高，尤其在土台及其南部的几个探方。这其中是否还有更深精神层面上的意义？希望随着更多考古材料的发现，这一问题能得到解决。

第八章　结　语

第一节　钱山漾一期文化遗存

一　特征和文化因素构成

钱山漾一期文化遗存的文化遗物主要为陶器和石器，还有少量骨、木器。陶器质地主要有夹砂红陶、灰陶、黑陶和泥质灰陶、黑陶等，其中以夹砂红陶数量最多。陶器器形主要有弧背鱼鳍形足鼎、舌形足鼎、鸭嘴状凿形足鼎、宽柄或细高柄豆、圈足盘、各类泥质罐、盆、尊、细长颈袋足鬶、乳丁足壶、腹部常饰有弦断篮纹或绳纹的夹砂陶瓮和大口罐、大口缸、夹砂或泥质青灰陶印纹罐、器盖和纺轮等。装饰方法有压印、拍印和刻划等多种，纹样有弦断篮纹或绳纹、篮纹、绳纹、交错绳纹、方格纹、条纹、条格纹、水波纹、八字纹等，其中弦断绳纹（篮纹）、绳纹、篮纹、交错绳纹、方格纹、条纹和条格纹等压印纹样陶片占陶片总数的13.5%。石器器形有锛、镞、刀、凿、钺、犁、砺石等，其中弓背石锛、三棱形前锋石镞和平面近横向梯形或长三角形的斜刃石刀都是这个时期新出现的器形。

钱山漾一期文化遗存文化因素构成上主要由两大块组成：一块是继承了环太湖地区原有文化——良渚文化变化发展而来，如陶器中的扁侧足鼎、豆、圈足盘、尊、细长颈袋足鬶、泥质罐、盆等，其黑陶、黑皮陶制陶技术，装饰纹样中都较流行的竖向刻划纹、刻划水波纹，甚至聚落居址的土台营建习俗，都与良渚文化有一定的继承关系。还有一部分因素如弧背鱼鳍形足鼎、泥质黑陶凸圜底盆等，虽然与良渚文化面貌差异已较大，但地域特征非常明显，应属于本地文化因素，所以暂时也可看做由良渚文化蜕变发展而来。这一块构成了该遗存文化面貌的主体部分。另一块是接受了大量主要来自北方的外来文化因素，这其中主要为黄河中下游地区的龙山文化因素，还有少量大汶口晚期文化因素。这些因素包括陶器装饰纹样中流行的篮纹、绳纹、方格纹和弦断篮纹或绳纹等，陶器器形中的足根处有按捏的侧扁足鼎、袋足鬲、腹部饰弦断绳纹或篮纹的瓮和大口罐、大口缸、三乳丁足壶、斜腹碗，还有石器中的三棱形前锋石镞和骨镞等，这一块也是构成该文化遗存的重要组成部分。此外，外来文化中也包括一些来自南方的早期印纹陶文化因素，如夹砂陶小口高领绳纹罐和泥质青灰陶条纹罐等。

二　年代

钱山漾遗址第三次发掘，我们先后共采集并测试了46个标本：其中42个标本分三次由北京大学加速器质谱实验室测定，3个标本（Lab编号 IAAA－72933、IAAA－72839 和 IAAA－

72840）由中村慎一先生在日本加速器分析研究所测定，另 1 个标本由 Prof. Gary Crawford 在加拿大多伦多大学加速器质谱实验室测定（Lab 编号 D – AMS 003384）。（附录五）

这 46 个数据中，属于钱山漾一期文化遗存的共 22 个，Lab 编号分别为 BA05754 ~ BA05762、BA07724 ~ BA07729、BA071028 ~ BA071032 和 IAAA – 72933、72840。

其中除 3 个在 4450 ±40 ~ 3960 ±50BP（Lab 编号 BA071032、BA07726 和 BA07727），2 个分别为 3675 ±40BP 和 3505 ±35BP（Lab 编号 BA071031 和 BA07729）外，余 17 数据落在 3910 ±40 ~ 3720 ±60BP 之间，树轮校正后的年代区间（68.2%）为 2480 ~ 2030BC。

目前大多数的研究者相信良渚文化的下限在距今 4300 或 4200 年左右。也有部分研究者认为良渚文化的下限在距今 4600 ~ 4500 年。我们根据前述测定的数据，暂将钱山漾一期文化遗存的绝对年代定在距今 4400 ~ 4200 年之间，并认为其年代上下限还有再提前或推后的可能。

三　文化性质和"钱山漾文化"的提出

从出土遗物分析，上世纪 50 年代钱山漾遗址两次发掘中的下层堆积与第三、四次发掘的钱山漾一期文化遗存完全相同。如陶器中的弧背鱼鳍形足鼎、舌形和鸭嘴状凿形鼎足（舌形和屈腿形）、泥质黑陶或黑皮陶豆、腹部饰弦断绳纹或篮纹的夹细砂陶瓮（大口罐）、大口斜腹尖圆底的夹砂陶缸（大口尖底器）、细长颈鬶（尖底壶）等。再如陶器装饰纹样中压印的绳纹、篮纹、弦断绳纹或篮纹、条纹和刻划的大水波纹等。

对于钱山漾遗址下层堆积的认识，当时的发掘报告结语中认为"属于新石器时代晚期"，下层遗物中的黑陶数量增加是"龙山文化向东南沿海地区发展的有力证据"[①]，报告没有对下层堆积的文化归属做过多的讨论或予以定性。后来，随着太湖地区良渚文化的确立，而钱山漾遗址下层堆积标本的碳十四测定数据又落在良渚文化的年代范围之中，所以，多年来一直把钱山漾遗址下层当做良渚文化时期堆积，忽略了钱山漾遗址下层堆积出土遗物呈现的不同于典型良渚文化的独特文化面貌。而钱山漾遗址的弧背鱼鳍形足鼎也一度被认为是良渚文化中期偏早的典型器。在随后的考古发掘中，虽然也在部分遗址中发现过此类遗存，但由于地层堆积不理想或出土遗物不够丰富，再加上认识上"先入为主"的原因，一直未能对该类遗存予以足够的重视。

现在看来，由于在其他典型良渚文化遗址或遗迹单位中不见这类弧背鱼鳍形足鼎，而在流行弧背鱼鳍足鼎的钱山漾一期文化遗存中也不见典型良渚文化器物，如良渚文化晚期的典型陶器如 T 字足鼎、竹节柄豆、双鼻壶、宽把杯、阔把壶、贯耳壶、实足盉、带鼻篮、翻沿大敞口圈足盘和泥质红陶锥刺纹罐等。除袋足鬶、尊等少量器物仍然可与良渚文化同类器比较外，其他良渚文化典型陶器演变发展的器物链已告中断。石器面貌焕然一新。而良渚文化引以为傲、具有标志意义的玉器在钱山漾文化中也还没有发现，尽管相信今后会有这个时期的玉器发现，但玉文化的衰落或变异应该是可以初步明确的。所以，从陶、石、玉器等反映的文化面貌来看，钱山漾一期文化遗存与良渚文化已截然不同，我们应该明确将两者区分开来。

---

① 浙江省文物管理委员会：《吴兴钱山漾遗址第一、二次发掘报告》，《考古学报》1960 年第 2 期。

　　钱山漾遗址第三、四次发掘的地层关系已明确证明钱山漾一期文化遗存年代上要早于钱山漾二期文化遗存（广富林遗存）和马桥文化。在上海广富林遗址 2001~2005 年的发掘中，也发现属于遗址第三阶段（相当于钱山漾二期文化遗存）的第 3~6 层直接叠压属于遗址第一、二阶段（相当于钱山漾一期文化遗存）的第 7~13 层的地层关系①，可证明钱山漾一期文化遗存早于广富林遗存和马桥文化。广富林遗址另发现出土有弧背鱼鳍形足鼎的灰坑（H128）打破良渚文化晚期墓葬（M30）的遗迹打破关系，则可证明钱山漾一期文化遗存晚于良渚文化。

　　所以，我们认为钱山漾一期文化遗存在环太湖地区古文化发展序列和年代上要晚于良渚文化而早于钱山漾二期文化遗存（广富林遗存）和马桥文化。

　　从出土遗物反映的文化面貌上看，钱山漾一期文化遗存具有强烈的时代特征和鲜明的文化个性，与太湖地区其他已知的考古学文化都明显不同，它应是环太湖地区一支崭新的新石器时代晚期文化。根据现有资料，从苏南、上海、浙北到宁绍地区均发现有该类文化遗存，该文化遗存的时空关系存在并可初步明确。张忠培先生在 2006 年 6 月召开的"环太湖地区新石器时代末期文化暨广富林遗存学术研讨会"上提出可以将钱山漾一期文化遗存正式命名为"钱山漾文化"②，我们也持相同观点。

第二节　钱山漾二期文化遗存

一　特征和文化因素构成

　　钱山漾二期文化遗存的文化遗物主要为陶器，还有部分石、玉器。陶器质地主要有夹砂灰陶、红陶和泥质灰陶、黑陶等，其中灰陶和黑陶的数量超过了红陶的数量。陶器器形有扁侧足鼎、豆、圈足盘、瓷、各类泥质罐、夹砂罐、钵、盆形釜、条纹杯等，陶器纹饰有绳纹、篮纹、弦断篮纹或绳纹、交错绳纹、方格纹、交错刻划纹、水波纹和单线或复线相交形成的各种组合刻划纹等。其中以绳纹、篮纹、交错绳纹和方格纹为代表的压印纹饰陶片占陶片总数的 10.8%，与钱山漾一期文化遗存相比有所减少。而主要出现在罐肩部的以单线或复线相交形成的各种组合刻划纹是这个时期陶器纹饰最为显著的特点。玉器器形有锥形器、凿等。石器器形有锛、镞、刀、犁、斧和砺石等，新出现了半月形石刀。

　　钱山漾二期文化遗存文化因素构成上也主要有两块：一块是从钱山漾一期文化遗存继承发展而来。陶器中如扁侧足鼎、圈足盘、泥质罐、钵等可以看到一、二期文化遗存之间前后明确的承继关系，二期文化遗存中炬形细高柄豆的流行，虽然略显突兀，但与一期的细高柄豆还是有发展脉络可寻。陶器纹样装饰上也有相近的风格，如都有绳纹、篮纹、条纹、方格纹及弦断篮纹、绳纹和刻划纹、凹弦纹、水波纹等，二期文化遗存时扁侧足鼎圜底部流行的

---

　　① 　上海博物馆考古研究部：《上海松江区广富林遗址 2001~2005 年发掘简报》，《考古》2008 年第 8 期。笔者认为该遗址 2001~2005 年发掘的 I 区第 7~13 层属于同阶段文化遗存即钱山漾文化。

　　② 　张忠培：《解惑与求真——在"环太湖地区新石器时代末期文化暨广富林遗存学术研讨会"的讲话》，《南方文物》2006 年第 4 期。

交错绳（刻划纹）也在一期中已少量出现，足根内壁的椭圆形凹窝和足尖有捏捺这些鼎足上的特征也有从一期开始出现到二期流行的演变过程。钱山漾一期文化遗存新出现的三棱形前锋石镞也继续出现在钱山漾二期文化遗存中。另一块是接受了不少主要以北方龙山文化为主的外来文化因素。这些因素包括陶器装饰纹样中流行的篮纹、绳纹、方格纹、弦断篮纹或绳纹等，陶器器类中如瓮和条纹杯等。需要指出的是钱山漾二期文化遗存中的一些文化因素如陶器压印纹饰和部分器物如三棱形石镞等，既可能只是对钱山漾一期文化遗存的继承，也可能是新受到了龙山文化影响的结果。

钱山漾一期文化遗存和二期文化遗存之间，有着明显的继承关系，同时，文化面貌上又有了质的变化。如以鼎为代表的炊器质地由夹砂红陶向夹砂灰（黑）陶的明显转变，导致两者陶系面貌产生较大的不同，即一期文化遗存以夹砂红陶数量最多，而二期文化遗存以夹砂灰（黑）陶数量最多。陶器装饰上，一期文化遗存较流行的水波纹、八字纹等刻划纹到二期文化遗存已少见，压印纹样的流行程度也有所减弱，而装饰在罐或瓮的肩部的组合刻划纹在二期文化遗存开始流行。陶器中，两侧素面为主的扁侧足鼎代替了具有标志意义的弧背鱼鳍足鼎，一期文化遗存中虽然不占主流但颇具特征的鸭嘴状凿形足鼎、足面刻划八字纹的舌形足鼎和细长颈袋足鬶也基本不见或少见于二期文化遗存。另外，常见的瓮、罐、盘、壶、盆等形态也发生了大的变化。二期文化遗存新出现的陶器器形有矩形细高柄浅盘豆、肩部常有组合刻划纹的夹砂（泥质）罐、钵形釜、平底钵和条纹杯等。石器上，二期文化遗存新出现了半月形石刀，而一期文化遗存的弓背石锛和长梯形斜刃石刀等则已不见。

钱山漾一期文化遗存到二期文化遗存文化面貌的改变，一方面是由于发展演变的原因，另一方面也应是二期文化遗存时期可能再次受到外来文化冲击的结果。

钱山漾二期文化遗存文化面貌与近年发掘的上海松江"广富林遗存"基本相同。经过资料比较，我们同意有关研究者的观点，即钱山漾二期文化遗存中的部分龙山文化因素与豫东、鲁西南和皖西北的王油坊类型龙山文化有关，应是受到王油坊类型龙山文化影响的结果。

二　文化性质和年代

总体而言，我们认为钱山漾二期文化遗存中既有明显与钱山漾一期文化遗存一脉相承的本地文化因素，也有强烈的外来文化因素，真实生动反映了这个时期外来文化强势参与太湖地区文化重建的过程。不过，这些出现在钱山漾二期文化遗存中的王油坊类型龙山文化因素，真正完全与龙山文化相同的器物非常少，大多数经过了变异。所以，我们认为，钱山漾二期文化遗存不是一种突然形成的移民文化，它应是本地文化和外来文化逐渐融汇的结果。

钱山漾二期文化遗存在层位上叠压钱山漾一期文化遗存，又被马桥文化地层、灰坑等遗迹叠压或打破，所以，它在年代上要晚于钱山漾一期文化遗存而早于马桥文化。钱山漾二期文化遗存或"广富林遗存"也是一种目前在太湖地区还处于探索和认识阶段的新石器时代末期文化。我们支持将这一类遗存称为广富林文化。

属于钱山漾二期文化遗存的年代测定数据共 11 个（Lab 编号分别为 BA05751 ~ BA05753；BA07734 ~ BA07738；BA071026、BA071027；IAAA－72839）（附录五）。有 3 个年代数据超出 3700BP，分别为 3775 ± 35BP（BA05753）、3890 ± 40BP（BA071026）和 4015 ± 50BP

（BA07738），有 2 个数据晚于 3200BP，分别为 3175 ± 40BP（BA07736）和 3195 ± 65BP
（BA07737），余 6 个数据落在 3635 ± 35 ~ 3545 ± 35BP 之间，树轮校正后的年代（68.2%）区
间在 2120 ~ 1780BC 之间。

结合钱山漾一期文化遗存年代的下限，我们认为钱山漾二期文化遗存的年代约在距今
4000 年前后。这与南荡文化遗存、广富林遗存的年代推断基本一致。这样，钱山漾二期文化
遗存实际上已进入中原的夏代纪年，约与龙山文化末期和夏代早期相当。

第三节　马桥文化

一　遗迹间关系和聚落格局

钱山漾遗址第三、四次发掘共清理马桥文化时期居住遗迹 2 处、灰坑 191 个、灰沟 9 条和
水井 7 口。遗迹比较丰富，特别是灰坑数量众多，分布密集，反映了这个时期先民活动的频
繁和聚落的繁荣。

这些遗迹都分布在遗址的中心土台上。中心土台属于马桥文化时期的地层堆积共 3 层即
第 3 层、4A 层和 4B 层。由于该三个地层是斜压的关系，而不是垂直叠压的关系，这为判断
遗迹的早晚带来了困难。而从出土器物的形态和组合等类型学考察来看，马桥文化时期的地
层及遗迹的早晚差异不大，不同灰坑标本的碳十四年代测定数据比较集中也印证了这点。说
明钱山漾遗址马桥文化时期聚落的形成、使用和废弃的延续年代跨度不大。

（1）这些遗迹有不同的开口层位和打破关系：

第 2 层（2A 或 2B；下同）下开口，打破第 3 层的遗迹有灰坑 5 个（H189、H199、
H201、H204、H217）和水井 1 口（J9）。

第 1 或 2 层下开口，打破 4A 层的遗迹有灰坑 44 个（H6、H21、H33、H45、H53 ~ H55、
H57 ~ H63、H65、H68 ~ H70、H75、H76、H79、H81 ~ H83、H97、H109、H112、H134、H138、
H141 ~ H145、H160、H162 ~ H163、H171、H174、H176、H178、H185、H203、H207）、灰沟 4
条（G1、G3、G5、G7）和水井 2 口（J4、J10）。

第 1 或 2 层下开口，打破 4B 层的遗迹有居住遗迹 2 处（F1、F2）、灰坑 46 个（H3、H5、
H8、H10 ~ H12、H13 ~ H18、H22 ~ H27、H29 ~ H32、H34 ~ H36、H39、H40、H42 ~ H44、
H47 ~ H50、H77、H86 ~ H89、H94、H122、H130、H148、H156、H173、H188）、灰沟 2 条
（G4、G10）和水井 3 口（J5、J7、J8）。

第 3 层下开口，打破第 4A 层的遗迹有灰坑 1 个（H196）。

第 4A 层下开口，打破第 4B 层的遗迹有灰坑 11 个（H95、H96、H98、H124、H175、
H177、H179、H181、H183、H186、H202）。

第 1 或 2 层下开口，直接打破早期地层（指钱山漾一、二期文化遗存地层，下同）的遗
迹有灰坑 56 个（H4、H19、H28、H37、H38、H52、H56、H71 ~ H74、H78、H80、H84、H85、
H90 ~ H93、H99、H101 ~ H108、H113 ~ H121、H123、H125 ~ H129、H146、H158、H159、H164 ~
H167、H169、H172、H191、H210、H214、H216）。

第 3 层下开口，直接打破早期地层的遗迹有灰坑 2 个（H206、H208）和灰沟 1 条（G11）。

第 4A 层下开口，直接打破早期地层的遗迹有灰坑 16 个（H64、H66、H67、H161、H180、H184、H187、H190、H193～H195、H198、H209、H212、H213、H215）和灰沟 2 条（G2、G13）。

第 4B 层下开口，打破早期地层的遗迹有灰坑 4 个（H41、H136、H149、H182）。

另外，还有 H140、H145、H157、H200、H205、H211 等 6 个灰坑和 1 口水井（J6）等因扰乱无法确定开口层位；H46 为第 2A 层下开口，直接打破 J8。

（2）马桥文化遗迹间有多组叠压打破关系

列举如下：

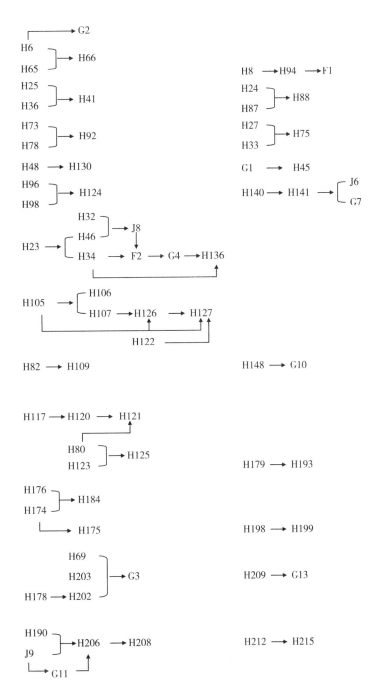

（3）结合遗迹的开口层位，我们将可以明确的地层和遗迹单位的形成分为 3 个阶段，可以大致反映钱山漾遗址马桥文化聚落的形成与变迁过程：

聚落的第 1 个阶段，遗迹较少，可以明确地包括第 4B 层下开口的 4 个灰坑（H41、H136、H149、H182）。第 3 层和 4A 层下开口直接打破早期地层的遗迹无法明确其属于第 1 或第 2 阶段。

聚落的第 2 个阶段比较兴盛，包括第 4B 层的营建、F1 和 F2 的形成、聚落持续阶段主要往南部的扩展营建层（第 4A 和第 3 层）以及同时或略有先后打破第 4A、4B 或 3 层的遗迹。

聚落的第 3 个阶段包括打破 F1 和 F2 的 5 个灰坑（H8、H23、H34、H46、H94）和水井 1 口（J8）。还有些第 1 层或第 2 层下开口的遗迹的阶段共时性无法确认。

除地层外，遗迹间可以明确的相对年代早晚关系还有：第 4A 或 4B 层下开口的遗迹分别早于打破第 4A 或 4B 层的遗迹；第 4A 层下开口打破第 4B 层的遗迹早于打破第 4A 层的遗迹；第 3 层下开口的遗迹早于打破第 3 层的遗迹。

二　特征和文化因素构成

马桥文化的遗物主要为陶器和石器，还有少量的玉器和木器等。陶器质地多样，主要有夹砂陶、泥质陶、粗泥陶、硬陶和原始瓷等五类。陶色丰富，其中泥质陶和夹砂陶分别有 7 种不同陶色。夹砂陶、泥质陶和硬陶占陶片的比例分别为 53.8%、30.9% 和 14.9%，其中，夹砂陶中以灰黄陶数量最多，其他依次为红陶、橘红陶、灰陶、灰褐陶、灰黑陶和橘黄陶；泥质陶中以灰陶最多，其他依次为橘黄陶、黑衣陶、橘红陶、灰黄陶、黑陶和红陶；硬陶中以灰褐色居多，其他依次有红褐色、灰色和紫褐色。泥质陶和硬陶陶器中一部分器物因过烧在胎壁中形成气泡或致器物扭曲变形。陶器的装饰方法有压印、拍印、刻划、镂孔、戳印等多种，其中以印纹特别是几何印纹陶最具特点，拍（压）印的纹样有绳纹、篮纹、交错绳纹、条纹、方格纹、条格纹、折线纹、云雷纹、叶脉纹、席纹及组合纹等，其中以方格纹最为流行。陶器器形上常见的有鼎、甗、罐、豆、盆、钵、簋形器、三足盘、壶、觚、觯、瓦足皿、器盖、陶拍和纺轮等。

从陶器质地、纹饰以及器形的多样性和复杂性，一方面反映出马桥文化时期社会处于转型的变革期，传统的制陶业进入了由陶向瓷的尝试探索阶段；另一方面也表明，马桥文化是支来自五湖四海的多元的文化，是多种不同文化因素融汇、糅合的产物。

马桥文化的文化因素构成比较复杂。分析来看，主要有 3 块：第一块是对本地区传统文化的继承，包括部分豆、盆、圈足捉手器盖和陶系中的泥质灰陶、泥质灰胎黑衣陶的制作等。这些因素在马桥文化中所占比重不高。另外，在谈到对本地区传统文化继承时，现在已明确不能从良渚文化中找渊源，而是要从有直接继承关系的广富林遗存中去寻找。但广富林遗存本身也是一支受到中原文化广泛而深刻影响的文化。所以，马桥文化中一些受中原文化影响的因素究竟是对广富林文化的继承，还是这个时期新受到的影响，比较难以甄别。如炊器器身上流行的绳纹、篮纹或交错绳纹等装饰等。近年，随着广富林遗址的深入发掘，发掘者发现广富林遗存时期的陶器已出现凹圜底的特征，并出现了印纹硬陶，陶器装饰中甚至已出现了云雷纹、折线纹和叶脉纹等几何印纹。这样，广富林遗存和马桥文化的前后继承发展关系也有了更多可观察比较的因素。

第二块是明显受到北方文化包括中原夏商文化和海岱地区的岳石文化等影响的因素。其中以前者居多，如陶器器类中的 A 型豆（马桥报告中的 A 型簋）、盆、瓿、觯等，陶器装饰中压印的云雷纹和凹凸弦纹等。石器方面，如半月形石刀、截面成三角形或平面近等腰三角形、底边凹弧的石镞等。另外一些如陶器中有发达凸脊或凸棱的器物（如 A 型簋形器等）、蘑菇形纽子母口器盖和陶器装饰中的之字形折线纹等应是受到岳石文化的影响。综合起来，这些器物或因素在马桥文化内涵中占据着重要的地位。虽然如此，但夏商文化中具有代表性的典型因素如二里头文化中的深腹罐、圆腹罐、刻槽盆、大口尊，商文化的陶鬲及夏商时期的青铜礼器等并没有或极少在马桥文化中出现，也说明中原夏商文化并没有主宰马桥文化，而只是一种参与。

第三块是受到以江山肩头弄第一至三单元遗存（"高祭台类型"早期遗存）为代表的浙西南地区几何印纹陶文化的影响。以泥质红褐陶为主，泥条盘筑法成型，普遍有几何形拍印纹饰。器形以盛贮器中的各类凹圜底罐为主。江山肩头弄期遗存对太湖地区马桥文化的形成也起到过一定的作用。但这种作用，从更大的区域视野，也可看做是同一文化区域内部的文化互动。

此外，马桥文化中还有些关键的器物目前还无法确定其渊源，如陶器中数量众多的炊器包括鼎和鬶，虽然从绳纹或篮纹的装饰上可以认为是受到中原夏商文化的影响，但器形上，还无法确认其源头。某种角度上讲，只有找到鼎和鬶等关键陶器的渊源，马桥文化因素构成的主体部分才能明确起来。

龙山时代，北方龙山文化开始了对周边地区包括环太湖地区大规模的文化辐射和影响。马桥文化时期，来自北方的中原夏商文化和岳石文化继续维持着对太湖地区古文化的深刻影响似乎是件很自然的事，是一种趋势的延续。这种影响如涓涓细流，绵绵不绝，而太湖地区古文化的文明化进程之路就此铺就。

三　关于马桥文化时期灰坑的两个问题

1. 特殊灰坑功能的分析

马桥文化遗迹中的 Ⅲ 型灰坑共发现 13 个，形态及功能比较特殊。形态上往往近圆形或东西向椭圆形，个体常较大，灰坑一般较深，深度大多在 1 米以上。灰坑堆积均有多层，少的有 3 层，多的达 11 层，一般呈凹弧状堆积，由夹杂大量草木灰的黑土或灰黑色土与灰褐色土或黄褐色土交替叠压而成。由于为凹弧状堆积，不少灰坑在坑口平面即可见多个大小不等的椭圆形层线。

从位置上看，除 H201 位于发掘区东南一隅外，余 12 个灰坑均位于发掘区的中北部，与发现居住遗迹的遗址发掘区中部南北直线距离约 10 米。灰坑大致呈东西向分布，呈现出一定的规律。

从凹弧状堆积和夹杂草木灰的黑土与灰褐色土交替叠压的堆积特点判断，这些灰坑应是特意开挖，专门用来从事一种与火烧有关的活动，经反复多次使用后形成。据史书记载，这个时期先民的祭祀活动频繁、名目繁多。我们认为，这种"烧坑"可能与当时一般聚落先民举行的一种与火烧有关的仪式性或祭祀性的活动有关。

　　2. 对部分灰坑出土器物组合的分析

　　钱山漾遗址马桥文化灰坑出土的陶器有一个有意思的现象：一些常见器物在某些灰坑中重复出现，但在另些灰坑中却几乎不见或少见，进而发现不同灰坑出土的陶器在组合上有明显不同。这种情况反复出现，似可证明不是一种偶然。

　　我们选取了陶器（片）遗物出土比较丰富的两组共 12 个灰坑作比较。如表 8-3-1 所示，第一组灰坑 H26、H79、H89、H107、H205 等出土的器物，炊器中以凹弧足鼎（B 型鼎）集中出现最富特征，与 B 型鼎经常共存的器物有 B 型甗、Ab 型豆和 Da 型豆。泥质罐的情况复杂些，以 Db 型罐较为多见，但也见其他型罐如 E 型、F 型、A 型等，偶见 C 型罐。C 型篮形器和袋足盉出土数量较少，仅分别出现在 H89 和 H107 中，似也可看做一种共存。令人吃惊的是，这些灰坑的出土器物中均没有发现马桥文化中非常常见的盆（特别是 Aa 盆）。

表 8-3-1　马桥文化 H26、H79、H87、H107、H205 出土器物表

陶器 ＼ 灰坑		H26	H79	H89	H107	H205
鼎	凹弧足鼎	BaⅡ、BaⅢ（4）BbⅡ、BfⅡ（2）	BaⅡ、BbⅡ、BcⅠ、BcⅡ、Bd、BfⅢ	BaⅠ、BcⅡ、Bd（2）、Be、BfⅡ、BfⅢ（2）、Bf	BaⅢ（2）、BbⅢ	BaⅡ、BbⅡ（5）、Bb
	舌形足鼎					
	圆锥足鼎			Cd 型（存疑）		
甗	凹弧足甗	B 型、Bb 型Ba 型	Bb 型	Bb 型	Bb 型	Bb 型
	舌形足甗					
豆		AbⅢ式、DaⅡ式（2）	Ab、DaⅡ、DaⅣ	AbⅠ式、DaⅡ（2）、DaⅢ、Da 柄	Da 柄（2）、DaⅡ（3）、DaⅢ、Hd	
盆						
泥质罐		Aa 型、DbⅠ式、Db 型、Fa 型、Fb 型、Hb 型	Cb 型	Db（2）、DbⅡ式、Ea 型、Eb 型、Fb 型	Ag 型、Da 型、DbⅠ式	Dd 型
夹砂罐						
三足盘						
瓦足皿				Ⅰ式		
觯						
瓿					B 型	Aa 型
篮形器				C 型	C 型（2）	
杯		A 型	B 型			
壶				Ba 型		
钵		A 型			Cb 型	Cb 型
袋足盉					（3）	

续表 8-3-1

陶器　灰坑	H26	H79	H89	H107	H205
器盖	B 型		Aa 型、B 型（4）、Cb 型（2）、Cc 型		
陶拍	B 型、D 型				
陶纺轮					
石器	Ab Ⅱ 石刀、B 型石斧、Ab、Bb 和 E 型石镞、石犁	Ab Ⅱ 石刀、A 型砺石	Ba、Bd 型石锛、双肩石器	Aa 石锛	

　　如表 8-3-2 所示，第二组灰坑 H56、H182、H200、H201、H206、H217 等出土的器物，炊器中有少量的凹弧足鼎（B 型）或圆锥足鼎（C 型），但以舌形足鼎（A 型）集中出现富有特征，与 A 型鼎经常共存的器物有 A 型甗、Aa 型豆（少量 B 型豆）、Aa 盆、Ab 盆（少量 B 型和 C 型）和夹砂罐。泥质罐也比较复杂，以 A 型和 Db 型数量较多，但也可见其他形态的泥质罐。A 型和 B 型簋形器尽管发现数量不多，似也可归入此组合中。三足盘也较多出现在此组合中。

表 8-3-2　马桥文化 H56、H182、H200、H201、H206、H217 出土器物表

	陶器　灰坑	H56	H182	H200	H201	H206	H217
鼎	凹弧足鼎	Bc Ⅰ 式	Ba 型（3）	Bf 型	Bb 型	Bb 型、Bf Ⅰ 式（2）	
	舌形足鼎	Aa Ⅰ 式、Aa Ⅱ 式（3）、Ac Ⅰ 式、Af 型	Aa 型、Ab Ⅰ 式、Ac Ⅰ 式（2）、Ad Ⅰ 式	Aa 型、Aa Ⅰ 式（2）	Aa 型、Ab Ⅱ 式（8）、Ac Ⅱ 式（5）	Aa 型（7）、Aa Ⅰ 式（2）、Ab Ⅰ 式（6）	Aa 型、Ab Ⅱ 式、Ad Ⅱ 式（2）
	圆锥足鼎	Cb 型			Ca 型（?）		
	小鼎				D 型（2）		
甗	凹弧足甗	Ba 型				Bc 型	
	舌形足甗	A 型（2）、Ab 型			A 型、Aa 型	A 型	Aa 型
	豆	Aa Ⅰ 式（3）、Ab 型柄（2）、Ba 型柄、Bb Ⅰ 式、C 型柄	Aa 型柄	Aa 型柄（2）、Ba 型柄	Aa 型柄（2）、Aa Ⅱ 式	Aa Ⅰ 式（4）、Aa 柄	Aa 柄（3）、Aa Ⅱ 式
	盆	Aa Ⅰ 式、Aa Ⅱ 式（5）	Aa Ⅰ 式	Ab Ⅰ 式（2）、B 型	Aa Ⅲ 式（2）、Ab Ⅲ 式	Aa 型（3）、Aa Ⅱ 式（5）、Ab Ⅲ 式、C 型	Aa 型、Aa Ⅱ 式、Aa Ⅲ 式（2）、C 型

续表 8-3-2

陶器 / 灰坑	H56	H182	H200	H201	H206	H217
泥质罐	Ab 型（3）、Ad 型、DbⅡ式（3）、Db	B 型、Db 型、E 型	Aa 型、Db 型、Cb 型、E 型	Aa 型（2）、Cb 型	Aa 型（3）、Ab 型（2）、Ac 型、Ad 型、B 型 Cb 型（4）、DbⅠ式、Dc 型、Dd 型、E 型、Eb 型、Ec 型、Ha 型（2）	Aa 型、Cd 型
夹砂罐	A 型（2）	A 型		口沿、凹底（2）、A 型（2）	A 型（2）、B 型、Db 型	Da 型
三足盘	Ba 型	A 型足				
瓦足皿					Ⅱ式	
觚				B 型		
簋形器	A 型（2）			B 型		Aa 型、Ab 型
杯					C 型	
壶						
钵	B 型	Ca 型			（1）	B 型
碗					（1）	
器盖	Aa 型（2）、B 型	Aa 型	Aa 型（2）	Aa 型（2）	Aa 型（3）、B 型（2）	Aa 型
陶拍	B 型（2）				B 型	B 型
陶纺轮				A 型（2）	A 型、C 型	A 型
石器	AbⅢ式石刀、Da 型石刀、石镰	Aa 型、Ad 型石锛，Ab 型石镞	Ab 型、Ad 型石锛	Aa 型石刀、A 型石镞、Bb 型石镞	Ab 型石镞、Ab 型石刀（2）、AbⅠ式石刀、B 型砺石、双肩石器	AbⅡ式石刀、Da 型石刀、A 型砺石

注：括号内数字表示数量。

　　作为遗迹，灰坑出土器物组合的共时性虽然不如墓葬，但也能像墓葬一样反映一种生活习俗，可能意味着来自不同的族属，代表着不同的文化来源。当然，这只是目前在缺乏发现有随葬器物的马桥文化墓葬情况下的一种探索和尝试，还需要今后更多的考古资料佐证和相关研究的深入。

四　年代

　　马桥文化的碳十四数据共 13 个，Lab 编号分别为 BA07722、BA07723、BA07730 ～ BA07733、BA07739、BA05746 ～ BA05750 和 D－AMS 003384（附录五）。其中有 9 个年代数据集中落在 3065±35 ～ 3230±35BP，树轮校正后的年代区间为 1525 ～ 1320BC。J8 的 4 个数据差

异较大，其中 2 个分别为 2885 ± 35BP 和 2890 ± 35BP，树轮校正后的年代区间为 1130 ~ 1010BC（68.2%）；另有 2 个年代分别为 3640 ± 35BP 和 3790 ± 40BP。J8 在马桥文化遗存中相对年代偏晚，所以，前 2 个数据尚可信，后 2 个数据明显偏早。

据上，我们认为，钱山漾遗址的马桥文化遗存主体年代约在距今 3500 ~ 3300 年，大约相当于中原商代的早中期，以 J8 为代表的部分遗迹单位可能晚至距今 3100 年前后。

第四节 环太湖地区后良渚阶段新石器时代晚期文化若干问题的讨论

一 认识过程和阶段划分

关于环太湖地区后良渚阶段的新石器时代晚期文化，是一个备受学界关注的问题。但很长时间来，由于多种原因，这个问题一直被笼罩在迷雾里或索性湮没在认识的误区中。

1997 年，位于浙西南地区的遂昌好川墓地的发掘，因其与良渚晚期文化千丝万缕的联系和特殊的地理位置曾经引起过研究者的广泛关注。但因区域不同，研究起来难免隔靴搔痒。

直到 1999 年，随着上海广富林遗址的发掘，迷雾才逐渐被拨开。稍后，浙江杭州余杭区的三亩里遗址（2003 ~ 2004 年）、浙江湖州的钱山漾遗址（2005 年第三次发掘和 2008 年第四次发掘）、钱塘江以南的浙江诸暨尖山湾遗址（2005 年）陆续进行了发掘，而广富林遗址在随后几年又进行了多期发掘。随着考古资料逐渐丰富，尽管对文化性质还认识不一。但，这个时期环太湖地区后良渚阶段的新石器时代晚期文化面貌终于露出了端倪，并逐渐清晰起来。

根据文化面貌不同，我们将距今 4400 ~ 4000 年的环太湖地区后良渚阶段的新石器时代晚期文化分为前后发展的两个阶段，代表了两支不同的考古学文化。

前一支是钱山漾文化，以钱山漾遗址第三、四次发掘的一期文化遗存和广富林遗址 2001 ~ 2005 年发掘的第一、二阶段遗存（Ⅱ区墓葬除外）为代表，绝对年代约在距今 4400 ~ 4200 年。其他经发掘的遗址（存）还有苏州吴江龙南遗址 88H1、绍兴仙人山遗址、湖州塔地遗址 H8、杭州余杭葡萄畈遗址、杭州余杭三亩里遗址晚期遗存、萧山茅草山遗址晚期遗存和诸暨尖山湾遗址早期遗存等。周边地区与钱山漾文化基本共时的遗址（存）有浙西南地区有以 H1 为代表的江山山崖尾遗址、遂昌好川墓地第三期后段至第五期墓葬（好川文化晚期）、宁镇地区的南京牛头岗遗址早期遗存和处于淮河中游的安徽蚌埠禹会村遗址等。

后一支是广富林文化，以广富林遗址 1999 年发掘的"广富林遗存"、2001 ~ 2005 年发掘的第三阶段遗存和钱山漾遗址第三、四次发掘的钱山漾二期文化遗存为代表，绝对年代约在距今 4000 年前后。其他经发掘或调查的遗址还有江苏常熟北罗墩遗址、浙江杭州余杭茅山遗址、杭州临安青山湖遗址、宁波慈城小东门遗址和嘉兴大往遗址等。周边地区与广富林文化基本共时的遗址有淮河下游的江苏兴化南荡遗址和高邮周邶墩遗址等①。

从绝对年代上看，目前发掘的钱山漾一期文化遗存还不一定是钱山漾文化的最早期或最

---

① 遗址出处不再加注，详见笔者文：《距今 4400 至 4000 年环太湖和周边地区古文化及相关问题》，《禹会村遗址研究——禹会村遗址与淮河流域文明研讨会论文集》，科学出版社，2014 年。

晚期遗存。所以，钱山漾文化的年代上下限还有再提前或推后的可能。虽然广富林文化的年代下限会晚些，但这两支文化的主体年代可与北方的龙山时代对应。所以，基本可以将钱山漾文化和广富林文化视作为龙山文化至夏初环太湖地区前后发展的两支地方性文化。

二　环太湖地区后良渚阶段新石器时代晚期文化发展及文明化进程中出现的新特点

就目前资料看，龙山文化时期，环太湖地区至少先后两次受到来自北方的大规模的文化辐射，并在这种文化辐射和冲击下先后形成了两支不同的考古学文化：前一次是距今约4400年开始，形成了钱山漾文化；后一次约在距今4200年以后，形成了广富林文化。

环太湖地区从良渚文化到钱山漾文化，不只是文化面貌的全面改变，如果从社会结构与政治制度等深层次上考察，钱山漾文化更是环太湖地区古文化发展和文明化进程中具有标志意义的一个重大转折点。

我们知道，太湖地区的良渚文化作为一种地方性古文化，既有着强大的本地传承习惯和固有的演变发展轨迹，又非常活跃与强势地保持着对周边同时期古文化的重要影响。从社会政治结构上考察，甚至不少学者认为已跨上或迈入早期国家文明的门槛，成为中华五千年文明的重要实证之一。

但从良渚文化式微以来，至迟从现在知道的钱山漾文化开始或从绝对年代大约距今4400年开始，主要来自黄河中下游的龙山早中期文化等外来文化开始强势参与到太湖地区的古文化重建中。太湖地区古文化的发展模式从此实现了转变，即由相对强势、独立发展、固守传承的发展模式转变为相对弱势、外来文化强势参与、互相融汇的发展模式。这是环太湖地区后良渚阶段新石器时代晚期文化发展及文明化进程中出现的新特点。

这种发展模式此后也延续到广富林文化时期，乃至太湖地区青铜时代的马桥文化时期。

所以，钱山漾文化的诞生既是环太湖地区进入龙山时代的重要标志，也是环太湖地区古文化一种新的发展模式或趋势的开始。它见证了这个地区古文化开始加快融入到以中原为核心的中华文明的过程。从这个角度讲，我们认为"钱山漾文化"具有充分的考古学文化命名的意义。